Handbuch zum Neuen Testament

Begründet von Hans Lietzmann
Fortgeführt von Günther Bornkamm
Herausgegeben von Andreas Lindemann

17

Die Apostolischen Väter I

Andreas Lindemann

Die Clemensbriefe

1992

J. C. B. Mohr (Paul Siebeck) Tübingen

Die Deutsche Bibliothek – CIP-Einheitsaufnahme

Handbuch zum Neuen Testament / begr. von Hans Lietzmann.
Fortgef. von Günther Bornkamm. Hrsg. von Andreas
Lindemann. – Tübingen: Mohr.
   Teilw. hrsg. von Günther Bornkamm
NE: Lietzmann, Hans [Begr.]; Bornkamm, Günther [Hrsg.]; Lindemann, Andreas [Hrsg.]
17. Die apostolischen Väter. 1. Lindemann, Andreas: Die Clemensbriefe. – 1992

Die apostolischen Väter. – Tübingen: Mohr.
   (Handbuch zum Neuen Testament; ...)
1. Lindemann, Andreas: Die Clemensbriefe. – 1992

Lindemann, Andreas:
Die Clemensbriefe / Andreas Lindemann. – Tübingen: Mohr, 1992
   (Die apostolischen Väter; 1)
   (Handbuch zum Neuen Testament; 17)
   ISBN 3-16-145823-0 brosch.
   ISBN 3-16-145824-9 Gewebe

© 1992 J. C. B. Mohr (Paul Siebeck) Tübingen.

Das Buch wurde von Gulde-Druck in Tübingen aus der Bembo-Antiqua gesetzt, auf säurefreies Papier der Papierfabrik Niefern gedruckt und von der Großbuchbinderei Heinr. Koch in Tübingen gebunden.

Vorwort

Der im Jahre 1920 erschienene Kommentar von Rudolf Knopf zur Didache und zu den Clemensbriefen war seit langem vergriffen. So schien es an der Zeit, eine neue Auslegung dieser Texte zu erarbeiten, die für die Theologiegeschichte und vor allem auch für die kirchliche Entwicklung des frühen Christentums von eminenter Bedeutung sind. Um den Band nicht zu umfangreich werden zu lassen, wurde die Kommentierung der Didache zurückgestellt; der Kommentar zur „Lehre der zwölf Apostel" soll zusammen mit der Auslegung des Barnabasbriefes erscheinen.

Die Tatsache, daß das „Handbuch zum Neuen Testament" der von Hans Lietzmann begründeten Tradition folgend eine ausführliche Interpretation der Schriften der Apostolischen Väter enthält, bedeutet nicht das Programm, die Kanongrenzen womöglich zu erweitern. Wohl aber soll deutlich werden, daß diese Texte, von denen ja zumindest einige zeitgleich mit den neutestamentlichen Spätschriften entstanden, es verdienen, mit derselben Sorgfalt ausgelegt zu werden wie die kanonischen Bücher des Urchristentums. Deshalb habe ich mich darum bemüht, die beiden Clemensbriefe als Zeugnisse christlicher Theologie ernst zu nehmen.

Während der Arbeit an diesem Kommentar durfte ich mancherlei Hilfe in Anspruch nehmen. Mit besonderer Dankbarkeit erinnere ich mich an die Gespräche mit meinem im Jahre 1990 verstorbenen Kollegen Professor D. Helmut Krämer, der mir bei der Lösung philologischer Probleme unermüdlich weiterhalf. Dankbar bin ich auch für das ständige Gespräch mit François Vouga. Die Herren cand. theol. Christian Welck und cand. theol. Andreas Ruh haben mich bei den Korrekturen unterstützt. Ein besonderer Dank gilt Herrn Kollegen Dr. Ernst Baasland (Oslo), der mir die Druckfahnen seines in ANRW erscheinenden Beitrages zum 2. Clemensbrief zur Verfügung stellte; ich konnte Hinweise auf seine Ergebnisse noch nachträglich in den bereits gesetzten Kommentartext einarbeiten. Herrn Dr. Rüdiger Warns (Mainz) danke ich besonders für Hinweise zum syrischen Text des 2. Clemensbriefes. Last but not least danke ich den Mitarbeitern im Verlag und der Druckerei für die von ihnen für das Entstehen des vorliegenden Buches geleistete Arbeit.

Bethel, 5. Oktober 1991   Andreas Lindemann

Inhalt

Erster Clemensbrief

Zweiter Clemensbrief

Beilage zu 1 Clem 25

Allgemeines Literaturverzeichnis

1. Textausgaben der beiden Clemensbriefe (z. T. kommentiert)

Die nachstehend aufgeführte Literatur wird in den Kommentaren zu 1 Clem und zu 2 Clem nur unter Angabe der Herausgebernamen zitiert.

BIHLMEYER, K., Die Apostolischen Väter. Neubearbeitung der Funkschen Ausgabe mit einem Nachtrag von W. SCHNEEMELCHER, SQS II,1, Tübingen ²1956 (zitiert: Funk-Bihlmeyer).

FISCHER, J. A., Die Apostolischen Väter, SUC 1, Darmstadt ⁵1966.

VON GEBHARDT, O./HARNACK, A., Clementis Romani ad Corinthios quae dicuntur Epistulae, Patrum Apostolicorum Opera I,1, Leipzig ²1876.

JAUBERT, A., Clément de Rome. Epître aux Corinthiens. Introduction, texte, traduction, notes et index, SC 167, Paris 1971.

LIGHTFOOT, J. B., The Apostolic Fathers. A Revised Text, with Introduction, Notes and Translations. I,1–2: S. Clement of Rome, London ²1890 (= Hildesheim/New York 1973).

SCHAEFER, TH., S. Clementis Romani Epistula ad Corinthios quae vocatur prima graece et latine, Flor Patr 44, Bonn 1941.

SCHMIDT, C., Der Erste Clemensbrief in altkoptischer Übersetzung, TU 32,1, Leipzig 1908.

WENGST, K., Didache (Apostellehre) – Barnabasbrief – Zweiter Klemensbrief – Schrift an Diognet, SUC 2, Darmstadt 1984.

2. Quellensammlungen

BARRETT, C. K., Texte zur Umwelt des Neuen Testaments. Zweite, erweiterte deutsche Ausgabe hg. C.-J. THORNTON, UTB 1591, Tübingen 1991.

BRIGHTMAN, F. E., Liturgies Eastern and Western. Vol. I. Eastern Liturgies, Oxford 1896 (= 1965).

CHARLESWORTH, J. H., The Old Testament Pseudepigrapha. Vol. 1: Apocalyptic Literature and Testaments, London 1983; Vol. 2: Expansions of the „Old Testament" and Legends, Wisdom and Philosophical Literature, Prayers, Psalms, and Odes, Fragments of lost Judeo-Hellenistic Works, New York 1985.

DITTENBERGER, W., Orientis Graeci Inscriptiones Selectae I und II, Leipzig 1903/1905.

DITTENBERGER, W., Sylloge Inscriptionum Graecarum I–IV, Leipzig ³1915–1924.

HOLL, K., Fragmente vornicänischer Kirchenväter aus den Sacra Parallela, TU NF V,2, Leipzig 1899.

KRÜGER, G., Ausgewählte Märtyrerakten. Neubearbeitung der Knopfschen Ausgabe mit einem Nachtrag von G. RUHBACH, SQS 3, Tübingen ⁴1965.

KÜMMEL, W. G., Jüdische Schriften aus hellenistisch-römischer Zeit, Gütersloh 1973 ff. (zitiert: JSHRZ).

ROBINSON, J. M., The Nag Hammadi Library in English, Leiden ³1988.

SCHNEEMELCHER, W., Neutestamentliche Apokryphen in deutscher Übersetzung. I. Evangelien, Tübingen [6]1990; II. Apostolisches, Apokalypsen und Verwandtes, Tübingen [5]1989 (zitiert: NTApo[5]).

VÖLKER, W., Quellen zur Geschichte der christlichen Gnosis, SQS 5, Tübingen 1932.

3. Hilfsmittel

ALTANER, B./STUIBER, A., Patrologie. Leben, Schriften und Lehre der Kirchenväter, Freiburg [8]1980.

BAUER, W., Griechisch-deutsches Wörterbuch zu den Schriften des Neuen Testaments und der frühchristlichen Literatur, 6., völlig neu bearbeitete Auflage hg. von Kurt ALAND und Barbara ALAND, Berlin/New York 1988 (zitiert: Bauer-Aland WB).

BLASS, F./DEBRUNNER, A., Grammatik des neutestamentlichen Griechisch. Bearbeitet von F. REHKOPF, Göttingen [16]1984 (zitiert: B-D-R).

DENIS, A.-M., Concordance Grecque des Pseudépigraphes d' Ancien Testament. Concordance. Corpus des textes. Indices, Louvain-la-Neuve 1987.

GOODSPEED, E. J., Index Patristicus sive Clavis Patrum Apostolicorum Operum, Leipzig 1907.

HENNECKE, E., Handbuch zu den Neutestamentlichen Apokryphen, Tübingen 1904 (zitiert: Handbuch NTApo).

KRAFT, H., Clavis Patrum Apostolicorum, Darmstadt 1963.

KÜHNER, R./BLASS, F./GERTH, B.: Ausführliche Grammatik der griechischen Sprache, Hannover [3]1890–1902 (= Darmstadt [4]1955–1966).

LAMPE, G. W. H., A Patristic Greek Lexicon, Oxford [7]1984.

LIDDELL, H. G./SCOTT, R., A Greek-English Lexicon, Oxford 1968.

New Testament in the Apostolic Fathers, by a Committee of the Oxford Society of Historical Theology, Oxford 1905 (zitiert: NTAF).

RADERMACHER, L., Neutestamentliche Grammatik. Das Griechisch des Neuen Testaments im Zusammenhang mit der Volkssprache, HNT 1, Tübingen [2]1925.

SCHWYZER, E., Griechische Grammatik. Drei Bände, HAW II.1, 1–3, München 1939/1950/1953.

SIEGERT, F., Nag-Hammadi-Register. Wörterbuch zur Erfassung der Begriffe in den koptisch-gnostischen Schriften von Nag-Hammadi mit einem deutschen Index, WUNT 26, Tübingen 1982.

Erster Clemensbrief

Literaturverzeichnis zum Ersten Clemensbrief

Aufgeführt ist die im Kommentar zum Ersten Clemensbrief zitierte Sekundärliteratur; Artikel aus RAC, RGG, ThWNT, TRE und anderen Nachschlagewerken sind nicht aufgenommen, da sie stets unter Angabe von Autor und Fundort zitiert werden. Textausgaben biblischer und apokrypher sowie antiker griechischer oder lateinischer Schriften, deren Benutzung sich von selbst versteht, sind ebenfalls nicht in das Literaturverzeichnis aufgenommen worden.

Zitiert wird unter Nennung des Verfassernamens und des ersten Substantivs des Buchtitels, bei Kommentaren unter Nennung der betreffenden biblischen Schrift.

ADAM, A., Die Entstehung des Bischofsamtes, WuD NF 5, 1957, 104–113.

ALFÖLDY, G., Die Freilassung von Sklaven und die Struktur der Sklaverei in der römischen Kaiserzeit, in: H. Schneider (Hg.), Sozial- und Wirtschaftsgeschichte der römischen Kaiserzeit, WdF 552, Darmstadt 1981, 336–371.

ALTANER, B., Neues zum Verständnis von I Clemens 5,1–6,2, in: ders., Kleine patristische Schriften, hg. von G. Glockmann, TU 83, Berlin 1967, 527–533.

DERS., Der 1. Clemensbrief und der römische Primat, in: Kleine patristische Schriften (s.o.), 534–539.

ANDRESEN, C., Die Kirchen der alten Christenheit, RM 29, 1/2, Stuttgart 1971.

AONO, T., Die Entwicklung des paulinischen Gerichtsgedankens bei den Apostolischen Vätern, EHS XXIII/137, Bern usw. 1979.

AUS, R. D., The Liturgical Background of the Necessity and Propriety of Giving Thanks according to 2 Thess 1,3, JBL 92, 1973, 422–438.

BARNARD, L. W., Clement of Rome and the Persecution of Domitian, NTS 10, 1963/64, 251–260.

BARTSCH, H.-W., Röm 9,5 und 1 Clem 32,4, ThZ 21, 1965, 401–409.

BAUER, W., Rechtgläubigkeit und Ketzerei im ältesten Christentum, BHTh 10, Tübingen ²1964 (mit einem Nachtrag von G. Strecker).

DERS./PAULSEN, H., Die Briefe des Ignatius von Antiochia und der Polykarpbrief, HNT 18 (Die Apostolischen Väter II), Tübingen 1985.

BAUMEISTER, TH., Die Anfänge der Theologie des Martyriums, MBTh 49, München 1980.

BELLEN, H., Verzicht auf Freilassung als asketische Leistung?, JAC 6, 1963, 177–180.

BETZ, H. D., Der Galaterbrief. Ein Kommentar zum Brief des Apostels an die Gemeinden in Galatien, München 1988.

BÉVENOT, M., Clement of Rome in Irenaeus' Succession List, JThS NS 17, 1966, 98–107.

BEYSCHLAG, K., 1. Clemens 40–44 und das Kirchenrecht, in: Reformatio und Confessio (FS Wilhelm Maurer), hg. von F. W. Kantzenbach/G. Müller, Berlin 1965, 9–22.

DERS., Clemens Romanus und der Frühkatholizismus. Untersuchungen zu I Clemens 1–7, BHTh 35, Tübingen 1966.

DERS., Zur EIRHNH BAΘEIA (I Clem 2,2), Vig Chr 26, 1972, 18–23.

(STRACK, H. L./) BILLERBECK, P., Kommentar zum Neuen Testament aus Talmud und Midrasch, Bd. I–IV, München ⁵1969; Bd. V/VI, München ³1969.

BLUM, G. G., Tradition und Sukzession. Studien zum Normbegriff des Apostolischen von Paulus bis Irenäus, AGTL 9, Berlin 1963.

BOUSSET, W., Jüdisch-Christlicher Schulbetrieb in Alexandria und Rom. Literarische Untersuchungen zu Philo und Clemens von Alexandrien, Justin und Irenäus, FRLANT 23, Göttingen 1915.

BRANDT, W., Die Wortgruppe λειτουργεῖν im Hebräerbrief und bei Clemens Romanus, JThSB 1, 1930, 145–176.

BRAUN, H., An die Hebräer, HNT 14, Tübingen 1984.

BRENNECKE, H. C., Danaiden und Dirken. Zu 1 Clem 6,2, ZKG 88, 1977, 302–308.

VAN DEN BROEK, R., The Myth of the Phoenix According to Classical and Early Christian Traditions, EPRO 24, Leiden 1972.

BROX, N., Der erste Petrusbrief, EKK XXI, Zürich/Neukirchen 1979.

BRUNNER, G., Die theologische Mitte des ersten Klemensbriefes. Ein Beitrag zur Hermeneutik frühchristlicher Texte, FThS 11, Frankfurt/M. 1972.

BULTMANN, R., Theologie des Neuen Testaments, Tübingen ⁹1984 (durchgesehen und ergänzt von O. MERK).

BUMPUS, H. B., The Christological Awareness of Clement of Rome and Its Sources, Cambridge 1972.

v. CAMPENHAUSEN, H., Kirchliches Amt und geistliche Vollmacht in den ersten drei Jahrhunderten, BHTh 14, Tübingen ²1963.

CARROLL, K. L., The Expansion of the Pauline Corpus, JBL 72, 1953, 230–237.

VAN CAUWELAERT, R., L' intervention de l' église de Rome à Corinthe vers l'an 96, RHE 31, 1935, 267–306. 765–768.

CHADWICK, H., Justification by Faith and Hospitality, StPatr 4,2 (= TU 79), Berlin 1961, 281–285.

CLARK, K. W., Worship in the Jerusalem Temple after A.D. 70, NTS 6, 1959/60, 269–280.

COCKERILL, G. L., Hebr 1,1–14, 1 Clem 36,1–6 and the High Priest Title, JBL 97, 1978, 437–440.

CONZELMANN, H., Die Apostelgeschichte, HNT 7, Tübingen ²1972.

DERS., Der erste Brief an die Korinther, KEK V, Göttingen ²1981.

CULLMANN, O., Les causes de la mort de Pierre et de Paul d'après le témoignage de Clément de Rome, RHPhR 10, 1930, 294–300.

DALMAN, G., Die Worte Jesu I. Einleitung und wichtige Begriffe, Leipzig ²1930.

DEISSMANN, A., Licht vom Osten. Das Neue Testament und die neuentdeckten Texte der hellenistisch-römischen Welt, Tübingen ⁴1923.

DIBELIUS, M., Die Formgeschichte des Evangeliums, Tübingen ⁵1966.

DERS., Rom und die Christen im ersten Jahrhundert, in: ders., Botschaft und Geschichte. Gesammelte Aufsätze II, Tübingen 1956, 177–228.

DERS., Der Brief des Jakobus, KEK XV, Göttingen ¹¹1964.

DERS., Die Pastoralbriefe, HNT 13, 4. von H. CONZELMANN ergänzte Auflage, Tübingen 1966.

DERS., An die Kolosser. Epheser. An Philemon, HNT 12, 3. von H. GREEVEN neubearbeitete Auflage, Tübingen 1953.

DREWS, P., Untersuchungen über die sog. clementinische Liturgie im VIII. Buch der apostolischen Konstitutionen. 1. Die Clementinische Liturgie in Rom, Studien zur Geschichte des Gottesdienstes und des gottesdienstlichen Lebens II.III, Tübingen 1906.

EGGENBERGER, CHR., Die Quellen der politischen Ethik des 1. Klemensbriefes, Zürich 1951.

EHRMAN, B. D., The New-Testament-Canon of Didymus the Blind, Vig Chr 37, 1983, 1–21.

ELLINGWORTH, P., Hebrews and 1 Clement. Literary Dependence or Common Tradition?, BZ NF 23, 1979, 262–269.

EVANS, C. A., A Note on ἐγκύπτειν in 1 Clement, Vig Chr 38, 1984, 200–201.

FAIVRE, A., Le système normatif dans la Lettre de Clément de Rome aux Corinthiens, RevSR 54, 1980, 129–152.

FINEGAN, J., The Original Form of the Pauline Collection, HThR 49, 1956, 85–103.

FISHER, E. W., Let us look upon the Blood of Christ (1 Clem 7,4), Vig Chr 34, 1980, 218–236.

FRIEDLÄNDER, L., Darstellungen aus der Sittengeschichte Roms in der Zeit von Augustus bis zum Ausgang der Antonine I–IV, Leipzig ¹⁰1921–1923.

FUCHS, H., Augustinus und der antike Friedensgedanke, Berlin 1926.

FUELLENBACH, J., Ecclesiastical Office and the Primacy of Rome. An Evaluation of Recent Theological Discussion of First Clement, SCA 20, Washington 1980.

GERKE, F., Die Stellung des ersten Clemensbriefes innerhalb der Entwicklung der altchristlichen Gemeindeverfassung und des Kirchenrechts, TU 47,1, Leipzig 1932.

GNILKA, J., Der Philipperbrief, HThK X/3, Freiburg ²1976.

VON DER GOLTZ, E., Das Gebet in der ältesten Christenheit. Eine geschichtliche Untersuchung, Leipzig 1901.

GRANT, R. M./GRAHAM, H. H., The Apostolic Fathers. A New Translation and Commentary. Vol. 2. First and Second Clement. New York 1965.

GRÄSSER, E., An die Hebräer I (Hebr 1–6), EKK XVII/1, Zürich/Neukirchen 1990.

GÜLZOW, H., Christentum und Sklaverei in den ersten drei Jahrhunderten, Bonn 1969.

HAGNER, D. A., The Use of the Old and New Testaments in Clement of Rome, NT.S 34, Leiden 1973.

HARNACK, A., Über die jüngst entdeckte lateinische Übersetzung des ersten Klemensbriefes, SAB 1894, 261–273.

DERS., Militia Christi. Die christliche Religion und der Soldatenstand in den ersten drei Jahrhunderten, Tübingen 1905.

DERS., Die Mission und Ausbreitung des Christentums in den ersten drei Jahrhunderten. Zwei Bände, Leipzig ⁴1923.

DERS., Einführung in die alte Kirchengeschichte. Das Schreiben der römischen Kirche an die korinthische aus der Zeit Domitians (1. Clemensbrief), Leipzig 1929.

HARRIS, J. R., On an Obscure Quotation in the First Epistle of Clement, JBL 29, 1910, 190–195.

HAY, D. M., Glory at the Right Hand. Psalm 110 in Early Christianity, SBL MS 18, Nashville 1973.

HELLFRITZ, H., Οἱ οὐρανοὶ τῇ Διοικήσει αὐτοῦ σαλευόμενοι ἐν εἰρήνῃ ὑποτάσσονται αὐτῷ (1 Clem 20,1), Vig Chr 22, 1968, 1–7.

HENGEL, M., Psalm 110 und die Erhöhung des Auferstandenen zur Rechten Gottes, in: Anfänge der Christologie. FS Ferdinand Hahn, hg. von C. Breytenbach/H. Paulsen, Göttingen 1991, 43–73.

HEUSSI, K., Die römische Petrustradition in kritischer Sicht, Tübingen 1955.

HOFFMANN, P., Die Toten in Christus. Eine religionsgeschichtliche und exegetische Untersuchung zur paulinischen Eschatologie, NTA NF 2, München 1966.

HOLL, K., Das Apokryphon Ezechiel, in: ders., Gesammelte Aufsätze zur Kirchengeschichte II. Der Osten, Tübingen 1928, 33–43.

DERS., Die schriftstellerische Form des griechischen Heiligenlebens, in: Gesammelte Aufsätze II (s. o.), 249–269.

JAEGER, W., Echo eines unerkannten Tragikerfragments in Clemens' Brief an die Korinther, RhMus 102, 1959, 330–340.

JAUBERT, A., Les Sources de la Conception Militaire de l'Église en 1 Clément 37, Vig Chr 18, 1964, 74–84.

DIES., Thèmes Lévitiques dans la Prima Clementis, Vig Chr 18, 1964, 193–203.

JEREMIAS, J., Jerusalem zur Zeit Jesu. Eine kulturgeschichtliche Untersuchung zur neutestamentlichen Zeitgeschichte, Göttingen ³1962.

JERVELL, J., Imago Dei. Gen. 1,26 f. im Spätjudentum, in der Gnosis und in den paulinischen Briefen, FRLANT 76, Göttingen 1960.

KÄSEMANN, E., An die Römer, HNT 8a, Tübingen ⁴1980.

KLAUCK, H.-J., Hellenistische Rhetorik im Diasporajudentum. Das Exordium des vierten Makkabäerbuches (4 Makk 1.1–12), NTS 35, 1989, 451–465.

KLEIST, J. A., The Epistles of St. Clement of Rome and St. Ignatius of Antioch, ACW 1, Westminster/London 1961.

KLEVINGHAUS, J., Die theologische Stellung der Apostolischen Väter zur alttestamentlichen Offenbarung, BFChTh 44, Gütersloh 1948.

KLOSTERMANN, E., Das Lukasevangelium, HNT 5, Tübingen ³1975.

KNOCH, O., Eigenart und Bedeutung der Eschatologie im theologischen Aufriß des ersten Clemensbriefes, Theoph 17, Bonn 1964.

KNOPF, R., Die Lehre der Zwölf Apostel. Die zwei Clemensbriefe, HNT-Ergänzungsband. Die Apostolischen Väter I, Tübingen 1920.

KOCH, D.-A., Die Schrift als Zeuge des Evangeliums. Untersuchungen zur Verwendung und zum Verständnis der Schrift bei Paulus, BHTh 69, Tübingen 1986.

KÖHLER, W.-D., Die Rezeption des Matthäusevangeliums in der Zeit vor Irenäus, WUNT II/24, Tübingen 1987.

KÖSTER, H., Synoptische Überlieferung bei den Apostolischen Vätern, TU 65, Berlin 1957.

KRAUS, H.-J., Psalmen. Zwei Bände, BK XV/1.2, Neukirchen ⁵1978.

LAMPE, P., Die stadtrömischen Christen in den ersten beiden Jahrhunderten. Untersuchungen zur Sozialgeschichte, WUNT II/18, Tübingen 1987.

LEDER, H.-G., Das Unrecht der Presbyterabsetzung in Korinth. Zur Interpretation von 1. Cl. 44,1–6, ThV 10, 1979, 107–127.

LIETZMANN, H., An die Römer, HNT 8, Tübingen ⁵1971.

LINDEMANN, A., Paulus im ältesten Christentum. Das Bild des Apostels und die Rezeption der paulinischen Theologie in der frühchristlichen Literatur bis Marcion, BHTh 58, Tübingen 1979.

DERS., Christliche Gemeinden und das Römische Reich im ersten und zweiten Jahrhundert, WuD NF 18, 1985, 105–133.

LOHMANN, H., Drohung und Verheißung. Exegetische Untersuchungen zur Eschatologie bei den Apostolischen Vätern, BZNW 55, Berlin 1989.

LÖSCH, S., Der Brief des Clemens Romanus. Die Probleme und ihre Beurteilung in der Gegenwart, in: Studi dedicati alla memoria di Paolo Ubaldi, PUCSC V/16, Milano 1937, 177–188.

LÜHRMANN, D., Henoch und die Metanoia, ZNW 66, 1975, 103–116.

DERS., Neutestamentliche Haustafeln und antike Ökonomie, NTS 27, 1980/81, 83–97.

LUSCHNAT, O., Griechisches Gemeinschaftsdenken bei Clemens Romanus, in: J. Burian/L. Vidman (Hg.), Antiquitas Graeco-Roman ac tempora nostra, Praha 1968, 125–131.

LUZ, U., Das Evangelium nach Matthäus, EKK I/1.2, Zürich/Neukirchen 1985/1990.

MAIER, J., Geschichte der jüdischen Religion. Von der Zeit Alexander des Großen bis zur Aufklärung mit einem Ausblick auf das 19./20. Jahrhundert, Berlin 1972.

MARCUS, R., Divine Names and Attributes in Hellenistic Jewish Literature, PAAJR 3, 1932, 43–120.

MAYER, G., Die jüdische Frau in der hellenistisch-römischen Antike, Stuttgart 1987.

MAZAR, B., Der Berg des Herrn. Neue Ausgrabungen in Jerusalem, Bergisch Gladbach 1979.

MEES, M., Die Hohepriester – Theologie des Hebräerbriefes im Vergleich mit dem Ersten Clemensbrief, BZ NF 22, 1978, 115–124.

MEINHOLD, P., Geschehen und Deutung im Ersten Clemensbrief, ZKG 58, 1939, 82–129.

MIKAT, P., Die Bedeutung der Begriffe Stasis und Aponoia für das Verständnis des 1. Clemensbriefes, AGF-G 155, Köln 1969.

DERS., Zur Fürbitte der Christen für Kaiser und Reich im Gebet des 1. Clemensbriefes, in: Festschrift für Ulrich Scheuner, Berlin 1973, 455–471.

DERS., Der „Ausweisungsrat" (1 Clem 54,2) als Schlüssel zum Gemeindeverständnis im 1. Clemensbrief, in: ders., Geschichte, Recht, Religion, Politik (GAufs) I, Paderborn 1984, 361–373.

MITTEIS, L./WILCKEN, U., Grundzüge und Chrestomathie der Papyruskunde I. II, Leipzig/Berlin 1912.

MOHRMANN, CHR., Les origines de la latinité chrétienne à Rome, Vig Chr 3, 1949, 67–106.

NAUCK, W., Probleme des frühchristlichen Amtsverständnisses (1 Petr 5,2f.), in: K. Kertelge (Hg.), Das kirchliche Amt im Neuen Testament, WdF 439, Darmstadt 1977, 442–469.

NILSSON, M. P., Geschichte der griechischen Religion. Zwei Bände, HAW V/2, 1.2, München ²1955/²1961.

NOLL, R. R., The Search for a Christian Ministerial Priesthood in I Clement, StPatr 13 (= TU 116), Berlin 1975, 250–254.

NORDEN, E., Agnostos Theos. Untersuchungen zur Formengeschichte religiöser Rede, Darmstadt ⁴1956.

OLLROG, W.-H., Paulus und seine Mitarbeiter. Untersuchungen zu Theorie und Praxis der paulinischen Mission, WMANT 50, Neukirchen 1979.

OPITZ, H., Ursprünge frühkatholischer Pneumatologie. Ein Beitrag zur Entstehung der Lehre vom Heiligen Geist in der römischen Gemeinde unter Zugrundelegung des I. Clemensbriefes und des „Hirten" des Hermas, ThA 15, Berlin 1960.

PETERSON, E., Das Praescriptum des 1. Clemens-Briefes, in: ders., Frühkirche, Judentum und Gnosis. Studien und Untersuchungen, Rom usw. 1959, 129–136.

PFISTER, F., Die zweimalige römische Gefangenschaft und die spanische Reise des Apostels Paulus und der Schluß der Apostelgeschichte, ZNW 14, 1913, 216–221.

PÖHLMANN. W., Die heidnische, jüdische und christliche Opposition gegen Domitian. Studien zur Neutestamentlichen Zeitgeschichte, Diss. Erlangen 1966.

QUINN, J. D., „Seven Times He Wore Chains" (1 Clem 5,6), JBL 97, 1978, 574–576.

RÄISÄNEN, H., „Werkgerechtigkeit" – eine „frühkatholische" Lehre? Überlegungen zum 1. Klemensbrief, StTh 37, 1983, 79–99.

ROHDE, J., Häresie und Schisma im ersten Clemensbrief und in den Ignatiusbriefen, NT 10, 1968, 216–233.

SANDERS, L., L'Hellénisme de Saint Clément de Rome et le Paulinisme, StHell II, Leuven 1943.

SCHERMANN, TH., Griechische Zauberpapyri und das Gemeinde- und Dankgebet im I. Klemensbriefe, TU 34,2b, Leipzig 1909.

SCHMID, H. H., „Mein Gott, mein Gott, warum hast du mich verlassen?" Psalm 22 als Beispiel alttestamentlicher Rede von Krankheit und Tod, WuD NF 11, 1971, 119–140.

SCHÖLLGEN, G., Monepiskopat und monarchischer Episkopat. Eine Bemerkung zur Terminologie, ZNW 77, 1986, 147–151.

SCHÜRER, E., Die Geschichte des Jüdischen Volkes im Zeitalter Jesu Christi, I–III, Leipzig ⁴1901–1909.

SCHWEIZER, E., Was meinen wir eigentlich, wenn wir sagen ‚Gott sandte seinen Sohn . . .'?, NTS 37, 1991, 204–224.

SELLEW, PH., Oral and Written Sources in Mark 4.1–34, NTS 36, 1990, 234–267.

SMALLWOOD, M., The Jews under Roman Rule from Pompey to Diocletian. A study in political relations, SJLA 20, Leiden ²1981.

SMITH, M., The Report about Peter in 1 Clement 5:4, NTS 7, 1960/61, 86–88.

STEMBERGER, G., Der Leib der Auferstehung. Studien zur Anthropologie und Eschatologie des palästinischen Judentums im neutestamentlichen Zeitalter (ca. 170 v. Chr.–100 n. Chr.), AnBibl 56, Rom 1972.

STOLZ, F., Psalm 22: Alttestamentliches Reden vom Menschen und neutestamentliches Reden von Jesus, ZThK 77, 1980, 129–148.

THEISSEN, G., Untersuchungen zum Hebräerbrief, StNT 2, Gütersloh 1969.

DERS., Psychologische Aspekte paulinischer Theologie, FRLANT 131, Göttingen 1983.

THIERRY, J.-J., Note sur τὰ ἐλάχιστα τῶν ζῴων au chapître 20 de la I Clementis, Vig Chr 14, 1960, 235–244.

THYEN, H., Der Stil der jüdisch-hellenistischen Homilie, FRLANT 65, Göttingen 1955.

ULLMANN, W., The Significance of the Epistula Clementis, JTh S NS 11, 1960, 295–317.

VAN UNNIK, W. C., Is 1 Clement 20 purely Stoic?. Vig Chr 4, 1950, 181–189.

DERS., 1 Clement 34 and the „Sanctus", Vig Chr 5, 1951, 204–248.

DERS., „Tiefer Friede" (1. Klemens 2,2), Vig Chr 24, 1970, 261–279.

DERS., Studies over de zogenaamde Eerste Brief van Clemens I. Het litteraire Genre, Amsterdam 1970.

VOLZ, P., Die Eschatologie der jüdischen Gemeinde im neutestamentlichen Zeitalter, Tübingen 1934.

VOUGA, F., Die Johannesbriefe, HNT 15/III, Tübingen 1990.

WEISER, A., Die Psalmen I.II, ATD 14/15, Göttingen ⁹1979.

WEISS, B., Amt und Eschatologie im 1. Clemensbrief, ThPh 50, 1975, 70–83.

WENGST, K., Demut – Solidarität der Gedemütigten. Wandlungen eines sozialen Begriffes und seines sozialen Bezugs in griechisch-römischer, alttestamentlich-jüdischer und urchristlicher Tradition, München 1987.

WESTERMANN, C., Genesis I. Genesis 1–11, BK I,1, Neukirchen [2]1976.

DERS., Das Buch Jesaja. Kapitel 40–66, ATD 19, Göttingen [3]1976.

WICKERT, U., Eine Fehlübersetzung zu I. Clem 19,2, ZNW 49, 1958, 270–275.

WILCKENS, U., Die Missionsreden der Apostelgeschichte. Form- und traditionsgeschichtliche Untersuchungen, WMANT 5, Neukirchen [3]1974.

WISCHMEYER, O., Der höchste Weg. Das 13. Kapitel des 1. Korintherbriefes, StNT 13, Gütersloh 1981.

WLOSOK, A., Die Anfänge christlicher Poesie lateinischer Sprache: Laktanzens Gedicht über den Vogel Phoenix, in: dies., Res humanae – res divinae. Kleine Schriften, BKAW NF II/84, Heidelberg 1990, 250–278.

WOLFF, H. W., Jesaja 53 im Urchristentum, Berlin 1952.

WONG, D. W. F., Natural and Divine Order in I Clement, Vig Chr 31, 1977, 81–87.

WREDE, W., Untersuchungen zum Ersten Klemensbrief, Göttingen 1891.

YOUNG, F. W., The Relation of 1 Clement to the Epistle of James, JBL 67, 1948, 339–345.

ZIEGLER, A. W., Neue Studien zum ersten Klemensbrief, München 1958.

Einleitung

1. Überlieferung und Bezeugung

1 Clem ist verhältnismäßig gut überliefert. Ältester Textzeuge ist der im 5. Jh. geschriebene Bibelcodex Alexandrinus (A); er hat jedoch einige Lücken, und es fehlt das Blatt mit
dem Text von 1 Clem 57,7–63,4 (Übersicht bei Lightfoot I/2, 263–267). Den vollständigen griechischen Text bietet der 1875 von Bryennios edierte Minuskelcodex Hierosolymitanus graecus 54 (H) aus dem Jahre 1056, der auch die Did, 2 Clem und Barn enthält
(Autotypie bei Lightfoot I/1, 425–462). Die lateinische Übersetzung in einem 1894 von G.
Morin entdeckten und edierten Codex aus dem 11. Jh. (L) ist möglicherweise schon im
2. Jh. entstanden (Schaefer 3 f.; zum einzelnen vgl. Mohrmann, VigChr 3, 1949, 78–85); L
bietet einerseits eine lateinische „Interpretation" des 1 Clem, ist aber andererseits durchaus
zuverlässig und bisweilen (z. B. in 1,3) den griechischen Handschriften vorzuziehen. Die
weite Verbreitung des 1 Clem belegen die beiden erhaltenen koptischen Codices: C, aus
dem 4./5. Jh., ist nahezu vollständig (es fehlt der Abschnitt 34,5–42,2); C¹, aus dem 5./
8. Jh., enthält lediglich 1,1–26,2 und auch dies nur lückenhaft. Die syrische Übersetzung
(S) steht in einer NT-Handschrift aus dem Jahre 1170 (zusammen mit 2 Clem), und zwar
zwischen den Katholischen Briefen und dem Corpus Paulinum. Rezeptionsgeschichtlich
und vor allem auch textkritisch wichtig sind die breiten Zitate aus 1 Clem bei Clemens
Alex Strom, vor allem IV 105–119 (s. den Index bei Stählin, GCS 39, 27 f.; vgl. auch Grant
5 f., der auf das Fehlen von Passagen wie 1 Clem 5; 25; 42–44 und 54,1–55,2 beim
alexandrinischen Clemens aufmerksam macht („These omissions reflect his own lack of
interest in the subjects discussed.").

1 Clem ist früh bezeugt, möglicherweise schon bei Ign Röm 3,1 (ἄλλους ἐδιδάξατε; s.
Bauer-Paulsen zSt); bei Polykarp zeigen sich zahlreiche Parallelen (so schon in der inscriptio des Phil: τῇ ἐκκλησίᾳ ... τῇ παροικούσῃ; zahlreiche weitere Hinweise bei Lightfoot I/1,
149–152), doch gibt es für die Behauptung, „that Clement's Epistle was in the hands of
Polycarp" (Lightfoot I/1, 149), keinen sicheren Beleg, denn die Parallelen verweisen in
keinem Fall auf literarische Abhängigkeit. Ausführlich erwähnt und teilweise inhaltlich
referiert wird 1 Clem bei Iren Haer III 3,3 (s. dazu u. die Auslegung zu 62,1); auffallend ist,
daß Irenäus als Absenderin des Briefes die römische Kirche nennt und nicht deren im
unmittelbaren Zusammenhang ebenfalls erwähnten ἐπίσκοπος Clemens (s. u. zu 2.). Didymus der Blinde von Alexandria (313–398) zitiert in seinem Hiob-Kommentar 1 Clem
20,8 (zu Hi 11,7; s. Ehrman, VigChr 37, 1983, 1–21). Der Brief wird dann mehrfach bei
Euseb erwähnt, wobei nun einhellig „Clemens" als Vf. gilt: KG III 16, wo als Datum die
Zeit Domitians genannt ist; III 38,1 ff., wo auf Zitate aus dem Hebr hingewiesen ist; IV
22,1, wo gesagt wird, Hegesipp (ca. 110–180) habe in seinen ὑπομνήματα 1 Clem erwähnt;
IV 23,11, wo aus einem Brief des Dionysius (um 170) zitiert wird, der die gottesdienstliche

Verlesung des 1 Clem in Korinth erwähnt; V 6,2f. mit einem Zitat der erwähnten Stelle aus Iren Haer (s.o.). Clemens Alexandrinus bezeichnet den römischen Clemens als „Apostel" (Strom IV 105,1), spricht aber andererseits auch vom „Brief der Römer an die Korinther" (Strom V 80,1 mit Zitat von 1 Clem 20,8). Eine ausführliche Übersicht über die Zitate und Anspielungen auf 1 Clem bis zum 10. Jh. gibt Lightfoot I/1, 148–200.

1 Clem wird (gemeinsam mit 2 Clem) in ConstAp VIII 47 canon 85 zu den „heiligen Schriften" gerechnet; ob seine Aufnahme in eine griechische (A) und eine syrische Bibelhandschrift (s.o.) ein Indiz für kanonische Geltung sein muß, ist fraglich. Euseb KG VI 13,6 erwähnt, daß Clemens Alexandrinus 1 Clem zu den umstrittenen Schriften („Antilegomena") gezählt habe, neben u.a. Hebr und Jud.

2. Abfassungszeit und Verfasserschaft

1 Clem wird üblicherweise mit dem Ende der Regierungszeit Domitians (ermordet am 18. 9. 96) in Verbindung gebracht, da 1,1 auf eine soeben beendete Christenverfolgung in Rom zurückblicke, mit der jedenfalls nicht die neronische Verfolgung gemeint sein kann; aber die Nachrichten über eine domitianische Verfolgung, zumal in Rom, sind spät und unsicher (s. die Auslegung von 1,1; vgl. auch J. Vogt, Art. Christenverfolgung I, RAC II, 1167–1170, der dann freilich 1 Clem 1,1; 7,1 als Beleg für eine solche Verfolgung wertet). Eine Datierung des 1 Clem wird am ehesten durch die Analyse der vorausgesetzten Kirchenstruktur ermöglicht: Für eine nicht zu späte Ansetzung (noch vor 100) spricht, daß 1 Clem ähnlich wie die Past zwar ἐπίσκοποι kennt, aber noch keinen Monepiskopat, wie er bei Ignatius (um 110) greifbar wird; gegen eine zu frühe Datierung (vgl. D. Powell, Art. Clemens von Rom, TRE 8, 117: „Am ehesten in die Regierungszeit Vespasians", d.h. 69–79) spricht das offenbar längst akzeptierte Vorhandensein des Presbyteramts. Die Datierung des 1 Clem ins letzte Jahrzehnt des 1. Jh.s ist in der Forschung jedenfalls weithin anerkannt (s. Fuellenbach, Office 1), während Frühdatierungen (Zeit Neros) und Spätdatierungen (Zeit Trajans oder Hadrians) m. R. verworfen worden sind; Vertreter beider Positionen bei Lightfoot I/1, 346, vgl. Fuellenbach aaO. 2f. Für Spätdatierung (Mitte des 2. Jh.s) in der neueren Forschung Eggenberger, Quellen, der die in 1 Clem dargestellte Situation in Korinth für bewußte Fiktion hält (kritisch dazu u. a. Campenhausen, ThLZ 77, 1952, 38f.).

Schon die älteste ausdrückliche Erwähnung des 1 Clem bei Dionysius von Korinth (s. o. zu 1.) bringt den Brief mit „Clemens" in Verbindung, der nach den römischen Bischofslisten der dritte Bischof von Rom (nach Linus und Anenkletus) gewesen sei (nach Tert Praescr 32,2 wäre jedoch Clemens schon unmittelbar von Petrus „ordiniert" worden so wie Polykarp von Johannes; s. Bévenot, JThS NS 17, 1966, 98–107, der auch in der bei Iren Haer III 3 erwähnten Liste Clemens als direkten Nachfolger von Petrus und Paulus sieht). Seinem Präskript zufolge ist 1 Clem ein Schreiben der (ganzen) römischen ἐκκλη-σία, und dieser Aspekt (Verwendung der 1. Person Plural) wird im ganzen Brief durchgehalten. Aber 1 Clem ist sicher von einem einzelnen Autor verfaßt (und dann möglicherweise durch die Gemeinde autorisiert) worden, wie der einheitliche Sprachstil und die einheitliche Argumentationsweise zeigen. Auffallend ist der ganz ungewöhnliche Umfang des Briefes (um die Hälfte länger als der Röm des Paulus); das für den aktuellen Anlaß Notwendige wird weit überboten, auch wenn das Thema überall durchscheint (s. u. zu

4.). 1 Clem wird von einem führenden Mann der römischen Gemeinde, möglicherweise von einem Amtsträger, verfaßt worden sein, ohne daß wir über ihn Näheres sagen könnten. Oft wird versucht, im Vf von 1 Clem den in Phil 4,3 erwähnten Clemens zu sehen (so schon Euseb KG III 15 f.) oder auch bei den bei Herm Vis II 4,3 erwähnten Clemens (so Harnack, Einführung 11. 50; Harnack bringt ihn mit dem unter Domitian wegen „Atheismus" hingerichteten Konsul Titus Flavius Clemens [s. Suet Caes Domitian 15,1; Dio C LXVII 14,1 f.] in Verbindung: möglicherweise sei der Vf ein Sklave oder Freigelassener des Konsuls gewesen); aber alle diese Bemühungen setzen in jedem Fall voraus, daß die Verbindung des Briefes mit dem Namen „Clemens" zuverlässig ist, was sich nicht erweisen läßt. Denkbar ist, daß tatsächlich ein Mann namens Clemens gegen Ende des 1. Jh.s in der römischen Gemeinde eine führende Rolle innehatte und daß deshalb der „anonyme" 1 Clem mit seinem Namen in Verbindung gebracht wurde. Zur Person des Vf des 1 Clem, insbesondere zu seiner philosophischen und literarischen Bildung, soweit sie sich aus dem Brief rekonstruieren läßt, s. Lampe, Christen 172–182. Lampe zeigt (aaO. 59) auch, daß der Vf kein Judenchrist gewesen ist, denn insbesondere die Bibelinterpretation (s. u. zu 5.) erinnert gar nicht an jüdisches Selbstverständnis; aber zweifellos war er mit jüdischer bzw. judenchristlicher Tradition eng vertraut.

3. Gattung und Gliederung (Argumentationsgang)

1 Clem ist seiner Form nach nicht der Brief eines einzelnen, sondern der Brief einer Gemeinde. Dafür gibt es offenbar keine direkte Parallele (Mart Pol ist eine Nachahmung); vgl. aber 2 Makk 1,1 („die Juden in Jerusalem und in Judäa" schreiben an „die jüdischen Brüder in Ägypten"). 1 Clem übernimmt das paulinische Briefformular (s. u. zum Präskript) und zeigt damit, daß die Absenderin sich in der Tradition der Rolle und der Funktion des Apostels sieht, ohne daß wie in der zeitlich parallelen pseudonymen Briefliteratur apostolische Autorität fiktiv in Anspruch genommen wird. Van Unnik, Studies I, 33–56 hat 1 Clem aufgrund von 58,2 der rhetorischen Gattung des συμβουλευτικὸν γένος zugeordnet (zustimmend Brunner, Mitte 159), also der beratenden Rede, in der der Redner den Zuhörern hinsichtlich der Zukunft einen Rat erteilt (Aristot Rhet I 3 p 1358b). Aber damit wäre allenfalls ein Teilaspekt der Argumentation und Zielsetzung des 1 Clem erfaßt; überdies meint συμβουλὴν δέχεσθαι in 58,2 wohl einfach nur „einen Rat annehmen". Thyen, Stil 11 f. sieht, in Anlehnung an Bousset, Schulbetrieb 309, starke Anklänge an den Stil der synagogalen Predigt; doch basiert dies Urteil u. a. auf der Annahme, daß 1 Clem in Kap. 4–38 auf den konkreten Anlaß des Briefes gar nicht eingehe, was jedoch nicht der Fall ist. Näher liegt für die Gattungsbestimmung die Aussage des Vf in 63,2, er habe den Adressaten eine briefliche ἔντευξις περὶ εἰρήνης καὶ ὁμονοίας gegeben (vgl. auch Harnack, Einführung 54). ἔντευξις ist in Papyri des 3. Jh.s v. Chr. technischer Begriff für eine „an den König als Quelle des Rechts gerichtete Eingabe"; ἐντεύξεις „enthalten die Angabe des Klagegrundes, aber kein τίμημα τῆς δίκης [= Streitwert] und keine Ladung an den Beklagten, vielmehr die Bitte um amtliche Verfügung" (Mitteis-Wilcken II/1, 14 f.). Sollte die Formulierung in 63,2 auf eine solche juristische Verwendung des Begriffs Bezug nehmen, so würde dies zu der von Mikat, Bedeutung herausgestellten politisch-juristischen Funktion der Begriffe στάσις und ἀπόνοια im 1 Clem passen: Angesichts dieser „Vergehen" legt die römische Kirche eine ἔντευξις vor, die auf εἰρήνη und ὁμόνοια zielt.

Aus der Sicht Roms stünde die korinthische Kirche aber nicht einfach unter einer Anklage, sondern sie wäre als Empfängerin der ἔντευξις zugleich Richterin in eigener Sache. Die römische Kirche teilt der korinthischen also nicht ein schon (gleichsam in absentia) gefälltes Urteil mit, sondern sie überläßt die Entscheidung der Adressatin; 1 Clem würde dabei natürlich voraussetzen, daß die in der ἔντευξις vorgebrachte Argumentation zugunsten von εἰρήνη und ὁμόνοια die Adressatin zu einem der ἔντευξις entsprechenden Urteil veranlaßt. Dem entspricht es, daß in 1 Clem 63,2 zwar auf das πνεῦμα verwiesen wird, daß der Brief sich aber gerade nicht „als inspiriertes apostolisches Schreiben darstellt", wie Powell, TRE 8, 117 meint.

1 Clem beansprucht (62,1 f.), die Normen christlicher Existenz vollständig darzubieten. Das aktuelle Thema wird zu Beginn (Kap. 1–3) und vor allem am Ende (Kap. 44–54; 57; 62 ff.) ausführlich explizit erörtert; daneben finden sich exkursartige Abhandlungen (Kap. 20; 24–26; 37 f.; 59–61) zu verschiedenen Themen und Problemen, die sich freilich immer dem Gesamtthema zuordnen lassen. 1 Clem ist literarisch einheitlich und verarbeitet außer den zahlreichen und z. T. sehr langen biblischen Zitaten auch keine literarischen Vorlagen; lediglich das Gebet in 59,3–61,3 ist nicht ad hoc formuliert, sondern aus kirchlicher Tradition übernommen worden. Weiteres Traditionsmaterial läßt sich nicht rekonstruieren.

Die Gliederung bzw. Gedankenführung des 1 Clem ist nicht immer ganz durchsichtig. Im ganzen läßt sich der Brief in zwei große Abschnitte unterteilen: Kap. 1–38 bieten im wesentlichen die Hinführung zum Thema, Kap. 40–65 enthalten die inhaltliche Durchführung; Kap. 39 bildet den Übergang zwischen beiden Teilen (s. die Auslegung). Innerhalb der Abschnitte setzen die Doxologien offenbar Signale dafür, daß der Vf ein Problem glaubt hinreichend erörtert zu haben; deshalb folgt auf die Doxologie in der Regel eine mit οὖν o. ä. eingeleitete Anwendung.

Zum Argumentationsgang: Dem Präskript folgt in 1,1 der Hinweis auf die Situation der Absender und der Adressaten; in 1,2–3,1a schließt sich eine ausführliche captatio benevolentiae an. In 3,1b.2 wird das Thema genannt mit den Stichworten „Eifersucht und Neid"; es folgen in 3,3–6,4 Beispiele für die hieraus resultierenden Gefahren. In 7,1a formuliert der Vf einen Übergang, der zur Bußthematik hinführt (Stichwort ὑπομιμνήσκω, wie am Schluß in 62,2); in 7,5–8,5 werden Beispiele für die Buße genannt bzw. erzählt. In 9,1 folgt der Übergang zum Thema „Gehorsam" (διὸ ὑπακούσωμεν), danach stehen dann (9,2–12,8) biblische Beispiele für Menschen, die Gott dienten. 13,1a ist erneut ein solcher Übergang mit der Aufforderung ταπεινοφρονήσωμεν οὖν, worauf in 13,1b–4 Belege aus der Jesustradition und dem Alten Testament folgen. Kap. 14 nennt die Konsequenz (eingeleitet mit δίκαιον οὖν καὶ ὅσιον); Kap. 15 zieht die weitere Konsequenz („Laßt uns also denen folgen, die Frieden halten") mit ausführlicher biblischer Begründung. Kap. 16 nennt Jesus als Vorbild (dabei enthalten V. 3–16 den Text von Jes 53!) mit der rhetorischen Schlußfrage in 16,17 (εἰ γὰρ ὁ κύριος οὕτως ... τί ποιήσωμεν;); in 17,1–19,1 nennt der Vf andere biblische Vorbilder, denen wir folgen sollen. In 19,2a folgt abermals ein Übergang zu einem neuen Thema („Da wir also Anteil haben ... laßt uns zurückkehren"), dem sich in 19,2b–20,11 die Schilderung des Kosmos als eines Vorbilds für Friede und Eintracht anschließt. Dieser Teilabschnitt Kap. 7–20 endet in 20,12 mit einer Doxologie, die sich auf Christus bezieht.

Der folgende Teilabschnitt reicht von Kap. 21 bis Kap. 38. Am Anfang (21,1–3) steht die Anwendung des bisher Gesagten (ὁρᾶτε ἀγαπητοί, μὴ ...), der sich in 21,4 die

Folgerung anschließt „Also ist es gerecht, daß wir uns von seinem Willen nicht abwenden". 21,5–9 enthalten weitere Mahnungen mit abschließender Begründung. In 22,1a formuliert der Vf eine Zusammenfassung („Dies alles befestigt der Glaube ἐν Χριστῷ") mit Belegen aus dem Alten Testament in 22,1b–8. 23,1 ist wieder ein Übergang („Gott hat ein Herz für die, die ihn fürchten") mit der Folgerung in 23,2 („Deshalb wollen wir nicht zweifeln") und Belegen aus dem AT (23,3f.). In 23,5 führt der Vf mit Hilfe eines Zitats zur Parusieerwartung hin; in Kap. 24–26 belegt er die Gewißheit der Auferstehung mit vier Argumenten (Jesus; der Same; der Vogel Phönix; AT-Zitate). 27,1 nennt die Folgerung (ταύτῃ οὖν τῇ ἐλπίδι . . .) mit anschließenden Schriftbelegen für Gottes Macht (27,2–7). In 28,1a formuliert der Vf abermals einen Übergang, mit anschließenden rhetorischen Fragen zur Bewahrung vor dem Gericht (28,1b–4). Kap. 29.30 enthalten allgemeine Mahnungen zum Verhalten der Christen. 31,1a enthält eine Zwischenbemerkung („Trachten wir also nach seinem Segen"), 31,1b eine weitere Zwischenbemerkung („Überdenken wir noch einmal . . ."), die zum Vorbild der Erzväter hinführt (31,2–4). In 32,1 folgt eine erneute Zwischenbemerkung („Wenn jemand dies bedenkt, wird er erkennen . . ."), die zur Aussage der Rechtfertigung aus Glauben hinführt (32,2–4), welche mit einer Doxologie (für Gott) abgeschlossen wird. In 33,1 folgt der Übergang zum nächsten Thema mit der Frage τί οὖν ποιήσωμεν; und dem Hinweis auf „jedes gute Werk" als Antwort, wobei in 33,2–35,12 ausführlich auf das Vorbild Gottes eingegangen wird. In 36,1a folgt eine Zwischenbemerkung, verbunden mit einem Rückblick („Dies ist der Weg . . ., auf dem wir unser Heil fanden") und einem christologischen Exkurs in 36,1b–6. In 37,1 zieht der Vf. die Schlußfolgerung (στρατευσώμεθα οὖν), worauf die Nennung von Vorbildern folgt (37,2–5). In 38,1.2 zieht der Vf die Konsequenz (σωζέσθω οὖν ἡμῶν ὅλον τὸ σῶμα ἐν Χριστῷ Ἰησοῦ) mit der abschließenden Aufforderung „Laßt uns also bedenken, wer wir sind" (38,3) und der Doxologie in 38,4. Kap. 39 enthält einen Zwischengedanken („Unverständige verhöhnen uns", mit dem ausführlichen Zitat von Hi 4,19–5,5 in 39,3–9).

In 40,1 formuliert der Vf eine Zusammenfassung und zugleich den Übergang zum konkreten Thema: „Da uns also dies offenbar ist, müssen wir . . . tun, was Gott angeordnet hat", woraufhin in 40,2–41,3 der ordnungsgemäße Gottesdienst dargestellt wird (in 41,4 bildet ein Imperativ den Schluß). In Kap. 42 erörtert der Vf das Thema „Apostel, Episkopen, Diakone" mit anschließendem Schriftbeleg (43,1–6) und einer Doxologie (43,6 fin). In 44,1–3a geht es speziell um den Streit um das Episkopenamt mit der Mahnung an die Adressaten (44,3b): „Die Eingesetzten abzulösen . . . halten wir nicht für gerecht". In 45,1 folgt eine direkte Anrede („Seid Kämpfer für das, was zum Heil dient") mit Belegen aus der Schrift (45,2–8), einschließlich einer Doxologie für Gott (45,7) und für die von Gott Anerkannten (45,8).

Der folgende Teilabschnitt Kap. 46–50 zieht zunächst die Konsequenz („Also müssen wir uns an solche Vorbilder halten . . .", Kap. 46), verweist dann auf den paulinischen 1. Korintherbrief (Kap. 47) und zieht in Kap. 48 die Folgerung „Laßt uns also dies schnell beenden . . .". Exkursartig folgt ein eingehender Makarismus für die Liebe (Kap. 49.50) mit einer Doxologie in 50,7.

In 51,1 formuliert der Vf die Folgerung „Für das also, was wir falsch gemacht haben, laßt uns um Verzeihung bitten . . ." (mit Belegen aus der Schrift in 51,3–5). In Kap. 52.53 folgt die biblisch begründete Aufforderung zur Exhomologese, der sich in Kap. 54 die direkte Anrede an die Urheber des korinthischen Konflikts (mit Beispielen in Kap. 55) anschließt. In 56,1.2 folgt die Mahnung, die Strafe hinzunehmen, in 56,3–15 mit einem langen Hiob-Zitat begründet und in 56,16 mit einer Schlußbemerkung versehen („Ihr seht, Geliebte …"). In Kap. 57 folgt eine weitere direkte Anrede (… ὑποτάγητε τοῖς πρεσβυτέροις) mit ausführlichem Schriftbeleg. Es schließt sich eine Schlußfolgerung an (58,1: ὑπακούσωμεν οὖν τῷ … ὀνόματι αὐτοῦ), dazu die direkte Anrede in 58,2 („Nehmt unsere συμβουλή an!") mit einer erneuten Doxologie. In 59,1.2 folgt eine Warnung (ἐὰν δέ τινες ἀπειθήσωσιν) und analog eine Apologie (ἡμεῖς δὲ ἀθῷοι ἐσόμεθα), die übergeht in das lange, mit einer Doxologie abgeschlossene Gemeindegebet (59,3–61,3).

In Kap. 62 gibt der Vf eine Zusammenfassung des ganzen Briefs, der eine zusammenfassende Schlußforderung folgt (63,1: θεμιτὸν οὖν ἐστίν) mit einem Hinweis auf die erwartete Reaktion der Adressaten und einer Erklärung des eigenen Verhaltens. Kap. 64 formuliert einen mit einer Doxologie abgeschlossenen Schlußwunsch; in 65,1 erwähnt der Vf die entsandten Boten, und er schließt den ganzen Brief in 65,2 mit Gnadenwunsch und Doxologie.

4. Die Situation in Korinth und die Motive der römischen Intervention

Der Anlaß für die Abfassung des 1 Clem ist einigermaßen genau zu bestimmen (scheinbare Unklarheiten hängen vor allem damit zusammen, daß für den Vf ja keine Notwendigkeit bestand, den Adressaten ihre eigene Situation ausführlich darzustellen): Nach 47,6 (vgl. 1,1) hat sich die (!) ἐκκλησία der Korinther δι᾽ ἕν ἢ δύο πρόσωπα gegen ihre Presbyter aufgelehnt (στασιάζειν; vgl. 46,9: ἐπιμόνος ὑμῶν ἐστιν ἡ στάσις) und sie ihres Amtes enthoben (44,3 f.: ἀποβάλλεσθαι τῆς λειτουργίας bzw. τῆς ἐπισκοπῆς). Warum dieser Schritt in Korinth erfolgt war, geht aus 1 Clem nicht hervor; die ständigen Hinweise auf ζῆλος und φθόνος sind Polemik und sagen nichts über die tatsächlichen Motive. Die Argumentation in 44,3–6 ist allerdings nur dann schlüssig, wenn der Vf annimmt, daß den Abgesetzten ein Fehlverhalten in ihrem Amt nicht vorgeworfen worden war. Umgekehrt setzt die in 54,1–3 entworfene Szene voraus, daß die ἀρχηγοὶ στάσεως καὶ διχοστασίας (51,1) nicht einfach aufrührerische Ketzer sind (so Bauer, Rechtgläubigkeit 104–108, der in den Gegnern des 1 Clem „Gnostiker" sieht); denn sie können außerhalb von Korinth offenbar sehr wohl als Christen respektiert werden. Da 1 Clem nicht davon spricht, daß die Anführer der στάσις selbst das Presbyteramt beanspruchten (bzw. von der Gemeinde in dies Amt gewählt worden waren), kann man es für denkbar halten, daß die, offensichtlich zumindest von der Mehrheit der Gemeinde mitgetragene, στάσις auf eine Abschaffung dieses (bei Paulus und zumal in den paulinischen Briefen nach Korinth noch nicht belegten) Amtes zielte und nicht nur auf einen Wechsel der Amtsinhaber. Allerdings läßt sich nicht feststellen, daß sich die Führer der στάσις in besonderer Weise „schwärmerisch" auf das sie zu einem solchen Schritt ermächtigende πνεῦμα berufen hätten (gegen Knopf 42, der auf 13,1; 38,1 f.; 48,5 f. verweist). Auch die These von Weiss, ThPh 50, 1975, 80, die Gegner des 1 Clem hätten „mit großer Wahrscheinlichkeit noch die gleiche praesentische Eschatologie [vertreten], die schon Paulus in Korinth zu bekämpfen hatte", da nur so der „eschatologische Block" in Kap. 23(!)–26 zu erklären sei (s. dazu u. die Auslegung), läßt sich nicht verifizieren (Weiss meint denn auch selbst, daß anders als dem Vf des 1 Clem „den Gegnern der Zusammenhang zwischen praesentischer Eschatologie und falschem Amtsverständnis nicht voll bewußt" gewesen sei, aaO. 82). Für die These einer in Korinth intendierten Abschaffung des Presbyteramtes würde sprechen, daß der Vf nicht so sehr für die Presbyter als einzelne Personen eintritt, sondern vor allem zugunsten des Amtes argumentiert; er plädiert für die Einhaltung bzw. Wiederherstellung der der Bibel und den apostolischen Weisungen entsprechenden Ordnung (Kap. 44–47). Das angestrebte Ziel ist die Wiedergewinnung von εἰρήνη und ὁμόνοια, die für 1 Clem unmittelbar mit der Bestätigung der bisher amtierenden Presbyter in eins geht (57,1).

Die Motive für das Eingreifen der römischen Gemeinde in Korinth (andere Adressaten hat der Brief, trotz Peterson, GAufs 129–135, nicht; s. die Auslegung des Präskripts) liegen nach 1,1 zunächst einmal darin, daß wegen der στάσις der bislang in hohen Ehren stehende korinthische „Name" (und damit offenbar das Christentum überhaupt) „gelästert" wird und die Kirche als ganze gefährdet ist (vgl. 3,2ff.); daß die römische Gemeinde eine durch die στάσις veranlaßte staatliche Verfolgung der Christen fürchtet, ist allerdings nicht erkennbar (zu Dibelius, GAufs II, 198). Rom versteht sein Schreiben als eine Ermahnung (7,1), die unter Bezugnahme auf den κανὼν τῆς παραδόσεως ἡμῶν erfolgt (7,2), wozu vor allem die Anerkennung der auf Gott bzw. Christus und die Apostel zurückgehenden τάξις gehört (Kap. 40–44). Immer wieder wird zur εἰρήνη aufgerufen (15,1; 19,2; 63,2; 65,1), für die das ganze Universum beredtes Zeugnis ablege (Kap. 20). Gefordert sind Umkehr (57,1; 62,1; vgl. 7,7) und Demut (13,1; 21,8; 48,6), und verheißen wird Gottes Bereitschaft, den reuigen Sünder anzunehmen (21,8; 22,1–23,1). Die römische Gemeinde erwartet, daß die Mahnung in Korinth gehört wird und die dortige Gemeinde rasch umkehrt (63,1f.; 65,1).

1 Clem ist nicht einfach ein Text christlicher Solidarität (so van Cauwelaert, RHE 31, 1935, 282); aber es ist andererseits auch nicht zu erkennen, daß die römische Gemeinde eine Kontrollfunktion über andere Gemeinden oder gar einen Primat beansprucht (so, in der Kritik an van Cauwelaert, Altaner, GAufs 534–539). 1 Clem verweist weder auf eine besondere Stellung Roms innerhalb der Gesamtkirche, noch werden römische Amtsträger erwähnt, die die Verbindlichkeit der römischen Argumentation beglaubigen würden (besonders auffallend in 63,3f.; 65,1, wo keinerlei „amtliche" Funktion der Gemeindegesandten erwähnt wird). Vielmehr versucht der Brief, durch die Kraft seiner inhaltlichen Beweisführung zu wirken, wofür er traditionelle Autoritäten in Anspruch nimmt (vor allem die Bibel), nicht aber eine besondere Autorität der eigenen römischen Gemeinde behauptet (gegen Lösch, in: Studi 187: Das Eingreifen sei nur verständlich „als entsprungen aus dem Bewusstsein der Pflicht, die Tradition zu überwachen, und demzufolge als ein Akt autoritativen Vorgehens, um das κοινὸν τῆς ἐλπίδος [51,1] zu retten"). Vgl. zur Frage des Primats und zum Amtsverständnis den eingehenden Forschungsbericht von Fuellenbach.

5. Schriftbezüge und Zitate. Das Verhältnis zum Hebräerbrief

1 Clem enthält eine Fülle von z. T. sehr umfangreichen Bibelzitaten (s. Hagner, Use 21–132), durchweg mehr oder weniger wörtlich nach LXX (ausgenommen 28,3, s. dort; die anderen Abweichungen, s. Hagner aaO. 64–68, lassen sich als bewußte Korrekturen des LXX-Textes deuten). In der Regel werden die Zitate ausdrücklich durch eine Zitatformel eingeleitet; gelegentlich fehlt eine solche (z. B. 27,5). Ein fester Kanon biblischer Schriften ist offensichtlich vorausgesetzt, denn Zitate bzw. Anspielungen auf „apokry-

phe" Texte bilden eine seltene Ausnahme (8,3; 23,3; 46,2; zu Powell, TRE 8, 113). In 43,2–6 wird eine biblische Überlieferung (Num 17,16–26) frei nacherzählt; vgl. auch Kap. 12 mit der Nacherzählung der Rahab-Episode aus Jos 2. Bevorzugt zitierte biblische Schriften sind der Pentateuch, dann vor allem der Psalter, die Weisheitsbücher und das Jesajabuch. Die Bibel liefert dem Vf des 1 Clem vor allem Beispiele für vorbildliches oder umgekehrt tadelnswertes Verhalten. Allegorese findet sich in 12,7. In 22,1–7 wird Ps 33,12–18 LXX als Rede Christi zitiert, ohne daß die hermeneutische Frage dabei reflektiert wäre; deutlich ist demgegenüber die hermeneutische Reflexion in 50,3–7, wenn biblische Texte als eschatologische Heilsankündigung und als für die Gegenwart der Christen geltender Makarismus verwendet werden.

Die Bibel wird vom Vf des 1 Clem niemals als νόμος (das Wort fehlt überhaupt; zu 1,3 s. dort) zitiert und auch nicht als ἐντολή (das Wort nur in 13,3 mit Bezug auf eine Weisung Jesu). Das „Alte Testament" ist für die Kirche des 1 Clem einfach „die" Heilige Schrift, der alle für das christliche Leben notwendigen Weisungen zu entnehmen sind. Allerdings fällt auf, daß in der wichtigen Argumentation in 42,1–5 ein biblisches Zitat erst ganz am Ende steht, während der Sukzessionsgedanke zunächst aus allgemeiner christlicher Tradition abgeleitet wird, wie sie sich etwa in den Evangelien und in der Apg findet.

Die Bezüge des 1 Clem zu den (später) „neutestamentlichen" Schriften bzw. urchristlichen Traditionen sind weitaus geringer (hier gehen die Ergebnisse von Hagner, Use 135–350 über das tatsächlich Erkennbare z. T. erheblich hinaus). Daß der Vf den paulinischen 1 Kor kennt und ein Exemplar desselben auch in Korinth voraussetzt, steht durch 47,1 außer jedem Zweifel (Schlußfolgerungen in bezug auf 2 Kor sind nicht möglich). Man wird von daher die Aussagen über das σῶμα in 37,5; 38,1 auf dem Hintergrund von 1 Kor 12 zu sehen haben, auch wenn ein direktes Zitat fehlt; auch 49,5 wird jedenfalls indirekt von 1 Kor 13 beeinflußt sein. Der paulinische Röm ist ebenfalls bekannt und wird in 35,5f. offenbar direkt verwendet (vgl. Röm 1,29–32); das Referat der Rechtfertigungslehre in 32,4–33,1 ist ohne den Einfluß des Röm kaum vorstellbar (vgl. Lindemann, Paulus 185ff.). Die Kenntnis weiterer Briefe des Corpus Paulinum ist denkbar, läßt sich aber nicht wirklich zeigen (Lindemann aaO.; anders vor allem Hagner, Use, der lediglich von 1 und 2 Thess sowie Phlm keine Spur in 1 Clem findet). Die auffallende Nähe des 1 Clem zu den Past, insbesondere beim Amtsverständnis und bei der Darstellung der Rolle der Frauen in der Gemeinde (s. den Exkurs nach 1,3), wäre leicht zu erklären, wenn die Past ungefähr gleichzeitig oder wenig später als 1 Clem ebenfalls in Rom verfaßt worden sein sollten.

Jesusüberlieferung, offenbar die Bergpredigt(tradition), wird in 13,2 zitiert, doch läßt sich die Textvorlage nicht ermitteln (s. u. zSt); ähnliches gilt für das in 46,8 zitierte Logion Jesu (s. dort). So muß die Frage, ob 1 Clem neben einigen Paulusbriefen auch Evangelien kennt, offenbleiben (ähnlich Hagner, Use 171. 332). Auch Beziehungen mit anderen NT-Schriften, ausgenommen Hebr (s. u.), lassen sich nicht mit hinreichender Wahrscheinlichkeit auf literarische Abhängigkeit zurückführen (anders Hagner, Use 271, der bei 1 Petr, Jak und Apg direkte Benutzung durch den Vf des 1 Clem für wahrscheinlich hält; zur Verwandtschaft zwischen 1 Clem und joh „Milieu", z. B. 60,2 im Vergleich zu Joh 17,17; 15,3, s. Jaubert 53f.; eine literarische Beziehung besteht nicht). Zu beachten ist in jedem Fall, daß mit Ausnahme des 1 Kor keine urchristliche Schrift explizit erwähnt wird.

Die besondere Nähe zwischen 1 Clem und Hebr ist schon in der Alten Kirche aufgefallen. Nach Euseb KG III 38,1–3 zitiert 1 Clem den Hebr, was belege, daß dieser keine

„junge" Schrift sein könne; zugleich verweist Euseb aber auch auf die Ähnlichkeit des Stils (τῆς φράσεως χαρακτήρ) und der Gedanken (νοήματα). Origenes überliefert, man habe (neben Lukas) den römischen Clemens für den Vf. des Hebr gehalten (Euseb KG VI 25,14). Die Frage einer unmittelbaren Benutzung des Hebr durch 1 Clem stellt sich vor allem angesichts von 36,2–5, wo insbesondere bei der Zitation von Ps 2,7f.; 110,1 eine starke Nähe zu Hebr 1,3–5.7.13 besteht (vgl. Knoch, Eigenart 89). Theißen, Untersuchungen 34ff. hält jedoch die Differenzen für so groß, daß die Stelle nicht als Beleg für literarische Abhängigkeit gewertet werden könne. Tatsächlich reichen für die Annahme literarischer Abhängigkeit solche Stellen nicht aus, wo LXX-Zitate oder liturgische Traditionen vorliegen, auch bei signifikanter gemeinsamer Abweichung vom LXX-Wortlaut (s. zu 16,2; 17,5). Aber der Vergleich von 1 Clem 36,2–5 mit Hebr 1,3 … 13 macht eine direkte literarische Beziehung doch wahrscheinlich (s. zum folgenden auch Hagner, Use 179–184; Cockerill, JBL 97, 1978, 437–440; Braun zu Hebr 1,7):

1 Clem 36,2–5	*Hebr 1,3 … 13*
2 ὃς ὢν ἀπαύγασμα τῆς μεγαλωσύνης αὐτοῦ	3 ὃς ὢν ἀπαύγασμα τῆς δόξης
	καὶ χαρακτὴρ τῆς ὑποστάσεως αὐτοῦ,
	φέρων τε τὰ πάντα τῷ ῥήματι
	τῆς δυνάμεως αὐτοῦ,
	καθαρισμὸν τῶν ἁμαρτιῶν ποιησάμενος
	ἐκάθισεν ἐν δεξιᾷ τῆς μεγαλωσύνης
	ἐν ὑψηλοῖς,
τοσούτῳ μείζων ἐστὶν ἀγγέλων,	4 τοσούτῳ κρείττων γενόμενος τῶν ἀγγέλων
ὅσῳ διαφορώτερον	ὅσῳ διαφορώτερον παρ' αὐτοὺς
ὄνομα κεκληρονόμηκεν.	κεκληρονόμηκεν ὄνομα.
3 γέγραπται γὰρ οὕτως·	5a Τίνι γὰρ εἶπέν ποτε τῶν ἀγγέλων·
	7 καὶ πρὸς μὲν τοὺς ἀγγέλους λέγει·
,ὁ ποιῶν τοὺς ἀγγέλους αὐτοῦ πνεύματα	,ὁ ποιῶν τοὺς ἀγγέλους αὐτοῦ πνεύματα
καὶ τοὺς λειτουργοὺς αὐτοῦ	καὶ τοὺς λειτουργοὺς αὐτοῦ
πυρὸς φλόγα.' (Ps 103,4 LXX)	πυρὸς φλόγα.' (Ps 103,4 LXX)
4 ἐπὶ δὲ τῷ υἱῷ αὐτοῦ	8 πρὸς δὲ τὸν υἱόν·
οὕτως εἶπεν ὁ δεσπότης·	,ὁ θρόνος σου ὁ θεὸς εἰς τὸν αἰῶνα
,υἱός μου εἶ σύ,	5 ,υἱός μου εἶ σύ, [τοῦ αἰῶνος' (Ps 44,7)
ἐγὼ σήμερον γεγέννηκά σε·	ἐγὼ σήμερον γεγέννηκά σε'; (Ps 2,7)
αἴτησαι παρ' ἐμοῦ,	
καὶ δώσω σοι ἔθνη τὴν κληρονομίαν σου	
καὶ τὴν κατάσχεσίν σου	
τὰ πέρατα τῆς γῆς.' (Ps 2,7.8)	
5. καὶ πάλιν λέγει πρὸς αὐτόν·	13 πρὸς τίνα δὲ τῶν ἀγγέλων εἴρηκέν ποτε·
,κάθου ἐκ δεξιῶν μου,	,κάθου ἐκ δεξιῶν μου
ἕως ἂν θῶ τοὺς ἐχθρούς σου	ἕως ἂν θῶ τοὺς ἐχθρούς σου
ὑποπόδιον τῶν ποδῶν σου.' (Ps 109,1 LXX)	ὑποπόδιον τῶν ποδῶν σου'; (Ps 109,1 LXX)

Die Differenz in V. 2 (μεγαλωσύνης anstelle von δόξης) ist angesichts von Hebr 1,3 fin leicht erklärlich; der Rest von V. 2 entspricht nahezu wörtlich Hebr 1,4 (die Unterschiede werden bei Theißen, Untersuchungen 36 aufgelistet und als für Hebr typische Abweichungen von einer gemeinsamen Vorlage gewertet). Die Reihenfolge der den „Sohn" und die „Engel" betreffenden Zitate ist umgedreht worden (in 1 Clem 36,6 ist das Zitat aus Hebr 1,7 nach vorn gezogen), so daß nun die Zitate von Ps 2,7f. und Ps 109,1 LXX wirkungsvoll gemeinsam den Schluß bilden; beide Zitate werden durch die Einleitung jeweils als direkte Anrede Gottes an Christus erwiesen (1 Clem 36,4a/Hebr 1,5a), wobei 1 Clem lediglich die Frageform tilgt und statt dessen zwei Aussagesätze formuliert. Daß der Vf des 1 Clem die übrigen Aussagen von Hebr 1,3 weggelassen hat, ist verständlich, da er soteriologische Aussagen unmittelbar zuvor formuliert hatte. Angesichts dieses Befundes muß eine direkte Benutzung jedenfalls von Hebr 1 durch den Vf des 1 Clem doch als wahrscheinlich gelten.

Vor diesem Hintergrund ist zu fragen, ob die Rede von Christus als dem ἀρχιερεύς (36,1; 61,3; 64) im 1 Clem vom Hebr unabhängig ist. Zu beachten ist, daß diese Vorstellung in beiden Schriften als eine zumindest dem jeweiligen Vf, wahrscheinlich aber auch den Adressaten ganz geläufige eingeführt wird (zu Hebr s. zuletzt Gräßer, Hebr I, 151). In 1 Clem tritt der ἀρχιερεύς-Titel stets mit προστάτης verbunden auf (vgl. Theißen, Untersuchungen 34), und eine spezifisch priesterliche Deutung wird lediglich in 36,1 (ἀρχ. τῶν προσφορῶν ἡμῶν) gegeben, während in 61,3; 64 nur eine rein liturgische Verwendung des Titels vorliegt. Die wahrscheinlichste Folgerung ist, daß 1 Clem die Verwendung des Titels wohl einem ähnlichen Milieu verdankt wie Hebr, daß aber die gedankliche Ausformung der Interpretation des Titels von Hebr unabhängig ist (s. Ellingworth, BZ 23, 1979, 266f.). Es ist keineswegs auszuschließen, daß der Vf des 1 Clem nicht den ganzen Hebr, sondern nur Hebr 1 unmittelbar gekannt bzw. benutzt hat.

6. Zum theologischen Charakter

1 Clem ist insofern ein besonders wichtiger Text, als er offensichtlich das durchschnittliche Christentum der römischen Gemeinde am Ende des 1. Jh.s widerspiegelt. Auffallend sind die intensive Benutzung der griechischen Bibel, die relativ starke Bindung an Paulus (vgl. Lindemann, Paulus 72–82. 177–199) und die Unbefangenheit, mit der stoische bzw. allgemein nicht-christliche bzw. nicht-jüdische Tradition und Begrifflichkeit aufgenommen wird.

Im Zentrum der Theologie des 1 Clem steht die Rede von Gott (vgl. Harnack, Einführung 60; Räisänen, StTh 37, 1983, 81–85). Er ist der παντοκράτωρ (Präskript; 2,3; 32,4; 60,4; 62,2), der δεσπότης (7,5; 8,2 und passim), der κτίστης (19,2; 59,3; 62,2) bzw. δημιουργός (20,11; 26,1; 33,2; 35,3; 59,2; vgl. 38,3), der πατήρ (19,2; 29,1; 62,2). Begrifflich und vorstellungsmäßig entspricht die Rede von Gott im 1 Clem derjenigen des griechischsprachigen Judentums (vgl. Marcus, PAAJR 3, 1932, 43–120). Gott ist Geber der προστάγματα und δικαιώματα, die zu bewahren für Christen selbstverständlich ist (2,8); die frevlerische Preisgabe des φόβος τοῦ θεοῦ führt zum Verlust von Gerechtigkeit und Frieden (3,4). Gleichwohl gibt Gott den Menschen immer wieder die Möglichkeit der μετάνοια (7,4ff.; 8,2–5), und von Gott autorisierte Prediger verkündigen dies stets aufs Neue (8,1; 57,1). Gott wendet sich denen gnädig zu, die ihm gehorchen und die ihre eigene Nichtigkeit preisgeben (9,1), wissend, daß Gott die Gedanken der Menschen kennt (21,3.9). Gehorsam und Buße sind untrennbar mit dem Glauben verbunden (10,1f.; 11,1; 14,1; 22,1; vgl. 34,5; 62,2). Denen, die – wie in Korinth geschehen – ἔρις und στάσις erregen, droht das Gericht (14,2), ebenso den Zweiflern (23,1–5; vgl. 27,1–28,4). Gottes eigentlicher Wille zielt aber auf die heilvolle Ordnung des von ihm geschaffenen Kosmos (19,3–21,1; 33,2–7); diesen Heilswillen zeigt die Alltagserfahrung (24,1–5) ebenso wie das

wunderbare Geschehen um den Vogel Phönix (25,1–26,3). Von Paulus übernimmt
1 Clem den Gedanken, daß alle Menschen zu allen Zeiten vor Gott nur durch die πίστις
gerechtgesprochen wurden, nicht durch eigene Werke (32,1–4). Entscheidend ist die
Anerkennung der göttlichen τάξις (40,1; 42,2); an dieser Stelle verbindet sich das theologische Zentrum des Briefes mit seinem unmittelbaren Abfassungszweck (Kap. 40–45).
Wichtig ist schließlich, daß 1 Clem in 59,3–61,3 ein langes Gemeindegebet zitiert, das
zwar durch christologische Aussagen vorbereitet (59,2) und durch christologische Formeln strukturiert wird (s. den Exkurs nach 59,2), das sich im übrigen aber mit vielfältigen
Epitheta allein an Gott wendet.

Gott ist der Vater Jesu Christi (36,3–6). Christus hat unser Heil beschafft (36,1), er hat
ἐπιείκεια und μακροθυμία gelehrt (13,1), und „durch ihn ist das Gottesverhältnis der
Christen begründet, insofern Gott uns durch ihn erwählt (50,7) und berufen hat (59,2;
65,2) und uns durch ihn die rechte Erkenntnis seiner geschenkt hat (36,1 f.)" (Bultmann,
TheolNT 538; s. im übrigen zur Christologie des 1 Clem den Exkurs nach 36,6).

Die Rede vom Geist hat demgegenüber geringeres Gewicht. An zwei Stellen (46,6;
58,2) gebraucht der Vf triadische Formeln; nach 8,1 haben die „Diener der Gnade Gottes"
διὰ πνεύματος ἁγίου von der Buße gepredigt; und in 13,1 wird ein AT-Zitat mit der
Bemerkung eingeführt, hier rede τὸ πνεῦμα τὸ ἅγιον (vgl. 16,2; 45,2). Nach 42,3 vollzogen
die Apostel die Weltmission μετὰ πληροφορίας πνεύματος ἁγίου. Alle diese Aussagen
gehen über das im NT wahrnehmbare Verständnis von πνεῦμα nicht hinaus; hingegen
fehlt der Aspekt, daß die Christen durch die Taufe mit dem Geist begabt sind, und es fehlt
die für Paulus charakteristische Rede von den χαρίσματα bzw. πνευματικά.

Eine große Rolle für die Theologie (und die ekklesiologische Argumentation) des
1 Clem spielt die (apokalyptische bzw. futurische) Eschatologie: Gott wird die Auferstehung der Toten herbeiführen (24,1), freilich nur derer, die ihm ἐν πεποιθήσει πίστεως
ἀγαθῆς gedient haben (26,1); vor den μέλλοντα κρίματα bleibt bewahrt, wer sich der
bösen Werke enthält (28,1). Von der Parusie Christi ist nur einmal die Rede (50,3: ἐπισκοπῇ
τῆς βασιλείας τοῦ Χριστοῦ), während die Formulierung in 42,3 über die Predigt von der
kommenden Gottesherrschaft eher an den lk Sprachgebrauch erinnert (vgl. Apg 8,12;
20,25). Diese rein futurische Eschatologie des 1 Clem bedeutet freilich zugleich, daß die
von Gott geschaffene Welt als nahezu unvergänglich betrachtet wird – die Endzeit wird
nicht mehr konkret erhofft, sondern sie ist das – im Grunde eher abstrakte und jedenfalls
nicht nahe – Ziel der Geschichte (s. Knoch, Eigenart 452.455, der 1 Clem deshalb kritisiert;
dazu die Einwände bei Räisänen, StTh 37, 1983, 98 f. Anm. 77). Kein Anlaß besteht, den
vom Vf des 1 Clem kritisierten „Zweifel" (11,2; 23,2 f.) auf Zweifel an der Parusie zu
beziehen (zu Weiss, ThPh 50, 1975, 74 f.).

Die oft vertretene These, 1 Clem lehre ein lediglich als Moral verstandenes Christentum, trifft den Kern nicht. Denn der Abfassungszweck des 1 Clem, ausgedrückt in der
Selbstbezeichnung des Briefes als ἔντευξις (63,2; s. o. zu 3.), ist ein ekklesiologischer; die
sittlichen Weisungen, z. T. in Gestalt von Lasterkatalogen oder mahnenden Beispielerzäh-
lungen, dienen durchweg der argumentativen Absicherung der Forderung nach εἰρήνη
und ὁμόνοια als ekklesiologischen, d. h. sozialen Werten. Der Vf ist bemüht, zu zeigen, daß
und auf welche Weise die gottgewollte Ordnung der Kirche hergestellt werden muß.
Dem entspricht die Anthropologie. 1 Clem versteht den Menschen als vernunftbegabtes
Wesen, das sich bei richtiger Anleitung für das Tun des Guten zu entscheiden vermag –
wobei ihm dann freilich klar wird, daß er allein durch Gott zu solchem Tun befähigt

worden ist. Dies ist die Voraussetzung dafür, daß 1 Clem die Menschen als auf die μετάνοια hin ansprechbare Geschöpfe begreift. „Sünde" ist infolgedessen die einzelne Verfehlung gegen Gott (das Wort ἁμαρτία ohnehin meist innerhalb von Zitaten), nicht eine Macht, die den Menschen unter ihrer Herrschaft versklavt hielte.

Übersicht über die Textgliederung und Verzeichnis der Exkurse

Exkurse:

Frauen im 1 Clem (nach 1,3).
Zum traditionsgeschichtlichen Hintergrund von 1 Clem 5 (nach 5,7).
Zum religionsgeschichtlichen und philosophischen Hintergrund von 1 Clem 20 (nach 20,12).
Die Überlieferungen vom Vogel Phönix (nach 24,5).
Christologie im 1 Clem (nach 36,6).
ἐπίσκοποι und διάκονοι (nach 42,5).
Die kirchengeschichtliche Basis der Argumentation in 1 Clem 40–45 (nach 45,8).
Das Gebet in 1 Clem 59,3–61,3 (nach 59,2).
Das Gebet der Christen für die Inhaber der politischen Macht (nach 61,2).

Die *Abkürzungen* entsprechen im allgemeinen den Abkürzungsverzeichnissen der RGG, der TRE, des ThWNT bzw. der Lexika. Die Bezeichnung „in uns. Lit." (= in unserer Literatur) faßt die Schriften des Neuen Testaments und der Apostolischen Väter zusammen.

Kommentar

Präskript

Die Kirche Gottes, die Rom als Fremde bewohnt, an die Kirche Gottes, die Korinth als Fremde bewohnt, an die Berufenen, die geheiligt sind nach dem Willen Gottes durch unseren Herrn Jesus Christus. Gnade und Friede möge euch vom allmächtigen Gott durch Jesus Christus in Fülle zuteil werden!

Das Präskript ist wie der paulinische Briefeingang zweigliedrig und erinnert insbesondere an 1 Kor 1,1 f. Aber gegen eine bewußte Bezugnahme auf 1 Kor schon hier (so Knopf zSt) spricht das zweimalige παροικοῦσα, das so im NT nicht begegnet (vgl. aber 1 Petr 1,1). Gemeint ist nicht die Kirche in der Diaspora außerhalb von Palästina (so Peterson, GAufs 129), sondern die Kirche, die auf Erden nur Gaststatus hat (vgl. 2 Clem 5,1; Dg 5,5; in der Sache vgl. auch Phil 3,20). Das Präskript nennt weder beim Absender noch bei den Adressaten Inhaber kirchlicher Ämter. Für Korinth mag das mit den dortigen Ereignissen erklärt werden (Chadwick, TU 79, 285); aber offenbar gibt es auch in der römischen Kirche noch keine Amtsinhaber, die im Namen der Kirche sprechen könnten (vgl. die inscriptio des Ign Röm). Die volle Bezeichnung „Kirche Gottes" begegnet in neutestamentlichen Präskripten nur in den Adressen der beiden Kor; für die entsprechende Absenderangabe gibt es im NT kein Vorbild (vgl. aber immerhin Gal 1,1 f.: „Paulus … und alle Brüder bei mir"), wohl aber später eine Entsprechung im MartPol. Im Einleitungsbrief des 2 Makk sind als Adressaten „die Juden in Ägypten" und als Absender „die Juden in Jerusalem und im Lande Judäa" genannt. Petersons Annahme, 1 Clem richte sich im Grunde an die ganze Ökumene, ist freilich unbegründet, da der Brief sehr konkret auf die besonderen korinthischen Probleme Bezug nimmt (Beyschlag, Clemens 23 f.).

Die Christen sind „Berufene" (vgl. Röm 1,6 f.; 1 Kor 1,2.24) und „geheiligt" (1 Kor 1,2; vgl. 1 Thess 5,23), aber nicht aufgrund eigener Qualität, sondern „nach dem Willen Gottes" (zu dieser Bedeutung von ἐν s. Lietzmann zu Röm 1,10) durch Christus (vgl. dazu 59,3). Der Gnadenwunsch ist wie in der inscriptio des Pol Phil durch πληθυνθείη erweitert (vgl. 1 Petr 1,2; so auch Dan 4,1; 6,26 θ). Auffallend ist das in 1 Clem noch öfter begegnende, Gottes Allmacht bezeichnende Prädikat παντοκράτωρ. Es ist als griechische Gottesbezeichnung selten belegt, wird im NT nur in Apk (sowie in der Interpolation in 2 Kor 6,18) gebraucht, dient aber in LXX sehr häufig zur Wiedergabe von צְבָאוֹת (vgl. Michaelis, ThWNT III, 913 f.).

1,1 Die Situation der Absender und der Adressaten

**Aufgrund der plötzlichen und Schlag auf Schlag über uns gekommenen Unglük-
ke und Mißhelligkeiten haben wir uns, meinen wir, erst etwas spät gekümmert
um die bei euch in Frage stehenden Angelegenheiten, Geliebte – um den unpas-
senden und den Auserwählten Gottes fremden, abscheulichen und gottlosen Aufruhr, den einige unbesonnene und freche Personen bis zu einem solchen Grad von
Tollheit entfacht haben, daß euer ehrbarer, allseits bekannter und allen Menschen
liebenswerter Name in sehr üblen Ruf gebracht worden ist.**

Der Aufbau der Einleitung ist klar: Der Vf beginnt in 1,1a mit einer erklärenden Entschuldigung für das späte Schreiben und erwähnt dann sofort in 1,1b den Anlaß für den Brief.
Zunächst fällt das Fehlen brieflicher Höflichkeitsformen auf; doch dann folgt in einer
breiten captatio benevolentiae die ausführliche Beschreibung des früher ausgezeichneten
Zustands der Gemeinde (1,2–2,8; in 3,1a nochmals zusammengefaßt).

1,1 Die einleitende Aussage erwähnt als Ursache des „etwas späten" Eingreifens
„plötzliche" schlimme Ereignisse in Rom, deren Charakter (zumindest uns) aber unklar
bleibt. συμφορά und περίπτωσις sind keine für Christenverfolgungen üblichen Termini; die
religiöse (aber keineswegs „apokalyptische") Dimension von συμφορά bei Josephus ergibt
sich dort aus dem Zusammenhang und kann nicht auf 1 Clem 1,1 übertragen werden (zu
Pöhlmann, Opposition 363 ff. 376). Von Verfolgungen unter Domitian berichtet Euseb
KG III 18,4), während die Angaben bei Dio Cassius 67,14 über die Hinrichtung des mit
Domitian verwandten Konsuls Flavius Clemens und anderer wegen „Atheismus" und
Hinwendung ἐς τὰ τῶν Ἰουδαίων ἤθη verurteilter Menschen ein sicheres Urteil durchaus
nicht zulassen (Lampe, Christen 166–172; vgl. ferner Barnard, NTS 10, 1963/64, 260).
Wenig wahrscheinlich ist angesichts des Gesamtcharakters des 1 Clem aber auch die
Vermutung, die „etwas späte" Abfassung des Briefes sei Folge einer der korinthischen
στάσις vergleichbaren Lage in Rom gewesen (gegen Brunner, Mitte 102). Die Formulierung setzt offenbar voraus, daß die korinthischen Christen über nähere Einzelheiten
bereits informiert sind (oder durch die in 63,3; 65,1 genannten ἀπεσταλμένοι informiert
werden?). Die zur Diskussion stehenden πράγματα in Korinth sind dort natürlich bekannt;
der Vf beschreibt sie dennoch, um sie negativ werten zu können: Es sei eine Rebellion, die
μιαρά (eigentlich „besudelt"; das Wort begegnet in uns. Lit. nur im 1 Clem) und ἀνόσιος
(im NT nur 1 Tim 1,9; 2 Tim 3,2; vgl. 1 Clem 6,2) sei und die zu den ἐκλεκτοὶ τοῦ θεοῦ (vgl.
Röm 8,33; Kol 3,12; Tit 1,1) schlechterdings nicht passe. Einige wenige Personen (Bauer-
Aland WB s. v. πρόσωπον 2,) hätten diesen Aufruhr bis zur ἀπόνοια emporgetrieben (zum
politischen Sinn der Begrifflichkeit vgl. Mikat, Bedeutung, vor allem 24 f.), so daß der bis
dahin glänzende Name inzwischen in üblem Ruf stehe (zu diesem Sinn von βλασφημεῖσθαι
s. Röm 3,8; L und S setzen im griechischen Text eine Form von βλάπτω „schädigen"
voraus). Nach 47,6 wären sogar nur „ein oder zwei Personen" für die στάσις verantwortlich gewesen; aber hier wie dort handelt es sich um bewußte Untertreibung, ebenso wie
umgekehrt das πᾶσιν ἀνθρώποις ἀξιαγάπητον natürlich übertrieben ist. Wahrscheinlich
gingen die korinthischen Ereignisse ja auf eine Mehrheitsentscheidung der dortigen
ἐκκλησία zurück, und insofern ist tatsächlich die Aussage von 1,1 „nicht einfach eine
Wiedergabe von Tatsachen", wenngleich man sicher auch nicht von „einer bereits vorgegebenen Überlieferungsschablone" sprechen kann, „die der Verfasser lediglich auf Ko-

rinth angewendet hat" (zu Beyschlag, Clemens 188; vgl. auch die Anfragen in der Rezension von Leder, ThLZ 92, 1967, 831–835). ἀξιαγάπητος begegnet auch in 21,7 (vgl. Ign Phld 5,2); Komposita mit ἄξιος sind in der Koine sehr beliebt.

1,2–2,8 Der frühere Zustand der korinthischen Gemeinde

[2]Denn wer, der bei euch zu Gast war, hat sich nicht von eurem vortrefflichen und festen Glauben überzeugt? Wer die besonnene und milde Frömmigkeit in Christus nicht bewundert? Wer die großartige Weise eurer Gastfreundschaft nicht verkündet? Und wer die vollkommene und gewisse Erkenntnis nicht gepriesen? [3]Denn ohne Ansehen der Person tatet ihr alles, und in den Satzungen Gottes wandeltet ihr, euch unterordnend euren Vorgesetzten und die gebührende Ehre erweisend den Ältesten bei euch. Den Jungen trugt ihr auf, maßvoll und ehrbar zu denken. Den Frauen gabt ihr Weisung, alles zu verrichten mit untadeligem, ehrbarem und reinem Gewissen und dabei ihre Männer zu lieben wie es sich gebührt. Auch lehrtet ihr sie, nach dem Maßstab der Unterordnung das Hauswesen ehrbar zu versehen, in jeder Hinsicht verständig.
2 [1]Und alle wart ihr demütiger Gesinnung, ohne Prahlerei, eher euch selbst unterordnend als (andere) unterordnend, lieber gebend als nehmend. Mit der Wegzehrung Christi wart ihr zufrieden und folgtet ihr; seine Worte hattet ihr sorgfältig in eurem tiefsten Herzen eingeschlossen, und seine Leiden waren euch vor Augen.
[2]So war tiefer und fruchtbringender Friede allen beschieden und ein unstillbares Verlangen, Gutes zu tun; und über alle war der Heilige Geist in vollem Maße ausgegossen.
[3]Und voll heiligen Willens strecktet ihr in gutem Eifer mit frommem Vertrauen eure Hände aus zum allmächtigen Gott, ihn anflehend, er möge gnädig sein, falls ihr in etwas unabsichtlich gesündigt hättet. [4]Ein Wettkampf war bei euch Tag und Nacht für die ganze Bruderschaft, auf daß gerettet würde mit Barmherzigkeit und Gewissen die Zahl seiner Auserwählten. [5]Lauter und unverdorben wart ihr und einander nichts nachtragend. [6]Jeglicher Aufruhr und jegliche Spaltung war ein Greuel für euch: über die Verfehlungen der Nächsten wart ihr betrübt; ihre Mängel saht ihr als (eure) eigenen an. [7]Jegliche Guttat ließt ihr euch nicht gereuen, bereit zu jedem guten Werk. [8]Durch tugendreiche und verehrungswürdige Lebensweise ausgezeichnet vollbrachtet ihr alles in seiner Furcht. Die Weisungen und Gebote des Herrn waren auf die Wände eures Herzens geschrieben.

Der Abschnitt schildert den früheren Zustand der Gemeinde, vom Konkreten zum Allgemeinen fortschreitend; dabei bildet 2,2 in gewisser Weise das Zentrum.

1,2 gibt die Begründung für die einst so überaus positive Wertung des korinthischen ὄνομα bei „allen Menschen" (1,1): Jeder auch nur zufällige Besucher der Gemeinde (παρεπιδημέω in uns. Lit. nur hier; vgl. aber das Substantiv in 1 Petr 1,1; 2,11; Hebr 11,13) erfuhr die πίστις, die εὐσέβεια, das τῆς φιλοξενίας . . . ἦθος und die γνῶσις der korinthischen Christen und rühmte sie (die vier Verben in V. 2 bilden den Kontrast zum βλασφημηθῆναι von V. 1). Die genannten christlichen „Tugenden" werden charakteristischerweise mit besonderen Adjektiven verbunden: πανάρετος, in uns. Lit. nur im 1 Clem (2,8; 45,7; 57,3; 60,4), bedeutet nicht „tugendhaft" (s. die genannten Stellen), sondern allgemeiner „vortrefflich"; zur Verbindung von βέβαιος und πίστις vgl. Pol Phil 1,2. πίστις bezeichnet also nicht so sehr den Glauben selbst, sondern den christlichen „Glaubensstand" (Knopf zSt), von dessen Qualität sich jeder Gast überzeugen konnte (vgl. Bauer-Aland WB s. v. δοκιμάζω 2, 407). εὐσέβεια, ein typischer Begriff hellenistischer Religiosität, der im NT erst spät begegnet, meint das gottgefällige Verhalten (s. Dibelius-Conzelmann zu 1 Tim 2,2; vgl. 1 Clem 32,4; 2 Clem 19,1); die Korinther hatten sich durch besonnenes (zu σώφρων vgl. 63,3) und „moderates" (zu ἐπιεικής vgl. 21,7) Verhalten ausgezeichnet. ἐν Χριστῷ erinnert an die paulinische Wendung, nähert sich aber schon dem Adjektiv „christlich". φιλοξενία ist für 1 Clem wie überhaupt für die Antike ein herausragender Wert (s. zu 10,7–12,1; umfangreiches Material bei Braun zu Hebr 13,2). Was der Vf unter γνῶσις versteht (zu τέλεια γνῶσις vgl. Barn 1,5), wird in V. 3 näher ausgeführt; gemeint ist die Fähigkeit, das Richtige zu tun – Aspekte oder Probleme „gnostischer" Religiosität sind nicht im Blick.

3 Das in V. 2 erwähnte lobenswerte Verhalten ging darauf zurück, daß die Korinther alles ohne Ansehen der Person zu tun und daß sie „in den Satzungen Gottes zu wandeln" pflegten (beachte die Imperfekta in V. 3). Das Adverb ἀπροσωλήμπτως sonst nur noch 1 Petr 1,17; Barn 4,12; vgl. aber in der Sache Jak 2,9; Pol Phil 6,1. Die Wendung ἐν τοῖς νομίμοις (A und H lesen νόμοις; die Ausgaben folgen Clemens Alex Strom IV 17,105, der durch L bestätigt wird: in legitimis Dei ambulabatis) ... πορεύεσθαι gebraucht der Vf auch in 3,4 (vgl. Jer 33,4 LXXO). Die beiden Partizipialsätze konkretisieren: Die Korinther hatten sich den ἡγούμενοι (vgl. Lk 22,26; Apg 15,22; Hebr 13,7.17.24) untergeordnet, d. h. deren Stellung anerkannt (zu ὑποτάσσομαι vgl. Röm 13,1), und sie hatten den πρεσβύτεροι die geziemende Ehre erwiesen. Zu καθῆκον vgl. Schlier, ThWNT III,443,22 f., der m. R. betont, daß hier, anders als in 3,4; 41,3, keine philosophische Terminologie vorliegt. ἡγούμενοι sind im 1 Clem sonst durchweg politische Führer, nicht kirchliche (5,7; 32,2; 37,2 usw.; zu προηγούμενος in 21,6 s. dort); πρεσβύτερος bezieht sich im allgemeinen nicht auf das Lebensalter, sondern auf den hierarchischen Stand innerhalb der Kirche (44,5; 47,6 usw.; zu 3,3; 21,6 s. dort). 1,3 bildet offenbar eine Ausnahme: Der Vf spricht von der Unterordnung unter die Gemeindeleiter und vom Verhalten gegenüber den „Älteren, die bei euch sind". Faßt man die 2. Pers. Pl. im strengen Sinn, so sind, wie die Fortsetzung zeigt, die erwachsenen Männer in der Gemeinde die Angeredeten; sie geben den Jüngeren (s. zu 21,6; vgl. Tit 2,4) und den Frauen Anweisungen für das Denken bzw. für das Verhalten (die Verben ἐπιτρέπειν, παραγγέλλειν und διδάσκειν sind wohl im wesentlichen bedeutungsgleich). Das den Jungen auferlegte μέτρια νοεῖν zielt auf die Tugend des Maßes (vgl. Diod S 23,15,4: μέτρια φρονεῖν); σεμνός gehört zu den Vorzugsvokabeln des Vf. Zur Weisung an die Frauen (ἐν ἀμώμῳ καὶ ... ἁγνῇ συνειδήσει ...) vgl. Pol Phil 5,3; ob καὶ σεμνῇ zu lesen ist (so Fischer mit den Codices A und H) oder nicht (so Funk-Bihlmeyer mit den Übersetzungen; vgl. die genannte Polykarp-Stelle), läßt sich kaum sagen. Gemeint ist jedenfalls ein Verhalten der Frauen, das einer von der traditionellen Sitte gesteuerten συνείδησις entsprechen soll; dazu paßt die Aussage über die Gattenliebe καθηκόντως (vgl. Pol Phil 4,2). Die zweite den Frauen geltende Belehrung (ἐδιδάσκετε ...) spricht vom κανὼν τῆς ὑποταγῆς und weist ihnen den οἶκος als Bereich zu (vgl. 1 Tim 2,11; Tit 2,5; vgl. die Haustafel in Kol 3,18; zum ungewöhnlichen Verb οἰκουργέω s. Lightfoot I/2, 11 f. und Bauer-Aland WB s. v.). Zu σωφρονεῖν vgl. 1,2 (σώφρονα ... εὐσέβειαν).

Exkurs: Frauen im 1 Clem

Zu unterscheiden ist zwischen der namentlichen Erwähnung von einzelnen Frauen aus biblischer oder anderer Tradition bzw. von Märtyrerinnen einerseits (dazu, vor allem zum mythologischen Material, ausführlich Ziegler, Studien 74–95), und den Hinweisen auf das von den Frauen in der Gemeinde im allgemeinen geforderte Verhalten andererseits. Innerhalb von Kap. 4–12 werden Frauen genannt, die διὰ ζῆλος Strafe oder Verfolgung erlitten (4,11: Mirjam; 6,2: Märtyrerinnen), sich eines Fehlverhaltens schuldig machten (6,3: Frauen, die sich ihren Ehemännern entfremdeten; 11,2: Lots Frau, die ihrem Mann widersprach) oder aber διὰ πίστιν καὶ φιλοξενίαν gerettet wurden (12,1–8: Rahab). In 55,3–6 wird von den Taten der Judith und der Esther erzählt, eingeleitet mit der Bemerkung, viele Frauen hätten, durch Gottes χάρις gestärkt, πολλὰ ἀνδρεῖα vollbracht. Dem Vf liegt ganz offensichtlich daran, daß – neben herausragenden Männern – auch Frauengestalten als Vorbilder (oder zur Warnung) erwähnt werden (besonders deutlich in 6,1 f.). Zugleich aber setzt er grundsätzlich voraus, daß es innerhalb der Gemeinde eine Gleichberechtigung zwischen Frauen und Männern nicht gibt; das zeigen die an neutestamentliche Haustafeln erinnernden allgemeinen Aussagen in 1,3 und in 21,6 f.

In 1,3 werden, anders als in den Haustafeln in Kol 3,18; Eph 5,21–24, die Frauen nicht als handelnde Subjekte angesprochen; der Vf spricht von ihnen auch nicht in der 3. Pers. (so 1 Kor 14,33b–36; 1 Tim 2,9–15; 1 Petr 3,1–6), sondern er bescheinigt (zu Recht?) den (männlichen) Christen in Korinth, sie hätten die Frauen eine der Sitte gemäße Verhaltensweise gelehrt. Der Hinweis auf das „Haus" erinnert dabei an die sekundäre Glosse in 1 Kor 14 (V. 35), während der Begriff κανὼν τῆς ὑποταγῆς sich eng mit 1 Tim 2,11 berührt und mehrere Stichworte aus 1 Clem 1,3 auch in Tit 2,5 begegnen (σώφρων, ἁγνός, οἰκουργ-, ὑποτασσ-). Auch in 21,6 sind die Frauen als Objekte männlichen Handelns gesehen (τὰς γυναῖκας ἡμῶν ἐπὶ τὸ ἀγαθὸν διορθωσώμεθα). Die dann in 21,7 geforderten Verhaltensweisen bzw. Gesinnungen sind zunächst unspezifisch (ἄγνεια, πραΰτης); aber die Forderung, τὸ ἐπιεικὲς τῆς γλώσσης αὐτῶν solle sich διὰ τῆς σιγῆς offenbar machen, erinnert dann deutlich an 1 Kor 14,34 (σιγάτωσαν) und an 1 Tim 2,11 f. (ἡσυχία). Die abschließende Forderung, die Frauen sollten ihre Liebe allen Christen gleichmäßig und nicht κατὰ προσκλίσεις zuwenden, läßt an ein karitatives Wirken der Frauen in der Gemeinde denken.

Offenbar repräsentiert 1 Clem ein neues Stadium in der Entwicklung der Rolle der Frau in der Kirche; die Anfänge mit ihrem relativ hohen Maß an Gleichberechtigung (vgl. 1 Kor 11,2 ff.; Gal 3,26 ff.; Röm 16,1 ff.) liegen zurück. Der im 1 Clem vertretene Standpunkt hat dann sogar Eingang in Texte paulinischer Tradition gefunden (1 Kor 14,33b–36; Pastoralbriefe). Möglicherweise sind diese Texte in Rom verfaßt bzw. ist die Interpolation in dem in Rom vorhandenen Exemplar des 1 Kor vorgenommen worden (s. Lindemann, Paulus 25 f.137). Auffallend ist, daß die Unterordnung der Frauen durchweg nicht begründet wird, sondern als selbstverständlich gilt. Möglicherweise übernimmt die Kirche hier in der kaiserzeitlichen römischen Gesellschaft üblicherweise geltende Normen (dazu K. Thraede, Art. Frau, RAC 8, 215–220; die immer wieder erwähnten Ausnahmen bestätigen die Regel) und wohl auch Aspekte der Stellung der Frauen in der Synagoge (Thraede aaO. 226; zur Diskussion, inwieweit die Quellen die Realität spiegeln oder aber sie beeinflussen wollen, vgl. Mayer, Frau 89–91). Es ist denkbar, daß die römische Gemeinde diese Normen aus ihrer Umwelt übernahm, um enthusiastische Entwicklungen abzuwehren (vgl. schon Gal 3,28 mit 1 Kor 12,13; s. Thraede aaO. 241 f.); in diesem Fall läge in 1 Clem der früheste Beleg dafür vor.

In 2,1–8 wird nun die Gemeinde als ganze angesprochen (**2,1**: πάντες). Die Verben ταπεινοφρονεῖν und ἀλαζονεύεσθαι begegnen im NT nicht, wohl aber die entsprechenden Substantive. Anders als bei den Griechen gilt ταπεινοφροσύνη bei den Juden und Christen als ein positiver Wert („Demut") und bezeichnet nicht die niedrig-unterwürfige Gesinnung (Grundmann, ThWNT VIII, 5,45–49; Brunner, Mitte 128–134). Zu dem Wortspiel mit dem Verb ὑποτάσσειν vgl. 1 Kor 6,7 f. Das Sprichwort, daß das Geben dem Nehmen vorzuziehen sei, ist weit verbreitet (nach Thukydides II 97,4 stammt es aus Persien; s. Conzelmann zu Apg 20,35); den Gedanken, es handele sich um ein Herrenwort (so Apg

20,35, wo μακάριον anstelle des auch in 1 Clem verwendeten gängigen ἥδιον gebraucht ist), kennt der Vf. offenbar nicht (anders Lightfoot I/2, 12; Beyschlag, Clemens 202 A 1; Lightfoot sieht einen Zusammenhang mit 13,1 f.). Im zweiten Teil von 2,1 geht es um die Christusbeziehung. τὸ ἐφόδιον, in uns. Lit. nur hier, wird auch sonst im übertragenen Sinne gebraucht (s. Bauer-Aland WB s. v.); gemeint sind, wie der Kontext zeigt, die Worte Christi (Lightfoot I/2, 13–16 begründet ausführlich seine Entscheidung zugunsten der nur von A vertretenen Lesart τοῦ θεοῦ), die die Christen im Herzen „eingeschlossen" hatten (ἐνστερνίζομαι begegnet spät und nur in christlichen Texten; Bauer-Aland WB s. v.). Von den παθήματα Christi sprechen die Apost. Väter nicht; offenbar soll, zusammen mit dem Hinweis auf Christi Worte, das Ganze des Heilsgeschehens ausgesagt werden (eine Erinnerung an Gal 3,1 liegt sicher nicht vor; gegen Knopf zSt und Hagner, Use 221; vgl. Lindemann, Paulus 180 A 42).

In **2a** rundet der Vf. den Gedankengang zunächst ab (οὕτως ...): In der Gemeinde (πᾶσιν!) herrschte aufgrund der dargestellten Voraussetzungen tiefer und fruchtbarer (λιπαρός sonst nur noch Apk 18,14 neben λαμπρός) Friede (vgl. dazu 19,2; 20,1.9ff.). Zum Ausdruck εἰρήνη βαθεῖα vgl. 4 Makk 3,20; Hegesipp bei Euseb KG III 32,6; bei Philo (Somn II 147. 229) wird der Begriff psychologisch-individualistisch verwendet; weitere christliche Belege nennt Beyschlag, Clemens 150–166. Ob im Hintergrund griechisches Staatsdenken steht (so van Unnik, Vig Chr 24, 1970, 278 f.) oder apologetische Märtyrer-Terminologie (so Beyschlag aaO.; ders., Vig Chr 26, 1972, 22), ist im Grunde gleichgültig (vgl. Lampe, Christen 177); gemeint ist in jedem Fall ein Idealzustand, der in Korinth erreicht gewesen sei. Dies habe sich verbunden mit dem Verlangen nach ἀγαθοποιΐα (dieses Wort begegnet außer in 1 Petr 4,19 in uns. Lit. nur im 1 Clem; der auffallende substantivische Stil in V. 2, vgl. das in uns. Lit. sonst nicht begegnende ἔκχυσις, läßt sich im Deutschen schlecht wiedergeben). Die abschließende Bemerkung in **2b** wird von Knopf zSt kritisiert: Anders als insbesondere bei Paulus und Johannes sei der Geist hier offenbar „als eine Belohnung des ethischen Handelns, als eine Art von conscientia bona consequens" aufgefaßt, was „dem rationalen Moralismus des Schreibens" entspreche. Aber der Vf. will gerade den guten Zustand der Gemeinde (vgl. das erneute πάντες) auf die πλήρης ἔκχυσις des Heiligen Geistes zurückführen und sie nicht zu deren Voraussetzung erklären. Die Formulierung macht es im übrigen von vornherein unwahrscheinlich, daß der Umsturz (3,1–4) unter Berufung auf den Geist erfolgte (s. den Exkurs nach 45,8). Zum einstigen Idealzustand der Gemeinde gehörte nach **3** auch das vertrauensvolle Gebet (zum Gebetsgestus der erhobenen Hände vgl. Jes 1,15; Ps 28,2; 141,2 u. ö.; s. dazu E. von Severus, Art. Gebet I, RAC 8, 1167). Das Gottesprädikat παντοκράτωρ (s. das Präskript) bezieht sich wohl auf den von Gott ausgehenden Anspruch, aber auch auf die Gewißheit der Gebetserhörung (vgl. das Stichwort πεποίθησις). Zwar gab es sündigende Christen; aber sie handelten ohne Absicht (vgl. 1 Tim 1,13: Paulus habe als Verfolger ἀγνοῶν gelästert; die lateinische Übersetzung liest in 1 Clem 2,3 ignorantes wie Vulgata in 1 Tim 1,13; in der Sache vgl. die Weisungen in Num 15,22–31). Das Bild vom ἀγών (**4**) verwendet der Vf nochmals in 7,1 (im NT vgl. Phil 1,30; Kol 2,1); zu ἡμέρας καὶ νυκτός vgl. Ps 1,2; Apk 4,8; 12,10 u. ö.; ferner 1 Thess 2,9; 3,10: νυκτὸς καὶ ἡμέρας. Die korinthischen Christen waren um das Wohlergehen der ganzen ἀδελφότης bemüht (zum Begriff vgl. 1 Petr 2,17; 5,9), also um die Christenheit insgesamt, damit niemand aus der Zahl der (von Gott) Auserwählten verlorenginge. Begründet der Vf damit indirekt das Recht der römischen Gemeinde zum Eingreifen in Korinth? Die präpositionale Wendung μετ᾽ ἔλεους καὶ συνειδήσεως bereitet Schwierigkeiten: Lightfoot I/2, 18 liest mit Codex H μετὰ δέους (so „the whole clause is transferred from God to the believer, and συνειδήσεως becomes intelligible"); Harnack, Einführung 105 f. vermutet, daß συνειδ. „ein alter Fehler" ist. Bauer-Aland WB Sp. 1559 deutet μετὰ συνειδήσεως als „gewissenhaft"; nach Knopf zSt geht es um „das innerliche Bewußtsein einer auferlegten Verpflichtung ... den anderen helfen zu müssen". Aber gegen diese Deutungen spricht die Stellung des Ausdrucks hinter εἰς τὸ σώζεσθαι. Vielleicht ist, in verkürzter Redeweise, gemeint, daß Gottes Barmherzigkeit und das auf die Mitchristen bezogene „Gewissen" der betenden Korinther die Rettung der festgesetzten Zahl bewirken sollten. Zu ἀριθμὸς τῶν ἐκλεκτῶν αὐτοῦ vgl. 58,2; 59,2; der Ausdruck klingt prädestinatianisch und ist auch so gemeint (gegen Knopf zSt; vgl. Andresen, Kirchen 35 f.).

Der Lobpreis wird in **5** fortgesetzt. Die Begriffe εἰλικρινής und ἀκέραιος sind fast synonym (vgl. Phil 1,10; 2,15, wo Paulus jeweils verwandte Adjektive anfügt). Zu dem (seltenen) hellenistischen Adjektiv ἀμνησίκακος vgl. 62,2; gemeint ist, daß jemand des ihm zugefügten Bösen nicht gedenkt (Philo gebraucht das Wort in Jos 246, als Josephs Brüder nach der Begegnung in Ägypten seine Großmut preisen; das Substantiv findet sich einmal in LXX, in 3 Makk 3,21). Die Wortgruppe μνησίκακος κτλ. begegnet häufiger, in uns. Lit. vor allem bei Hermas. **6** (πᾶσα στάσις κτλ.) bezieht sich auf 1,1 zurück und unterstreicht die gute Vergangenheit. Die Bemerkung über πᾶν σχίσμα ist überraschend angesichts der Tatsache, daß der Vf den paulinischen 1 Kor kennt, in dem die korinthischen σχίσματα scharf kritisiert werden (1,10; im Referat jenes Abschnitts in 47,1–4 spricht der Vf dementsprechend lediglich von προσκλίσεις). Gab es in der Gemeinde παραπτώματα, so war die Reaktion darauf Trauer (vgl. V. 3) und nicht – wie jetzt vom Vf polemisch impliziert – Zustimmung. Zur übertragenen Bedeutung von ὑστερήματα („sittlicher Mangel") vgl. Herm Vis III 2,2, wo ὑστερήματα und παραπτώματα parallel stehen. Nach Beyschlag, Clemens 194 folgt der Vf. in 2,3–6 einer katechetischen Überlieferung, die auch in Herm Sim IX 23,3 f. verwendet sei: Gott trage reuigen Sündern das Böse nicht nach (οὐ μνησικακεῖ τοῖς ἐξομολογουμένοις τὰς ἁμαρτίας αὐτῶν), und deshalb müsse der Mensch ebenso handeln (s. V. 5). Die Parallele ist zweifellos gegeben, aber es handelt sich sicher nicht um feste Tradition.

7: Zu ἀμεταμέλητος vgl. Röm 11,29; 2 Kor 7,10. Mit dem Stichwort ἀγαθοποιία nimmt der Vf V. 2 nochmals auf: Das erstrebte „Gutestun" fand ungeteilte Zustimmung. Die Fortsetzung (ἕτοιμοι κτλ.) entspricht nahezu wörtlich Tit 3,1; es handelt sich wohl nicht um ein Zitat (dazu ist die Aussage zu allgemein), möglicherweise aber um Aufnahme eines festen Topos (vgl. 2 Kor 9,8; 2 Tim 2,21; 3,17; dazu Lindemann, Paulus 180 A 41).

8 faßt zusammen: πανάρετος (wie in 1,2) und σεβασμιός (in uns. Lit. nur hier, sonst aber häufig) war das Leben der korinthischen Christen (zu πολιτεία = „Lebenswandel" s. Bauer-Aland WB s. v. 3) in „seiner Furcht" (vgl. 51,2: μετὰ φόβου καὶ ἀγάπης πολιτευόμενοι). φόβος ist im 1 Clem meist die Gottesfurcht (3,4; 19,1; 21,6); κύριος ist in V. 8b deshalb vermutlich Gottes- und nicht Christusprädikat (vgl. auch die Formulierung in 58,2: τὰ ὑπὸ τοῦ θεοῦ δεδομένα δικαιώματα καὶ προστάγματα). Das Bild von den „breiten Flächen des Herzens" begegnet in Prv 7,3; 22,20.

3,1–4 Der Umsturz

[1]Alle Ehre und Fülle war euch verliehen. Da wurde erfüllt, was geschrieben steht: „Er aß und trank, und er wurde breit und dick, und er schlug mit dem Fuß aus, der Geliebte."
[2]Daraus (ergaben sich) Eifersucht und Neid, Streit und Aufruhr, Verfolgung und Unordnung, Krieg und Gefangenschaft.
[3]So erhoben sich die nicht Geachteten gegen die Geachteten, die Ruhmlosen gegen die Berühmten, die Unverständigen gegen die Verständigen, die Jungen gegen die Älteren. [4]Deshalb sind Gerechtigkeit und Friede in weiter Ferne, weil jeder die Furcht Gottes verlassen und beim Glauben an ihn den klaren Blick verloren hat, auch nicht in den Satzungen seiner Gebote wandelt und sein Leben nicht (so) führt, wie es Christus entspricht, sondern jeder nach den Begierden seines bösen Herzens wandelt, ungerechte und gottlose Eifersucht tragend, wodurch ja „der Tod in die Welt hineingekommen ist".

In 3,1a wird der einstige gute Zustand der Gemeinde noch einmal hervorgehoben; die Katastrophe wird dann durch das Schriftzitat in 3,1b markiert. Die Folgen daraus beschreibt der Vf. in V. 2 zunächst in allgemeiner Form, dann in V. 3 konkret mit Blick auf die korinthischen Ereignisse, ohne daß dies in einem Brief nach Korinth detailliert entfaltet werden müßte. In V. 4 schließlich zeichnet der Vf den schlechten Zustand der Gemeinde in der Gegenwart. In V. 2–4 zeigen sich gewisse rhetorische Stilmittel: Einmal die (nach Knopf zSt „nicht sehr deutliche") Anaphora ἐκ τούτου – οὕτως – διὰ τοῦτο; ferner der jeweils vierfache Parallelismus in V. 2 und in V. 3; schließlich die Rahmung des Ganzen durch das Stichwort ζῆλος in V. 2 am Anfang und in V. 4 am Ende, wodurch dann dem Abschnitt Kap. 4–6 die Überschrift gegeben wird.

1: Die Begriffe δόξα (mit Blick auf menschliche Ehre oder Ruhm nochmals in 45,8 gebraucht) und πλατυσμός (eigentlich der „weite Raum"; die Belege in LXX haben aber meist metaphorischen Sinn, 2 Reg 22,20.37; Ps 17,20; 117,5; 118,45; Sir 47,12; das Wort begegnet in uns. Lit. sonst nur noch Herm Mand V 2,3) kennzeichnen den von Gott gewirkten früheren Zustand der Gemeinde. Gerade da aber habe sich das Bibelwort (τὸ γεγραμμένον nochmals in 13,1; vgl. Lk 18,31; Apg 13,29; 2 Kor 4,13) erfüllt, daß der (von Gott) Geliebte „ausgeschlagen" habe. Das Zitat stammt aus dem Mose-Lied Dtn 32 (V. 15) und sprach ursprünglich vom Übermut „Jakobs" (= Israel); der Text folgt LXX, allerdings in veränderter Wortfolge, wobei der Hinweis auf das Ausschlagen „des Geliebten" jetzt wirkungsvoll am Schluß steht. Der Zusatz καὶ ἔπιεν am Anfang läßt vermuten, daß der Vf auswendig zitiert. ἀπολακτίζω „(mit dem Fuß) ausschlagen" wird oft übertragen gebraucht (in eigentlicher Bedeutung z. B. M Ant X 28 von einem Ferkel, das der Schlachtung entfliehen will).

2 beschreibt die Folge des Geschehens. Die Allgemeingültigkeit der Aussage ist durch das Fehlen eines Verbs noch unterstrichen. Einige der genannten acht Begriffe begegnen in neutestamentlicher Paränese, auch in Katalogen. Zu ζῆλος vgl. Gal 5,20; Jak 3,16; ferner Röm 13,13; 1 Kor 3,3; 2 Kor 12,20 (hier jeweils neben ἔρις). Zu φθόνος vgl. Röm 1,29; Phil 1,15; Gal 5,21; 1 Tim 6,4 (hier durchweg auch ἔρις). ζῆλος und φθόνος werden oft miteinander verbunden (1 Clem 4,13; Test XII S 4,5; vgl. Platon Menex 242a). ἔρις begegnet in neutestamentlicher Paränese außer an den genannten Stellen noch 1 Kor 1,11;

Tit 3,9. Zu ἀκαταστασία vgl. außer 2 Kor 12,20; Jak 3,16 noch 1 Kor 14,33a, ferner Lk 21,9 (dort neben πόλεμος). στάσις und διωγμός sowie das vierte Begriffspaar πόλεμος καὶ αἰχμαλωσία fehlen im NT in diesem sachlichen Kontext ganz. Beyschlag, Clemens 143 meint, daß 1 Clem „mit der Vorstellung von πόλεμος καὶ αἰχμαλωσία in c. 3,2 einer älteren – und dann sicher apologetischen – Überlieferung folgt, in welcher ursprünglich vom Ungehorsam (bzw. Unglauben) Israels und seiner Bestrafung durch ‚Krieg und Gefangenschaft‘ die Rede war". Aber die Verweise auf sBar 70 (s. u.) und auf Lk 21,9ff. können diese Argumentation nicht tragen. Es ist umgekehrt aber auch wenig wahrscheinlich, daß der Vf. die vier Begriffspaare direkt auf bestimmte Zustände in Korinth bezogen sehen will (so Knopf zSt). Deutlich ist eine rhetorisch sich steigernde Tendenz, mit dem Begriff πόλεμος und dem dazugehörigen Stichwort αἰχμαλωσία als Höhepunkt (vgl. 46,5).

In der ebenfalls rhetorisch gestalteten Argumentation in **3** zeigt sich eine gewisse Nähe zu 1 Kor 4,10: jeweils ein Stichwort der drei ersten Begriffspaare war von Paulus verwendet worden (φρόνιμος, ἔνδοξος, ἄτιμος; die Reihenfolge ist in 1 Clem entgegengesetzt). Sicher handelt es sich nicht um ein Zitat (s. Lindemann, Paulus 181); aber die Tatsache, daß nur das „aktuelle" Begriffspaar νέοι – πρεσβύτεροι in 1 Kor keine Parallele hat, läßt den Schluß zu, daß der Vf bei der Formulierung an 1 Kor 4,10 gedacht hat, um dann gleichsam als Zielpunkt den Vorwurf „Junge gegen Alte (oder: Ältere)" anzufügen. Der Topos des ungerechtfertigten Widerstands begegnet auch in Jes 3,5b als eschatologische Gerichtsansage und in der Apokalyptik (sBar 70,3: „Einander hassen werden sie und reizen sich gegenseitig zum Streit. Und die Ehrlosen herrschen über Angesehene, und die Nichtswürdigen erheben sich hoch über alle Ehrsamen." Übers. Klijn, JSHRZ V/2, 169); ein traditionsgeschichtlicher Zusammenhang muß aber nicht bestehen (zu Beyschlag, s. o.). Die Frage nach dem präzisen Sinn von οἱ νέοι läßt sich kaum beantworten. Opitz, Ursprünge 17–20 meint, gemeint seien „Neuerer im Sinne von Restauratoren", die das ursprüngliche, in Rom aber völlig unbekannte korinthische Pneumatikertum hätten wiederherstellen wollen; aber das ist dem Text ebensowenig sicher zu entnehmen wie die Vermutung, es habe sich bei den Aufrührern um „junge Leute" gehandelt oder um traditionslose Neuerer. Dem Vf kam es vermutlich vor allem darauf an, den Sturz der πρεσβύτεροι („Presbyter") als Folge des ἀπολακτίζειν (V. 1b) darzustellen, und hier bot sich der Begriff οἱ νέοι als Kontrast unmittelbar an. **4** beschreibt, natürlich aus der Sicht Roms, die von der Vergangenheit sich diametral unterscheidende Gegenwart der korinthischen Gemeinde, und zwar im wesentlichen unter Wiederaufnahme der in Kap. 1 und 2 verwendeten Begrifflichkeit. Jetzt sind δικαιοσύνη (vgl. 33,8) und εἰρήνη (nach 2,2 war sie das entscheidende Kennzeichen der Vergangenheit) weit entfernt (zum Bild vgl. Jes 59,14 LXX: ἡ δικαιοσύνη μακρὰν ἀφέστηκεν). Den nach 2,8 früher allgemein geübten φόβος τοῦ θεοῦ haben die Korinther preisgegeben; und für die früher von jedermann wahrgenommene βεβαία πίστις (1,2) haben sie jetzt keinen klaren Blick mehr (das in medizinischen Texten gebrauchte Verb ἀμβλυωπέω „schwachsichtig sein" begegnet in uns. Lit. nur hier). Die νόμιμα τῶν προσταγμάτων αὐτοῦ (= Gottes; vgl. 1,3) sind jetzt nicht mehr Maßstab des πορεύεσθαι; und τὸ καθῆκον τῷ Χριστῷ (vgl. 1,3) bestimmt jetzt nicht mehr das christliche πολιτεύεσθαι (vgl. 2,8). Der jetzige Wandel (βαδίζειν in uns. Lit. nur hier) orientiert sich vielmehr an den ἐπιθυμίαι des bösen Herzens (vgl. dagegen 2,8); und an die Stelle des eifrigen Gebets (2,3) haben die Korinther ζῆλον ἄδικον καὶ ἀσεβῆ gesetzt. Das hier erneut verwendete Stichwort ζῆλος (s. V. 2) gibt die Überschrift über den kommenden Abschnitt, wobei die an der Spitze stehende Aussage, daß durch den ζῆλος der Tod in die

Welt gekommen sei, offenbar formuliert ist in Anlehnung an Sap Sal 2,24 oder sogar als direktes Zitat (φθόνῳ δὲ διαβόλου θάνατος εἰσῆλθεν εἰς τὸν κόσμον). Nach Paulus (Röm 5,12) kam der Tod durch die Sünde Adams εἰς τὸν κόσμον (vgl. Röm 6,23a; anders Sir 25,24 LXX: ἀπὸ γυναικὸς ἀρχὴ ἁμαρτίας, καὶ δι᾽ αὐτὴν ἀποθνήσκομεν πάντες). Der Vf des 1 Clem illustriert seine Behauptung mit Hilfe der Erzählung vom Brudermord Kains, die er in 4,1–6 zitiert. Harnack, Einführung 106 äußert die Vermutung, daß hier „das erste Dokument klerikaler Maßlosigkeit gegenüber Gegnern" vorliege, da diese „abschreckende Kritik nicht zu überbieten" sei. Aber der Vf des 1 Clem sagt ja nicht, der korinthische ζῆλος sei es gewesen, der den Tod in die Welt gebracht habe.

4,1–6,4 Geschichtliche Beispiele für Eifersucht und Neid

4,1–13 Biblische Beispiele

[1]Denn so steht geschrieben: „Und es geschah nach einigen Tagen, da brachte Kain von den Früchten der Erde Gott ein Opfer dar, und auch Abel brachte seinerseits von den Erstlingen der Schafe und von ihrem Fett. [2]Und es sah Gott auf Abel und auf seine Gaben, auf Kain aber und auf seine Opfer achtete er nicht. [3]Und Kain wurde sehr betrübt, und sein Antlitz wurde finster. [4]Und es sprach Gott zu Kain: ‚Weshalb bist du betrübt, und weshalb ist dein Antlitz finster geworden? Hast du nicht gesündigt, wenn du (zwar) richtig dargebracht, aber nicht richtig geteilt hast? [5]Bleib ruhig, zu dir (geschieht) seine Rückkehr, und du wirst ihn beherrschen.' [6]Und es sprach Kain zu Abel, seinem Bruder: ‚Wir wollen auf das Feld gehen.' Und es geschah, als sie auf dem Feld waren, erhob sich Kain gegen Abel, seinen Bruder, und er tötete ihn." [7]Seht, Brüder, Eifersucht und Neid haben Brudermord bewirkt.
[8]Wegen Eifersucht entfloh unser Vater Jakob vor dem Angesicht Esaus, seines Bruders. [9]Eifersucht bewirkte, daß Joseph bis zum Tode verfolgt wurde und in Sklaverei kam. [10]Eifersucht zwang Mose, vor dem Angesicht Pharaos, des Königs von Ägypten, zu fliehen, als er von seinem Stammesgenossen zu hören bekam: ‚Wer hat dich als Richter oder Rechtsprecher über uns eingesetzt? Willst du mich etwa umbringen, so wie du gestern den Ägypter umgebracht hast?' [11]Wegen Eifersucht hielten sich Aaron und Mirjam außerhalb des Lagers auf. [12]Eifersucht führte Dathan und Abiram lebendig in den Hades hinab, weil sie Aufruhr gemacht hatten gegen den Diener Gottes, Mose. [13]Wegen Eifersucht ertrug David Neid nicht nur von den Fremdstämmigen, sondern wurde er auch von Saul, dem König Israels, verfolgt.

Der Vf führt in Kap. 4–6 Belege für die abschließende Aussage von 3,4 an. Den Anfang bildet dabei in Kap. 4 die biblische Überlieferung, zunächst mit der ausführlich zitierten Erzählung von Kain und Abel (V. 1–6; mit einer kurzen Anwendung in V. 7). Dibelius, Formgeschichte 23 sieht darin ein Beispiel dafür, wir urchristliche Prediger „Paradigmen" in ihre Predigten eingefügt hätten. Aber es handelt sich bei 1 Clem um einen im eigentlichen Sinne literarischen Text. In 4,8–13 folgen in der Abfolge des biblischen Textes weitere Belege, die sich aber – mit Ausnahme von V. 10 – nahezu auf die bloße Namensnennung beschränken. Der Vf setzt offenbar voraus, daß die Leser mit den jeweiligen Erzählungen vertraut sind. In Kap. 5 und 6 schließen sich Beispiele aus der kirchlichen Zeitgeschichte sowie (6,3 f) aus der allgemeinen Erfahrung an. Beginnend in 4,8 steht bei den Beispielen das Stichwort ζῆλος (bzw. διὰ ζῆλος/ζῆλον; dazu B-D-R § 51) betont voran. Eine darüber hinaus gehende rhetorische Stilisierung läßt sich aber nicht erkennen (die von Knopf beobachtete Siebenzahl ist nur in Kap. 4 tatsächlich vorhanden, ohne daß auf ihr ein besonderes Gewicht läge).

Die Form der Zitateinleitung in **1** (γέγραπται γάρ) ist vom Vf öfters gewählt worden (14,4; 39,3 u. ö.; mit οὕτως aber nur noch in 36,3). Das Zitat selbst folgt dem LXX-Text von Gen 4,3–8 beinahe wörtlich; der Vf vermeidet aber in V. 1.4 das Gottesprädikat κύριος (H und die lateinische Übersetzung haben in V. 1 nach LXX korrigiert) und liest in V. 3 τὸ πρόσωπον (Codex A hat, wie LXX, den Dativ). Der LXX-Text von Gen 4 weicht in der Gottesrede in V. 7 (= 1 Clem 4,4b.5) erheblich vom hebräischen Text ab (auch dieser bereitet freilich große Schwierigkeiten; vgl. Westermann, Genesis I, 407: „Es muß eine erhebliche Textverderbnis angenommen werden"). Die dem Kain zuerst gestellte rhetorische Frage (οὐκ ... ἥμαρτες;) gibt noch einen gewissen Sinn, insofern sie impliziert, Kain habe zwar kultisch korrekt geopfert, Gott aber die schlechteren Opferstücke gegeben, womit dann Gottes sonst unbegründet erscheinende Reaktion erklärt wäre (zu anderen Auslegungsmustern vgl. Braun zu Hebr 11,4). Die weitere mit ἡσύχασον eingeleitete Aussage Gottes ist dann aber unverständlich (bei Philo [Quaest in Gen 66] wird der Text nahezu in sein Gegenteil verkehrt; Irenäus [Haer IV 18,3] zieht das ἡσύχασον noch zum Voranstehenden und läßt das Übrige weg). Inhaltlich ist die Erzählung vom Vf des 1 Clem aber durchaus sachgemäß eingesetzt; denn Abels Tod ist ja der erste überhaupt, von dem die Bibel berichtet (vgl. auch die Verwendung dieser Erzählung bei Theophilus Ad Autol II 29, wo freilich der Satan als Ursache des Geschehens genannt wird).

In der Anwendung in **7** (ὁρᾶτε ἀδελφοί bzw. ἀγαπητοί auch in 12,8; 16,17; 21,1; 41,4; 50,1) macht der Vf deutlich, daß Eifersucht und Neid eben nicht nur den Tod, sondern sogar den Brudermord in die Welt gebracht haben (ἀδελφοκτονία in uns. Lit. nur hier, aber häufig bei Philo und Josephus; die Anrede ἀδελφοί ist hier offenbar ganz bewußt eingesetzt).

Mit **8** beginnt die Reihe der kurzen Erwähnungen weiterer Beispiele. In der Erzählung von der Flucht Jakobs vor Esau (Gen 27,41 ff; vgl V. 43: ἀναστὰς ἀπόδραθε ...) begegnet die ζῆλος-Terminologie im LXX-Text zwar nicht, sie paßt aber zur erzählten Handlung. Das Jakob-Esau-Motiv wird von Paulus in Röm 9,13 aufgenommen, freilich im strengen Sinne theologisch gedeutet. Zur Bezeichnung Jakobs als ὁ πατὴρ ἡμῶν vgl. 6,3 (Adam); 30,7; 31,2; 60,4; 62,2 (Erzväter); man braucht nicht anzunehmen, der Vf sei Judenchrist oder zitiere eine judenchristliche bzw. jüdische Tradition (s. u. zu Beyschlag); vgl. Röm 4; Jak 2,21, wo Abraham „unser Vater" genannt wird. **9** erwähnt Josephs an den Rand des Todes führende Verfolgung und seine Sklavenschaft (Gen 37 ff, vor allem 37,11: ἐζήλωσαν δὲ αὐτὸν οἱ ἀδελφοὶ αὐτοῦ; vgl. die Stephanusrede Apg 7,9). **10** nimmt Ex 2,11–15 auf (2,15b: ἀνεχώρησεν ... ἀπὸ προσώπου Φαραω), wobei die Rede des ὁμόφυλος wörtlich nach LXX (V. 14) zitiert ist (Codex A, dem Fischer folgt, liest κρίτην statt ἄρχοντα; anders Funk-Bihlmeyer); dasselbe Zitat findet sich wiederum in der Stephanusrede (Apg 7,28), dort freilich im Zusammenhang eines größeren Kontextreferats. Möglicherweise setzt der Vf des 1 Clem voraus, daß den Lesern die führende Rolle des Mose bekannt war (vgl.

V. 12) und also die seine Autorität abwehrende und „Neid" verratende Frage sich von selbst richtete.

Die beiden folgenden Beispiele sprechen nicht vom ζῆλος als der Ursache „unschuldigen" Leidens, sondern vom ζῆλος, der gerechte Bestrafung nach sich zieht.

11 bezieht sich auf Num 12, wo vom Murren Mirjams und Aarons gegen Mose berichtet wird (ihr Reden in V. 2 läßt sich als ζῆλος deuten, das Wort fehlt aber); entgegen dem biblischen Text sagt der Vf, daß auch Aaron „außerhalb des Lagers" gewesen sei (zu ἔξω τῆς παρεμβολῆς s. Num 12,14f). In **12** wird daran erinnert, daß Dathan und Abiram wegen der Teilnahme am Aufstand der Rotte Korah lebendig vom Hades (hebr. Schᵉol) verschlungen wurden (Num 16,33; vgl. V. 2: ἀνέστησαν ἔναντι Μωϋσῆ). Zum Mose-Titel ὁ θεράπων τοῦ θεοῦ s. Ex 14,31; Num 12,7 u. ö.; im NT Hebr 3,4; dann 1 Clem 43,1; 51,3.5; 53,5; Barn 14,4. In **13** schließlich geht es um die Nachstellungen, denen David ausgesetzt war, einmal von seiten der ἀλλόφυλοι (so LXX meist für die Philister, z. B. 1 Reg 22,10; 29,1–4; im NT nur Apg 10,28 „Nichtjuden"), zum andern von seiten Sauls (mehrfach innerhalb von 1 Reg 19–29); allerdings ist explizit weder von ζῆλος noch von φθόνος die Rede.

Zweifellos ist die Reihe in 1 Clem nicht einfach ad hoc zusammengestellt worden. Aber die These von Beyschlag, Clemens 48–134, der Vf habe hier eine „dualistische Adamshaggada" „als Ganze aus der Tradition überkommen", geht weit über das Erkennbare hinaus; Beyschlag meint, „lediglich die beiden LXX-Zitate (Gen 4,3ff; Ex 2,14), die mythische Figur des Satans am Anfang und vielleicht auch Christus am Schluß" habe der Vf des 1 Clem „selbst hinzugefügt bzw. weggelassen" (aaO. 131). Diese Feststellungen Beyschlags zeigen aber gerade, daß sich der Vf des 1 Clem offensichtlich nicht auf eine vorgegebene feste Tradition bezogen hat – jedenfalls nicht auf die von Beyschlag hypothetisch konstruierte.

5,1–7 Das Beispiel der Apostel

¹Aber wir wollen mit den alten Beispielen aufhören und wollen kommen zu den Wettkämpfern der jüngsten Zeit: Nehmen wir die edlen Beispiele unseres Geschlechts. ²Wegen Eifersucht und Neid sind die größten und gerechtesten Säulen verfolgt worden und haben bis zum Tode gekämpft. ³Halten wir uns vor Augen die tapferen Apostel: ⁴Petrus, der wegen ungerechtfertigter Eifersucht nicht eine und nicht zwei, sondern viele Mühen erduldet hat und der so – nachdem er Zeugnis abgelegt hatte – gelangt ist an den (ihm) gebührenden Ort der Herrlichkeit. ⁵Wegen Eifersucht und Streit hat Paulus den Kampfpreis der Geduld aufgewiesen: ⁶Siebenmal Ketten tragend, vertrieben, gesteinigt, Herold im Osten wie im Westen, hat er den edlen Ruhm für seinen Glauben empfangen. ⁷Gerechtigkeit hat er die ganze Welt gelehrt und hat Zeugnis abgelegt vor den Führenden; so ist er aus der Welt geschieden und ist an den heiligen Ort gelangt – größtes Vorbild der Geduld.

Der Vf verläßt nun die ἀρχαῖα ὑποδείγματα und wendet sich der Gegenwart zu (5,1): Es geht zunächst (vgl. dann Kap. 6) um οἱ μέγιστοι καὶ δικαιότατοι στῦλοι (V. 2), nämlich um οἱ ἀγαθοὶ ἀπόστολοι (V. 3). Als erster wird Petrus genannt (V. 4); dann wird sehr viel eindringlicher und ausführlicher von Paulus gesprochen (V. 5–7).

Die in Kap. 4 aufgezählten biblischen Gestalten werden in **1** rückblickend als „alte Beispiele" bezeichnet. Bedeutet παυσώμεθα, daß die Reihe noch hätte fortgesetzt werden können und daß sie nun abgebrochen wird? Oder soll nur der Übergang sprachlich markiert werden? ἔγγιστα meint „vor ganz kurzer Zeit" (Bauer-Aland WB s. v. ἐγγύς 2b). Das Stichwort ἀθληταί eröffnet eine neue Motivik: Die „edlen Beispiele unserer γενεά" (möglicherweise ist damit einfach die – noch junge – Christenheit gemeint, keine bestimmte Generation) waren „(Wett-)Kämpfer" (s. dazu den Exkurs nach 5,7). Das Adjektiv γενναῖος ist im allgemeinen häufig, begegnet in uns. Lit. aber nur in 1 Clem. In **2** stehen wie in 3,2 ζῆλος und φθόνος nebeneinander. Zu διώκεσθαι vgl. 4,9.13. Konkretes Wissen um bestimmte Gründe für die Verfolgung will der Vf weder andeuten noch gar verschweigen (zu Cullmann, RHPhR 10, 1930, 299). στῦλοι sind wie in Gal 2,9 Kirchenführer, und zwar, wie sich dann zeigen wird, die Apostel (V. 3). Der metaphorische Gebrauch von στῦλος ist auch sonst belegt; in der Regel findet sich aber nicht der absolute Gebrauch, sondern die Verwendung im Kontext eines entsprechenden Bildes (so Apk 3,12; vgl. Euripides Iph Taur 57: στῦλοι γὰρ οἴκων εἰσὶ παῖδες ἄρσενες; an der häufig genannten talmudischen Stelle bChag 12b wird diskutiert, auf wievielen Säulen die Erde ruhe: „R. Eleazar b. Samna sagt, auf einer Säule, deren Name ist ‚Gerechter', denn es heißt [Prv 10,25]: der Gerechte ist die Grundlage der Welt."). Die Verfolgung führte zum Tod. ἕως θανάτου hat hier, schon von der Stellung im Satz her, eine andere Bedeutung als μέχρι θανάτου in 4,9. In **3** enthält die einleitende Wendung λαβώμεν πρὸ ὀφθαλμῶν offenbar die Ankündigung, daß das Schicksal der „Säulen", konkret der ἀγαθοὶ ἀπόστολοι, nun geschildert werden soll (vgl. Diod S XXVI 16: Hannibal, λαβὼν πρὸ ὀφθαλμῶν τὸ τῆς τύχης ἄδηλον, verweigerte nicht die Bestattung eines getöteten römischen Gegners). „Die Apostel" sind Petrus und Paulus, nicht die Zwölf, von denen 1 Clem nie spricht (gegen Knopf zSt). Das Adjektiv ἀγαθός ist natürlich nicht herablassend gemeint (so offenbar Lightfoot I/2, 25, für den das Epitheton allenfalls dann passend wäre, wenn „Clemens" die beiden Apostel persönlich gekannt hat); es bezeichnet im gegebenen Kontext den „tapferen, wackeren" Mann (so z. B. Philostr Vit Ap I 34; s. im übrigen Bauer-Aland WB s. v. ἀγαθός 1aα). **4** und dann vor allem V. 5–7 zeigen, daß Petrus und Paulus eine hervorragende Position besitzen (zur Beziehung von Petrus zu Korinth kann man an 1 Kor 1,12; 9,5 denken). Die Reihenfolge zeigt eine Klimax, nicht etwa eine Vorordnung des Petrus (Näheres s. Lindemann, Paulus 75 f). ζῆλος ἄδικος wird wie in 3,4 gebraucht. Die Wendung οὐχ ἕνα οὐδὲ δύο bedeutet zunächst nur „nicht wenige" (vgl. umgekehrt 47,6); sie begegnet später oft in Märtyrerberichten (s. Beyschlag, Clemens 227–249; vgl. aber auch Tit 3,10 und Phil 4,16; 1 Thess 2,18: καὶ ἅπαξ καὶ δίς; dazu Gnilka, Phil 178). πόνος ist im NT und bei den Apost Vätern selten, begegnet aber oft in LXX, vor allem in 4 Makk (s. den Exkurs nach V. 7); gemeint ist hier die „Mühsal", die bis zur Auslöschung des Lebens führen kann. Die Wendung οὕτω μαρτυρήσας ἐπορεύθη κτλ. bedeutet entweder, daß Petrus als „Märtyrer" an den τόπος τῆς δόξης gelangt ist (so Knopf zSt), oder sie bezieht sich auf das ὑποφέρειν πόνους zurück: „Während der dem Tod vorausgehenden Leiden hat Petrus Zeugnis abgelegt" (so Baumeister, Anfänge 245, der V. 4 von V. 5–7 her interpretiert). In jedem Fall sind Leiden, μαρτυρεῖν und Sterben eng miteinander verbunden. Zum auch in V. 7 gebrauchten euphemistischen πορεύεσθαι εἰς τὸν ... τόπον vgl. Apg 1,25 (dort ἴδιος statt ὀφειλόμενος) und in der Sache Joh 14,2 f; Ign Magn 5,1; vgl. auch die etwas rätselhafte Bemerkung in Apg 12,17: Petrus ἐπορεύθη εἰς ἕτερον τόπον (M. Smith, NTS 7, 1960/61, 86–88 sieht hier einen literarischen Zusammenhang und ein Argument gegen die Petrus-

Rom-Hypothese; s. u.). Zur eschatologischen Bedeutung von δόξα s. Röm 8,18.21. V. 4 besagt wohl nicht, daß dem Märtyrer „ein besonderer Platz am postmortalen, interimistischen Ort der Frommen" zuteil wird oder er schon „in die volle Seligkeit" gelangt ist, auf die „andere Tote noch bis zur Endvollendung warten müssen" (so Baumeister aaO. 242, der auf 44,5 verweist; s. dort), denn ein Vergleich mit anderen ist gar nicht im Blick. Die Stelle bestätigt freilich eine im NT vor allem in den lk Schriften zu beobachtende Tendenz zur Individualisierung der Eschatologie (vgl. Lk 16,22f; 23,43; Apg 7,56.59), die erst später mit der stärker apokalyptisch orientierten Eschatologie ausgeglichen wird (Iren Haer V 31,2: αἱ ψυχαὶ [sic!] ἀπέρχονται εἰς τὸν τόπον . . . περιμένουσαι τὴν ἀνάστασιν). In V. 4 läßt sich übrigens nicht erkennen, ob der Vf des 1 Clem von einem Martyrium des Petrus in Rom weiß (vgl. Euseb KG II 25,5–8 mit Zitaten über den Tod des Petrus in Rom unter Nero; Literatur zur zeitweise heftig geführten Diskussion bei Baumeister aaO. 229f); für die Interpretation des 1 Clem ist die Frage ohne Bedeutung.

Der Abschnitt über Paulus ist nicht nur umfangreicher, sondern auch materialreicher; man kann deshalb eigentlich nicht sagen, 5,4 verhalte sich zu 5,5–7 „wie eine Miniatur zu einer größeren Zeichnung mit ungefähr gleichem Motiv" (so Baumeister, Anfänge 244) und erst recht nicht, daß hier Paulus nachgeordnet sei und „im Schatten des Petrus" steht (so Beyschlag, Clemens 280; s. dazu und überhaupt zu V. 5–7 Lindemann, Paulus 75–80).

5: Zu διὰ ζῆλον καὶ ἔριν vgl. 6,4 (s. auch 3,2). βραβεῖον ἔδειξεν meint nicht „er zeigte, wie man den Preis erlangt" (so Knopf zSt), sondern „er wies den Preis auf (erreichte ihn)" (Harnack, Einführung 107). Lightfoot I/2, 28f plädiert für eine Konjektur: ὑπέδειξεν „he taught by his example", aber das ist unnötig. βραβεῖον findet sich im NT nur bei Paulus im Kontext der entsprechenden Metaphorik (1 Kor 9,24; Phil 3,14; zum Bild vgl. 4 Makk 17,15: Im Kampf der Märtyrer war Siegerin die θεοσέβεια . . . τοὺς ἑαυτῆς ἀθλητὰς στεφανοῦσα). ὑπομονή (vgl. Röm 5,3f) meint nicht einfach die „Geduld", sondern die Fähigkeit, auch in größter Bedrängnis ausharren zu können; Paulus erhielt also den Siegespreis, der die ὑπομονή belohnt. Die Aussage wirkt wie eine das Ergebnis vorwegnehmende Überschrift und erweist sich als erster Teil einer Klammer (vgl. V. 7). Worin sich die ὑπομονή bewährte, wird in dem kleinen Peristasenkatalog in **6** eingehend geschildert. Von den Gefangenschaften des Paulus dürfte der Vf aus der Gemeindetradition wissen. Die Quelle der Zahlenangabe ἑπτάκις ist unbekannt; Quinn, JBL 97, 1978, 574–576 findet eine Anspielung auf die sieben neutestamentlichen Schriften, die eine Gefangenschaft des Paulus erwähnen, woraus ein Rückschluß auf den „Kanon" der römischen Kirche möglich sei (2 Kor, Phil, Phlm, Eph, Kol, 2 Tim, Apg seien bereits anerkannt). Aber wahrscheinlich besagt ἑπτάκις nur „sehr oft" (vgl. Prv 24,16; ähnlich Mt 18,21). φυγαδευθείς könnte an 2 Kor 11,33; Apg 9,23ff erinnern, aber auch an Szenen wie die in Apg 13,50; 14,6; 17,13f geschilderten. Zu λιθασθείς vgl. 2 Kor 11,25; Apg 14,5.19; Steinigung im strengen Sinn (so 1 Clem 45,4) kann nicht gemeint sein, weil es sich dabei um eine Todesstrafe handelte. λιθάζειν bedeutet zunächst „mit Steinen werfen" (so die beiden einzigen Belege in LXX 2 Reg 16,6.13: λιθάζων ἐν λίθοις; für „steinigen" in LXX meist λιθοβολέω). Zu κήρυξ als Bezeichnung für Paulus vgl. 1 Tim 2,7; 2 Tim 1,11 (das Wort begegnet in uns. Lit. sonst nur noch in 2 Petr 2,5); mit spezifisch stoischem Einfluß braucht man nicht zu rechnen, denn κήρυγμα und κηρύσσειν sind im NT häufig. „Ost und West" meint „in der ganzen Welt, überall" (vgl. Ps 49,1 LXX u. ö. im AT; Mt 24,27); zum Problem, ob ἐν τῇ δύσει sich auf Spanien bezieht, s. u. zu V. 7. τὸ κλέος ist in uns. Lit. selten; ist die in V. 5 und V. 7 erwähnte „Belohnung" gemeint, oder denkt der Vf, dem

Bild vom „Wettkämpfer" entsprechend, an zeitlichen Ruhm (vgl. γενναῖος)? Auffallend
ist das Genitivattribut τῆς πίστεως αὐτοῦ: Das Paulusbild des 1 Clem hängt irgendwie mit
dem Glaubensbegriff zusammen, wobei möglicherweise nicht an den persönlichen Glauben des Paulus, sondern an die von ihm als dem κήρυξ verkündigte Glaubensbotschaft
gedacht ist. Das bedeutet natürlich nicht, daß πίστις hier im eigentlichen paulinischen
Sinne verstanden ist (vgl. aber 32,4). Dasselbe gilt (**7**) für die Wendung δικαιοσύνην
διδάξας: Im Hintergrund steht nicht unmittelbar die paulinische Rechtfertigungslehre,
aber der Vf des 1 Clem meint auch nicht die von Paulus abgelehnte „Gesetzesgerechtig-
keit" (so Beyschlag, Clemens 282 f) oder eine philosophische Tugendlehre (so Dibelius,
GAufs II, 200 f; s. u. den Exkurs); vielmehr sagt er – nicht ohne Kenntnis des paulinischen
Röm –, welches Thema es war, das Paulus ὅλον τὸν κόσμον gelehrt hat. Sehr umstritten ist
der Sinn des Ausdrucks ἐπὶ τὸ τέρμα τῆς δύσεως ἐλθών (s. die Übersicht bei Lindemann,
Paulus 78 A 40), wobei sinnvoll nur nach der Auffassung des 1 Clem gefragt werden kann,
nicht nach der historischen Realität. Vermutlich denkt der Vf nicht an einen Aufenthalt
des Paulus in Spanien oder an den „Säulen des Herakles" (so Beyschlag, Clemens 298 f und
zuletzt Baumeister, Anfänge 237 f), sondern er meint den „westlichsten Punkt" der
Lebensreise des Paulus, also vermutlich Rom. Einen Grund, weshalb der Vf die explizite
Erwähnung Spaniens hätte vermeiden sollen, gibt es nicht (vgl. auch den Hinweis von
Heussi, Petrustradition 66, daß τέρμα τῆς δύσεως nirgends in der Bedeutung „Ende
Europas" belegt ist; bei Philostr Vit Ap V 1.4 werden die Säulen des Herakles und die Stadt
Gadeira als κατὰ τὸ τῆς Εὐρώπης τέρμα gelegen bezeichnet). Ältester Beleg für die – stets
an Röm 15,24 anknüpfende – Paulus-Spanien-Tradition sind die Act Verc (Lipsius-
Bonnet I, 44: Paulus habe in Rom von Christus den Auftrag erhalten, den Menschen in
Spanien ein Arzt zu sein) und dann der Canon Muratori, wo Spanien im Zusammenhang
der Apg erwähnt wird (Z 38 f: Die Apg sei geschrieben worden noch vor der Reise Pauli ab
urbe in Spaniam). Allenfalls könnte man annehmen, daß der Vf mit seiner bewußt
unscharfen Aussage den Sachverhalt umgehen will, daß Paulus trotz seiner Ankündigung
in Röm 15,24 tatsächlich nicht nach Spanien gelangt ist. Das bedeutet natürlich nicht, daß
der Vf „nicht zuerst an Paulus, sondern an die katholische Weltmission gedacht [habe],
die, um vollständig zu sein, auch das τέρμα τῆς δύσεως erreicht haben muß" (so Beyschlag,
Clemens 298; s. dazu den anschließenden Exkurs). μαρτυρήσας bezieht sich, wie schon in
V. 4, nicht auf das Martyrium, sondern auf das „Zeugnis", das hier nun konkret vor den
ἡγούμενοι abgelegt wurde (s. Baumeister, Anfänge 239 f). Ob diese „Führenden" die
Statthalter, Könige etc. sind, die wir aus der Paulus-Darstellung der Apg kennen, oder ob
der Vf das kaiserliche Gericht in Rom meint, läßt sich nicht sagen – das Bild ist ja stilisiert
(s. u.), wenn auch nicht ohne Anhalt an der überlieferten Biographie des Paulus. Danach
(οὕτως) schied Paulus aus der Welt; von einem gewaltsamen Tod ist nichts gesagt (s. aber
5,2; es ist von daher fraglich, ob der Vf wirklich „aus politischen Gründen" auf das
Martyrium nicht eingeht, wie Dibelius, GAufs II, 202 annimmt). Die Aussage über den
ἅγιος τόπος entspricht der von V. 4. Auffallend ist aber, daß anders als bei Petrus abschließend nochmals eine Wertung folgt: Paulus (und kein anderer) ist ὑπομονῆς … μέγιστος
ὑπογραμμός, er übertrifft also auch Petrus (Harnack, Einführung 107). ὑπογραμμός wird in
uns. Lit. fast durchweg sonst von Christus gebraucht (1 Petr 2,21; 1 Clem 16,17; 33,8; Pol
Phil 8,2; in LXX nur in 2 Makk 2,28 „[Text-]Vorlage"), was die besondere Akzentuierung
des hier gezeichneten Paulusbildes unterstreicht.

Exkurs: Zum traditionsgeschichtlichen Hintergrund von 1 Clem 5

Die agonistische Terminologie (ἀθληταί, ἀθλέω, βραβεῖον), für die es deutliche Parallelen in der kynisch-stoischen Rhetorik und in den Märtyrerberichten gibt (vgl. Sanders, Hellénisme 39f; Beyschlag, Clemens 286f), führt zur häufig vertretenen These, daß die Apostel hier wie Heroen (Harnack, Einführung 106: „als Gladiatoren") dargestellt seien. Knopf zSt verweist auf den Partizipalstil in den Enkomien hellenistischer Ehrendekrete, beispielsweise bei der Darstellung einer politischen Ämterlaufbahn. Dibelius, GAufs II, 199–203 sieht den Einfluß des Bildes vom „Weisen" in der philosophischen Athletik: Der Vf wolle nicht über Paulus (und Petrus) informieren, „sondern bekannte Dinge in die ihm richtig scheinende Beleuchtung – eben die des philosophischen Agons – rücken" (aaO. 202). In den von Dibelius genannten Texten ist freilich durchweg der Aspekt betont, daß sich der Weise von den ihm zugefügten Leiden unberührt zeige, was in 1 Clem 5 ja ganz fehlt. Umgekehrt übersieht z. B. der oft zu V. 7 gegebene Hinweis auf das Herakles-Bild bei Epiktet (vgl. III 26,31: Herakles sei gewesen εἰσαγωγεύς ... δικαιοσύνης καὶ ὁσιότητος), daß 1 Clem zuvor in V. 6 eben von der πίστις gesprochen hatte; es liegt nahe, die Verbindung von πίστις und δικαιοσύνη vom paulinischen Röm her zu erklären, so wenig das bedeutet, daß der Vf des 1 Clem damit „die" paulinische Theologie rezipiert hat. Beyschlag, Clemens 207–328 untersucht 1 Clem 5 vor dem Hintergrund jüdischer apologetischer Märtyrertradition und kommt zu dem Ergebnis, der Text habe mit Petrus und insbesondere mit dem authentischen Paulus kaum etwas zu tun. In der Tat begegnen die meisten für 1 Clem 5 wesentlichen Vokabeln auch in 4 Makk, jenem wohl nur wenig früher verfaßten φιλοσοφώτατος λόγος (1,1), der am Beispiel der unter Antiochus IV. Epiphanes als Märtyrer umgekommenen sieben jüdischen Brüder und ihrer Mutter zeigen will εἰ αὐτοδέσποτός ἐστιν τῶν παθῶν ὁ εὐσεβὴς λογισμός (1,1, vgl. 1,7; s. dazu Klauck, NTS 35, 1989, 451–465). Zu nennen sind hier die Stichworte ὑπόδειγμα und ὑπομονή (4 Makk 17,23: Antiochus habe die ὑπομονή der Märtyrer seinen Soldaten als ὑπόδειγμα verkündigen lassen), ferner ἀθλητής (u. a. 17,16 mit der rhetorischen Frage: τίνες οὐκ ἐθαύμασαν τοὺς τῆς θείας νομοθεσίας ἀθλητάς;). Zu στῦλος vgl. 17,3 (die Mutter habe sich wie ein Dach auf ihre Söhne als „Säulen" gestützt; unmittelbar zuvor heißt es in 17,2, die Mutter habe den „Adel des Glaubens" gezeigt: δείξασα τὴν τῆς πίστεως γενναιότητα); und zu πόνος vgl. u. a. 1,9: ἅπαντες γὰρ οὗτοι τοὺς ἕως θανάτου πόνοις ὑπεριδόντες ἐπεδείξαντο ὅτι περικρατεῖ τῶν παθῶν ὁ λογισμός. Zu μαρτυρήσας vgl. 12,16 A: Der letzte der Brüder ruft aus, er wolle nicht abfallen τῆς τῶν ἀδελφῶν μου μαρτυρίας (die übrigen Handschriften lesen hier aber ἀριστείας „Heldentat"). Zu τόπος τῆς δόξης gibt es in 4 Makk keine unmittelbare sprachliche Parallele; vgl. aber 18,23: Die Ermordeten wurden εἰς πατέρων χορόν zugesellt, nachdem sie von Gott reine und unsterbliche Seelen empfangen hatten. βραβεῖον fehlt zwar ebenfalls, vgl. aber oben zu V. 5 das Zitat aus 4 Makk 17,15. Für die konkret auf Paulus bezogenen Aussagen in 1 Clem 5,6.7a gibt es in 4 Makk hingegen keine Parallele oder auch nur Analogie (die Aussagen in V. 7b wiederholen in der Sache schon Gesagtes). Dieser Befund zeigt, daß sich der Vf des 1 Clem zwar offenbar eines bestimmten Sprachmodells der Märtyrerliteratur bedient, daß er aber in 5,5–7 die für das Paulusbild entscheidenden durchaus individuellen Elemente selbst eingesetzt hat. Beyschlag, Clemens 280 zieht für die Auslegung von 1 Clem 5 noch Kap. 42 heran; dann zeige sich, daß für 1 Clem nicht die paulinische Theologie, sondern das Aussendungskerygma aller Apostel entscheidend gewesen sei – der Vf zeichne „im Grunde das gleiche frühkatholische Paulusporträt wie der angebliche ‚Paulusschüler' Lukas [in der Apg]: Paulus *nach* Petrus und in seinem Schatten" (Hervorhebung im Original). Ein außerchristliches Modell für die 1 Clem 5 zugrundeliegenden Ansichten könne man in der Vita des Apollonius von Tyana finden (aaO. 299, unter Berufung auf Holl, GAufs II, 265f); dazu gehöre insbesondere auch der Topos von der Wanderung bis in den äußersten Westen, der Parallelen in der ganzen antiken Heroenliteratur habe (vgl. Pfister, ZNW 14, 1913, 216–221, der vor allem auf die Überlieferung über Alexander d. Gr. verweist). Die Parallelen zeigen aber gerade, daß die Topik immer auch einen gewissen Anhalt an der dargestellten biographischen Individualität hat, auch wenn die Realität dann vielleicht überzeichnet wird. Es wäre deshalb falsch, die Aussagen von 1 Clem 5 völlig auf das rein Typische zu reduzieren.

6,1–4 Weitere Beispiele

¹Diesen gottgefällig wandelnden Männern wurde hinzugesellt eine große Menge von Auserwählten, die unter vielen Martern und Qualen wegen Eifersucht gelitten haben und zum vorzüglichen Beispiel bei uns geworden sind.
²Wegen Eifersucht sind Frauen verfolgt worden, die als Danaiden und Dirken schreckliche und gottlose Mißhandlungen erlitten haben, zum sichern Ziel im Glaubenswettlauf gelangt sind und das edle Ehrengeschenk empfangen haben, sie, die körperlich Schwachen.
³Eifersucht hat entfremdet die Gattinnen von ihren Männern und hat verändert das von unserem Vater Adam gesprochene Wort: „Das nun ist Gebein von meinen Gebeinen und Fleisch von meinem Fleisch."
⁴Eifersucht und Streit haben große Städte zerstört und große Völker ausgerottet.

Mit Kap. 6 schließt der Vf das Thema ζῆλος ab (s. u. zu 7,1). Dabei erwähnt er in V. 1 allgemein weitere Märtyrer, in V. 2 dann besonders Frauen; in V. 3.4 wird an warnende Beispiele aus der Alltagserfahrung bzw. aus der Historie erinnert, wobei das zweimalige Epitheton μέγας in gewisser Weise Höhepunkt und Abschluß markieren soll.

In **1** werden die Apostel rückblickend als ἄνδρες ὁσίως πολιτευσάμενοι bezeichnet. Die ihnen zugesellten ἐκλεκτοί sind wohl nicht erst als Märtyrer „auserwählt", sondern gemeint sind wie in 1,1; 2,4 Christen überhaupt, von denen viele das Martyrium erleiden mußten. Zu πολὺ πλῆθος vgl. Tacitus Ann XV 44,4: Nach dem Brand Roms seien zuerst diejenigen verhaftet worden qui fatebantur, deinde indicio eorum multitudo ingens. An die taciteische Schilderung der neronischen Verfolgung (vgl. am Schluß ἐν ἡμῖν) erinnern auch die Stichworte αἰκία und βάσανος, für die es in Kap. 5 keine Entsprechung gab; nicht αἰκία, wohl aber αἰκισμός und vor allem βάσανος begegnen oft in 4 Makk (s. o. den Exkurs zu 5,7). Es ist auch an dieser Stelle unmöglich, das διὰ ζῆλος konkret von der Zeitgeschichte her zu deuten. Die lateinische und möglicherweise auch die koptische Übersetzung setzen statt des von AHS bezeugten Dativs πολλαῖς αἰκίαις κτλ. den Akkusativ voraus (Objekt zu παθόντες; vgl. die Konstruktion in V. 2; bei Funk-Bihlmeyer ist diese Lesart übernommen worden). Zu ὑπόδειγμα κάλλιστον vgl. Bauer-Aland WB s. v. καλός 4, 813. Daß in **2** Frauen besonders hervorgehoben werden, ist nicht ungewöhnlich. Frauen stehen an der Spitze der bona exempla, die es nach Tacitus auch während der in den Historien dargestellten dunklen Epoche gegeben habe (Hist I 3: comitatae profugos liberos matres, secutae maritos in exilia coniuges); Tertullian verweist mehrfach auf das Vorbild todesmutiger heidnischer Frauen (Apol 50; Mart 4; ähnlich Exhort Castit 13). Zu διωχθεῖσαι γυναῖκες vgl. 5,2. Die Struktur der Aussage erinnert an 5,4.5–7: διὰ ζῆλος . . . παθοῦσαι ἐπὶ τὸν . . . βέβαιον δρόμον κατήντησαν καὶ ἔλαβον γέρας γενναῖον . . . . Der Ausdruck ἐπὶ τὸν βέβαιον δρόμον καταντάω bezeichnet das Erreichen des Laufziels (vgl. σκοπὸν καταντάω in 63,1); τῆς πίστεως zeigt an, daß die Frauen bei diesem Lauf ihren Glauben bewährt haben. Der Begriff γέρας γενναῖον (in uns. Lit. nur hier) gehört noch in den Kontext der Agon-Metaphorik; vgl. Philo Spec Leg II 183 (Die Priester erhalten die Reste der Opfergaben entweder als Lohn [μισθός] oder als γέρας ἀγώνων οὓς ὑπέρ εὐσεβείας ἀθλοῦσιν oder als „heiliges Erbe") und Jos Ant I 14 (Wer dem Willen Gottes folgt, dem winkt als „Ehrengeschenk" εὐδαιμονία . . . παρὰ θεοῦ). Die betont am Schluß stehende Aussage, daß Frauen körperlich schwach seien, ist verbreitet (vgl. 1 Petr 3,7; Philo Vit Mos I 8; Ebr 55; Ep Arist

250; Pap Flor 58,14); um so größer ist hier dann freilich die ihnen gezollte Bewunderung (vgl. 2 Makk 7,21 und vor allem 4 Makk 16,2: ἀπέδειξα οὖν ὅτι οὐ μόνον ἄνδρες τῶν παθῶν ἐκράτησαν, ἀλλὰ καὶ γυνὴ τῶν μεγίστων βασάνων ὑπερεφρόνησεν).

Große Schwierigkeiten bereitet die Aussage, die Frauen hätten αἰκίσματα erlitten „als Danaiden und Dirken" (dazu Ziegler, Studien 84–88; Brennecke, ZKG 88, 1977, 302–308 gibt einen eingehenden Überblick über die verschiedenen vorgeschlagenen Deutungen bzw. Konjekturen). Vorstellbar ist, daß Christinnen ähnlich wie die Dirke des Mythos an die Hörner von Stieren gebunden und in der Arena zu Tode geschleift wurden; dabei muß man keineswegs unbedingt an entsprechende mythologische Schauspiele denken, wie sie etwa bei Martial (Epigr 7.8.16.21) beschrieben werden (auch Tert Apol 15, vgl. Spect 19 u. ö., berichtet von derartigen „gespielten" Hinrichtungen, aber nicht im Zusammenhang mit Christenverfolgungen; vgl. Friedländer, Sittengeschichte II, 412f). Schwerer verständlich ist die Erwähnung der Danaiden: Die fünfzig Töchter des Danaos, die in der Hochzeitsnacht die ihnen als Ehemänner aufgezwungenen Söhne des Aigyptios ermordet hatten (ihr weiteres irdisches Geschick wurde in der Antike unterschiedlich erzählt und gedeutet; s. K–P 1, 1379; ferner 3, 827 zu Lynkeus I), mußten im Hades beständig Wasser in ein Gefäß ohne Boden gießen. Da dieser letzte Teil des Mythos weithin bekannt war, liegt es nahe, hier den Vergleichspunkt zu sehen. Eine entsprechende szenische Darstellung ist zwar tatsächlich „kaum vorstellbar" (so Brennecke aaO. 304), aber dieser Aspekt ist im Text auch gar nicht angedeutet. Möglicherweise sind Christinnen zu derart sinnloser und durchaus als Folter anzusehender Zwangsarbeit verurteilt worden. Jedenfalls sind Konjekturvorschläge (vgl. Lightfoot I/2, 33f) ebenso unnötig wie die Annahme, es handele sich um eine (sehr alte) Interpolation (so L. Abramowski in einem „Postscriptum" zum genannten Aufsatz von Brennecke).

Dem positiven Vorbild der Frauen folgt in **3** ein negatives: ζῆλος ist Ursache für eine Entfremdung in der Ehe. γαμετή in uns. Lit. nur hier. So wurde Adams Wort aus Gen 2,23a (wörtlich nach LXX zitiert) „verändert" (ἀλλοιόω nochmals in 20,4); wie die Einleitungswendung zeigt, liegt eine Art negatives „Erfüllungszitat" vor (vgl. etwa πληρωθῇ τὸ ῥηθὲν ὑπὸ κυρίου in Mt 1,22 u. ö.). Adam wird, ebenso wie Jakob in 4,8, als ὁ πατὴρ ἡμῶν bezeichnet; sein Wort hat an dieser Stelle Autorität und gilt als „Schriftbeweis" für die Ehe (vgl. die Zitierungen von Gen 2,24 in Mk 10,6; Eph 5,31).

In **4** kombiniert der Vf wieder ζῆλος und ἔρις (vgl. 5,5). Was er konkret meint, läßt sich nicht sagen. Es gibt aber eine entsprechende Topik, die im Hintergrund stehen könnte; vgl. Sir 28,14: γλῶσσα τρίτη ... καὶ πόλεις ὀχυρὰς καθεῖλεν καὶ οἰκίας μεγιστάνων κατέστρεψεν oder Horaz Carm I 16,17–21: irae Thyesten exitio gravi stravere et altis urbibus ultimae stetere causae, cur perirent funditus inprimeretque muris hostile aratrum exercitus insolens „Zorn stürzte Thyestes in furchtbares Verderben und wurde hochragenden Städten zur ersten Ursache, weshalb sie völlig untergingen ..." (Übers. M. Vosseler). Daß der Vf bei den πόλεις μεγάλαι auch an Jerusalem (oder an die Zerstörung Korinths 146 v. Chr.) gedacht hat, ist eher unwahrscheinlich; näher liegt der Zusammenhang mit 7,7, so daß gemeint wäre: ζῆλος führte zum Untergang, μετάνοια führte zur Rettung. Zu ἐκριζόω im Blick auf ganze Bevölkerungen vgl. Zeph 2,4 LXX; 2 Makk 12,7. Daß der Vf hier „auch an den Untergang des jüdischen Gemeinwesens" gedacht habe (so Knopf zSt), ist sehr unwahrscheinlich, zumal diese Charakterisierung den historischen Sachverhalt des Jahres 70 nicht trifft.

7,1–8,5 Der Ruf zur Umkehr

7 [1]Dies, Geliebte, schreiben wir nicht nur, um e u c h zu ermahnen, sondern auch, um uns selbst zu erinnern; wir befinden uns nämlich auf demselben Kampfplatz, und derselbe Kampf ist uns auferlegt. [2]Verlassen wir deshalb die leeren und nichtigen Gedanken und kommen wir zu der ruhmvollen und ehrwürdigen Regel unserer Überlieferung, [3]und sehen wir zu, was schön und was wohlgefällig und was angenehm ist vor dem, der uns gemacht hat. [4]Blicken wir hin auf das Blut Christi und erkennen wir, wie kostbar es seinem Vater ist, denn um unseres Heils willen vergossen hat es der ganzen Welt die Gnade der Buße geschenkt. [5]Gehen wir alle Generationen durch und beobachten wir, wie Generation für Generation der Herr Gelegenheit zur Buße gegeben hat denen, die sich zu ihm bekehren wollten. [6]Noah hat Buße gepredigt, und die, die gehorchten, sind gerettet worden. [7]Jona hat den Niniviten die Katastrophe gepredigt; als sie aber Buße taten für ihre Verfehlungen, haben sie Gott durch ihr Flehen versöhnt und haben Rettung erlangt, wiewohl sie Gott fremd waren.

8 [1]Die Diener der Gnade Gottes haben durch den heiligen Geist über die Buße gesprochen, [2]und er selbst, der Herr des Alls, hat über die Buße gesprochen mit einem Schwur: „Denn ich lebe, spricht der Herr, nicht will ich den Tod des Sünders, vielmehr die Buße"; dabei fügt er auch ein ausgezeichnetes Urteil hinzu: [3]„Bekehrt euch, Haus Israel, von eurer Gesetzlosigkeit. Sprich zu den Söhnen meines Volkes: Wenn eure Sünden reichen von der Erde bis zum Himmel und wenn sie röter sind als Scharlach und schwärzer als Sacktuch, und ihr bekehrt euch zu mir von ganzem Herzen und sprecht: ,Vater', so werde ich euch erhören wie ein heiliges Volk." [4]Und an einer anderen Stelle sagt er so: „Wascht euch und werdet rein, entfernt die Bosheiten aus eurem Leben vor meinen Augen. Laßt ab von euren Bosheiten, lernt Gutes zu tun, trachtet nach (gerechtem) Gericht, rettet den Unterdrückten, schafft Recht der Waise und gebt Gerechtigkeit der Witwe, und auf, laßt uns miteinander rechten, spricht der Herr; und wenn eure Sünden wie Purpur sind – wie Schnee werde ich sie weiß machen; wenn sie aber sind wie Scharlach, so werde ich sie wie Wolle weiß machen; und wenn ihr wollt und auf mich hört, so werdet ihr die Güter des Landes essen. Wenn ihr aber nicht wollt und nicht auf mich hört, wird das Schwert euch verzehren. Denn der Mund des Herrn hat dies gesprochen." [5]Da er also alle seine Geliebten der Buße teilhaftig machen wollte, hat er (sie) gestärkt durch seinen allmächtigen Willen.

Mit dem einleitenden ταῦτα ... ἐπιστέλλομεν setzt der Vf ein deutliches Gliederungssignal: Der Argumentationsgang 3,1b–6,4 ist abgeschlossen, und nun folgt mit mehreren „kommunikativ" (1. Pl. Konj. Aor.) formulierten Aufforderungen (7,2–5), zwei geschichtlichen Beispielen (7,6f) und zwei langen Zitaten (8,2–4) ein Abschnitt, der – auf indirekte Weise – zur μετάνοια auffordert (deutlich nochmals in 8,5).

In **7,1** kennzeichnet der Vf das bisher Gesagte als ein νουθετεῖν, also als (briefliche) Mahnrede (vgl. 1 Kor 4,14; s. Behm, ThWNT IV, 1013–1016); dem entspricht die in 62,1 wiederholte Bezeichnung des Schreibvorgangs als ἐπιστέλλειν (vgl. Braun zu Hebr 13,22: „Bei ἐπιστέλλειν liegt öfter offizieller Weisungscharakter vor"; vgl. die Charakterisierung des 1 Kor in 1 Clem 47,3). ὑπομιμνήσκω hat fast dieselbe Bedeutung wie νουθετέω (vgl. 2 Tim 2,14; Tit 3,1). V. 1b nimmt nochmals die Kampf-Metaphorik auf: Die römische Gemeinde befindet sich in demselben Wettkampf wie die korinthische. Gerade weil es sich um eine weit gefaßte Metapher handelt, darf man nicht folgern, die aktuelle innere und äußere Situation sei in beiden Gemeinden dieselbe (zu Brunner, Mitte 102 f). σκάμμα ist der umgegrabene (σκάπτω) und mit Sand bestreute Platz, auf dem Ringer kämpfen, auch die Sandgrube des Weitsprungs (Liddell-Scott s. v.). Das Wort begegnet in uns. Lit. nur hier, kann aber in übertragenem Sinn auch in philosophischen Texten (Epict Diss IV 8,26 von Sokrates, der jeden beliebigen Menschen herausgefordert habe εἰς τοσοῦτο σκάμμα) wie später bei den Kirchenvätern (Belege bei Lampe Lexicon s. v.) verwendet werden. Zu ἀγών vgl. 35,4.

In **2** setzt die Reihe der Mahnungen ein, wobei der Vf bewußt die distanzierende Anrede vermeidet, sondern im „wir" Absender und Adressaten zusammenschließt. Zuerst nennt er das, was aufgegeben werden soll (ἀπολίπωμεν) und dann in zwei Schritten (ἔλθωμεν . . . καὶ ἴδωμεν) das anzustrebende Neue. Die Zusammenstellung κενὸς καὶ μάταιος ist öfters belegt (Hi 20,18; Hos 12,2; Jes 30,7; vgl. 1 Kor 15,14.17; Plut Artaxerxes 15; Plut Mor p. 1117 A; Theophil Ad Autol 3,3). φροντίς nochmals in 63,4. Zu ἔλθωμεν ἐπί vgl. 5,1: Jetzt wird ein neues Thema angeschlagen, denn es geht im folgenden um die von der Tradition (παράδοσις ἡμῶν) vorgegebene Norm, die εὐκλεής (in uns. Lit. nur hier, vgl. κλέος in 5,6) und σεμνός (vgl. 1,1.3) ist. Der Begriff κανών gehört nicht mehr zum Bild vom Kampf (mit Knopf zSt; anders Lightfoot I/2, 36), sondern verweist voraus auf den Inhalt der theologischen Überlieferung, wie er von 7,4 an entfaltet wird. κανών ist hier also nicht „rein ethisch gefaßt" (so Beyer, ThWNT III, 604,37), sondern besagt, daß die Tradition „Inbegriff und Richtschnur des ganzen christlichen Seins und Lebens" ist (Harnack, Einführung 108). Der Blick (ἴδωμεν; **3**) auf diesen „Maßstab" lehrt τί καλὸν κτλ. Die Wendung erinnert an Ps 132,1 LXX (ἰδοὺ δὴ τί καλὸν ἢ τί τερπνὸν . . .) und an 1 Tim 2,3 (τοῦτο καλὸν καὶ ἀπόδεκτον ἐνώπιον τοῦ σωτῆρος ἡμῶν θεοῦ); vgl. in der Sache, nicht in der Formulierung, auch Röm 12,2. Die Gottesbezeichnung ὁ ποιήσας ἡμᾶς kennzeichnet Gott als „unseren" Schöpfer (vgl. zu ποιέω im Sinne von Gottes Schöpfertätigkeit Braun, ThWNT VI, 457–462); sie begegnet auch in 14,3 (vgl. Jes 43,1; 44,2: ὁ ποιήσας σε, sc. Israel). Als erstes nennt der Vf in **4** das Blut Christi, auf das man seinen Blick richten soll. ἀτενίζειν im übertragenen Sinn auch in 17,2; 19,2. Fisher, Vig Chr 34, 1980, 218–236 meint, die Wendung müsse sich auf die Eucharistiefeier beziehen, da man nur hier das Blut wirklich „sehen" könne. Aber das Verb kann auch uneigentlich gebraucht werden (s. o.); überdies ist τὸ αἷμα τοῦ Χριστοῦ in 1 Clem nicht direkt auf das Abendmahl zu beziehen, sondern der Ausdruck bezeichnet in einer auch im NT möglichen traditionellen Weise den Tod Jesu als Heilsereignis (vgl. 21,6; 49,6 und vor allem 12,7 [s. dort den Exkurs]). Wir „erkennen", daß Christi Blut für Gott kostbar ist (vgl. 1 Petr 1,19), denn es wurde um unserer σωτηρία willen vergossen (vgl. die Abendmahlsformel Mk 14,24 parr). Jesu Tod wird also ausschließlich soteriologisch gedeutet; das Heil besteht darin, daß der ganzen Welt die Gnade der μετάνοια gewährt ist (ὑποφέρω „schenken", s. Bauer-Aland WB s. v.). Daß alle Menschen zu Gott umkehren können und daß Gott diese Umkehr akzeptiert (vgl. V. 6 f), ist χάρις. Diese Aussage soll nun anhand geschichtlicher, biblischer Beispiele verdeutlicht werden (**5**). διέρχομαι εἰς im übertragenen Sinn ist ungewöhnlich (Bauer-Aland WB s. v. διέρχομαι 4). Der Blick auf „alle Generationen" lehrt, daß Gott stets Gelegenheit zur Buße gewährt hat. Der Ausdruck μετανοίας τόπος auch in Sap Sal 12,10;

Hebr 12,17; vgl. in der Sache Philo Leg All III 106: Gott gibt χρόνον εἰς μετάνοιαν. Lightfoot I/2, 37 verweist auf das lateinische Äquivalent paenitentiae locus bei Plinius Ep X 96 am Schluß: Die durch geschickte Politik den Menschen gegebene Gelegenheit zur Buße sei eine Möglichkeit, sie zu bessern. ἐν γενεᾷ καὶ γενεᾷ ist Hebraismus (für דּוֹר וָדֹר; vgl. in LXX Esth 9,27; Ps 48,12; 60,7; 89,1: κύριε καταφυγὴ ἐγενήθης ἡμῖν ἐν γενεᾷ καὶ γενεᾷ; im NT Lk 1,50; vgl. ἡμέρα καὶ ἡμέρα in 2 Kor 4,16). Zum erstenmal gebraucht der Vf hier das Gottesprädikat δεσπότης (insgesamt mehr als 20mal, vor allem auch als Anrede in dem Gebet 59,2–61,3, dabei mehrfach neben κύριε, z. B. 61,1.2), das im NT nur selten begegnet (Lk 2,29; Apg 4,24; Apk 6,10 in der Anrede an Gott; Jud 4 par 2 Petr 2,1 von Christus), im übrigen aber sowohl bei Griechen wie im hellenistischen Judentum sehr häufig ist (vgl. Rengstorf, ThWNT II, 43–48, zum auffallenden Befund in LXX aaO. 45–47; ferner Brunner, Mitte 121–128). Der Begriff dient zur Hervorhebung der herrscherlichen Funktion Gottes, unterscheidet sich darin aber wohl nicht prinzipiell von κύριος und ist vom Vf jedenfalls an dieser Stelle offenbar deshalb gewählt worden, um einen christologischen Bezug, der bei κύριος möglich wäre, auszuschließen. Zu beachten ist der, nicht „dogmatisch" ausgearbeitete und der Alltagserfahrung entsprechende, „synergistische" Aspekt (τοῖς βουλομένοις κτλ.): Der Wille des Menschen zur Umkehr und die von Gott gewählte Gelegenheit dazu ergänzen einander (s. aber zu 8,5). Das erste der Beispiele ist Noah (**6**), von dessen Bußpredigt zwar nicht in Gen 7, wohl aber in hellenistisch-jüdischer Tradition die Rede ist; vgl. Jos Ant I 74: Νῶχος ... ἔπειθεν ἐπὶ τὸ κρεῖττον τὴν διάνοιαν αὐτοὺς καὶ τὰς πράξεις μεταφέρειν, ferner vor allem Or Sib I 128 f: Noah erhält von Gott den Auftrag κήρυξον μετάνοιαν ὅπως σωθῶσιν ἅπαντες. Eine noachitische Bußpredigt überliefert auch Jub 7,20–39. Christliche Autoren übernehmen diesen Gedanken, so 2 Petr 2,5 (Noah als δικαιοσύνης κῆρυξ) und Theophil Ad Autol III 19 (Noah predigte: δεῦτε, καλεῖ ὑμᾶς ὁ θεὸς εἰς μετάνοιαν); vgl. auch 1 Clem 9,4. Über die (geringe) Zahl der ὑπακούσαντες (und dementsprechend der Geretteten) sagt der Vf verständlicherweise nichts (anders 1 Petr 3,20; 2 Petr 2,5). Im übrigen spielt er mit der doppelten Bedeutung von σῴζειν: Sie blieben am Leben, und sie wurden eschatologisch „gerettet" (dasselbe auch in V. 7: ἔλαβον σωτηρίαν). Das zweite Beispiel (**7**) entspricht zunächst unmittelbar dem biblischen Text; vgl. Jona 3,4 LXX: Ιωνας ... ἐκήρυξεν καὶ εἶπεν Ἔτι τρεῖς ἡμέραι καὶ Νινευη καταστραφήσεται. Das übrige ist freie Wiedergabe von Jona 3 ohne direkten Textbezug (insbesondere wird die Buße der Niniviten in LXX mit dem Verb ἀποστρεφειν bezeichnet, während μετανοέω von Gottes Reue gebraucht wird, 3,9 f; vgl. aber Mt 12,41/Lk 11,32 Q: ἄνδρες Νινευῖται ... μετενόησαν εἰς τὸ κήρυγμα Ἰωνᾶ.). Daß die Bewohner Ninives Heiden waren, wird im Jonabuch als selbstverständlich bekannt vorausgesetzt und lediglich am Schluß (4,11) explizit angedeutet. Die entsprechende Bemerkung des Vf am Schluß von V. 7 (ἀλλότριοι τοῦ θεοῦ) dient dazu, die universale Aussage von V. 5 zu unterstreichen (vgl. in der Sache Eph 2,12: Heiden waren ἄθεοι ἐν τῷ κόσμῳ).

Nach Harnack, Einführung 108 hat der Vf des 1 Clem dadurch, daß er vorchristliche Beispiele zur Illustration seiner Aussage von V. 4 anführt, „Christus in Wahrheit jede besondere Bedeutung entzogen, es sei denn die, daß die Bekehrung jetzt universaler geworden ist". Aber der Vf will, ähnlich wie Paulus in Röm 4; Gal 3, anhand biblischer Beispiele vom Wesen Gottes sprechen, das sich den Christen gegenwärtig im „Sehen auf das Blut Christi" (V. 4) erschließt; der Vorwurf von Knopf zSt, daß bei ihm „das Heil nicht an Christus" gebunden sei, trifft nicht. Wichtig ist, den aktuellen Zweck des Briefes auch an dieser Stelle zu sehen: Das Angebot der Buße gilt wie in allen Generationen so auch gegenwärtig für alle Menschen – also auch, ohne daß das gesagt wäre, für die Christen in Korinth.

8,1 bietet in gewisser Weise eine Zusammenfassung von Kap. 7. οἱ λειτουργοί sind natürlich nicht wie in 41,2 die Leviten, aber wohl auch nicht (nur) die biblischen Propheten (so Knopf zSt), sondern alle, die περὶ μετανοίας sprechen; sie tun es durch den heiligen Geist, d. h. in göttlicher Autorität (vgl. 16,2; 22,1).

Neben das Reden der Diener tritt (**2**) das eigene Wort Gottes selbst (δεσπότης τῶν ἁπάντων auch in 20,11; 33,2; 52,1). Das zitierte Bibelwort, zutreffend als Schwur bezeichnet, ist Ez 33,11a in einer im wesentlichen der Lesart des Codex A entsprechenden Fassung (Auslassung von τάδε; ἁμαρτολοῦ anstelle von ἀσεβοῦς; ob das eigenartige γάρ mit A und S zu lesen oder mit HLC entsprechend LXX zu streichen ist, muß offen bleiben). Der Wortlaut des zitierten Textes wird hinter ὡς verlassen (LXX: ... ὡς τὸ ἀποστρέψαι τὸν ἀσεβῆ ἀπὸ τῆς ὁδοῦ αὐτοῦ καὶ ζῆν αὐτόν), und der Vf führt stattdessen lediglich zusammenfassend den Begriff μετάνοια an. Der als γνώμη ἀγαθή angefügte weitere Text (**3**) ist in den Augen des Vf offenbar ebenfalls ein Bibelwort; es handelt sich anscheinend um eine freie Bildung, die an verschiedene biblische Wendungen erinnert. Der erste Teil („Bekehrt euch ...") berührt sich eng mit Ez 18,30.31.27 (nur begegnet das Verb μετανοέω durchweg nicht in solchem Zusammenhang); die folgende Anrede („Sprich ..."; zur Impt. Form εἶπον vgl. B-D-R § 81.1) erinnert an Ez 33,12, und das eigentliche Gotteswort selbst erinnert an Jes 1,18 (s. aber zu V. 4). Zum Bild von den „himmelhohen" Sünden vgl. Ps 102,10 f LXX, zur Bekennung „von ganzem Herzen" vgl. Jer 24,7, zur Anrede „Vater" vgl. Jer 3,19, und zur Verheißung Gottes vgl. Sach 13,9 (λαὸς ἅγιος in Jes 62,12); nur zu dem Vergleich mit den Farben Rot und Schwarz gibt es gar keine biblische Parallele. Der Autor des hier vom Vf des 1 Clem zitierten Textes hat gewiß nicht gezielt die genannten Fragmente zusammengestellt; vielmehr ist der ganze Text V. 3 eine apokryphe, in biblischer Sprache geformte Gottesrede zum Thema μετάνοια: Gott selbst hat verheißen, sogar über die schlimmsten Sünden hinwegzusehen. Holl, GAufs II, 36 wertet den Text als Fragment 3 des „Apokryphen des Ezechiel", einer offenbar bei Jos Ant X 79 und jedenfalls in der Stichometrie des Nikephoros (Text bei Schneemelcher NTApo⁵ I, 33 f) erwähnten Schrift; freilich wird Ezechiel erst bei Clemens Alex Paed I 91,2 als Autor des Logions genannt. Das Zitat findet sich auch in Ex An (NHC II/6) p 135,31–136,4, und zwar als ein Wort des Heilands, gesprochen durch den Geist des Propheten. Vgl. zum Ganzen noch Eckart, JSHRZ V/1, 47–54; J. R. Mueller/S. E. Robinson, in: OT Pseudepigrapha I, 487–495.

Zu κόκκος im Sinne von „Scharlach" s. Bauer-Aland WB s. v. κόκκος 2; Michel, ThWNT III, 812,22 ff; da „scharlach" in der Koine schon synonym ist mit „rot" (Epict Diss III 22,10; IV 11,34: ἐν κοκκίνοις μεριπατεῖν bzw. φορεῖν κόκκινα „rot[e Kleidung] tragen"), liegt eine hyperbolische Wendung vor; vgl. Dromo bei Athenaeus VI 240 D: τὸν Τιθύμαλλον ἐρυθρότερον („röter") κόκκου περιπατοῦντ᾿ ἐσθ᾿ ὁρᾶν. Dasselbe gilt für den zweiten Vergleich, da der σάκκος als sprichwörtlich schwarz gilt (vgl. Apk 6,12). Beide Farben können im übrigen symbolisch für eine gestörte Gottesbeziehung stehen (s. Michaelis, ThWNT IV, 554–556; Lang, ThWNT VI, 952 f). In **4** folgt ein weiteres Zitat; dabei könnte die Wendung ἐν ἑτέρῳ τόπῳ κτλ. andeuten, daß der Vf die Quelle nicht kennt, aber dagegen spricht, daß er nahezu wörtlich zitiert. Es kommt ihm offenbar in erster Linie darauf an, daß Gott spricht (λέγει). Zitiert wird Jes 1,16–20, sachgemäß und sinnentsprechend; der Text folgt praktisch dem Wortlaut der LXX (zu den wenigen

Abweichungen finden sich durchweg Analogien in der LXX-Überlieferung; s. Lightfoot I/2, 41). Dem Vf dient das Zitat dazu, die Verbindung des Bußaufrufs mit der Verheißung nochmals zu betonen (vgl. dagegen den eher allegorischen Gebrauch desselben Zitats bei Justin Apol I 44: Der Text belege die Freiheit des Menschen, das Gute zu wählen – und I 61: Der Text beziehe sich auf die Taufe).

Abschließend (**5**) greift der Vf auf die Grundaussage (7,4f) zurück: Gott wollte (βουλό-μενος ... ἐστήριξεν) allen von ihm Geliebten Gelegenheit zur Buße geben; τοὺς ἀγαπητοὺς αὐτοῦ zeigt, daß entgegen dem Anschein von 7,5 (s. o.) Gott in seiner Entscheidung souverän bleibt. Deshalb hat er sie gestärkt durch die zitierten Prophetenworte, mit denen er sich – implizit – jetzt ja auch an die Korinther wendet. Auffallend ist das Epitheton zu βουλήματι αὐτοῦ: Das Adjektiv παντοκρατορικός (zur Bildung s. Bauer-Aland WB s. v.) begegnet hier überhaupt zum erstenmal, und es wird auch später nur von Christen gebraucht (s. Lampe Lexicon s. v.).

9,1–12,8 Biblische Vorbilder für den Dienst für Gott

9 [1]Darum wollen wir seinem majestätischen und herrlichen Willen gehorchen, und sein Erbarmen und seine Güte anflehend wollen wir uns niederwerfen, und wir wollen uns zurückwenden zu seiner Barmherzigkeit; wir wollen aufgeben die eitle Bemühung, den Streit und die zum Tode führende Eifersucht.
[2]Laßt uns unser Augenmerk richten auf jene, die in vollkommener Weise seiner majestätischen Herrlichkeit gedient haben.
[3]Nehmen wir Henoch, der im Gehorsam als gerecht erfunden und entrückt worden ist, und sein Tod ist nicht gefunden worden.
[4]Noah, der als gläubig erfunden worden ist, hat durch seinen Dienst der Welt eine Wiedergeburt verkündigt, und durch ihn hat der Herr hindurchgerettet die Lebewesen, die in Eintracht in die Arche hineingegangen waren.
10 [1]Abraham, genannt ‚der Freund‘, ist als gläubig erfunden worden, da er den Worten Gottes gehorsam war.
[2]Dieser ist aus Gehorsam fortgegangen aus seinem Lande und von seiner Verwandtschaft und aus dem Haus seines Vaters, damit er – ein kärgliches Land und eine schwache Verwandtschaft und ein kleines Haus verlassend – ererben sollte die Verheißungen Gottes. Denn er spricht zu ihm: [3]„Zieh weg aus diesem Land und von deiner Verwandtschaft und aus dem Haus deines Vaters in das Land, das ich dir zeigen werde; und ich werde dich zu einem großen Volk machen und dich segnen und werde groß machen deinen Namen, und du wirst gesegnet sein; und ich werde segnen, die dich segnen, und ich werde verfluchen, die dich verfluchen, und es werden in dir gesegnet werden alle Geschlechter der Erde." [4]Und wiederum, als er sich trennte von Lot, sprach Gott zu ihm: „Erhebe deine Augen und sieh von dem Orte, wo du jetzt bist, nach Norden und Süden und Osten und zum Meer; denn das ganze Land, das du siehst, das werde ich dir geben und deinem Samen bis in Ewigkeit. [5]Und ich werde deinen Samen machen wie den Staub der Erde; wenn jemand zählen kann den Staub der Erde, so wird auch dein Same gezählt werden." [6]Und wiederum heißt es: „Gott führte Abraham heraus und

sagte zu ihm: Blicke auf zum Himmel und zähle die Sterne, wenn du sie auszählen kannst. So wird dein Same sein. Abraham aber hat Gott geglaubt, und es ist ihm angerechnet worden zur Gerechtigkeit." [7]Wegen Glauben und Gastfreundschaft ist ihm im Alter ein Sohn geschenkt worden, und aus Gehorsam hat er ihn dargebracht als Opfer für Gott zu einem der Berge, die er ihm gezeigt hatte.

11 [1]Wegen Gastfreundschaft und Frömmigkeit ist Lot aus Sodom gerettet worden, als alles Land ringsum gerichtet wurde durch Feuer und Schwefel; dabei tat der Herr kund, daß er die, die auf ihn hoffen, nicht im Stich läßt, die Widerspenstigen aber mit Strafe und Mißhandlung belegt. [2]Denn als zusammen mit ihm seine Frau hinauszog, anderer Meinung (als er) und nicht in Eintracht, ist sie dazu als Zeichen gesetzt worden, indem sie eine Salzsäule wurde bis auf diesen Tag, damit allen bekannt sei, daß die Zweifler und zum Warnzeichen werden für alle Geschlechter.

12 [1]Wegen Glauben und Gastfreundschaft ist Rahab, die Hure, gerettet worden. [2]Als nämlich von Josua, dem Sohn des Nun, Späher nach Jericho ausgeschickt worden waren, da erfuhr der König des Landes, daß sie gekommen seien, ihr Land auszuspähen; und er sandte Männer aus, die sie ergreifen sollten, damit sie nach ihrer Ergreifung getötet würden. [3]Die gastfreundliche Rahab nun nahm sie auf und verbarg sie im oberen Stockwerk unter dem Flachs. [4]Als sich aber die Leute vom König einstellten und sagten: ‚Zu dir sind hineingegangen die Späher gegen unser Land; führe sie heraus, denn so befiehlt es der König', da antwortete sie: ‚Zwar sind die Männer, die ihr sucht, zu mir hineingekommen, aber sie sind sofort weggegangen und ziehen ihres Weges', wobei sie ihnen die entgegengesetzte Richtung wies. [5]Und sie sprach zu den Männern: ‚Ganz genau erkenne ich, daß Gott der Herr euch dieses Land gibt; denn die Furcht und der Schrecken vor euch hat die überfallen, die es bewohnen. Wenn es nun geschieht, daß ihr es einnehmt, so rettet mich und das Haus meines Vaters.' [6]Und die sprachen zu ihr: ‚Es soll so sein, wie du zu uns gesagt hast. Wenn du nun erkennst, daß wir heranrücken, so sollst du alle die Deinen unter deinem Dach versammeln, und sie werden gerettet werden; denn alle, die außerhalb des Hauses angetroffen werden, werden zugrunde gehen.' [7]Und sie rieten ihr zusätzlich, ein Zeichen zu geben – etwas Rotes solle sie aus ihrem Haus heraushängen, womit sie kundmachten, daß durch das Blut des Herrn Erlösung zuteil würde für alle, die glauben und auf Gott hoffen.

[8]Seht, Geliebte, daß nicht nur Glaube, sondern auch Prophetie in der Frau gewesen ist.

Aus der indikativischen Aussage in 8,5b leitet der Vf die mit einem dreifachen Adhortativ formulierte Aufforderung ab, dem Willen Gottes gehorsam zu sein. Als Vorbilder für diesen Gehorsam, der als λειτουργεῖν gedeutet wird (9,2) und der sich vor allem in der φιλοξενία konkretisiert (10,7; 11,1; 12,1), nennt er biblische Gestalten, zunächst mit nur knappen Hinweisen (Henoch und Noah, 9,3f), dann aber mit ausführlichen Zitaten (Abraham, 10,1–7) bzw. im eingehenden erzählenden Referat (Rahab, 12,1–8); dazwischen steht die in erster Linie als Ermunterung und dann als Warnung dienende Erinnerung an Lot und seine Frau (11,1f). Die ganze Beispielreihe erinnert an Sir 44,16–23 und Hebr 11,5–10.31 (vgl. Braun zSt; zum einzelnen s. die Auslegung).

Die Struktur in **9,1.2** (διὸ ὑπακούσωμεν ... καὶ ... προσπέσωμεν καὶ ἐπιστρέψωμεν ... ἀπολιπόντες ... ἀτενίσωμεν) entspricht der in 7,2–4 (διὸ ἀπολίπωμεν ... καὶ ἔλθωμεν ... καὶ ἴδωμεν ... ἀτενίσωμεν). Der in **1** geforderte Gehorsam unter den Willen Gottes (βούλησις, in uns. Lit. nur im 1 Clem, knüpft an 8,5 an) bezieht sich darauf, daß die Christen seine (beachte das dreimalige αὐτοῦ) barmherzige Zusage für sich annehmen sollen. Die Redeweise ist ausgesprochen plerophorisch, konkrete Unterschiede zwischen den einzelnen positiven Aufforderungen in 9,1a bestehen nicht. Hingegen ist die verlangte Abgrenzung (vgl. 7,2) sehr genau formuliert, weil der Vf hier ja wieder auf die konkrete Situation in Korinth Bezug nimmt. ματαιοπονία, ein typisch hellenistisches, in uns. Lit. nur hier belegtes Wort, bezeichnet die Mühe, die sich auf Nichtiges richtet, also rein der Selbstbehauptung dient (vgl. die anderen Bildungen mit μάταιος). Mit ἔρις und ζῆλος nimmt der Vf die Aussagen von 3,2; 5,5; 6,4 wieder auf; daß ζῆλος in den Tod führt, war in 4,9 am Beispiel Josephs gezeigt worden.

2 enthält die Überschrift zu 9,3–12,8: Die nun zu Nennenden haben der μεγαλοπρεπὴς δόξα (derselbe Ausdruck auch in 2 Petr 1,17) Gottes auf vollkommene Weise gedient. Zur Aufforderung ἀτενίσωμεν vgl. außer 7,4 auch 19,2. Clemens Alex Strom IV 105,3 f zitiert explizit aus dem ganzen Abschnitt, aber im wesentlichen nur die Einleitungswendungen und auch diese nicht wörtlich. Zu λειτουργεῖν s. Brandt, JThSB 1, 1930, 145–176, vor allem 153 ff; ferner die Übersicht bei Gerke, Stellung 117–122.

3: Das erste, gleichsam „zufällig" gewählte (λάβωμεν) Beispiel ist Henoch (in Hebr 11,4 beginnt die Reihe mit Abel). Die Aussage über ihn knüpft allgemein an Gen 5,24 an („Und Henoch wandelte mit Gott, und er war nicht mehr, denn Gott hatte ihn entrückt לקח"; LXX: καὶ εὐηρέστησεν Ενωχ τῷ θεῷ καὶ οὐχ ηὑρίσκετο, ὅτι μετέθηκεν αὐτοῦ ὁ θεός), ohne auf den Text literarisch unmittelbar Bezug zu nehmen; auch zu Hebr 11,5 (... μετετέθη τοῦ μὴ ἰδεῖν θάνατον, καὶ οὐχ ηὑρίσκετο ...; s. dazu Lührmann, ZNW 66, 1975, 103–116) bestehen Differenzen, die eine direkte Abhängigkeit an dieser Stelle als wenig wahrscheinlich erweisen (zum Verhältnis zum Hebr generell s. die Einleitung 5.). Auffallend ist, daß der Vf auf die reiche Henoch-Legende (dazu K. Berger, Art. Henoch, RAC 14, 473–545) nicht weiter eingeht. „Gerechtigkeit" begegnet sehr häufig als Attribut des Henoch (Hen 1,2; Test Lev 10,5; Test Jud 18,1; Test Dan 5,6; Test Benj 9,1; vgl. Hen 12,4; ὁ γραμματεὺς τῆς δικαιοσύνης; zahlreiche weitere Belege bei Berger aaO. 485 ff), während ὑπακούειν/ὑπακοή in diesem Zusammenhang ungewöhnlich ist und sich offenbar der aktuellen Situation verdankt (der irdische Henoch gilt sonst als „Prototyp des in Reue Umkehrenden" [Berger aaO. 487–491] oder als „Zeichen", etwa für die Auferstehung [Berger aaO. 491 f]; vgl. Sir 44,16: ὑπόδειγμα μετανοίας ταῖς γενεαῖς). Die Rede von der Entrückung (μετετέθη) gehört fest zur Henoch-Tradition und war ja Anlaß für die Entstehung einer ganzen, vorwiegend apokalyptischen, Henoch-Literatur (Berger aaO. 505–524; vgl. ferner P. Sacchi, Art. Henoch ..., TRE 15, 42–54); was Entrückung bedeutet, wird allerdings sehr unterschiedlich gedacht und formuliert (Berger aaO. 492–495). Die knappe Aussage des Vf (οὐχ εὑρέθη αὐτοῦ θάνατος) begegnet wörtlich bei Tertullian De anima 50 (CSEL 20, 381 f: translatus est Enoch et Helias nec mors eorum reperta est, dilata scilicet), der an anderer Stelle auch breitere Ausführungen macht (Adv Iud 2 [CSEL 70, 258]: Nam et Enoch iustissimum non circumcisum nec sabbatizantem de hoc mundo transtulit, qui necdum mortem gustavit, ut aeternitatis candidatus iam nobis ostenderet nos quoque sine onere legis Moysei deo posse placere).

Das zweite Beispiel (**4**) ist Noah. Zum Attribut πιστός, das an Gen 6,8 f keinen direkten

Anhalt hat, vgl. Hebr 11,7 und OrSib I 125f: ... δικαιότατος καὶ ἀληθής Ἦν Νῶε πιστότατος τ᾽ ἔργοισι μεμηλώς. Der Hinweis auf Noahs λειτουργία könnte aus Gen 6,9b abgeleitet sein, zielt aber offenbar in erster Linie schon auf die konkrete Situation in Korinth (s. u. zu Kap. 44). Die Aussage, daß er der Welt eine παλιγγενεσία verkündigte, erinnert zunächst an die jüdische Tradition, Noah habe vor der Sintflut die Menschen vergeblich zur Umkehr gemahnt (s. o. zu 7,6). Aber der Vf scheint hier nun zu meinen, daß der als Noahs „Dienst" bezeichnete Bau der Arche für den κόσμος tatsächlich eine Wiedergeburt bedeutete, das κηρύσσειν also nicht vergeblich war (vgl. V. 4b). Der Ausdruck παλιγγενεσία bezeichnet hier stoischer Terminologie entsprechend (vgl. MAnt XI 1,3: Die vernünftige Seele erfaßt denkend die Unendlichkeit der Ewigkeit καὶ τὴν περιοδικὴν παλιγγενεσίαν τῶν ὅλων) den Neubeginn der Welt nach ihrem Untergang (vgl. Mt 19,28), nicht (wie in Tit 3,5) die persönliche Wiedergeburt des einzelnen (vgl. dazu Büchsel, ThWNT I, 685 ff); ganz ähnlich Philo Vit Mos II 65: Noah und die Seinen wurden Häupter einer Wiedergeburt und Urväter einer zweiten Weltperiode (παλιγγενεσίας ἐγένοντο ἡγεμόνες καὶ δευτέρας ἀρχηγέται περιόδου). Zu διασῴζειν vgl. Jos c Ap I 130 (der Kasten ἐν ᾗ Νῶχος ὁ τοῦ γένους ἡμῶν ἀρχηγὸς διεσώθη ...). ζῷα sind, anders als in 20,10, allgemein die Lebewesen, nicht nur die Tiere (anders Knopf zSt); der Hinweis auf die Eintracht, die in der Arche herrschte, hat natürlich wieder aktuelle Bedeutung. ὁμόνοια ist in 1 Clem sehr häufig; zum nicht-biblischen, politischen Hintergrund dieses Wortes s. Brunner, Mitte 134–141 (s. auch zu Kap. 20).

Das dritte Beispiel (**10,1**) ist Abraham. Sein Glaube (πιστός wie bei Noah; vgl. Sir 44,20: ἐν πειρασμῷ [nämlich bei Isaaks Opferung] εὑρέθη πιστός), der sprichwörtlich ist (vgl. die im NT mehrfach zitierte Stelle Gen 15,6; in 1 Makk 2,52 ist Gen 22 mit Gen 15,6 kombiniert: ἐν πειρασμῷ εὑρέθη πιστός, καὶ ἐλογίσθη αὐτῷ εἰς δικαιοσύνην), wird hier auf seinen Gehorsam (ὑπήκοος wie bei Henoch; vgl. Hebr 11,8) gegenüber den Worten Gottes bezogen, die von V. 2 an zitiert werden. Der offenbar als den Lesern geläufig vorausgesetzte Ehrenname „Freund" (Gottes; vgl. 17,2) begegnet im hebr AT in Jes 41,8 und 2 Chr 20,7. Der Jakobusbrief scheint eine entsprechende LXX-Textfassung von Gen 15,6 vorauszusetzen (vgl. Jak 2,23 und Dibelius, Jak zSt); vgl. auch die von Philo Sobr 56 zitierte Form von Gen 18,17 (μὴ ἀποκαλύψω ἐγὼ ἀπὸ ᾽Αβραὰμ τοῦ φίλου μου), ferner Jub 19,9; Test Abr A 1,6 u. ö.; Test Abr B 4,10. Zum Ganzen s. K. Berger, Art. Abraham II, TRE 1, 373 f und J. Hjärpe, Art. Abraham IV, TRE 1, 387 Z 14–18.

2 beschreibt zunächst referierend, daß Abraham der erst in V. 3 zitierten Weisung tatsächlich Folge leistete; der ὅπως-Satz, der nachdrücklich die Geringfügigkeit des Zurückgelassenen den (großen) ἐπαγγελίαι τοῦ θεοῦ gegenüberstellt, hat keinen Anhalt an der Tradition und dient offenbar dazu, Abrahams Verhalten plausibel zu machen. Das mit „(Gott) sagt zu ihm" eröffnete Zitat von Gen 12,1–3 folgt LXX nahezu wörtlich (**3**); ἄπελθε statt ἔξελθε steht auch in der von Philo Migr Abr 1 zitierten Textfassung. **4.5**: Die Einleitung des zweiten Zitats entspricht Gen 13,14a LXX; die Gottesrede aus Gen 13,14b–16 wird korrekt zitiert. Das letzte Zitat in **6** wird locker angeschlossen (καὶ πάλιν λέγει); kontextbedingt werden die Beteiligten, anders als in Gen 15,5, ausdrücklich genannt. Das Zitat von Gen 15,6 folgt dem in Röm 4,3 (anders Gal 3,6) und in Jak 2,23 belegten Wortlaut (ἐπίστευσεν δὲ ᾽Αβραάμ statt καὶ ἐπίστευσεν Αβραμ) und ist also vermutlich von Paulus abhängig (zum paulinischen Ursprung der Textfassung in Röm 4,3 vgl. Koch, Schrift 132f. 243f), ohne daß Vf die besondere Bedeutung dieses Zitats für die paulinische Theologie hier bedacht hätte (s. aber zu 31,2). In **7** geht die Abrahamsschilderung weiter, aber der Vf fügt einen neuen Aspekt hinzu, der im folgenden leitend wird: die Gastfreundschaft, deren besondere Bedeutung schon in 1,2 betont worden war. Zur Struktur der drei διά-Wendungen in 10,7; 11,1; 12,1 s. Ziegler, Studien 77. Die Verknüpfung der φιλοξενία Abrahams mit der wunderbaren Geburt Isaaks orientiert sich an der Abfolge von Gen 18 und Gen 21 (zu ἐν γήρᾳ vgl. Gen 21,2 LXX: εἰς τὸ γῆρας), ist aber theologisch nicht glücklich, weil jetzt die Erfüllung der von Gott zuvor gegebenen Nachkommensverheißung an Abrahams πίστις und φιλοξενία gebunden wird. Die anschließende Erwähnung der ὑπακοή entspricht V. 2; Vf spielt auf Gen 22 (vgl. vor allem 22,2) an, wobei die Wendung προσήνεγκεν αὐτὸν θυσίαν fast suggeriert, das Opfer sei tatsächlich vollzogen worden.

Das vierte Beispiel (**11**,1) ist Lot. Hier bezieht sich das Stichwort φιλοξενία wohl auf die in Gen 19,1–11 erzählte Szene, εὐσέβεια vielleicht speziell auf die in Gen 19,7f wiedergegebenen Äußerungen Lots. Zu διὰ πυρὸς καὶ θείου vgl. Gen 19,24. Auffallend ist die Verwendung des Verbs κρίνειν; will der Vf das Wort καταστρέφειν (Gen 19,25 LXX) vermeiden? Daß eine Anspielung auf Jes 66,16a (ἐν τῷ πυρὶ κυρίου κριθήσεται πᾶσα ἡ γῆ) vorliegt, ist wenig wahrscheinlich. Der angefügte Partizipialsatz (zum absoluten Nominativ s. Radermacher 219; B-D-R § 466.4) zeigt den Zweck, den Gottes Handeln verfolgte. ἐλπίζειν ἐπ᾽ αὐτόν ist im Grunde mit πιστεύειν identisch; an wen bei ἑτεροκλινεῖς gedacht ist, zeigt **2**, der Gen 19,26 aufnimmt. Die vom Vf gegebene Deutung hat keinen Anhalt am dortigen Text, begegnet auch in der Tradition sonst nicht (vgl. aber Sap Sal 10,7: Die Salzsäule ist ἀπιστούσης ψυχῆς μνημεῖον; Philo Somn I 247f: Wer zurückblickt, wird zur ἄψυχος στήλη, die zerfließt, weil Salz nichts Festes ist), ist dem Vf aber mit Blick auf die Situation in Korinth wichtig. ἑτερογνώμων, in uns. Lit. nur hier, ist spät und selten (s. Bauer-Aland WB s. v.); zu οὐκ ἐν ὁμονοίᾳ vgl. 9,4. Die Angabe ἕως τῆς ἡμέρας ταύτης könnte an Gen 19,38 anknüpfen; sie dient hier dazu, die bis in die Gegenwart andauernde Wirkung des σημεῖον zu unterstreichen (vgl. Jos Ant I 203: Josephus habe die Säule besichtigt ἔτι γὰρ καὶ νῦν διαμένει; ebenso Iren Haer IV 31,1: Lot ... qui reliquit in circumfinio uxorem suam statuam salis usque in hodiernum diem; Irenäus deutet freilich – in Anknüpfung an Mt 5,13 – die Salzsäule positiv auf die Kirche: statua salis semper manens [31,3]). Zu δίψυχοι und διστάζοντες vgl. das Zitat in 23,2. Der allgemeine Hinweis auf die δύναμις Gottes hat in der Situation des 1 Clem den Charakter einer Drohung; σημείωσις, an sich „Kennzeichnung", ist hier das „Warnzeichen". Zu εἰς τὸ γνωστὸν εἶναι πᾶσιν ὅτι κτλ. vgl. die positive Entsprechung am Ende von 12,7.

12,1: Das fünfte Beispiel ist die Hure Rahab (L korrigiert: quae cognominabatur [irrtümlich: cogminabatur] fornicaria; so auch Codex H sowie die syrischen und koptischen Handschriften; vgl. die entsprechende Lesart von א* syh in Hebr 11,31). Die Angabe διὰ πίστιν καὶ φιλοξενίαν entspricht 10,7, ist aber nicht ohne Anhalt an der biblischen Erzählung, der ja auch das ἐσώθη entspricht (Jos 2,1–21; 6,22–25); s. im übrigen u. zu 12,8.

In **2–7a** referiert der Vf Jos 2,1–19, z. T. erheblich verkürzend, z. T. mit wörtlichen Anklängen an LXX. Der Handlungsablauf der Erzählung ist logisch glättend korrigiert (ähnlich verfährt Jos Ant V 5–15.30); ob der Vf sich dabei einer jüdischen bzw. judenchristlichen Erzähltradition bedient (Jaubert 121 A 4) oder aber selbst formuliert hat, läßt sich kaum entscheiden, zumal signifikante Übereinstimmungen mit dem erwähnten Josephus-Text nicht bestehen. Der Vf beginnt in **2** mit dem Referat von Jos 2,1–3. Anders als in der Vorlage tritt Rahab erst auf, nachdem die Verfolgung der Spione schon begonnen hat; der erweiternde Finalsatz ὅπως συλλημφθέντες θανατωθῶσιν unterstreicht vorwegnehmend Kühnheit und Notwendigkeit ihres Tuns. Sie versteckt die Männer (**3**), bevor nach ihnen gefragt wird. Der Vf faßt hier Jos 2,1b.4a.6b zusammen; aus ἐπὶ τοῦ δώματος in LXX macht der römische Schreiber das ihm verständlichere ὑπερῷον (L übersetzt: pergula domus). Rahab erweist durch ihr Handeln das Attribut φιλόξενος als berechtigt. **4** faßt Jos 2,3–5 zusammen, wobei die Schlußbemerkung ὑποδεικνύουσα αὐτοῖς ἐναλλάξ auf Jos 2,5.7 anspielt. Young, JBL 67, 1948, 339–345 sieht in diesem Punkt eine besondere Nähe zu Jak 2,25 (... ἑτέρᾳ ὁδῷ ἐκβαλοῦσα) und meint, 1 Clem 12 sei möglicherweise die Textvorlage für Jak gewesen; Hagner, Use 248–256 hält die entgegengesetzte Abhängigkeit für wahrscheinlich („although not very considerable", 256). Die sich in **5** anschließende wörtliche Rede der Rahab entspricht Jos 2,9–13, den Text allerdings im ganzen stark verkürzend (der geschichtliche Rückblick auf den Exodus in 2,10f fällt aus); auffallend stark betont ist das γινώσκουσα γινώσκω ἐγώ (LXX: ἐπίσταμαι; hebr Text: יָדַעְתִּי), das möglicherweise auf V. 8 vorausverweisen soll (vgl. Ziegler, Studien 79). Der in LXX fehlende Satz ὁ τρόμος ὑμῶν ἐπέπεσεν τοῖς κατοικοῦσιν αὐτήν (sc. das Land) entspricht dem hebr Text; offenbar zitiert der Vf eine hebraisierende LXX-Rezension, die uns sonst nicht erhalten ist. Die Antwort der Männer (**6**) faßt Jos 2,14a.18b.19 zusammen, während **7a** auf 2,18a Bezug nimmt.

In **7b** schließt der Vf eine auf Christi Tod bezogene allegorische Deutung von κόκκινος an. πρόδηλον ποιοῦντες ὅτι ... λύτρωσις ἔσται πᾶσιν τοῖς πιστεύουσιν κτλ. ist inhaltlich offenbar bewußt als Gegentyp zu 11,2 fin gedacht (zur Formulierung vgl. 11,1b: πρόδηλον ποιήσας ὁ δεσπότης ὅτι τοὺς ἐλπίζοντας ἐπ' αὐτὸν οὐκ ἐγκαταλείπει). Die Verbindung von „Erlösung" und „Blut" ist religionsgeschichtlich weit verbreitet (s. Braun Exkurs zu Hebr 9,7); im Urchristentum ist sie, an das AT anknüpfend, schon früh in der Formel Röm 3,25 und im Abendmahl vorausgesetzt. Von der ἀπολύτρωσις διὰ τοῦ αἵματος αὐτοῦ (sc. Christi) spricht Kol 1,14 (vgl. Eph 1,7); der Gedanke bestimmt weithin die Christologie des Hebr (vgl. den genannten Exkurs bei Braun) und begegnet auch in 1 Joh 1,7. In Verbindung mit der ὑπέρ-ἡμῶν-Formel spricht der Vf des 1 Clem von Christi Blut noch in 21,6; 49,6. In 12,7 ist allerdings auffällig, daß die christologisch-soteriologische Aussage verknüpft ist mit der Rede vom Glauben und Hoffen ἐπὶ τὸν θεόν; auf diese Weise kann der Vf von der Rettung der Rahab sprechen, ohne für sie einen Christusglauben zu reklamieren. Eine allegorische, sogar den Beruf der Rahab miteinbeziehende Deutung gibt Justin Dial 111,4: Das σύμβολον des roten Fadens ὁμοίως τὸ σύμβολον τοῦ αἵματος τοῦ Χριστοῦ ἐδήλου, δι' οὗ οἱ πάλαι πόρνοι καὶ ἄδικοι ἐκ πάντων τῶν ἐθνῶν σώζονται, ἄφεσιν ἁμαρτιῶν λαβόντες καὶ μηκέτι ἁμαρτάνοντες. Anders Iren Haer IV 20,12: Rahab wurde gerettet fide signi coccini, ohne daß eine Bezugnahme auf Christi Tod erfolgt (vielmehr werden die drei [!] Kundschafter von Irenäus trinitarisch gedeutet); bemerkenswert ist jedoch, daß das Rahab-Beispiel im Kontext einer längeren Prophetenliste steht (s. u. zu V. 8). Die abschließende Bemerkung in **8** (ὁρᾶτε ἀγαπητοί auch 21,1; 50,1; vgl. 16,17; 41,4) steigert die Aussage noch. προφητεία meint hier die „Prophetengabe", die Künftiges vorhersehen läßt. Unter Propheten wird Rahab bei Irenäus genannt (s. o.), und von ihrer prophetischen Kraft spricht auch der Midrasch zum Buch Ruth (s. Billerbeck I 21). Für den Vf des 1 Clem lag die „Prophetie" der Rahab darin, daß sie auf die rettende Macht des „Roten" vertraute (vgl. Ziegler, Studien 79–84). In Jak 2,25 ist Rahab neben Abraham Beleg für die Lehre der Rechtfertigung ἐξ ἔργων. In Mt 1,5 erscheint sie im Stammbaum Jesu, wobei die dabei vorausgesetzte genealogische Folge sonst unbekannt ist; aber auch in jüdischer Tradition gilt Rahab nach ihrem Übertritt zum Judentum als Stammutter einer zahlreichen Nachkommenschaft, daneben bisweilen als Gattin Josuas (Billerbeck I 22 f).

13,1–18,17 Mahnungen zur Demut

13,1–4 Worte Jesu und der Schrift

¹Laßt uns also demütig sein, Brüder, indem wir abtun alle Prahlerei und Aufgeblasenheit und Torheit und Zornesaufwallungen, und laßt uns tun, was geschrieben steht. Es sagt nämlich der Heilige Geist: „Nicht soll sich rühmen der Weise in seiner Weisheit, und nicht der Starke in seiner Stärke, und nicht der Reiche in seinem Reichtum, sondern wer sich rühmt, der soll sich rühmen im Herrn, ihn zu suchen und zu üben Recht und Gerechtigkeit." Vor allem aber (laßt uns) eingedenk sein der Worte des Herrn Jesus, die er gesprochen hat, als er lehrte Milde und Langmut. ²So nämlich hat er gesagt: „Erbarmt euch, damit ihr Erbarmen erlangt; vergebt, damit euch vergeben werde. Wie ihr tut, so wird euch getan werden; wie ihr gebt, so wird euch gegeben werden; wie ihr richtet, so werdet ihr gerichtet werden; wie ihr euch gütig erweist, so wird euch Güte erwiesen werden. Mit welchem Maß ihr meßt, mit dem wird euch zugemessen werden."
³Mit diesem Gebot und diesen Anordnungen wollen wir uns stärken, auf daß wir wandeln gehorsam gegenüber seinen heiligen Worten – demütig gesinnt. Denn das heilige Wort sagt: ⁴„Auf wen werde ich schauen außer auf den Sanften und Stillen und den, der meine Worte fürchtet?"

Mit der einen Übergang anzeigenden Aufforderung zur Demut in 13,1a (1. Pers. Pl. Konj. mit οὖν) zieht der Vf eine Folgerung aus dem in Kap. 9–12 Gesagten: Die Christen sollen dem Wort des Heiligen Geistes folgen (V. 1b) und den Mahnungen Jesu (V. 2), um so gestärkt den heiligen Worten gehorsam sein zu können (V. 3), von denen eines abschließend betont zitiert wird (V. 4). Zwar ist das Stichwort ταπεινοφροσύνη über Kap. 13 hinaus bis 19,1 beherrschend, so daß man mit Knopf zSt von einer „kleinen Abhandlung" in 13,1–19,1 sprechen könnte; aber die Einschnitte jeweils zu Beginn der Kapitel 14, 15, 16 und 17 sind ähnlich gewichtig wie in 13,1, so daß sich eine deutlichere Aufgliederung nahelegt.

Die Aufforderung (**1**) zum ταπεινοφρονεῖν kontrastiert bewußt der Beschreibung der Vergangenheit in 2,1 (s. dort). Der Vf leitet sie jetzt aus dem Vorangegangenen ab, ohne daß der sachliche Zusammenhang ohne weiteres sichtbar würde, da die in Kap. 9–12 erwähnten biblischen Gestalten sich ja nicht durch „Demut" ausgezeichnet hatten; offenbar ist gemeint, daß aus Glauben und Gehorsam die Demut als sittliche Haltung folgen soll (zum Bedeutungswandel des Wortes ταπεινοφροσύνη im Christentum und Judentum gegenüber dem griechischen Denken s. Knopf zSt; vgl. auch Knoch, Eigenart 386–396 und Wengst, Demut). Der angeschlossene Partizipialsatz (vgl. 57,2; 1 Petr 2,1; Hebr 12,1) zählt vier einander sehr ähnliche Laster auf: ἀλαζονεία enthält wieder den Kontrast zur Vergangenheit der Gemeinde (2,1: μηδὲν ἀλαζονευόμενοι); τῦφος ist in uns. Lit. nur hier belegt (in LXX nur 3 Makk 3,18), sonst aber nicht selten; ἀφροσύνη, im Katalog auch in Mk 7,22, ist nicht einfach die „Dummheit", sondern das Verfehlen des Gotteswillens (zahlreiche Belege in LXX, vor allem für hebr. נְבָלָה und אִוֶּלֶת; vgl. Ps 68,6 LXX: ὁ θεός, σὺ ἔγνως τὴν ἀφροσύνην μου und Ps 13,1 LXX: εἶπεν ἄφρων ἐν καρδίᾳ αὐτοῦ Οὐκ ἔστιν θεός; im NT Lk 12,20; 1 Kor 15,36; 2 Kor 11,17 u. ö.); zu ὀργή im Plural (in uns. Lit. sonst nur noch Ign Eph 10,2) s. Bauer-Aland WB s. v. 1 am Ende. Der anschließende Schriftbeleg (zu τὸ γεγραμμένον s. zu 3,1) interpretiert die vier Laster als Formen des καυχᾶσθαι. Das Zitat wird sehr feierlich eingeführt, indem als Sprecher τὸ πνεῦμα τὸ ἅγιον gilt (so auch in 16,2; vgl. Hebr 3,7; 10,15); der zugrundeliegende Gedanke ist offenbar derselbe wie im Judentum, daß nämlich die Schrift und die in ihr zu Wort Kommenden vom Geist Gottes inspiriert sind (vgl. Mk 12,36; s. Schweizer, ThWNT VI, 380 f). Das Zitat entspricht im ersten Teil, abgesehen von einer kleinen Umstellung, fast wörtlich Jer 9,22 LXX (vgl. die LXX-Fassung von 1 Sam 2,10); der erste Teil (ἀλλ' ὁ καυχώμενος ἐν κυρίῳ καυχάσθω) findet sich so gar nicht im AT, wohl aber – als eigenes Zitat – bei Paulus (1 Kor 1,31; 2 Kor 10,17; s. dazu Koch, Schrift 35 f). Der erste der beiden sich anschließenden Infinitive (τοῦ ἐκζητεῖν αὐτόν) ist ohne jede Vorlage bzw. Parallele (vgl. aber Jer 9,23: συνίειν καὶ γινώσκειν ὅτι ἐγώ εἰμι κύριος bzw. 1 Reg 2,10: συνίειν καὶ γινώσκειν τὸν κύριον); die Fortsetzung (καὶ ποιεῖν κρίμα καὶ δικαιοσύνην) entspricht Jer 9,23/1 Reg 2,10 – nur der Hinweis auf „das Land" ist entfallen. Der komplizierte Befund ist vermutlich so zu erklären, daß der Vf ohne direkte Textvorlage Jer 9,22 f zitiert und dabei den von Paulus in 1 Kor 1,31 angeführten Satz an passender Stelle aus dem Gedächtnis einfügt (Hagner, Use 203 f; Lindemann, Paulus 182).

Auf das Schriftwort folgt, diesem offenbar übergeordnet (so Ziegler, Studien 108), der Hinweis auf Herrenworte; die Anbindung erfolgt ähnlich wie in 11,1 mit einem absoluten Nominativ (μάλιστα μεμνημένοι τῶν λόγων τοῦ κυρίου Ἰησοῦ; zur Sache und zur Formulierung vgl. Apg 20,35 und 1 Clem 46,7). Daß Jesus ἐπιείκεια und μακροθυμία gelehrt habe, wird so sonst nirgends gesagt; sachlich meint der Vf dasselbe, was das Stichwort ταπεινοφροσύνη ausdrückt (ἐπιείκεια ist regelmäßig mit ταπεινοφροσύνη verbunden: 30,8; 56,1; 58,2; 62,2). Die Reihe der Jesuslogien, die nun in **2** folgt, knüpft an Sprüche der Bergpredigt an; eine Textvorlage ist aber nicht identifizierbar. Clemens Alex Strom II 91,2, wo dieselbe Logienreihe begegnet, ist offensichtlich von 1 Clem abhängig, und dasselbe gilt für Pol Phil 2,3 (s. die ausführliche Diskussion bei Hagner, Use 140–151). Am nächsten kommen die Logien Lk 6,37 f par Mt 7,1 f (vgl. Mk 4,24b), ferner Mt 5,7; 6,14 f; 7,12 (s. die Übersicht bei Hagner, Use 136); nur zu dem Logion ὡς χρηστεύεσθε κτλ. scheint es keinerlei Parallele zu geben (Lk 6,35c, worauf Hagner verweist, differiert erheblich). Vermutlich verwendet der Vf mündlich umlaufende Tradition, wie es sie natürlich auch nach Abfassung der Evangelien noch gegeben hat (Hagner, Use 151). Die Zusammenstellung ist freilich nicht willkürlich erfolgt, wie die sorgfältige Gliederung der sieben Worte zeigt (zuerst zwei Imperative + ἵνα; dann viermal die Konstruktion ὡς – οὕτως; abschließend ein Relativsatz; vgl. dazu Köster, Überlieferung 12–16 und Köhler, Rezeption 67–71). Inhaltlich besteht die Aussage in der Forderung, daß ταπεινοφροσύνη sich im Tun der Barmherzigkeit, im Vergeben, im Nicht-Richten usw. vollziehen soll, das seinerseits jeweils unter Verheißung und Gericht steht (alle Logien stammen aus dem Bereich des „alttestamentlichen Entsprechungsdenkens" [Luz, Mt I, 378 A 22], wobei aber der ursprünglich konstituierte eschatologische Aspekt verlorengegangen zu sein scheint). **3**: ταύτῃ τῇ ἐντολῇ bezieht sich wohl auf die alttestamentliche Weisung in V. 1, während mit παραγγέλματα die in V. 2 zitierten Jesuslogien gemeint sind. Diese Worte dienen zur gegenseitigen (ἑαυτούς vermutlich für ἀλλήλους; vgl. Bauer-Aland WB s. v. ἑαυτοῦ 3, 428) Stärkung, die den entsprechenden gehorsamen Wandel ermöglicht. ἁγιοπρεπής, wörtlich „was einem Heiligen angemessen ist" (Bauer-Aland WB s. v.), ist hier offenbar erstmals literarisch belegt (vgl. Pol Phil 1,1; zur Bildung vgl. etwa μεγαλοπρεπής in 9,1 oder ἱεροπρεπής in Tit 2,3); das Wort begegnet dann aber öfter bei den Kirchenvätern (Lampe Lexicon s. v.). Das betont nachgestellte ταπεινοφρονοῦντες gehört zu στηρίξωμεν und soll offenbar unterstreichen, daß auch das gegenseitige „Stärken" in demütiger Haltung geschehen soll. Zur Begründung des Ganzen wird abschließend abermals ein Schriftwort zitiert. Die Zitateinleitung φησὶν ... ὁ ἅγιος λόγος, auch in 56,3 gebraucht, ist sonst offenbar nicht belegt. Das in **4** verwendete Zitat von Jes 66,2 folgt dem LXX-Text fast wörtlich. Der Wechsel von τοὺς λόγους μου zu μου τὰ λόγια könnte kontextbedingt sein (vgl. V. 3); πραΰν anstelle von ταπεινόν ist nicht „merkwürdig" (so Knopf zSt), sondern der Vf vermeidet ταπεινός in der Aufzählung wahrscheinlich gerade deshalb, weil er sagen will, daß die im Zitat erwähnten „Sanften, Stillen, Gottes Worte Fürchtenden", auf die Gott schaut, eben οἱ ταπεινοφρονοῦντες sind.

14,1–5 Wir sollen Gott gehorchen, nicht denen, die hochmütig nach Streit trachten

[1]Gerecht und gottgefällig ist es also, Männer, Brüder, daß wir Gott gehorsam sind und nicht denen Folge leisten, die in Prahlerei und Unordnung Führer abscheulicher Eifersucht sind. [2]Nicht den gewöhnlichen Schaden nämlich, sondern eine große Gefahr werden wir über uns bringen, wenn wir uns tollkühn den Bestrebungen der Leute preisgeben, die auf Streit und Zwistigkeiten hinzielen, in der Absicht, uns dem, was recht ist, zu entfremden.
[3]Laßt uns einander Güte erweisen, entsprechend der Barmherzigkeit und Milde dessen, der uns geschaffen hat. [4]Denn es steht geschrieben: „Gütige werden Bewohner der Erde sein, die ohne Falsch aber werden übrig bleiben auf ihr; die Gesetzesübertreter hingegen werden davongerafft werden von ihr." [5]Und wiederum heißt es: „Ich habe den Gottlosen gesehen, sich erhebend und sich brüstend wie die Zedern des Libanon; und ich bin vorübergegangen, und siehe, er war nicht mehr; und ich habe geforscht nach seiner Stätte, und ich habe sie nicht gefunden. Bewahre Arglosigkeit und sieh auf Rechtschaffenheit, denn Nachkommenschaft gibt es für einen friedfertigen Menschen."

Wie in 13,1 zieht der Vf eine Folgerung (οὖν) aus dem Gesagten: Wenn Gott auf den schaut, der seine Worte hält (13,4), dann ergibt sich die positive (14,1) und die negative (14,2) Konsequenz daraus von selbst. Die sich direkt anschließende Aufforderung zur Güte (14,3) wird mit zwei Schriftzitaten untermauert (14,4.5).

Die betonte Anrede ἄνδρες ἀδελφοί (so auch 16,17; 37,1; 62,1 zur Markierung eines Einschnitts) hebt das Gewicht der Aussage in **1** noch hervor. Daß man Gott gehorchen muß, nicht den Menschen (zu μᾶλλον ἤ s. B-D-R § 246.2a), ist ein in der Antike verbreiteter Gedanke; in der Formulierung kommt besonders nahe der Ausspruch des Sokrates bei Platon Apol 17 (29 D): πείσομαι δὲ μᾶλλον τῷ θεῷ ἢ ὑμῖν (vgl. dort auch die voranstehende

Anrede: ἄνδρες Ἀθηναῖοι; dazu Ziegler, Studien 36 f). Im NT vgl. Apg 5,29; 4,19; s. auch 2 Clem 4,4. Der Vf führt seine Feststellung denn auch als allgemein-gültige ein (δίκαιον καὶ ὅσιον). Die Verbindung von δίκαιος und ὅσιος ist geläufig (s. Bauer-Aland WB s. v. ὅσιος 1a; vgl. 1 Thess 2,10: ὁσίως καὶ δικαίως und Lk 1,75: λατρεύειν αὐτῷ [sc. Gott] ἐν ὁσιότητι καὶ δικαιοσύνῃ ἐνώπιον αὐτοῦ; ähnlich Eph 4,24); gemeint ist „das, was göttlicher u(nd) menschlicher Rechtsforderung entspricht" (Hauck, ThWNT V, 489,8 f). Im konkreten Fall der korinthischen Gemeinde kommt nun hinzu, daß sie Menschen folgt (das Verb ἐξακολουθέω wird überwiegend im übertragenen Sinne und überdies sensu malo gebraucht; s. 2 Petr 1,16; 2,2.15, ebenso die Belege in den Test XII [bösem Rat, Geistern des Irrtums usw. folgen]), die Gottes Ordnung schwer verletzt haben. Zu ἀλαζονεία s. 13,1; zu ἀκαταστασία s. 3,2. Der Vf unterscheidet aber die Gemeinde als ganze bewußt von den „Rädelsführern" (μυσεροῦ ζήλους ἀρχηγοί, vgl. 51,1); zu ζῆλος s. vor allem 3,4; 9,1. μυσερός in uns. Lit. nur in 1 Clem (noch 30,1). **2** erläutert das δίκαιον καὶ ὅσιον von V. 1: Wer sich dem, was recht ist (s. u.), entfremden läßt, setzt sich großer Gefahr aus. βλάβη τυχοῦσα wäre der bloß äußerliche Schaden, den eine in sich zerstrittene Gemeinde natürlich erleidet; jetzt aber geht es um weit Schlimmeres (zu κίνδυνος vgl. vor allem 41,4; 59,1), das der Vf aber zunächst gar nicht näher beschreibt. Er betont, daß, wer den Bestrebungen jener in V. 1b erwähnten ἄνθρωποι nachgibt, falsch und gefährlich handelt. Das Adjektiv ῥιψοκινδύνως bezeichnet ein Verhalten, dem jede vernünftige Kontrolle fehlt (vgl. die anderen mit ῥιψ- verbundenen Begriffe bei Liddell-Scott 1572). Jene Leute haben nur das Ziel, Streit zu entfachen. ἐξακοντίζειν, in uns. Lit. nur hier, meint eigentlich „etwas hinausschleudern" und wird dabei auch metaphorisch gebraucht; hier auffallenderweise ohne Objekt, was vielleicht andeutet, daß es – nach Darstellung des Vf jedenfalls – den Rädelsführern gar nicht auf die Wahl der Mittel (Worte o. ä.) ankommt, sondern nur auf das Ziel. Zu ἔρις καὶ στάσεις s. 3,2; der Plural dient der Verallgemeinerung. Auch καλῶς ἔχειν ist bewußt weit gefaßt; dem Schreiber geht es nicht nur um die Ordnung (so die Übers. von Fischer), sondern generell um das, was „richtig" ist und als solches dem Willen Gottes entspricht.

Die in **3** folgende Aufforderung χρηστευσώμεθα ἑαυτοῖς (Codex A liest offenbar irrtümlich αὐτοῖς, als würde zur Milde gegenüber den Rädelsführern in der Gemeinde aufgefordert; H und die Übersetzungen bezeugen ἑαυτοῖς; vgl. L: misereamur nobis) resultiert nicht aus dem unmittelbar Vorangegangenen, sondern nimmt das in 13,2 zitierte Logion über das gütige Handeln auf. Maßstab ist jetzt aber nicht der κύριος, sondern das Wesen des Schöpfers. Dieses wird mit Hilfe von zwei seltenen Begriffen gekennzeichnet: εὐσπλαγχνία (zum ursprünglichen Sinn des griech. Wortes σπλάγχνον als Ort der Gefühle s. Köster, ThWNT VII, 548 f) begegnet in uns. Lit. nur hier; vgl. aber das Adjektiv in 29,1. Substantiv und Adjektiv fehlen in LXX, sind aber in den Text XII und in Apk Sedr auch als Attribut Gottes belegt. Zum Befund im NT, wo εὔσπλαγχνος nur in katalogartiger Paränese erscheint (Eph 4,32; 1 Petr 3,8), das Simplex aber mehrfach auch als Gottes- und Christusprädikat belegt ist, s. Köster, ThWNT VII, 553–557. Die Verbindung von εὐσπλαγχνία und γλυκύτης (dazu δικαιοσύνη) begegnet bei Theophil Ad Autol II 14, freilich in ganz anderem Sinn. Von der γλυκύτης (eigentlich „Süßigkeit") Gottes spricht Sap Sal 16,21, und Aseneth redet Gott im Gebet als πατήρ γλυκύς an (JosAs 12,14f). Der Vf wählt offenbar bewußt so starke, emotionale Worte, um den Kontrast zu ἔρις und στάσεις einerseits und zu den Gerichtsworten (V. 4f) andererseits herauszustellen. Das erste Zitat in **4** (zu γέγραπται γάρ s. 4,1) knüpft an χρηστευσώμεθα an. Der Vf zitiert zunächst Prv 2,21a LXX praktisch wörtlich (zum Wechsel von ἐν αὐτῇ zu ἐπ' αὐτῆς s. u.) und bezieht sich dann offenbar auf Ps 36,38a LXX (οἱ δὲ παράνομοι ἐξολεθρευθήσονται ἐπὶ τὸ αὐτό; in V. 5 folgt jedenfalls ein nahezu wörtliches Zitat von Ps 36,35–37), wobei Prv 2,22 möglicherweise mit hineinspielt (ὁδοὶ ἀσεβῶν ἐκ γῆς ὀλοῦνται, οἱ δὲ παράνομοι ἐξωσθήσονται ἀπ' αὐτῆς). Das Proverbienbuch spricht an der zitierten Stelle im deuteronomistischen Sinn vom Wohnen der Frommen „im Lande" (vgl. auch Prv 10,30); für den Vf des 1 Clem ist γῆ aber wohl „die Erde", weshalb er die Präposition ändert (s. o.). Die Drohung gegen die παρανομοῦντες hat natürlich in der korinthischen Situation eine sehr aktuelle Bedeutung. Eingeleitet mit πάλιν λέγει (vgl. 10,6; ferner 15,4; 52,3; 56,6) folgt in **5** ein wörtliches Zitat von Ps 36,35–37 LXX (lediglich ist die Wortfolge von V. 36b umgestellt). Ob bei ἀσεβῆ der Artikel zu lesen ist (so Fischer und Jaubert mit Codex H und den koptischen Handschriften sowie Clemens Alex Strom IV 32,2, der offenbar 1 Clem verwendet hat) oder nicht (so Codex A, übernommen von Lightfoot und Funk-Bihlmeyer), läßt sich kaum sagen, da auch die LXX-Handschriften differieren. ἐγκατάλειμμα heißt eigentlich „Überbleibsel, Rest", was hier aber keinen Sinn gibt; in TestSim 6,3 wäre diese Übersetzung möglich, doch liegt auch dort aufgrund der Parallelität zu σπέρμα „Nachkommenschaft" näher. In Ps 36 LXX steht das Wort für אַחֲרִית (nach Gesenius s. v. allgemein das „Endergebnis einer Sache", „vorzugsweise v[on] einem glücklichen Ausgange", in Ps 37 speziell „Nachwuchs, Nachkommenschaft"). Der stark von der Erfahrungsweisheit bestimmte Psalm (vgl. V. 25) spricht vom Geschick des stolzen Gottlosen (V. 35 f) und mahnt dann zur Rechtschaffenheit, ohne die es keine hoffnungsvolle Zukunft geben kann (vgl. Kraus, Psalmen I, 443: „Entscheidend ist, daß sich auch das weisheitliche Denken Israels zur Zukunft hin öffnet"; Weiser, Psalmen I zu Ps 37,37 f übersetzt אַחֲרִית mit „Zukunft"). Dem Vf des 1 Clem kommt es deutlich erkennbar auf beide Aspekte an; vgl. Harnacks Übersetzung von ἐγκατάλειμμα mit „Bleibendes" (sc. das die anderen nicht haben werden). Den Adressaten soll klar werden, welche Gefahr (s. zu V. 2) es ist, die ihnen droht: Die zeitliche und endgültige Vernichtung (s. dazu Knoch, Eigenart 191), aber sie sollen auch die Verheißung hören, die dem ἄνθρωπος εἰρηνικός gilt (beachte wieder den Kontrast zu ἔριν καὶ στάσεις V. 2).

15,1–7 Mahnung zum Frieden und biblisch begründete Warnung vor Heuchelei und Hochmut

[1]Deshalb wollen wir uns denen anschließen, die in Frömmigkeit Frieden halten und nicht denen, die in Heuchelei Frieden wollen.
**[2]Denn es heißt irgendwo: „Dieses Volk ehrt mich mit den Lippen, ihr Herz aber ist fern von mir." [3]Und wiederum: „Mit ihrem Munde segneten sie, mit ihrem Herzen aber verfluchten sie." [4]Und wiederum heißt es: „Sie haben ihn geliebt mit ihrem Munde, und mit ihrer Zunge haben sie ihn belogen; ihr Herz aber (war) nicht aufrichtig mit ihm, und sie haben nicht treu festgehalten an seinem Bund."
[5]Darum: „Es sollen stumm werden die trügerischen Lippen, die Gesetzlosigkeit reden wider den Gerechten." Und wiederum: „Ausrotten möge der Herr alle trügerischen Lippen, die prahlerische Zunge, die, die sagen: Unsere Zunge lobpreisen wir, unsere Lippen haben wir in der Gewalt. Wer ist unser Herr? [6]Wegen**

**des Elends der Armen und des Seufzens der Bedürftigen werde ich mich jetzt
erheben, spricht der Herr. Anteil am Heil werde ich (ihm) geben, [7]offen werde ich
mit ihm verfahren."**

Der Vf zieht mit der Aufforderung in 15,1a die Folgerung aus der letzten Zitatzeile in 14,5;
es folgt eine Warnung vor Heuchelei (V. 1b), die mit mehreren Zitaten untermauert wird
(V. 2–4). Schließlich folgen Zitate mehrerer Gerichtsworte gegen die Hochmütigen,
zunächst als Bitte an Gott (V. 5) und dann als Gottesrede (V. 6f), wobei der Vf diesen für
ihn wichtigen Übergang aus dem Zitat selbst gewinnt. Möglicherweise stammt die
Textfolge in V. 2–7 aus einem Florilegium (Hagner, Use 100; Köhler, Rezeption 66), aber
auf jeden Fall wird sie vom Vf gezielt im Blick auf die korinthische Situation eingesetzt.
Die ganze Passage einschließlich 16,1 wird übrigens von Clemens Alex Strom IV
32,4–33,3 ohne Quellenangabe und etwas verkürzt übernommen (s. o. zu 14,5).

In **1** fordert der Vf die Christen in Korinth zum erstenmal auf, sie sollten sich den
richtigen Leuten „anschließen" (κολληθῶμεν auch 19,2; 30,3; 31,1; 46,4; vgl. 46,1.2;
Gegenbegriffe waren ἐξακολουθεῖν und ἐπιδῶμεν ἑαυτούς in 14,1f); er knüpft dabei (τοίνυν)
an die Zukunftsverheißung von 14,5 fin an, die ja an die Friedensgesinnung gebunden
gewesen war. Zu εἰρηνεύειν vgl. 54,2 und vor allem 63,4. Vorausgesetzt ist jetzt, daß auch
die Rädelsführer der korinthischen στάσις Frieden wollen, aber eben nicht μετ' εὐσεβείας,
sondern μεθ' ὑποκρίσεως. Die einstige εὐσέβεια in Korinth hatte der Vf in 1,2 gepriesen,
und daran mag man sich jetzt erinnern. Neu eingeführt ist der Vorwurf der ὑπόκρισις, der
sich darauf bezieht, daß die Rädelsführer zwar vom Frieden sprechen und ihn (in ihrem
Sinne) wohl auch wollen, daß sie tatsächlich aber ἔριν καὶ στάσεις gebracht haben und
also Lügner sind; auf den Inhalt ihrer Reden geht der Vf dabei gar nicht ein.

Die Zitate in V. 2–4 explizieren nun das Wesen der Heuchelei, indem sie vom Widerspruch zwischen „Mund (bzw. Zunge)" und „Herz" reden. Das erste Zitat in **2** stammt aus
Jes 29,13; es findet sich auch Mk 7,6f par und 2Clem 3,5. Die Abweichung von LXX ist
beträchtlich, während mit Mk 7,6f/Mt 15,8 nahezu völlige Übereinstimmung besteht
(zum Textbefund einschließlich der Differenzen bei den Handschriften s. den Exkurs zu
2Clem 3,5; vgl. die Übersicht bei Hagner, Use 172). Der Vf weiß, daß es sich um ein
biblisches Zitat handelt, kennt aber offenbar die Quelle nicht; das spricht gegen eine
Abhängigkeit von der synoptischen Überlieferung (vgl. Köhler, Rezeption 65; anders
Knoch, Eigenart 72f), denn in Mk 7,6 (ebenso in 2Clem 3,5) ist Jesaja ausdrücklich
genannt. Der Vf beschränkt sich deshalb auf ein lockeres πού (vgl. 21,2; 26,2; 28,3; 42,5;
dazu Hagner, Use 106). Inhaltlich ist für ihn nur der Gegensatz „Lippen/Herz" im
Verhältnis des Menschen zu Gott von Bedeutung, während – anders als in Mk 7,6 – das
Stichwort λαός keine Rolle spielt. Das zweite Zitat (**3**) übernimmt Ps 61,5b LXX wörtlich
und auch dem Sinn entsprechend; möglicherweise denkt der Vf als Objekt von Segen und
Fluch nicht den verfolgten Frommen (so der Psalm), sondern Gott. Das dritte Zitat (**4**)
übernimmt Ps 77,36f LXX nahezu wörtlich. Unklar ist, ob das erste Wort (ἠγάπησαν)
dem LXX-Text entspricht, oder ob dort dem hebr. Text entsprechend ἠπάτησαν zu lesen
ist, der Vf des 1Clem also korrigiert hat. Die LXX-Handschriften bezeugen überwiegend
ἠγάπησαν, was Hagner, Use 42 für ursprünglich hält (anders Lightfoot I/2, 55). Eine
bewußte Textkorrektur durch den Vf des 1Clem wäre durchaus verständlich, weil ihm
nicht am Parallelismus liegt, sondern an der Betonung der Heuchelei: Mund und Zunge
heucheln Liebe, in Wahrheit aber brechen sie Gottes διαθήκη (hebr. בְּרִית; s. dazu M.

Weinfeld, ThWAT I, 781–808), womit der Vf natürlich die korinthischen Rädelsführer meint.

In **5** wird mit διὰ τοῦτο im Stil prophetischer Rede der Übergang zu den Gerichtsworten markiert (vgl. etwa Am 2,13; Jes 1,24 u. sehr oft). Zitiert wird als erstes in V. 5a Ps 30,19 LXX wörtlich, ausgenommen die letzte Zeile (ἐν ὑπερηφανίᾳ καὶ ἐξουδενώσει; s. u. 16,2), dann in V. 5b, mit dem einfachen καὶ πάλιν angeschlossen, Ps 11,4.5 praktisch wörtlich. Aufgrund des Homoioteleuton τὰ χείλη τὰ δόλια (Ps 30,19a; 11,4a) fehlt in allen Handschriften mit Ausnahme der syrischen Übersetzung eine ganze Zeile, was zu unterschiedlichen Verbesserungsversuchen an dem verbliebenen Satzfragment geführt hat; alle Herausgeber rekonstruieren den Text aber m. R. nach S und damit in Übereinstimmung mit LXX (ausführliche Darstellung des Befundes bei Lightfoot I/2, 56). Die „Prahler", die einen κύριος hochmütig für sich leugnen und deren „Ausrottung" der Vf deshalb wünscht, sind jetzt natürlich die korinthischen Rädelsführer. **6** und **7** folgen weiter dem Zitat von Ps 11 praktisch wörtlich (jetzt 11,6); die Differenz ἐν σωτηρίῳ gegenüber ἐν σωτηρίᾳ in LXX kann durch die benutzte Bibelhandschrift bedingt sein (Codex A hat die varia lectio, freilich auch im Text des 1 Clem), aber der sachliche Unterschied zwischen beiden Worten ist ohnehin nicht groß, wenn man nicht σωτήριον von 36,1 her dezidiert christologisch deuten will (vgl. zum Ganzen Knoch, Eigenart 343 f). Der Vf kündigt mit Hilfe dieses Zitats das baldige (νῦν), aber nicht im eschatologischen Sinn zu deutende Gericht Christi an (κύριος ist hier sicher Christus, vgl. die Fortsetzung in 16,1; Knoch, Eigenart 406 bezieht die Aussage auf Gott, arbeitet im übrigen aber den aktuellen Bezug sachgemäß heraus). Er suggeriert den Adressaten dabei recht geschickt, daß sie sich mit den πτωχοί und πένητες des Psalms identifizieren und also das Wirken der Rädelsführer in Korinth als Bedrückung empfinden sollen.

16,1–16 Die Demut Christi

[1]Den Demütigen nämlich gehört Christus, nicht denen, die sich über seine Herde erheben. [2]Das Szepter der Majestät Gottes, der Herr Jesus Christus, ist nicht gekommen im Gepränge der Prahlerei und des Übermuts, wiewohl er es gekonnt hätte, sondern demütig, wie der heilige Geist über ihn gesprochen hat. Er sagt nämlich:
[3]„Herr, wer hat unserer Predigt geglaubt? Und wem ist der Arm des Herrn offenbar geworden? Wir haben verkündigt vor ihm: Wie ein Kind (ist er), wie eine Wurzel in dürstender Erde. Er hat nicht Gestalt noch Herrlichkeit, und wir haben ihn gesehen, und er hatte nicht Gestalt und Schönheit, sondern seine Gestalt war verachtet, mangelhaft im Vergleich zur Gestalt der Menschen; ein Mensch, geschlagen, geplagt, und geübt, Schwäche zu tragen; denn abgewandt war sein Antlitz; er ist verachtet worden und ward nicht geschätzt. [4]Dieser trägt unsere Sünden, und um unsertwillen leidet er Schmerz. Und wir meinten, er sei geplagt, geschlagen und gezüchtigt. [5]Er aber ist verwundet worden um unserer Sünden willen, und er ist geschwächt um unserer Missetaten willen. Züchtigung lag um unseres Friedens willen auf ihm, und durch seine Strieme wurden wir geheilt. [6]Alle sind wir wie Schafe irregegangen; jeder ist auf seinem Weg irregegangen. [7]Und der Herr hat ihn dahingegeben für unsere Sünden, und da er im Unglück ist,

öffnet er nicht seinen Mund. Wie ein Schaf ist er zur Schlachtbank geführt worden; und wie ein Lamm vor seinem Scherer stumm ist, so tut er seinen Mund nicht auf. In der Erniedrigung ist sein Gericht aufgehoben worden. [8]Wer wird von seinem Geschlecht erzählen? Denn weggenommen von der Erde wird sein Leben. [9]Aufgrund der Missetaten meines Volkes kommt er zu Tode. [10]Und ich werde die Bösen hingeben für sein Grab und die Reichen für seinen Tod. Denn Gesetzlosigkeit hat er nicht getan, auch ist kein Trug in seinem Mund gefunden worden. Und der Herr will ihn befreien von seiner Qual. [11]Wenn ihr (Opfer) gebt für eure Sünde, wird eure Seele sehen langlebenden Samen. [12]Und der Herr will vermindern die Not seiner Seele, ihm Licht zeigen und ihn bilden mit Einsicht, rechtfertigen einen Gerechten, der vielen gut dient. Und ihre Sünden wird er hinwegnehmen. [13]Deshalb wird er viele beerben, und der Starken Beute wird er verteilen, dafür daß seine Seele dahingegeben worden ist in den Tod und er unter die Missetäter gerechnet worden ist. [14]Und er hat getragen die Sünden vieler, und um ihrer Sünden willen ist er dahingegeben worden."
[15]Und wiederum sagt er selbst: „Ich aber bin ein Wurm und kein Mensch, Gespött der Menschen und verachtet vom Volk. Alle, die mich sahen, haben über mich gespottet, mit den Lippen gemurmelt und den Kopf geschüttelt: Er hat auf den Herrn gehofft; der soll ihm helfen; der soll ihn retten, da er ihn liebt."

Der Vf erläutert in 16,1–16 die Aussage von 15,6f: Christus gehört den Demütigen; er selbst war nämlich demütig, weil er wie ein Kind, als ein schwacher und geschlagener Mensch auf Erden lebte und starb. Nach den christologischen Aussagen in V. 1f folgt als biblische Begründung in V. 3–14 ein breites Zitat von Jes 53,1–12, anschließend in V. 15f ein Wort Jesu aus dem „Passionspsalm" 22. Die Anwendung und die rhetorische Frage in 16,17 bilden den Auftakt zum folgenden Abschnitt.

1: Die ταπεινοφρονοῦντες (beachte die begriffliche Anknüpfung an 13,1.3) sind die in 15,6f erwähnten Armen und Bedürftigen; ihnen „gehört" Christus, und deshalb (vgl. das γάρ) gilt ihnen die Heilsverheißung aus Ps 11. Die ἐπαιρόμενοι sind wieder die Rädelsführer, von deren Hochmut Gott gegenüber in Kap. 15 die Rede gewesen war; jetzt behauptet der Vf, daß sie sich auch über die „Herde" erheben (vgl. aber schon in 15,6 das Stichwort ταλαιπωρία). ποίμνιον ist im AT und danach Bezeichnung für Israel, das von Gott oder eschatologisch vom Messias „geweidet" wird (vgl. Jeremias, ThWNT VI, 499; zum altorientalischen Hintergrund aaO. 485). In Apg 20,28f wird dieser Sprachgebrauch auch nach seiner bildlichen Seite hin (V. 29) als für die Kirche geltend vorausgesetzt; und ähnlich, aber im Grunde noch mehr verfestigt, ist in 1 Petr 5,2f vom ποίμνιον τοῦ θεοῦ die Rede. 1 Clem verwendet den Ausdruck noch in 44,3; 54,2; 57,2, jedesmal verbunden mit τοῦ Χριστοῦ; dabei scheint der Bildcharakter verlorengegangen zu sein, weil ποιμήν, ποιμαίνω usw. fehlen (zu 51,4 s. dort; eine Ausnahme bildet vielleicht 59,4 mit dem Zitat von Ps 78,13 LXX; s. im übrigen die Übersicht bei Gerke, Stellung 123–128 und vor allem Nauck, in: Das kirchliche Amt im NT, 422–469). In **2** spricht der Vf, offenbar auf der Basis der Präexistenzchristologie, vom „Kommen" des κύριος Jesus Christus in Niedrigkeit (die Stelle wird von Hieronymus in Jes 52,13 ausdrücklich zitiert [Text bei Lightfoot I/1, 173]; der Wortlaut ist aber beträchtlich verkürzt, so daß der Anführung ein textkritischer Wert nicht zukommt; s. u.). Der Ausdruck τὸ σκῆπτρον τῆς μεγαλωσύνης τοῦ θεοῦ ist auffallend; der Gedanke eines „Szepters" der Gottheit ist in der Religionsgeschichte häufig belegt (s. Bauer-Aland WB s. v., 1509), aber im Judentum und auch im Christentum ist die Metapher selten gebraucht. Lightfoot I/2, 57 verweist als Parallele und mögliche Vorlage auf Hebr 1,8, wo Ps 44,7 LXX (ὁ θρόνος σου ... ῥάβδος εὐθύτητος ἡ ῥάβδος τῆς βασιλείας σου) zitiert wird; aber dabei ist gerade vom „Gerechtigkeitsszepter" (Braun zSt) Christi als des Sohnes die Rede, nicht wie hier von Christus als dem Szepter Gottes. Von „deinem Szepter" spricht Mardochai im Gebet Esth 4,17q (LXX-Zusatz); in Fragment 71 des Tragikers Ezechiel schildert Mose den Traum einer Gottesvision auf dem Sinai: Gott sitzt auf einem Thron, hat ein Diadem und μέγα σκῆπτρον χερὶ εὐωνύμῳ, die Mose dann empfängt, woraufhin er alle Dinge auf Erden zu erblicken vermag (Eus Praep IX 29,5; Übers. Vogt, JSHRZ IV/3, 124). Philo spricht Mut Nom 136 in einer Reihe rhetorischer Fragen davon, wem denn τὸ σκῆπτρον, ἡ βασιλεία gehöre wenn nicht Gott. Besonders nahe kommt unserer Stelle TestN 8,3: διὰ γὰρ τοῦ σκήπτρου αὐτοῦ ὀφθήσεται θεὸς [κατοικῶν ἐν ἀνθρώποις ἐπὶ τῆς γῆς] σῶσαι τὸ γένος Ἰσραήλ (die in [] stehenden Worte sind wohl christlicher Zusatz). Der Vf des 1 Clem meint, daß Gott seine ewige Herrschaft durch ein „Szepter" ausübt und daß dieses Szepter immer schon Jesus Christus ist und war. μεγαλω-σύνη als Gottesattribut begegnet in 1 Clem oft, zumal in den Doxologien (vgl. 20,12; 61,3; 64,1; 65,2; außerdem 27,4; 36,2; 58,1). In 16,2 ist es textkritisch umstritten (es fehlt z. B. bei Hieronymus, s. o.), aber da A und H es lesen (vgl. L: sceptrum maiestatis), muß es (gegen Harnack, Einführung 110) für ursprünglich gehalten werden. Diese machtvolle Zeichnung des präexistenten Christus kontrastiert bewußt der Inkarnation, seinem „Kommen" (ἦλθεν; vgl. 1 Tim 1,15 usw.). κόμπος, in uns. Lit. nur hier, ist ein negativ besetzter Begriff (vgl. auch die Genitivattribute ἀλαζονείας und ὑπερηφανίας; die entsprechenden Adjektive begegnen nebeneinander in Röm 1,30; 2 Tim 3,2 innerhalb längerer „Lasterkataloge"); der Vf denkt also, trotz des καίπερ δυνάμενος, weniger an eine mögliche andere Form des irdischen Auftretens Jesu als vielmehr an ein Verhalten, das die Christen jedenfalls nicht an den Tag legen sollen. Die Einschränkung, die in dieser partizipialen Wendung zum Ausdruck kommt, soll die Freiwilligkeit der Entscheidung Christi unterstreichen (vgl. Phil 2,6b). ταπεινοφρονῶν knüpft an V. 1 an: Christus gehört den Demütigen, weil er selbst demütig war (zur Argumentation vgl. das Verhältnis von Phil 2,3 zum anschließend zitierten christologischen Hymnus). Beleg dafür sind aber nicht Aussagen aus der Jesusüberlieferung, sondern Texte des Alten Testaments. Das in V. 3–14 folgende Schriftzitat wird unmittelbar als Wort des heiligen Geistes eingeführt (s. o. 8,1 und vor allem 13,1), während in V. 15.16 Christus selbst als Sprecher gilt.

Der Vf zitiert in **3–14** den LXX-Text von Jes 53,1–12 (vgl. Justin Dial 13,2–9 mit dem Zitat von Jes 52,10–54,6). Der Wortlaut ist recht genau übernommen (auf die z. T. erheblichen Differenzen zwischen LXX und dem hebr. Text ist hier nicht einzugehen). Abgesehen von Kleinigkeiten sind folgende Veränderungen zu beobachten: In V. 3a die Umstellung ἀνηγγείλαμεν ἐναντίον αὐτοῦ, ὡς παιδίον anstelle der wenig sinnvollen LXX-Lesart von Jes 53,2 ἀνηγγείλαμεν ὡς παιδίον ἐναντίον αὐτοῦ (Rahlfs folgt in seiner Ausgabe dem hebr. Text, entsprechend 1 Clem und Justin Dial 13,3); in V. 3b ἐκλεῖπον παρὰ τὸ εἶδος τῶν ἀνθρώπων anstelle von Jes 53,3 ἐκλεῖπον παρὰ πάντας ἀνθρώπους (hier ist freilich der Befund in den LXX-Handschriften ganz uneinheitlich; Codex B bezeugt καὶ ἐκλεῖπον παρὰ τοὺς υἱοὺς τῶν ἀνθρώπων, so auch Justin Dial 13,4); unmittelbar danach hat 1 Clem hinter ἐν πληγῇ ὤν noch die Worte καὶ πόνῳ, die in LXX fehlen, sich aber wohl einfach einer Angleichung an V. 4 fin verdanken; in V. 5 sind die Worte ἀνομία und ἁμαρτία gegenüber Jes 53,5 LXX (Codex A u. a.) vertauscht, doch bezeugt Codex B den bei

1 Clem vorliegenden Text (so auch Justin); in V. 7 heißt es ὑπὲρ τῶν ἁμαρτιῶν ἡμῶν anstelle von Jes 53,6 LXX ταῖς ἁμαρτίαις ἡμῶν; in V. 9 liest 1 Clem ἥκει εἰς θάνατον (so auch Justin Dial 13,6), während Jes 53,8 LXX ἤχθη hat. Eine genaue Übersicht mit allen Textvarianten gibt Hagner, Use 49 ff. Die Textänderungen in V. 7 und in V. 9 haben möglicherweise theologische Gründe (ohne daß sie deshalb unbedingt auf den Vf des 1 Clem zurückgehen müßten): ὑπὲρ τῶν ἁμαρτιῶν nimmt die Sühnetodchristologie auf (vgl. nur 1 Kor 15,3b); und ἥκει anstelle von ἤχθη betont die Freiwilligkeit in der Übernahme des Todesgeschicks (Lightfoot I/2, 60 hält es freilich für möglich, daß ἥκει der ursprüngliche LXX-Text ist).

Eine derart ausführliche Zitierung von Jes 53 gibt es in der neutestamentlichen Literatur noch nicht (zum Verständnis von Jes 53 im Judentum s. Billerbeck I, 481–485; Volz, Eschatologie 228 f). Das relativ umfangreichste Zitat im NT findet sich innerhalb der Haustafel des 1 Petr in 2,22–25, freilich in eigener paränetisch orientierter Textanordnung und nicht direkt in Anknüpfung an den biblischen Text (vgl. Brox, 1 Petr 136: „Über das Konzept und die Form der Vorlage läßt sich mit allem denkbaren Scharfsinn nichts Sicheres ausmachen."). In Röm 10,16; Joh 12,38 wird Jes 53,1 zitiert, in Mt 8,17 wird Jes 53,4 (nicht LXX) angeführt. Der äthiopische Eunuch (Apg 8,32f) liest Jes 53,7f LXX wörtlich, und in Lk 22,37 wird ein kurzer Satz aus Jes 53,12 angeführt. Sicher stehen Gedanken und Formulierungen aus Jes 53 hinter den ὑπέρ-Aussagen des Bekenntnisses und der Abendmahlsworte, und Anklänge lassen sich auch in der Passionsüberlieferung finden (vgl. zum Ganzen Wolff, Jesaja 53 passim und Koch, Schrift 233–239). In frühchristlichen Schriften außerhalb des NT finden sich Bezugnahmen auf Jes 53 an folgenden Stellen: Barn 5,2 (Jes 53.5.7, etwas verkürzt); Ign Pol 1,3 (Jes 53,4 entsprechend Mt 8,17; s. o.); Dg 9,2 (Jes 53,4.11, allerdings sehr locker); Justin Apol I 50,2.5–11; 51,1–5 (Jes 53,12; 52,13–53,8.8–12), mehrere Anspielungen und Zitate außerdem im Dialog mit Trypho (vor allem 13 [s. o.], ferner 89,3: Jes 53,8; 90,1: Jes 53,7); Melito fr VIII (Ruhbach, Apologeten 32) zitiert Jes 53,7.

Der Vf des 1 Clem will den Text, den er nicht deutet, offenbar verstehen als Rede der christlichen Prediger, die mit ihrer Predigt vom demütigen und leidenden Christus keinen oder nur wenig Glauben finden (V. 3). Im Blick auf die korinthische Situation heißt dies, daß der Vf den Rädelsführern der στάσις eine falsche Christologie unterstellt, weil sie sich durch ihr Verhalten (vgl. V. 2) in Widerspruch zum Christuszeugnis von Jes 53 stellen. Die Leser sollen natürlich nicht nur die christologisch zu deutenden Sätze des Zitats ernst nehmen, sondern auch die Verheißung (V. 11) und die Drohung (V. 13a); aber die Alternative, daß Christi Passion hier „nicht eschatologisch, sondern moralisch gedeutet" werde (so Knoch, Eigenart 260; vgl. aaO. 280: „nicht soteriologisch, sondern ethisch"), ist nicht sachgemäß, weil der Vf ja gerade darum bemüht ist, die „Moral" (Stichwort ταπεινοφροσύνη) aus dem Christusgeschehen, also aus der Soteriologie herzuleiten.

Die in **15.16** zitierten Psalmworte (Ps 21,7–9 LXX wörtlich) gelten als eigene Worte Christi (αὐτός φησιν). Der erste Hauptteil von Ps 22 hat für die Passionserzählung grundlegende Bedeutung, weit über die expliziten Anspielungen bzw. Zitate in Mk 15,24.34 parr hinaus (zu V. 7–9 vgl. Mk 15,29; Lk 23,35; Mt 27,43; s. Schmid, WuD NF 11, 1971, 119–140; Stolz, ZThK 77, 1980, 129–148, bes. 146ff). Ob der Vf dies weiß und er das Psalmzitat also als eine Anspielung auf die – den Adressaten womöglich schon vertraute – Passionsüberlieferung verwendet, läßt sich kaum sagen. Zu beachten ist jedenfalls, daß die Stelle nicht ausdrücklich als Schriftwort eingeführt wird (trotz des πάλιν), so daß man anders als in Kap. 22 nicht unbedingt zu sagen braucht, es spreche hier „der präexistente Messias" (so Knopf zSt).

16,17–18,17 Biblische Beispiele der Demut

[17]Seht, geliebte Männer, wer das Beispiel ist, das uns gegeben ist! Wenn nämlich der Herr so demütig gewesen ist, was sollen wir tun, die wir durch ihn unter das Joch seiner Gnade gekommen sind? 17 [1]Nachahmer wollen wir sein auch jener, die in Ziegen- und Schaffellen umhergezogen sind, das Kommen Christi verkündigend. Wir meinen aber Elia und Elisa, auch noch Ezechiel, die Propheten, dazu auch noch die, die ein (gutes) Zeugnis haben. [2]Ein großartiges Zeugnis hat Abraham empfangen: ‚Freund Gottes' ist er genannt worden. Und er sagt, als er die Herrlichkeit Gottes erblickt, demütig: „Ich bin Erde und Asche." [3]Außerdem steht auch noch über Hiob geschrieben: „Hiob aber war gerecht und untadelig, aufrichtig, gottesfürchtig, alles Böse meidend." [4]Aber er klagt sich selbst an mit den Worten: „Niemand ist rein von Schmutz, und währte sein Leben (nur) einen Tag." [5]Mose ist genannt worden „treu in seinem ganzen Hause", und durch seinen Dienst hat Gott Ägypten gerichtet durch ihre Plagen und Qualen. Aber auch jener, wiewohl überaus verherrlicht, hat keine prahlerische Rede geführt, sondern er sprach, als ihm aus dem Dornbusch ein Gottesspruch gegeben ward: „Wer bin ich, daß du mich sendest? Ich bin von schwacher Stimme und schwerer Zunge." [6]Und wiederum sagt er: „Ich aber bin Dampf aus einem Topf." 18 [1]Was aber sollen wir sagen über David, der ein (gutes) Zeugnis hat? Von ihm hat Gott gesagt: Ich habe einen Mann gefunden nach meinem Herzen, David, den Sohn des Isai; mit ewigem Erbarmen habe ich ihn gesalbt." [2]Aber auch er spricht zu Gott: „Erbarme dich meiner, Gott, nach deinem großen Erbarmen, und nach der Fülle deiner Barmherzigkeiten lösche aus meine Freveltat. [3]Mehr und mehr wasche mich von meiner Missetat, und von meiner Sünde reinige mich. Denn meine Missetat kenne ich, und meine Sünde steht mir vor Augen allenthalben. [4]An dir allein habe ich gesündigt, und ich habe getan das Böse vor dir. Auf daß du gerechtfertigt würdest in deinen Worten und siegst, wenn du gerichtet wirst. [5]Denn siehe, in Freveltaten bin ich empfangen worden, und in Sünden hat mich meine Mutter begehrt. [6]Denn siehe: Wahrheit hast du geliebt, das Unbekannte und das Verborgene deiner Weisheit hast du mir offenbart. [7]Du wirst mich besprengen mit Ysop, und ich werde gereinigt werden; du wirst mich waschen, und ich werde weißer werden als Schnee. [8]Du wirst mich hören lassen Jubel und Freude; jubeln wird demütiges Gebein. [9]Wende dein Antlitz weg von meinen Sünden, und alle meine Missetaten lösche aus. [10]Ein reines Herz schaffe in mir, Gott, und einen geraden Geist schaffe neu in meinem Innern. [11]Verwirf mich nicht von deinem Angesicht, und deinen heiligen Geist nimm nicht von mir. [12]Gib mir wieder die Wonne deines Heils, und mit führendem Geiste stärke mich. [13]Ich werde Sünder deine Wege lehren, und Gottlose werden sich zu dir bekehren. [14]Errette mich von Bluttaten, Gott – Gott meines Heils. [15]Es wird frohlocken meine Zunge über deine Gerechtigkeit. Herr, meinen Mund wirst du öffnen, und meine Lippen werden verkündigen dein Lob. [16]Denn wenn du ein Opfer gewollt

hättest, hätte ich es dir gegeben; an Brandopfern wirst du kein Gefallen haben. ¹⁷Ein Opfer für Gott ist ein zerknirschter Geist; ein zerknirschtes und gedemütig-tes Herz wird Gott nicht verachten."

Mit 16,17 markiert der Vf nach dem langen Zitat einen Einschnitt, indem er einerseits das Gesagte zusammenfaßt (ὁρᾶτε hat in 4,7; 12,8; 23,4; 41,4 die Funktion, auf Zurückliegendes zu verweisen), andererseits aber auf Neues vorauszublicken (τί ποιήσωμεν ἡμεῖς ...; vgl. 50,1f), das dann in 17,1a mit der Forderung μιμηταὶ γενώμεθα und den sich anschließenden biblischen Beispielen (17,1b–18,17) näher ausgeführt wird. Dabei ist der Abschnitt 17,1–18,17 sehr sorgfältig aufgebaut: Zunächst (17,1b) werden als Beispiele die Propheten genannt, die Christi Kommen ankündigten; dann (17,2–6) folgen die „bezeugten" Männer, bei denen jeweils in relativ knapper Form eine ehrende (Schrift-)Aussage einer Selbsterniedrigungsaussage gegenübergestellt wird. Schließlich folgt (18,1–17) David als Höhepunkt; hier wird zunächst das erwählende Gotteswort zitiert und dann als Davids Antwort ein Psalm, der die Niedrigkeit des Beters, aber auch seine auf Gott sich richtende Zuversicht betont.

In **16,17** zeigt der Vf, daß es ihm offenbar nicht so sehr auf das Vorbild als solches ankommt, sondern vor allem darauf, *wer* dieses Vorbild ist. Das Bild vom ζυγὸς τῆς χάριτος αὐτοῦ zeigt, daß er dabei sehr wohl in soteriologischen Kategorien denkt, auch wenn seine Ausdrucksweise theologisch recht einfach ist. Zu ὑπογραμμός s. 5,7; 33,8. Im pass. Partizip δεδομένος steckt implizit Gott als der, der uns Christus „gegeben" hat. Gemäß dem Schlußverfahren a maiore ad minus fragt der Vf nach den Konsequenzen, die sich aus dem οὕτως ταπεινοφρονεῖν des κύριος für uns ergeben. Eine direkte Antwort darauf gibt er aber nicht (mit 17,1 beginnt vielmehr ein neuer Aspekt), sondern er überläßt die Antwort den Adressaten, die natürlich 15,1; 16,1 noch im Ohr haben. Aber auch das folgende μιμηταὶ γενώμεθα deutet an, welche Antwort der Vf den Hörern suggerieren will. Zu ζυγός vgl. Mt 11,29f, ohne daß der Vf dieses Logion im Blick hätte. Möglicherweise steht im Hintergrund des Ausdrucks die jüdische Rede vom „Joch" des Himmelreichs oder der Tora (s. Billerbeck I, 608ff); der Vf verwiese dann vielleicht ganz bewußt auf die χάρις, der auf menschlicher Seite die ταπεινοφροσύνη entspricht.

Mit **17,1** wechselt der Vf zu den irdisch-geschichtlichen Vorbildern, deren Nachahmer die Christen sein sollen. μιμητής in 1 Clem auffallenderweise nur hier. Der Vf spricht, zunächst umschreibend (Ziegenfell wird im AT als Prophetenkleidung nicht erwähnt, wohl aber der Schafspelz, vor allem des Elia, 3Reg 19,13.19; 4Reg 2,8.13f), von den Propheten, aber nicht von ihrem moralischen Vorbild, wohl auch nicht von ihrer vorbildlichen Bedürfnislosigkeit (anders Hebr 11,37), sondern von ihrer sich auf das Kommen Christi richtenden Verkündigung. Im Blick auf Elia entspricht die Aussage jüdischer Messianologie (s. Volz, Eschatologie 195ff; vgl. Mk 9,11ff u. ö.), von Elisa und Ezechiel wird Entsprechendes sonst aber nicht gesagt (warum Ezechiel hier erwähnt wird, ist ganz unklar, zumal Ez-Zitate im Urchristentum, ausgenommen Apk, ausgesprochen selten sind; der Hinweis bei Knopf zSt, „die Strenge des Mannes, sein Eifer gegen den Götzendienst", habe seine Nennung an dieser Stelle veranlaßt, zeigt nur die Verlegenheit des Auslegers). Elisa gehört natürlich eng zu Elia. Hinzu kommen weitere μεμαρτυρημένοι, d.h. Menschen, denen die Schrift oder sogar Gott selbst ein (gutes) Zeugnis ausgestellt hat (vgl. zum Sprachgebrauch Apg 6,3; Hebr 11,4; s. Bauer-Aland WB s. v. μαρτυρέω 2b, 1000). Als erster von ihnen wird in **2** abermals Abraham genannt (vgl. Kap. 10; zur

Bezeichnung φίλος ... τοῦ θεοῦ s. 10,1). Die Aussage nimmt hier Bezug auf Abrahams Gespräch mit Gott in Gen 18, wobei der Vf den Schluß von Gen 18,27 LXX wörtlich zitiert. Betont ist übrigens nicht, daß Abraham „nur die δόξα", nicht aber Gott selbst gesehen habe (so Knopf zSt), sondern daß er als Gottes Freund dessen Herrlichkeit anschaut (ἀτενίζων) und dennoch als ταπεινοφρονῶν mit Gott redet. An zweiter Stelle folgt in **3.4** Hiob. Nach dem durch Alexander Polyhistor überlieferten Werk des Exegeten Aristeas (Euseb Praep IX 25,1 ff) galt Hiob als ein Sohn des Esau; Hi 42,17c LXX und TestHi 1,6 lassen ihn von den „Söhnen Esaus" abstammen und identifizieren ihn mit dem in Gen 36,33 f erwähnten edomitischen König Jobab. Hiob hätte danach jedenfalls vor Mose gelebt. Zur Kennzeichnung seiner Frömmigkeit wird Hi 1,1 LXX zitiert (lediglich die Reihenfolge der vier lobenden Adjektive ist eine andere, und anstelle von πονηρός ist das Wort κακός gebraucht; die Handschriften haben z. T. korrigiert). Hiobs Selbstanklage ist Hi 14,4.5a entnommen, wobei es sich um ein recht freies Zitat handelt. Vielleicht denkt der Vf insbesondere bei dem Zitat aus Hi 1,1 an die Rädelsführer der korinthischen στάσις, für die alle diese lobenden Worte nicht gelten und die also um so mehr Anlaß hätten, so zu sprechen, wie es Hiob tat (V. 4). Das dritte Beispiel ist Mose (**5.6**). Das ihm geltende Lob entnimmt der Vf Num 12,7b, freilich in der in Hebr 3,2.5 vorliegenden Fassung (ἐν οἴκῳ αὐτοῦ anstelle von LXX ... μου); vermutlich ist dieses Zitat also aus der Tradition übernommen worden und nicht direkt aus LXX (zumal sich Num 12,8 für die Argumentation des Vf besser geeignet hätte). In freier Inhaltswiedergabe folgt eine Erwähnung der durch Moses „Dienst" über Ägypten gebrachten Plagen (Ex 8–12). Mose, wiewohl δοξασθεὶς μεγάλως (vgl. V. 2: ἐμαρτυρήθη μεγάλως Ἀβρ.), hat nicht prahlerisch geredet (μεγαλορημονέω in uns. Lit. nur hier; vgl. aber das Substantiv Ign Eph 10,2), sondern er verhält sich bei der unmittelbaren Begegnung mit Gott am Dornbusch demütig (zitiert werden dazu das τίς εἰμι aus Ex 3,11 und die Hinweise auf die schwere Zunge aus Ex 4,10 LXX). χρηματισμός ist „Weisung" bzw. speziell „Orakel" (s. Reicke, ThWNT IX, 471); das Wort ist in uns. Lit. nur noch in Röm 11,4 vom Gottesspruch an Elia gebraucht. Im Grunde ist die Argumentation in V. 5 nicht ganz überzeugend, da Mose die hohen Ehren ja erst *nach* seiner Beauftragung am Dornbusch empfing. In V. 6 fügt der Vf einen weiteren Mosespruch an (πάλιν λέγει hier wohl in anderer Bedeutung als in 10,6), dessen Herkunft unbekannt ist. Harris, JBL 29, 1910, 190–195 sieht eine Anspielung auf die syrische Fassung von 1 Chr 29,15, aber das ist mit vielen Zusatzhypothesen belastet und ganz unwahrscheinlich (s. Hagner, Use 72 f). Daß das Zitat aus einem apokryphen Mosebuch stammt, ist wahrscheinlich, aber keineswegs sicher. Häufig wird auf AssMos verwiesen, deren Schluß verloren ist; aber der vorhandene Text dieser Schrift deutet vor allem auch im abschließenden Teil der Rede des Mose an Josua (Kap. 12) durchaus nicht in die Richtung des hier in V. 6 Gesagten (anders, ohne nähere Begründung, Hagner, Use 88). ἀτμίς, hier nicht „Rauch", sondern „Dampf" entsprechend dem ganzen Bild (κύθρα = χύτρα [so in LXX und in der Zitatfassung bei Clemens Alex Strom IV 106,4], s. Liddell-Scott 2013 f), wird zur Kennzeichnung der Nichtigkeit des menschlichen Lebens gelegentlich gebraucht (Jak 4,14; Hos 13,3 LXX; vgl. Joel 3,3 LXX [= 2,20 hebr. Text]); häufiger ist καπνός (z. B. MAnt X 31,3: Hält man sich den Tod vor Augen, so erkennt man, daß τὰ ἀνθρώπινα ist καπνὸν καὶ τὸ μηδέν; vgl. die genannte Joel-Stelle: ... αἷμα καὶ πῦρ καὶ ἀτμίδα καπνοῦ, wohl bildlich und real zugleich). Das vierte und letzte Beispiel ist David (vgl. 4,13 und vor allem 52,2: ὁ ἐκλεκτὸς Δ.). Die einleitende rhetorische Frage (**18,1**) τί δὲ εἴπωμεν (vgl. 45,6) im „Diatribenstil" dient offenbar dazu, das Folgende besonders hervorzuheben. Zitiert wird als Gottes eigenes Wort (entsprechend Ps 89,20 f) über David ein Mischtext aus Ps 88,21 LXX (εὗρον Δαυιδ τὸν δοῦλόν μου, ἐν ἐλαίῳ [Codex B: ἐλέει; so lesen in 1 Clem die meisten Handschriften und L, vgl. V. 2, während die anderen Übersetzungen und Clemens Alex Strom IV 107,1 ἐλαίῳ haben] ἁγίῳ μου [μου fehlt in B א] ἔχρισα αὐτόν) und 1 Reg 13,14 (ζητήσει κύριος ἑαυτῷ ἄνθρωπον κατὰ τὴν καρδίαν αὐτοῦ), wobei zusätzlich offenbar noch Jes 54,8 LXX (καὶ ἐν ἐλέει αἰωνίῳ ἐλεήσω σε) mit hineinspielt. Eine ähnliche Kombination von AT-Texten, aber ohne die Erwähnung des χρίειν und ohne ἔλεος bzw. ἔλαιον αἰώνιον findet sich in Apg 13,22; offenbar handelt es sich um ein aus jüdischer Tradition stammendes David-Florilegium (Hagner, Use 263 meint dagegen, der Vf des 1 Clem habe die Apg gekannt). Aber sogar dieser von Gott mit ewigem Erbarmen gesalbte König bittet Gott um Erbarmen: Zitiert wird in **2–7** Ps 50,3–19 (vgl. die Einleitung des Psalms), und zwar praktisch wörtlich nach LXX (die einzige Differenz sind zwei inhaltlich unbedeutende Wortumstellungen in V. 13b.15b). Der Vf kann diesen Psalm gerade zum Abschluß seiner Beispielreihe sehr gut gebrauchen, weil hier nicht nur die Demut Davids, sondern auch seine Zuversicht (V. 7 f) und Gottes heilvolle Antwort (V. 17) zum Ausdruck gebracht werden. Von Bedeutung in der korinthischen Situation ist aus der Sicht des 1 Clem vor allem auch V. 13: Die ἄνομοι und ἀσεβεῖς, die der Belehrung bedürfen, sind die Rädelsführer der στάσις, um derentwillen der ganze Brief ja verfaßt worden ist.

Knopf weist in einem Exkurs zu V. 12 auf die besondere Bedeutung des Begriffs πνεῦμα ἡγεμονικόν hin, womit in LXX in Ps 50,14 das hebr. רוּחַ נְדִיבָה (Gunkel zSt: „Geist des Gehorsams") übersetzt ist. Der Ausdruck τὸ ἡγεμονικόν bezeichnet in der Stoa „die Vernunft als die Grundkraft der Seele; alle übrigen Kräfte der Seele sind nur die Absenker dieser Grundkraft und untergeordnete Teile. Das ἡγεμονικόν hat seinen Sitz in der Brust (oder im Kopfe), und in ihm ist das Ich, die Persönlichkeit gesetzt" (Knopf 73 mit Belegen aus der frühen Stoa und aus MAnt). Wie selbstverständlich diese Terminologie auch im Judentum übernommen werden konnte, zeigt Philo. Vgl. z. B. VitMos II 82 in der allegorischen Deutung des heiligen Zeltes von Ex 25 f: τῆς ἐν ἡμῖν αἰσθήσεως κεφαλὴ μὲν καὶ ἡγεμονικὸν ὁ νοῦς, ἐσχατιὰ δὲ καὶ ὡσανεὶ βάσις τὸ αἰσθητόν (zahlreiche weitere Belege in ähnlichen Zusammenhängen). Im NT begegnet der Begriff nicht und in den Apost Vätern nur hier; aber die Kirchenväter verwenden ihn dann häufig, vor allem in anthropologischem Kontext. Vgl. Tert De resurr carnis 15: principalitas sensuum … quod hegemonicum appellatur; De anima 14: a duobus exorsus titulis, principali, quod aiunt ἡγεμονικόν, et a rationali, quod aiunt λογικόν. Zahlreiche weitere Belege bei Lampe Lexicon 600 f. Als terminus technicus für τὸ πνεῦμα τὸ ἅγιον begegnet πνεῦμα ἡγεμονικόν offenbar nicht; vgl. aber Clemens Alex Strom VI 155,4: ἴδιον δέ ἐστιν ἐκεῖνο καὶ τῷ ὄντι κύριον καὶ ἡγεμονικόν, ὃ ἐπὶ πᾶσι προσλαμβάνει μετὰ τὴν βεβαίαν πίστιν ἅγιον κατ᾽ ἐπισκοπὴν ὁ πιστεύσας πνεῦμα („Eigentümlich und in Wahrheit herrschend und führend ist der heilige Geist, den zu allem nach dem festen Glauben aufgrund der [göttlichen] Vorsehung der Glaubende hinzuerhält."). Auch im Kanon Muratori (Z 19 f) ist principalis spiritus nicht einfach mit spiritus sanctus austauschbar, sondern der Begriff bezeichnet gleichsam die hermeneutische Kraft des Geistes: Die Gläubigen brauchen sich durch die Differenzen zwischen den Evangelien nicht belastet zu fühlen, da „durch den einen und führenden Geist in allen (sc. Evangelien) alles erklärt ist" (cum uno ac principali spiritu declarata sint in omnibus omnia).

19,1–20,12 Der Blick auf Gottes geordnete Schöpfung

[1]So vieler und auf solche Weise bezeugter (Männer) demütige und bescheidene Art hat also durch den Gehorsam nicht nur uns, sondern auch die Generationen vor uns gebessert – diejenigen, die seine Aussprüche entgegennahmen in Furcht und Wahrhaftigkeit. [2]Da wir also vieler großer und berühmter Taten teilhaftig geworden sind, laßt uns zurückkehren zu dem uns seit Anbeginn überlieferten Ziel des Friedens und unseren Blick richten auf den Vater und Schöpfer der ganzen Welt, und an seinen großartigen und überreichen Geschenken des Friedens und (an den) Wohltaten laßt uns festhalten. [3]Schauen wir ihn mit dem Verstand, und blicken wir mit den Augen der Seele auf seinen langmütigen Willen; erkennen wir, wie er frei von Zorn ist gegenüber seiner ganzen Schöpfung.

20 [1]Die Himmel, kreisend durch sein Walten, ordnen sich ihm in Frieden unter. [2]Tag wie Nacht vollenden den von ihm angeordneten Lauf, ohne einander zu behindern. [3]Sonne und Mond und die Chöre der Sterne durchlaufen entsprechend seiner Anordnung in Eintracht ohne jede Überschreitung die ihnen vorgeschriebenen Bahnen.

[4]Die fruchttragende Erde bringt nach seinem Willen und zu den entsprechenden Zeiten Nahrung hervor in Fülle für Menschen und Tiere und alle Lebewesen auf ihr, ohne daß sie sich sträubt und ohne daß sie etwas ändert an dem von ihm Festgesetzten.

[5]Der Abgründe unerforschliche und der Unterwelt unaussagbare Gerichte haben Bestand durch dieselben Anordnungen.

[6]Das Becken des unendlichen Meeres, entsprechend seiner Schöpfertätigkeit gebildet für die Sammlungen (des Wassers), überschreitet die ihm ringsum gesetzten Schranken nicht, sondern wie er es ihm befohlen hat, so tut es. [7]Denn er hat gesprochen: „Bis hierher sollst du kommen, und deine Wogen sollen in dir zusammenstürzen." [8]Der für die Menschen uferlose Ozean und die Welten hinter ihm werden durch dieselben Anordnungen des Herrn regiert.

[9]Die (Jahres-)Zeiten Frühling, Sommer, Herbst und Winter lösen einander in Frieden ab.

[10]Der Winde Standquartiere vollziehen zur bestimmten Zeit ihren Dienst ohne Anstoß; unversiegliche Quellen, für Genuß und Gesundheit geschaffen, reichen ohne Unterbrechung den Menschen zum Leben die Brüste. Und die kleinsten der Lebewesen halten ihre Zusammenkünfte in Eintracht und Frieden.

[11]Daß dies alles in Frieden und Eintracht sei, hat der große Schöpfer und Herr des Alls angeordnet – Wohltaten allen spendend, in überreichem Maß aber uns, die wir Zuflucht genommen haben zu seinem Erbarmen durch unseren Herrn Jesus Christus; [12]ihm sei die Ehre und die Herrlichkeit von Ewigkeit zu Ewigkeit. Amen.

Mit 19,1 faßt der Vf den unter dem Thema der ταπεινοφροσύνη stehenden Abschnitt 13,1–18,17 zusammen (οὖν): Das Berichtete diente der Besserung derer, die es ἐν φόβῳ καὶ ἀληθείᾳ gehört und das Gehörte angenommen haben. Deshalb soll nun (οὖν) der Blick nach vorn gerichtet werden auf Gott, dessen Wesen sich an der Schöpfung ablesen läßt

(19,2f). Kap. 20 entfaltet das mit der Schöpfung verbundene Prinzip der Ordnung in mehreren Durchgängen: V. 1–3 sprechen vom Himmel, V. 4 von der Erde und V. 5 von der Unterwelt; in V. 6–8 erwähnt der Vf Gottes Weisung an das Meer, in V. 9 den Wechsel der Jahreszeiten und in V. 10b geht es um Quellen sowie um die Ordnung des Mikrokosmos, bevor der Vf dann in V. 11 noch einmal alles unter die Begriffe εἰρήνη καὶ ὁμόνοια subsumiert und (V. 12) seine Aussage in eine Doxologie münden läßt.

In **19,1** erinnert der Vf an die aus den geschilderten Beispielen sich ergebenden Folgen. Zu τοσούτων καὶ τοιούτων vgl. 63,1. μεμαρτυρημένος nimmt 17,1 auf. Das Thema „Demut" war seit 13,1 beherrschend gewesen (zuletzt 18,17). ὑποδεής, ohnehin ungewöhnlich (s. Lightfoot I/2, 69; Bauer-Aland WB s. v.), ist hapax legomenon in uns. Lit. (vgl. aber den Komparativ οἱ ὑποδεέστεροι in Dg 10,5). Worin die ὑπακοή bestand, wird nicht gesagt; denkbar ist, daß vor allem Texte wie der zuletzt zitierte als Worte des Gehorsams gedeutet werden. Die Abfolge der Glieder οὐ μόνον – ἀλλὰ καί ist überraschend; man würde eher eine der Chronologie entsprechende Abfolge erwarten. Aber dem Vf liegt ja gerade daran, τὰς πρὸ ἡμῶν γενεάς als Vorbilder ins Feld führen zu können, und deshalb liegt hier der Ton. βελτίω ποιεῖν begegnet in Jer 33,13; 42,15 LXX für hebr. יטב hiph.; der Vorwurf eines „unverhüllten Moralismus" (so Harnack, Einführung 110) ist zu vordergründig: Daß, wer Gottes λόγια annimmt, „gebessert" wird, ist selbstverständlich. Zum sachlichen Verhältnis von Heiliger Schrift und λόγια τοῦ θεοῦ vgl. 53,1. Die Verbindung ἐν φόβῳ καὶ (ἐν) ἀληθείᾳ findet sich ähnlich in LXX (2 Chr 19,9: οὕτως ποιήσετε ἐν φόβῳ κυρίου, ἐν ἀληθείᾳ καὶ ἐν πλήρει καρδίᾳ); vgl. 1 Tim 2,7: Paulus war διδάσκαλος ἐθνῶν ἐν πίστει καὶ ἀληθείᾳ. ἀλήθεια hat hier also die Bedeutung „Aufrichtigkeit, Wahrhaftigkeit". καταδέχομαι, wahrscheinlich umfassender als das Simplex, begegnet in uns. Lit. nur hier. Die Aussage von V. 1 wird in **2** zusammengefaßt mit der Wendung μετειληφότες πράξεων; daraus werden nun Forderungen abgeleitet (zur formalen Struktur von Indikativ und Aufforderung vgl. 7,1.2–5). ἐπανατρέχω enthält das Moment der Rückkehr (vgl. Jos Ant XVIII 361; Wickert, ZNW 49 [1958] 270–275); der Vf setzt voraus, daß das eigentlich anzustrebende Ziel, nämlich der Friede (vgl. 2,2; 3,4), aus den Augen verloren worden war und wieder ins Visier genommen werden muß (vgl. 63,1). ἐξ ἀρχῆς meint zunächst anscheinend den Beginn der christlichen Gemeinde, tatsächlich aber, wie die Fortsetzung zeigt, den „Beginn der Schöpfung". Zu ἀτενίσωμεν und ἴδωμεν (V. 3) vgl. 7,3f. Der Blick soll sich zuerst auf Gott richten; Kap. 20 zeigt dann, daß man tatsächlich nicht den κτίστης, sondern die κτίσις betrachtet. Die vom Vf gewählte Gottesbezeichnung ist sehr umfassend. Zu πατήρ s. das Präskript und die Anrede in 8,3. Gott ist des Kosmos „Vater und Schöpfer" (vgl. in der Sache 1 Kor 8,6; 1 Clem 35,3: ὁ δημιουργὸς καὶ πατὴρ τῶν αἰώνων). κτίστης (im NT nur 1 Petr 4,19) wird nochmals in 59,3; 62,2 gebraucht (vgl. 60,1: σύ, κύριε, τὴν οἰκουμένην ἔκτισας). Zu κτίστης τοῦ σύμπαντος κόσμου vgl. Sir 24,8 (ὁ κτίστης ἀπάντων), 2 Makk 1,24 (κύριε ὁ θεὸς ὁ πάντων κτίστης; vgl. 4 Makk 11,5) und 2 Makk 7,23; 4 Makk 5,25 (ὁ τοῦ κόσμου κτίστης); im NT begegnet die entsprechende Aussage nur im Zusammenhang mit dem Verb κτίζειν (Kol 1,16; Eph 3,9; Apk 4,11). Zur besonderen Bedeutung von κτίστης als dem, der etwas gründet und es so ins Leben ruft (im Unterschied zu δημιουργός) vgl. Philo Somn I 76: ὁ θεὸς τὰ πάντα γεννήσας hat nicht nur Vorhandenes ans Licht gebracht, sondern das, was vorher nicht da war, gemacht (ἐποίησεν) – οὐ δημιουργὸς μόνον ἀλλὰ καὶ κτίστης αὐτὸς ὤν (vgl. zum Ganzen Foerster, ThWNT III, 1022–1027).

Als zweites wird gemahnt, an den δωρεαί und den εὐεργεσίαι festzuhalten (vgl. κολληθῶμεν in 31,1; etwas anders in 15,1; 30,3; 46,4). Die von Gott geschenkten Gaben werden auch sonst überschwenglich gepriesen (23,2; 32,1). μεγαλοπρεπής ist ein Lieblingswort des Vf; es begegnet in uns. Lit. nur bei ihm. ὑπερβάλλων, in 2 Kor 3,10; 9,14 und dreimal im Eph, ist absolut gemeint und enthält keinen Vergleich. Das Genitivattribut τῆς εἰρήνης (vgl. τῆς εἰρήνης σκόπον) zielt auf das Folgende (20,1 usw.), ebenso die Bezeichnung dieser „Geschenke" als εὐεργεσίαι (20,11; 21,1; die Verbindung von δωρεά und ὑπερβαλλούσῃ εὐεργεσία ist nicht ungewöhnlich, vgl. Philo Mut Nom 64). εὐεργεσία begegnet in LXX meist in den späteren Schriften (Ausnahme ist Ps 77,11); εὐεργέτης nur in diesen (bei den Apost Vätern nur 1 Clem 59,3; vgl. 23,1: Gott als εὐεργετικὸς πατήρ). Musonius (ed. Hense p 90,11) erklärt, Gott sei κρείττων ... φθόνου καὶ ζηλοτυπίας, μεγαλόφρων δὲ καὶ εὐεργετικὸς καὶ φιλάνθρωπος; ähnlich Philo Spec Leg I 209: ὁ γὰρ θεὸς ἀγαθός τέ ἐστι καὶ ποιητὴς καὶ γεννητὴς τῶν ὅλων καὶ προνοητικὸς ὢν ἐγέννησε, σωτήρ τε καὶ εὐεργέτης, μακαριότητος καὶ πάσης εὐδαιμονίας ἀνάπλεως. Besonders nahe kommen unserer Stelle bei Philo Imm 7, wo er spricht von der ὑπερβολὴ τῆς πρὸς τὸ γένος ἡμῶν εὐεργεσίας, und Fug 66, wo es heißt, Gott selbst reiche τὰς ... χάριτας καὶ δωρεὰς καὶ εὐεργεσίας dar (während er seine Strafen durch andere ausführen lasse), schließlich Mut Nom 53: ὑπερβολὴ δὲ εὐεργεσίας τοῦτό ἐστιν, μὴ εἶναι θεοῦ καὶ ψυχῆς μέσον, ὅτι μὴ τὴν παρθένου χάριτα. Daß die Gottheit Wohltaten erweist, sagt auch die stoische Philosophie (vgl. Seneca Ben IV 9,1: plurima beneficia ac maxima in nos deus reura confert sine spe recipiendi „Die meisten Wohltaten und bedeutendsten wendet uns der Gott wahrhaftig ohne eine Hoffnung zu, seinerseits etwas zu erhalten" [Übers. M. Rosenbach]; Ep XV 95,49: Quae causa est dis bene faciendi? natura. Errat si quis illos putat nocere nolle: non possunt. Nec accipere iniuriam queunt nec facere „Was ist für die Götter die Ursache, Wohltaten zu erweisen? Ihr Wesen. Es irrt, wenn einer meint, sie wollten nicht schaden: sie können es nicht. Weder können sie Unrecht erleiden noch tun" [Übers. M. Rosenbach]).

3 nimmt mit zwei parallelen Wendungen die Aufforderung ἀτενίσωμεν κτλ. nochmals auf: ἴδωμεν ... κατὰ διάνοιαν καὶ ἐμβλέψωμεν ...; das abschließende νοήσωμεν leitet über zu Kap. 20. Gott ist nicht physisch sichtbar, sondern die Menschen sehen ihn mit Hilfe ihrer Einsichtsfähigkeit, ihres Verstandes (Bauer-Aland WB s. v. διάνοια 1). Dasselbe sagt das bei Theophil Ad Autol I 2 weiter entfaltete Bild vom ἐμβλέπειν mit den „Augen der Seele" (vgl. 59,3: ὀφθαλμοὶ τῆς καρδίας; s. Dibelius-Greeven zu Eph 1,18). Der Ausdruck τὸ τῆς ψυχῆς ὄμμα stammt wohl von Platon (Resp VII 533d; zur damit offenbar verbundenen Vorstellung vgl. Cicero Tusc I 46: viae quasi quaedam sunt ad oculos, ad auris, ad naris a sede animi perforatae, so daß jene Körperteile als fenestrae animi bezeichnet werden können). Philo verwendet den Ausdruck sehr oft, z. B. Sacr 36: Auch das Auge der Seele bedürfe, wie das körperliche Auge, eines Hilfsmittels zum Erkennen tugendhafter Werke; Sacr 69: Φαραὼ ... ἀχρόνων δυνάμεων φαντασίαν (Vorstellung) οὐχ οἷός τε ὢν δέξασθαι, τὰ ψυχῆς ὄμματα πεπηρωμένος (geblendet), οἷς μόνοις αἱ ἀσώματοι καταλαμβάνονται φύσεις; Sacr 78: Die σοφία vermag das geschlossene Auge der Seele zu öffnen. Vgl. Silv (NHC VII/4) p 98,24ff: „Wie nämlich die sichtbare Sonne die Augen des Fleisches erleuchtet, so erleuchtet Christus jeden Nus und das Herz" (ThLZ 100, 1975, 16); Corp Herm V 2: εἰ δύνασαι, τοῖς τοῦ νοῦ ὀφθαλμοῖς φανήσεται (vgl. dazu Sanders, Hellénisme 119–121). Der Vf des 1 Clem meint offenbar, daß die Christen den sinnlich wahrnehmbaren Kosmos anschauen (Kap. 20) und dabei κατὰ διάνοιαν κτλ. Gottes langmütigen Willen erfassen sollen. Zu Gottes μακροθυμία vgl. Röm 2,4; 9,22; 1 Petr 3,20. Der Vf liest sie am ununterbrochenen Bestand der Schöpfungsordnung ab – eine eschatologische Grenze ist nicht im Blick. Freilich ist für ihn selbstverständlich, daß Gott der Schöpfung gegenübersteht (πρὸς πᾶσαν τὴν κτίσιν αὐτοῦ) und nicht in ihr aufgeht oder mit ihr identisch ist. Das Adjektiv ἀόργητος erstmals bei Aristoteles, wo es einen Mangel bezeichnet (Eth Nic p 1108a8 neben ἀοργησία), ist in der Stoa im guten Sinne gebräuchlich (Liddell-Scott s. v.; Bauer-Paulsen zu Ign Phld 1,2). Als sittliche Werte für den Stoiker zählt Epiktet Diss III 20,9 auf: τὸ ἀνεκτικόν ..., τὸ ἀόργητον, τὸ πρᾶον; vgl. MAnt I 1: Ich habe vom Großvater übernommen τὸ καλόηθες καὶ ἀόργητον. Dg 8,8 nennt als unveränderliches Gottesprädikat, er sei χριστὸς καὶ ἀγαθὸς καὶ ἀόργητος καὶ ἀληθής, καὶ μόνος ἀγαθός ἐστιν; vgl. Aristides I 5: „Zorn und Grimm besitzt er nicht, denn nicht ist etwas da, was ihm Widerstand zu leisten vermöchte"; Athenagoras Suppl 21,1: οὔτε γὰρ ὀργὴ οὔτε ἐπιθυμία καὶ ὄρεξις ... ἐν τῷ θεῷ; ferner Justin Apol I 16,1. Der Aristeasbrief (254) leitet aus dem Gedanken, daß Gott die Welt gütig und ohne jeden Zorn regiert, eine entsprechende Forderung an den irdischen König ab. Philo gebraucht das Adjektiv ἀόργητος nur einmal (von Mose; Praem Poen 77); er betont, daß die Rede von der ὀργὴ θεοῦ anthropomorph sei (Somn I 235–237), kann aber ohne weiteres ein Ausbleiben der Nilüberschwemmung auf Gottes Zorn zurückführen (Vit Mos I 6).

In **20,1** beginnt der Vf die Schilderung der κτίσις mit dem Blick auf die οὐρανοί. Der Gebrauch von Sing. und Plural bei οὐρανός ist in 1 Clem uneinheitlich; innerhalb wie außerhalb von biblischen Zitaten begegnen beide Formen. In 20,1 ist aber durch das ἐν εἰρήνῃ ὑποτάσσονται deutlich, daß der Vf an die Ordnung der einzelnen Himmel denkt. Unklar ist die Bedeutung von σαλευόμενοι. Nach Helfritz, VigChr 22, 1968, 1–7 bezeichnet σαλεύω hier nicht das „Kreisen" der Himmel (so die Übersetzungen), sondern besagt, daß sie durch Gottes διοίκησις „in Bewegung versetzt" werden. Das Verb bedeutet sonst „erschüttern" bzw. im Passiv „wanken" (vgl. in LXX Ps 17,8; 76,19 u. ö. von Erdbeben); in apokalyptischen Texten bezeichnet es das endzeitliche Erschüttertwerden der Himmel (so Mk 13,25), woran 1 Clem hier zweifellos nicht denkt. Das präsentische Partizip verweist auf die Zeitlosigkeit des Vorgangs (was Helfritz nicht beachtet); gemeint ist also offenbar, daß durch göttliche „Verwaltung" die Bewegung der Himmel ἐν εἰρήνῃ aufrechterhalten und sie dadurch als eine geordnete erwiesen wird. διοίκησις, in uns. Lit. nur noch Dg 7,2, bezeichnet allgemein administrative Arbeit, wird aber in der Stoa speziell gebraucht zur Bezeichnung der weltordnenden Tätigkeit der Gottheit (Epict Diss III 5,8.10; vor allem IV 1,100.104; vgl. Philo Spec Leg IV 187, der im Wirken Gottes an der Welt γένεσις und διοίκησις unterscheidet; ferner Aet Mund 83: Gott lenkt das All wie ein Steuermann, er hilft der Sonne, dem Mond und den Sternen [s. u. V. 3] und wirkt mit bei allem πρὸς τὴν τοῦ ὅλου διαμονὴν καὶ τὴν κατ᾽ ὀρθὸν λόγον ἀνωπαίτιον διοίκησιν „zum Fortbestand des Alls und zur Verwaltung, untadelig gemäß der rechten Vernunft"). Sinnfälligstes Beispiel der Ordnung ist (**2**) der von Gott verordnete (beachte das betonte τεταγμένοι ὑπ᾽ αὐτοῦ) ungehinderte „Lauf" von Tag und Nacht. Der Hinweis auf das μηδὲν ἀλλήλοις ἐμποδίζειν ist ungewöhnlich; aber der Gedanke, daß der Wechsel von Tag und Nacht Gottes Ordnung zeigt, ist in der Antike selbstverständlich (vgl. Sach 14,7, wonach es am „jüngsten Tag" Tag und Nacht nicht mehr geben wird). Da dem Vf nicht daran gelegen ist, das Zustandekommen von Tag und Nacht zu erklären, ist die Reihenfolge von V. 2 und V. 3 kaum „merkwürdig" (so Knopf zSt) zu nennen; vielmehr liegt die Beobachtung des Wechsels von Tag und Nacht zunächst einfach „näher" als die Beobachtung des Laufs der Gestirne (vgl. auch die Reihenfolge der Phänomene in der Darstellung bei Cic Nat Deor II 98–104: Erde, Meer, Luft, Himmelskörper; in II 49 wird die Gleichheit im Verhältnis der Länge des Tages und der Nacht dagegen ausdrücklich mit der Sonnenbewegung erklärt). Die Reihenfolge, in der in **3** die Himmelskörper aufgezählt werden, ist traditionell (vgl. Dtn 4,19; Mk 13,24f; Apk 8,12); sie orientiert sich offenbar an deren optisch wahrnehmbarer Größe (vgl. Gen 1,16). Zu den χοροί („Tänzerscharen", vgl. ἐξελίσσειν) der Sterne vgl. Ign Eph 19,2 und vor allem Philo Vit Mos II 239: οἱ γὰρ ἀστέρες εἷς γενόμενοι χόρος ᾄσονταί τι μέλος ἐπάξιον; („Können die Sterne, einen Chor bildend, ein [Gottes] würdiges Lied singen?"; vgl. II 271: ὁ σύμπας χόρος τῶν ἀστέρων). Vgl. den liturgischen Text in Const Ap VIII 12,9, wo in Aufnahme von Gen 1,16 gesagt wird: ὁ τὸν ἥλιον τάξας ʼεἰς ἀρχὰς τῆς ἡμέραςʼ ἐν οὐρανῷ καὶ τὴν σελήνην ʼεἰς ἀρχὰς τῆς νυκτὸςʼ καὶ τὸν χόρον τῶν ἀστέρων ἐν οὐρανῷ καταγράψας εἰς αἶνον τῆς σῆς μεγαλοπρεπείας (weitere Belege aus späteren christlichen Texten bei Knopf zSt; zum Problem eines traditionsgeschichtlichen Zusammenhangs zwischen 1 Clem und Const Ap VIII 12 s. u. den Exkurs nach V. 12). Wieder wird nicht nur gesagt, daß die Himmelskörper ihre Bahnen (ὁρισμός eigentlich „Begrenzung") ἐν ὁμονοίᾳ (vgl. 9,4; 11,2 und unten V. 10.11) und ohne παρέκβασις (vgl. V. 6) durchwandern (vgl. Plut Is et Os 42: Der Mond τὸν αὐτῆς κύκλον ἐξελίσσει in 28 Tagen), sondern es wird überdies nachdrücklich betont, daß dies κατὰ τὴν διαταγὴν αὐτοῦ geschieht (vgl. V. 4: κατὰ τὸ θέλημα αὐτοῦ) und daß auch die ὁρισμοί selbst „verordnet" sind (ἐπιτεταγμένοι). Eine auffallende Parallele bietet wieder Cic Nat Deor II 101: Restat ... caeli conplexus, qui idem aether vocatur, ... extrema ora et determinatio mundi, in quo cum admirabilitate maxima igneae formae cursus ordinatos definiunt (zu erörtern bleibe „die Umgrenzung der Himmel, die auch Aether genannt wird, äußerster Rand und Grenze des Weltalls, worin in der bewunderungswürdigsten Weise die feurigen Körper ihre geordneten Bahnen beschreiben", nämlich Sonne, Mond und Sterne, 102–104).

In **4** wendet sich der Vf der Erde zu, dem festen Land (vgl. V. 6), das κατὰ τὸ θέλημα αὐτοῦ regelmäßig Frucht und damit Nahrung für die Lebewesen auf ihm hervorbringt. Zu κυοφοροῦσα ... τοῖς ἰδίοις καιροῖς vgl. Ps 1,3; 103,24.27 A: ἐπληρώθη ἡ γῆ τῆς κρίσεώς σου ... πάντα πρὸς σὲ προσδοκῶσιν δοῦναι τὴν τροφὴν αὐτῶν εἰς καιρόν. Es fällt auf, daß die Erde mit ihren Gaben unter dem Gesichtspunkt des Nutzens für Mensch und Tier in den Blick genommen ist, nicht wie bei Cic Nat Deor II 98 unter dem Aspekt der Vielfalt des Schönen. Dem Vf kommt es dabei nicht darauf an, den möglichen Fall einer Dürre o. ä. in seine Beschreibung mit einzubeziehen; aber hinter seiner Aussage steht doch wohl die Erfahrung, daß Nahrung eben nicht einfach selbstverständlich vorhanden ist. Die Rede von der „schwangeren" Erde begegnet bei Philo Op Mund 43 in einem Vergleich: Die Erde, ἡ δʼ ὥσπερ ἐκ πολλοῦ κυοφοροῦσα καὶ ὠδίνουσα τίκτει πάσας μὲν τὰς σπαρτῶν ... ἰδέας (vgl. Op Mund 133, wo Plat Menex 238a zitiert wird: Die Erde ist wahrhafte, fruchttragende Allmutter). Zu μὴ διχοστατοῦσα vgl. 46,5; 51,1; zu μὴ ἀλλοιοῦσά τι τῶν δεδογματισμένων ὑπʼ αὐτοῦ vgl. 6,3 (außerdem 27,5). Die Hörer sollen zumindest indirekt wahrnehmen, daß sich die Erde gegenüber Gottes Ordnung jedenfalls anders verhält als die Gemeinde in Korinth. θῆρες sind die (wild lebenden) größeren Tiere, τὰ ζῷα die kleinen und kleinsten Lebewesen (vgl. V. 10; anders 9,4).

Von der Erde geht der Blick des Vf in **5** in die Unterwelt als den Ort des Gerichts; auch dort gelten Gottes προστάγματα. ἄβυσσος (oft im Plural) ist in LXX Übersetzung des hebr. תְּהוֹם „Urflut" (Gen 1,2 u. o.; vgl. den Ausdruck αἱ πηγαὶ τῆς ἀβύσσου Gen 7,11 o. ö.; ferner ὕδωρ ἀβύσσου Jes 51,10). In Ps 70,20 LXX sind die ἄβυσσοι τῆς γῆς die Totenwelt (vgl. die Deutung von Ps 107,26 in Röm 10,7). Später bezeichnet das Wort allgemein die Unterwelt, auch als vorläufigen Strafort für die Gottlosen bis zum endgültigen Gericht (FJub 10,7: ὁ κύριος ἐκέλευσε τῷ ἀρχαγγέλῳ Μιχαὴλ βαλεῖν αὐτοὺς εἰς τὴν ἄβυσσον ἄχρι ἡμέρας τῆς κρίσεως); diesen Sprachgebrauch setzt Apk 20,1.3 (vgl. Lk 8,31) voraus (vgl. die Vorstellung in Apk 9,1 f). Das parallele τὰ νέρτερα „die Unterwelt" ist ein dichterischer Ausdruck (s. Liddell-Scott s. v.; dort auch zu den sprachlichen Besonderheiten); das Wort fehlt in LXX und bei den Kirchenvätern und ist in uns. Lit. nur hier belegt. τὰ κρίματα sind die in der Unterwelt ausgesprochenen und vollstreckten Urteile (vgl. Ps 35,7 LXX: ἡ δικαιοσύνη σου ὡσεὶ ὄρη θεοῦ, τὰ κρίματά σου ἄβυσσος πολλή). Die in der älteren Forschung gestellte Frage, ob gegen die Handschriften τὰ κλίματα zu lesen oder das Wort ganz zu streichen sei (so Lightfoot I/2, 71), wird mR nicht mehr diskutiert. Ob man systematisch aufgliedern kann, wie es Knopf zSt tut (das Gericht des ἄβυσσος beziehe sich auf Satan, das der νέρτερα auf die menschlichen Seelen), ist fraglich. Generell wird gesagt, daß τὰ κρίματα „unausforschlich" (ἀνεξιχνίαστος in LXX nur im Hiobbuch; vgl. im NT den poetischen Text Röm 11,33, wo τὰ κρίματα als ἀνεξεραύνητα bezeichnet werden) und „unbeschreiblich" sind (ἀνεκδιήγητος im NT 2 Kor 9,15; vgl. 1 Clem 49,4; 61,1). Die Aussage zeigt das große Geheimnis an, das die Unterwelt umgibt; um so wichtiger ist, daß auch das, was dort geschieht, durch Gottes „Ordnungen" bestimmt ist. Zum Gedanken eines vorläufigen Straforts für die Menschen unmittelbar nach ihrem Tode vgl. Hen 22,3 f: οὗτοι οἱ τόποι οἱ κοῖλοι (hohl) ἵνα ἐπισυνάγωνται εἰς αὐτοὺς τὰ πνεύματα τῶν ψυχῶν τῶν νεκρῶν. εἰς αὐτὸ τοῦτο ἐκρίθησαν ὧδε ἐπισυνάγεσθαι πάσας τὰς ψυχὰς τῶν ἀνθρώπων ... μέχρι τῆς ἡμέρας τῆς κρίσεως αὐτῶν; ähnlich Hen 10,4–6, wo die „ewige" Fesselung und die anschließende endgültige Vernichtung des Azāz 'ēl voneinander unterschieden werden. Breit ausgeführt ist der Gedanke in 4 Esr 7,78–101. Schilderungen von verdienten Höllenqualen sind in antiker Literatur aller Religionen weit verbreitet (vgl. im frühen Christentum vor allem Apk Pt); es sollte nicht übersehen werden, daß sie hier fehlen. Zu προστάγμα vgl. 2,8; 3,4; wieder wird den Korinthern indirekt gesagt, daß sie durch ihr Verhalten die kosmische Ordnung Gottes verletzt haben.

In **6–8** geht es um das Meer, das zunächst unter dem Gesichtspunkt seiner Begrenztheit in den Blick kommt (τὸ κῦτος τῆς ἀπείρου θαλάσσης ist im Grunde in sich widersprüchlich und also nicht ganz wörtlich zu nehmen; vgl. Ps 64,8 LXX: ὁ συνταράσσων τὸ κῦτος θαλάσσης; das Mittelmeer kennt keine Gezeiten und Sturmfluten), die wiederum Gottes Anordnung entspricht. δημιουργία fehlt in LXX und bezeichnet in jüdischer Literatur nicht Gottes Schöpfertätigkeit; in christlicher Literatur begegnet das Wort hier erstmals (sonst noch Dg 9,5 und dann bei den Kirchenvätern, oft auch in der Gnosis); aber δημιουργός ist in 1 Clem häufiges Gottesprädikat (s. schon V. 11; vgl. das Verb in 20,10; 38,2). In der Sache und auch im Wortlaut (συσταθὲν εἰς τὰς συναγωγάς) nimmt die Aussage auf Gen 1,9 f LXX Bezug (συναχθήτω τὸ ὕδωρ τὸ ὑποκάτω τοῦ οὐρανοῦ εἰς συναγωγὴν μίαν ... καὶ συνήχθη τὸ ὕδωρ τὸ ὑποκάτω τοῦ οὐρανοῦ εἰς τὰς συναγωγὰς αὐτῶν). Zu den „Schranken" des Meeres vgl. Hi 38,10 LXX (ἐθέμην δὲ αὐτῇ ὅρια περιθεὶς κλεῖθρα καὶ πύλας; vgl. das Zitat gleich anschließend in V. 7). Gerade das Abstraktum δημιουργία zeigt, daß der Mythos von der urzeitlichen Bändigung des Meeres durch Gott dem Vf nicht bewußt ist (zu Knopf). Das in **7** folgende Gotteswort aus Hi 38,11 ist relativ frei zitiert (LXX: εἶπα δὲ αὐτῇ Μέχρι τούτου ἐλεύσῃ καὶ οὐχ ὑπερβήσῃ ἀλλ' ἐν σεαυτῇ συντριβήσεταί σου τὰ κύματα); das Fehlen des Dativobjekts αὐτῇ zeigt, daß der Vf des 1 Clem an einen Dialog zwischen Gott und Ozean nicht mehr denkt; der Schriftbeleg bestätigt lediglich das διέταξεν αὐτῇ von V. 6. Thema von **8** sind die dem Menschen unzugänglichen Gebiete der Welt. ὠκεανός fehlt in LXX und begegnet in uns. Lit. nur hier. Die mit diesem Begriff sich in der Antike verbindenden mythischen und geographischen Vorstellungen sind vielfältig (s. Gisinger, Art. Okeanos, PRE XVII/2, 2308–2349). ὠκεανός ist bei Homer der göttliche Strom, der Himmel und Erde voneinander trennt (z. B. Il XVIII 607 f); diese Vorstellung begegnet später auch im Judentum (TestAbr 8,3 und in ähnlicher Weise, wenn auch ohne das Wort ὠκεανός, grBar 2,1). In der Geographie, z. B. bei Eratosthenes, wird ὠκεανός Bezeichnung des außerhalb des überschaubaren Bereiches sich erstreckenden Meeres (vgl. Pseudo-Aristot Mund 3, p 393a); in diesem geographischen, nicht kosmologischen Sinn ist das Wort offensichtlich auch in 1 Clem gemeint. Daß der Ozean „unendlich" sei, ist oft angenommen worden (s. Gisinger aaO. 2345 f); hier in V. 8 ist ἀπέραντος durch ἀνθρώποις in gewisser Weise eingeschränkt und insofern, ähnlich wie ἄπειρος in V. 6, nicht ganz wörtlich zu nehmen (Dionysios von Alexandria [um 250] verwendet den Ausdruck ὁ πολὺς καὶ ἀπέραντος ἀνθρώποις ὠκεανός offenbar bildlich, Euseb KG VII 21,7). Obwohl die jenseitigen Grenzen des Ozeans den Menschen nicht erreichbar sind, weiß der Vf von den dahinter liegenden κόσμοι. Nach dem zu ὠκεανός Gesagten sind mit diesen κόσμοι wahrscheinlich nicht jenseitige „Welten" gemeint, sondern unerreichbare Teile der Erde (L übersetzt denn auch: omnis orbis terrarum). Zur Sache vgl. Philo Leg 10: Das römische Imperium, im Grunde mit der οἰκουμένη identisch, erstrecke sich von Ost bis West τήν τε ἐντὸς ὠκεανοῦ καὶ ὑπερωκεάνιον. Vgl. auch die Vorstellung von den fünf (Klima-)Zonen bei Cic Rep VI 21: Das von den Römern bewohnte Land parva quadem insula est, circumfusa illo mari, quod Atlanticum, quod magnum, quem oceanum appellatis in terris; jenseits der heißen Zone gebe es im Süden abermals bewohntes Land, zu dem die Bewohner der nördlichen Zone aber keinerlei Kontakt haben könnten. Die von Knopf zSt genannten und zitierten Belege aus der antiken geographischen Literatur (Strabo und die von ihm zitierten Autoren) sprechen von prinzipiell erreichbaren Weltgegenden und tragen deshalb zur Erklärung von 1 Clem 20,8 wenig aus. In der antiken Philosophie ist die Frage, ob es mehrere κόσμοι oder nur eine Welt gebe, intensiv diskutiert worden. „Zahllose Welten" nahm Anaximander an (Diels fr 10 [I p 83]: Aus dem ἄπειρον ... τούς τε οὐρανοὺς ἀποκεκρίσθαι καὶ καθόλου τοὺς ἅπαντας ἀπείρους ἐντας κόσμους), doch ist nicht völlig klar, ob er neben der zeitlichen Abfolge der Welten (so in fr 10 unmittelbar im Anschluß an den zitierten Text) auch an ein gleichzeitiges räumliches Nebeneinander denkt (so offenbar fr 17 [Diels I p 86]: ... τῶν ἀπείρους ἀποφηναμένων τοὺς κόσμους ᾿Α. τὸ ἴσον αὐτοὺς ἀπέχειν ἀλλήλων; hiergegen polemisiert jedenfalls Tertullian De pallio 2: Es sind nicht mehrere Welten, sondern eine, die sich freilich fortwährend verändert). Plat Tim 31a zeigt, daß auf jeden Fall *ein* Himmel (und also eine Welt) anzunehmen sei und nicht mehrere; dazu nimmt Clemens Alex Strom V 79,3 f Stellung (εἰ χρὴ πλείονας κόσμους ἢ τοῦτον ἕνα νομίζειν, wobei κόσμος und οὐρανός synonym gebraucht seien), indem er 1 Clem 20,8 als Beleg für eine Mehrzahl der κόσμοι zitiert (unmittelbar darauf folgt das Zitat Röm 11,33). Photius Bibl 126 andererseits kritisiert, offensichtlich aus dogmatischen Gründen, die Aussage des 1 Clem (Text bei Lightfoot I/1, 197). Nach Corp Herm XI 7 sind die sieben κόσμοι die Planeten (Festugière übersetzt „sept cieux"), deren Lauf die Weltordnung anzeigt; darauf nimmt Orig Princ II 3,6 (p 122,22 f) kritisch Bezug. Origenes diskutiert eingehend die Frage der angemessenen Interpretation von κόσμος und zitiert dabei 1 Clem 20,8 als Beleg für den *einen* Kosmos (p 121,13–122,15): Meminit sane Clemens ... alias partes orbis terrae, ad quas neque nostrorum quisquam accedere potest, neque ex illis, qui ibi sunt, quisquam transire ad nos, quos et ipsos mundos appellavit, cum ait: ‚Oceanus intransmeabilis est hominibus …‘ (intransmeabilis „unüberschreitbar" setzt das griech. ἀπέρατος voraus, das Lightfoot I/2, 72 trotz des handschriftlichen Befundes im 1 Clem für ursprünglich hält). Noch deutlicher aaO. p 122,20 f: Es gibt nur einen Kosmos (unus et perfectus mundus … intra quem vel a quo ceteri [sc. mundi], hi qui illi insunt, putandi sunt contineri „eine einzige und vollkommene Welt …, in der und von der die übrigen [Welten], in der sich jene befinden, wie man meint, umfaßt sind"). Es mag sein, daß der Vf des 1 Clem von der philosophischen Frage der Zahl der κόσμοι beeinflußt war; darauf könnte jedenfalls die Formulierung weisen. In der Sache denkt er aber vermutlich an die fernen, unbekannten und unerreichbaren Erdteile, die durch Gottes ταγαί (dies Wort nur hier; vgl. aber διαταγή bzw. διατάσσω in V. 3.6 und διάταξας in 33,3) geordnet sind.

In **9** spricht der Vf von den καιροί; ihr Wechsel ἐν εἰρήνῃ entspricht der Bewegung der Himmel (V. 1) und dem ungehinderten Nacheinander von Tag und Nacht. Das zusammengesetzte Verb μεταπαραδιδόναι ist spät und selten (s. Liddell-Scott s. v.). Daß die Jahreszeiten (καιρός jeweils mit dem entsprechenden Adjektiv; vgl. Conzelmann zu Apg 17,26) zum Bereich der Luft (ἀήρ) gehören (so Knopf zSt, der darin dann eine Übereinstimmung mit der stoischen Kosmologie sehen will; s. den Exkurs nach V. 12), wird hier nicht gesagt (anders Philo Spec Leg I 210: Die vier Jahreszeiten παθήματα ἀέρος γεγόνασιν ἐπὶ σωτηρίᾳ τῶν μετὰ σελήνην τρεπομένου „es sind Veränderungen der Luft, die sich wandelt zum Heil derer unter dem Mond"; umgekehrt verursacht nach Cic Nat Deor II 101 die Luft annuas frigorum et calorum … varietates, nicht aber den Wechsel der Jahreszeiten, von dem Cicero in II 97 spricht). Selbst das Wehen der Winde (**10**) ist nicht dem Zufall überlassen, sondern sie vollziehen „untadelig" eine λειτουργία. Zum Ausdruck ἀνέμων σταθμοί vgl. Hi 28,25, wo LXX das hebr. מִשְׁקָל „Gewicht, Wucht" mit σταθμός wiedergeben; σταθμός kann auch das „Standquartier" sein (s. Liddell-Scott s. v.), und diese Bedeutung liegt hier näher (vgl. das Bild von den offenen Toren, aus denen die vier Winde blasen, äthHen 76). Gemeint ist dann, daß die σταθμοί der Winde zur rechten Zeit (zu κατὰ τὸν ἴδιον καιρόν vgl. V. 4 τοῖς ἰδίοις καιροῖς) dafür sorgen, daß der Wind ἀπροσκόπως weht (vgl. zur Unterordnung der Winde unter die „Faust" Gottes Prv 30,4); dahinter steht die für die Mittelmeerländer und ihre Seefahrt charakteristische Erfahrung.

Anschließend spricht der Vf von den unversieglichen Quellen, aus denen die Menschen gesundes Trinkwasser gewinnen. Dem kommt nahe Cic Nat Deor II 98: Adde huc fontum gelidas perennitates, liquores perlucidos amnium ("… die nie versiegenden kalten Quellen, die klaren Wasser der Flüsse"); aber wieder fällt auf, daß der Stoiker mehr an die Schönheit der Natur denkt, der Vf des 1 Clem mehr an ihren Nutzen (zu ἀπόλαυσις vgl. Did 10,3; ὑγεία wohl nicht nur von Heilquellen, sondern formuliert aus der Erfahrung, daß Wasser Leben [s. πρὸς ζωῆς] und damit eben auch Gesundheit bedeutet). Das ausdrücklich verwendete Partizip δημιουργηθεῖσαι könnte die Funktion haben, den πηγαί einen „göttlichen" Charakter bewußt abzusprechen (zum „Numinosen" in den Wasserquellen vgl. Michaelis, ThWNT VI, 112 f). Das Bild von den Brüsten (dichterisch μαζοί anstelle des gewöhnlichen μαστοί) scheint nicht unüblich gewesen zu sein (Jaeger, RhMus 102, 1959, 335–340 vermutet einen verlorengegangenen Tragikervers als literarische Vorlage); jedenfalls polemisiert Philo Aet Mund 66 gegen die Aussage, die Erde habe Brüste (μαζοί), und zwar mit dem ironischen Argument, kein Fuß und keine Quelle habe je Milch anstelle von Wasser hervorströmen lassen (etwas anders Op Mund 133: Vernünftigerweise habe die φύσις der Erde gegeben οἷα μαστοὺς ποταμῶν ῥεῖθρα καὶ πηγῶν, ἵνα καὶ τὰ φυτὰ ἄρδοιτο καὶ ποτὸν ἄφθονον ἔχοι πάντα τὰ ζῷα). Die Aussage über die kleinsten Lebewesen rundet das Bild des ἐν ὁμονοίᾳ καὶ εἰρήνῃ geordneten Kosmos ab. συνέλευσις könnte sich rein sprachlich auf die geschlechtliche Paarung beziehen (so Thierry, VigChr 14, 1960, 235–244), doch wäre dann der Sinn des Hinweises auf „Eintracht und Frieden" unklar (dies wird von Thierry nicht beachtet; kritisch auch Jaubert 136 A 2). So wird der Vf eher an das soziale Leben etwa von Bienen und Ameisen denken (vgl. zum Lob der Biene Sir 11,3; zur Ameise vor allem Prv 6,6–8; Cic Nat Deor II 123f verweist auf erstaunliche Formen der Symbiose bei kleinen Tieren [bestiolae], wobei admirandum est, congressune [!] aliquo inter se an iam inde ab ortu natura ipsa congregatae sint „man muß sich verwundert fragen, ob sie durch Übereinkunft oder schon seit ihrem Entstehen durch die Natur selbst zu solcher Verbindung gelangt sind"; vgl. insoweit auch die anderen stoischen Belege bei Thierry aaO.). Jedenfalls sind die Verhältnisse im Zusammenleben der kleinen Tiere durchaus besser als die Situation, die gegenwärtig in Korinth herrscht.

In **11** faßt der Vf alle Aussagen zusammen; dabei wiederholt er wesentliche Begriffe sowohl aus Kap. 20 wie auch aus vorangegangenen Abschnitten. Zu ὁ μέγας δημιουργός vgl. V. 6; das Wort bezeichnet eigentlich den, der aus Vorhandenem etwas schafft, weshalb es im frühen Christentum als Gottesprädikat weitgehend vermieden wird (vgl. aber Hebr 11,10, dort neben τεχνίτης; dazu Braun zSt). Das griechischsprechende Judentum gebraucht den Ausdruck gelegentlich (Esr 7,5; TestHi 39,12; HCal 28,16: Alexander ruft Gott an ὦ θεὲ θεῶν εἶπε καὶ δημιουργὲ ὁρατῶν καὶ ἀοράτων συνεργός μοι …), Philo sogar sehr oft; aber in LXX fehlt er noch. δεσπότης τῶν ἁπάντων wie in 8,2. Zu ἐν εἰρήνῃ καὶ ὁμονοίᾳ εἶναι vgl. V. 10 und dann 60,4; 65,1. Zu προσέταξεν s. V. 5. Der Vf macht nun deutlich, daß alle diese Anweisungen Gottes Wohltaten sind, die er allen erweist (zu εὐεργετῶν τὰ πάντα vgl. 19,2; der Gedankengang schließt sich; vgl. auch den Neueinsatz in 21,1). Daß Gottes Wohltaten in erster Linie „uns", d. h. den Christen gelten, ist eigentlich klar; die Aussage bekommt ihre besondere Bedeutung vor dem konkreten Hintergrund der Lage in Korinth. Zur Verbindung von εὐεργετῶν und οἰκτιρμός vgl. 23,1. Zur „Hinwendung zu den Erbarmungen" vgl. 9,1; der Vf denkt jetzt aber wohl an die Bekehrung ehemaliger Heiden, und deshalb ist der Hinweis auf Christus nicht nur ein liturgischer Nachsatz, sondern hat durchaus konkrete Bedeutung (vgl. 50,7; 59,2).

Die abschließende Doxologie (**12**), die erste der insgesamt zehn Doxologien im 1 Clem, schließt nicht nur das Lob der durch Gott geordneten Schöpfung ab, sondern den größeren Abschnitt Kap. 19.20 als ganzen. Daß sich diese Doxologie auf Christus bezieht (zur sprachlichen Konstruktion mit dem vorangegangenen διά vgl. 50,7; 58,2, ferner Hebr 13,21; dazu A. Stuiber, Art. Doxologie, RAC 4, 215f), ist wegen des direkten Anschlusses mit dem Relativpronomen ᾧ wahrscheinlich, auch wenn μεγαλωσύνη sonst immer Gottesattribut ist (vgl. aber 36,2: Christus als ἀπαύγασμα τῆς μεγαλωσύνης Gottes) und L die Doxologie eindeutig als auf Gott bezogen deutet (per quem Deo et Patri sit honor). Solche Doxologien haben vom Judentum her ihre Funktion eigentlich in der gottesdienstlichen Liturgie (vgl. das ἀμήν), sind aber durch Paulus in die Gattung Brief eingeführt worden (vgl. Gal 1,5 als Schluß des Präskripts; Phil 4,20 im Briefschluß). Sie dienen jetzt dazu, das Gotteslob feierlich zu bekräftigen; ein Bezug zur möglichen Verwendung des 1 Clem im Gottesdienst besteht nicht.

Exkurs: Zum religionsgeschichtlichen und philosophischen Hintergrund von 1 Clem 20

Drews, Untersuchungen hat zu zeigen versucht, daß 1 Clem 20 auf eine in der römischen Gemeinde gebräuchliche Liturgie zurückgehe; die in Const Ap VIII 12,9 ff (ed. Funk p 498 ff) überlieferte eucharistische Liturgie und der eher private Gebetstext in Const Ap VII 34,1 ff (p 426 ff) wiesen nicht nur deutliche Parallelen zu 1 Clem 20 auf, sondern seien direkt mit diesem Text verwandt. Der Vf des 1 Clem biete „eine für seinen Zweck bestimmte Variation des von ihm im Sonntagsgottesdienst gewohnheitsmässig gebeteten eucharistischen Dankgebetes" (aaO. 19); dafür spreche auch die Doxologie, die innerhalb des Briefes ja funktionslos sei. Neben den, zweifellos vorhandenen, sprachlichen Analogien verweist Drews insbesondere auch auf Iren Haer III 3; dort zitiert Irenäus eine angeblich in 1 Clem stehende apostolische παράδοσις, die tatsächlich sich aber gar nicht in dem Brief findet, sondern in der erwähnten Liturgie. Daraus folge, daß sich „für Irenäus mit der Erinnerung an den 1. Clemensbrief sofort auch die Erinnerung an die Liturgie verbindet" (aaO. 56). Dieser These hat Knopf zugestimmt („Ohne Zweifel ein Stück altrömische Liturgie, wenn auch natürlich in freier Benutzung", Exkurs zSt). Aber der Wortlaut von 1 Clem 20 läßt nicht erkennen, daß eine Liturgie oder überhaupt ein geprägter Text zugrunde liegt; und auch die Parallelen zu den genannten Stellen in Const Ap gehen über einzelne Begriffe nicht hinaus, nicht einmal die Reihenfolge der Themen stimmt überein. Gleichwohl ist nicht zu übersehen, daß der Text von 1 Clem 20 durchaus geordnet ist: Er spricht von Gottes universaler Weisung (beachte die Fülle der Worte vom Stamm ταγ-), durch die alle Bereiche von den Himmeln über Erde, Unterwelt, Meer, Jahreszeiten, Winde bis hin zum „Mikrokosmos" bestimmt sind (daß dabei in V. 9.10 vom ἀήρ die Rede sei, zu dessen Bereich Jahreszeiten, Winde und Quellen gehörten [so Knopf zSt], ist freilich eine petitio). Gliederungsprinzip des Ganzen ist der Gang vom Größten zum Kleinsten (V. 1–10), mit einer τὰ πάντα erfassenden Rückschau am Ende (V. 11). Zur Funktion der abschließenden Doxologie s. die Einleitung 3 (Gattung und Gliederung).

Unabhängig von der Frage nach der Form ist der geistige Hintergrund des Textes zu bestimmen. Die ins einzelne gehende Betrachtung der Schöpfung erinnert im einzelnen und auch im ganzen an Aussagen, wie sie sich in stoischen Texten finden. Besonders eindrücklich ist der Vergleich mit Cic Nat Deor II 76–154 (vgl. insbesondere die oben in der Auslegung genannten Stellen) sowie mit Pseud-Aristot Mund, vor allem Kap. 3 und 5. Diese Schrift, vermutlich im letzten vorchristlichen oder im ersten christlichen Jahrhundert entstanden und von der Stoa und von Platon beeinflußt (H. Strohm, in: Aristoteles Werke in deutscher Übersetzung 12/I, Meteorologie II, Über die Welt, 1979, 263–269), zeigt im Aufriß und in der Art der Beschreibung der Welt deutliche Parallelen zu 1 Clem 20 (vgl. auch den Zeus-Hymnus am Ende in Kap. 7), ohne daß sich eine literarische Benutzung durch den Vf des 1 Clem wahrscheinlich machen ließe (Mund ist sehr viel stärker durch empirische, naturwissenschaftliche Argumentation bestimmt als 1 Clem 20). Freilich war der (pseudo-)aristotelische Text im 2. Jh. sehr einflußreich, so daß ein indirekter Zusammenhang durchaus bestehen mag. Auch die von Eggenberger, Quellen 89 ff genannten Texte des Dion von Prusa beleuchten den geistigen Hintergrund von 1 Clem 20 (vgl. Fuchs, Augustin 101: Es sind „überlieferte griechische Friedensgedanken ins Christliche umgebogen und durch das Hervortreten christlichen Gottesbewußtseins in der Schärfe ihrer Beweisführung gemildert"); aber Eggenbergers Annahme direkter literarischer Abhängigkeit ist schon aus chronologischen Gründen sicher falsch. Vgl. im übrigen die eingehende Darstellung bei Sanders, Hellénisme 109–130. Ein wesentlicher Unterschied zu den stoischen Texten liegt darin, daß nicht der Mensch und das Weltall, sondern Gott und Mensch einander entgegengesetzt sind (Fuchs aaO. 104); der Vf des 1 Clem weist ständig auf Gott als den Schöpfer all der dargestellten Dinge und ihrer Ordnung hin, während es in der Stoa umgekehrt auf den geradezu beweismäßigen Rückschluß von der festen Ordnung der Schöpfung auf den Schöpfer ankommt. Cic Nat Deor II 90: Die Philosophen hätten angesichts der gegebenen Ordnung begreifen müssen, daß in der Welt inesse aliquem non solum habitatorem in hac caelesti ac divina domo, sed etiam rectorem et moderatorem et tamquam architectum tanti operis tantique muneris; vgl. II 97: Die Betrachtung der himmlischen Abläufe läßt nicht daran zweifeln quia ea non solum ratione fiant, sed etiam excellenti divinaque ratione (diese Differenz zwischen dem stoischen Denken und 1 Clem 20 wird m. R. von van Unnik, VigChr 4, 1950, 184 herausgestellt: „The point of view of the Stoics is anthropocentric, that of 1 Clement theocentric, his ‚theos' being the God of the Old Testament."). Auch kommt es dem Vf des 1 Clem weniger auf die Schönheit an, die sich in den Schöpfungswerken zeigt (so Cic Nat Deor II 98), sondern auf deren Nutzen, vor allem aber auf die vorbildliche Ordnung und den Gehorsam gegenüber Gott, wie sie hier sichtbar werden (der Aspekt der „moralischen Anwendung" fehlt freilich auch bei Cicero nicht, II 154–167). Zweifellos haben viele Vokabeln und Begriffskombinationen Parallelen in stoischen Texten; aber in gleicher Weise wie die Stoa haben auch jüdische bzw. alttestamentliche Gedanken und Aussagen den Text von 1 Clem 20 beeinflußt (s. den genannten Aufsatz van Unniks).

In Ps 148, der Gott lobt angesichts seiner Schöpfungswerke, heißt es (V. 6): ἔστησεν αὐτὰ εἰς τὸν αἰῶνα καὶ εἰς τὸν αἰῶνα τοῦ αἰῶνος. πρόσταγμα ἔθετο, καὶ οὐ παρελεύσεται. Überhaupt berührt sich dieser Psalm, der starke weisheitliche Elemente enthält, eng mit 1 Clem 20; denn auch hier wandert der Blick von den Himmeln über die Erde hin zu den Lebewesen, dann freilich speziell zu Israel als dem Volk Gottes. Ähnlich Philo Spec Leg I 210f, der im Zusammenhang des Gotteslobs die einzelnen Schöpfungswerke in fast derselben Reihenfolge aufzählt wie der Vf des 1 Clem. Eng verwandt mit 1 Clem 20 ist nach Form, Inhalt und Zweck äth Hen 2,1–5,3: Der ganze Kosmos, die belebte und die unbelebte Natur, folgt den Weisungen Gottes; aber (5,4) „ihr habt nicht durchgehalten und das Gesetz des Herrn nicht erfüllt". Von den anderen von van Unnik aaO. 185ff genannten Belegen aus dem Judentum sind besonders eindrucksvoll TestN 3,2 (ἥλιος καὶ σελήνη καὶ ἀστέρες οὐκ ἀλλοιοῦσι τάξιν αὐτῶν οὕτως καὶ ὑμεῖς μὴ ἀλλοιώτητε νόμον θεοῦ ἐν ἀταξία πράξεων ὑμῶν „Sonne und Mond und Sterne verändern ihre Ordnung nicht. So sollt auch ihr das Gesetz Gottes nicht verändern durch Unordnung eurer Handlungen" [Übers. Becker, JSHRZ III/1, 101]) und Ps Sal 18,10–12: μέγας ἡμῶν ὁ θεός καὶ ἔνδοξος ἐν ὑψίστοις κατοικῶν ὁ διατάξας ἐν πορείᾳ φωστῆρας εἰς καιροὺς ὁρῶν ἀφ᾽ ἡμερῶν εἰς ἡμέρας καὶ οὐ παρέβησαν ἀπὸ ὁδοῦ ἧς ἐνετείλω αὐτοῖς ἐν φόβῳ θεοῦ ἡ ὁδὸς αὐτῶν καθ᾽ ἑκάστην ἡμέραν ἀφ᾽ ἧς ἡμέρας ἔκτισεν αὐτοὺς ὁ θεός καὶ ἕως αἰῶνος καὶ οὐκ ἐπλανήθησαν ἀφ᾽ ἧς ἡμέρας ἔκτισεν αὐτοὺς ἀπὸ γενεῶν ἀρχαίων οὐκ ἀπέστησαν ὁδῶν αὐτῶν εἰ μὴ ὁ θεός ἐνετείλατο αὐτοῖς ἐν ἐπιταγῇ δούλων αὐτοῦ „Groß ist unser Gott und herrlich, er, der in der Höhe wohnt; der geordnet hat die Lichter des Himmels auf einer Bahn zu bestimmten Zeiten von Tag zu Tag, und sie wichen nicht ab von dem Weg, den du ihnen geboten. In Gottesfurcht ist ihr Weg jeden Tag seit dem Tag, da Gott sie erschuf, und bis in Ewigkeit. Und sie irrten nicht ab seit dem Tag, da er sie erschuf, seit uralten Geschlechtern wichen sie nicht ab von ihren Bahnen, es sei denn, daß Gott ihnen Befehl gab durch das Gebot seiner Knechte" (Übers. Holm-Nielsen, JSHRZ IV/2, 109; die letzte Aussage des Psalms beziehe sich auf Jos 10,12ff und Jes 38,8).

Man wird zwischen den stoischen und den jüdischen Texten gar nicht streng trennen dürfen; in der geistigen Atmosphäre des römischen Christentums am Ende des 1.Jh.s christlicher Zeitrechnung werden beide Strömungen einflußreich gewesen sein, möglicherweise gerade auch auf den Gebieten, wo – wie in der Schöpfungslehre – eine eigene christliche Position (noch) nicht ausgearbeitet war. Aber die direkte Benutzung literarischer Quellen durch den Vf des 1 Clem läßt sich nicht zeigen (vgl. dazu Lampe, Christen 174ff).

21,1–9 Die Konsequenzen für das Verhalten in der Gemeinde

¹Seht zu, Geliebte, daß nicht seine vielen Wohltaten uns zum Gericht werden, wenn wir nicht seiner würdig wandelnd das vor ihm Gute und Wohlgefällige tun in Eintracht. ²Denn es heißt irgendwo: „Der Geist des Herrn ist eine Leuchte, die die Kammern des Innern erforscht." ³Betrachten wir, wie nahe er ist und daß ihm nichts verborgen ist von unseren Gedanken und nichts von den Überlegungen, die wir anstellen.

⁴Es ist also richtig, daß wir seinen Willen nicht verlassen. ⁵Lieber wollen wir bei Menschen, die töricht sind und dumm und überheblich und sich in Prahlerei ihrer Rede rühmen, Anstoß erregen als bei Gott.

⁶**Dem Herrn Jesus, dessen Blut für uns gegeben worden ist, wollen wir Ehrfurcht erweisen; unseren leitenden (Männern) wollen wir ehrfürchtige Scheu entgegenbringen; die Älteren wollen wir ehren, die Jungen wollen wir erziehen in der Furcht Gottes; unsere Frauen wollen wir zum Guten lenken: ⁷Die liebenswerte Sitte der Keuschheit sollen sie aufweisen, die lautere Absicht ihrer Sanftmut sollen sie aufzeigen, die Milde ihrer Zunge sollen sie durch das Schweigen offenbar machen, ihre Liebe sollen sie nicht nach Neigungen, sondern allen, die Gott fürchten, in heiligem Wandel gleichmäßig zuwenden. ⁸Unsere Kinder sollen der Erziehung in Christus teilhaftig werden; sie sollen lernen, was Demut bei Gott gilt, was reine Liebe bei Gott erreicht, wie die Furcht vor ihm gut und groß ist und alle rettet, die in ihm fromm wandeln in reiner Gesinnung. ⁹Denn er ist Erforscher der Gedanken und Absichten; sein Odem ist in uns, und wann er will, wird er ihn wegnehmen.**

Kap. 21 setzt betont neu ein (ὁρᾶτε, ἀγαπητοί), auch wenn durch das Stichwort εὐεργεσίαι (V. 1) ein Anschluß an 20,11 hergestellt ist. In V. 1 und V. 3 stehen Mahnungen und Weisungen, in V. 2 unterbrochen durch ein biblisches Zitat. In V. 4 folgt eine Anwendung, aus der sich dann in V. 5–8 die den Begriff „Gottes Willen" explizierende konkrete Paränese ergibt (in V. 6–8 im Stil der „Haustafel"). In V. 9 lenkt der Vf zum Anfang (V. 1–3) zurück. Clemens Alex Strom IV 107,5–108,5 hat das ganze Kap. verwendet, wobei er V. 6–9 praktisch wörtlich zitiert (108,3–5; s. auch zu Kap. 22). Auch Polykarp könnte den Text benutzt haben (Phil 4,2).

Zu den in **1** erwähnten εὐεργεσίαι πολλαί vgl. 19,2 und zuletzt 20,11. Worum es bei κρίμα geht, war in 20,5 angedeutet worden; der eschatologische Aspekt ist aber nicht betont und fehlt im folgenden ganz. Der Grundgedanke ist, daß den von Gott kommenden Wohltaten ein bestimmtes Handeln des Menschen entsprechen muß; ähnlich hat es auch Paulus formuliert (Phil 1,27: ἀξίως τοῦ εὐαγγελίου τοῦ Χριστοῦ πολιτεύεσθε; eine literarische Anspielung ist aber wenig wahrscheinlich, gegen Hagner, Use 226). Die Wendung τὰ καλὰ καὶ εὐάρεστα ἐνώπιον αὐτοῦ ποιεῖν knüpft an biblische Formulierungen an (Dtn 6,18 LXX: ποιήσεις τὸ ἀρεστὸν καὶ τὸ καλὸν ἐναντίον κυρίου; ähnlich Dtn 12,25.28; 13,19; Ps 114,9 LXX: εὐαρεστήσω ἐναντίον κυρίου ἐν χώρᾳ ζώντων; vgl. Röm 12,8 und vor allem Hebr 13,21, ferner TestDan 1,3). Inhaltlich ist durch die zuvor gegebenen Hinweise auf die Ordnung der Schöpfung klar, worin „das vor ihm Gute und Wohlgefällige" besteht; der Vf unterstreicht es nochmals durch das an 20,3.10f anknüpfende Stichwort μεθ᾽ ὁμονοίας (zu μετά vgl. Bauer-Aland WB s. v. μετά III 1). Der erläuternde Schriftbeleg in **2** nimmt ungenau (zur Zitatformel s. 15,2; vgl. Hagner, Use 106) Prv 20,27 LXX in der Lesart des Codex A auf (φῶς κυρίου πνοὴ ἀνθρώπων ἢ λύχνος ὃς ἐρευνᾷ ταμιεῖα κοιλίας; vgl. 1 Kor 2,10, von woher in 1 Clem offenbar das Stichwort πνεῦμα übernommen worden ist). γαστήρ und κοιλία sind offenbar synonym (vgl. Gen 25,23 LXX). Der Spruch wird in **3** durchaus sachgemäß ausgelegt: Gott, so wird gefolgert (ἴδωμεν; L hat sinnentsprechend ergänzt: sciamus itaque), ist uns nahe, nicht im zeitlichen Sinn (Parusie), sondern räumlich (vgl. Ps 34,18; 119,151; Röm 10,8; 1 Clem 27,3; Ign Eph 15,3; Herm Vis II 3,4). Ob der Vf damit „die Naherwartung nicht nur ausgehöhlt, sondern geradezu umgedeutet" hat (so Knoch, Eigenart 160, der mit stoischem Einfluß rechnet, aaO. 187), ist fraglich, denn das Zitat in V. 2 hat ja keine eschatologische Perspektive. Der Gedanke, daß Gott nichts verborgen ist von dem, was im Menschen vorgeht, ist nicht nur im AT (Ps 139,1 u. ö.) belegt, sondern in vielen Religionen verbreitet (s. Theißen, Aspekte 88–99 mit zahlreichen Belegen zur Traditionsgeschichte des von Paulus in 1 Kor 4,5 verwendeten Motivs). Das ἀξίως πολιτεύεσθαι von V. 1 muß sich also, so betont der Vf, nicht nur auf die Taten, sondern ebenso auch auf die Gedanken der Christen beziehen.

Daraus ergibt sich (**4**) wiederum eine logische Konsequenz: Es ist „richtig" (zu δίκαιον οὖν ἐστίν vgl. 14,1; Apg 4,19; Eph 6,1), vom Willen Gottes (vgl. 20,4) keinesfalls abzuweichen. λε(ι)ποτακτεῖν ist ein technischer Begriff aus der Militärsprache („desertie-ren", vgl. Ign Pol 6,2), der seinen zugespitzten Charakter offenbar auch bei seiner Verwendung im übertragenen Sinn nicht verliert (Philo Gig 43: καλὸν δὲ μὴ λιποτακτῆσαι μὲν τῆς τοῦ θεοῦ τάξεως ... αὐτομολῆσαι δὲ πρὸς τὴν ἄνανδρον καὶ κεκλασμένην ἡδονήν „Es ist aber gut, die Ordnung Gottes nicht zu verlassen ... und überzulaufen zur feigen und verschrieenen Lust"). Der Vf des 1 Clem setzt eine entsprechende gedankliche Asso-ziation bei den Hörern sicher voraus (s. zu 28,2; 37,1–3). **5** führt die Warnung vor der „Fahnenflucht" näher aus, wobei der Vf ähnlich wie in 14,1 mit seinem μᾶλλον – ἤ eine Alternative meint (Stählin, ThWNT VI, 746,24 f). Rhetorisch geschickt steht der Fülle der negativen Attribute bei den Menschen das schlichte τῷ θεῷ gegenüber. Der Vf zielt natürlich auf die Führer der korinthischen στάσις. Die ihnen geltenden kritischen Adjekti-ve bzw. Partizipien sind, bis auf ἀνόητος, schon in ähnlichen Zusammenhängen verwen-det worden; zu ἄφρων s. 3,3 (vgl. 39,1); zu ἐπαιρόμενοι s. 16,1; zu ἐγκαυχώμενοι ἐν ἀλαζονείᾳ s. 13,1 (eine Anspielung auf Jak 4,15 liegt sicher nicht vor; anders Hagner, Use 252). Worin das προσκόπτειν ihnen gegenüber konkret bestehen würde, sagt der Vf nicht; möglicherweise kommt es ihm nur auf das „unanstößig sein" Gott gegenüber an und auf den darin vorausgesetzten Gegensatz zwischen Gott und den Rädelsführern in Korinth.

In der Haus- oder Gemeindetafel in **6–8** wird nun positiv gesagt, welchen Forderungen die Christen nachkommen sollen. Zu den Differenzen zwischen diesem Text und dem deuteropaulinischen Haustafelschema s. Lindemann, Paulus 183; zum Haustafelschema insgesamt und dessen Traditionsgeschichte s. Lührmann, NTS 27, 1980/81, 83–97. Zunächst werden diejenigen genannt, denen „wir" Ehrfurcht zu erweisen haben, nämlich der Kyrios (ob gegen alle anderen Zeugen mit Codex A und der latein. Übers. zusätzlich Χριστοῦ zu lesen sei [so Funk-Bihlmeyer], läßt sich kaum entscheiden; 1 Clem verwendet sowohl die längere wie die kürzere Titelform) und die προηγούμενοι. Dann folgen zwei Gruppen, denen gegenüber wir besondere Pflichten haben, nämlich die Alten und die Jungen. Schließlich werden, in besonders ausführlicher Form, die Aufgaben gegenüber „unseren Frauen" und „unseren Kindern" dargestellt, wobei anders als in Kol und Eph Frauen und Kinder nicht selbst angeredet werden, sondern Objekte dessen sind, was „wir" zu tun haben.

ἐντρέπω mit Jesus als Objekt ist ungewöhnlich und recht blaß; Clemens Alex Strom IV 107,8 hat offenbar bewußt korrigiert: τὸν κύριον Ἰησοῦν ... οὗ τὸ αἷμα ὑπὲρ ἡμῶν ἡγιάσθη· ἐντραπῶμεν οὖν τοὺς προηγουμένους κτλ. Die soteriologische Deutung des Todes Jesu erinnert an 7,4; 12,7 (vgl. 49,6) und entspricht in der Sache 16,1. αἰδέομαι in uns. Lit. sonst nur noch MartPol 9,2, dort aber im schwächeren Sinn. Ob προηγούμενοι auf eine feste Institution („Vorsteher" oder „Gesamtbezeichnung der Gemeindeleiter", so Gerke, Stel-lung 35 f) weist, läßt sich kaum sagen; der entsprechende Gebrauch liegt wohl vor bei Herm Vis II 2,6; III 9,7: ... τοῖς προηγουμένοις τῆς ἐκκλησίας, aber Lampe Lexicon s. v. προηγέομαι 5ii nennt allein diese Stellen (einschließlich 1 Clem 21,6) als Beleg für diese

Bedeutung. οἱ πρεσβύτεροι sind hier wie in 1,3; 3,3 nicht die Presbyter, sondern die alten Menschen in der Gemeinde, die selbstverständlich zu ehren sind (vgl. Lev 19,32); οἱ νέοι sind die jungen Menschen, die Gottesfurcht lernen sollen (zu παιδεύσωμεν κτλ. vgl. Prv 1,7f; 15,33: φόβος θεοῦ παιδεία; Sir 1,27; im Urchristentum Barn 19,5/Did 4,9; vgl. in der Sache Herm Vis III 5,4: νέοι ... ἐν τῇ πίστει καὶ πιστοί. νουθετοῦνται δὲ ὑπὸ τῶν ἀγγέλων εἰς τὸ ἀγαθοποιεῖν).

Die die Frauen betreffende Weisung bezieht sich ebenfalls auf deren Stellung in der Gemeinde. διορθόω in uns. Lit. nur hier, gelegentlich in LXX; worin τὸ ἀγαθόν konkret besteht, sagt V. 7. Daß die Frauen nicht selbst Adressaten der Weisung sind, entspricht der allgemeinen Tendenz des 1 Clem (s. 1,3 und den dortigen Exkurs). Zu ἀξιαγάπητον ἦθος vgl. 1,1. ἁγνεία ist eine selbstverständlich gültige Tugend (vgl. 64,1), die hier ganz umfassend gemeint ist (vgl. 1 Tim 5,2); dasselbe gilt für πραΰτης (vgl. Gal 5,23) und für τὸ ἐπιεικές (vgl. Phil 4,5). Der Vf beschreibt mit drei verschiedenen Verben, daß sich die jeweilige Tugend nach außen richten und dort wahrgenommen werden soll (ἐνδείκνυμι, ἀποδείκνυμι, φανερὸν ποιεῖν). Aber nur im Blick auf τὸ ἐπιεικὲς τῆς γλώσσης αὐτῶν wird gesagt, auf welche Weise das „Kundmachen" geschehen soll, nämlich „durch das Schweigen" (s. den Exkurs bei 1,3). Codex A liest διὰ τῆς φωνῆς anstelle von σιγῆς, aber das ist sicher nicht ursprünglich. Die Aussage ist grundsätzlich gemeint und bezieht sich nicht speziell auf „Stimmenthaltung" in der Konfliktsituation; ohnehin können ja keineswegs, wie Knopf zSt meint, allein Frauen „durch leidenschaftliche Parteinahme, durch Schwätzen und Intrigieren viel Schlimmes anrichten" (unbegründet ist auch die Vermutung von Harnack, Einführung 111: „Die Frauen haben sich wohl bei den Zwistigkeiten stark bemerkbar gemacht."). Zu ἀγάπην ... παρέχειν vgl. Apg 28,2. In der ausdrücklichen Verwendung des Adjektivs ἴσος klingt möglicherweise der ethisch-politische Begriff der ἰσότης an (s. Stählin, ThWNT III, 346ff); dann wäre hier geradezu eine Rechtsnorm formuliert. Gemeint ist, daß die diakonische Arbeit ohne Ansehen der Person getan werden soll. Zu μὴ κατὰ προσκλίσεις vgl. 1 Tim 5,21. Der partizipiale Ausdruck φοβούμενοι τὸν θεόν, der im AT ursprünglich die frommen Juden (s. Stähli, THAT I, 775ff), dann die heidnischen Anhänger des jüdischen Glaubens bezeichnet (s. Balz, ThWNT IX, 203 zum rabbinischen Sprachgebrauch; aaO. 209 zur Apg), meint hier wohl nicht eine besondere Gruppe („die Gottesfürchtigen"), sondern generell die Christen (vgl. 23,1). Die Rolle der Frauen in der frühchristlichen Diakonie ist vielfältig; vgl. 1 Tim 5,9f über die Witwen. Tertullian Ad uxorem II 4 zählt Dienste der Christinnen auf, die diese als Ehefrauen von Heiden nicht ausüben könnten: Die Brüder in den ärmsten Hütten besuchen, die Ketten der Märtyrer in den Gefängnissen küssen, Waschwasser für die Füße der Heiligen bringen, fremde Christen aus eigenen Vorräten beköstigen (s. zum Ganzen P. Philippi, Art. Diakonie I, TRE 8, 626f; I. Ludolphy, Art. Frau V, TRE 11, 436f).

Zur christlichen Erziehung (ἐν Χριστῷ wohl im abgeschliffenen, nicht mehr im paulinischen Sinn) der Kinder vgl. Eph 6,4. Inhalt der Belehrung sind die Folgen, die das sittlich richtige Handeln für die Gottesbeziehung hat. Das Substantiv ταπεινοφροσύνη hier erstmals im 1 Clem (s. aber zu 2,1; 16,1f); ἀγάπη ἁγνή entsprechend V. 7; ὁ φόβος αὐτοῦ wie in V. 6. Die Antwort auf die indirekten Fragen τί ... παρὰ θεῷ ἰσχύει und τί ... παρὰ θεῷ δύναται gibt der Vf am Schluß: σώζων πάντας κτλ. Die Wendung ἐν αὐτῷ (sc. θεῷ) ἀναστρέφεσθαι ist ungewöhnlich. καθαρὰ διάνοια ist dasselbe wie in 23,1 ἁπλῆ διάνοια. Es fällt auf, daß die Kinder in der Gemeinde (und in der Familie?) vor allem sittliche Werte „lernen" sollen, freilich unter dem Gesichtspunkt des Gegenübers zu Gott.

Mit **9** kommt der Vf zu V. 1–3 zurück: Die in V. 6–8 dargestellten Pflichten gelten deshalb, weil Gott die Gedanken (s. zu V. 3) und Überlegungen (ἐνθύμησις in 1 Clem nur hier; vgl. aber Hebr 4,12 [dort auch ἔννοια]) erforscht (zu ἐρευνητής s. das Zitat in V. 2). Daß Gottes πνοή in uns ist, weiß der Vf aus Gen 2,7 (vgl. Apg 17,25); zum pleonastischen οὗ ... αὐτοῦ s. B-D-R § 297.1. Es steht in Gottes Macht, den Menschen die Lebenskraft zu nehmen, wann er es will (vgl. Ps 103,29 LXX: ἀντανελεῖς τὸ πνεῦμα αὐτῶν, καὶ ἐκλείψουσιν καὶ εἰς τὸν χοῦν αὐτῶν ἐπιστρέφουσιν; Pred 12,7: τὸ πνεῦμα ἐπιστρέψῃ πρὸς τὸν θεόν, ὃ ἔδωκεν αὐτό). Ein Zusammenhang dieser Aussage mit der stoischen Vorstellung von der Weltseele besteht nicht. Der Hinweis auf das aus Gottes Souveränität abgeleitete ἀναιρεῖν ist wohl als Warnung aufzufassen (s. in V. 1 das Stichwort κρίμα).

22,1–8 Das Zeugnis Christi in der Heiligen Schrift

¹Dies alles aber befestigt der Glaube in Christus. Er selbst nämlich ruft uns durch den Heiligen Geist folgendermaßen herbei: „Kommt, Kinder, hört mich, Furcht des Herrn werde ich euch lehren. ²Wer ist der Mensch, der Leben will, der es liebt, gute Tage zu sehen? ³Halte deine Zunge zurück vom Bösen und deine Lippen davon, Listiges zu reden. ⁴Wende dich vom Bösen ab und tue Gutes. ⁵Suche Frieden und jage ihm nach. ⁶Die Augen des Herrn sind auf die Gerechten (gerichtet) und seine Ohren auf ihr Gebet. Das Angesicht des Herrn aber (wendet sich) gegen die, die Böses tun, zu vertilgen von der Erde ihr Andenken. ⁷Es hat gerufen der Gerechte, und der Herr hat ihn erhört, und aus allen seinen Drangsalen hat er ihn befreit. ⁸Zahlreich sind die Geißelhiebe für den Sünder; die aber auf den Herrn hoffen, wird Erbarmen umfangen."

Mit Hilfe von zwei Psalm-Zitaten, die als Wort Christi bezeichnet werden, macht der Vf deutlich, daß es Christus selbst ist, der die „Furcht des Herrn" lehrt; der Zusammenhang zwischen Kap. 21 und 22 wird durch das Stichwort πίστις hergestellt. Clemens Alex Strom IV 109,1–110,1 zitiert praktisch das ganze Kap. mit zwei für seine Theologie charakteristischen Einschüben zum Stichwort γνῶσις.

1a: ἡ ἐν Χριστῷ πίστις ist an sich, analog zu 21,8, „der christliche Glaube"; aber die direkte Fortsetzung mit αὐτὸς ... προσκαλεῖται zeigt, daß der Hinweis auf Christus unmittelbar ernstgenommen werden soll. Knoch, Eigenart 238 schwächt diesen zweiten Aspekt ab: „Der Glaube bezieht sich nicht auf Christus selbst – Christus ist weder Subjekt noch Objekt dieses Glaubens –, sondern auf Gott." Diese Alternative trifft den Sachverhalt nicht. Daß der Glaube das alles (nämlich das in Kap. 21, vor allem V. 6–9, Gesagte) „befestigt", ist in der Formulierung ungewöhnlich; gemeint ist offenbar, daß der Glaube die Gültigkeit der genannten sittlichen Normen bestätigt, daß er aber auch die Kraft gibt, sie zu erfüllen. Darauf weist die Aussage, daß Christus selbst uns διὰ τοῦ πνεύματος τοῦ ἁγίου herbeiruft. Auch diese Wendung ist ungewöhnlich; sie bedeutet wahrscheinlich, daß in der durch den heiligen Geist inspirierten Schrift (s. 8,1; 13,1) Christus selbst spricht (der Gedanke ist also ein anderer als der in 16,2).

Das Zitat in **1b–7** folgt, bis auf eine Ausnahme, wörtlich Ps 33,12–18 LXX; lediglich in V. 7 ist der Plural des Originals (ἐκέκραξαν οἱ δίκαιοι) in den Singular umgewandelt worden, offenbar um eine (antithetische) Parallelität zum zweiten Zitat in V. 8 herzustellen (s. dazu Knoch, Eigenart 194f). **8** übernimmt Ps 31,10 LXX fast wörtlich; nur ist diesmal der Singular von V. 10b (τὸν δὲ ἐλπίζοντα . . .) in den Plural umgewandelt worden, um den Kreis der Verheißungsempfänger zu erweitern (H hat nach LXX korrigiert). Zwischen V. 7 und V. 8 hat die syrische Übersetzung ein Zitat von Ps 33,20 eingefügt: πολλαὶ αἱ θλίψεις τοῦ δικαίου καὶ ἐκ πασῶν ῥύσεται αὐτὸν ὁ κύριος (Rückübersetzung nach Lightfoot). Ist dieser Satz in den anderen Handschriften wegen des Homoiarkton ausgefallen? Das nehmen Lightfoot und Funk an; kritisch dazu Hagner, Use 44. Nach der von den meisten Textzeugen überlieferten Lesart sind die beiden Zitate gar nicht voneinander getrennt (H fügt ein: εἶτα); man kann deshalb vermuten, der Vf des 1 Clem habe das Ganze als Einheit angesehen. Grant zSt nimmt an, der Vf habe sich einer „anthology" bedient; anders sei kaum zu erklären, daß er Ps 33,19 („Der Herr ist nahe denen, die zerbrochenen Herzens sind, καὶ τοὺς ταπεινοὺς τῷ πνεύματι σώσει") nicht mehr übernahm.

Beide Zitate passen jedenfalls gut in den Zusammenhang. Zu φόβος κυρίου (V. 1) vgl. 21,6.8; zu διδάξω vgl. παθέτωσαν in 21,8. Zu V. 3 vgl. 21,7. Zu V. 4 vgl. 21,6 (. . . ἐπὶ τὸ ἀγαθόν). Zu V. 5 vgl. das bis jetzt im 1 Clem über εἰρήνη Gesagte, zuletzt Kap. 20 und 21,1. Zu V. 6 vgl. 21,1.9; ein Kommentar zu V. 6 (und zu V. 7.8) ist auch das Psalm-Zitat in Kap. 18 (s. vor allem in V. 7.8 das Stichwort ἔλεος). Zu ἐλπίζειν ἐπὶ κύριον vgl. außerdem 11,1 und vor allem 12,7.

Der φόβος κυρίου, den Christus lehren will, besteht darin, den weisheitlichen Regeln, nach denen der in V. 2 erwähnte ἄνθρωπος fragt und die in V. 3–5 genannt werden, zu folgen. V. 6–8 stellen dann die Verheißung, die dem Gerechten bzw. den ἐλπίζοντες ἐπὶ κύριον gilt, den Drohungen gegen die Sünder entgegen.

23,1–5 Gott gibt seine Gaben ganz gewiß

¹Der allbarmherzige und wohltätige spendende Vater hat ein Herz für die, die ihn fürchten; freundlich und wohlwollend spendet er seine Gunsterweise denen, die mit einfältigem Sinn zu ihm kommen. ²Deshalb wollen wir nicht zweifeln, und unsere Seele soll sich nicht falschen Gedanken hingeben im Blick auf seine überschwenglichen und herrlichen Gaben. ³Fern sei von uns diese Schrift(stelle), wo es heißt: „Unglückselig sind die Zweifler, die gespalten sind in der Seele, die sprechen: ‚Das haben wir gehört auch zur Zeit unserer Väter, und siehe – wir sind alt geworden, und nichts davon ist uns widerfahren.' ⁴O ihr Unverständigen: Vergleicht euch mit einem Baum. Nehmt einen Weinstock: Zuerst verliert er das Laub, dann entsteht ein Sproß, dann ein Blatt, dann eine Blüte und danach eine unreife, dann eine reife Traube. Ihr seht, daß in kurzer Zeit die Frucht des Baumes zur Reife gelangt." ⁵Wahrhaftig: Schnell und plötzlich wird sein Wille erfüllt werden, wie es auch mitbezeugt die Schrift: „Schnell wird er kommen und nicht verweilen, und plötzlich wird der Herr kommen in seinen Tempel, ja, der Heilige, den ihr erwartet."

In Kap. 23 knüpft der Vf an Kap. 20–22 an und mahnt mit Hilfe von zwei Schriftzitaten dazu, fest auf die Erfüllung von Gottes Verheißungen zu vertrauen. Für Knopf (Exkurs vor 23,1) bildet der Abschnitt 23,1–27,7 eine Einheit zum Thema Auferstehung; dieses klinge in 23,2 „andeutend" an und werde dann in 23,3 „klarer" sichtbar, auch wenn erst in 24,1 das Stichwort ἀνάστασις falle. Aber das neue Thema setzt tatsächlich erst mit Kap. 24 ein und reicht dann bis 26,3, während Kap. 27 die Anwendung enthält. Nach Knoch, Eigenart 110 geht es in Kap. 23 um die „Frage nach dem Kommen des Herrn und seines Reiches" und um die Bewältigung „echter Parusiezweifel", wobei sich der Vf „einer fest ausgebildeten christlichen Naherwartungspolitik" bediene (aaO. 134; ähnlich Weiss, ThPh 50, 1975, 78 f: Die Gegner wollten nicht den Zeitpunkt der Parusie abwarten); aber das ist schon von den Aussagen in 23,1 f her sehr unwahrscheinlich, da der Vf hier ausgesprochen uneschatologisch formuliert.

In **1** stellt der Vf den Indikativ der Heilsgabe Gottes für die φοβούμενοι αὐτόν heraus, womit er an 21,6–8 anknüpft. Die Gottesbezeichnungen οἰκτίρμων κατὰ πάντα und εὐεργετικός nehmen zuvor Gesagtes wieder auf (20,11; 21,1; zu πατήρ vgl. 19,2). οἰκτίρμων ist in LXX in Verbindung mit ἐλεήμων ein übliches Gottesprädikat (Ex 23,6; Ps 85,15 u. ö.); εὐεργετικός ist biblisch nur einmal belegt (als Epitheton des πνεῦμα der Weisheit, Sap Sal 7,23), spielt aber in stoischen Aussagen über das Wesen der Gottheit eine große Rolle (s. Bauer-Aland WB s. v.). Zu σπλάγχνα Gottes s. Lk 1,78; Jak 5,11: πολύσπλαγχνός ἐστιν ὁ κύριος καὶ οἰκτίρμων; s. im übrigen zu 14,3). Die Adverbien ἠπίως und προσηνῶς begegnen in uns. Lit. nur hier. Auffallend ist der Gebrauch des Plurals von χάρις in theol. Bedeutung; χάριτες ist im NT nur im Koine-Text von Apg 24,27 belegt („Gunsterweise" des Felix) und findet sich gelegentlich auch in LXX (s. dazu Conzelmann, ThWNT IX, 365, 30 ff). Der Vf des 1 Clem übernimmt den profan-politischen Sprachgebrauch und bezieht ihn ohne weiteres auf Gott. Zu προσερχομένοις αὐτῷ vgl. 29,1 und in der Sache 20,11; zu ἁπλῇ διανοίᾳ vgl. 21,8. Das προσέρχεσθαι der Menschen ist nicht als Voraussetzung oder gar als „Bedingung" für die göttlichen Gnadenerweise anzusehen; vielmehr trägt V. 1 schon vom Satzaufbau her deutlich den Charakter der Verheißung (vgl. in ähnlicher Weise Joh 6,37). Aus der in V. 1 ausgesprochenen Gewißheit leitet der Vf in **2** eine Mahnung ab. Zu μὴ διψυχῶμεν vgl. 11,2 (οἱ δίψυχοι ... εἰς κρίμα ... γίνονται) und 2 Clem 11,5. Die ganze vor allem in Herm häufige Wortgruppe ist vor Jak 1,8; 4,8 nicht belegt (vgl. Schweizer, ThWNT IX, 666 und den Exkurs bei Knoch, Eigenart 111–125); aber das spricht nicht notwendig für eine bestimmte allen entsprechenden Texten zugrundeliegende Quelle mit apokalyptischer Tendenz (genannt wird häufig die Schrift „Eldad und Modad"; s. u.), zumal auch die Zwei-Wege-Lehre den Begriff διψυχέω kennt und völlig uneschatologisch gebraucht (vgl. Did 4,4). An unserer Stelle ergibt sich seine Verwendung zwanglos aus dem Zitat in V. 3 als Gegenbegriff zu ἁπλῇ διάνοια in V. 1. Der Zweifel bzw. das falsche Denken (ἰνδάλλομαι, in uns. Lit. nur hier, bedeutet eigentlich „erscheinen, sichtbar werden" [Liddell-Scott s. v.], hier aber verbunden mit dem Element des Irrtums; Belege für diese Wortbedeutung bei Lightfoot I/2, 80 und teilweise bei Knopf zSt) der ψυχή bezieht sich nicht auf dogmatische Sätze, sondern auf die zuvor erwähnten Gnadenerweise (χάριτες wird wieder aufgenommen durch δωρεαί; zur Formulierung vgl. 19,2). Als deutliche Warnung zitiert der Vf in **3.4** einen Text, den er für ein Wort der Schrift hält und der, mit gewissen Differenzen im Wortlaut, als προφητικὸς λόγος auch in 2 Clem 11,2–4 zitiert wird, dessen Quelle uns aber ganz unbekannt ist (insbesondere spricht auch nichts für die von Lightfoot und auch von Hagner, Use 87 f für wahrscheinlich gehaltene These, das Zitat stamme aus der von Herm Vis II 3,4 erwähnten und zitierten Schrift „Eldad und Modad"; vgl. Gebhardt/Harnack 48: „Sine dubio ex libro apocrypho hausta sunt, sed fontem [...] nemo indicare potest"; Näheres s. zu 2 Clem 11,2–4). Der ursprüngliche Sinn des zitierten Textes ist klar: Die in einem „negativen Makarismus" als ταλαίπωροι (vgl. Röm 7,24) apostrophierten Zweifler haben angesichts offensichtlich unerfüllter Verheißungen resigniert (V. 3); der Sprecher des Textes nennt sie daraufhin ἀνόητοι und verweist auf den unumkehrbaren und notwendig sich vollziehenden Wachstumsvorgang in der Natur (V. 4a; zum Bild, nicht zur Sache, vgl. Mk 4,26–29). Bis εἶτα σταφυλὴ παρεστηκυῖα stimmt das Zitat im wesentlichen mit dem in 2 Clem 11,3b verwendeten Text überein. Die Anwendung in V. 4b (ὁρᾶτε κτλ.) ist dagegen eine völlig andere als in 2 Clem 11,4. Man könnte von daher vermuten, daß V. 4b nicht mehr zur Vorlage gehört hat, sondern vom Vf angefügt wurde. Diese Annahme vertritt Lightfoot I/2, 81 f unter Hinweis auf die erwähnte Differenz zum Zitat im 2 Clem und auf das für den Vf des 1 Clem typische ὁρᾶτε im Anschluß an ein Zitat; doch in allen anderen Fällen (4,7; 12,8; 16,17; 21,1; 41,4; 50,1) handelt es sich bei ὁρᾶτε um Imperative mit Vokativ (ἀδελφοί, ἀγαπητοί, ἄνδρες ἀγαπητοί), während hier der Indikativ vorliegt; außerdem behält der Satz die Bildebene bei, die nicht-metaphorische Rede setzt erst wieder in V. 5a ein (auch Knoch, Eigenart 128 rechnet den ganzen V. 4 zur Vorlage). Inhalt des ὁρᾶτε-Satzes ist nicht so sehr die Gewißheit der Erfüllung, sondern vielmehr die Kürze der noch verbleibenden Zeit. Der Text scheint ursprünglich also den Sinn gehabt zu haben, als Antwort auf die in V. 3b zum Ausdruck gebrachte Resignation dennoch die baldige Erfüllung der Verheißung zu behaupten. Christliche Rezipienten dürften die Aussage auf die Parusie bezogen haben (vgl. 2 Petr 3,4.8 f); wie der Vf des 1 Clem sie deutet, sagt er in **5**, wo er, eingeleitet mit ἐπ᾽ ἀληθείας, die Anwendung gibt: Gottes Wille wird „schnell und plötzlich" erfüllt werden. βούλημα meint das, was seit 19,3 dargestellt worden war: Gottes Gabe wird den zu ihm kommenden Menschen unverzüglich zuteil, ebenso umgekehrt Gottes Gericht den Zweiflern und Sündern. Zwar spricht das anschließend zitierte weitere Schriftwort vom „Kommen" des Kyrios; doch der ganze Kontext legt auf der Ebene des 1 Clem einen nicht-apokalyptischen Sinn nahe (die Verwendung der Adverbien ταχύ und ἐξαίφνης verdankt sich dem nachstehenden Zitat und weist als solche nicht auf die Parusie). Das Schriftwort wird ausdrücklich als zusätzlicher Beleg bezeichnet. Strathmann, ThWNT IV, 516,17 ff meint zwar, das Verb συνεπιμαρτυρεῖν bezeichne nicht ein zweites Zeugnis neben einem ersten, sondern nur, daß eine gemachte Äußerung von einem anderen gebilligt wird (Braun HNT übernimmt dies für Hebr 2,4 als zutreffend); da aber in V. 3 f schon ein Schriftbeleg genannt worden war, ist das συν- vermutlich doch im strengen Sinn aufzufassen (so deutlich in 43,1; vgl. Euseb KG II 15,2: Klemens überliefert einen zuvor erzählten Sachverhalt, συνεπιμαρτυρεῖ δὲ αὐτῷ καὶ ὁ ... Παπίας). Zitiert wird ein Text, der aus Jes 13,22b LXX (ταχὺ ἔρχεται καὶ οὐ χρονιεῖ) und Mal 3,1b LXX (ἐξαίφνης ἥξει εἰς τὸν ναὸν ἑαυτοῦ κύριος, ὃν ὑμεῖς ζητεῖτε, καὶ ὁ ἄγγελος τῆς διαθήκης, ὃν ὑμεῖς θέλετε) zusammengesetzt ist. Da der Vf das Zitat wahrscheinlich schon in dieser Form vorgefunden hat, braucht auf die Differenzen zu LXX nicht eingegangen zu werden. Daß die Endzeitereignisse ganz gewiß eintreten werden (vgl. in der Sache und im Bild Mk 13,28 f), ist der Grundgedanke der Apokalyptik (zur Formulierung mit den Verben „zögern" bzw. χρονίζειν vgl. z. B. sBar 20,5; 48,39; als Bitte formuliert in PsSal 2,25; vgl. Mt 24,48; 25,5). Diese Gewißheit ist es, auf die es dem Vf des 1 Clem ankommt und um derentwillen das Zitat überhaupt verwendet. Möglicherweise bezieht er dabei den Begriff ναός auf die Gemeinde und will so das nahe Gericht des κύριος (das ist im Sinne des Vf Christus; vgl. auch ὁ ἅγιος anstelle von ὁ ἄγγελος am Ende des Zitats) über die korinthische Kirche ansagen; allerdings begegnet die Parallelisierung ναός/Kirche im 1 Clem sonst nicht.

24,1–26,3 Sichere Anzeichen der künftigen Auferstehung

24 ¹**Wir wollen beobachten, Geliebte, wie der Herr uns fortwährend anzeigt, daß es eine künftige Auferstehung geben wird, zu deren Erstling er den Herrn Jesus Christus gemacht hat, indem er ihn von den Toten auferweckte.**
²**Betrachten wir, Geliebte, die zu bestimmter Zeit geschehende Auferstehung:**
³**Tag und Nacht tun uns Auferstehung kund. Es entschläft die Nacht, es steht auf der Tag; der Tag vergeht, die Nacht kommt herbei.** ⁴**Nehmen wir die Früchte: Wie und auf welche Weise geschieht die Saat?** ⁵**Der Säemann ging aus und warf auf die Erde jedes der Samenkörner; die fallen auf die Erde trocken und nackt und lösen sich auf. Danach läßt die machtvolle Fürsorge des Herrn sie aus der Auflösung auferstehen, und aus dem einen erwachsen viele und bringen Frucht.**
25 ¹**Betrachten wir das wunderbare Zeichen, das in den östlichen Gebieten geschieht, das heißt in den (Gebieten) um Arabien.** ²**Es gibt (dort) nämlich einen Vogel, der Phönix heißt. Dieser, in nur einem Exemplar vorhanden, lebt fünfhundert Jahre. Wenn er aber dem Ende schon nahe ist und er sterben muß, baut er sich ein Nest aus Weihrauch und Myrrhe und den übrigen Spezereien; daraufhin, wenn die Zeit erfüllt ist, geht er hinein und stirbt.** ³**Wenn aber das Fleisch verfault, entsteht ein Wurm, der sich von den feuchten Sekreten des gestorbenen Tieres nährt und Flügel bekommt. Danach, kräftig geworden, nimmt er jenes Nest auf, worin sich die Knochen des früheren (Vogels) befinden, und dies tragend durchmißt er (die Strecke) vom arabischen Land bis nach Ägypten zur (Stadt), die Heliopolis heißt.** ⁴**Und am Tage, wenn alle es sehen, fliegt er zum Altar des Helios, legt es dort nieder und kehrt wieder zurück.** ⁵**Die Priester nun schauen in den Zeittafeln nach und finden, daß er nach Vollendung des fünfhundertsten Jahres gekommen ist.**
26 ¹**Halten wir es nun etwa für groß und bewunderungswürdig, wenn der Schöpfer die Auferstehung aller, die ihm in der Zuversicht guten Glaubens fromm gedient haben, bewirken wird, wo er uns doch sogar durch einen Vogel seine erhabene Verheißung anzeigt?** ²**Es heißt nämlich irgendwo: „Und du wirst mich auferwecken, und ich werde dich lobpreisen." Und: „Ich bin eingeschlafen und bin entschlummert; ich bin aufgeweckt worden, weil du bei mir bist."** ³**Und wiederum sagt Hiob: „Und du wirst auferwecken dieses mein Fleisch, das dies alles erduldet hat."**

Nach der allgemeinen Erwähnung von Gnadengaben in Kap. 23 kommt der Vf mit 24,1 auf eine spezielle Verheißung (s. 26,1) zu sprechen, nämlich die künftige Auferstehung. Anhand mehrerer Beispiele stellt er dar, welche Anzeichen es dafür gibt: Den Wechsel von Tag und Nacht (24,3), das Vergehen und Neuwerden der gesäten Samenkörner (24,4f), schließlich den Vogel Phönix (25,1–5), aus dessen Geschick der Vf nach dem Schlußverfahren a minore ad maius die Auferstehung der Frommen ableiten kann (26,1), wobei er drei Schriftzitate als weitere Belege anfügt (26,2 f). Alle diese Ausführungen haben mit dem Thema „Parusieverzögerung" nichts zu tun (anders Knopf, Exkurs vor 23,1; m. E. zutreffend Knoch, Eigenart 247); es ist auch nicht zu erkennen, daß „die Aufrührer in Korinth die überkommene Eschatologie bekämpften und deshalb starken Zweifel an der Parusie und der Auferstehung äußerten" (so Aono, Entwicklung 56). Überhaupt hat der Vf, anders als etwa die Apologeten, nicht das Ziel, die Berechtigung oder Richtigkeit des Auferstehungsglaubens nachzuweisen (gegen Knoch, Eigenart 145 f), weil dieser in Korinth offensichtlich gar nicht bestritten wird. Vielmehr will der Vf nochmals die Gewißheit betonen, daß Gottes Gnadengaben und Gottes Wille sich durchsetzen (vgl. insoweit Knoch, Eigenart 152); er setzt deshalb, ähnlich wie Paulus in 1 Kor 15, mit dem Rückgriff auf das offenbar unumstrittene Bekenntnis ein, daß Gott Jesus von den Toten auferweckt hat (24,1b).

Zur Aufforderung κατανοήσωμεν, ἀγαπητοί in **24,1** vgl. 34,5; 37,2. ὁ δεσπότης ist Gottestitel wie in 7,5 und zuletzt in 20,11; Jesus ist demgegenüber der κύριος (V. 1b). Der Vf betont, daß Gott das zukünftige Ereignis der ἀνάστασις in der Gegenwart „fortwährend" (διηνεκῶς in uns. Lit. nur hier; das Adjektiv aber mehrfach im Hebr) anzeigt, und wir sollen nun beobachten, wie (πῶς) dieses Anzeigen geschieht. Daß der Vf mit dem betont verwendeten Futur (μέλλουσα ἀνάστασις) gegen Enthusiasten polemisiert (so nachdrücklich Weiss, ThPh 50, 1975, 79 f), ist wenig wahrscheinlich, weil eine solche Front im 1 Clem sonst nicht zu erkennen ist; möglicherweise soll nur deutlich werden, daß im folgenden von der allgemeinen Auferstehung die Rede ist. Bevor der Vf nun entsprechende Beispiele aufzählt, verweist er auf das schon geschehene Handeln Gottes an Jesus (**1b**); vor allen Parallelen und Analogien in der Natur steht also das Bekenntnis (es ist nicht gerechtfertigt, wenn Harnack, Einführung 111 davon spricht, Christus komme hier „nur als erste Verwirklichung der Auferstehung in Betracht"). Die Verwendung des Wortes ἀπαρχή in diesem Zusammenhang erinnert an 1 Kor 15,20.23; diesen Text hat der Vf zweifellos gekannt (s. auch zu V. 5), aber man braucht nicht mit einer unmittelbar gewollten Anspielung zu rechnen (zur expliziten Verwendung der Paulus-Stelle bei den Kirchenvätern vgl. Lampe Lexicon s. v. ἀπαρχή B. 1b; s. auch R. Staats, Art. Auferstehung II/2, TRE 4, 518 und ders., Art. Auferstehung I/4, TRE 4, 467–477). Daß, traditionsgeschichtlich sehr alten Bekenntnisformulierungen entsprechend, Gott als Subjekt genannt wird (zum transitiven ἀνιστάναι vgl. Apg 13,34), ist auffallend, entspricht aber dem theozentrisch orientierten Gesamtzusammenhang (vgl. Knoch, Eigenart 156). In **2** lenkt der Vf die Aufmerksamkeit (ἴδωμεν wie in 19,3; 21,3; 25,1; 31,1; 33,7; anders in 7,3) auf Beispiele der zu bestimmter Zeit (κατὰ καιρόν), also regelmäßig, wahrnehmbaren ἀνάστασις. Als erstes nennt er das Kommen und Gehen von Tag und Nacht (**3**), in dem Sterben und Auferstehen geschehen (der Vf bedient sich der Doppelsinnigkeit von κοιμᾶσθαι und ἀνιστάναι). Die Aussage enthält nicht den Aspekt, daß der Tag die Nacht besiegt, sondern es geht gerade um den regelmäßigen Wechsel (vgl. 20,2; in ähnlicher Weise wählt Seneca Ep 36,11 den orbis rerum als Trost angesichts der unnötigen Furcht des Menschen vor dem Tode: solem nox obruit, sed ipsam statim dies abiget). Das frühe Urchristentum hatte sich dieses Arguments noch nicht bedient, wie überhaupt „Parallelen" aus Natur und (nicht-biblischer) Geschichte im NT noch fehlen (auch in 1 Kor 15,35 ff geht es nicht um eine „rationale Begründung" [so Knopf zu 1 Clem 24], sondern lediglich um die Explikation der Vorstellung vom neuen σῶμα). Ähnlich wie 1 Clem, aber doch wohl ohne direkte literarische Abhängigkeit, verweist Theophil Ad Autol I 13 auf die Jahreszeiten und auf Vergehen und Werden von Tagen und Nächten (κατανόησον τὴν τῶν καιρῶν καὶ ἡμερῶν καὶ νυκτῶν τελευτήν, πῶς καὶ αὐτὰ τελευτᾷ καὶ ἀνίσταται „Betrachte das Ende der Jahreszeiten und Tage und Nächte, wie sie selbst enden und auferstehen"; s. auch die Fortsetzung u. zu V. 4f). Ausführlich und in der Sache eng verwandt sind die Darlegungen bei Tertullian De resurrectione carnis 12: Aspice nunc ad ipsa quoque exempla divinae potestatis. Dies moritur in noctem et tenebris usquequaque sepelitur ... Et tamen rursus cum suo culto, cum dote, cum sole, eadem et integra et tota universo orbi reviviscit, interficiens mortem suam noctem ... „Betrachte jetzt auch die Beispiele der göttlichen Macht selbst. Der Tag stirbt in die Nacht und wird in Finsternis völlig begraben ... Und dennoch wird es (sc. das Licht) wieder lebendig mit seinem Gefolge, seiner Gabe, mit der Sonne, ein und dasselbe, unversehrt und ganz für den ganzen Erdkreis, tötend seinen Tod, die Nacht ..." (s. auch u. zu Kap. 25; Tert Apol 48,7ff argumentiert in ganz ähnlicher Weise). Die stoische Vorstellung von den zyklischen Perioden wird von Tatian Or 6,1 ausdrücklich zurückgewiesen: Es werde nach dem Ende der Zeit einmal (ἄπαξ) eine Auferstehung geben um des Gerichts willen. Als zweites Beispiel (λάβωμεν wie in 5,1; 9,3 u. ö.) folgen die Früchte. Rhetorisch wird in **4** gefragt, wie sich denn die Aussaat (dies die ursprüngliche Bedeutung von ὁ σπόρος) vollzieht, worauf in **5** die Antwort gegeben wird. Der Anfang in V. 5a (ἐξῆλθεν ὁ σπείρων καὶ ἔβαλεν εἰς τὴν γῆν ... ἅτινα πεσόντα εἰς τὴν γῆν ξηρὰ καὶ γυμνά ...) berührt sich eng mit der Säemann-Erzählung Mk 4,3–8 parr, und auch am Ende besteht eine gewisse Übereinstimmung (καὶ ἐκ τοῦ ἑνὸς πλείονα αὔξει καὶ ἐπιφέρει καρπόν; vgl. Ph. Sellew, NTS 36, 1990, 242); aber Rückschlüsse auf eine direkte literarische Beziehung sind nicht möglich (s. Köhler, Rezeption 61f; optimistischer Hagner, Use 164f). Der Hinweis auf die „Auflösung" (διαλύεται, διάλυσις) erinnert an 1 Kor 15,36f, und der Ausdruck ἕκαστον τῶν σπερμάτων ist offensichtlich durch 1 Kor 15,38 veranlaßt. Die Adjektive ξηρός und vor allem γυμνός werden in diesem Bild oft verwendet; hier dienen sie vor allem dazu, die Voraussetzungslosigkeit der Auferstehung zu unterstreichen. Die Aussage in V. 5b, daß das eine gesäte Korn sich vermehrt und Frucht bringt, hat eine Parallele in Joh 12,24; dort ist das Bild freilich christologisch gebraucht. Man wird kaum annehmen dürfen, daß der Vf die genannten Texte miteinander kombiniert hat, zumal er gar nicht andeutet, daß er überhaupt Tradition benutzt. Vielmehr hat er sich, wie vor allem die starke Betonung des Aspekts der Diskontinuität zeigt (ἐκ τῆς διαλύσεως ἡ μεγαλειότης ... ἀνίστησιν αὐτά), an 1 Kor 15 orientiert (diesen Text kennen seine Leser ja) und dabei geläufige zusätzliche Bildelemente eingefügt. Ähnliches zeigt die Fortsetzung des zu V. 3 zitierten Theophilus-Textes (Ad Autol I 13): τί δὲ καὶ οὐχὶ ἡ τῶν σπερμάτων καὶ καρπῶν γενομένη ἐξανάστασις ...; ... κόκκος σίτου ἢ τῶν λοιπῶν σπερμάτων ἐπὰν βληθῇ εἰς τὴν γῆν, πρῶτον ἀποθνήσκει καὶ λύεται, εἶτα ἐγείρεται καὶ γίνεται στάχυς (es folgen weitere Beispiele für das Schlußverfahren a minore ad maius, so der Mondwechsel und das „Auferstehen" des Menschen nach schwerer Krankheit). Aber der Vf des 1 Clem hat es nicht mit grundsätzlichen Bestreitern der Auferstehungsvorstellung oder -erwartung zu tun; vielmehr kommt es ihm darauf an, die Gewißheit der Erfüllung göttlicher Verheißung zu betonen (beachte die Begriffskombination ἡ μεγαλειότης τῆς προνοίας τοῦ δεσπότου anstelle etwa eines einfachen ὁ δεσπότης oder ὁ θεός); zu μεγαλειότης vgl. Lk 9,43; πρόνοια im Sinne der göttlichen Fürsorge („Vorsehung") stammt aus philosophischer Tradition, begegnet in späten LXX-

Schriften und ist hier erstmals in christlicher Lit. belegt. Das Bild vom Samenkorn wird im Zusammenhang von Auferstehungsaussagen oft verwendet; das rabbinische Argument, die Toten würden nicht nackt, sondern bekleidet auferstehen (s. Billerbeck III, 475 zu 1 Kor 15,37), liegt hier aber ebenso fern wie die Argumentation im „3. Korintherbrief" der Acta Pauli (3,24–32; NTApo⁵ II, 233), die Samenkörner bewiesen die Auferstehung des *Fleisches*. Das dritte Beispiel ist (25,1) ein im Osten beheimatetes παράδοξον σημεῖον, nämlich das vom Vf offensichtlich für real gehaltene Schicksal des Vogels Phönix. Knoch, Eigenart 151 meint, der Vf habe diesen Mythos „nicht … für bare Münze genommen", aber das läßt der Text ebensowenig erkennen wie den von Ziegler, Studien 53 und 66 A 31 erwogenen Gedanken, der Vf spiele auf die Fähigkeit der Vögel zur Zukunftsschau an. Das Wort φοίνιξ (oder φοῖνιξ) bedeutet eigentlich „Dattelpalme" und ist so im NT und in LXX belegt. In der LXX-Fassung von Hi 29,18 ist das hebr. חול „Sand" mit φοίνιξ wiedergegeben zur Bezeichnung eines sprichwörtlich langen Lebens, wobei offensichtlich an den Wundervogel gedacht ist.

Exkurs: Die Überlieferungen vom Vogel Phönix

Die Überlieferungen vom Vogel Phönix sind in der gesamten Antike weit verbreitet gewesen, wie die zahlreichen literarischen und ikonographischen Belege beweisen (eingehende Darstellung des Befundes bei R. van den Broek, The Myth of the Phoenix According to Classical and Early Christian Traditions, EPRO 24, 1972 [mit Bildmaterial]). Eine Auswahl wichtiger Texte ist in der Beilage (s. u. S. 263) zusammengestellt (die dort abgedruckten Texte sind im folgenden mit einem ★ gekennzeichnet). Die älteste Erwähnung findet sich im Hesiod-Fragment 171 (überliefert bei Plut Def Orac 11★), wo ohne nähere Angaben nur die ungeheure Lebenszeit dieses Vogels erwähnt ist (972 Menschenalter zu je 100 Jahren). Ältester Beleg für eine ausgeführte Erzählung ist Herodot II 73★. Herodot berichtet, er habe ein Bild dieses Vogels in Ägypten gesehen, und dort erzähle man die folgende, von Herodot nicht als glaubwürdige erachtete, Geschichte: Der Vogel komme alle fünfhundert Jahre aus Arabien nach Heliopolis, um im Heiligtum des Helios seinen verstorbenen Vater zu begraben, den er zuvor in ein Ei aus Myrrhe gelegt habe. Der Vogel sei goldfarben und rot und habe Größe und Aussehen eines Adlers. Die Belege für die Phönix-Erzählung häufen sich vor allem in kaiserzeitlicher römischer Literatur. Ovid Metam XV 392–407★ läßt Pythagoras sagen, daß nur *ein* Lebewesen sich selbst erzeuge und erneuere, nämlich der von den Assyrern so genannte Phönix; kurz vor seinem Tode baue er sich aus Weihrauch und anderen Spezereien ein Nest, in dem er sterbe, woraufhin dann aus seinem Leichnam ein kleiner Phönix entstehe, der, stark genug geworden, das Nest samt dem Leichnam in die „Stadt des Hyperion" bringe und dort am Tor des Sonnentempels niederlege. Der Geograph Pomponius Mela erwähnt (De situ orbis III 83 f★), daß der Phönix nicht gezeugt werde, sondern nach dem Verwesen seiner Glieder wieder neu entstehe. Der Epigrammatiker Martialis (40–104 n. Chr.) dichtet ein kurzes Lied (V 7★), das den Wiederaufbau der durch den Brand unter Nero zerstörten Stadt Rom unter Domitian mit der Selbsterneuerung des Phönix vergleicht; hier liegt offenbar das älteste erhaltene Zeugnis vom Verbrennen des Phönixnests vor. Seneca erwähnt (Ep 42,1) den Phönix als ein geläufiges Beispiel dafür, daß wahrhaft Großes nur sehr selten geboren werde. Eingehend spricht Plinius d. Ä. (23/24–79 n. Chr.) unter Berufung auf Manilius (Senator um 97 v. Chr.) vom Phönix (Hist Nat 10,3–5★; dazu eine kurze Erwähnung in 29,29): Er wisse zwar nicht, ob es sich nicht um eine Fabel handle; aber jedenfalls überliefere Manilius, daß dieser auf der Welt einmalige Vogel 540 Jahre lebe, vor seinem Tode ein Nest baue und darin sterbe, woraufhin sich zuerst ein Wurm entwickle, daraus dann ein neuer Vogel, und dieser bringe das Nest mit dem Leichnam in die „Sonnenstadt" nahe dem (mythischen) Land Panchaia. Die Wiederkehr des Vogels hänge auch mit astronomischen Vorgängen zusammen. Im Jahre 800 seit Gründung der Stadt Rom sei auf Anweisung des Kaisers Claudius der Phönix in Rom ausgestellt worden; es habe allerdings niemand Zweifel daran gehabt, daß er unecht war. Tacitus (Ann VI 28★) erwähnt das Erscheinen des Phönix im Jahre 34 geradezu als ein historisches Faktum (vgl. Dio C

58,27,1, wo das Erscheinen des Phönix [im Jahre 36] als mögliches Vorzeichen für den Tod des Tiberius genannt wird); Tacitus berichtet über die unterschiedlichen Angaben zu seinem Lebensalter und überliefert das Grundgerüst der Erzählung: Der junge Vogel entstehe aus der vis genitalis des Vaters, bringe den Leichnam zum Sonnenaltar und verbrenne ihn dort. Zwar sei im einzelnen vieles unsicher, doch daß der Vogel in Ägypten gesehen werde, sei nicht zu bezweifeln. Von der Selbstverbrennung des Phönix in Ägypten und vom sprichwörtlich gewordenen „Phönix aus der Asche" spricht Artemidor (Oneirocr IV 47★) ausführlich, während Philostrat (Vit Ap III 49★) dies nur andeutet. Auf Münzen im 2. Jh. erscheint der Phönix als Symbol der aeternitas Romae (van den Broek, aaO. plate VIII,1).

Auch bei jüdischen Autoren wird der Phönix erwähnt. Sehr ausführlich erzählt grBar 6–8★ von ihm, u. a. mit der Aussage, daß der Phönix mit seinen Schwingen die Erde vor schädlichen Strahlen der Sonne schütze. Der Tragiker Ezechiel überliefert die Schilderung eines besonderen Vogels beim Exodus aus Ägypten (Euseb Praep Ev IX 29,16★), allerdings ohne Erwähnung eines Namens. Sl Hen 12.15 spricht von mehreren Phönixen, in Kap. 19 parallel zu den Cherubim.

In christlicher Literatur ist 1 Clem 25 das früheste Zeugnis. Im (schwer datierbaren) Physiologus★ erscheint er, ebenso wie in 1 Clem, als Beleg für die Macht Gottes, den Gläubigen die Auferstehung von den Toten zu gewähren. Denselben Sinn hat die Erwähnung bei Tertullian De Resurrectione Carnis 13★, in Const Ap V 7,15f★ (wohl in literarischer Abhängigkeit von 1 Clem) und bei Epiphanius (Ancoratus 84★). Origenes zitiert eine Aussage seines Gegners Celsus über den Phönix (c Cels IV 98★), bleibt selbst aber skeptisch und betont, daß in jedem Fall der Schöpfer des Phönix, nicht dieser selbst zu verehren sei. Ob das (lange) Gedicht „De Ave Phoenice" von Lactantius (um 300) stammt oder ihm fälschlich zugeschrieben wird, ist schwer zu sagen (s. dazu Altaner-Stuiber, Patrologie 187f und eingehend Wlosok, GAufs 250–278, nach deren Auffassung diese „Elegie an den Anfang der christlichen Schriftstellerei des Laktanz, d. h. in den Beginn der diokletianischen Verfolgung [303/304]" gehört). In den Nag-Hammadi-Texten ist an einer Stelle vom Phönix die Rede; die (nur andeutend erwähnte) Erzählung wird sofort gnostisch gedeutet (Orig Mund NHC II/5 p 122★).

Der Vf des 1 Clem bringt die Erzählung in einer so sonst nicht belegten Fassung, doch lassen sich sämtliche Einzelheiten auch in den erwähnten Quellen finden. Grant zSt nennt die Textfassung des 1 Clem „essentially Roman in origin" und verweist auf die besondere Nähe zu Pomponius Mela und Plinius. Später hat Photibus Bibl. 126 den Vf wegen der Verwendung des Phönix-Beispiels kritisiert (s. zu 20,8). Bemerkenswert ist, daß die koptische Übersetzung in beiden Handschriften den Mythos in einer abweichenden (sicher sekundären) Fassung überliefert (vgl. van den Broek aaO. 152–155): „Er wirft sich (?) auf den Altar der Sonne, läßt sich nieder, rupft aus seine Flügel, zündet Feuer an und gibt sich selbst als Wohlgeruch. Wenn aber er verbrannt und Asche geworden ist …" (Übers. C. Schmidt, TU 32,1, 74).

25,1: Das Stichwort παράδοξον σημεῖον zeigt an, daß der Vf an der Realität des im folgenden Erzählten nicht zweifelt. Die Erwähnung Arabiens als Herkunftsort entspricht gängiger Überlieferung (oft wird aber Indien genannt; bei Achill Tat III 25★ [3./4. Jh.] verbringt der Vogel sein langes Leben in Äthiopien). Auffallend ist, daß im Unterschied zu den meisten anderen Quellen eine äußere Beschreibung des Phönix fehlt. Der Vf erwähnt aber (2) seine Einzigartigkeit; das entspricht den zeitgenössischen Quellen, ebenso das runde Lebensalter von fünfhundert Jahren (s. den voranstehenden Exkurs und die Quellentexte in der Beilage). Zu τοῦ ἀποθανεῖν αὐτό s. B-D-R § 400,2. σηκός, eigentlich „Grabmal" oder „Begräbnisstätte", hat hier den Aspekt „Nest" bzw. auch „Sarg" (Jaubert übersetzt „nid funéraire"). Die Vorstellung (3), daß aus der Feuchtigkeit des verwesenden Vogelleichnams ein Wurm entstehe, knüpft offenbar an Alltagserfahrungen an; sie entspricht den Aussagen in mehreren anderen Quellen. Der Flug nach Ägypten findet sich ebenfalls in den meisten Quellen (nach Rusch, Art. Phoinix 5, PRE XX/1,417ff wäre die Phönix-Sage ursprünglich nicht mit Ägypten verbunden gewesen; ihre weite Verbreitung hänge dann aber mit dessen Eingliederung in das römische Reich zusam-

men). Die Tempelstadt Heliopolis (im AT: On [Gen 41,45] bzw. Beth-Šemeš [Jer 43,13])
lag an der Südspitze des Nildeltas, wurde ihrer Berühmtheit wegen von Reisenden gern
besucht, war aber zur Zeit des 1 Clem bereits unbewohnt (Strabo XVII 27–29), was der Vf
entweder nicht weiß oder meint nicht erwähnen zu müssen (s. das entsprechende Problem
bei 41,2). Daß das Geschehen sich am hellen Tag abspielt (**4**), entspricht der Angabe bei
Plinius; aber dem Vf des 1 Clem liegt durchaus daran, daß nichts im mythischen Dunkel
bleibt (C bietet an dieser Stelle den oben zitierten Text). Das für 1 Clem eigentlich
wichtige Wunder von Tod und Neuwerden ereignet sich nicht in Heliopolis; aber (**5**) für
den Vf ist entscheidend die Feststellung der Priester, daß abermals fünfhundert Jahre
vergangen sind. Die ἀναγραφαί sind die offiziellen Aufzeichnungen (Diod S 1,31,7), für
die Ägypten berühmt war und die sogar in den Augen von Feinden großen Wert besaßen
(Diod S 16,51,2). Die Genauigkeit der ägyptischen ἀναγραφαὶ τῶν χρόνων rühmt Tatian
Or 38,1, ihre Zuverlässigkeit und hohes Alter Jos c Ap I 28. In **26,1** zieht der Vf den Schluß
a minore ad maius. Zu μέγα καὶ θαυμαστόν vgl. 50,1; θαυμαστόν in einer Frage auch 43,1.
Zum Gottesprädikat ὁ δημιουργὸς τῶν ἁπάντων vgl. 20,11; daß gerade ein Titel verwendet
wird, der von Gottes Schöpfertätigkeit spricht, ergibt sich aus dem Thema (Knoch,
Eigenart 152f). Dieselbe Schlußfolgerung wie 1 Clem zieht, unter Anspielung auf Mt
10,31, auch Tertullian (De resurrectione carnis 13): Homines semel interibunt, avibus
Arabiae de resurrectione securis? „Menschen sollen für immer vergehen, wenn doch die
Vögel Arabiens der Auferstehung sicher sind?" Zu beachten ist, daß der Vf keine allgemeine Auferstehung aller Toten lehrt (richtig Aono, Entwicklung 60f); es geht ihm um die
Auferweckung derer, die ὁσίως αὐτῷ δουλεύσαντες ἐν πεποιθήσει πίστεως ἀγαθῆς (πίστις
ἀγαθή auch in Tit 2,10, aber im Sinn von „gute Treue"). Die Rede von der Auferstehung
ist also nicht einfach eine Zukunftsansage, sondern wirklich eine ἐπαγγελία; und trotz der
Argumentationsweise in 24,2–25,5 denkt der Vf also nicht primär vom Weltbild, sondern
– wie schon der Anfang in 24,1 gezeigt hatte – in erster Linie vom Bekenntnis bzw. vom
Glauben her. Der Vf schließt in **2.3** mit drei Schriftbelegen. Das erste Zitat, eingeleitet mit
λέγει γάρ που (vgl. 21,2), erinnert an Ps 27,7b LXX (Auf den Herrn ἤλπισεν ἡ καρδία μου,
καὶ ἐβοηθήθην, καὶ ἀνέθαλεν ἡ σάρξ μου καὶ ἐκ θελήματός μου ἐξομολογήσομαι αὐτῷ) und
im Wortlaut auch an Ps 87,11 LXX (μὴ τοῖς νεκροῖς ποιήσεις θαυμάσια ἢ ἰατροὶ ἀναστήσου-
σιν, καὶ ἐξομολογήσονταί σοι;), wenngleich der Sinn geradezu entgegengesetzt ist. Das
zweite, direkt angeschlossene (καί) Zitat wirkt wie eine Verknüpfung von Ps 3,6 LXX
(ἐγὼ ἐκοιμήθην καὶ ὕπνωσα· ἐξηγέρθην, ὅτι κύριος ἀντιλήμψεταί μου) und Ps 22,4 LXX
(ἐὰν γὰρ καὶ πορευθῶ ἐν μέσῳ σκιᾶς θανάτου, οὐ φοβηθήσομαι κακά, ὅτι σὺ μεθ᾽ ἐμοῦ εἶ). Ob
der Vf aus dem Gedächtnis zitiert und dabei womöglich bewußt den Wortlaut verändert,
oder ob er bereits eine entsprechende Vorlage gehabt hat, läßt sich kaum sagen (vgl.
Hagner, Use 58f; Knoch, Eigenart 154 A 26 meint, das zweite Zitat stamme aus „einer Art
christl. Testimonienbuch"). Das dritte Zitat (V. 3), dessen Quelle angegeben ist, berührt
sich mit der (textlich unsicheren) Stelle Hi 19,26 LXX (Codex A liest hier: ἀναστήσει δέ
μου τὸ σῶμα, τὸ ἀναντλοῦν ταῦτα); Knoch, Eigenart 155 meint, die Formulierung mit dem
Stichwort σάρξ stamme vom Vf des 1 Clem, aber anders als für 2 Clem ist die „Auferstehung des *Fleisches*" für 1 Clem kein Thema. Alle drei Bibelzitate sollen betonen, daß Gott
die Auferstehung des Beters bzw. des Bekenners bewirken wird oder bewirkt hat; sie
dienen damit der Unterstreichung des in V. 1 beobachteten Aspekts.

27,1–7 Die Bindung an die Allmacht Gottes

¹In dieser Hoffnung also sollen unsere Seelen gebunden sein an den, der treu ist in den Verheißungen und gerecht in den Gerichten. ²Der geboten hat nicht zu lügen, um wieviel mehr wird der selbst nicht lügen; denn nichts ist unmöglich bei Gott, ausgenommen das Lügen. ³Also soll der Glaube an ihn sich in uns neu beleben; und wir wollen bedenken, daß alles ihm nahe ist. ⁴Mit einem Wort seiner Majestät hat er das All gegründet, und mit einem Wort kann er es zerstören. ⁵Wer wird zu ihm sagen: Was hast du getan? Oder wer wird sich der Macht seiner Stärke widersetzen? Wann er will und wie er will, wird er alles tun; und keine der von ihm getroffenen Anordnungen wird vergehen. ⁶Alles ist vor seinem Angesicht, und nichts ist seinem Ratschluß verborgen, ⁷da ja „die Himmel die Ehre Gottes erzählen, das Firmament verkündigt das Werk seiner Hände. Der eine Tag macht kund das Wort dem (anderen) Tag. Und eine Nacht verkündigt Erkenntnis der (anderen) Nacht. Und es gibt keine Worte noch Reden, deren Stimmen nicht gehört werden.“

In Kap. 27 zieht der Vf zunächst die paränetische Konsequenz aus dem in Kap. 24–26 (zuletzt vor allem in 26,2f) Gesagten, das nun als Hoffnung bezeichnet wird: Die Christen sollen die Bindung an diesen Gott wahren, und ihr Glaube an ihn als den allmächtigen soll sich erneuern. Der Vf ruft in **1** die Christen dazu auf (Impt. mit οὖν), sich ganz und gar auf Gott einzulassen (ψυχή als Bezeichnung für den ganzen Menschen unter dem Aspekt seiner Beziehung zu Gott). Gott erfüllt seine ἐπαγγελίαι (s. 26,1), und in seinen κρίματα (s. 21,1) erweist er sich als gerecht (vgl. 60,1). Daß Gott „treu“ ist, ist eine geläufige formelhafte Aussage im AT (Dtn 32,4 LXX: θεὸς πιστός, καὶ οὐκ ἔστιν ἀδικία, δίκαιος καὶ ὅσιος κύριος; Ps 144,13a LXX: πιστὸς κύριος ἐν τοῖς λόγοις αὐτοῦ; vgl. PsSal 17,10: πιστὸς ὁ κύριος ἐν πᾶσι τοῖς κρίμασιν) und im NT (1 Kor 10,13; 2 Kor 1,18); daß Gott in seinem Gericht gerecht ist, war in Kap. 21–23 vorausgesetzt worden. **2** erläutert die Stichworte πιστός und δίκαιος: Da Gott in seinem Gebot die Lüge verwirft (vgl. Lev 19,11 LXX: οὐ ψεύσεσθε), kann er selbst gar nicht lügen (vgl. Hebr 6,18: ἀδύνατον ψεύσασθαι τὸν θεόν und Tit 1,2: ὁ ἀψευδὴς θεός; weitere Belege für diese Formel bei Bauer-Aland WB s. v. ἀψευδής; der Ausdruck οὐδὲν γὰρ ἀδύνατον παρὰ τῷ θεῷ erinnert an Mk 10,27b; direkte Anspielungen auf diese Texte liegen aber in keinem Fall vor). In **3** setzt der Vf abermals ein mit einem Aufruf zum Glauben. Intransitives ἀναζωπυρεῖν wie in Ign Eph 1,1. ἡ πίστις αὐτοῦ natürlich nicht „seine Treue“ (so für möglich gehalten von Lightfoot und Knopf zSt) oder gar „seine Glaubwürdigkeit“ (erwogen von Harnack, Einführung 112), sondern durchaus „der Glaube“, allenfalls „das Vertrauen“, das die Gläubigen Gott entgegenbringen sollen. Zu πάντα ἐγγὺς αὐτῷ vgl. 21,3, doch ist die Aussage jetzt nicht von Gott her, sondern von πάντα her formuliert (ähnlich Ign Eph 15,3, dort aber als Aussage über Christus). Die Aufforderung νοήσωμεν zielt darauf, den Inhalt des ὅτι-Satzes gleichermaßen als Warnung und als Verheißung zu verstehen (s. V. 1 und V. 4). Nach Knoch, Eigenart 160 hat der Vf mit dem räumlichen Verständnis des ἐγγύς „die temporale Grundstruktur des heilsgeschichtlichen Denkens“ aufgegeben und „durch das kosmologisch-zeitlose Denken der hellenistischen Theologie ersetzt“; aber dieser Vorgang hat sich im NT schon im Eph vollzogen, und er war theologiegeschichtlich ohnehin unvermeidlich, da sich die zeitliche Struktur der Naherwartungseschatologie ja nicht beliebig verlängern ließ. Das Stichwort πάντα wird in **4** näher expliziert. Daß Gott das All durch sein Wort erschaffen hat, ist gängige an Gen 1 anknüpfende jüdische und christliche Lehre (vgl. Sap Sal 9,1: θεὲ . . . ὁ ποιήσας τὰ πάντα ἐν λόγῳ σου; Ps 33,9; ähnlich Hebr 1,3). Der Begriff λόγος τῆς μεγαλωσύνης αὐτοῦ ist trotz 16,2 nicht christologisch gemeint; das zeigt schon V. 4b, wo in ungewöhnlicher Weise Gottes λόγος als (mögliches) Mittel der Zerstörung genannt ist. Die Formulierung erinnert, vor allem vor dem Hintergrund von **5**, an Hi 11,10 LXX (ἐὰν δὲ καταστρέψῃ τὰ πάντα, τίς ἐρεῖ αὐτῷ Τί ἐποίησας; wie schon in Kap. 24–26 geht es dem Vf um die Betonung der unbedingten Souveränität Gottes. Die Aussagen von V. 5a berühren sich außer mit Hi 11,10 vor allem mit Sap Sal 12,12 (τίς γὰρ ἐρεῖ Τί ἐποίησας; ἢ τίς ἀντιστήσεται τῷ κρίματί σου;) bzw. Sap Sal 11,21b (κράτει βραχίονός σου τίς ἀντιστήσεται; Das abstrakte ἰσχύς anstelle des anthropomorphen βραχίων dürfte vom Vf selbst gewählt worden sein; ein Zusammenhang mit Eph 6,10 besteht wohl nicht.). Warum diese, als solche kaum bezweifelbaren, Anspielungen nicht markiert sind, läßt sich nicht sagen. Zu Gottes fast willkürlich zu nennendem θέλειν s. 21,9 (vgl. Sap Sal 9,13b: τίς ἐνθυμηθήσεται τί θέλει ὁ κύριος;); der Vf hebt gerade nicht „auf den Plan Gottes ab, in dem das Wann und das Wie genau festgelegt sind" (so Knoch, Eigenart 213), sondern er denkt gerade an Gottes Freiheit. Zu οὐδὲν μὴ παρέλθῃ τῶν δεδογματισμένων ὑπ᾿ αὐτοῦ vgl. 13,31 parr (die Verneinung οὐδὲν μή ist sprachlich korrekt, B-D-R § 431.7). Die Verwendung von δογματίζω im Blick auf Gottes Verfügungen ist ungewöhnlich (in LXX, lediglich in späten Schriften, wird das Verb nur von königlichen Erlassen gebraucht); gemeint ist, daß Gott in den ἐπαγγελίαι und κρίματα sich selbst treu bleibt (andernfalls bestünde ein Widerspruch zu V. 4b). Die Aussagen in **6** nehmen schon Gesagtes wieder auf (zu πάντα ἐνώπιον αὐτοῦ vgl. 21,1; zu οὐδὲν λέληθεν τὴν βουλὴν αὐτοῦ vgl. 21,3); daß Gott nichts verborgen bleibt, ist ein traditioneller Topos (vgl. Hi 34,21 LXX: αὐτὸς γὰρ ὁρατής ἐστιν ἔργων ἀνθρώπων, λέληθεν δὲ αὐτὸν οὐδὲν ὧν πράσσουσιν; ähnlich Jes 40,26 LXX). Abschließend (**7**) zitiert der Vf Ps 18,2–4 LXX, zwar ohne explizite Zitateinleitung, aber nahezu wörtlich (zu den geringfügigen Differenzen s. Hagner, Use 45). Zum einleitenden fast kausalen εἰ s. B-D-R § 372,1. Das Zitat dient offenbar dazu, die Aussage von V. 6, daß nichts „verborgen" ist, nachdrücklich zu unterstreichen.

28,1–4 Gottes Allgegenwart

[1]Da also alles gesehen und gehört wird, laßt uns ihn fürchten und laßt uns aufgeben die schmutzigen Begierden nach bösen Werken, damit wir durch sein Erbarmen bewahrt bleiben vor den zukünftigen Gerichten. [2]Denn wohin kann einer von uns fliehen vor seiner starken Hand? Welche Welt wird einen von denen aufnehmen, die von ihm desertieren? Es sagt nämlich irgendwo die Schrift: [3]„Wohin soll ich gehen, und wo soll ich mich verbergen vor deinem Angesicht? Wenn ich hinaufsteige in den Himmel, so bist du dort. Wenn ich weggehe zu den Enden der Erde, (so ist) deine Rechte dort. Wenn ich mein Lager hinbreite in die Unterwelt, (so ist) dort dein Geist." [4]Wohin also sollte einer weggehen, oder wohin sollte er davonlaufen vor dem, der alles umfaßt?

Der Vf mahnt seine Hörer, aus dem Gesagten nun auch sittliche Konsequenzen zu ziehen (οὖν mit anschließendem Adhortativ); dabei betont er nachdrücklich, auch unter Verwendung eines Schriftzitats, den Gedanken der Allwissenheit und Allgegenwart Gottes.

Mit den gen. abs. in **1** werden die Aussagen von 27,6.7 nochmals aufgenommen. Daß Gott alles sieht und hört (beachte das pass. divinum), ist ein üblicher Gedanke (vgl. in der Sache Hom Od 11,109: Helios ὃς πάντ' ἐφορᾷ καὶ πάντ' ἐπακούει). Besonders nahe kommt unserer Stelle Theophil Ad Autol II 3: θεοῦ δὲ τοῦ ὑψίστου καὶ παντοκράτορος καὶ τοῦ ὄντως θεοῦ τοῦτό ἐστιν μὴ μόνον τὸ πανταχόσε εἶναι, ἀλλὰ καὶ πάντα ἐφορᾶν καὶ πάντων ἀκούειν ... Θεὸς γὰρ οὐ χωρεῖται, ἀλλὰ αὐτός ἐστι τόπος τῶν ὅλων „Dem höchsten und allmächtigen Gott, der wahrhaft Gott ist, ist es eigen, nicht allein überall zu sein, sondern auch alles zu sehen und alles zu hören ... Denn Gott ist nicht begrenzt, sondern er selbst ist Raum für das All." Der Vf leitet aus dieser Vorstellung die Mahnung zur Gottesfurcht (vgl. 21,7; 23,1) und zum Ablegen sittlicher Unreinheit ab (μιαρός war in 1,1 ein Epitheton der στάσις gewesen; vgl. auch 3,4: ... ἀπολιπεῖν ἕκαστον τὸν φόβον τοῦ θεοῦ), die sich auf böse Werke richtet (konkretisiert in 30,1). Richtiges Handeln bewahrt (σκεπάζω hier erstmals in uns. Lit.) uns vor den zukünftigen Gerichten (s. zu 27,1), freilich nicht automatisch, sondern durch Gottes ἔλεος (s. zu 18,1 f). Deutlich ist wieder, daß der Ausdruck τὰ κρίματα nicht ein allgemeines Endgericht bezeichnet, sondern die Verurteilung, die den Sünder trifft (vgl. 11,2; Knoch, Eigenart 173 meint, dies diene dazu, „den Appell an den Umkehrwillen nachdrücklicher zu gestalten"). Zum Zusammenhang von Gottes Allwissenheit und Gericht vgl. auch Theophil Ad Autol II 37: ὁ θεὸς τὰ πάντα ἐφορᾷ καὶ οὐδὲν αὐτὸν λανθάνει, μακρόθυμος δὲ ὢν ἀνέχεται ἕως οὗ μέλλει κρίνειν, was durch einen Zweizeiler des Dichters Dionysios belegt werde.

Die beiden in **2** gestellten rhetorischen Fragen zielen schon auf das in V. 3 folgende Zitat. ποῖος κόσμος erinnert an 20,8; aber woran der Vf jetzt denkt, wird durch die Aussagen in V. 3 deutlich. αὐτομολέω ist militärischer terminus technicus (vgl. 21,4). Es gibt keine Welt, in der ein Deserteur, der Gott verlassen hat, Ruhe finden könnte. Die Aussage wird näher expliziert durch ein nicht näher zugeordnetes (λέγει γάρ που wie in 26,2 u. ö.) Schriftwort. τὸ γραφεῖον ist eigentlich das Schreibwerkzeug (so Hi 19,24 LXX), dann auch das Geschriebene; das Wort, in uns. Lit. nur hier, ist in Epiph Haer 29,7,2.4 (im Plural!) Bezeichnung für den dritten Teil des alttestamentlichen Kanons („Schriften", כְּתוּבִים), und oft wird dieser Sinn auch hier schon angenommen. Aber da sich dieser Sprachgebrauch vor Epiphanius nicht nachweisen läßt (die „Schriften" werden in Sir prol 10 „die anderen väterlichen Bücher" genannt; vgl. Philo Vit Cont 25: ὕμνους καὶ τὰ ἄλλα, ähnlich Jos Ap I 40; daß in Lk 24,44 ψαλμοί als pars pro toto steht, ist unwahrscheinlich, s. Klostermann zSt) und da 1 Clem sonst auch nirgends andeutet, daß ihm die Kanongliederung bewußt wäre, wird man das Wort eher unspezifisch und nicht anders als das häufigere ἡ γραφή zu fassen haben. Bei dem Zitat in **3** handelt es sich um Ps 138,7–10; die Abweichungen vom Wortlaut der LXX sind allerdings erheblich und lassen sich allenfalls teilweise auf bewußte Korrekturen durch den Vf zurückführen (Einfluß der inhaltlich verwandten Stelle Am 9,2f ist nicht zu erkennen). Das Verb ἀφήκειν (anstelle von πορεύεσθαι in LXX) ist selten (in LXX fehlt es ganz, in uns. Lit. nur hier). Auffallend ist die Formulierung der zweiten Zeile; 1 Clem schreibt: ἐὰν ἀπέλθω εἰς τὰ ἔσχατα τῆς γῆς, ἐκεῖ ἡ δεξιά σου anstelle von LXX (V. 9f): ἐὰν ἀναλάβοιμι τὰς πτέρυγάς μου κατ' ὄρθρον καὶ κατασκηνώσω εἰς τὰ ἔσχατα τῆς θαλάσσης, καὶ γὰρ ἐκεῖ ἡ χείρ σου ὁδηγήσει με, καὶ καθέξει με ἡ δεξιά σου. Die Zeile ἐὰν καταστρώσω εἰς τὰς ἀβύσσους, ἐκεῖ τὸ πνεῦμά σου weicht ebenfalls erheblich ab (LXX V. 8b: ἐὰν καταβῶ εἰς τὸν ᾅδην, πάρει), könnte aber durch 20,5 beeinflußt sein (Stichwort ἄβυσσος) und auch durch LXX V. 7 (ποῦ πορευθῶ ἀπὸ τοῦ πνεύματός σου). Oft wird angenommen, daß καταστρώσω (anstelle von καταβῶ) auf den Einfluß des hebr. Textes zurückgeht; aber καταστρώννυμι hat biblisch sonst stets die Bedeutung „niederstrecken, töten" (s. Bauer-Aland WB s. v.). Dem Vf des 1 Clem war das Psalmzitat offenbar nur in dieser Fassung bekannt. Mit einer doppelten rhetorischen Frage (das Fragepronomen ποῖ in uns. Lit. nur hier) schließt er (**4**): Gott als dem „Allumfasser" kann der Mensch natürlich nirgendwo entkommen. (ἐμ)περιέχειν wird in der Stoa verwendet, um Gottes allumfassende Gegenwart auszusagen; vgl. MAnt VIII 54,1: Μηκέτι μόνον συμπνεῖν τῷ περιέχοντι ἀέρι, ἀλλὰ ἤδη καὶ συμφρονεῖν τῷ περιέχοντι πάντα νοερῷ „Nicht mehr nur mitatmen mit der umgebenden Luft, sondern schon auch mitdenken mit dem alles umgebenden Geistigen." Vgl. das Referat über die Stoiker bei Orig cCels VI 71: ὁ θεὸς πνεῦμά ἐστι διὰ πάντων διεληλυθὸς καὶ πάντ᾽ ἐν ἑαυτῷ περιέχον. Der Gedanke ist im Judentum aufgenommen; Philo Leg All III 4: Man kann nicht sagen, es sei möglich, sich vor Gott zu verbergen, denn Gott erfüllt und durchwaltet alles – wie könnte jemand einen Platz einnehmen, an dem Gott nicht ist? Vgl. Leg All I 44: Gott ist, der alles Leere erfüllt und umfaßt, er selbst aber wird von keinem anderen umfaßt (... πληρῶν καὶ περιέχων, αὐτὸς δὲ ὑπ᾽ οὐδενὸς ἄλλου περιεχόμενος), da er selbst der Eine und das All ist (εἷς καὶ τὸ πᾶν αὐτὸς ὤν). Von dort ist die Vorstellung auch christlich rezipiert worden (vgl. Apg 17,28; dazu Conzelmann zSt). Es bleibt aber trotz dieser Parallelen zu beachten, daß für 1 Clem Gott in dem All nicht aufgeht, sondern daß er ihm, der biblischen Tradition entsprechend, als Herr gegenübersteht (vgl. wie zu V. 1 Theophil Ad Autol II 3; Grant zSt verweist außerdem auf I 5: ἡ πᾶσα κτίσις περιέχεται ὑπὸ πνεύματος θεοῦ, καὶ τὸ πνεῦμα τὸ περιέχον σὺν τῇ κτίσει περιέχεται ὑπὸ χειρὸς θεοῦ „Die ganze Schöpfung ist umgeben vom Geist Gottes, und der umgebende Geist samt der Schöpfung wird umfaßt von der Hand Gottes.").

29,1–30,8 Die Christen als Gottes erwählter, heiliger „Teil"

29   **¹Treten wir also hin zu ihm mit frommer Seele, reine und unbefleckte Hände zu ihm erhebend, in Liebe zu unserem gütigen und barmherzigen Vater, der uns für sich gemacht hat zum auserwählten Teil. ²So nämlich steht geschrieben: „Als der Höchste die Völker teilte, da er zerstreute die Söhne Adams, bestimmte er Gebiete für die Völker nach der Zahl der Engel Gottes. Anteil des Herrn wurde sein Volk Jakob, Israel sein Besitzanteil." ³Und an einer anderen Stelle heißt es: „Siehe, der Herr nimmt sich ein Volk aus der Mitte der Völker, so wie ein Mensch die Erstlingsgabe seiner Tenne nimmt. Und es wird hervorgehen aus jenem Volk das Allerheiligste."**

30   **¹Da wir also ein „heiliger Teil" sind, laßt uns alles tun, was zur Heiligung gehört. Laßt uns fliehen Verleumdungen, schmutzige und unreine Umarmungen, Trunkenheit und Umsturz und abscheuliche Begierden, schändlichen Ehebruch und abscheulichen Hochmut. ²„Gott nämlich", so heißt es, „widersteht den Hochmütigen, Demütigen aber gibt er Gnade." ³Schließen wir uns also jenen an, denen von Gott die Gnade gegeben ist. Ziehen wir die Eintracht an, demütig gesinnt, enthaltsam lebend, von aller Ohrenbläserei und Verleumdung uns fern-**

haltend, uns rechtfertigend durch Werke und nicht durch Worte. ⁴Es heißt nämlich: „Wer viel redet, wird entsprechend zu hören bekommen. Oder meint der Schwätzer, er sei gerecht? ⁵Gesegnet sei der Weibgeborene, der kurze Zeit lebt. Werde keiner, der viel Worte macht!" ⁶Unser Lob sei bei Gott und nicht aus uns selbst. Denn die sich selber loben, haßt Gott. ⁷Das Zeugnis über unser gutes Handeln soll von anderen erteilt werden, wie es unseren gerechten Vätern erteilt worden ist. ⁸Dreistigkeit und Übermut und Tollkühnheit (sind) bei den von Gott Verfluchten; Milde, Demut und Sanftmut (sind) bei den von Gott Gesegneten.

Aus der Feststellung, daß wir Gott nicht entrinnen können (Kap. 28), leitet der Vf in 29,1 positiv die Forderung ab, daß wir uns Gott zuwenden sollen; dabei bestimmt der vorausgehende Gedanke, daß wir Gottes „erwählter Teil" sind, sowohl den „Indikativ" (29,1b–30,1a) als auch den sich anschließenden „Imperativ" (30,1b–8). Innerhalb beider Abschnitte haben Schriftzitate eine wichtige Funktion.

Zu dem **29,1** einleitenden Adhortativ mit οὖν vgl. 28,1 und dann 30,1. Zu προσέλθωμεν κτλ. vgl. 23,1. Zur Wendung ἐν ὁσιότητι ψυχῆς (s. B-D-R § 165,1) vgl. in der Sache ἐν ὁσιότητι καρδίας (3 Reg 9,4; vgl. Eph 4,24: ἐν ... ὁσιότητι τῆς ἀληθείας). Konkret beschreibt der Vf die übliche Gebetshaltung (s. zu 2,3; vgl. 1 Tim 2,8); in ihr soll sich die Liebe zu Gott zeigen. ἐπιεικής „milde, gütig" (in LXX nur in Ps 85,5) ist Bezeichnung für das „Verhalten Gottes als Herrscher" (Preisker, ThWNT II, 585); zu εὔσπλαγχνος s. 14,3. Neu ist jetzt die Aussage, daß Gott „uns" zum ἐκλογῆς μέρος gemacht hat. Zu Gottes ποιεῖν in Schöpfung und Erwählung vgl. Braun, ThWNT VI, 457–463. ἐκλογή, in LXX nicht gebraucht, bezeichnet immer die freie Wahl, die Menschen treffen; nur in PsSal 18,5 ist Gottes freie Gnadenwahl am „jüngsten Tag" gemeint (ἡμέρα ἐκλογῆς). Paulus verwendet das Wort im theologischen Sinn in Röm 11,5.7: Gott hat die (Juden-)Christen als „Rest" aus Israel „erwählt" (vgl. Röm 11,28; 1 Thess 1,4). Die ungewöhnliche Begriffsverbindung ἐκλογῆς μέρος (gen. qual. hebraisierend für μέρος ἐκλεκτόν) macht deutlich, daß die Christen durch Gottes Tat sein (aus der Welt heraus) erwählter „Teil" geworden sind. Ausführlich, wenn auch in anderer Formulierung, ist dieser Gedanke später dargestellt bei Justin Dial 11,5: Ἰσραηλιτικὸν γὰρ τὸ ἀληθινόν, πνευματικόν, καὶ Ἰούδα γένος καὶ Ἰακὼβ καὶ Ἰσαὰκ καὶ Ἀβραάμ, τοῦ ἐν ἀκροβυστίᾳ ἐπὶ τῇ πίστει μαρτυρηθέντος ὑπὸ τοῦ θεοῦ καὶ εὐλογηθέντος καὶ πατρὸς πολλῶν ἐθνῶν κληθέντος, ἡμεῖς ἐσμέν „Das wahre, geistliche Israel nämlich, das Geschlecht Judas, Jakobs und Isaaks und Abrahams, der mit der Vorhaut auf den Glauben hin von Gott das (gute) Zeugnis erhielt und gesegnet und ‚Vater vieler Völker' genannt wurde, sind wir ..." (Den Begriff τρίτον γένος zur Benennung der Christen neben Juden und Heiden verwendet erst Aristid Apol 2,1 [die Stelle ist freilich textlich unsicher; die syrische und die armenische Übersetzung unterscheiden vier γένη, nämlich zusätzlich „Griechen und Barbaren"]; vgl. aber schon 1 Kor 10,32.) Als Begründung zitiert der Vf in **2** Dtn 32,8 f, praktisch wörtlich nach LXX (es fehlt lediglich ein καί zu Beginn des zweiten Satzes). Meist nimmt man an, daß ähnlich wie in dem zitierten Justin-Text die Namen „Jakob" und „Israel" sowie die Bezeichnung λαὸς αὐτοῦ auf die Kirche bezogen seien (so Knopf zSt; ähnlich Knoch, Eigenart 351 f); aber da „Israel" als Metapher für die Kirche im 1 Clem sonst nicht begegnet, liegt es näher, das Zitat im gegebenen Wortsinn zu verstehen (s. u. zu V. 3). In **3** folgt eine weitere Anführung; freilich steht der zitierte Text in LXX durchaus nicht ἐν ἑτέρῳ τόπῳ, sondern er ist allenfalls aus mehreren einzelnen biblischen Aussagen zusammengesetzt worden (oder las ihn der

Vf in einer uns unbekannten Quelle? Dafür plädiert vorsichtig Hagner, Use 75. 92). Die erste Aussage erinnert an Dtn 4,34 (εἰ ἐπείρασεν ὁ θεὸς εἰσελθὼν λαβεῖν ἑαυτῷ ἔθνος ἐκ μέσου ἔθνους); der sich anschließende Vergleich mit der ἀπαρχὴ αὐτοῦ τῆς ἅλω berührt sich mit Num 18,27 (λογισθήσεται ὑμῖν τὰ ἀφαιρέματα ὑμῶν ὡς σῖτος ἀπὸ ἅλω καὶ ἀφαίρεμα ἀπὸ ληνοῦ) bzw. Ex 22,28 (ἀπαρχὰς ἅλωνος καὶ ληνοῦ σου οὐ καθυστερήσεις). Der letzte Satz könnte mit 2 Chr 31,14 (… δοῦναι τὰς ἀπαρχὰς κυρίου καὶ τὰ ἅγια τῶν ἁγίων) oder auch mit Ez 48,12 (καὶ ἔσται αὐτοῖς ἡ ἀπαρχὴ δεδομένη ἐκ τῶν ἀπαρχῶν τῆς γῆς, ἅγιον ἁγίων ἀπὸ τῶν ὁρίων τῶν Λευιτῶν) zusammenhängen. ἅγια ἁγίων ist terminus technicus für das Allerheiligste des Tempels (s. Bauer-Aland WB s. v. ἅγιος 2b); jetzt denkt der Vf offensichtlich an die Christen, die als „das Allerheiligste" aus dem erwählten Volk hervorgegangen sind (die Verheißung ἐξελεύσεται hat sich ja inzwischen erfüllt). Der Vf denkt daran, daß die Kirche ihren Ursprung in Israel hat; freilich gilt jetzt nur noch von ihr, daß sie ἅγια ἁγίων und (30,1) ἁγία μερίς ist (vgl. Andresen, Kirchen 36: „Hier deutet das Christentum sich selbst als die reifste Frucht göttlicher Erwählung seines Volkes.").

Die Argumentation in **30** folgt dem paulinischen Schema von „Indikativ" und „Imperativ": Vor dem Lasterkatalog steht die Feststellung, daß die Christen „heiliger Teil" (geworden) sind (**1a**), woraus sich die Aufforderung ableitet, τὰ τοῦ ἁγιασμοῦ πάντα zu tun, was von **1b** an vor allem via negationis erläutert wird. Der Vf meint nicht, daß alle diese Verfehlungen in besonderer Weise in Korinth zutage getreten wären (zu Knopf zSt), sondern er führt überwiegend die in der christlichen Paränese „traditionell" erwähnten Laster an. Zu καταλαλιά vgl. 2 Kor 12,20; 1 Petr 2,1 (s. auch zu V. 3); συμπλοκή „Liebesumarmung" in uns. Lit. nur hier; μέθη auch im Lasterkatalog Gal 5,21 (vgl. Röm 13,13); νεωτερισμός „Umsturz" wie Ep Arist 101; Philo Flacc 93 (anders TestR 2,2; 3,8, wo das Wort primär jugendliches [Fehl-]Verhalten meint); zu ἐπιθυμία vgl. Gal 5,24; 2 Tim 2,22 u. ö. (βδελυκτός wie in 2,6); zu μοιχεία vgl. Gal 5,19 (μυσερός wie in 14,1); zu ὑπερηφανία vgl. Mk 7,22 (s. auch Röm 1,30; 2 Tim 3,2). Nur νεωτερισμός und vor allem ὑπερηφανία (s. zu V. 2) sind „Laster", die speziell auf die generell kritisierte Situation in Korinth verweisen. Dem entspricht das in **2** folgende Zitat aus Prv 3,34 (LXX haben statt θεός allerdings κύριος, was der Vf wohl wegen der christologischen Assoziation vermeiden will; vgl. aber 1 Petr 5,5; Jak 4,6, die θεός haben); die Warnung vor der ὑπερηφανία fügt sich also ganz ein in die schon mehrfach ausgesprochene Mahnung zur ταπεινοφροσύνη (Kap. 13 und 16; s. auch V. 3). In **3a** fordert der Vf, daß „wir" uns den von Gott Begnadeten (und nicht den Hochmütigen) anschließen sollen (zu κολληθῶμεν vgl. 15,1; 19,2). Damit sagt er nicht so sehr, „durch welches Verhalten die Gnade Gottes erlangt wird" (so Knopf zSt), sondern er verweist auf die den ταπεινοί gegebene bzw. an ihnen schon verwirklichte (δέδοται) Verheißung. Daß χάρις hier „nichts anderes meinen" kann als „Amtsgnade" (so Wengst, Demut 100) und also „Unterordnung unter die Autorität des Amtes" gefordert wird, ist in den Text eingetragen. In **3b** wird die allgemeine Mahnung konkretisiert. Zum metaphorischen Gebrauch von ἐνδύομαι vgl. Gal 3,27. ὁμόνοια ist für 1 Clem ein entscheidender Wert (vgl. 20,10 f); die anschließenden Partizipien zeigen, auf welche Weise Eintracht verwirklicht wird (zu ταπεινοφρονεῖν s. o.; zu ἐγκρατεύεσθαι vgl. 35,2 und das soeben in V. 1 gezeichnete Gegenbild; ψιθυρισμός und καταλαλιά auch in 35,5; vgl. 2 Kor 12,20). Überraschend ist die letzte Aussage, die klingt, als solle die paulinische Theologie ausdrücklich zurückgewiesen werden (vgl. Jak 2,24); aber δικαιούμενοι bezeichnet hier nicht einen dogmatischen Sachverhalt (s. zu 32,4), sondern ist im Rahmen der Paränese adhortativ gemeint: Die Christen sollen ihren Status (V. 1a) nicht durch bloße Worte, sondern durch

Taten (vgl. 38,2) verwirklichen (s. Lindemann, Paulus 184f; Harnack, Einführung 29 übersetzt „unsere Rechtschaffenheit darstellend"). Daß dies eine sehr legitime Forderung ist, bestätigt in den Augen des Vf das wörtlich aus Hi 11,2.3a LXX übernommene Schriftzitat (**4.5**); dabei wird Hi 11,2c in V. 5a nicht nur mechanisch mitzitiert, sondern diese Zeile ist offenbar wichtig wegen des in V. 8 dann aufgenommenen Stichworts εὐλογημένος (zu Knopf zSt; Lightfoot I/2, 97 erwägt Einfluß von Hi 14,1 LXX: βροτὸς γὰρ γεννητὸς γυναικὸς ὀλιγόβιος καὶ πλήρης ὀργῆς). **6** zeigt, an welche λόγοι (V. 3) bzw. ῥήματα (V. 5) der Vf denkt: Es droht die Gefahr des Selbstlobs, dem doch Gottes Haß gilt. Die Aussage erinnert an Röm 2,29, ohne daß ein direkter Bezug vorliegen muß (Lindemann, Paulus 193). αὐτεπαινετός ist offenbar hapax legomenon in der gesamten Gräzität (s. Bauer-Aland WB s. v.; vgl. aber αὐτέπαινος „self-laud story", Liddell-Scott s. v.). In der Sache entspricht V. 6b dem ersten Teil des Zitats in V. 2 (zum „Hassen" Gottes vgl. entsprechende Aussagen im AT bzw. in LXX, z. B. Sir 10,7; dazu Michel, ThWNT IV, 690). **7** wiederholt die Aussage von V. 6 in anderer Terminologie und weitet sie durch den Vergleich mit den „Vätern" aus. Zu μαρτυρία s. 17,1 (vgl. das Justin-Zitat bei 29,1). δίδοσθαι ὑπ᾽ ἄλλων scheint beinahe pass. divinum zu sein (obwohl dann natürlich der Plural befremdet); jedenfalls gilt dies für die Fortsetzung, denn die (in Kap. 17.18 erwähnten) Väter empfingen ja ihr gutes Zeugnis von Gott, und auch der Kontext legt (gegen Knopf zSt) nicht nahe, in V. 7a eine Alltagsregel im Sinne von Prv 27,2 zu finden. Abschließend stellt der Vf in **8** drei „Laster" und drei „Tugenden" in genauer Parallelität einander gegenüber, und zwar unter dem Aspekt der Gegensätze in der Gottesbeziehung (ob im zweiten Glied das παρά anstelle des einfachen Dativs eine Sinndifferenz anzeigt, läßt sich schwer sagen). Der Ausdruck καταρᾶσθαι ὑπὸ θεοῦ begegnet bezogen auf Menschen in uns. Lit. nur hier; gemeint sind die, die nach V. 6 von Gott gehaßt werden. εὐλογεῖσθαι ὑπὸ τοῦ θεοῦ markiert den Gegensatz („Fluch und Segen"), nimmt aber offenbar auch das entsprechende Stichwort aus dem Zitat von V. 5 bewußt auf (vgl. in der Sache Gal 3,9; zum Gegenüber der von Gott Verfluchten und der von ihm Gesegneten vgl. Mt 25,34.41). Die „Laster" θράσος und αὐθάδεια fehlen im NT, begegnen aber in der „Zwei-Wege-Lehre" (s. Did 3,9); τόλμα in uns. Lit. nur hier, sonst aber nicht selten (s. Bauer-Aland WB s. v.). Im Grunde sind die drei Begriffe bedeutungsgleich. Zu ἐπιείκεια vgl. 13,1 (als Inhalt der Lehre Jesu); zu ταπεινοφροσύνη vgl. 21,8; zu πραΰτης vgl. 13,4 (und den Katalog Gal 5,23).

31,1–32,4 Die Rechtfertigung durch den Glauben als Weg zum Segen

31 **¹Halten wir uns also an seinen Segen und sehen wir, welches die Wege zum Segen sind. Überdenken wir noch einmal das von Anbeginn Geschehene. ²Weshalb ist unser Vater Abraham gesegnet worden? Nicht deshalb, weil er Gerechtigkeit und Wahrheit durch Glauben getan hat? ³Isaak ließ sich voll Vertrauen, da er das Zukünftige wußte, gern als Opfer hinführen. ⁴Jakob verließ in Demut sein Land um seines Bruders willen und zog zu Laban und diente, und es wurde ihm das Zwölfstämmereich Israel gegeben.**
32 **¹Wenn jemand hierüber im einzelnen aufrichtig nachsinnt, wird er die Größe der von ihm (sc. von Gott) gegebenen Gaben erkennen. ²Von ihm (sc. von Jakob)**

nämlich (stammen) alle Priester und Leviten ab, die dem Altar Gottes dienen. Von ihm stammt der Herr Jesus ab, soweit es das Fleisch betrifft. Von ihm stammen Könige und Fürsten und Herrscher ab über Juda. Seine übrigen Stämme aber stehen in nicht geringem Ansehen, da Gott die Verheißung gab: „Dein Same wird sein wie die Sterne des Himmels." ³Alle nun sind verherrlicht und groß gemacht worden nicht durch sich selbst oder durch ihre Werke oder durch das gerechte Handeln, das sie vollbrachten, sondern durch seinen Willen. ⁴Auch wir also, die wir durch seinen Willen in Christus Jesus berufen worden sind, werden nicht durch uns selbst gerechtfertigt, auch nicht durch unsere Weisheit oder Einsicht oder Frömmigkeit oder durch Werke, die wir vollbracht haben mit frommen Herzen, sondern durch den Glauben, durch den der allmächtige Gott alle von Ewigkeit her gerechtfertigt hat. Ihm sei die Ehre von Ewigkeit zu Ewigkeit. Amen.

Der Vf knüpft mit dem Stichwort εὐλογία in 31,1 unmittelbar an Kap. 30 an. Der Rückblick auf die Vergangenheit soll nun zeigen, welche Wege zum Segen führen. Nach dem Hinweis auf den jeweiligen Segen der Erzväter (31,2–4) folgt in 32,1.2 die Beschreibung der Größe der göttlichen Gaben; in 32,3 wird die Souveränität des Willens Gottes betont, während dann in 32,4 aus dem Gesagten die generell gültige Aussage der Rechtfertigungslehre abgeleitet wird. Das Ganze mündet in eine Doxologie (32,4b), die jedenfalls einen gewissen Einschnitt markiert.

Die Aufforderung in **31,1a** ist eine direkte Folgerung aus 30,8b. Zu κολληθῶμεν vgl. 30,3; aber jetzt geht es in einem noch viel höherem Maße um die „richtige Parteinahme". Zu ἴδωμεν vgl. 7,3; hier wie dort folgen Beispiele aus der Geschichte. Zu αἱ ὁδοὶ τῆς εὐλογίας vgl. 35,5 (ἡ ὁδὸς τῆς ἀληθείας), ferner Did 4,14; 5,1; vgl. ὁδοὶ ζωῆς Apg 2,28 (= Ps 15,11 LXX). Die zweite Aufforderung (**1b**) leitet die historische Rückbesinnung ein. ἀνατυλίσσειν (wörtlich „zurückwickeln") ist selten; das Wiederholungsmoment wird offenbar deshalb eingebracht, weil jedenfalls Abraham und Jakob in 1 Clem bereits erwähnt worden waren. Zu ἀπ' ἀρχῆς vgl. 19,2 (ἐξ ἀρχῆς). **2:** Daß Abraham (zu ὁ πατὴρ ἡμῶν s. 4,8) gesegnet worden ist, wird – zumal nach Kap. 10 – als den Hörern bekannt vorausgesetzt; der Stil der rhetorischen Frage suggeriert ihnen, daß sie auch die Gründe für diesen Segen kennen. Daß, wie oft gesagt wird, eine „Kombination" von Röm 4,1–3/Gal 3,6–10 mit Jak 2,20–24 vorliege (so z. B. Grant zSt), ist unwahrscheinlich; es geht in V. 2 nicht um das δικαιοῦσθαι Abrahams, sondern um sein „Tun" der δικαιοσύνη bzw. der ἀλήθεια, das διὰ πίστεως erfolgte (vgl. Gebhardt/Harnack zSt: „Haec formula neque cum Pauli neque com Iacobi terminis consentit."). Die Wendungen δικαιοσύνην ποιεῖν bzw. ἀλήθειαν ποιεῖν begegnen häufig in LXX (vgl. vor allem Tob 4,6f: διότι ποιοῦντός σου τὴν ἀλήθειαν εὐοδίαι ἔσονται ἐν τοῖς ἔργοις σου. καὶ πᾶσι τοῖς ποιοῦσι τὴν δικαιοσύνην ... Vgl. im NT 1 Joh 2,29; 3,7.10 bzw. Joh 3,21; 1 Joh 1,6). Man kann fragen, ob die Wortwahl durch Gen 24,27 LXX beeinflußt ist, auch wenn der Sinn ein ganz anderer ist: καὶ εἶπεν (sc. Abrahams Knecht) Εὐλογητὸς κύριος ὁ θεὸς τοῦ κυρίου μου Αβρααμ, ὃς οὐκ ἐγκατέλιπεν τὴν δικαιοσύνην αὐτοῦ καὶ τὴν ἀλήθειαν ἀπὸ τοῦ κυρίου μου. διὰ πίστεως steht parallel zu μετὰ πεποιθήσεως (V. 3) und μετὰ ταπεινοφροσύνης (V. 4); πίστις ist also tatsächlich nicht im paulinischen Sinn verstanden (so mR Knopf zSt; beachte auch das Fehlen eines Objekts), aber es handelt sich auch nicht um eine bloß formale Bestimmung, sondern die πίστις ist als Maßstab des ποιεῖν in den Augen des Vf durchaus konstitutiv für Abrahams Segen (s.

auch zu 32,4). Das zweite Beispiel (**3**) ist Isaak. Bestimmend für seine zum Opfer bereite Haltung war seine auf Gott gerichtete πεποίθησις. Daß er das Opfer „gern" auf sich genommen habe, sagt Gen 22 nicht; aber eine sehr ähnliche Aussage findet sich in Jos Ant I 232: Isaak habe die Rede seines Vaters, mit der dieser den Sinn des Opfers erklärte, mit Freude aufgenommen (... δέχεται πρὸς ἡδονὴν τοὺς λόγους). Vgl. auch 4 Makk 13,12: Isaak habe διὰ τὴν εὐσέβειαν das Opfer geduldig ertragen (ὑπέμεινεν); besonders eingehend Ps-Philo Ant Bibl 32,3: Isaaks Opferung bedeute beatitudo super omnes homines (ähnlich 18,5; zur Auslegung s. Dietzfelbinger, JSHRZ II/2, 194). Dagegen hält sich Philo Abr 173–176 enger an die biblische Überlieferung. Zur jüdischen Deutung der Opferung (Aqedah) Isaaks s. Maier, Geschichte 118–121; M. Brocke, Art. Isaak III, TRE 16, 298–301 (für die spätere Zeit R.-P. Schmitz, Aqedat Jishaq. Die mittelalterliche jüdische Auslegung von Genesis 22 in ihren Hauptlinien, JTSt 4, 1979). Daß Isaak τὸ μέλλον gekannt habe, kann sehr vordergründig gemeint sein, ist aber wohl eher im typologischen Sinn zu fassen; vgl. Melito fr. 9 (Goodspeed 312): Christus ist wie Isaak vom eigenen Vater zum Opfer geführt worden, ἀλλὰ Χριστὸς ἔπαθεν, Ἰσαὰκ δὲ οὐκ ἔπαθεν τύπος γὰρ ἦν τοῦ μέλλοντος πάσχειν Χριστοῦ; ähnlich Barn 7,3. Die Schilderung in **4** setzt bei den Hörern die Kenntnis der Jakobserzählung Gen 27 ff voraus. Daß ταπεινοφροσύνη das Motiv für Jakobs Auswanderung war, deutet die biblische Erzählung nicht an; für den Vf ist aber gerade dies von entscheidender Bedeutung (vgl. Kap. 13. 16 und zuletzt 30,8), zumal unter dem Aspekt, daß dem Demütigen Gottes Verheißung (ἐδόθη αὐτῷ ...) gilt. δωδεκάσκηπτρον ist offenbar hapax legomenon (vgl. 55,6: δωδεκάφυλον, wie Apg 26,7); aber σκῆπτρον steht in LXX häufig für hebr. שֵׁבֶט „(Volks-)Stamm", „Herrscherstab" (vgl. TestNaph 5,8: τὰ δώδεκα σκῆπτρα τοῦ Ἰσραήλ, andererseits TestJud 24,5: τότε ἀναλάμψει σκῆπτρον βασιλείας μου). Die Aussage in **32,1** nimmt speziell auf 31,4 Bezug: Es geht um Jakob und seine Nachkommen. καθ' ἓν ἕκαστον (wie Apg 21,19) besagt, daß sie jeweils besondere Gaben empfangen haben, deren Größe (zu μεγαλεῖα vgl. Apg 2,11) in V. 2 expliziert wird. Zu εἰλικρίνως vgl. 2,5. In **2** werden, jeweils eingeleitet mit ἐξ αὐτοῦ, zunächst drei besondere Beispiele aus Jakobs Nachkommenschaft erwähnt. Zuerst Priester und Leviten (s. u. zu 40,5; über den Dienst der Leviten am Heiligtum s. Num 3 f; daß sie dem Altar dienen, ist zumindest ungenau formuliert, vgl. Num 3,31 mit Num 18,3); an zweiter Stelle der κύριος Jesus τὸ κατὰ σάρκα (vgl. Röm 9,5; der Vf des 1 Clem kennt diese Stelle natürlich, nimmt aber kaum unmittelbar auf sie Bezug; zur Konstruktion s. B-D-R § 266.4), wobei offenbar die Vorstellung der leiblichen Zugehörigkeit Jesu zum Geschlecht Davids im Hintergrund steht (vgl. Röm 1,3 und die Stammbäume bei Lk und Mt); schließlich die Herrscher, die über den Patriarchen Juda (κατὰ τὸν Ἰούδαν) auf Jakob zurückgeführt werden (vgl. Gen 49,10 LXX: οὐκ ἐκλείψει ἄρχων ἐξ Ιουδα, καὶ ἡγούμενος ἐκ τῶν μηρῶν [Schenkel] αὐτοῦ). Die eigenartige Reihenfolge wird von Lightfoot I/2, 99 (ebenso Knopf zSt) damit erklärt, daß Jesus sowohl zum Priester- wie zum Königsstamm gehöre; Jaubert 48 sieht einen Zusammenhang mit der in Qumran und in den Test XII vertretenen Theorie des priester-lichen und des königlichen Messias. Aber solche Erwägungen müssen angesichts der Knappheit der ganzen Aussage unsicher bleiben (nach Hebr 7,13 f stammt Jesus gerade aus dem Stamm Juda und nicht aus dem Stamm Levi). Daß auch die nicht im einzelnen erwähnten Stämme eine δόξα haben, erklärt der Vf mit der Nachkommenverheißung. Daß sich das zitierte Wort, das sich eng mit Gen 15,5 LXX (vgl. 22,17) berührt, ursprüng-lich an Abraham richtet, ist dem Vf natürlich bekannt (vgl. 10,6; zur Verheißung an Isaak Gen 26,4 ist die Parallele weniger eng); es fällt ja auch auf, daß bei ἐπαγγειλαμένου τοῦ θεοῦ ein Dativobjekt fehlt. Möglicherweise soll angedeutet werden, daß die Verheißung erst allmählich in Erfüllung ging (die „nicht geringe δόξα" bezöge sich dann auf die zahlenmäßige Größe der Stämme; vgl. auch μεγαλύνω in V. 3). **3** faßt zusammen: Alle (πάντες) in V. 2 Genannten erlangten δόξα und Größe nicht durch ihre eigene Leistung, sondern durch Gottes θέλημα (vgl. V. 1: ... ὑπ' αὐτοῦ δεδομένων δωρεῶν). δικαιοπραγία ist geläufig, begegnet in uns. Lit. aber nur hier. Aufgrund des souveränen Gotteswillens haben *alle* Anteil an der Verheißung: Weder Isaak noch Jakob noch einer der Stämme hat in besonderem Maße Werke und „gerechtes Handeln" aufzuweisen (dies bestätigt das Gewicht von διὰ πίστεως in 31,2), sondern allein der Wille Gottes ist entscheidend. In **4** folgt endlich die Anwendung (καὶ ἡμεῖς οὖν): Auch an den „in Christus Berufenen" (der paulinische Gebrauch von ἐν Χριστῷ ist vorausgesetzt; beachte das Passiv von καλεῖν) ist Gottes Wille wirksam gewesen, und auch hier ist es nicht die eigene Leistung (zu σοφία und σύνεσις vgl. 1 Kor 1,19; Kol 1,9; zu εὐσέβεια s. o. 11,1; 15,1; zu ἔργα s. zuletzt 30,3; zu ἐν ὁσιότητι καρδίας vgl. 29,1), wenn sie gerechtfertigt werden, sondern die πίστις. Der Vf betont – und er hat es mit den biblischen Beispielen in 31,2–4 ja auch gezeigt –, daß Gott die Menschen immer schon nur διὰ τῆς πίστεως (vgl. Gal 3,26) gerechtfertigt hat. ἀπ' αἰῶνος ist nicht liturgisch, sondern geht darauf, daß der in 31,2 erwähnte Abraham der erste Gerechtfertigte überhaupt gewesen ist (Abel in 4,2 ist kein Gegenargument; zu Knoch, Eigenart 399). Zu παντοκράτωρ s. das Präskript.

Der Vf schließt diesen Abschnitt mit einer Doxologie, die zwar etwas kürzer als die von 20,12 ist (μεγαλωσύνη fehlt), im übrigen aber in ähnlicher Weise einen Einschnitt markiert (s. die Einleitung 3: Gattung und Gliederung). Die These von Bartsch, ThZ 21, 1965, 408 f, die Doxologie bestätige die Richtigkeit der zu Röm 9,5 vorgeschlagenen Konjektur ὧν ὁ ἐπὶ πάντων θεός (1 Clem habe diese Gottesbezeichnung durch ὁ παντοκράτωρ ersetzt), hat sich in der Röm-Exegese nicht durchgesetzt.

33,1–36,6 Die Notwendigkeit guter Werke nach dem Willen Gottes

33 **¹Was sollen wir also tun, Brüder? Sollen wir aufhören, das Gute zu tun, und sollen wir von der Liebe ablassen? Möge der Herr dies ja nicht bei uns geschehen lassen! Vielmehr wollen wir uns beeilen, mit beharrlicher Bereitwilligkeit jedes gute Werk zu vollbringen.**
²Denn der Schöpfer und Herr des Alls selber frohlockt über seine Werke. ³Mit seiner unübertrefflich großen Macht hat er nämlich die Himmel befestigt und sie mit seiner unbegreiflichen Weisheit geordnet.
Die Erde schied er von dem sie umgebenden Wasser, und er gründete sie auf das feste Fundament des eigenen Willens. Den auf ihr umherlaufenden Tieren befahl er durch sein Gebot zu existieren. Das Meer und die Tiere darin, die er zuvor bereitet hatte, schloß er ein durch seine Macht. ⁴Zu allen hinzu formte er mit seinen heiligen und untadeligen Händen das Hervorragendste und Größte, den Menschen, als ein Abbild seines Bildes. ⁵Denn so spricht Gott: „Laßt uns den Menschen machen, nach unserem Bild und Gleichnis. Und Gott machte den Menschen, männlich und weiblich machte er sie." ⁶Als er nun dies alles vollendet hatte, lobte und segnete er es und sagte: „Seid fruchtbar und mehret euch." ⁷Laßt

uns beachten, daß alle Gerechten mit guten Werken geschmückt worden sind, und daß der Herr selbst sich mit guten Werken geschmückt hat und sich darüber freute.

[8]Da wir nun dieses Vorbild haben, laßt uns ohne Zögern seinem Willen entsprechen. Mit unserer ganzen Kraft laßt uns vollbringen das Werk der Gerechtigkeit.

34 [1]Der gute Arbeiter nimmt mit Freimut das Brot für sein Werk; der faule und lässige sieht seinem Arbeitgeber nicht ins Gesicht. [2]Es ist also nötig, daß wir bereit sind, das Gute zu tun. Denn von ihm (sc. Gott) her kommt alles.

[3]Er sagt uns nämlich im voraus: „Siehe, der Herr, und sein Lohn ist vor ihm, zu vergelten einem jeden nach seinem Werk." [4]Er mahnt uns also, daß wir, aus vollem Herzen auf ihn vertrauend, nicht träge und nicht lässig sind zu jedem guten Werk. [5]Unser Rühmen und unsere Zuversicht stehe bei ihm! Ordnen wir uns seinem Willen unter! Beobachten wir die ganze Menge seiner Engel, wie sie bereitstehen und seinem Willen dienen! [6]Es sagt nämlich die Schrift: „Zehntausendmal zehntausend standen bei ihm und tausendmal tausend dienten ihm, und sie riefen: ‚Heilig, heilig, heilig ist der Herr Zebaoth. Voll ist die ganze Schöpfung seiner Herrlichkeit.'" [7]Auch wir nun, in Eintracht am selben Ort dem Gewissen entsprechend versammelt, wollen wie aus einem Munde beharrlich zu ihm rufen, damit wir teilhaftig werden seiner großen und herrlichen Verheißungen. [8]Es heißt nämlich: „Kein Auge hat gesehen und kein Ohr hat gehört und in keines Menschen Herz ist gekommen, wie viel er bereitet hat denen, die auf ihn harren."

35 [1]Wie herrlich und bewundernswert sind die Geschenke Gottes, Geliebte! [2]Leben in Unsterblichkeit, Freudigkeit in Gerechtigkeit, Wahrheit in Freimut, Glaube in Zuversicht, Enthaltsamkeit in Heiligung. Und dies alles fiel in den Bereich unseres Verstandes! [3]Was ist es nun, was denen bereitet wird, die harren? Der Schöpfer und Vater der Ewigkeiten, der Allheilige selbst kennt ihre Größe und Schönheit.

[4]Laßt uns also kämpfen, um erfunden zu werden in der Zahl derer, die harren, damit wir der verheißenen Geschenke teilhaftig werden! [5]Wie aber soll dies geschehen, Geliebte? (Es geschieht,) wenn unser Sinn voll Vertrauen und fest auf Gott gerichtet ist, wenn wir trachten nach dem ihm Wohlgefälligen und Angenehmen, wenn wir das seinem untadeligen Willen Angemessene ausführen, d.h. dem Weg der Wahrheit folgen, indem wir von uns abwerfen alle Ungerechtigkeit und Bosheit, Habsucht, Streiterei, Verschlagenheit und Hinterlist, Ohrenbläserei und Verleumdungen, Gotteshaß, Hochmut und Prahlerei, leere Ruhmsucht und Ungastlichkeit. [6]Denn die, die dies tun, sind Gott verhaßt; aber nicht nur die, die es tun, sondern auch die, die ihnen Beifall spenden.

[7]Die Schrift sagt nämlich: „Zum Sünder aber sprach Gott: ‚Warum zählst du meine Gebote auf und nimmst meinen Bund in deinen Mund? [8]Du hast doch Zucht gehaßt, und hast meine Worte nach hinten geworfen. Wenn du einen Dieb sahst, so liefst du mit ihm; und mit Ehebrechern machtest du Gemeinschaft. Dein Mund floß über von Bosheit, und deine Zunge redete tückisch Verdrehtes. Du saßest da und redetest wider deinen Bruder, und dem Sohn deiner Mutter legtest du eine Falle. [9]Das hast du getan, und ich habe geschwiegen. Du meintest, Frevler, ich würde dir gleich sein. [10]Ich werde dich überführen und werde dich dir selber

vor Augen stellen.' [11]Begreift doch dies, ihr, die ihr Gott vergeßt, damit er (euch) nicht reiße wie ein Löwe und kein Retter da sei. [12]Ein Lobopfer wird mich ehren, und dort ist der Weg, auf dem ich ihm zeigen werde das Heil Gottes.

36 [1]Dies ist der Weg, Geliebte, auf dem wir unser Heil gefunden haben – Jesus Christus, den Hohenpriester unserer Opfer, den Beschützer und Helfer unserer Schwachheit.

[2]Durch diesen blicken wir zu den Höhen der Himmel,
> durch diesen schauen wir in einem Spiegel sein untadeliges und aller-
> höchstes Antlitz;
> durch diesen sind die Augen unseres Herzens geöffnet worden;
> durch diesen wächst unser unverständiger und verdunkelter Sinn ins
> Licht empor;
> durch diesen hat der Herr uns kosten lassen wollen von der unsterbli-
> chen Erkenntnis:

(Er,) der als Abglanz seiner Majestät um so viel größer ist als Engel, wie der Name vorzüglicher ist, den er geerbt hat. [3]Denn so steht geschrieben: „Der seine Engel zu Winden macht und seine Diener zur Feuerflamme." [4]Von seinem Sohn aber hat der Herr so gesprochen: „Mein Sohn bist du, ich habe dich heute gezeugt. Fordere von mir, und ich werde (dir) Völker zu deinem Erbe geben und zu deinem Besitz die Enden der Erde." [5]Und wiederum sagt er zu ihm: „Setze dich zu meiner Rechten, bis ich deine Feinde zum Schemel deiner Füße mache." [6]Wer nun sind die Feinde? Die Bösen und die seinem Willen sich Widersetzenden.

Auf die Rechtfertigungsaussage von 32,4 folgt, gut paulinisch (so mR Grant zSt gegen die meisten Ausleger; vgl. auch Räisänen, StTh 37, 1983, 86: „Der Gedanke, dass die Recht-fertigung durch den Glauben zu Werken der Liebe führen soll, steht natürlich in vollem Einklang mit der Theologie des Paulus."), die Frage nach dem Tun. In dem relativ langen Abschnitt 33,1–36,6 (mit 37,1 setzt ein neuer Argumentationsgang ein) läßt sich eine formale und inhaltliche Gliederung erkennen: Die rhetorischen Fragen zu Beginn (33,1a) werden in 33,1b beantwortet mit dem Hinweis auf die Notwendigkeit guter Werke. Dies wird in 33,2–35,12 expliziert durch deren Beschreibung, die sich am Vorbild des Han-delns Gottes orientiert, und zwar Gott als Schöpfer (33,2–7), als Geber aller Gaben (34,2b–35,3) und als Richter (35,7–12 mit dem Zitat von Ps 50); dazwischen stehen Mahnungen (33,8–34,2a und 35,4–6). Am Ende blickt der Vf zurück auf das geschehene Heil (36,1), woran sich eine Art christologischer „Exkurs" anschließt (36,2–5), der in eine (indirekte) Warnung mündet (36,6). Bousset, Schulbetrieb 310f fragt, ob Kap. 33–36 „nicht eine dem Brief einverleibte und vielleicht etwas überarbeitete Ansprache darstellen, die der römische Bischof seiner zur Eucharistie sich sammelnden Gemeinde einmal gehalten hat"; aber eine derartige literarische Isolierung einer „Vorlage" ist nicht möglich. Oft wird angenommen, der Vf zitiere vor allem in 34,5–8 die römische Gottesdienstliturg-gie (vgl. den ausführlichen Überblick bei van Unnik, VigChr 5, 1951, 204–213), aber dem hat van Unnik nach eingehender kontextbezogener Exegese mR widersprochen (s. die Zusammenfassung aaO. 247f; zum einzelnen vgl. die folgende Auslegung); seine eigene These, der Abschnitt sei aufgrund von 34,3.8 im strengen Sinn eschatologisch zu deuten (aaO. 244–247), verzeichnet den Befund aber ebenfalls. Die Argumentation als ganze ist vor allem weisheitlich bestimmt.

Die einleitende Frage τί οὖν ποιήσωμεν und die beiden sich anschließenden rhetorischen Fragen (**33,1a**) sowie die darauf gegebene negative Antwort (**33,1b**) erinnern in der Argumentationsstruktur und auch in der Sache an Röm 6,1; der Anklang an diese Stelle dürfte bewußt so formuliert worden sein (Hagner, Use 216f). Knoch, Eigenart 231 hält V. 1 für „inhaltlich völlig unpaulinisch"; aber eine wesentliche Differenz zu Paulus liegt im Grunde nur darin, daß 1 Clem im folgenden nicht christologisch, sondern weisheitlich argumentiert (s. Lindemann, Paulus 186f). Zur Bildung des Kompositums ἀγαθοποιΐα (sonst in uns. Lit. nur noch 1 Petr 4,19) s. B-D-R § 119,1. Daß ἀγάπη eine wesentliche christliche „Tugend" ist, war aus 21,7f eher indirekt zu erschließen gewesen; s. aber Kap. 49f. Daß Gott etwas bestimmtes Böses gerade nicht geschehen läßt, formuliert – als Aussage, nicht als Gebet – auch Paulus in 1 Kor 10,13. σπεύσωμεν ... ἐπιτελεῖν ist im übertragenen Sinn gemeint: Die Christen sollen ständig bereit sein zum guten Werk. Zu μετὰ ἐκτενείας καὶ προθυμίας s. Bauer-Aland WB s. v. ἐκτένεια. Der Ausdruck πᾶν ἔργον ἀγαθόν begegnet 2 Kor 9,8; 2 Tim 2,11 u. ö., aber eine Anspielung oder gar ein Zitat liegt nicht vor; der Vf fordert die Rückkehr zu dem in 2,7 beschriebenen guten Zustand der Gemeinde.

Daß die guten Werke gottgewollt sind, erweist der Vf am Beispiel der Schöpfung. Knopf verweist (zu 33,6) auf „die Berührung von I Clem 33,2–5 mit der Liturgie" Const Ap VIII 12,9 und VII 34,1. In der Tat bestehen im Wortlaut Parallelen, nicht aber in der Textgattung; denn V. 2–5 sind nicht als liturgischer Text anzusehen, und daß „die Gemeindeliturgie" „als unmittelbare Quelle für Clemens" anzusehen sei (so Knopf zu 33,1 in Anlehnung an Drews, Untersuchungen 14–21; zur Kritik s. o. den Exkurs nach Kap. 20), kann man geradezu ausschließen (der synoptische Vergleich bei Drews aaO. 14–16 zeigt im wesentlichen gemeinsame Übereinstimmungen mit Formulierungen von Gen 1). Die Gottesbezeichnung in **2** (ὁ δημιουργὸς καὶ δεσπότης τῶν ἀπάντων) ist dieselbe wie in 20,11. τὰ ἔργα αὐτοῦ sind die Schöpfungswerke, die in V. 7 ausdrücklich „gut" genannt werden. Ob das hellenistische ἀγαλλιάομαι (so Codex A) oder das ältere und gängige ἀγάλλομαι (so Codex H) zu lesen ist, kann offenbleiben, da ein Bedeutungsunterschied nicht besteht; woran der Vf inhaltlich denkt, sagt er in V. 6. Die (nach Kap. 20 zweite) Beschreibung der Schöpfung beginnt in **3**; der Vf orientiert sich deutlich an Gen 1. παμμεγέθης (nicht in LXX, in uns. Lit. nur hier, sonst aber häufig; vgl. die Verwendung in der Aberkiosinschrift Z 14 [s. Th. Klauser, Art. Aberkios, RAC 1, 13–16]) heißt an sich schon „unbeschreiblich groß", steht hier obendrein aber noch im Superlativ. Die Verwendung von κράτος kann auf LXX-Einfluß zurückgehen, aber auch auf griechische bzw. hellenistische philosophische Tradition (s. Michaelis, ThWNT III, 905f). Daß Gott die Himmel „befestigt" habe, sagen LXX so nirgends; vgl. aber das in Gen 1,6–8 verwendete Substantiv στερέωμα (1,8: καὶ ἐκάλεσεν ὁ θεὸς τὸ στερέωμα οὐρανόν) und vor allem grBar 2,1: καὶ λαβών (sc. der Engel des Herrn) με ἤγαγέν με ὅπου ἐστήρικται ὁ οὐρανός. Das Verb στηρίζω wird auch in der griechischen Kosmologie verwendet (Belege bei Liddell-Scott s. v.), freilich offenbar nicht mit οὐρανός als Objekt (vgl. Arat Phaen 10f: αὐτὸς γὰρ τά γε σήματ' ἐν οὐρανῷ ἐστήριξεν ἄστρα διακρίνας „Denn er selbst hat die Zeichen am Himmel befestigt, indem er Gestirne unterschied"). Zu διακοσμεῖν vgl. Philo Op Mund 53 (ὁ ποιητὴς διεκόσμει τὸν οὐρανὸν τετράδι παγκάλῳ καὶ θεοειδεστάτῳ κόσμῳ τοῖς φωσφόροις ἄστροις „Der Schöpfer hat am vierten Tag den Himmel geordnet [oder: geschmückt] mit dem schönsten und göttlichsten Schmuck, den leuchtenden Gestirnen"), aber vor allem auch die bei Knopf zSt genannten philosophischen Texte, die das Substantiv διακόσμησις bzw. das Verb sowohl für die ursprüngliche Ordnung der Welt (Anaxagoras bei Diog L II 3: πάντα χρήματα ἦν ὁμοῦ· εἶτα νοῦς ἐλθὼν αὐτὰ διεκόσμησεν) als auch für die Ordnung der nach der stoischen Anschauung je neu entstehenden Welt verwenden (Zenon [SVF I Nr. 98]: ἔπειτα δὲ καὶ κατά τινας εἱμαρμένους χρόνους ἐκπυροῦσθαι τὸν σύμπαντα κόσμον, εἶτ᾽ αὖθις πάλιν διακοσμεῖσθαι und [SVF I Nr. 102]: τοιαύτην δὲ δεήσει εἶναι ἐν περιόδῳ τὴν τοῦ ὅλου διακόσμησιν ἐκ τῆς οὐσίας). Der Gebrauch des Wortes σύνεσις zur Bezeichnung der göttlichen Weisheit ist ungewöhnlich (vgl. dann aber Herm Vis I 3,4: Gott γῇ μεγάλῃ συνέσει αὐτοῦ κτίσας τὸν κόσμον; Theophil Ad Autol II 15: ὁ θεὸς ... πλήρης ὢν πάσης δυνάμεως καὶ συνέσεως καὶ σοφίας καὶ ἀθανασίας καὶ πάντων τῶν ἀγαθῶν); dasselbe gilt für das Adjektiv ἀκατάληπτος (s. Bauer-Aland WB s. v.). Ob mit unmittelbarem Einfluß philosophischer Tradition auf die Aussagen des 1 Clem zu rechnen ist, oder ob der Vf in seinem Referat der biblischen Überlieferung lediglich populäre philosophische Terminologie (mit)verwendet, läßt sich kaum entscheiden. Das Folgende orientiert sich jedenfalls ganz an Gen 1, zwar nicht in der Begrifflichkeit, wohl aber in den sichtbar werdenden Vorstellungen. Zur Scheidung von Wasser und Land s. Gen 1,9f (dort freilich nicht διαχωρίζειν); daß das Wasser das Land bzw. die Erde umgibt, war in 20,8 vorausgesetzt. Zu den θεμέλια s. vor allem Prv 8,29 LXX (καὶ ἰσχυρὰ ἐποίει τὰ θεμέλια τῆς γῆς; vgl. 8,25: πρὸ τοῦ ὄρη ἑδρασθῆναι; die von Knopf zSt genannten Texte Ps 17,16; 81,5; Sir 16,19; Jes 13,13 sprechen gerade nicht von der Festigkeit der θεμέλια, sondern von deren Wanken). Der Genitiv τοῦ ἰδίου βουλήματος ist im Sinne der Angabe der Ursache aufzufassen (vgl. in den nächsten Gliedern τῇ ἑαυτοῦ διατάξει und τῇ ἑαυτοῦ δυνάμει). Von der Erschaffung der Landtiere spricht Gen 1,24f; von der vorausgehenden (dementsprechend hier προετοιμάσας) Erschaffung des Meeres und der Seetiere sprechen Gen 1,10.20ff. Zum Gedanken der „Einschließung" des Meeres vgl. oben 20,6f. **4** orientiert sich an Gen 1,27 (s. zu V. 5), nimmt dabei aber das Bild von Gen 2,7 auf (LXX: ἔπλασεν ὁ θεὸς τὸν ἄνθρωπον χοῦν ἀπὸ τῆς γῆς). τὸ ἐξοχώτατον καὶ παμμέγεθες könnte absoluter Nominativ sein („Und das Hervorragendste ...: Er schuf den Menschen ..."); vermutlich handelt es sich aber um das Objekt zu ἔπλασεν mit ἄνθρωπον als Apposition (s. die Übersetzung). Ob mit A und H hinter παμμέγεθες zusätzlich κατὰ διάνοιαν (etwa: „planmäßig") zu lesen ist (so die älteren Editionen) oder nicht (so Knopf: „Glosse"; ebenso Funk-Bihlmeyer und Fischer), läßt sich schwer entscheiden; eine wirkliche Sinndifferenz ergibt sich nicht. Daß der Mensch die „Krone der Schöpfung" ist, entspricht Gen 1 und überhaupt antiker Vorstellung (Knopf nennt zu V. 5 an stoischen Belegen Cic Nat Deor II 62: principio ipse mundus deorum hominumque causa factus est, sowie Chrysipp [SVF II Nr. 527]: Κόσμον δ᾽ εἶναι ... σύστημα ἐξ οὐρανοῦ καὶ γῆς καὶ τῶν ἐν τούτοις φύσεων· ἢ τὸ ἐκ θεῶν καὶ ἀνθρώπων σύστημα καὶ ἐκ τῶν ἕνεκα τούτων γεγονότων). Zum Anthropomorphismus χερσὶν ἔπλασεν vgl. Hi 10,8 LXX (αἱ χεῖρές σου ἔπλασάν με; ähnlich Ps 118,73 LXX); ἱερός und ἄμωμος sind als Gottesattribute ungewöhnlich (zum heidnisch-kultischen Charakter von ἱερός und der daraus resultierenden Zurückhaltung in der Verwendung dieses Adjektivs in LXX, im NT und bei den Apost Vätern s. Schrenk, ThWNT III, 222–230; ἄμωμος in LXX mehrfach vom Weg oder den Wegen Gottes, z. B. 2Reg 22,31; Ps 17,30, aber auch vom νόμος, Ps 18,8). Ungewöhnlich ist auch die abschließende Aussage, daß der Mensch τῆς ἑαυτοῦ (sc. Gottes) εἰκόνος χαρακτήρ sei. χαρακτήρ ist ursprünglich der „Prägestock", dann das Geprägte, auch die typischen Gesichtszüge von Menschen (s. Wilckens, ThWNT IX, 407ff). In Hebr 1,3 wird Christus als χαρακτὴρ τῆς ὑποστάσεως Gottes bezeichnet (dazu Braun zSt). Bei Philo, der das Wort häufig verwendet, bringt es die

Prägung der menschlichen ψυχή durch den Logos zum Ausdruck; eine besonders auffallende Parallele findet sich Leg All III 95 ff: Aus Gen 1,27 leitet Philo ab, daß die εἰκών geschaffen worden sei κατὰ τὸν θεόν, der Mensch aber κατὰ τὴν εἰκόνα, die ihrerseits die Kraft eines παράδειγμα habe; nun komme ein bestimmter χαρακτήρ hinzu, nämlich die Fähigkeit des Menschen zur Gotteserkenntnis (zur Auslegung vgl. Jervell, Imago 54 f). Die Aussage in 1 Clem 33,4 ist wohl in ähnlicher Weise zu verstehen: Gott hat den Menschen geformt als eine Prägung (χαρακτήρ), in der sich Gottes εἰκών – aber nicht Gott selbst – zeigt; offenbar vertritt auch 1 Clem nicht den Gedanken, der Mensch sei εἰκών Gottes, sondern er betont den besonderen Aspekt der biblischen Aussage, der Mensch sei geschaffen κατ᾽ εἰκόνα (sicher nicht in Frage kommt die, u. a. von Fischer 65 A 186 erwogene, Auslegung, εἰκών sei christologisch zu fassen, d. h. der Mensch sei χαρακτήρ „der zweiten göttlichen Person" im Sinne von 2 Kor 4,4). Als Beleg folgt (**5**) im praktisch wörtlichen Zitat Gottes eigene Rede aus Gen 1,26a (LXX: καὶ εἶπεν ὁ θεός Ποιήσωμεν ἄνθρωπον κατ᾽ εἰκόνα ἡμετέραν καὶ καθ᾽ ὁμοίωσιν; zur Umstellung von ἡμετέραν s. Hagner, Use 39 f) sowie der erzählende Bericht Gen 1,27 (ohne die Worte κατ᾽ εἰκόνα θεοῦ ἐποίησεν αὐτόν). **6** bezieht sich auf die in V. 3–5 genannten Schöpfungswerke (daher ταῦτα ... πάντα) und nimmt dabei neben Gen 1,22.28 (καὶ ηὐλόγησεν αὐτὰ [bzw. αὐτοὺς] ὁ θεὸς λέγων Αὐξάνεσθε καὶ πληθύνεσθε) teilweise auch Gen 2,2 f auf (καὶ συνετέλεσεν ὁ θεὸς ... τὰ ἔργα αὐτοῦ ... καὶ κατέπαυσεν ... ἀπὸ πάντων τῶν ἔργων αὐτοῦ ... καὶ ηὐλόγησεν ὁ θεὸς τὴν ἡμέραν τὴν ἑβδόμην ...; zur Verwendung von ἐπαινέω in diesem Zusammenhang vgl. Philo Rer Div Her 159 f). **7a** zieht eine Folgerung (ἴδωμεν hier zum letztenmal im 1 Clem, zuletzt 31,1) und blickt vor allem auf Kap. 31 f zurück: Die δίκαιοι (vgl. 30,7) empfingen ihre Gerechtigkeit zwar nicht durch Werke, sondern durch den Willen Gottes; aber sie waren „geschmückt" ἐν ἔργοις ἀγαθοῖς (beachte aber das passiv. ἐκοσμήθησαν im Unterschied zur Formulierung in V. 7b: ὁ κύριος ... ἑαυτὸν κοσμήσας). Die Aussage über Gott (κύριος) in **7b** nimmt V. 3–6 auf und wendet sich dabei zu V. 2 zurück (ἀγαλλιᾶται – ἐχάρη).

In **8** folgt die Anwendung (zu ἔχοντες ... προσέλθωμεν vgl. 38,4: ταῦτα ... ἔχοντες, ὀφείλομεν). ὑπογραμμός wie in 5,7; 16,17. ἀόκνως in uns. Lit. nur hier, sonst aber nicht selten. Zu προσέλθωμεν in übertragener Bedeutung s. Bauer-Aland WB s. v. προσέρχομαι 2b. Die Schlußzeile betont, daß die δικαιοσύνη dem ἔργον vorangeht; es ist nicht etwa an das „Werk" gedacht, durch das sich der Mensch die Gerechtigkeit verschaffen könnte (anders offenbar Herm Vis II 2,7: ἐμμείνατε οὖν οἱ ἐργαζόμενοι τὴν δικαιοσύνην); vgl. im übrigen Sanders, Hellénisme 143–147. Zu ἐξ ὅλης τῆς ἰσχύος ἡμῶν vgl. Dtn 6,5 in der bei Mk 12,30 zitierten Fassung (ἰσχύς statt δύναμις); vgl. unten 34,4 ἐξ ὅλης τῆς καρδίας. Das Stichwort ἔργον leitet über zum Alltagsbeispiel des ἐργάτης (**34,1**). Brot war in der Antike allgemein das Hauptnahrungsmittel (s. Th. Klauser u. a., Art. Brot, RAC 2, 611–620; vgl. Mt 6,11); hier steht es offenbar metonymisch für den Arbeitslohn. μετὰ παρρησίας wie in Apg 4,31 (s. Bauer-Aland WB s. v. 3a). Vgl. Philo Rer Div Her 6 über die παρρησία in der Beziehung von οἰκέτης und δεσπότης: Der Sklave bringt dann Freimut auf, wenn er weiß, daß er korrekt gehandelt hat. Ebenso hier 1 Clem: Der gute Arbeiter hat keine Scheu, zu nehmen, was ihm zusteht (vgl. zur Formulierung 1 Makk 4,18 [Judas in einer Rede an das Volk]: Nach dem Sieg über die Feinde λάβετε τὰ σκῦλα [Beute] μετὰ παρρησίας). Zu νωθρὸς καὶ παρειμένος auf der Gegenseite vgl. Sir 4,29: μὴ γίνου θρασὺς ἐν γλώσσῃ σου καὶ νωθρὸς καὶ παρειμένος ἐν τοῖς ἔργοις σου; im NT sind beide Worte nur im Hebr belegt. ἀντοφθαλμέω hier im Sinne von „gerade ins Gesicht sehen" (vgl. Barn 5,10;

anders Apg 6,10 D; nochmals anders Apg 27,15). ἐργοπαρέκτης ist hapax legomenon (L übersetzt: ... ad eum, qui ei praestat perficienda opera). Die Schlußfolgerung in **2** knüpft an 33,1 an (ἀγαθοποιία und σπεύσωμεν μετὰ ... προθυμίας ...); Gott steht dem Menschen als gerechter Arbeitgeber gegenüber. ἐξ αὐτοῦ γάρ ἐστιν τὰ πάντα erinnert an die Formeln in 1 Kor 8,6; Röm 11,36; es handelt sich jetzt aber nicht um eine Schöpfungsaussage (vgl. deshalb eher 2 Kor 5,18), sondern um die Einleitung des von 34,3 bis 35,3 reichenden Gedankengangs, der vom richtenden Gott und seiner Herrlichkeit spricht. Was gemeint ist, sagt das Schriftzitat in **3** (in der Einleitung ist das Verb προλέγειν nicht zu pressen; gemeint ist wohl einfach, daß „uns" das Folgende schon früher, eben in der Schrift, gesagt worden ist). Das Zitat, das vom bevorstehenden Vergeltungsgericht nach den Werken spricht, ist eine eigenartige Mischung verschiedener Texte; der erste Teil erinnert an Jes 40,10: ἰδοὺ κύριος μετὰ ἰσχύος ἔρχεται ... ἰδοὺ ὁ μισθὸς αὐτοῦ μετ’ αὐτοῦ καὶ τὸ ἔργον ἐναντίον αὐτοῦ (vgl. auch Jes 62,11: ἰδοὺ σοι ὁ σωτὴρ παραγίνεται ἔχων τὸν ἑαυτοῦ μισθὸν καὶ τὸ ἔργον πρὸ προσώπου αὐτοῦ), der zweite Teil erinnert an Prv 24,12: κύριος ... οἶδεν πάντα, ὃς ἀποδίδωσιν ἑκάστῳ κατὰ τὰ ἔργα αὐτοῦ (ähnlich Ps 61,13 LXX; vgl. Röm 2,6). Besonders auffällig ist die weitgehende Übereinstimmung mit Apk 22,12: ἰδοὺ ἔρχομαι ταχύ, καὶ ὁ μισθός μου μετ’ ἐμοῦ ἀποδοῦναι ἑκάστῳ ὡς τὸ ἔργον ἐστὶν αὐτοῦ. Es handelt sich um eine im AT und im Judentum weit verbreitete Vorstellung; die Formulierungen können unterschiedlich sein, ohne im Grundsätzlichen verändert zu werden. Man braucht deshalb nicht anzunehmen, daß der Vf wörtlich aus einem uns unbekannten Apokryphon zitiert (dazu neigt Hagner, Use 62), sondern die hier vorliegende Zitatfassung kann durchaus vom Vf selber stammen (Clemens Alex Strom IV 135,4 verwendet diesen Text im Anschluß an ein Zitat von Ps 138 [vgl. 1 Clem 28,3] und vor dem vom Vf des 1 Clem in 34,8 zitierten Logion). **4**: προτρέπεσθαι im NT nur Apg 18,27. Zu πιστεύειν ἐπ’ αὐτῷ vgl. Röm 9,33; 10,11; 1 Tim 1,16; „an ihn glauben" und „auf ihn vertrauen" gehen fast ineinander über. Der Ausdruck ἐξ ὅλης τῆς καρδίας ist vor allem im Dtn häufig (z. B. 6,5; vgl. Mk 12,30). Zu μὴ ἀργοὺς μηδὲ παρειμένους vgl. V. 1; πᾶν ἔργον ἀγαθόν wie in 33,1. Es liegt keine (dogmatische) „Verknüpfung von Glauben und Werken" (so Knopf zSt) vor, sondern in der Paränese wird der auf Gott Vertrauende gemahnt, nicht träge zu sein; das ist durchaus nicht unpaulinisch, auch wenn Paulus in solchem Zusammenhang im allgemeinen den Ausdruck ἔργον ἀγαθόν vermeidet (vgl. aber 2 Kor 9,8: ἵνα ... περισσεύητε εἰς πᾶν ἔργον ἀγαθόν; ferner Kol 1,10; 2 Tim 2,21; 3,17). **5**: Zu τὸ καύχημα ἡμῶν ... ἐν αὐτῷ vgl. Röm 4,2; 5,11 und vor allem das in 1 Clem 13,1 verwendete Zitat (s. o.). παρρησία ... ἐν αὐτῷ nicht im Sinne von V. 1, sondern eher wie Phlm 8 (πολλὴν ἐν Χριστῷ παρρησίαν ἔχων) oder auch 1 Joh 3,21 (παρρησίαν ἔχομεν πρὸς τὸν θεόν). παρρησία und καύχησις stehen in 2 Kor 7,4 nebeneinander. Zur Aufforderung ὑποτασσώμεθα τῷ θελήματι αὐτοῦ vgl. 20,1.4; 33,8. Gottes Wille ist den Christen bekannt; sie brauchen sich ihm nur unterzuordnen. Deutlichster Beleg für diese Norm ist der himmlische Dienst der Engel. Zu κατανοήσωμεν s. 24,1; vgl. 37,2. Die Verbindung πλῆθος τῶν ἀγγέλων begegnet in LXX und im NT nicht, wohl aber in TestAbr A 20,10; TestAbr B 8,7; grBar 9,3. Der Dienst der Engel ist, wie V. 6 zeigt, kultischer Art; in dem Verb λειτουργεῖν als solchem ist dieser Aspekt aber noch nicht enthalten (s. 9,2.4; 20,10), und ein Rückschluß auf den kultischen Gottesdienst der christlichen Gemeinde ist auch nicht nötig. Die Wendung λειτουργοῦσιν παρεστῶτες greift voraus auf das Zitat in **6**, das eine geschickte Verknüpfung von Dan 7,10 Theodotion (wörtlich, nur mit Umstellung der beiden Satzglieder, vgl. Apk 5,11; dieselbe Zitatform auch bei Iren Haer II 7,4 als Aussage „aller

Propheten") und Jes 6,3 (am Anfang gekürzt; LXX lesen καὶ ἐκέκραγον ἕτερος πρὸς τὸν ἕτερον καὶ ἔλεγον Ἅγιος κτλ. und außerdem πᾶσα ἡ γῆ statt πᾶσα ἡ κτίσις) ist. Alle Veränderungen gegenüber den Vorlagen sind als kontextbedingt und also vom Vf beabsichtigt zu erklären. Der explizite Hinweis auf die Schrift (λέγει ἡ γραφή auch 35,7; 42,5) spricht gegen die Annahme, daß sich der Vf auf die gottesdienstliche Liturgie bezieht (so mR van Unnik, VigChr 5, 1951, 225 f; Theißen, Untersuchungen 39 fragt, ob sich dies ausschließe. Ja.). **7** enthält die Anwendung (zu καὶ ἡμεῖς οὖν s. 32,4): Die an *einem* Ort versammelte Gemeinde soll Gott wie aus einem Munde beharrlich anrufen. ὁμόνοια zuletzt in 30,3. ἐπὶ τὸ αὐτὸ συνάγεσθαι ist terminus technicus der einträchtigen Versammlung (Ps 2,2 LXX; Mt 22,34; vgl. 1 Kor 14,23: ἐὰν οὖν συνέλθῃ ἡ ἐκκλησία ὅλη ἐπὶ τὸ αὐτό; 1 Kor 11,20; Barn 4,10; Ign Eph 13,1; weitere Belege bei van Unnik aaO. 230, der mR einer Deutung speziell auf die Eucharistie widerspricht). τῇ συνειδήσει meint vermutlich „entsprechend dem, was das Gewissen gebietet" (vgl. van Unnik aaO. 234: „by the compliance with the will of God", unter Hinweis auf Röm 13,5; 1 Petr 2,19), also nicht „innere Anteilnahme" (so Knopf zSt) oder „seelisch" (so Harnacks Übersetzung). Zu ἐξ ἑνὸς στόματος vgl. Röm 15,6 (ἐν ἑνὶ στόματι δοξάζητε τὸν θεόν); βοάω „laut rufen", nicht speziell vom Gebet; ἐκτενῶς bzw. ἐκτενής ist ein gängiges Epitheton des Gebets. Daß der Vf hier unmittelbar in die korinthische Gemeindeversammlung hineinsprechen will und der geforderte Gebetsruf die Liturgie aufnimmt (so Knopf zSt sowie im Exkurs über die liturgische Sprache), läßt sich nicht zeigen (van Unnik aaO.; ebenso Grant zSt); es ist auch nicht wahrscheinlich, daß die Aussage einen Rückschluß zuläßt auf eine „Spaltung des Gemeindegottesdienstes" in Korinth (so Fischer 66 A 198). Der Vf unterstreicht im Grunde nur die Notwendigkeit dessen, was in der Gemeinde ohnehin geschieht (die Wendung ἐν ὁμονοίᾳ ... συναχθέντες ist nicht als Adhortativ zu fassen). Der Finalsatz mit dem Hinweis auf die ἐπαγγελίαι erinnert an 27,1, nimmt aber auch die Aussage des Zitats von V. 8 vorweg. **8** gibt die Begründung für das Gesagte mit Hilfe eines Schriftzitats (λέγει als Zitateinleitung wie in 10,6 u. ö.). Das Zitat entspricht beinahe wörtlich 1 Kor 2,9; nur verwendet der Vf anstelle des Relativpronomens ἅ das Korrelativum ὅσα, und statt τοῖς ἀγαπῶσιν schreibt er τοῖς ὑπομένουσιν. Beide Änderungen lassen sich leicht als kontextbedingt (vgl. V. 7) erklären (Einfluß von Jes 64,3 LXX braucht man nicht anzunehmen; zu Knopf zSt); van Unnik, VigChr 5, 1951, 240 ff leitet insbesondere aus dem ὑπομένουσιν αὐτόν seine eschatologische Deutung des ganzen Abschnitts ab (s. aber zu 35,3). Der Ursprung des in urchristlichen Schriften überaus häufig verwendeten Zitats ist unbekannt (s. zu 2 Clem 11,7b und die dort genannte Literatur); der Vf des 1 Clem hat es ganz offensichtlich direkt aus 1 Kor übernommen (so auch Hagner, Use 76; vgl. 204–208) und wegen des paulinischen γέγραπται als Bibelwort aufgefaßt.

Ohne einen direkten Anschluß (s. dann aber V. 3) spricht der Vf in **35**,1.2 zunächst von den „Geschenken Gottes", mit denen die Christen schon gegenwärtig vertraut sind. Zu μακάρια καὶ θαυμαστά vgl. 26,1; beachte allerdings die Verwendung von μακάριος anstelle von μέγας (dazu Knoch, Eigenart 340). In fünf Begriffspaaren werden als erstes (V. 2) Gaben genannt, von denen es heißt, daß sie unserer διάνοια unterliegen; dabei bezeichnen die Nominative jeweils das eigentliche Geschenk, während die Näherbestimmungen mit ἐν den Raum bzw. den begleitenden Umstand angeben. Die Zuordnung der beiden Begriffe erfolgt in jedem Paar sehr sorgfältig; man kann kaum sagen, sie ließen sich „meistens auch umdrehen, z. B. παρρησία ἐν ἀληθείᾳ" (Knopf zSt). ζωή, als theologisch gefüllter Begriff im 1 Clem nur hier (vgl. aber 48,2), ist bei Paulus und vor allem bei Joh wesentliches Heilsgut; ἀθανασία, im 1 Clem nur hier, im NT nur 1 Kor 15,53 f; 1 Tim 6,16, im griechischsprechenden Judentum häufig, bei den Apost Vätern nur noch Did 10,2; Ign Eph 20,2 zeigt an, daß diese ζωή eine unendliche Zukunft hat (vgl. Bultmann, ThWNT III, 23–25). Daß diese Unsterblichkeit „vor allem an der Gnosis" hänge (so Knopf zSt), kann man trotz 36,2 nicht behaupten; viel näher liegt die Annahme, daß hier an die vom Vf bereits in Kap. 24 ff dargestellte Auferstehung der Toten gedacht ist. λαμπρότης, in uns. Lit. nur noch Apg 26,13, aber im eigentlichen Sinne („Glanz der Sonne"), meint hier die freudige seelische Stimmung (vgl. EpArist 16: λαμπρότης τῆς ψυχῆς); die „Ortsbestimmung" ἐν δικαιοσύνῃ ist wohl im moralischen Sinn zu fassen (vgl. 33,8) – es ist eine Freudigkeit, die sich der sittlichen Grenzen bewußt ist. ἀλήθεια wohl nicht wie in 31,2 (dort neben δικαιοσύνην ποιεῖν), sondern im Sinne der christlichen Glaubenswahrheit (vgl. 60,2.4); zu ἐν παρρησίᾳ vgl. 34,1. Die Wahrheit engt die Glaubenden nicht ein, sondern eröffnet παρρησία vor Gott und vor Menschen. Ähnliches gilt für das vierte Begriffspaar (s. zu 26,1): Glaube ist nicht durch Furcht bestimmt, sondern durch das auf Gott sich richtende Vertrauen. Erst im letzten Begriffspaar geht es um eine sittliche Norm. Zu ἐγκράτεια s. 38,2 (vgl. außerdem den Exkurs bei 2 Clem 15,1); die Enthaltsamkeit (im weitesten Sinne, nicht nur sexuell) verwirklicht sich ἐν ἁγιασμῷ (vgl. 30,1, wo τὰ τοῦ ἁγιασμοῦ πάντα aufgezählt wird), d. h. sie ist eine Lebensform, die das ganze Dasein des Menschen erfaßt. In der Zusammenstellung der Begriffe im einzelnen und in der Aufzählung als ganzer scheint sich der Vf allenfalls sehr locker an Vorbildern orientiert zu haben. Die am ehesten vergleichbare „Kettenreihe" 2 Petr 1,5–7 ist jedenfalls kunstvoller gebaut (vgl. den Exkurs bei Dibelius, Jak 125–129), und auch der Charakter der im 1 Petr verwendeten Begriffe ist ein anderer (dort u. a. ἀρετή, γνῶσις, εὐσέβεια, φιλαδελφία; übereinstimmend πίστις und ἐγκράτεια). Andererseits liegt aber auch nicht eine bloße Begriffsreihung vor wie in Did 10,2 (εὐχαριστοῦμεν ... ὑπὲρ τῆς γνώσεως καὶ πίστεως καὶ ἀθανασίας). Die abschließende Wendung ταῦτα ὑπέπιπτεν (so ist mit A zu lesen; H hat das Präsens, die Übersetzungen scheinen das Partizip ὑποπίπτοντα vorauszusetzen) πάντα ὑπὸ τὴν διάνοιαν ἡμῶν gehört offenbar zur Rechtssprache (s. Liddell-Scott s. v. ὑποπίπτω 4). διάνοια ist das „Denkvermögen" (vgl. 19,3), d. h. die genannten Heilsgüter werden schon gegenwärtig von den Christen nicht zuletzt in ihrer Erfahrung wahrgenommen. In **3** wird in der einleitenden an Diatribenstil erinnernden Frage explizit auf das Zitat von 34,8 zurückgegriffen: Die „den Harrenden" bereiteten Gaben kennt tatsächlich Gott allein. Zu δημιουργός vgl. 20,11 und vor allem 33,2. Das Gottesprädikat πατὴρ τῶν αἰώνων ist in kirchlicher Literatur hier erstmals belegt; es fehlt in den griechischen AT-Pseudepigraphen, während βασιλεύς oder θεὸς τῶν αἰώνων öfters belegt ist (s. u. 55,6; 61,2; vgl. den Überblick bei Sasse, ThWNT I, 201,4–21). Justin Apol I 41,2 verwendet es im Zitat von 1 Chr 16,28 mit hierin von LXX erheblich abweichendem Text (δότε τῷ κυρίῳ, τῷ πατρὶ τῶν αἰώνων, δόξαν; vgl. Apol I 65,3: δόξαν τῷ πατρὶ τῶν ὅλων). Man braucht nicht anzunehmen, daß οἱ αἰῶνες „große Engelwesen" sind (so Knopf zSt); der Genitiv dürfte, wie nicht selten, das Adjektiv ersetzen, also αἰώνιος (nach van Unnik, VigChr 5, 1951, 242 wäre an den gegenwärtigen und den kommenden Äon zu denken). Zu Beginn des EvAeg (NHC III/2) wird Gott als „Vater, Äon der Äonen, Autogenes ... der allein wahre Äon" bezeichnet (p 41,3 ff). πανάγιος hier erstmals als Gottesbezeichnung (anders die beiden LXX-Belege 4 Makk 7,4; 14,17), bei den Kirchenvätern dann aber häufig (s. Lampe Lexicon s. v.; freilich ist das Attribut keineswegs für Gott reserviert). Daß Gott die Qualität jener „bereiteten" Gaben kennt (γινώσκει), ist selbstverständlich. ποσότης nimmt ὅσα aus dem Zitat auf, während καλλονή (vgl. 49,3; in uns. Lit. nur hier) in solchen Zusammenhängen sonst nicht gebraucht wird (offenbar nimmt der Begriff auf die Kategorie des „Sehens" Bezug).

Mit **4** setzt abermals die Paränese ein (ἡμεῖς οὖν betont wie in 34,7), wobei der Vf explizit die Formulierungen von 34,7–35,1 wieder aufnimmt. Zu ἀγωνισώμεθα vgl. 2,4 (dort auch ἀριθμός); man muß sich darum bemühen, zu den ὑπομένοντες zu gehören. Im Diatribenstil (vgl. V. 3) folgt in **5** die Frage nach dem „Wie". Die Antwort gibt der Vf in einem relativ komplizierten, grammatisch unvollständigen Satz (den drei Bedingungssätzen folgt ein Partizip, aber kein Hauptsatz), der gleichwohl theologisch sorgsam konzipiert ist. Die drei einleitenden ἐάν-Sätze sind positiv formuliert und beschreiben die Verwirklichung der richtigen Gottesbeziehung, wobei der abschließende Adhortativ (ἀκολουθήσωμεν κτλ.) möglicherweise zusammenfassende Funktion hat (explikatives καί). Der anschließende Partizipialsatz (ἀπορρίψαντες ἀφ᾽ ἑαυτῶν) enthält einen langen Lasterkatalog, für den sich in V. 6 noch eine auf Gott bezogene Begründung anschließt. Der erste ἐάν-Satz spricht von der διάνοια (s. V. 2), die sich fest (zu στηρίζειν vgl. 8,5) und voll Vertrauen (πιστῶς nur hier, vgl. aber 42,3; das Wort ist textkritisch umstritten: S setzt διὰ πίστεως voraus, was Lightfoot für ursprünglich hält; das von H bezeugte πιστῶς wird durch L ‚fideliter' bestätigt) auf Gott richten soll. Der zweite ἐάν-Satz nimmt auf sittliche Normen Bezug (zu τὰ εὐάρεστα καὶ εὐπρόσδεκτα s. 21,1; vgl. 40,3 f); es ist vorausgesetzt, daß man weiß, welches Verhalten Gott „gefällt" (vgl. Röm 12,1 f; Hebr 13,21 u. ö. im NT; zu εὐπρόσδεκτος vgl. 1 Petr 2,5), d. h. ἐκζητεῖν geht nicht auf die Suche nach dem Inhalt, sondern auf das Bemühen um Verwirklichung. Dem entspricht der dritte ἐάν-Satz: Es geht nicht darum, nach dem „Geziemenden" zu fragen (zu τὰ ἀνήκοντα vgl. 45,1), sondern es gilt, dies zu verwirklichen (ἐπιτελεῖν 2,8; 33,1 u. ö.); wieder ist vorausgesetzt, daß Gottes „untadeliger Wille" inhaltlich bekannt ist (zu βούλησις s. 9,1; ἄμωμος im Zusammenhang mit Gott schon in 33,4). Der folgende Satz faßt das Gesagte zusammen. Zu ἡ ὁδὸς τῆς ἀληθείας vgl. Ps 118,30 LXX; Sap Sal 5,6; Tob 1,3; im NT nur 2 Petr 2,2 und Jak 5,19 ℵ; aufgrund des Kontexts ist ἀλήθεια vermutlich im Sinne des sittlich Gebotenen zu deuten, nicht im Blick auf die Wahrheit des Glaubens, aber vielleicht trennt der Vf hier gar nicht scharf (vgl. ὁδός am Ende des Zitats u. V. 12). Der zweite Teil von V. 5 ist ein Lasterkatalog, der trotz einiger Kürzungen ganz offensichtlich direkt von Röm 1,29–32 abhängig ist (s. vor allem auch zu V. 6; vgl. Sanders, Hellénisme 74–78; Hagner, Use 214 ff; Lindemann, Paulus 188 f). Zum einleitenden ἀπορρίπτω vgl. Ez 18,31 LXX: ἀπορρί-ψατε ἀπὸ ἑαυτῶν πάσας τὰς ἀσεβείας ὑμῶν. Die einzelnen Laster entsprechen dem in solchen Aufzählungen Üblichen; es fällt aber auf, daß einige Begriffe bereits in konkreten Zusammenhängen verwendet worden waren (ἔρις in 9,1; 14,2; ψιθυρισμός und καταλα-λιά in 30,3; ὑπερηφανία in 30,1 f; ἀλαζονεία in 13,1; 14,1; 21,5; vgl. 2,1), so daß vom Vf auch ein aktueller Bezug intendiert sein dürfte. Vor allem stehen am Schluß zwei Begriffe, die keine Parallele in Röm 1 haben, sondern offenbar direkt auf die korinthische Situation (wie sie sich dem Vf darstellt) verweisen (gegen Knopf zSt): Zu κενοδοξία vgl. die positive Schilderung der Vergangenheit der Gemeinde in 1,2–3,1a; zu ἀφιλοξενία vgl. 1,2 (τὸ μεγαλοπρεπὲς τῆς φιλοξενίας ὑμῶν) und die Beispiele für φιλοξενία in Kap. 10–12 (die von H und S bezeugte Lesart ἀφιλοξενία ist zwar nicht einhellig belegt, aber sicher ursprünglich; A hat offensichtlich irrtümlich φιλοξενίαν, L liest inhumilitatem, was freilich zu den Aussagen über die ταπεινοφροσύνη/humilitas ebenfalls gut passen würde). **6** übernimmt Röm 1,32 weithin wörtlich; nur das scharfe οἱ τὰ τοιαῦτα πράσσοντες ἄξιοι θανάτου εἰσίν ist ersetzt durch ein das Urteil nicht aussprechendes ... στυγητοὶ τῷ θεῷ ὑπάρχουσιν (vgl. θεοστυγία in V. 5; aber der Sinn ist der entgegengesetzte). Käsemann, Röm verweist als Parallelen zu Röm 1,32 auf TestAss 6,2 („Die Zweigesichtigen werden zweifach bestraft: Weil sie sowohl das Böse [selbst] tun, als sich auch mit denen freuen, die [es] tun". Der Weil-Satz fehlt in wichtigen Handschriften, laut Becker, JSHRZ III/1, 116 „fälschlich", während er nach Hollander/de Jonge, The Testaments of the Twelve Patriarchs, SVTP 8, 1985, 353 von Röm 1,32 abhängig und „clearly secondary" ist.) sowie auf Sen Ep 39,6 (Tunc autem est consummata infelicitas, ubi turpia non solum delectant, sed etiam placent „Dort ist der Gipfel des Unglücks erreicht, wo Schändliches nicht allein erfreut, sondern auch gefällt"; der Sinn ist also ein ganz anderer als in Röm 1,32. Vgl. die Fortsetzung: ... et desinit esse remedio locus, ubi quae fuerant vitia, mores sunt „es gibt keinen Raum für Abhilfe, wo das, was Fehler gewesen waren, zur Sitte geworden ist").

Das in **7–12** folgende Zitat ist aus Ps 49,16–23 LXX übernommen (die Einleitung λέγει γὰρ ἡ γραφή zeigt, daß der Vf den soeben, wenn auch stillschweigend, zitierten Röm des Paulus noch nicht als γραφή ansieht); die Abweichungen können mit einer Ausnahme durch LXX-Lesarten belegt werden (Hagner, Use 45f). Die Ausnahme ist in V. 11 ὡς λέων, das der Vf (oder schon seine Vorlage?) offensichtlich aus Ps 7,3 LXX übernommen hat (μήποτε ἀρπάσῃ ὡς λέων τὴν ψυχήν μου μὴ ὄντος λυτρουμένου μηδὲ σῴζοντος; s. dazu Hagner, Use 84). Der Vf versteht den Psalmtext als Gerichtswort, wobei die Begriffe κακία, δολιότης, καταλαλεῖν die Brücke zum Katalog in V. 5 bilden. Wichtig ist vor allem auch der Schluß: Der Hinweis auf die ὁδός zum Heil Gottes (s. 36,1) paßt gut zur Erwähnung der ὁδὸς τῆς ἀληθείας in V. 5a.

In **36,1** gibt der Vf eine christologische Deutung von 35,12: τὸ σωτήριον ἡμῶν ist Jesus Christus. Von dem Weg dorthin hatte der Vf seit 35,5 gesprochen. Der Ausdruck σωτήριον nimmt das Zitat auf, während der Vf selbst das Wort σωτηρία gebraucht (s. 7,4); ein Bedeutungsunterschied besteht hier aber nicht. Die Christusattribute ἀρχιερεύς und προστάτης stammen, wie 61,3; 64,1 zeigen, offensichtlich aus liturgischem Kontext und lassen insofern einen Rückschluß auf die eigene Christologie des Vf nicht zu (s. u. den Exkurs nach V. 6). ἀρχιερεύς ist im Hebr geläufiger Christustitel (s. den Exkurs bei Braun zu Hebr 2,17), begegnet dann in Ign Phld 9,1; Pol Phil 12,2; MartPol 14,3; Justin Dial (33,1; 116,1; vgl. 42,1: αἰώνιος ἱερεύς) und in den christlichen Interpolationen in TestRub 6,8; TestSim 7,2. Offenbar spielt der Titel schon früh in der Gebetstheologie eine wichtige Rolle, indem er Christus als den Mittler des Gebets bezeichnet (vgl. Orig cCels V 4; VII 46; VIII 26). Vom „Opfer des Hohenpriesters" spricht 1 Clem sonst nur noch in Kap. 40f, aber im eigentlichen Sinn (Dienst am Jerusalemer Tempel); woran der Vf in 36,1 denkt, läßt sich schwer sagen – die Vorstellung ist jedenfalls eine andere als in Hebr 10,10, wo das σῶμα Ἰησοῦ Χριστοῦ als ein Opfer ἐφάπαξ bezeichnet wird. Nach Knopf zSt wäre gemeint, daß Christus „die Gebete der Christen, insbesondere ihre Gemeindegebete vor Gott" bringt (s. o.); aber von 44,4 her liegt ein Bezug zum Abendmahl näher. Das würde bedeuten, daß der Vf für die kirchlichen Amtsträger bei der Eucharistie noch keine priesterlichen Funktionen voraussetzt, sondern daß für ihn allein Christus ein Priester ist. προστάτης, in uns. Lit. nur im 1 Clem, wird meist im politisch-profanen Sinn gebraucht; das Wort begegnet in ApkSedr 14,1 als Prädikat des Erzengels Michael, bei den Kirchenvätern dann u. a. auch als Gottes- und Christusprädikat (s. Lampe Lexicon s. v.; heidnische Belege bei Bauer-Aland WB s. v.). βοηθός, im NT nur in Hebr 13,6 im Zitat von Ps 117,6 LXX, gehört offenbar ebenfalls in die Liturgie (s. 59,3f, dort freilich als Gottesprädikat);

die Verbindung mit ἀσθένεια stellt eine vom Vf bewußt gesetzte, über das Liturgische hinausgehende Korrektur dar (vgl. Röm 8,26; die Vorstellung in Hebr 4,15 ist, wie der Kontext zeigt, eine andere).

In **2a** folgen fünf parallele Sätze, die explizit von Christi Mittlerschaft sprechen (διὰ τούτου …; die beiden letzten dieser Sätze werden von Clemens Alex Strom IV 110,2 mit Quellenangabe zitiert). Harnack, Einführung 113f hat die These vertreten, dieser Abschnitt sei vom Vf in den fertig vorliegenden Gedankengang V. 1.2b (ὃς ὢν ἀπαύγασμα …) „ungeschickt" eingeschoben worden; nach Knoch, Eigenart 325 handelt es sich sogar um einen eucharistischen Hymnus aus der römischen Liturgie. Aber solche Rekonstruktionsversuche gehen über das wirklich Erkennbare hinaus; durchaus kontextbezogen haben die Aussagen für den Vf unmittelbare Bedeutung als Erläuterung dessen, inwiefern wir Christus als „unser Heil" gefunden haben (gegen Theißen, Untersuchungen 35, der einen tiefen Widerspruch zwischen der Frömmigkeit dieser Zeilen und dem „Moralismus" des 1 Clem sieht). Zweifellos liegt sorgfältig geformte Sprache vor, aber als „hymnisch" oder gar als „Hymnus" läßt sich dieser Text nicht bezeichnen. Zum einzelnen: ἀτενίζω (s. zu 7,4) steht nur hier im Indikativ (A hat an die übrigen Stellen angepaßt); τὰ ὕψη τῶν οὐρανῶν meint wohl die Offenbarungswirklichkeit Gottes (vgl. OrMan 9 [ConstAp II 22,13]: οὐκέτι εἰμί ἄξιος ἀτενίσαι καὶ ἰδεῖν τὸ ὕψος τοῦ οὐρανοῦ ἀπὸ πλήθους τῶν ἀδικιῶν μου; dazu Ps 122,1 LXX: πρὸς σὲ ἦρα τοὺς ὀφθαλμούς μου τὸν κατοικοῦντα ἐν τῷ οὐρανῷ), die wir „durch" Christus „anschauen" können. ἐνοπτρίζεσθαι, in uns. Lit. nur hier (vgl. aber κατοπτρίζομαι in 2 Kor 3,18), bezieht sich wohl darauf, daß uns „durch Christus" das Antlitz, und das meint: das Wesen Gottes sichtbar wird (die aktivische Deutung würde besagen, daß die Christen selbst Gottes Antlitz „widerspiegeln"; dasselbe Auslegungsproblem besteht in 2 Kor 3,18, s. die Kommentare). ἄμωμος wie in 33,4; 35,5; ὑπέρτατος wie in 40,3. Die Aussage über das Öffnen der „Herzensaugen" begegnet nochmals in 59,3 im liturgischen Kontext des Dankgebets; gemeint ist das übernatürliche Erkenntnisvermögen des Menschen. Der Ausdruck ist, allerdings mit dem Verb φωτίζειν, auch in Eph 1,18 belegt, ohne daß sich ein literarischer Zusammenhang erweisen ließe. Zur Sache und zur Formulierung vgl. Corp Herm IV 11: Wenn du die εἰκών Gottes sorgfältig betrachtest καὶ νοήσεις τοῖς τῆς καρδίας ὀφθαλμοῖς … εὑρήσεις τὴν πρὸς τὰ ἄνω ὁδόν (vgl. ferner Corp Herm VII 1). Der vierte διὰ-τούτου-Satz spricht von der Erleuchtung unserer törichten und verfinsterten διάνοια; zur Formulierung vgl. Röm 1,21: ἐσκοτίσθη ἡ ἀσύνετος αὐτῶν καρδία und Eph 4,18: ἐσκοτωμένοι τῇ διανοίᾳ ὄντες. Die Wendung ἀναθάλλει εἰς τὸ φῶς in übertragener Bedeutung ist ungewöhnlich (Conzelmann, ThWNT IX, 348,15: „φῶς ist hier übertr[agen] die Erleuchtung als Zustand."). Unklar ist, ob das Wiederholungsmoment in der Vorsilbe ἀνα- bewußt intendiert ist, so daß die διάνοια ursprünglich schon im Licht gewesen wäre, bevor sie verfinstert wurde. Lightfoot I/2, 112 deutet von der Pflanze her, die nach dem Säen „wieder" lebendig wird; aber sein „like a plant" steht nicht im Text. Der letzte der διὰ-τούτου-Sätze spricht von „unsterblicher γνῶσις". Zu γεύομαι im übertragenen Sinn s. Behm, ThWNT I, 674f. Daß der Vf an das Abendmahl denke (so erwogen von Knopf zSt), ist wenig wahrscheinlich, wie schon der Aorist ἠθέλησεν zeigt. ἀθάνατος ist ein an sich häufiges Adjektiv, das aber im NT fehlt und sonst in uns. Lit. sehr selten ist (s. zu 2 Clem 19,3). Gemeint ist entweder, daß sich die durch Christus vermittelte γνῶσις auf Unsterblichkeit richtet (so 2 Clem 19,3; vgl. oben 35,2), oder daß die uns von Gott durch Christus gewährte γνῶσις (vgl. 1,2; s. auch 40,1) „ewige Dauer" besitzt; gezielte Polemik gegen andere Arten von γνῶσις liegt nicht vor. Die anschließende Wendung ὅς ὢν ἀπαύγασμα κτλ. erinnert an Hebr 1,3 f. Der Vf des Hebr zitiert dort geprägte Tradition (s. Braun zSt und die dort genannte Literatur). Ob der Vf des 1 Clem sich auf diese Tradition bezieht (so Theißen, Untersuchungen 34 ff) oder direkt auf Hebr 1, ist umstritten; wahrscheinlicher ist das letztere (s. die Einleitung 5: Schriftbezüge und Zitate; mit Textvergleich S. 19). ἀπαύγασμα „Abglanz" meint „innerste Wesensverbundenheit und nicht eine dem Original gegenüber mindere Kopie" (Braun zu Hebr 1,3, mit zahlreichen Belegen); zu μεγαλωσύνη s. 16,2. Der Vergleich mit den Engeln stammt natürlich aus der Vorlage; aber Vf und Adressaten haben auch noch 34,5 in Erinnerung. Der Komparativ διαφορώτερον ist sehr selten (Weiß, ThWNT IX, 66,18 f). ὄνομα steht für das Wesen und die Würde. Der „vorzüglichere Name" Jesu wird belegt durch den Sohnestitel (V. 4; vgl. Hebr 1,5), den er „geerbt" hat, der ihm also eigen ist; die Frage, von wann an dieses „Erbe" gilt – Auferstehung, Geburt, Präexistenz? –, ist für den Vf des 1 Clem vermutlich noch weniger wichtig als für den Vf des Hebr (vgl. Braun im Exkurs zu Hebr 1,3).

Die letzte Aussage von V. 2 erläutert der Vf mit Hilfe von zwei Schriftzitaten (**3 f**). Zunächst zitiert er Ps 103,4 LXX (die Abweichung von LXX – πυρὸς φλόγα anstelle von πῦρ φλέγον – stimmt mit der Zitatform in Hebr 1,7 überein; s. dazu u.); der Text wird im herabsetzenden Sinn aufgefaßt – die Engel sind durch Gottes Tun lediglich πνεύματα („Winde") und Feuerflammen, also vergänglich. Als zweites zitiert er Ps 2,7.8 LXX als Wort des δεσπότης über seinen Sohn; das Zitat stimmt wörtlich mit LXX überein und geht dabei im Umfang erheblich über Hebr 1,5a hinaus. Die Aussage von Ps 2,8 hat für 1 Clem keine besondere Bedeutung (anders Mees, BZ 22, 1978, 123: Es gehe bewußt „nicht um die Erhöhung, sondern um das Wesen dieses Mittlers und die ihm kraft seines Wesens zukommende Weltherrschaft"); der zusätzliche Vers mag automatisch „aus dem Gedächtnis angefügt" worden sein (so Fischer 71 A 217). Trotz der Differenzen zum Hebr-Text und trotz der Tatsache, daß die Abfolge der Zitate eine andere ist (ohne daß sich ein ganz eindeutiges Motiv für die Umstellung erkennen ließe), spricht der Vergleich für die Vermutung, daß der Vf des 1 Clem sich unmittelbar auf den Text von Hebr 1,3–5 bezieht (s. auch zu V. 5). Dies muß aber nicht bedeuten, daß der Hebr im ganzen benutzt worden ist und daß dieser Schrift in Rom eine besondere Bedeutung beigemessen wurde; denkbar wäre, daß Hebr 1 dem Vf des 1 Clem als passendes „Florilegium" erschien. In **5** folgt als ein weiteres Zitat (zu πάλιν λέγει s. 10,6 u. ö.; nur ist λέγει πρὸς αὐτόν jetzt durchaus konkret gemeint) Ps 109,1b, wörtlich nach LXX. Dieses Psalmwort ist im frühen Christentum überaus häufig zitiert worden (s. Hay, Glory; zu den Voraussetzungen dafür vgl. Hengel, in: FS Hahn, 43–73); allerdings findet sich das Zitat so vollständig wie hier nur noch in Hebr 1,13, freilich mit anderer Zielrichtung (s. zu V. 6). Mit **6** kehrt der Vf nach dem christologischen „Exkurs" in die Gegenwart der korinthischen Gemeinde zurück: Die im Zitat erwähnten ἐχθροί, so weiß der Vf, sind diejenigen, die sich dem Willen Gottes widersetzen. φαῦλος in bezug auf Personen im 1 Clem nur hier; vgl. aber 28,1. Zu Gottes θέλημα s. 21,4; 33,8; 34,5; den Hörern in Korinth soll klar sein, daß die Rädelsführer der στάσις sich Gottes Willen widersetzen und daß ihnen – aber eben nicht nur ihnen allein, s. 35,6 – deshalb das im Zitat angekündigte Gericht bevorsteht.

Exkurs: Christologie im 1 Clem

Im 1 Clem ist die Christologie gegenüber der Rede von Gott in den Hintergrund getreten; eigenständige christologische Aussagen oder bewußt auf der Christologie aufbauende Argumentationsgänge finden sich kaum (vgl. zum folgenden Harnack, Einführung 71–76; Jaubert 69–74; Bumpus, Awareness).

Von den christologischen Hoheitstiteln begegnet am häufigsten κύριος, meist in der Verbindung mit dem Namen Ἰησοῦς bzw. Ἰησοῦς Χριστός; κύριος allein ist in der Regel Gottesprädikat (ausgenommen 12,7; 16,17; 47,7; zu 2,8 s. dort; bei den LXX-Zitaten ist eine sichere Entscheidung über die vom Vf intendierte Deutung nicht immer möglich, vgl. z. B. 23,5). Ein besonderer Akzent verbindet sich mit dem Christustitel κύριος im 1 Clem nicht. υἱός als Hoheitstitel begegnet nur in 36,4, als Konsequenz aus den dort verwendeten biblischen Zitaten, wobei der Vf natürlich voraussetzt, daß „Sohn (Gottes)" den Hörern als Christustitel geläufig ist; betont ist der Aspekt der Überlegenheit Jesu über alle anderen Wesen, insbesondere auch über die Engel (er allein ist ἀπαύγασμα τῆς μεγαλωσύνης Gottes). In dem Gebet 59,2–61,3 findet sich dreimal in fester liturgischer Wendung der Titel παῖς (Gottes) im Sinne des hebr. עֶבֶד (vgl. die Gebete in Did 9,2f; 10,2f; im NT Mt 12,18 [Jes 42,1], ferner Apg 3,13.26; 4,27.30; zum Problem der Traditionsgeschichte dieses Titels im Urchristentum s. Wilckens, Missionsreden 164ff). In 59,2f wird dafür gebetet, daß Gott durch Jesus (διὰ ... παιδός) die Christen, die er erwählt hat, auch erhalten möchte; in 59,4 werden ὁ θεὸς μόνος und Jesus Christus ὁ παῖς σου sowie ἡμεῖς λαός σου als Gegenstand des im Gebet gewünschten γινώσκειν der „Völker" nebeneinander genannt (vgl. auch die „trinitarische" Aussage in 58,2). Den für die Christologie des Hebr kennzeichnenden Titel ἀρχιερεύς verwendet der Vf des 1 Clem in 36,1; 61,3; 64,1 in jeweils an geprägte Tradition anknüpfenden Zusammenhängen; nur in 36,1 wird das Bild etwas näher ausgeführt („Opfer"; s. o.). Der Titel σωτήρ wird nur in 59,3 gebraucht, und zwar als Gottesprädikat; das ist angesichts des Befundes in den Pastoralbriefen erstaunlich. Immerhin ist in 58,2 von den σωζόμενοι διὰ Ἰησοῦ Χριστοῦ die Rede, freilich in einer Aussage, die dann in eine Doxologie mündet (vgl. die διά-Formeln in 59,2–4, deren Subjekt aber Gott ist). Die traditionelle Rede von der rettenden Kraft des Blutes Christi (vgl. die Abendmahlsworte und Röm 3,25; 5,9, ferner Hebr 9,12ff) nimmt der Vf in 7,4 auf; die gleiche Terminologie begegnet in 12,7; 49,6 relativ ausführlich, in 21,6 lediglich formelhaft. Es ist dies die einzige Weise, in der der Vf vom Sterben Jesu spricht (θάνατος, ἀποθνῄσκειν, σταυρός κτλ. fehlen; vgl. allerdings die Verwendung der Formel in 24,1: Gott hat den κύριος Jesus Christus auferweckt ἐκ νεκρῶν; in 42,3 dagegen nur ἀνάστασις).

Aussagen über die Person und das Wirken Jesu finden sich in unterschiedlicher Weise. Nach 13,1 ist Jesus διδάσκων ἐπιείκειαν καὶ μακροθυμίαν; in 22,1ff gilt er als der Sprecher von Ps 33,12ff LXX, worin ebenfalls das Stichwort διδάσκειν enthalten ist. Dieser Aspekt steht möglicherweise auch in 44,1 im Vordergrund: Die Apostel sind durch Christus über die Zukunft der Kirche belehrt worden (ähnlich 46,7b.8). Vollständig wird in 16,3–16 der Gottesknecht-Text Jes 53 zitiert; doch die Aussage konzentriert sich dann ganz darauf, daß Christus mit diesem, von den Propheten vorhergesagten Verhalten ein „Beispiel" gegeben habe (16,17). Zweimal macht der Vf Aussagen, die in der Struktur an die εἰκών-Christologie erinnern: Jesus ist „Szepter der μεγαλωσύνη Gottes" (16,2), und nach 36,2 ist er deren Abglanz.

Der Vf verwendet auch die paulinische ἐν-Χριστῷ-Formel. „In Christus Jesus" sind die Christen durch den Willen Gottes berufen (32,4) bzw. auserwählt (50,7; 64,1) worden (vgl. auch 43,1; 54,3); dem entspricht in 38,1 die Verwendung des paulinischen ekklesiologischen Bildes vom σῶμα ἐν Ἰησοῦ Χριστοῦ (s. auch 46,6.7a). Dagegen ist ἐν Χριστῷ in 21,8; 47,6; 49,1 einfach Ersatz für „christlich"; zu ἡ ἐν Χριστῷ πίστις in 22,1 und ἡ ἐν Χριστῷ (δικαιοσύνη) in 48,4 s. jeweils dort.

Eine besondere Betonung des Inkarnationsgedankens, etwa im Sinne einer antidoketischen Christologie, gibt es nicht. Der Vf spricht aber, primär in paränetischer Absicht, vom Kommen Jesu in Niedrigkeit und Demut (16,2). In 32,2 erwähnt er die Zugehörigkeit des κύριος Ἰησοῦς τὸ κατὰ σάρκα zum Geschlecht Jakobs, betont also die Zugehörigkeit Jesu zum jüdischen Volk und insofern auch die Inkarnation. Von der „Sendung" Jesu ἀπὸ τοῦ θεοῦ spricht 42,1ff; aber dabei geht es weniger um den Präexistenzgedanken als vielmehr um den Beginn der Traditionskette, die von Gott über Christus schließlich zu den ἐπίσκοποι und διάκονοι führt. In den, ohnehin wenigen, eschatologischen Aussagen des 1 Clem spielt die Christologie, d. h. konkret die Parusieerwartung, kaum eine Rolle; allenfalls 23,5 läßt sich in dieser Richtung deuten.

37,1–38,4 Gehorsam und Unterordnung in der Gemeinde

37 ¹Laßt uns also, Männer, Brüder, den Kriegsdienst leisten mit aller Beharr-
lichkeit unter seinen untadeligen Befehlen. ²Laßt uns diejenigen beobachten, die
für unsere Herrschenden Kriegsdienst leisten – wie wohlgeordnet, wie willfährig,
wie gehorsam sie die Anordnungen vollziehen. ³Nicht alle sind Befehlshaber,
auch nicht Führer von Tausendschaften, von Hundertschaften, von Fünfzigschaf-
ten und so weiter; sondern jeder vollzieht auf seinem eigenen Posten das vom
König und von den Herrschenden Angeordnete. ⁴Die Großen können ohne die
Kleinen nicht sein; und die Kleinen nicht ohne die Großen. Es gibt bei allem eine
gewisse Mischung, und darin liegt die Brauchbarkeit.
⁵Nehmen wir unseren Leib: Der Kopf ist ohne die Füße nichts; so sind auch die
Füße nichts ohne den Kopf. Die geringsten Glieder unseres Leibes sind notwendig
und nützlich für den ganzen Leib. Aber alle stimmen sie überein und geben sich
einer einträchtigen Unterordnung hin, auf daß der ganze Leib bewahrt werde.
38 ¹Es soll also bewahrt werden unser ganzer Leib in Christus Jesus, und es soll
sich ein jeder seinem Nächsten unterordnen, wie es bestimmt ist in seiner Gna-
dengabe. ²Der Starke soll für den Schwachen sorgen, der Schwache aber soll den
Starken achten. Der Reiche soll den Armen unterstützen, der Arme aber soll Gott
dafür danken, daß er ihm (einen) gegeben hat, durch den seinem Mangel abgehol-
fen wird. Der Weise soll seine Weisheit nicht in Worten zeigen, sondern in guten
Werken. Der Demütige soll sich nicht selber ein Zeugnis ausstellen, sondern er
lasse es sich von einem anderen ausstellen. Wer rein ist im Fleisch, soll nicht
prahlen, da er doch weiß, daß es ein anderer ist, der ihm die Enthaltsamkeit
verleiht.
³Laßt uns also bedenken, Brüder, aus was für einem Material wir geschaffen
worden sind, wie beschaffen und wer wir waren, als wir in die Welt hineinkamen,
aus welchem Grab und welcher Finsternis der, der uns bildete und schuf, uns in
seine Welt hineingeführt hat – der seine Wohltaten zuvor bereitet hatte, bevor wir
geboren waren. ⁴Da wir also dies alles von ihm haben, müssen wir ihm in jeder
Hinsicht Dank sagen: Ihm sei die Ehre von Ewigkeit zu Ewigkeit. Amen.

Das Thema von Kap. 37.38 ergibt sich aus 36,6: Wenn die, die Gottes Willen widerstehen,
seine Feinde sind, dann folgt daraus notwendigerweise die Forderung des Gehorsams
gegen Gott (37,1). Aus dem dazu angeführten Beispiel (37,2f) erwächst unvermittelt der
Gedanke der gegenseitigen Unterordnung (37,4), belegt mit dem Beispiel des menschlichen Körpers (37,5), das dann in 38,1a in bildliche, anschließend (38,1b.2) in nicht-
bildliche ekklesiologische Redeweise übergeleitet wird. In 38,2fin geht es dann primär um
die Stellung des einzelnen vor Gott, woraus der Vf in 38,3 eine allgemeine anthropologi-
sche Reflexion ableitet, die in die Aufforderung zum Dank an Gott mit einer kurzen
Doxologie mündet (38,4).
    37,1: Zur Anrede ἄνδρες ἀδελφοί s. 14,1. Das Bild vom Kriegsdienst zur Kennzeich-
nung christlicher Existenz wird ganz unvermittelt eingeführt; denkbar ist, daß sich eine
entsprechende Assoziation aus dem Stichwort ἐχθροί (36,5f) ergab. Die Wortgruppe
στρατεύομαι κτλ. wird im übertragenen Sinn in 2 Tim 2,3f gebraucht (vgl. 1 Tim 1,18;
zum Hintergrund in der Popularphilosophie s. den Exkurs bei Dibelius-Conzelmann zSt;

ausführliche Darstellung des Materials bei Harnack, Militia Christi 1–46); Paulus verwendet das Bild allenfalls andeutend (Phil 2,25; Phlm 2). Dem Vf des 1 Clem kommt es freilich nicht auf den „Krieg" an, sondern, wie die Fortsetzung zeigt, auf die Struktur des Heeres: Die Christen sollen Gottes Befehlen beharrlich gehorchen. Zu μετὰ ἐκτενείας s. 33,1; zu πρόσταγμα s. 2,8; 50,5; zu ἄμωμος als Gottesattribut s. 35,5. Die allgemeine Aufforderung von V. 1 wird in **2** näher expliziert (vgl. zu diesem Übergang 34,5: ὑποτασσώμεθα τῷ θελήματι αὐτοῦ· κατανοήσωμεν …) durch die Beschreibung der militärischen Befehlsstruktur. οἱ ἡγούμενοι sind allgemein die Inhaber der Befehlsgewalt (s. zu 1,3; 5,7); ob ἡμῶν „ein beachtenswerter Zug von Freundlichkeit gegenüber der Ordnung dieser Welt" ist (so Knopf zSt; zurückhaltend Harnack, Einführung 86), muß offenbleiben (von „unserem Heer", wie Knopf formuliert, ist jedenfalls nicht die Rede). Die Befehlserfüllung der Soldaten (οἱ στρατευόμενοι) wird mit drei Adverben lobend hervorgehoben: εὐτάκτως „in guter Ordnung" (in uns. Lit. nur noch in 42,2), εἰκτικῶς „nachgiebig" (zur unsicheren Schreibung in Codex A s. Gebhardt-Harnack 60; Lightfoot hielt ursprünglich das sonst nicht belegte εὐεικτικῶς „folgsam" für korrekt; H hat ἑκτικῶς „üblicherweise", S bezeugt leniter „leicht", der Text von L differiert erheblich: quam mansuete obaudiunt et iussa faciunt. Luschnat, Gemeinschaftsdenken 128 f hat in Anlehnung an eine Reihe bei Xenoph Mem 3,5,5 als Emendation προσεκτικῶς „aufmerksam" vorgeschlagen – προσ– sei wegen des vorangehenden πῶς durch Haplographie ausgefallen; dies gäbe jedenfalls einen sehr guten Sinn.). Bei dem abschließenden ὑποτεταγμένως „gehorsam, unterwürfig" handelt es sich offenbar um eine Wortschöpfung des Vf. Die militärischen Ränge werden in **3** von oben nach unten aufgezählt; das rhetorische οὐ πάντες … οὐδὲ … οὐδὲ … unterstreicht das hierarchische Element (vgl. 1 Kor 12,29 f). Umstritten ist, ob an das römische Heer gedacht ist (so die meisten Ausleger), oder ob die Aussage vor allem von Ex 18,14–25 bestimmt ist (so Luschnat aaO. 130 f). Bis auf den zuletzt genannten Dienstgrad haben jedenfalls alle Begriffe lateinische Entsprechungen (s. auch L): ἔπαρχος ist der praefectus praetorio als oberster Beamter in einer Provinz (vgl. Jos Ant 20, 193: Festus als ἔπαρχος); χιλίαρχος und ἑκατόνταρχος sind die griechischen Bezeichnungen für tribunus militum (Befehlshaber einer Kohorte, vgl. Apg 21,31 ff u. ö.) und centurio (Führer einer Hundertschaft, vgl. Apg 22,25 u. ö.). Einen πεντηκόνταρχος gibt es im römischen Heer dagegen nicht (L übersetzt dementsprechend unspezifisch quinquagenarii, nennt aber zusätzlich noch decuriones = Führer einer Einheit von 10 Reitern). Möglicherweise ist die Aufzählung von biblischen Texten mitbeeinflußt (vgl. Ex 18,21.25; 1 Makk 3,55 LXX, wo zusätzlich der δεκάδαρχος genannt ist; die Liste wird übernommen in 1 QS II 21–23); man wird dennoch kaum sagen können, der Vf habe im Grunde das Bild vom messianischen Krieg übernommen (zu Jaubert, VigChr 18, 1964, 74–84). Ihm scheint an einer wirklichkeitsentsprechenden Darstellung kaum gelegen zu sein (vgl. das abschließende τὸ καθεξῆς); Ziel der Aussage ist vielmehr einfach die Betonung der Ordnung (V. 3b; zu ἕκαστος ἐν τῷ ἰδίῳ τάγματι vgl. 41,1; die Übereinstimmung mit 1 Kor 15,23 dürfte zufällig sein). Ausdrücklich wird nun auch der Kaiser erwähnt (zu βασιλεύς als volkstümlicher Bezeichnung des Caesar s. Bauer-Aland WB s. v.; im NT 1 Petr 2,13). Das Stichwort τάγμα wird in **4** mit Hilfe eines (nicht nur in der Antike) verbreiteten Gedankens expliziert: „Große" und „Kleine" sind aufeinander angewiesen. Vgl. Soph Ai 158–161: καίτοι σμικροὶ μεγάλων χωρὶς Σφαλερὸν πύργου ῥῦμα πέλονται· Μετὰ γὰρ μεγάλων βαιὸς ἄριστ᾽ ἂν Καὶ μέγας ὀρθοῖθ᾽ ὑπὸ μικροτέρων „Freilich bilden Große und Kleine ein brüchiges Bollwerk; (nur) zusammen mit dem Großen nämlich ist der Schwache festgegründet, und der Große wird vom Kleineren gestützt". Ähnlich Plat Leg X 902d–e: Ärzte und Politiker müssen an das Geringfügige in gleicher Weise denken wie an das Große, οὐδὲ γὰρ ἄνευ σμικρῶν τοὺς μεγάλους φασὶν οἱ λιθολόγοι λίθους εὖ κεῖσθαι „denn, so sagen die Maurer, ohne die kleinen fügen sich die großen Steine nicht gut aneinander". Die Aussage des 1 Clem, wonach in der σύγκρασις zwischen beiden die χρῆσις liege (anstelle von ἐν τούτοις χρῆσις bevorzugen Knopf, Handbuch NTApo 184 und Jaubert 162 den von L bezeugten Text: et aliud alio opus est, griech. etwa: ἐν ἀλλήλοις χρῆσις „zum wechselseitigen Nutzen"), hat eine auffallende Parallele bei Eur Aiolos fr 21: δοκεῖτ' ἂν οἰκεῖν γαῖαν, εἰ πένης ἅπας λαὸς πολιτεύοιτο πλουσίων ἄτερ; οὐκ ἂν γένοιτο χωρὶς ἐσθλὰ καὶ κακά, ἀλλ' ἔστι τις σύγκρασις, ὥστ' ἔχειν καλῶς. ἃ μὴ γὰρ ἔστι τῷ πένητι πλούσιος δίδωσ'· ἃ δ' οἱ πλουτοῦντες οὐ κεκτήμεθα, τοῖσιν πένησι χρώμενοι τιμώμεθα „Meint ihr, ihr könnt auf Erden wohnen, wenn ein ganzes Volk von Armen seine eigene Stadt aufmacht ohne die Reichen? Edel und gering lassen sich nicht trennen, sondern für das Wohlbefinden bedarf es einer Mischung; denn was der Arme nicht hat, gibt der Reiche, was aber wir Reichen nicht besitzen, erreichen wir mit Hilfe der Armen" (Übers. Seeck). Ob 1 Clem tatsächlich diesen Text zitiert (so Lightfoot I/2, 115; Ziegler, Studien 89), ist fraglich, zumal wenn man beachtet, aus welcher Perspektive der Euripides-Text formuliert ist („wir Reichen"). Zu „arm und reich" s. 38,2.

Als weiteres Beispiel wählt der Vf in **5** (zu λάβωμεν vgl. 5,1; 24,4) das Bild vom Leib und den Gliedern, das im gesamten Altertum weit verbreitet ist (s. Conzelmann zu 1 Kor 12,12–31), nicht zuletzt in der zeitgenössischen Popularphilosophie (ausführlich zitierte Belege bei Sanders Hellénisme 85–91; vgl. Lampe, Christen 179, der mR betont, daß es sich um einen philosophischen Gemeinplatz handelt, der keinerlei Rückschlüsse auf die Bildung des Vf zuläßt). Das Bild ist hier naheliegend im Blick auf den Zweck, den der Vf verfolgt (s. 38,1). Kopf und Füße spiegeln sinnfällig „oben" und „unten" (vgl. 1 Kor 12,21b); zu den ἐλάχιστα μέλη vgl. 1 Kor 12,22 (ἀσθενέστερα). Der Vf hat 1 Kor 12 natürlich gekannt (s. Lindemann, Paulus 189), aber er formuliert hier zunächst offenbar ohne direkte Bezugnahmen auf Paulus (anders dann in 38,1). Ziel ist der ἀλλά-Satz, d. h. die Betonung des Zusammenwirkens (συνπνεῖ; das Verb hat politische Konnotationen, vgl. Plat Leg IV 708d; Aristot Pol p 1303 a 26; Begriff und Vorstellung haben aber ihren Ursprung in der Medizin, vgl. Jaeger, Christentum 16f) und der *einen* Unterordnung zur Bewahrung (s. Bauer-Aland WB s. v. σῴζω 1e) des ganzen Leibes (ähnlich, aber in anderer Formulierung, 1 Kor 12,25). Das zeigt **38,1**, wo der Ausdruck ἡμῶν ὅλον τὸ σῶμα nun in der Wiederholung offensichtlich ekklesiologisch gewendet ist (zu σῶμα ἐν Χριστῷ Ἰησοῦ vgl. Röm 12,5) und die Unterordnung als wechselseitig von den Christen gefordert dargestellt wird. Zum gegenseitigen ὑποτάσσεσθαι als ethischer Norm vgl. die Überschrift zur Haustafel des Eph (5,21; ein direkter Zusammenhang besteht aber nicht; zu Hagner, Use 224.245). Der καθώς-Satz deutet die je unterschiedliche Stellung des einzelnen als dessen χάρισμα. Hier ist der Zusammenhang mit 1 Kor 12 bzw. Röm 12 deutlich, denn das Wort χάρισμα begegnet im Urchristentum nur bei Paulus und in dessen Umkreis (s. Conzelmann, ThWNT IX, 394–397; vgl. 1 Petr 4,10: ἕκαστος καθὼς ἔλαβεν χάρισμα); der Sinn unterscheidet sich allerdings von dem typisch paulinischen, denn im folgenden werden keine πνευματικά genannt (Sanders, Hellénisme 82 sieht darin „la logique du matériel stoïcien" besser bewahrt als bei Paulus). In **2** wird das Bild konkret ausgeführt, wobei der Text sorgfältig strukturiert ist (zuerst stehen zwei Doppelglieder, die in positiver Formulierung eine wechselseitige Beziehung zum Ausdruck bringen; dann folgen drei einfache

Glieder, die als Warnungen formuliert sind, zunächst zweimal in der Struktur μή ... ἀλλ᾽, dann μή mit anschließender Begründung). ἰσχυρός und ἀσθενής sind vermutlich sehr weit zu fassen – es geht nicht nur um die soziale Stellung (s. πλούσιος und πτωχός), sondern auch um die geistliche (s. im folgenden σοφός usw.); in der Sache vgl. Röm 15,1. τημελέω, in uns. Lit. nur hier, sonst aber häufig, bringt die Fürsorgepflicht des „Starken" zum Ausdruck. Das aktiv. ἐντρέπω „achten" ist ungewöhnlich (s. Bauer-Aland WB s. v. 1b; H liest passiv. ἐντρεπέσθω); woran der Vf konkret denkt, wird nicht deutlich, während die zweite Aussage klarer ist (vgl. das zu 37,4 zitierte Euripides-Fragment). Zu ἐπιχορηγέω vgl. Herm Sim II 5: ἐπιχορηγεῖ οὖν ὁ πλούσιος τῷ πένητι πάντα ἀδιστάκτως („ohne Zögern"); vgl. auch die Fortsetzung II 6: ὁ πένης οὖν ἐπιχορηγούμενος ὑπὸ τοῦ πλουσίου ἐντυγχάνει τῷ θεῷ εὐχαριστῶν αὐτῷ, ὑπὲρ τοῦ διδόντος αὐτῷ „Der Arme nun, der von dem Reichen unterstützt wurde, betet vor Gott, indem er ihm dankt für den, der ihm gegeben hat". Allerdings bleibt (für uns) undeutlich, welche realen Handlungen hier gefordert werden (gehen sie über Almosen hinaus?), zumal „arm" und „reich" relative Begriffe sind; in der Sache vgl. 1 Kor 16,17; 2 Kor 8.9; Jak 2,15 f (zur Formulierung vgl. auch Phil 2,30 sowie Kol 1,24). Klar ist immerhin, daß von Angehörigen unterschiedlicher Schichten innerhalb der christlichen Gemeinde die Rede ist; Kritik an diesen Unterschieden übt der Vf ebensowenig wie Herm Sim II, aber hier wie dort wird die Milderung der Folgen gefordert. Zu σοφός vgl. das Zitat in 13,1 (dort auch ἰσχυρός und πλούσιος); den Erweis der σοφία durch Werke verlangt auch Jak 3,13. Zum Gegenüber von λόγος und ἔργον vgl. 1 Joh 3,18 (s. o. 30,3; 33,7); Clemens Alex Strom IV 110,4 liest ... μὴ λόγοις μόνον (so auch L: non tantum verbis), doch dahinter steht sicher eine textgeschichtlich sekundäre kirchenpraktische Erwägung (Knopf zSt hält aus eben diesem Grund μόνον für ursprünglich: „Der Weise muß doch auch in Worten zur Erbauung der Gemeinde beitragen." Das ist hier aber nicht das Thema.). Zu ταπεινοφρονῶν und ἀλαζονευέσθω vgl. 2,1. Daß ταπεινοφροσύνη für 1 Clem ein besonders hoher Wert ist, zeigten 13,1; 16,1; 21,8; die Warnung vor dem sich selbst ausgestellten Zeugnis (s. zu 30,7) macht sehr realistisch die hier drohende Gefahr deutlich. Dasselbe gilt für das Prahlen des ἁγνὸς ἐν τῇ σαρκί, also des Asketen (das von A bezeugte καί vor μὴ ἀλαζον. hat in der älteren Forschung die Suche nach Konjekturen ausgelöst, s. Lightfoot I/2, 116 f); der „andere" ist hier wie wohl auch schon zuvor Gott (s. in der Sache 30,6). Eine ähnliche Warnung spricht Ign Pol 5,2 aus, und sie wiederholt sich später oft (s. Bauer-Paulsen zSt; in der Sache vgl. 1 Kor 4,7). Daß der Vf mit dem Gesagten „die Gegner zu Korinth im Sinne" habe (erwogen von Knopf zSt), ist ganz unwahrscheinlich, da der Vf das Vorhandensein von Weisheit, Demut und ἐγκράτεια bei den gemeinten Christen nicht bestreitet; 38,1 f enthält allgemein-gültige Paränese, keine spezifische Polemik. **3** unterstreicht den zuletzt genannten Aspekt: Wie seine besonderen Gaben so verdankt der Mensch sein ganzes Dasein überhaupt nicht sich selbst, sondern seinem Schöpfer. Die ganze Aussage ist vermutlich auf Zeugung und Geburt zu beziehen: Die ὕλη, aus der „wir" entstanden sind, ist geradezu verächtlich; bei ποῖοι καὶ τίνες εἰσήλθαμεν denkt der Vf wohl an die hilflosen Neugeborenen, und ἐκ ποίου τάφου καὶ σκότους ... ἡμᾶς ... εἰσήγαγεν geht vermutlich auf die Geburt aus dem Mutterleib. In der Sache vgl. Sap Sal 7,1 f: „Ich bin zwar sterblich ... und in der Mutter Leib wurde ich als Fleisch gebildet, in zehnmonatiger Dauer geronn ich im Blut ..." (Übers. Georgi, JSHRZ III/4, 424). Der Schöpfer führt die Menschen εἰς τὸν κόσμον αὐτοῦ (das Verständnis der Welt ist also ausgesprochen positiv); die Rede von „Grab" und „Finsternis" ist natürlich ein Bild, und ein Anklang an den Mythos von der „Mutter Erde" oder eine Anspielung auf

Ps 138,15 LXX (οὐκ ἐκρύβη τὸ ὀστοῦν μου ἀπὸ σου, ὃ ἐποίησας ἐν κρυφῇ, καὶ ἡ ὑπόστασίς μου ἐν τοῖς κατωτάτοις τῆς γῆς) liegt nicht vor. Anders Knopf zSt: „τάφος und σκότος sind das große Reich unter der Erde, aus dem die Seelen der Neugeborenen herkommen", aber diese Deutung legt der Wortlaut keineswegs nahe. Von Gottes εὐεργεσίαι sprach der Vf schon in 19,2; 21,1; jetzt zielt seine Aussage darauf, daß wir Gott gegenüber zur Dankbarkeit verpflichtet sind (V. 4), weil wir seine Wohltaten ja immer schon „vorgefunden" haben (zu προετοιμάζω vgl. Eph 2,10). 4 schließt ab. Zur Konstruktion (Partizip + ὀφείλομεν) vgl. 40,1. ταῦτα πάντα bezieht sich auf alle in Kap. 38 genannten χαρίσματα. εὐχαριστεῖν im 1 Clem nur hier (und soeben in V. 2); daß das Verb „in den Zusammenhang gar nicht" hineinpasse und statt dessen ὑποτάσσεσθαι „zu erwarten" sei (so Knopf zSt), kann man nicht sagen: Dank ist die angemessene Reaktion des Menschen auf Gottes Gaben (zu ὀφείλομεν κατὰ πάντα εὐχαριστεῖν vgl. 2 Thess 1,3; 2,13; dazu Aus, JBL 92, 1973, 422–438).

Die Doxologie bildet den formalen Abschluß zum Abschnitt 33,1–38,4 (andere liturgische Einflüsse sind in V. 3f nicht zu erkennen; zu Knopf zSt); sie stimmt, bis auf die fehlende Kopula, wörtlich mit der von 32,4b überein.

39,1–9 Ein Schriftzeugnis gegen die Überheblichen

[1]Unverständige, Unvernünftige, Törichte und Ungebildete verspotten und verhöhnen uns, da sie sich selbst erhöhen wollen in ihrer Einbildung. [2]Was vermag denn ein Sterblicher? Oder was ist die Kraft des Erdgeborenen? [3]Es steht nämlich geschrieben: „Keine Gestalt war vor meinen Augen, sondern ich hörte nichts als Hauch und Stimme: [4],Wie denn? Sollte ein Sterblicher rein sein vor dem Herrn, oder ein Mann untadelig aufgrund seiner Werke? Wenn er seinen Knechten gegenüber nicht vertraut, an seinen Engeln etwas Verkehrtes wahrgenommen hat? [5]Der Himmel ist nicht rein vor ihm. Wieviel mehr aber jene, die Lehmhäuser bewohnen, zu denen auch wir selbst gehören, die wir aus demselben Lehm sind. Er hat sie geschlagen wie eine Motte, und vom Morgen bis zum Abend sind sie nicht mehr. Da sie sich selbst nicht zu helfen vermochten, gingen sie zugrunde. [6]Er hauchte sie an, und sie starben, weil sie keine Weisheit hatten.' [7]Rufe doch, ob dich einer erhören wird, oder ob du einen der heiligen Engel sehen wirst. Denn fürwahr, einen Unverständigen rafft Zorn dahin, einen dem Irrtum Verfallenen tötet Eifersucht. [8]Ich habe wohl gesehen, daß Unverständige Wurzeln schlugen – aber sogleich war ihre Nahrung verzehrt. [9]Fern mögen sein ihre Söhne vom Heil; sie mögen verspottet werden vor den Türen der Geringen, und keiner soll sein, der sie befreit. Denn was jenen bereitet ist, werden Gerechte verspeisen; sie selbst aber werden von den Übeln nicht befreit werden."

Kap. 39 markiert einen Übergang: Das im Mittelpunkt stehende Schriftwort (V. 3–9) unterstreicht einerseits die Dringlichkeit der in 38,2f ausgesprochenen Mahnung, und es verurteilt andererseits zugleich den Hochmut der ἄφρονες (39,1), in denen nun unschwer die Urheber der in 40,1–45,8 kritisch dargestellten korinthischen Vorgänge zu erkennen sind.

In **1** bereitet der Vf den Angriff auf die Rädelsführer der στάσις in Korinth vor. Das im nachstehenden Zitat mehrfach wieder begegnende Stichwort ἄφρων zu Beginn erinnert an 3,3; 21,5; zu ἀσύνετος vgl. 36,2. μωρός und ἀπαίδευτος begegnen im 1 Clem nur hier; ἀπαίδευτος, in uns. Lit. nur noch 2 Tim 2,23, bezeichnet strenggenommen den, der keine παιδεία genossen hat (vgl. Eur Cyc 493: παιδεύσωμεν τὸν ἀπαίδευτον; Epict Diss III 19,6: παῖς γὰρ ἐν μουσικοῖς ὁ ἄμουσος, ἐν γραμματικοῖς ὁ ἀγράμματος, ἐν βίῳ ὁ ἀπαίδευτος), ist hier aber wohl einfach synonym mit μωρός κτλ. Zu χλευάζειν vgl. Apg 2,13; 17,32; μυκτηρίζειν in Gal 6,7. ἡμᾶς ist wohl aus der Sicht der ganzen Kirche formuliert; das Verhalten der ἄφρονες ist eine Beleidigung für alle Christen (nicht nur für die Presbyter, zu Jaubert 164 f A 2; Ziegler, Studien 130 bezieht ἡμᾶς auf den Vf des 1 Clem und meint, Spott und Hohn seien die Reaktion der korinthischen Gegner auf einen vorangegangenen römischen Brief gewesen; aber zu dieser Konstruktion besteht kein Anlaß). Zu ἐπαίρεσθαι s. 16,1; 21,5; διάνοια hier sensu malo (s. Bauer-Aland WB s. v. 4). Die rhetorische Doppelfrage in **2** betont die Nichtigkeit des Menschen. Zum absolut gebrauchten ϑνητός, in uns. Lit. nur noch Dg 9,2, s. Bultmann, ThWNT III, 22. Das verhältnismäßig seltene γηγενής hat hier keine mythische Bedeutung, sondern bezeichnet wie in Ps 48,2; Jer 39,20 LXX; Test Jos 2,5 einfach den „irdischen" Menschen (anders Sap Sal 7,1, wo der „Erdgeborene" der πρωτόπλαστος Adam ist). Die stillschweigend vorausgesetzte Antwort auf die Fragen in V. 2 („Der Mensch vermag nichts") wird in **3–9** expliziert durch das lange Zitat von Hi 4,16–5,5b. γέγραπται γάρ wie in 14,4 und nochmals in 46,2; 50,4.6; der Wortlaut des Zitats entspricht weitgehend (die Differenzen sind aufgelistet bei Hagner, Use 57 f) LXX, die z. T. erheblich vom hebr. Text abweichen. Es handelt sich um die erste Rede des Eliphas an Hiob, in der er eine ihm zuteil gewordenen Vision bzw. Audition schildert. Zunächst (V. 3.4) folgt das Zitat praktisch wörtlich Hi 4,16–18; V. 5a (οὐρανὸς δὲ οὐ καθαρὸς ἐνώπιον αὐτοῦ) ist dagegen aus der zweiten Eliphas-Rede übernommen (Hi 15,15b.16a), wobei der Vf den Text vermutlich schon so vorgefunden und nicht selber kompiliert haben wird (Hagner, Use 58 verweist als Gegenargument auf „Clement's thorough knowledge of Job", hält aber auch „a kind of scribal gloss" in der von 1 Clem benutzten LXX-Handschrift für möglich). V. 5b–9 folgen nahezu wörtlich Hi 4,19–5,5b, allerdings mit zwei Ausnahmen: In Hi 4,21 (= V. 6) liest die Mehrzahl der LXX-Handschriften ... καὶ ἐξηράνθησαν, ἀπώλοντο παρὰ ... (A hingegen bezeugt ἐτελεύτησαν ... ἀπώλοντο); und in Hi 5,5a haben die meisten LXX-Handschriften das aktiv. ἃ γὰρ ἐκεῖνοι συνήγαγον (A liest: ἐθέρισαν), während in der von 1 Clem zitierten pass. Fassung nochmals der Aspekt der Gottesgabe enthalten zu sein scheint (ἃ γὰρ ἐκείνοις ἑτοίμασται; vgl. προετοιμάσας in 38,4; Grant zSt verweist auf Mk 10,40 und meint, 1 Clem sei „using a text apparently christianized"). In den Augen des Vf beziehen sich die biblischen Worte über die Nichtigkeit des Menschen (V. 3–5) auf die, die „sich selbst erheben wollen". Ihnen gilt dann vor allem auch die in V. 6–9 ausgesprochene Drohung, wobei hier der Kontextbezug besonders deutlich ist (vgl. V. 6 [μὴ ἔχειν ... σοφίαν] mit 38,2; ferner in V. 7.8 die Stichworte ἄφρων [vgl. V. 1], ὀργή [vgl. 13,1] und ζῆλος [s. Kap. 3–6]).

40,1–45,8 Die dem Willen Gottes entsprechende Ordnung der Kirche

40 **¹Da uns nun dies offenbar ist und wir einen Einblick erhalten haben in die Tiefen der göttlichen Erkenntnis, sind wir verpflichtet, alles der Ordnung gemäß zu tun, was der Herr zu festgesetzten Zeiten zu vollziehen befohlen hat, ²(daß**

nämlich) die Opfer und Dienste vollzogen werden. Er hat ja nicht befohlen, sie sollten aufs Geratewohl oder ohne Ordnung stattfinden, sondern zu festgesetzten Zeiten und Stunden. [3]Wo und durch wen er den Vollzug will, hat er selbst durch seinen allerhöchsten Rat bestimmt, damit alles heilig geschehe und in Wohlgefallen angenehm sei seinem Willen. [4]Die also zu festgesetzten Zeiten ihre Opfer darbringen sind (Gott) angenehm und selig; denn indem sie den Vorschriften des Herrn folgen, verletzen sie die Ordnung nicht. [5]Dem Hohenpriester nämlich sind eigene dienstliche Handlungen übertragen, und den Priestern ist ein eigener Platz zugewiesen, und Leviten obliegen eigene Dienstleistungen. Der Mensch aus dem Volk ist an die für das Volk geltenden Vorschriften gebunden.

41 [1]Jeder von uns, Brüder, soll auf seinem eigenen Posten Gott gefallen mit gutem Gewissen, indem er die für seinen Dienst festgelegte Regel nicht übertritt, in ehrfürchtiger Scheu.

[2]Nicht überall, Brüder, werden dargebracht immerwährende Opfer oder Gelübdeopfer oder Sünd- und Schuldopfer, sondern nur in Jerusalem allein. Auch dort aber wird nicht an jedem Ort geopfert, sondern (nur) vor dem Tempel am Altar, nachdem die Opfergabe auf ihre Makellosigkeit hin untersucht worden ist, durch den Hohenpriester und die eben erwähnten Gehilfen. [3]Die nun etwas gegen das seinem Willen Gemäße tun, erhalten als Strafe den Tod.

[4]Seht, Brüder: Je größer die Erkenntnis, derer wir für wert gehalten wurden, um so größer die Gefahr, der wir ausgesetzt sind.

42 [1]Die Apostel sind für uns mit dem Evangelium beauftragt worden vom Herrn Jesus Christus; Jesus, der Christus, ist von Gott ausgesandt worden. [2]Christus also von Gott her, und die Apostel von Christus her. Es geschah also beides in guter Ordnung nach dem Willen Gottes. [3]Da sie also Aufträge empfangen hatten und mit Gewißheit erfüllt worden waren durch die Auferstehung unseres Herrn Jesus Christus und Vertrauen gefaßt hatten durch das Wort Gottes, zogen sie mit der Fülle des Heiligen Geistes aus, verkündigend, daß das Reich Gottes kommen werde. [4]In Ländern und Städten also predigend setzten sie ihre Erstlinge ein, nachdem sie sie im Geist geprüft hatten, zu Episkopen und Diakonen derer, die künftig glauben würden. [5]Und dies war nichts Neues; denn es war ja seit langen Zeiten geschrieben über Episkopen und Diakonen. So nämlich sagt irgendwo die Schrift: „Ich werde einsetzen ihre Episkopen in Gerechtigkeit und ihre Diakonen in Treue." **43** [1]Und was ist Erstaunliches dabei, wenn die in Christus von Gott mit einem solchen Werk Betrauten die eben Genannten eingesetzt haben? Wo doch auch der selige, treue Hüter im ganzen Hause, Mose, alle ihm übermittelten Anordnungen aufgezeichnet hat in den heiligen Büchern; ihm sind auch gefolgt die übrigen Propheten, die gleichermaßen Zeugnis ablegen für das von ihm im Gesetz Bestimmte. [2]Jener nämlich, als Eifersucht erwuchs wegen der Priesterwürde und die Stämme in Aufruhr waren, welcher von ihnen geschmückt sein solle mit dem ehrenvollen Namen, befahl den zwölf Stammeshäuptern, sie sollten ihm Stäbe bringen, beschriftet mit dem Namen eines jeden Stammes. Und er nahm und band sie und versiegelte sie mit den Ringen der Stammeshäupter und legte sie in das Zelt des Zeugnisses, auf den Tisch Gottes. [3]Und er verschloß das Zelt und versiegelte die Schlüssel ebenso wie die Stäbe. [4]Und er sagte zu ihnen: „Männer, Brüder; welches Stammes Stab ausschlägt, den hat Gott auserwählt zum Priesteramt und zum Dienst für ihn." [5]Als es Morgen geworden war, rief er ganz Israel zusammen, die sechshunderttausend Männer, und er zeigte den Stammeshäuptern die Siegel und öffnete das Zelt des Zeugnisses und holte die Stäbe hervor; und es fand sich, daß der Stab Aarons nicht allein ausgeschlagen hatte, sondern auch Frucht trug.

[6]Was meint ihr, Geliebte? Hatte Mose nicht vorhergewußt, daß dies geschehen würde? Ganz gewiß hatte er es gewußt. Aber damit keine Unordnung entstünde in Israel, hat er es so gemacht, damit verherrlicht würde der Name des Wahrhaftigen und Einzigen, welchem sei die Ehre von Ewigkeit zu Ewigkeit. Amen.

44 [1]Auch unsere Apostel haben durch unseren Herrn Jesus Christus gewußt, daß es Streit geben würde über das „Amt" der Aufsicht. [2]Aus diesem Grunde nun, da sie vollkommenes Vorherwissen empfangen hatten, setzten sie die eben Genannten ein und gaben danach Anweisung, daß wenn sie entschliefen, andere bewährte Männer ihren Dienst übernehmen sollten.

[3]Daß nun die, die eingesetzt worden waren von jenen oder danach von anderen angesehenen Männern unter Zustimmung der ganzen Kirche, und untadelig dienten der Herde Christi in Demut, still und nicht engherzig und von allen mit einem (guten) Zeugnis versehen lange Zeit hindurch – daß diese aus dem Dienst entfernt werden, halten wir nicht für recht. [4]Denn keine kleine Sünde wird es für uns sein, wenn wir die, die untadelig und fromm die Opfer dargebracht haben, vom Episkopenamt entfernen. [5]Selig die vorausgegangenen Presbyter, deren Heimgang reich an Frucht und vollkommen war; sie müssen nämlich nicht fürchten, daß jemand sie verdrängt von dem für sie errichteten Platz. [6]Wir sehen nämlich, daß ihr einige, die einen guten Wandel führen, aus dem von ihnen untadelig in Ehren gehaltenen Dienst herausgedrängt habt.

45 [1]Seid streitsüchtig, Brüder, und Eiferer – für das, was zum Heil dient! [2]Ihr habt Einblick genommen in die heiligen Schriften, die wahren, die durch den Heiligen Geist (gegebenen?). [3]Ihr wißt, daß nichts Unrechtes und nichts Gefälschtes in ihnen geschrieben steht. Ihr werdet nicht finden, daß Gerechte abgesetzt wurden von frommen Männern. [4]Gerechte sind verfolgt worden, aber von Frevlern. Sie sind eingekerkert worden, aber von Gottlosen. Sie sind gesteinigt worden, von Missetätern. Sie sind getötet worden, von denen, die abscheulicher und ungerechter Eifersucht Raum gegeben hatten. [5]Dies erlitten und ertrugen sie ruhmvoll.

[6]Denn was sollen wir sagen, Brüder? Ist Daniel von denen, die Gott fürchten, in die Löwengrube geworfen worden? [7]Oder sind Ananias, Asarja und Misael von denen, die sich dem erhabenen und herrlichen Dienst des Höchsten widmeten, in den Feuerofen eingesperrt worden? Durchaus nicht! Wer nun sind die, die dies getan haben? Die Verhaßten und alles Schlechten Vollen steigerten sich bis zu einem solchen Grad von Wut, daß sie jene, die in frommer und untadeliger Absicht Gott dienten, in Pein stürzten, nicht wissend, daß der Höchste ein Verteidiger und Beschützer derer ist, die mit reinem Gewissen seinem vortrefflichen Namen dienen. Ihm sei die Ehre von Ewigkeit zu Ewigkeit. Amen. [8]Die aber ausgeharrt haben in Zuversicht, haben Ehre und Auszeichnung geerbt; sie sind erhöht worden und eingeschrieben von Gott in sein Gedächtnis von Ewigkeit zu Ewigkeit. Amen.

Der Abschnitt Kap. 40–45 bildet eine große Einheit (zur Diskussion um die Gliederung vgl. Leder, ThV 10, 1979, 108f; sein eigener Vorschlag [s. u.] ist m. E. problematisch). Das Thema ist in 40,1 angegeben: πάντα τάξει ποιεῖν ὀφείλομεν. Durch 40,1 (ἐγκεκυφότες εἰς τὰ βάθη τῆς θείας γνώσεως) und 45,2 (ἐνκεκύφατε εἰς τὰς ἱερὰς γραφάς; die Schriftbeispiele folgen dann in V. 3–7) ist der Abschnitt auch formal gerahmt. Drei Teile sind zu unterscheiden (vgl. dazu Beyschlag, in: FS Maurer, 11f): Kap. 40.41 sprechen von der Ordnung des Tempeldienstes in Jerusalem, wobei der Vf in 41,1.4 ähnlich wie schon in 40,1 anzeigt, daß es ihm in Wahrheit primär um „uns“ geht; den formalen Abschluß dieses Teils bildet das ὁρᾶτε ἀδελφοί ... in 41,4. Kap. 42–44 handeln von dem durch Christus autorisierten Wirken der Apostel entsprechend dem Muster der in Kap. 43 referierten Erzählung von der besonderen Stellung Aarons; in diesem Teil ist die zunächst implizite (44,3), dann explizite (44,6) Kritik an der Absetzung „untadeliger Männer“ in Korinth ausgesprochen. Der (durch V. 6 erläuterte) Makarismus in 44,5 markiert den formalen Abschluß (vgl. auch die Anrede ἀδελφοί in 45,1). Im dritten Teil (Kap. 45) erinnert der Vf abschließend an bekannte biblische Beispiele ähnlichen Fehlverhaltens, wobei er in V. 7fin und in V. 8 Drohung und Verheißung nebeneinander stellt; formal abgeschlossen wird dieser Teil (und zugleich der ganze Abschnitt) mit der Doxologie für Gott und deren teilweiser Wiederaufnahme im Lobpreis der von ihm „für alle Ewigkeit“ Erhöhten (vgl. den Neueinsatz in 46,1). Leder aaO. gliedert, auch unter Hinweis auf die Doxologie in 43,6, folgendermaßen: 40,1–43,6/44,1–3a/44,3b–6/45,1–46,9. Aber eine scharfe Trennung innerhalb von 44,3 läßt sich nicht wirklich zeigen (s. u. zSt).

In **40,1** knüpft der Vf an das Hiob-Zitat von Kap. 39 an; zum formalen Anschluß (Partizip + ὀφείλομεν) s. zu 38,4. Der biblische Text hat, richtig verstanden, „uns“ Einblick gegeben εἰς τὰ βάθη τῆς θείας γνώσεως (s. 41,4). Das in uns. Lit. sonst nur noch in Pol Phil 3,2 belegte Verb ἐγκύπτειν verwendet der Vf nochmals in 45,2; 53,1; 62,3 mit Bezug auf die heilige Schrift bzw. auf die λόγια Gottes, woran er ja auch hier denkt (gegen Evans, Vig Chr 38, 1984, 200f, der ἐγκύπτειν auf die im folgenden erwähnten „commands of Christ“ bezieht und meint, das Verb belege eine explizite Verwendung auch des Neuen Testaments [!] durch den Vf des 1 Clem). Der Ausdruck τὰ βάθη τῆς θείας γνώσεως ist ungewöhnlich (Lampe Lexicon s. v. nennt als weiteren Beleg nur noch Maximus Confessor ep. 21; häufiger belegt ist τὰ βάθη τῆς γραφῆς) und besagt (anders als 1 Kor 2,10: τὸ πνεῦμα ... ἐραυνᾷ ... τὰ βάθη τοῦ θεοῦ bzw. Test Hi 37,6: τίς ποτε καταλήψεται τὰ βάθη τοῦ κυρίου καὶ τῆς σοφίας αὐτοῦ), daß die Christen (aus der Schrift) die auf Gott bezogene γνῶσις erlangt haben; diese müssen sie nun τάξει in die Tat umsetzen. Das Wesen dieser τάξις wird vom Vf im folgenden entfaltet (vgl. Jaubert, Vig Chr 18, 1964, 193–203, vor allem 193–198: τάξις als terminus technicus für die Ordnung des Tempeldienstes). Eine Anspielung auf gnostisches Denken liegt nicht vor (vgl. eher 1 QS XI 18f, wo freilich gesagt wird, daß es Gott allein ist, der „in die Tiefe deiner [= Gottes] Geheimnisse zu blicken vermag“). Clemens Alex Strom IV 110,3 zitiert 40,1 im Anschluß an 1 Clem 36,2 und läßt 38,2; 41,4 folgen, wodurch sich eine Kette von Aussagen über die γνῶσις ohne Bezugnahme auf die Schrift ergibt. Der ὅσα-Satz klingt zunächst formal; sein Inhalt wird in **2** ausgeführt: Gott hat die προσφοραί und die λειτουργίαι angeordnet. προσφέρειν ist in LXX terminus technicus für das Darbringen des Opfers (sehr oft in Lev und Num, meist für hebr. קרב); προσφορά ist dagegen in LXX nicht häufig (3 Reg 7,48; Ps 39,6; ferner 1 Esr 5,52 sowie einige Belege in Sir und Dan). λειτουργία steht in LXX meist für עֲבֹדָה im Sinne kultischen Dienstes. Ob nach dem Wort λειτουργίας mit den Handschriften A und

Η ἐπιτελεῖσθαι καί zu lesen oder ob den Übersetzungen zu folgen ist (L: oblationes enim et ministeria non vane nec sine ordine iussit fieri), läßt sich kaum entscheiden (Knopf zSt: ἐπιτελεῖσθαι ist vermutlich aus V. 1 oder V. 3 eingedrungen; Lightfoot I/2, 121 f: Vor ἐπιτελεῖσθαι ist zusätzlich ἐπιμελῶς zu konjizieren). Dem Vf liegt an dem Gedanken, daß Gott die Opfer nicht εἰκῆ oder ἀτάκτως (zu diesem Wort s. Delling, ThWNT VIII, 48 f) will. Die καιροί und ὧραι der Opfer bzw. der Gebete sind weitgehend festgelegt, wenn auch nicht durch Aussagen der Bibel (s. Billerbeck II, 696–702). Dagegen haben die Aussagen von **3** über den Ort des Opfers und über die Opfernden eine biblische Grundlage (s. u. zu V. 5 und zu 41,2). Zu Gottes βούλησις s. 9,1; 35,5. εὐδόκησις, in uns. Lit. nur hier, sonst aber nicht selten, bezeichnet Gottes Zustimmung zum Opferkult; εὐπρόσδεκτος wie in 35,5. Gemeint ist, daß Gott über den Opfervollzug deshalb so genaue Aussagen gemacht hat, damit dieser stets dem θέλημα Gottes entspricht. **4** zieht unter terminologischer Aufnahme des Gesagten die Konsequenz: Das Handeln der korrekt Opfernden entspricht dem Willen Gottes (vgl. die Gegenaussage in 41,3). Zu τοῖς νομίμοις ... ἀκολουθοῦντες vgl. 1,3; 3,4. Auffallend ist nicht nur, daß der Vf, mindestens 20 Jahre nach der Zerstörung des Jerusalemer Tempels, präsentisch redet als würden die Opfer nach wie vor vollzogen (s. u. zu 41,2), sondern daß er vor allem so spricht, als stünden die Opfervorschriften auch für die christliche Kirche ohne weiteres in Geltung. Offenbar argumentiert er zunächst ganz bewußt allein innerhalb des alttestamentlich-jüdischen Denkhorizonts: Gott hat eine den Kult regelnde Ordnung verfügt, und die, die diese Ordnung praktizieren, sind εὐπρόσδεκτοί τε καὶ μακάριοι. Die Fortsetzung (οὐ διαμαρτάνουσιν) ist auffallend, zumal das Verb διαμαρτάνειν relativ selten ist (in LXX nur Num 15,22; Ri 20,16 A; im NT gar nicht; sehr häufig allerdings bei Philo); möglicherweise ist weniger an das Vermeiden von „Sünde" im vollen Sinn gedacht als vielmehr an die Bewahrung der Ordnung (vgl. den geradezu „profanen" Gebrauch des Verbs bei Jos Bell I 214: οὐ διήμαρτεν τῆς οἰήσεως „er ging in der Vermutung nicht fehl"). **5** nennt zunächst die drei Gruppen des Tempelpersonals. Ihre Tätigkeit wird nicht beschrieben, sondern es wird nur gesagt, daß sie ihren jeweiligen (dreimal das Stichwort ἴδιος) Aufgaben nachkommen; dem Vf liegt nichts an inhaltlichen Details, sondern daran, daß das τάγμα gewahrt ist (s. 41,1). Das Wort ἀρχιερεύς zur Bezeichnung des einen Hohenpriesters am Tempel (hebr. הַכֹּהֵן הַגָּדוֹל) ist im griechischsprechenden Judentum erst spät aufgekommen in Übernahme hellenistischer Terminologie (LXX haben ὁ ἱερεύς, mit und ohne μέγας; s. Schrenk, ThWNT III, 266 f); bei Philo und Josephus wird der Begriff ganz selbstverständlich verwendet (s. Braun im Exkurs zu Hebr 2,17; zu dem, im NT und bei Josephus belegten, unklaren plural. Gebrauch s. Schrenk, ThWNT III, 271). Der (hohe)priesterliche Dienst am Altar wird in Ex 28 ff beschrieben, freilich ohne das Substantiv λειτουργία (lediglich in 28,35.43; 29,30; 30,20 das Verb λειτουργεῖν); zur Person des Hohenpriesters s. Lev 21; zum Kult am Versöhnungstag s. Lev 16. Über die Amtspflichten in der Zeit des zweiten Tempels s. Jeremias, Jerusalem 167–181, bes. 170 ff. Mit den an zweiter Stelle genannten ἱερεῖς sind vermutlich nicht die „Oberpriester" (vgl. dazu Jeremias aaO. 181–204) gemeint, sondern die mit dem täglichen Opferdienst beauftragten zahlreichen „gewöhnlichen Priester" (zu ihrer Gliederung und λειτουργία s. 1 Chr 24,1–19; vgl. Jeremias aaO. 224–234; Schrenk, ThWNT III, 262). Zu ἴδιος ὁ τόπος im Sinne von „Amtsstellung" s. Bauer-Aland WB s. v. τόπος 2b. Nähere Einzelheiten nennt (und kennt?) der Vf nicht. Zum Dienst der an dritter Stelle genannten Leviten s. Num 17,2–7; die Leviten, eine Art clerus minor (zu ihrem Dienst vgl. Jeremias, aaO. 234–241) unterscheiden sich nicht prinzipiell von den „Laien", weil auch ihnen „das Betreten des Tempelgebäudes und der Zutritt zum Altar bei Todesstrafe verwehrt war" (Jeremias, aaO. 235; s. o. zu 32,2); über ihren Rang kam es aber immer wieder zu Auseinandersetzungen (s. R. Meyer, ThWNT IV, 245ff). Der zuletzt genannte λαϊκὸς ἄνθρωπος ist hier noch nicht „der Laie" im technischen Sinne, sondern derjenige, der zum λαός, also nicht zu den bisher genannten Gruppen gehört (vgl. die latein. Übers.: plebeius homo); daß λαϊκός „im Gegensatz zu Priester gebraucht" sei (so Knopf zSt), trifft nicht zu. Das Wort ist vorchristlich im Sinne von „zum Volk gehörig", „nichtamtlich" belegt (Liddell-Scott s. v.); es fehlt in LXX, aber die jüngeren Bibelübersetzungen gebrauchen es in 1 Sam 21,5 („gewöhnliches Brot"; LXX: ἄρτοι βέβηλοι), Symmachus und Theodotion außerdem in Ez 48,15 („profanes Gelände"; LXX: προτείχισμα). Clemens Alex Strom V 33,3 spricht von der λαϊκὴ ἀπιστία im Blick auf die Decke zwischen Heiligtum und Tempelvorhof, doch zeigt sich bei ihm auch schon der kirchenrechtliche Gebrauch des Wortes (Strom III 90,1 in Auslegung von 1 Tim 3,2: Paulus spreche vom πρεσβύτερος, διάκονος und λαϊκός; ähnlich Tert Bapt 17; Fug 11: diaconi, presbyteri, episcopi einerseits, laici andererseits; in Praescr 41 findet sich das direkte Gegenüber Priester/Laie). Dem Vf des 1 Clem liegt nicht daran, zwischen „Priestern" und „Laien" zu unterscheiden; sondern er will im Gegenteil sagen, daß im Judentum (vgl. dann aber 41,1) jede der Gruppen ihrer besonderen Verpflichtung nachzukommen hat. An eine auch nur implizite Übertragung auf einen ordo christlicher Amtsträger („Priester") und „Laien" ist nicht gedacht (vgl. Noll, StPatr 13 [= TU 117], 250–254: Der Text spricht nicht von einem christlichen Priesteramt.). Ob als letztes Wort von V. 5 δέδεται (so A; s. die Übersetzung) oder δέδοται (so H und die Versionen; Knopf zSt: „... übergeben") zu lesen ist, läßt sich letztlich nicht entscheiden.

Durch die Anrede ἀδελφοί herausgehoben folgt in **41,1** eine knappe Anwendung (ἕκαστος ἡμῶν κτλ.). ἐν τῷ ἰδίῳ τάγματι erinnert an 37,3. Zu εὐαρεστείτω τῷ θεῷ vgl. 40,3f (εὐπρόσδεκτος); Lightfoot I/2, 124 bevorzugt die von A gebotene Lesart εὐχαριστείτω und bezieht die Aussage auf die „Eucharistie" (zu ἴδιον τάγμα sei dann Justin Apol I 65,3 zu vergleichen: Wenn der προεστώς Gebet und εὐχαριστία vollendet habe, spreche ὁ λαός „Amen"). Zu ἐν ἀγαθῇ συνειδήσει vgl. 1,3; 34,7. Die ganze Aussage erinnert an Kap. 20, wie die ταγ-Begrifflichkeit und das Verb παρεκβαίνω zeigen (vgl. 20,3.6). Über den Inhalt des „Kanons" (s. 1,3; 7,2) τῆς λειτουργίας αὐτοῦ (= eines jeden) sagt der Vf nichts; Knopf zSt bedauert, daß über die λειτουργία des Laien nichts gesagt sei (es bleibe „wohl wenig mehr für ihn als zuzuhören und die Eucharistie zu genießen"); aber der Vf will gar keine direkte kirchliche Analogie zu der in 40,5 beschriebenen Hierarchie herstellen, sondern er betont nur, daß auch „bei uns" das τάγμα gelte. In **2** bezieht er sich wieder auf den jüdischen Kult, und zwar jetzt auf den Kultort (οὐ πανταχοῦ ... ἀλλ' ἢ ἐν Ἰερουσαλὴμ μόνῃ). Warum nicht allgemein vom Opfer die Rede ist, sondern speziell vier Opferarten aufgezählt werden, ist unklar; deutlich ist aber, daß der Vf an christliche Analogien (etwa die Eucharistiefeier, so Fischer 77 A 243; Powell, TRE 8, 117f folgert sogar, es sei hier vorausgesetzt, daß es „nur *eine* Eucharistie in einer Kirche geben dürfe" und daß also die römische Kirche sich noch „in *einem* Gebäude" zu versammeln pflegte) nicht denkt. Die θυσίαι ἐνδελεχισμοῦ (wörtlich: „Opfer der Fortdauer") sind die Brandopfer (תָּמִיד), die nach Ex 29,42; Num 28,6; Neh 10,33 täglich dargebracht werden. Die anderen Opfer haben mit besonderen Anlässen zu tun: θυσίαι εὐχῶν sind die Opfer im Zusammenhang eines Gelübdes (נֶזֶר; s. Num 6); zum Sündopfer (περὶ ἁμαρτίας; hebr. לְחַטָּאת) s. Lev 4; zum damit zusammenhängenden (καί statt ἤ) Schuldopfer (περὶ πλημμελείας; hebr. לְאָשָׁם) s.

Lev 5,15 ff; 14,13 ff. Daß der Tempel in Jerusalem die einzige jüdische Opferstätte ist, wird als selbstverständlich bekannt vorausgesetzt (der Tempel in Leontopolis [Schürer III 144–148] spielt keine Rolle bzw. ist unbekannt). Die präsentische Formulierung (προσφέρονται) ist nicht als zeitgeschichtliche Information zu werten. Gelegentlich wird (im Anschluß an Clark, NTS 6, 1959/60, 269–280) vermutet, der Jerusalemer Tempelkult sei auch in der Zeit zwischen 70 und 135 n. Chr. fortgesetzt worden (Grant zSt: „Clement's language certainly tends to confirm Clark's argument"), aber dem widerspricht Smallwood, Jews 347 f unter Hinweis auf sBar 35 (die Angaben bei Jos Bell VII 1–4 machen überdies deutlich, daß die Zerstörung des Tempels aus römischer Sicht als endgültig gedacht war). Der Vf denkt einfach an die gleichsam zeitlos gegebene Ordnung, ohne daß er die gegenwärtige Unterbrechung des Kults in Jerusalem erwähnen müßte (vgl. Jos Ant III 224–257, wo ebenfalls im Präsens sehr detailliert die Opfer und Feste geschildert werden, allerdings im Zusammenhang der Beschreibung der Stiftshütte, nicht des Tempels). In V. 2b wird die Ortsangabe präzisiert. ἔμπροσθεν τοῦ ναοῦ meint den Platz vor dem Tempelgebäude, wo der große Brandopferaltar stand, auf dem, mit Ausnahme des Räucheropfers, alle Opfer dargebracht wurden (Mid III; vgl. Schürer II 344 f; zum archäologischen Befund s. Mazar, Berg 107–110 mit Planskizze). Zur Makellosigkeit der Opfertiere s. Lev 22,17–25. μῶμος ist in LXX Übersetzung von מוּם; μωμοσκοπεῖν in uns. Lit. nur noch Pol Phil 4,3. Das Substantiv μωμοσκόπος wird von Philo Agr 130 ausdrücklich als terminus technicus erläutert (vgl. Clemens Alex Strom IV 117,4). διὰ τοῦ ἀρχιερέως κτλ. schließt an προσφέρεται an, nicht an μωμοσκοπηθέν (so die Übers. bei Fischer). In **3** formuliert der Vf abschließend die Gegenaussage zu 40,4 (hier wie dort οἱ οὖν ... ποιοῦντες). παρὰ τὸ καθῆκον bezeichnet in der Stoa geradezu technisch die „Verletzung der sich geziemenden Norm" (vgl. Epict Diss I 7,21; Philo Leg All II 32: πολλάκις βουλόμενος καθῆκόν τι νοῆσαι ἐπαντλοῦμαι ταῖς παρὰ τὸ καθῆκον ἐπιρροίαις „oft, wenn ich etwas Geziemendes denken will, werde ich überschwemmt von den Fluten des Unziemlichen"; vgl. dagegen das untechnische τὰ μὴ καθήκοντα in Röm 1,28). Zur Todesstrafe bei Verletzung der Kultordnung s. Ex 12,15; 31,14; Lev 7,20 f; 17,8 f.14 u. ö. (hier geht es freilich um andere Inhalte als die in 1 Clem 40 f dargestellten). τὸ πρόστιμον, in uns. Lit. nur hier, in LXX nur 2 Makk 7,36, ist juristischer Begriff für die „zuerkannte Strafe" (s. Bauer-Aland WB s. v.). Daß der Vf an 1 Kor 11,30 denkt (erwogen von Fischer 77 A 243 und Jaubert 169), ist sehr unwahrscheinlich, zumal das Thema Eucharistie gar nicht im Blick ist.

Mit einem betonten ὁρᾶτε, ἀδελφοί leitet der Vf in **4** die Anwendung ein (s. 4,7; 12,8; 16,17; 21,1). Das Stichwort γνῶσις bezieht sich einerseits auf 40,1 zurück, verweist aber andererseits auf das in Kap. 42 Ausgeführte; κίνδυνος nimmt τὸ πρόστιμον von V. 3 auf. Die Aussage ist sentenzenhaft und inhaltlich jedenfalls bewußt allgemein gefaßt; die „Gefahr" wird nicht näher beschrieben (s. zu 14,2; in der Sache vgl. 44,4), und es geht dem Vf auch nicht darum, den Hörern konkret zu drohen (er will deshalb auch nicht „die im A. T. den Übertretern angedrohte Todesstrafe als noch gültig" behaupten; gegen Harnack, Einführung 115).

Das Thema von **42** wird in **1** durch das betont vorangestellte οἱ ἀπόστολοι angezeigt: Die Apostel, erstmals seit 5,3 wieder erwähnt, sind von Christus mit der Verkündigung des Evangeliums beauftragt worden (εὐαγγελίζεσθαι als Kennzeichen apostolischer Existenz wie 1 Kor 1,17; 9,16; Gal 1,16 u. ö.), und zwar so, daß sie auch den Inhalt ihrer Botschaft ἀπὸ τοῦ κυρίου empfingen. ἡμῖν zielt auf die Gegenwart der Kirche. Zur Sendung Jesu

Christi ἀπὸ τοῦ θεοῦ vgl. Gal 4,4 und die Sendungschristologie des Joh (durchweg nicht mit dem Verb ἐκπέμπειν; Röm 8,3 und Joh haben πέμπειν); der Präexistenzgedanke ist im 1 Clem vorausgesetzt, aber nicht betont (zum hermeneutischen Problem vgl. Schweizer, NTS 37, 1991, 204–224). Der Vf wiederholt in **2** zunächst die Aussage von V. 1 (zum Fehlen des Verbs in der Kette vgl. Röm 10,17; 1 Kor 3,23), nun in umgekehrter Folge (vgl. Joh 18,18; 20,21), und betont dann, daß beide Sendungen dem Willen Gottes entsprechen (vgl. 34,5; 36,6). εὐτάκτως nimmt den Gedanken des τάγμα wieder auf (vgl. 37,2). Es liegt noch nicht der Traditionsgedanke vor, wie ihn Tertullian dann in bezug auf die regula (fidei) formuliert hat (Praescr Haer 37: regula ... quam ecclesia ab apostolis, apostoli a Christo, Christus a deo tradidit). In **3** stehen vor dem eigentlichen Hauptsatz (οἱ ἀπόστο-λοι) ἐξῆλθον zunächst drei Partizipialsätze: Das erste Partizip nimmt V. 1 wieder auf (παραγγελίας οὖν λαβόντες = εὐηγγελίσθησαν); die anschließende Erwähnung der ἀνά-στασις zeigt, daß der Vf an die Apostel als die Begleiter des irdischen Jesus gedacht hat, d. h. er kennt die Überlieferung, daß die Apostel (= die Jünger) von Jesus zur Verkündi-gung ausgesandt worden sind (Mt 10 usw.). Das zweite Partizip (zur Formulierung πληροφορηθέντες διὰ τῆς ἀναστάσεως vgl. Ign Phld inscr, wo inhaltlich freilich etwas anderes gesagt ist) besagt, daß die Apostel durch die Auferstehung in ihrem Auftrag bestärkt worden sind (eine größere Bedeutung hat die Auferstehung in diesem Zusam-menhang offenbar nicht). Zum dritten Partizip (πιστωθέντες κτλ.) vgl. 2 Tim 3,14; gemeint ist offenbar, daß der λόγος τοῦ θεοῦ, d. h. das biblische Wort des AT, die apostolische Verkündigung bekräftigt hat. Die Mission (εὐαγγελιζόμενοι), als deren Inhalt überraschend die nahe βασιλεία τοῦ θεοῦ genannt wird (nur hier ist im 1 Clem von der Gottesherrschaft die Rede), ist begleitet von der πληροφορία des Heiligen Geistes (vgl. 2,2). Zu ἐξῆλθον vgl. Justin Apol I 39,3 (ἀπὸ γὰρ Ἰερουσαλὴμ ἄνδρες δεκαδύο τὸν ἀριθμὸν ἐξῆλθον εἰς τὸν κόσμον; ähnlich dort 45,5; 49,5). **4**: Die apostolische Predigt (zu κηρύσσον-τες vgl. κῆρυξ in 5,6. Der Langtext in L im Anschluß an κηρύσσοντες [praedicantes ⟨et⟩ eos qui obaudiebant voluntati Dei baptizantes] wäre nach Harnack, Einführung 115 ur-sprünglich und erst sekundär durch Homoioteleuton ausgefallen; aber das Gegenteil ist wahrscheinlich: In L zeigt sich eine dogmatische „Verbesserung" des Textes) in Stadt und Land zielte auf die Einsetzung der „Erstlinge" als ἐπίσκοποι und διάκονοι. καθίστανον ist das Hauptverb; zur Formulierung und in der Sache vgl. Tit 1,5: καταστήσῃς κατὰ πόλιν πρεσβυτέρους. Zu ἀπαρχαὶ αὐτῶν vgl. Röm 16,7; 1 Kor 16,15, von wo der Vf den Aus-druck übernommen haben dürfte (ob αὐτῶν auf die Apostel oder auf die Städte/Länder zu beziehen ist, bleibt unklar). Das Wort ἐπίσκοπος begegnet im 1 Clem nur hier und sogleich in V. 5 (vgl. 44,1.4) sowie als Gottesprädikat in 59,3 (s. den Exkurs nach 42,5); διάκονος nur hier und in V. 5. ἐπίσκοπος ist noch nicht im eingegrenzten technischen Sinn („Bi-schof") verstanden, sondern wie in Phil 1,1 ist der ursprüngliche Sinn des Wortes gewahrt („Aufseher, Inspektor"; s. Liddell-Scott s. v.). δοκιμάσαντες τῷ πνεύματι signalisiert, daß – trotz aller „Amts"terminologie – die Souveränität des Geistes gewahrt bleiben soll (vgl. Apg 20,28; s. auch 1 Tim 3,10). Der Sukzessionsgedanke liegt insofern vor, als die Episkopen und Diakone im Blick auf die künftig Glaubenden (τῶν μελλόντων πιστεύειν auch 1 Tim 1,16) bestellt wurden. Dieser Zukunftsaspekt ist auch in Apg 20,28 f enthalten: Die Presbyter werden als ἐπίσκοποι der Kirche erst nach dem „Weggang" des Paulus tätig werden. Überhaupt berührt sich das in 1 Clem 42 entwickelte Bild der Mission(sgeschich-te) eng mit dem bei Lk und in der Apg gezeichneten. Nach Lk 8,1 haben Jesus und die Zwölf κατὰ πόλιν καὶ κώμην die Gottesherrschaft verkündigt (εὐαγγελίζεσθαι wird außer in Mt 11,5/Lk 7,22 Q in den synoptischen Evangelien nur bei Lk gebraucht, meist von Jesus, aber auch [9,6] von den Jüngern; in der Apg ist das Verb weithin terminus technicus für die Missionspredigt). Die in 42,3 beschriebene Ereignisfolge erinnert deutlich an Lk 24; Apg 1 f: Jesu Auferstehung bestätigt den den Jüngern gegebenen Auftrag; das biblische Wort verschafft ihnen Gewißheit (vgl. Lk 24,27.44 ff), und in ihrer Mission werden sie vom Heiligen Geist begleitet bzw. geführt (Apg 1,8; 2,4; 13,4 usw.), wobei als Predigtinhalt die βασιλεία τοῦ θεοῦ genannt ist (vgl. Apg 8,12; 28,31). Auch das Bild von der Predigt κατὰ χώρας καὶ πόλεις entspricht der Darstellung in der Apg. Zu antihäretischem Zweck wird das Bild später systematisiert bei Iren Haer III 1,1: Postea enim quam surrexit dominus noster a mortuis, et induti sunt supervenientis spiritus sancti virtutem ex alto, de omnibus adimpleti sunt et habuerunt perfectam agnitionem: exierunt in fines terrae, ea quae a deo nobis bona sunt evangelizantes, et caelestem pacem hominibus annuntiantes „Nachdem nämlich unser Herr von den Toten auferstanden war und sie empfangen hatten die Kraft des über sie kommenden Heiligen Geistes aus der Höhe, von allem erfüllt waren und vollständige Erkenntnis besaßen: Da zogen sie aus an die Enden der Erde, das, was uns von Gott an Gutem bereitet ist, verkündigend und himmlischen Frieden den Menschen ansagend".

Das in V. 4 Beschriebene geschah, wie der Vf in **5** ausführt, οὐ καινῶς, insofern in der Heiligen Schrift „schon seit alters" (ἐκ πολλῶν χρόνων; vgl. Epict Diss II 16,17: ... ὃν πολλοῦ χρόνου ζητῶ) über ἐπίσκοποι und διάκονοι geschrieben war (zum Plusquamperfekt ἐγέγραπτο s. B-D-R § 347; vgl. Apg 17,23). Zu που λέγει ἡ γραφή vgl. 28,2. Nach Blum, Tradition 47 zeigt das Zitat, daß „nicht die Apostolizität des Amtes ... bewiesen werden" soll, „sondern sein göttlicher Ordnungscharakter"; aber für den Vf des 1 Clem besteht hier gar keine Alternative. Mit erheblicher Abweichung vom biblischen Text zitiert der Vf die eschatologische Verheißung Jes 60,17 (LXX: καὶ δώσω τοὺς ἄρχοντάς σου ἐν εἰρήνῃ καὶ τοὺς ἐπισκόπους σου ἐν δικαιοσύνῃ; der hebr. Text lautet in der Übers. von Westermann, ATD zSt: „Zu deiner Aufsicht setze ich Frieden ein und zu deinen Treibern Gerechtigkeit."). Die Textänderungen gegenüber LXX entsprechen der vom Vf des 1 Clem intendierten Absicht und werden infolgedessen auf ihn selbst zurückgehen (so auch Beyschlag, in: FS Maurer, 11 A 11 und nachdrücklich Evans, Vig Chr 36, 1982, 105 ff; anders Hagner, Use 67: Es sei möglich, daß der Vf aus dem Gedächtnis zitiert oder eine sonst unbekannte Lesart benutzt.); immerhin stimmen sowohl das Futur und die (auf Gott als Sprecher verweisende) 1. Pers. als auch das entscheidende Stichwort ἐπίσκοποι mit der biblischen Vorlage überein, so daß sich der Vf legitimiert sehen konnte, den Text – mit einigen verdeutlichenden „Verbesserungen" – zu übernehmen (vgl. Iren Haer IV 26,5, der Jes 60,17 auf die πρεσβύτεροι bezieht, dabei aber exakt nach LXX zitiert).

Exkurs: ἐπίσκοποι **und** διάκονοι

Daß in der Kirche von Philippi ἐπίσκοποι und διάκονοι vorhanden sind, wird von Paulus in Phil 1,1 als gegeben vorausgesetzt (s. Gnilka, Phil im Exkurs zu 1,1); entsprechend der Wortbedeutung im Griechischen handelt es sich vermutlich um Funktionen der Aufsicht bzw. der Kontrolle, die auf Dauer wahrgenommen werden. Zu ἐπίσκοπος im Griechischen s. Beyer, ThWNT II, 607–610 und Dibelius-Conzelmann im Exkurs zu 1 Tim 3,7; der Befund in LXX ist kein grundsätzlich anderer (Beyer aaO. 610 f). Zu ἐπίσκοπος als Gottesprädikat s. u. zu 59,3. Nach Adam, WuD NF 5, 1957, 104–113 ist das urchristliche Verständnis des ἐπίσκοπος nicht von den qumranischen, wohl aber von den priesterlichen מְבַקְרִים des Jerusalemer Tempels herzuleiten [s. u.]. Zu διάκονος s. Beyer, ThWNT

II, 91 f. Um welche Funktionen es bei Episkopen und Diakonen im einzelnen geht und wie man diese Stellung erlangt, erfahren wir aus 1 Clem nicht (s. aber Did 15,1). Klar ist, daß es sich jedenfalls bei den ἐπίσκοποι immer um ortsgebundene Amtsträger handelt, da von wandernden ἐπίσκοποι niemals die Rede ist. Adam aaO. 111 folgert aus der Parallelität zwischen Priester- und Episkopenamt (vgl. vor allem 41,2: μωμοσκοπηθέν), zur ἐπισκοπή in der christlichen Gemeinde habe die Aufgabe gehört, „die Untadeligkeit der Gemeindeglieder zu überwachen, d. h. die Taufbewerber zu prüfen, die Zulassung zur Eucharistie auszusprechen, die Irrlehren zu bekämpfen, den Wandel der Gemeindeglieder zu leiten". Aber diese Beschreibung geht über das aus dem Text Rekonstruierbare hinaus.

In paulinischer Zeit gab es ἐπίσκοποι möglicherweise nur in der Kirche von Philippi; der Begriff διάκονος ist offener (1 Kor 3,5; 2 Kor 3,6; 11,23 usw.; vgl. Ollrog, Mitarbeiter 73f), doch zeigen sich auch hier schon Ansätze zur Institutionalisierung (vgl. außer Phil 1,1 vor allem Röm 16,1: Phoebe als διάκονος τῆς ἐκκλησίας τῆς ἐν Κεγχρεαῖς). Verfassungsgeschichtlich bedeutsam ist Apg 20,28, insofern hier der Begriff ἐπίσκοποι auf die (aus der jüdischen Tradition übernommenen) Presbyter übertragen wird; möglicherweise handelt es sich um eine erst von Lukas bzw. in lukanischer Zeit entwickelte Theorie (Campenhausen, Amt 88). In den Past scheint sie sich durchgesetzt zu haben (beachte hier wie dort die Berufung auf Paulus), und offenbar ist sie auch im 1 Clem vorausgesetzt (s. zu 44,5). In 1 Tim 3,2ff.8ff ist vom ἐπίσκοπος singularisch, von den διάκονοι aber im Plural die Rede; deutet dies auf den Beginn des Monepiskopats (zu unterscheiden vom monarchischen Episkopat, wie er frühestens Ignatius vorschwebt; s. Schöllgen, ZNW 77, 1986, 147–151, der in den ersten drei Jahrhunderten „ein monarchisches Konzept des Bischofsamtes ... lediglich in der syrischen Didaskalie" findet), so läge im 1 Clem kirchenrechtlich eine frühere Stufe vor, denn von einem einzelnen ἐπίσκοπος in einer Gemeinde ist hier noch nicht die Rede (vgl. Lampe, Christen 336f). Während nach Apg 20,28 die Presbyter für ihre Aufgabe als ἐπίσκοποι vom Geist eingesetzt wurden (beachte freilich das πνεῦμα-Verständnis in der Apg, z. B. 8,17), fordert Did 15,1 die Christen zur Wahl (χειροτονήσατε) der ἐπίσκοποι und διάκονοι auf. Für den Vf des 1 Clem ist gerade der Aspekt wichtig, daß die zuerst Bekehrten in jeder Region in Gottes Auftrag von den Aposteln in das Amt des ἐπίσκοπος bzw. διάκονος eingesetzt wurden und daß es für die Legitimität, ja Notwendigkeit dieses Vorgangs einen Schriftbeleg gibt.

Nach dem Schriftbeweis folgt in **43** ein weiterer Beleg, jetzt als ausführlich erzähltes Beispiel aus der Geschichte Israels, ebenfalls mit dem Hinweis auf die Schriftlichkeit der Überlieferung. Zur rhetorischen Frage am Anfang von **1** (τί θαυμαστὸν ...;) vgl. 26,1. Zur persönlichen Konstruktion οἱ πιστευθέντες ... ἔργον vgl. Röm 3,2; 1 Kor 9,17; Gal 2.7. ἔργον τοιοῦτο ist die eben dargestellte Missionstätigkeit; παρὰ θεοῦ nimmt den Sukzessionsgedanken von 42,1f auf. Die Charakterisierung des Mose entspricht der Gottesrede von Num 12,7 (ὁ θεράπων μου Μωυσῆς· ἐν ὅλῳ τῷ οἴκῳ μου πιστός ἐστιν [vgl. Hebr 3,5]; μακάριος wird von Mose nicht gebraucht, ist sonst aber häufig in LXX; vgl. jedoch Justin Dial 56,1: Μωυσῆς οὖν, ὁ μακάριος καὶ πιστὸς θεράπων θεοῦ). Der Hinweis auf das σημειοῦσθαι (zu diesem eher seltenen Wort vgl. Rengstorf, ThWNT VII, 265f) soll unterstreichen, daß das im folgenden Erzählte überprüfbar ist. Zu dem an sich weit verbreiteten, in uns. Lit. aber nur hier belegten Begriff αἱ ἱεραὶ βίβλοι vgl. Diod S 1, 70,9: ὁ μὲν ἱερογραμματεὺς παρανεγίνωσκέ τινας συμβουλίας ... ἐκ τῶν ἱερῶν βίβλων; im Judentum 2 Makk 8,23; Philo Cher 124: χρησμοὶ γάρ, οὓς ἐν ἱεραῖς βίβλοις Μωυσῆς ἀνέγραψεν u. ö.; Jos Ant II 347: ὡς εὗρον ἐν ταῖς ἱεραῖς βίβλοις οὕτως ἕκαστον τούτων παραδέδωκα. Die Formulierung τὰ διατεταγμένα αὐτῷ zielt, wie die anschließende Erwähnung der (anderen) Propheten zeigt, darauf, daß das damals Geltende und Praktizierte als allgemeine Vorschrift anzusehen ist. Mose gilt in jüdischer Tradition als Prophet (Dtn 18,15; vgl. Billerbeck II, 626f). Daß die Propheten zeitlich (und sachlich) dem Gesetz (zu νομοθετέω vgl. Dtn 17,10; Ex 24,12 LXX u. ö.; in uns. Lit. sonst nur noch Hebr 7,11; 8,6; Barn 10,11) folgen, ist für Juden wie für Christen selbstverständlich; daß sie als dessen authentische

Ausleger anzusehen sind (συνεπιμαρτυρεῖν wie in 23,5), entspricht rabbinischer Lehre (s. R. Meyer, ThWNT VI, 818f).

Der Vf erzählt in **2–5** die Geschichte von der Bestätigung des aaronitischen Priestertums durch ein Wunder Gottes (Num 17,16–26; zum Kontext Num 16: ζῆλον ἐμπέσοντος κτλ. s. o. 4,12), freilich so, als ginge es um Aarons erstmalige Erwählung. ἱερωσύνη, in LXX nur in 1 Chr 29,22 und in späten Schriften, in uns. Lit. sonst nur noch Hebr 7,11f.24. Das Verb στασιάζειν (in LXX spät und selten) ist vom Vf offenbar mit Blick auf die aktuelle Situation in Korinth gewählt (s. o. 4,12; vgl. στάσις in 1,1; 2,6; 3,2). Zu ἔνδοξον ὄνομα vgl. 44,1 (ὄνομα τῆς ἐπισκοπῆς); gemeint ist die Rangstellung, nicht der Gottesname (zu Jaubert 41.170). Während im biblischen Text die ganze Handlung zunächst (17,16–20) in Form einer Gottesrede an Mose vorwegnehmend beschrieben wird, steht im Mittelpunkt der Erzählung in der Fassung des 1 Clem der handelnde und redende Mose; Sinn dieser Veränderung ist offensichtlich die beabsichtigte Parallelisierung Moses mit den Aposteln (44,1). Das Herbeibringen und Beschriften der Stäbe wird dem biblischen Text entsprechend dargestellt, ebenso das Niederlegen in der σκηνὴ τοῦ μαρτυρίου an einer bestimmten Stelle (Num 17,19 allerdings κατέναντι τοῦ μαρτυρίου, 17,23 dann ἔναντι κυρίου, während 1 Clem von der τράπεζα τοῦ θεοῦ spricht); hingegen sind das Zusammenbinden und Versiegeln der Stäbe sowie das Verschließen des Zeltes samt der Versiegelung der Schlüssel (V. 3) zusätzliche Elemente mit offensichtlich apologetischer Tendenz (Grant zSt sieht darin Züge einer hellenistischen Wundergeschichte und verweist auf den Bericht bei Pausanias VI 26,1f, demzufolge sich im versiegelten Dionysos-Heiligtum in Elis Wasser in Wein verwandelte; aber das ist kaum mehr als eine Parallele im Motiv). Die Ankündigung des Wunders erfolgt im biblischen Text nicht wie hier (V. 4) in einer Ansprache des Mose, sondern in der Gottesrede (Num 17,20; in 17,21a nur indirekt aufgenommen). Zu ἐκλέλεκται ὁ θεός vgl. Num 17,20 (ἐκλέξωμαι αὐτόν); die den apostolischen Dienst beschreibenden Verben ἱερατεύειν und λειτουργεῖν werden in der biblischen Erzählung nicht verwendet, begegnen aber unmittelbar vorher (Num 16,10; 16,9). Die Aussage von V. 5 entspricht Num 17,23f, freilich mit der (V. 3 entsprechenden) Differenz, daß das Öffnen des Zeltes jetzt durch Mose allein und unter Zeugen geschieht (die Zahl sechshunderttausend ist aus Num 11,21 genommen; vgl. Ex 12,37) und daß die Beschreibung des wunderbar veränderten Stabes Aarons gekürzt ist (insbesondere wird die Frucht – Mandeln bzw. κάρυα „Nüsse" – nicht erwähnt).

Die gleiche Erzählung wird auch bei Philo Vit Mos II 178ff und bei Jos Ant IV 63ff überliefert, ebenfalls gegenüber LXX verändert, doch mit anderer Tendenz als im 1 Clem. Bei Philo handelt Mose ganz auf Gottes Befehl, und er weiß ausdrücklich nicht, welche Veränderung an dem Stab eintreten wird; die wunderbar gewachsenen Früche (s. o.) werden breit gedeutet als Symbol für die Tugenden. Lediglich Moses Hineingehen in das Zelt unter Zeugen (ἅπαντος τοῦ ἔθνους παρεστῶτος) stimmt mit 1 Clem überein, ist aber wesentlich schwächer betont. Bei Josephus handelt Mose aus eigenem Antrieb, als besonnener Politiker; apologetische Züge im Zusammenhang des Wunders fehlen. Wenn die Erweiterungen gegenüber dem biblischen Text in 1 Clem 43,2–5 nicht vom Vf formuliert sind, sondern „anderweitigen jüdischen Traditionen entstammen" sollten (so die Vermutung von Fischer 79 A 250), dann jedenfalls nicht solchen, auf die auch Philo und Josephus zurückgriffen.

Mit der Frage τί δοκεῖτε, ἀγαπητοί; (vgl. 2 Clem 7,5) appelliert der Vf nun in **6** an die Einsichtsfähigkeit der Hörer: Mose wußte natürlich vorher, was geschehen würde (das

129

entspricht Num 17,20; anders Philo [s. o.]). Zur Absicht des Mose, ἀκαταστασία zu verhindern, vgl. 3,2; 14,1; nach dem biblischen Text wird der Aufruhr (LXX: γογγυσμός) durch das Wunder beendet. δοξάζειν τὸ ὄνομα ist selten (im NT nur Joh 12,28; vgl. 2 Thess 1,12) und soll offenbar bewußt als „biblische Sprache" erscheinen (der „Name" steht für Gott selbst). Zum doppelten Gottesprädikat ἀληθινὸς καὶ μόνος s. Joh 17,3; vgl. die Aussage des Liberianus in den „Akten Justins und seiner Genossen" (Krüger/Ruhbach, 17): Κἀγὼ Χριστιανός εἰμι· εὐσεβῶ γὰρ καὶ προσκυνῶ τὸν μόνον ἀληθινὸν θεόν; vgl. Philo Spec Leg I 332: οἱ ἀγνοοῦντες τὸν ἕνα καὶ ἀληθινὸν θεόν. Als griech. Parallele zitieren die Kommentare eine Aussage des Demochares (bei Athen VI 62 p 253 C), der kritisch berichtet, die Athener hätten im Jahre 307 v. Chr. Demetrius Poliorketes empfangen ἐπᾴδοντες ὡς εἴη μόνος θεὸς ἀληθινός, οἱ δ᾽ ἄλλοι καθεύδουσιν ἢ ἀποδημοῦσιν ἢ οὐκ εἰσίν, γεγονὼς δ᾽ εἴη ἐκ Ποσειδῶνος καὶ Ἀφροδίτης. Die Wendung εἰς τὸ δοξασθῆναι leitet unmittelbar über zur Doxologie; diese hat hier also, anders als sonst, keine Gliederungsfunktion, denn **44,1** knüpft direkt an 43,6 (vgl. auch 42,1) an (προῄδει; vgl. 44,2: πρόγνωσιν εἰληφότες): Von „unseren Aposteln" gilt dasselbe wie von Mose. Nach Leder, ThV 10, 1979, 110.116 f bezeichnet die ungewöhnliche Formulierung οἱ ἀπόστολοι ἡμῶν speziell die „römischen Apostel", wie überhaupt die 1. Pers. Plural in Kap. 44 stets speziell die Christen Roms meine; aber dagegen spricht schon das in V. 1 sogleich folgende διὰ τοῦ κυρίου ἡμῶν. Freilich bezog sich das Vorherwissen, das sie durch Christus erlangt hatten, auf einen bevorstehenden Streit, nicht auf dessen Beendigung. Zu ἔρις s. vor allem 9,1. ὄνομα ist hier wieder die Rangstellung (s. 43,2). ἐπισκοπή ist hier (wie dann auch in V. 4) nicht das „Bischofs"amt, sondern das Amt der „Aufsicht" (s. o. den Exkurs nach 42,5). Ob der Vf an ein Wort des irdischen Jesus denkt oder an eine Weisung des erhöhten κύριος, läßt sich kaum sagen. In **2** unterstreicht der Vf durch die umständliche Einleitung (διὰ ταύτην οὖν τὴν αἰτίαν πρόγνωσιν εἰληφότες τελείαν meint ja einfach: „deshalb") zunächst nochmals das Gewicht der Aussage von V. 1: Die Einsetzung der schon erwähnten Personen (42,4: ἐπίσκοποι und διάκονοι) war die Reaktion der Apostel auf ihr ihnen von Christus zugewiesenes Wissen. Zu dem unklaren ἐπινομὴν διδόναι s. Bauer-Aland WB s. v. ἐπινομή: Das Wort meint eigentlich „Umsichgreifen" und müßte hier wohl „Auftrag, Anweisung" bedeuten (L: legem dederunt). Lightfoot I/2, 132 f schlägt (nach älteren Vorbildern) die Konjektur ἐπιμονὴν δεδώκασιν „have given permanence (to the office)" vor (ausführliches Referat über andere Konjekturvorschläge ebenda). Nach dem Hinscheiden (!) der von den Aposteln Eingesetzten sollten andere Männer deren λειτουργία übernehmen; zu δεδοκιμασμένα vgl. 42,4. Blum, Tradition 48 f betont mR, daß von „apostolischer Sukzession" nur „mit großem Vorbehalt" gesprochen werden dürfe; „das Verb διαδέχεσθαι wird völlig unbetont und untechnisch gebraucht".

In **3** kommt der Vf, ohne es ausdrücklich zu sagen, zum eigentlichen Thema: Er spricht von Amtsträgern der „ersten Generation", die von den Aposteln (ὑπ᾽ ἐκείνων; dies spricht gegen Leders These [s. o.], daß der Vf in V. 1 f nur an die römischen Verhältnisse gedacht habe und erst mit V. 3b auf die Besonderheiten Korinths zu sprechen komme; wo liegt die Grenze zwischen V. 3a und V. 3b?), oder der „zweiten Generation", die danach (μεταξύ; vgl. Apg 13,42) von anderen (sc. den ἐπίσκοποι und διάκονοι) eingesetzt worden sind (καθίστημι wie in 42,4f; 43,1; 44,2), deren Einsetzung unter Zustimmung der ganzen ἐκκλησία erfolgte (zu συνευδοκέω, wie in 35,6, s. u.) und die ihren Dienst (λειτουργεῖν) an der „Herde" Christi (s. zu 16,1) in guter Weise versehen haben. ἀμέμπτως nochmals in V. 4.6, ferner in 63,3; zu μετὰ ταπεινοφροσύνης vgl. 2,1; 13,1; 16,1. ἡσύχως in uns. Lit. nur hier; ἀβαναύσως scheint überhaupt hapax legomenon zu sein (zur Bedeutung s. Bauer-Aland WB s. v.; vgl. 49,5 βάναυσος; vgl. Const Ap II 3,3: Der Amtsträger soll sein εὔσπλαγχνος, ἀβάναυσος, ἀγαπητικός [worauf Joh 13,35 zitiert wird]). Zu μεμαρτυρημένους s. 17,1; 19,1. Der lobenden Beschreibung kontrastiert scharf das kritische Urteil: Die Amtsenthebung dieser Männer ist ungerecht. νομίζομεν (vgl. 1,1; 26,1) geht nicht auf das subjektive Urteil des Vf bzw. der römischen Christen; vielmehr ist nach allem Gesagten ein anderes Urteil überhaupt nicht möglich. Knopf zSt: „Der Stil in dem ganzen Satze erinnert stark an hellenistischen Amtsstil, wie er in den Urkunden über Beamteneinsetzung und Beamtenehrungen zutage tritt." Zur Wendung κατασταθέντας ὑπ' ἐκείνων vgl. die Inschrift bei Dittenberger, Sylloge II³ Nr. 642,3 ff: Ἱκέσιος Μητροδώρου Ἐφέσιος ὁ κατασταθεὶς ἐπ' Αἰγίνας ὑπὸ τοῦ βασιλέως Εὐμένεος. In einer Inschrift des Mysterienvereins der Iobakchen heißt es, der Versammlungsleiter solle ausgelost oder vom Priester eingesetzt werden (εὔκοσμος δὲ κληρούσθω ἢ καθιστάσθω ὑπὸ ἱερέως, Dittenberger, Sylloge III³ Nr. 1109,136). Die Formulierung συνευδοκησάσης τῆς ἐκκλησίας πάσης ist offenbar eine feste Formel der Rechtssprache; vgl. Dittenberger, Sylloge II³ Nr. 712,52 f: ἔδοξε Λατίοις καὶ Ὀλοντίοις κοιναῖ βουλευσαμένοις, συνευδοκησάντων καὶ Κνωσίων; zuvor Z 45–48: ὁ παραγενόμενος πρεσβευτὰς παρὰ τὰς πόλεος τὰς Κνωσίων Ἀγησίπολις Ἀγαθάνδρῳ ποτανέγραψε τὸ ὑποτεταγμένον ψάφισμα (Mehrheitsbeschluß), συνευ(ε)δοκιόντων καὶ τῶν παραγενομένων πρεσβευτᾶν. Gemeint ist die formelle Zustimmung eines nur indirekt beteiligten Dritten zu einem Rechtsakt (häufig auch bei Freilassungsurkunden; vgl. Barrett, Texte Nr. 59). Auch das Lob der untadeligen Amtsführung der Abgesetzten bewegt sich in sprachlich traditionellem Rahmen; Knopf zSt zitiert entsprechende Urkunden, in denen gewesenen Amtsträgern Untadeligkeit bescheinigt wird (P Amherst 139 [Mitteis-Wilcken, Papyruskunde I/2, Nr. 406]: οὕσπερ ἐγγυώμεθα [versichern] καὶ παραστησόμεθα ἐξ ἀλληλεγγύης [sich gegenseitig verbürgend] ἀμέμπτως ⟨ἀποπληροῦντας⟩ τὴν ἐνχιριστίσαν [anvertraut] αὐτοῖς λιτουργίαν ἐν μηδενὶ μεμφθῆναι; vgl. Dittenberger, Or I, Nr. 339, 49–53: ἔν τε ταῖς ἄλλαις ἀρχαῖς καὶ λειτουργίαις, εἰς ἃς ὁ δῆμος αὐτὸν προκεχείρισται, ἴσον ἑαυτὸν καὶ δίκαιον παρείσχηται βουλόμενος ... κατὰ μηδὲν ἐνλείπειν τῆι πρὸς τὸ πλῆθος εὐνοίαι. Die Aussagen in V. 3 sind in mehrfacher Hinsicht aufschlußreich: a) Die Einsetzung der Amtsträger erfolgte jedenfalls nicht ohne Zustimmung (und Mitwirkung? vgl. für das 3. Jh. Cyprian Ep 67,3 f: Num 20,25 f zeige, daß der Priester plebe praesente sub omnium oculis deligatur, et dignus atque idoneus ...) der ganzen ἐκκλησία. b) Sofern sich V. 3 unmittelbar auf die Vorgänge in Korinth bezieht (ausdrücklich gesagt ist dies ja nicht), scheint den dortigen bisherigen Amtsträgern der Vorwurf unsachgemäßer Amtsführung nicht gemacht worden zu sein (s. den Exkurs nach 45,8). c) Nicht allein die ordnungsgemäße Einsetzung der Amtsträger (in Korinth kann es sich nur um Personen der „zweiten Generation" gehandelt haben, gegen Lightfoot I/2, 134), sondern insbesondere ihre untadelige Amtsführung ist für den Vf Anlaß, ihre Absetzung als οὐ δικαίως zu bezeichnen.

4 bleibt auf der Ebene „allgemeinen" Redens; die Verwendung der 1. Pers. Plural bezieht sich nicht auf einen in Rom theoretisch möglichen Vorgang (gegen Leder aaO. 116, der sogar meint, der Vf erhebe in V. 4 gar keinen Anspruch auf Allgemeinverbindlichkeit), sondern ist im „kommunikativen" Sinn zu deuten (der Konditionalsatz ist ein „Eventualis"). Zu ἁμαρτία οὐ μικρά vgl. den im Herm verwendeten Ausdruck ἁμαρτία μεγάλη (Mand IV 1,2.8; V 2,4 u. ö.); das Verständnis von Sünde ist natürlich ein ganz anderes als bei Paulus. Das schon erwähnte tadellose λειτουργεῖν wird präzisiert. Zu ἀμέμπτως καὶ ὁσίως vgl. 1 Thess 2,10. Worauf sich der Opferterminus προσφέρειν τὰ δῶρα an dieser Stelle konkret bezieht, ist (für uns) unklar. Ist wirklich an die (Gaben der) Eucharistie gedacht (so Fischer 81 A 258), dann hätten wir es hier mit dem frühesten Beleg für das katholische Abendmahlsverständnis zu tun (vgl. Ign Phld 4; hingegen ist die bei Ign Smyrn 7,1 im Kontext der εὐχαριστία erwähnte δωρεά nicht eine vom ἐπίσκοπος „dargebrachte" Gabe, sondern Gabe Gottes; m. R. stellen Gebhardt-Harnack fest: At vero probari non potest, iam Clementis tempore elementa eucharistiae δῶρα esse nominata. Zum Ganzen vgl. G. Kretschmar, Art. Abendmahl III/1, TRE 1,70–73). Wenn jedoch einfach die Parallele zwischen dem biblischen Priesteramt (Kap. 40 f. 43) und der gegenwärtigen ἐπισκοπή aufgenommen wird, wäre gemeint, daß die Genannten das ihnen übertragene Amt ordnungsgemäß ausgeübt hatten. In **5** wird zum erstenmal gesagt, um welches „Amt" es geht (die Hörer haben dies natürlich von Anfang an gewußt; das späte Einbringen des Titels πρεσβύτερος – zu 1,3 s. dort – hat rhetorische Gründe). Der Hinweis auf die Presbyter wird indirekt eingebracht in einem sarkastischen Makarismus, mit dem die „vorausgegangenen" Presbyter seliggepriesen werden (προοδοιπορέω ist Euphemismus für Sterben; vgl. ἔχειν τὴν ἀνάλυσιν; s. dazu 2 Tim 4,6; ähnlich Phil 1,23). Zu ἔγκαρπον καὶ τελείαν vgl. 56,1 (ἔγκαρπος in uns. Lit. nur an diesen beiden Stellen). τόπος meint die irdische Amtsstellung der Presbyter (vgl. 40,5), die ihnen nicht mehr genommen werden kann, oder aber den „himmlischen" Ort wie in 5,4.7 (so nachdrücklich Aono, Entwicklung 67; dann wäre ἱδρύμενος allerdings uneigentlich gemeint); vielleicht soll gar nicht präzise unterschieden werden. In **6** schließlich spricht der Vf erstmals offen von der konkreten Situation, indem er, anders als noch in V. 4, die Kritik an den Adressaten (Anrede in der 2. Pers. Plural) expliziert: ὁρῶμεν ... ὅτι ἐνίους ὑμεῖς μετηγάγετε κτλ. Die Details der Hintergründe sind (leider nicht uns, wohl aber) den Hörern und vermutlich auch dem Vf bekannt, ohne daß er sie aussprechen muß. Zur Frage, ob alle oder nur „einige" Mitglieder des Presbyterkollegiums amtsenthoben worden sind, s. u. den Exkurs nach 45,8. Seine Kritik bringt der Vf durch das im Vergleich zu μεθίστημι (V. 5) offenbar noch schärfere Verb μετάγω (durchaus wörtlich: „wegdrängen") und durch das positive Urteil über Wandel (zu πολιτεύεσθαι s. 3,4) und Amtsführung der Abgesetzten zum Ausdruck; er nimmt an, daß die Adressaten dieser Beurteilung zustimmen, denn andernfalls ginge seine Argumentation ins Leere (s. den Exkurs nach 45,8).

Der Beginn des letzten Abschnitts ist in **45,1** durch die Anrede ἀδελφοί markiert. Die Worte φιλόνεικος (vgl. 1 Kor 11,16) und ζηλώτης sind meist negativ gemeint, und eine entsprechende Assoziation bei den Adressaten ist vom Vf auch hier vorausgesetzt; der positive Sinn ergibt sich erst aus dem Zusammenhang (vgl. Pol Phil 6,3; Gal 4,17 f; s. Dibelius-Conzelmann zu Tit 2,14). Die Imperativform ἔστε ist selten, liegt hier aber zweifellos vor (s. B-D-R § 98,2; vgl. L: prudentes [sic!] estote). Zu περὶ τῶν ἀνηκόντων εἰς σωτηρίαν vgl. Barn 17,1 (textkritisch allerdings umstritten). In **2** ἐγκύπτω wie schon in 40,1. Zu ἱεραὶ γραφαί vgl. 43,1 (s. auch 2 Tim 3,15). Daß die Schriften „wahr" sind, wird durch die Beispiele im folgenden ausgeführt. Zu διὰ τοῦ πνεύματος τοῦ ἁγίου vgl. 22,1; sofern hier, wie im Judentum (s. Billerbeck IV/1, 435–450) und in 2 Tim 3,16 (vgl. 2 Petr 1,21), der Gedanke der Inspiration der Bibel vorausgesetzt sein sollte, dann ist er jedenfalls nicht betont. **3**: Zu ἐπίστασθε vgl. 53,1. οὐδὲν ἄδικον knüpft möglicherweise an 44,3 an (wer sich an die ἱεραὶ γραφαί hält, kann nichts Unrechtes tun). οὐδὲ παραπεποιημένος nimmt ἀληθής von V. 2 auf, d. h. die im folgenden genannten Beispiele sind wirklich wahr. V. 3b nimmt die Beobachtungen von V. 4–7 vorweg: Wer einen δίκαιος absetzt, zeigt damit, daß er kein ὅσιος ἀνήρ ist. In **4** werden in rhetorischer Steigerung vier Kategorien des Unrechts genannt, das δίκαιοι durch Frevler erlitten haben. Zu ἐδιώχθησαν vgl. 4,9 (Joseph) und 4,13 (Daniel); ἐφυλακίσθησαν würde an sich unmittelbar zur Josepherzählung passen, doch fällt dazu und zum Stichwort „steinigen" die Parallele in Hebr 11,36 f auf (… φυλακῆς· ἐλιθάσθησαν …). Zu ἀπεκτάνθησαν vgl. 4,6 f (Kain und Abel). Zwischen ἄνομος, ἀνόσιος, παράνομος, ζῆλον ἀνειληφώς besteht sachlich wohl kaum ein Unterschied; möglicherweise sollen aber Assoziationen an vorangegangene Formulierungen geweckt werden (ἄνομος bzw. ἀνομία begegneten in zahlreichen biblischen Zitaten, z. B. 8,3; 15,5; 16,5; 18,13 usw.; ἀνόσιος schon in 1,1; παρανομοῦντες in 14,4; zu ζῆλος vgl. vor allem 3,4). **5** betont zusammenfassend, daß die leidenden Gerechten den Ruhm (εὐκλεῶς in uns. Lit. nur hier) hatten, nicht die Verfolger.

6.7 sind im Diatribenstil formuliert, mit mehreren Fragen und Antworten. Zu τί γὰρ εἴπωμεν; vgl. 18,1. Die Fragen sind natürlich rhetorisch gemeint, und die Antwort (μηθαμῶς τοῦτο γένοιτο) ist selbstverständlich. Zum ersten Beispiel vgl. Dan 6, vor allem 6,4 ff.15 ff (LXX und Θ differieren im Detail). Zum zweiten Beispiel vgl. Dan 3 (die drei Namen [vgl. Dan 1,6 f] begegnen in dieser Form nur in 3,24.88 LXX). Ein sprachlicher Anklang an den Wortlaut dieser Texte liegt durchweg nicht vor, wenn man von den Stichworten λάκκος (τῶν) λεόντων und κάμινος (τοῦ) πυρός sowie der Gottesbezeichnung ὕψιστος (Dan 3,93 LXX: οἱ παῖδες τοῦ θεοῦ τῶν θεῶν τοῦ ὑψίστου; Θ: οἱ δοῦλοι τοῦ θεοῦ τοῦ ὑψίστου) absieht (zu ὕψιστος s. zu 59,3). μηθαμῶς τοῦτο γένοιτο entspricht dem paulinischen μὴ γένοιτο. Es schließt sich eine weitere diatribenhafte Frage an (ὁράω in uns. Lit. nur hier; vgl. 4Makk 11,4), deren Antwort sich im Grunde aber von selbst ergibt. στυγητός wie in 35,6; zu πάσης κακίας πλήρεις vgl. Sir 1,30 (ἡ καρδία σου πλήρης δόλου) und Apg 13,10 (πλήρος παντὸς δόλου). ἐξερίζω „streitlustig sein" in uns. Lit. nur hier und überhaupt selten (durchweg werden als Belege genannt: Plut Pomp 56 οὐκ ἐξερίσας ἀλλ᾿ οἷον ἡττηθείς und Appian Bell Civ II 151: φιλονεικότατοι δὲ τοῖς ἐξερίζουσιν ὄντες); zur Konstruktion εἰς τοσοῦτο … θυμοῦ ὥστε … vgl. 1,1 (εἰς τοσοῦτον ἀπονοίας ἐξέκαυσαν ὥστε …). In der Bewertung des τῷ θεῷ δουλεύειν der in V. 6.7a Genannten (ἐν ὁσίᾳ καὶ ἀμώμῳ προθέσει) schwingt erkennbar die Parallele zur gegenwärtigen Situation mit; dieser Aspekt steht vielleicht sogar im Vordergrund. Zu αἰκία vgl. 6,1; περιβάλλειν αἰκίαις in 3Makk 6,26; Ep Arist 208. μὴ εἰδότες soll nicht entschuldigen, sondern im Gegenteil die Kritik verschärfen: Die στυγητοί usw. wissen nicht, wer Gott ist (vgl. 2Clem 10,5). Die in uns. Lit. sonst nicht belegten Bezeichnungen ὑπέρμαχος und ὑπερασπιστής klingen bewußt an ὁ ὕψιστος an. ὑπέρμαχος in LXX je zweimal in Sap Sal und 2Makk (hier als Gottesprädikat, 8,36; 14,34); ὑπερασπιστής häufig in den Psalmen (für מָגֵן „Schild" oder מָעוֹז „Schutz", z. B. Ps 28,7 f). Zu ἐν καθαρᾷ συνειδήσει vgl. 1,3; wieder ist mit συνείδησις nicht das subjektive Bewußtsein gemeint, sondern der den Genannten bewußte Tatbestand, daß sie objektiv richtig handeln. λατρεύειν wie zuvor λειτουργεῖν. Die abschließende Doxologie ergibt sich ähnlich wie die von 43,6 unmittelbar aus dem Kontext; V. 8 zeigt aber, daß insgesamt ein Einschnitt markiert werden soll. In **8** steht nach der scharfen Kritik an den Verfolgern nun der Hinweis auf das gute Geschick der Verfolgten. Zu ὑπομένοντες ἐν πεποιθήσει s. 35,2–4. Ob δόξαν καὶ τιμὴν κληρονομεῖν im Sinne irdischen Ruhms zu deuten ist (so Knopf zSt) oder aber im Blick auf Gott, d. h. eschatologisch (so Bultmann, ThWNT VI, 9), läßt sich kaum sagen (vgl. Röm 2,7 einerseits, 2,10 andererseits); für das erstere könnte sprechen, daß nach der Erzählung bei Dan die vier genannten Männer im Anschluß an ihre Verfolgung besondere Ehrungen empfingen. Die Fortsetzung ist aber auf jeden Fall eschatologisch zu verstehen. Zu ἐπήρθησαν vgl. Apg 1,9; zu ἔγγραφοι ἐγένοντο . . . ἐν τῷ μωημοσύνῳ αὐτοῦ, d. h. Gottes, vgl. Lk 10,20 (τὰ ὀνόματα ὑμῶν ἐγγέγραπται ἐν τοῖς οὐρανοῖς) und vor allem Mal 3,16 LXX (Gott ἔγραψεν βίβλιον μνημοσύνου ἐνώπιον αὐτοῦ τοῖς φοβουμένοις τὸν κύριον καὶ εὐλαβουμένοις τὸ ὄνομα αὐτοῦ [sic! vgl. oben V. 7b]) sowie 1 QH I 24: „Alles ist aufgezeichnet vor dir mit einem Griffel des Gedächtnisses für alle ewigen Zeiten" (Übers. Lohse). εἰς τοὺς αἰῶνας κτλ. bezieht sich auf Gottes Gedächtnis, nimmt aber zugleich die Doxologie von V. 7 wieder auf und erweist damit deren Funktion als Gliederungselement (s. die Einleitung 3. Gattung und Gliederung).

Exkurs: *Die kirchenrechtliche Basis der Argumentation in 1 Clem 40–45*

Der Vf des 1 Clem hat die in Kap. 40–45 vertretene Position nicht ad hoc entwickelt, sondern er wendet einen offensichtlich vorgegebenen Grundsatz auf die korinthische Situation hin an. K. Beyschlag (in: FS Maurer) hat im Anschluß an Drews (Untersuchungen 47–56) die These vertreten, der Vf benutze „offenbar die überlieferte (also römische) Kirchenordnung, die überhaupt sein Fundament zu bilden schein"; diese Ordnung finde sich in Const Ap VIII 46 und Ap KO 23, wobei der Vergleich dieser Texte mit 1 Clem zeige, daß die dort „gebotene Tradition . . . in ihrem Kern älter sein [dürfte] als der Clemensbrief" (aaO. 16; nach Drews aaO. handelt es sich um ein liturgisches Ordinationsgebet). Die Annahme, die beiden späteren Texte seien von 1 Clem abhängig, ist nach Beyschlag unwahrscheinlich: Zum einen sei „schwer einzusehen", warum der Redaktor der Const Ap „den ganzen aktuellen Anlaß des Clemensbriefes, die Absetzung von Klerikern durch die Gemeinde, ausgeschieden" haben sollte. Ferner könne es angesichts der in Const Ap VIII 46,3.5.14 bestehenden Übereinstimmungen „mit Gedanken und Wortlaut" von 1 Clem 51,3 und 37,3 „quellenkritisch gar keinen Zweifel geben: Clemens teilt, ändert und verdoppelt in beiden Fällen eine Überlieferung, die noch in C[onst] A[p] VIII 46 als ungeteilte Einheit besteht". Schließlich sei „auch die Gleichung zwischen dem alttestamentlichen Modell des Amtes und seiner kirchlich-apostolischen Entsprechung" in Const Ap „deutlicher und in bezug auf den Hohenpriester Christus auch vollständiger erhalten" als in 1 Clem (aaO. 15). Die Veränderungen in 1 Clem gingen darauf zurück, daß der Vf die römische Kirchenordnung auf einen Fall – nämlich die Absetzung von Klerikern – anwende, der in der Ordnung gar nicht vorgesehen sei (aaO. 18). Aber daß der erheblich ältere, formal weniger klar strukturierte und inhaltlich sehr situationsbezogen formulierte Text eine gegenüber den jüngeren Schriften kirchengeschichtlich bzw. kirchenrechtlich sekundäre Stufe repräsentiert, ist sehr unwahrscheinlich. Insbesondere ist zu beachten, daß die Argumentation in 1 Clem 44 nicht auf eine – womöglich durch eine festgeschriebene Ordnung belegte – prinzipielle, von der konkreten Amtsführung unabhängige Unabsetzbarkeit der Amtsträger abzielt. Der Vf betont vielmehr immer wieder (44,3.4.6), daß die in Korinth ihres Amtes Enthobenen ihren Dienst untadelig versehen haben (überpointiert, aber in der Tendenz wohl richtig, Klevinghaus, Stellung 63: „Kl würde gegen eine Absetzung solcher, die ihr Amt nicht recht verwaltet haben, nichts einzuwenden haben."); dabei bleibt (für uns) offen, ob primär an die gemeindeleitende Tätigkeit oder an die Bewahrung der rechten Lehre zu denken ist. Der einleitende Hinweis auf den „Sukzessionsgedanken" (Kap. 42; 44,2) dient dazu, die Legitimität des Amtes als solchen zu behaupten, nicht aber einen character indelebilis der Amtsinhaber. Offenbar vertritt der Vf die „kirchenrechtliche" Position, daß legitim amtierende Presbyter einer Gemeinde nicht abgesetzt werden dürfen, sofern sie ihre Aufgabe ordnungsgemäß („untadelig") erfüllen. Das wiederholte ἀμέμπτως usw. kann nicht als bloße Floskel oder als Beschreibung einer Selbstverständlichkeit aufgefaßt werden (m. R. betont von Leder, ThV 10, 1979, 108, freilich mit problematischen Konsequenzen, s. u.). Die Argumentation des Vf würde sich geradezu selbst widerlegen, wenn die Korinther auf Mängel in der Amtsführung der Abgesetzten hätten hinweisen können. Leder aaO. 110ff: In 44,1f spreche der Vf allein von der römischen Ordnung; erst von V. 3b an gehe es um die besonderen Aspekte der korinthischen Presbyterabsetzung, und dabei spiele „die ordnungsgemäße Einsetzung von Amtsträgern . . . überhaupt keine Rolle mehr" (aaO. 113). Aber eine so scharfe Trennung läßt der Text weder formal noch inhaltlich erkennen. Das Problem der Auslegung liegt entscheidend darin, daß wir die Gründe, die zur Amtsenthebung geführt haben, nicht kennen, und daß sich nicht einmal die Kenntnisse des Vf im Blick auf diesen Punkt rekonstruieren lassen. Blum, Tradition 46: In 1 Clem gehe es „nicht um die Bekämpfung einer Irrlehre . . ., sondern um den Gegensatz zwischen einem revolutionären Pneumatikertum und dem Recht des bischöflichen Amtes". Aber wenn – was wir nicht wissen – die Urheber der στάσις wirklich Pneumatiker waren, so waren sie damit in den Augen des Vf natürlich Irrlehrer, weil sie sich gegen Gottes eigenen Willen auflehnten, der ja auf die Einsetzung des Episkopenamtes gerichtet gewesen war. 1 Clem läßt jedoch gar nicht erkennen, daß man sich in Korinth auf das πνεῦμα berufen hatte; Meinhold, ZKG 58, 1939, 127 meint, die Pneumatiker in Korinth hätten, unter Berufung auf 1 Kor 12, „die geistliche Leitung der Gemeinde beansprucht", und „was sie zum Widerspruch [sc. gegen die Episkopen und Diakone] gereizt haben muß, das muß das Fehlen der pneumatischen Begabung gewesen sein". Aber 2,2 spricht eher gegen eine solche Annahme, weil der Vf dort ganz unbefangen positiv vom Wirken des Geistes in der Gemeinde spricht. Am wahrscheinlichsten ist die Annahme, daß eine Gruppe innerhalb der korinthischen Kirche das (Presbyter-)Amt als solches in Frage gestellt hat. Beyschlag aaO. 18 mit A 35 vertritt die These, 44,6 zeige, daß nur einige, nicht alle Presbyter abgesetzt wurden; erst in 47,6 mache der Vf des 1 Clem daraus einen Aufruhr gegen „die Presbyter" überhaupt. Aber die Differenz zwischen 44,6 und 47,6 kann damit erklärt werden, daß es aus der Sicht der ganzen Kirche eben nur „einige Presbyter" traf, als man in Korinth „die Presbyter" ihres Amtes enthob (anders Leder aaO. 111: Der Vf meine, daß von der Amtsenthebung auch [!] einige untadelige Presbyter betroffen waren; auf sie beziehe sich das Votum von 44,3b.4. „Die Möglichkeit, daß nicht untadelig amtierende Presbyter von der Absetzung mitbetroffen waren, ist nicht nur offengelassen, sondern wahrscheinlich eingeschlossen." Vgl. aber 47,6.). Denkbar ist, daß die Führer der στάσις unter Bezugnahme auf Paulus bzw. auf dessen Briefe handelten; dies würde erklären, warum der Vf sagt, daß die Apostel ihre „Erstlinge" als ἐπίσκοποι und διάκονοι einsetzten und warum er in diesem Zusammenhang den Titel πρεσβύτερος, den Paulus nicht kennt, vermeidet. Die πρεσβύτεροι sind für ihn offenbar diejenigen, die legitimerweise die Nachfolge der von den Aposteln ursprünglich eingesetzten ἐπίσκοποι und διάκονοι übernommen haben. Als solche sind sie in ihrem Amt unantastbar, sofern sie ihre Pflichten nicht verletzen. Diese Theorie entspricht wahrscheinlich der in der römischen Kirche anerkannten Struktur, d. h. sie ist nicht erst als Reaktion auf die korinthischen Vorgänge entwickelt worden; aber daß es sich dabei um eine bereits kodifizierte Norm handelt, läßt der Text nicht erkennen.

46,1–9 „Haltet euch an die Heiligen" und wahrt die Einheit des Leibes Christi

¹An solche Vorbilder nun müssen auch wir uns halten, Brüder. ²Denn es steht geschrieben: „Haltet euch an die Heiligen, denn die, die sich an sie halten, werden geheiligt werden." ³Und wiederum heißt es an einer anderen Stelle: „Mit einem unschuldigen Mann wirst du unschuldig sein, und mit einem Auserwählten wirst du auserwählt sein, und mit einem Verkehrten wirst du auf verkehrtem Wege sein." ⁴Halten wir uns also an die Unschuldigen und Gerechten; diese nämlich sind Auserwählte Gottes.
⁵Weshalb (gibt es) Streitigkeiten, Zornausbrüche, Spaltungen und Krieg bei euch? ⁶Oder haben wir nicht einen Gott und einen Christus und einen Geist der Gnade, der ausgegossen ist auf uns, und (ist nicht) eine Berufung in Christus? ⁷Warum ziehen und zerren wir die Glieder Christi auseinander und lehnen uns gegen den eigenen Leib auf und gehen bis zu einem solchen Grad von Tollheit, daß wir vergessen, daß wir untereinander Glieder sind?

Denkt an die Worte Jesu, unseres Herrn. ⁸**Er hat nämlich gesagt: „Wehe jenem Menschen! Es wäre für ihn besser, wenn er nicht geboren worden wäre, als daß er einem meiner Auserwählten Anstoß gibt. Besser wäre es, wenn ihm ein Mühlstein umgehängt und er versenkt würde ins Meer, als daß er einen meiner Auserwählten auf verkehrten Weg führt." ⁹Eure Spaltung hat viele auf verkehrten Weg geführt, viele in Mutlosigkeit gestürzt, viele in Zweifel, uns alle in Trauer; und euer Aufstand dauert fort!**

Nach den biblischen Beispielen in Kap. 45 folgt, durch οὖν und die Anrede ἀδελφοί betont herausgehoben, die Anwendung (46,1); sie wird zunächst positiv begründet (46,2–4) und dann mit drei rhetorischen, kritischen Fragen (46,5–7) und einer scharfen Warnung (46,8f) fortgeführt. Auf das Zitat des Jesuswortes folgt in Kap. 47 der Verweis auf den Apostel Paulus.

1: Die unschuldig Verfolgten sind ὑποδείγματα (vgl. 5,1), deren Beispiel zu folgen für alle Christen (καὶ ἡμᾶς) verpflichtend ist. Zu κολλᾶσθαι vgl. 15,1; 30,3. Als Begründung folgt in **2** ein Schriftzitat (zur Einleitung γέγραπται γάρ vgl. 4,1). Die Quelle ist nicht bekannt, doch erinnert der Gedanke an Ps 17,26a LXX (μετὰ ὁσίου ὁσιωθήσῃ, s. zu V. 3; allerdings wird das Zitat in V. 3 ausdrücklich einer anderen Quelle zugewiesen, vgl. Hagner, Use 89f). Zur Forderung κολλᾶσθε τοῖς ἁγίοις vgl. Herm Vis III 6,2; Sim VIII 8,1. Zu der Vorstellung, daß der Umgang mit Heiligen selber „heiligt", vgl. etwa Lev 21,8. Der zweite Schriftbeleg ist in **3** Ps 17,26b.27; zur Zitateinleitung s. 8,4; 29,3. Das Zitat entspricht wörtlich LXX (der hebr. Text hat anstelle von ἐκλεκτός בר „rein"); es hat aber einen ganz anderen Sinn, denn im Psalm ist Gott angeredet, hier dagegen ebenso wie in V. 2 der handelnde Mensch. Clemens Alex Strom V 52,3 zitiert den Psalm (γέγραπται δέ) und fügt dann das Logion aus V. 2 ohne Quellenangabe als Explikation an (vgl. dazu Hagner, Use 76f). In **4** nimmt der Vf abschließend (κολληθῶμεν οὖν wie in 30,3; vgl. 15,1) seine Forderung von V. 1 wieder auf; das Stichwort ἀθῷος entstammt dabei unmittelbar dem Zitat in V. 3 (sonst nur noch in 59,2), während δίκαιος dem weiteren Kontext entspricht (45,3f). Die Erklärung (δέ hier nicht adversativ, s. B-D-R § 447.1c) knüpft an das Stichwort ἐκλεκτός aus dem Zitat an und bezieht es nun explizit auf Gottes Erwählen.

In **5–7** folgen drei rhetorische Fragen. In **5** wird zunächst das negative Gegenbeispiel zu V. 2–4 beschrieben: Die Lage der Gemeinde in Korinth ist durch deren extreme Zerrissenheit bestimmt; die fünf dafür verwendeten Substantive sind im Grunde bedeutungsgleich. Eine Anspielung auf Jak 4,1 liegt nicht vor; fragen kann man, ob der Vf beim Begriff σχίσματα schon an 1 Kor 1,10 (s. Kap. 47) gedacht hat (zum abschließenden Wort πόλεμος vgl. εἰρήνη βαθεῖα in 2,2). In **6** verweist der Vf angesichts der Spaltungen auf die göttliche Einheit (vgl. 1 Kor 8,6; 12,4–6; s. zu V. 7). Die durch μία κλῆσις erweiterte triadische Formel (vgl. 58,2) erinnert an Eph 4,4–6, ohne daß eine literarische Beziehung bestünde (s. Lindemann, Paulus 189f; anders Hagner, Use 223). Die Verbindung πνεῦμα τῆς χάριτος ist selten (im NT nur Hebr 10,29); vgl. aber Sach 12,10 LXX (ἐκχεῶ ἐπὶ τὸν οἶκον Δαυιδ ... πνεῦμα χάριτος καὶ οἰκτιρμοῦ), TestJud 24,2 (αὐτὸς ἐκχεεῖ πνεῦμα χάριτος ἐφ᾽ ὑμᾶς) und ähnlich 1 QSb II 24 (Gott „sei dir gnädig mit heiligem Geist" יחונכה ברוח קודש); 1 QH XVI 9 („Geist deines Erbarmens" רוח רחמיך). μία κλῆσις ἐν Χριστῷ klingt paulinisch (s. zu 22,1); in der Sache vgl. 1 Kor 12,12f. Die dritte rhetorische Frage (**7a**) ist als Vorwurf gemeint (ἱνατί wie in V. 5), wobei der Vf jetzt, anders als noch in 37,5; 38,1, klar voraussetzt, daß die Adressaten die paulinische Metapher von der Kirche als dem σῶμα

(Χριστοῦ) kennen: „Wir" (gemeint sind natürlich die Korinther) zerren einander (zu τὰ μέλη τοῦ Χριστοῦ vgl. 1 Kor 6,15; Eph 5,30) jeweils in verschiedene Richtungen und revoltieren (zu στασιάζομεν πρός vgl. 47,6) so gegen den „eigenen Leib". τὸ σῶμα τὸ ἴδιον ist die konkrete einzelne Gemeinde (vgl. Ign Sm 11,2; dazu Bauer-Paulsen zSt). ἀπόνοια erinnert an 1,1. Die Formulierung μέλη ἐσμὲν ἀλλήλων entspricht Eph 4,25 (vgl. Röm 12,5; ferner 1 Kor 12,25.27); zwar liegt kein Zitat dieser Stelle vor, aber der Vf erinnert offenbar an etwas Selbstverständliches.

Mit dem Imperativ in **7b** wechselt der Vf zur Mahnung, für die er sich – zum zweitenmal in seinem Brief (vgl., auch zur Formulierung der Zitateinleitung, 13,1 f) – eines Jesuswortes bedient. Zitiert wird (**8**) ein Logion, das als freie Kombination von Mt 26,24b (οὐαὶ δὲ ἀνθρώπῳ ἐκείνῳ ... καλὸν ἦν αὐτῷ εἰ οὐκ ἐγεννήθη ...) und Mt 18,6 (ὃς δ᾽ ἂν σκανδαλίσῃ ἕνα τῶν μικρῶν τούτων ... συμφέρει αὐτῷ [Mk 9,42: καλόν ἐστιν αὐτῷ μᾶλλον; 1 Clem: κρεῖσσον ἦν αὐτῷ] ἵνα κρεμασθῇ μύλος ὀνικὸς εἰς τὸν τράχηλον αὐτοῦ καταποντισθῇ ἐν τῷ πελάγει τῆς θαλάσσης [Mk 9,42: καὶ βέβληται εἰς τὴν θάλασσαν; 1 Clem: καὶ καταποντισθῆναι εἰς τὴν θάλασσαν]) erscheint. Eine detaillierte Analyse gibt Hagner, Use 152–164 (vgl. Köster, Überlieferung 16–19 und Köhler, Rezeption 62 ff). Das zweifache ἐκλεκτῶν entspricht dem Kontext (s. V. 3 f), ebenso die Verwendung des Verbs διαστρέφειν (A und H haben an Mt 18,6 angeglichen: ... μικρῶν ... σκανδαλίσαι). Ob der Vf „außerkanonische Überlieferung benutzt" (so Knopf zSt; Hagner, aaO. 164: „dependent upon an extra-canonical, oral source"; Köster, aaO. 19: eine Variante des Logions Mk 9,42 parr, „die besondere Verwandtschaft mit der Luk. 17,1 f par überlieferten Q-Form dieses Logions zeigt, aber um eine weitere mit Mk. 14,21 verwandte Drohung vermehrt ist"), oder ob er – m. E. wahrscheinlicher – die Logien frei zitiert und dabei die Kombination selbst hergestellt hat, läßt sich kaum sicher sagen (Köhler, aaO. 63 f: „Ein Bezug auf das Mt ist zwar nicht zu beweisen", aber die Abweichungen lassen sich doch „allesamt gut und einfach aus dem Anliegen des Verfassers des I Clem erklären"; ähnlich Aono, Entwicklung 68). Kennt der Vf den Kontext, so hieße das, daß er die für die korinthische στάσις Verantwortlichen mit dem Verräter Judas gleichsetzt und sogar annimmt, den Adressaten sei diese Assoziation ebenfalls möglich. **9** bringt die Anwendung auf den konkreten Fall: Das korinthische σχίσμα hat bei vielen (Christen) zu der von der Schrift (V. 3) und vom κύριος (V. 8) verurteilten „Verführung auf falschen Weg" und zu tiefer Verzweiflung geführt (ἀθυμία in uns. Lit. nur hier, sonst aber nicht selten; das praktisch synonyme δισταγμός in uns. Lit. nur noch Herm Sim IX 28,4). Dem dreifachen πολλούς folgt als Steigerung τοὺς πάντας ἡμᾶς: Bei allen Christen herrscht angesichts der Lage in Korinth λύπη (das Wort im 1 Clem nur hier, offenbar ohne besonderes theologisches Gewicht). Und dabei dauert die στάσις (vermutlich nicht „der Zwist" [so Bauer-Aland WB s. v. ἐπίμονος], sondern wie in 1,1 der die Gemeinde beherrschende „Aufruhr") sogar noch an. ἐπίμονος besagt offenbar, daß gar nicht neue Presbyter eingesetzt worden waren, die „immer noch" im Amt wären, sondern daß gegenwärtig überhaupt keine πρεσβύτεροι amtieren.

47,1–7 Das Urteil des Paulus über den Parteienstreit

[1]**Nehmt den Brief des seligen Apostels Paulus zur Hand.** [2]**Was hat er euch zuerst am Anfang des Evangeliums geschrieben?** [3]**Wahrhaft auf geistliche Weise hat er euch geschrieben, ihn selbst und Kephas und Apollos betreffend, weil ihr auch damals Parteien gebildet hattet.** [4]**Aber jene Parteienneigung hat euch geringere Sünde zugezogen. Denn ihr hattet euch (von Gott) bezeugten Aposteln und einem nach ihrem Urteil erprobten Mann angeschlossen.** [5]**Jetzt aber bedenkt, was für Leute euch auf verkehrten Weg geführt und das Ansehen eurer allseits bekannten Bruderliebe vermindert haben.** [6]**Es ist schändlich, Geliebte, überaus schändlich und der Lebensführung in Christus unwürdig, wenn man hört, daß die sehr gefestigte und alte Kirche der Korinther wegen ein oder zwei Personen sich gegen die Presbyter erhebt.** [7]**Und diese Kunde drang nicht nur zu uns, sondern auch zu denen, die anders gesinnt sind als wir, so daß auch Lästerungen vorgebracht werden gegen den Namen des Herrn wegen eures Unverstandes, für euch selbst aber obendrein Gefahr bewirkt wird.**

Ähnlich wie in 45,2 verweist der Vf auf einen autoritativen Text. Er erinnert an die Parteienkritik im (Ersten Korinther-)Brief des Paulus (47,1–4) und schließt eine heftige Verurteilung der gegenwärtigen Verhältnisse an (47,5–7). Auffallend ist, daß der Vf in 46,9–47,7 die Form der Anrede wählt, während er dann in 48,1 zum „Wir" von 46,2–8 zurückkehrt.

Mit **1** beginnt nach der Mahnung die Therapie, wobei sich der Vf auf die in Rom wie in Korinth offenbar unangefochtene Autorität des Paulus beruft. Welchen paulinischen Brief die Korinther zur Hand nehmen sollen, wird durch V. 2f sofort klar. Rückschlüsse über die Zahl der dem Vf bekannten Paulusbriefe sind also nicht möglich; und Erwägungen, die ganze Briefsammlung sei als ἐπιστολὴ Παύλου bezeichnet worden (vgl. Knopf zSt) oder der Vf habe beide Korintherbriefe als Einheit gesehen (so Carroll, JBL 72, 1953, 230f) bzw. nach Rom sei nur ein Korintherbrief gelangt (so Bauer, Rechtgläubigkeit 222), sind unnötig (Lindemann, Paulus 190). Der Apostel wird zum zweitenmal (nach 5,5–7) namentlich genannt, selbstverständlich wieder mit dem Aposteltitel und zusätzlich mit dem ehrenden Beiwort μακάριος (für Einzelpersonen nur noch bei Mose [43,1] und Judith [55,4]; vgl. Pol Phil 3,2). **2** wirft Probleme auf (unklar ist vor allem die Bedeutung von πρῶτον und ἐν ἀρχῇ τοῦ εὐαγγελίου; zur Diskussion s. Lindemann, Paulus 190f). Am einfachsten ist es, εὐαγγέλιον (im 1 Clem nur hier; vgl. aber 42,1) als brieflich nach Korinth gerichtete (das in V. 3f wiederholte ὑμῖν behauptet die Identität der damaligen mit der heutigen Gemeinde) „Verkündigung" zu fassen und ἐν ἀρχῇ dann auf den Eingang des 1 Kor zu beziehen (der Sinn ist also ein anderer als in Phil 4,15, womit unsere Stelle auch nicht in Verbindung steht; gegen Hagner, Use 226.273); πρῶτον bezeichnet dann den Rang, den die Ausführungen zu diesem Thema im Anfangsteil des 1 Kor in den Augen des Vf haben. Daß der Vf 1 Kor als den ältesten Paulusbrief angesehen habe oder sich darauf beziehe, daß dieser die Sammlung der Paulusbriefe eröffnete (so im Canon Muratori), läßt sich nicht belegen (zu Knopf zSt, der [mit J. Weiß] annimmt, 1 Kor 1,2b sei eine sich auf diese Stellung des Briefes beziehende Glosse); näher liegt noch Gebhardt/Harnack zSt: „Clemens e sensu Corinthiorum loquitur, cum Corinth. ecclesia tempore, quo Paulus primam epistulam scripsit, νεώτερα fuerit, tribus annis ante evangelio tum primum praedicato" – vorausgesetzt, der Vf des 1 Clem kennt diese Chronologie. Inhaltlich braucht der Vf die in V. 2 gestellte Frage nicht zu erörtern; nimmt man den Brief zur Hand, so ergibt sich die Antwort von selbst. **3**: πνευματικῶς zeigt wohl nicht an, daß die korinthischen Aufrührer Pneumatiker sind, deren Berufung auf Paulus der Vf als nicht gerechtfertigt erweisen will (so Meinhold, ZKG 58, 1939, 100). Es wird auch nicht darauf angespielt, daß der Geist das Thema der Anfangskapitel des 1 Kor war (so u. a. Knopf zSt); sondern das Adverb bezieht sich vielmehr auf die Herkunft der Autorität, die Paulus bei seinem ἐπιστέλλειν (s. zu 7,1) besaß (vgl. Opitz, Ursprünge 46: „Die Dignität des Briefes ist an die geisterfüllte Apostelpersönlichkeit gebunden."). Damals war es um προσκλίσεις (s. zu V. 4) gegangen, die Paulus, Petrus und Apollos betrafen. Die Reihenfolge der beiden zuletzt genannten Namen weicht von der in 1 Kor 1,12; 3,22 ab (s. zu V. 4); das ἐγὼ δὲ Χριστοῦ von 1,12 hat der Vf wahrscheinlich nicht als Parteiparole gedeutet, und er hätte es auch schlecht integrieren können. Nach wie vor wird der Inhalt der paulinischen Weisung nicht genannt, da 1 Kor ja „zur Hand" ist (vgl. dagegen das ausführliche Zitat in 46,7f). **4**: πρόσκλισις ist gegenüber σχίσμα (so Paulus in 1 Kor 1,10; vgl. 1 Clem 46,9) bewußte Abschwächung (vgl. ἥττων ἁμαρτία); immerhin waren die damals von den Adressaten (abermals ὑμῖν) anerkannten Parteihäupter ausgezeichnete Männer gewesen. Zu μεμαρτυρομένοις vgl. 17,1; 44,3; zu δεδοκιμασμένῳ vgl. 44,2. Apollos erscheint so als Angehöriger der nachapostolischen Zeit, woraus die Vertauschung der Reihenfolge in V. 3 resultierte. Die gegenwärtige Lage (**5**: νυνὶ δέ) ist eine ganz andere. Zu ὑμᾶς διέστρεψαν vgl. 46,3.8. Im übrigen nimmt V. 5b die Aussagen von 1,1fin auf; zu φιλαδελφία vgl. 1 Thess 4,9. Wieder geht der Vf rhetorisch geschickt vor, indem er die Antwort auf die Aufforderung κατανοήσατε, τίνες κτλ. den Lesern überläßt. In **6** folgt die Bewertung: Das nun bekanntgewordene (zu ἀκούεσθαι vgl. 1 Kor 5,1) Geschehen in Korinth ist, zumal angesichts des Alters dieser ἐκκλησία, im höchsten Grade verwerflich (diesem Urteil kontrastiert in auffallender Weise die erneute Anrede der Adressaten als ἀγαπητοί, zuletzt in 43,6). Zur rhetorischen Epanadiplosis αἰσχρά ... καὶ λίαν αἰσχρά s. B-D-R § 493.1 (vgl. 1 Clem 53,1a); der neutrische Plural des prädikativen Adjektivs bei ἀκούεσθαι steht anstelle des Singulars (eine bei Herodot und Thukydides häufige, sonst seltene Erscheinung; Schwyzer, Grammatik II, 606). Zu ἀγωγή vgl. 2 Tim 3,10. Die „Kirche der Korinther" galt bislang als sehr gefestigt (s. βεβαία ὑμῶν πίστις in 1,2), und sie war – als Gründung des Paulus – „alt" (vgl. Pol Phil 1,2). Zu ἓν ἢ δύο πρόσωπα vgl. 1,1 (ὀλίγα πρόσωπα). Wenige Rädelsführer waren also imstande gewesen, diese Gemeinde zum στασιάζειν anzustacheln. Das absolute τοὺς πρεσβυτέρους ohne Possessivpronomen unterstreicht die Vermutung, daß die στάσις prinzipiellen Charakter hatte und sich gegen das Presbyteramt als solches richtete. Erschwerend kommt (**7**) hinzu, daß die Kunde von den Vorgängen selbst zu Nichtchristen gelangte; die ἑτεροκλινεῖς sind, anders als in 11,1, nicht „Abtrünnige", sondern diejenigen, die sich dauernd bewußt von den Christen fernhalten (ὑπάρχοντας ἀφ' ἡμῶν). Die Folgen sind zweifach: Einerseits Lästerungen des Namens Christi wegen der korinthischen ἀφροσύνη (vgl. 3,3; 13,1), andererseits eine den Korinthern selbst drohende Gefahr. Ohnehin spielt im Urchristentum die Außenwirkung auf Juden und Heiden eine Rolle (1 Thess 4,12; 1 Kor 10,32; vgl. etwa auch Joh 13,35); aber jetzt geht es auch um die Ehre des κύριος selber (vgl. Röm 2,24; s. zu 2 Clem 13,2). Zu κίνδυνος vgl. 14,2; 41,4; wie dort beschränkt sich der Vf auch hier auf eine Andeutung, doch ist klar, daß er nicht eine bloß irdisch-diesseitige Gefährdung der Gemeinde erwartet (vgl. Knoch, Eigenart 191); anders, aber wenig wahrscheinlich, Harnack, Einführung 117: Es scheint „eine Einmischung der Polizei mindestens gedroht zu haben (Hausfriedensbruch infolge der Zwistigkeiten?)".

48,1–6 Aufruf zu Umkehr und Demut

¹Stellen wir also dieses rasch ab, werfen wir uns nieder vor dem Herrn und flehen wir ihn unter Tränen an, daß er gnädig sei und sich mit uns versöhne und uns in den frommen, reinen Wandel unserer Bruderliebe zurückversetze.
²Denn dies ist das Tor der Gerechtigkeit, geöffnet zum Leben, wie geschrieben steht: „Öffnet mir die Tore der Gerechtigkeit; ich will durch sie eintreten und den Herrn lobpreisen. ³Dies ist das Tor des Herrn; Gerechte werden durch es eintreten." ⁴Von den vielen geöffneten Toren ist das (Tor) in Gerechtigkeit dasjenige, das in Christus ist. Selig alle, die durch es eintreten und ihren Weg gerade lenken in Heiligkeit und Gerechtigkeit, unbeirrt alles vollbringend. ⁵Mag einer gläubig sein, mag er fähig sein, Erkenntnis auszusprechen, mag er weise sein in der Unterscheidung der Worte, mag er heilig sein in Werken: ⁶Er muß doch um so demütiger sein, je größer er zu sein scheint, und muß suchen das allen gemeinsam Nützliche und nicht das Seinige.

Der aus der Argumentation von Kap. 47 resultierenden Aufforderung zur Umkehr (48,1) folgt im Zusammenhang eines Zitats aus Ps 118 eine Reflexion zum Begriff „Tor der Gerechtigkeit" (48,2–4), die in die dringende Mahnung zum ταπεινοφρονεῖν mündet (48,5f).

Der Aufruf zur Umkehr in **1** (οὖν knüpft an Kap. 47 an) ist rhetorisch geschickt wieder in der 1. Pers. Plural formuliert (vgl. 46,1.4.6f). Zu προσπέσωμεν s. 9,1; κλαίω im 1 Clem nur hier. Zu ἱκετεύοντες κτλ. vgl. 2,3; der Vf fordert also dazu auf, zur früher üblichen Praxis zurückzukehren. Das Verb ἐπικαταλλάσσομαι ist hapax legomenon; vgl. aber das Subst. ἐπικαταλλαγή („money paid for exchange, discount"; Liddell-Scott s. v. mit zwei Belegen). Zu ἐπὶ τὴν … ἀγωγὴν ἀποκαταστήσῃ ἡμᾶς s. 47,5f: Gott (δεσπότης ist auf Gott zu beziehen, nicht auf Christus; vgl. Knoch, Eigenart 425f) soll die von den Menschen zerstörte christliche Lebensordnung wiederherstellen. Es fällt auf, daß der Vf (vorläufig; s. 57,1) darauf verzichtet, die Wiedereinsetzung der Presbyter oder die Bestrafung der Rädelsführer zu verlangen.

In **2.3** gibt der Vf die Begründung: Die geforderte Umkehr ist das offene Tor der Gerechtigkeit (πύλη … δικαιοσύνης ist entsprechend der semitischen constructus-Verbindung determiniert zu fassen; vgl. Jaubert 178 A 3), durch das man ins Leben geht; vgl. TestAbr B 8,3.10f: Abraham sieht am Rande des Ὠκεανὸς ποταμός das kleine Tor εἰς τὴν ζωήν und das große Tor εἰς τὴν ἀπώλειαν. Das Bild wird im 1 Clem nur hier gebraucht; zu δικαιοσύνη vgl. aber 3,4; 5,7; 35,2 (hier ist auch von ζωή die Rede). Beleg für die Aussage ist Ps 117,19f LXX, wörtlich zitiert (die Einleitung καθὼς γέγραπται, im NT häufig, begegnet im 1 Clem nur hier). Abschnitte aus Ps 117,22–26 LXX werden in den synoptischen Evangelien oft zitiert. Der ursprüngliche Sinn von V. 19f (Teil der Toreingangsliturgie am Tempel) ist natürlich nicht festgehalten. In der Anwendung (οὖν) deutet der Vf in **4** die πύλη δικαιοσύνης als „Tor ἐν Χριστῷ", d. h. er versteht den κύριος-Titel aus dem

Zitat ebenso wie in 47,7 christologisch, ohne jedoch das Tor mit Christus zu identifizieren (es besteht also kein Zusammenhang mit Aussagen wie Joh 10,7.9 oder Herm Sim IX 12,1 [ἡ πέτρα ... καὶ ἡ πύλη ὁ υἱὸς τοῦ θεοῦ ἐστι], vgl. Jeremias, ThWNT III, 179 A 80; man kann auch nicht von einer allegorischen Exegese des Psalms sprechen, gegen Hagner, Use 130). Knopf zSt: „πολλῶν οὖν πυλῶν kann zur Not Anspielung auf ein Herrenwort sein: Mt 7,13f., das ist aber nicht wahrscheinlich." Zur Verbindung ἐν ὁσιότητι καὶ δικαιοσύνῃ vgl. Weish 9,3; Lk 1,75; Eph 4,24. Das ganze Bild ist, anders als in Mt 7,13f oder in TestAbr (s. o. zu V. 2), nicht eschatologisch, sondern ethisch im Sinne der Zwei-Wege-Lehre gemeint. ἀταράχως in uns. Lit. nur hier; das Adjektiv ist in LXX und auch sonst belegt. **5** erinnert an 1 Kor 12,8–10, wo Paulus vom λόγος σοφίας, vom λόγος γνώσεως und von πίστις spricht; zu ἐν διακρίσει λόγων vgl. 1 Kor 12,10 (διακρίσεις πνευμάτων); nur ἁγνὸς ἐν ἔργοις hat keine Entsprechung bei Paulus (Grant zSt erwägt in Anknüpfung an Ziegler [s. u.] Einfluß von 2 Kor 7,11). Die von Lightfoot I/2, 147 in Anlehnung an die Zitate in Clemens Alex Strom I 38,8; VI 65,3 vermutete Konjektur ἤτω γοργὸς (eifrig) ἐν ἔργοις, ἤτω ἁγνός ist unzutreffend, zumal Clemens uneinheitlich zitiert (s. dazu Hagner, Use 199). Zum Impt. ἤτω s. B-D-R § 98. Knopf zSt: „Es muß angenommen werden, daß die Gegner der Amtsträger in Korinth sich des Besitzes dieser Gaben rühmten"; aber eine direkte Polemik gegen konkrete Personen ist nicht zu erkennen, und vor allem spricht das vierte Glied in der Kette gegen die Annahme, es handle sich um pneumatisches Selbstlob (Wrede, Untersuchungen 31 ff; Harnack, Einführung 117. Ziegler, Studien 55 gleicht aus: Einerseits sei „ziemlich sicher", daß der Vf „die Empörer in Korinth treffen wollte", andererseits lasse er es „in seiner versöhnlichen, unpolemischen Art offen, ob es auf die Empörer zutrifft oder nicht".). Der Sinn der Aufzählung ergibt sich aus **6**: Die einleitende Mahnung erinnert an Mt 18,4, doch ist ταπεινοφρονεῖν ohnehin eine Hauptforderung der aktuellen Paränese des 1 Clem (s. zu 13,1). Zum verstärkten Komparativ μᾶλλον μείζων s. B-D-R § 426.1b. Die zweite Aufforderung erinnert zunächst an 1 Kor 10,24.33 (vgl. 1 Kor 12,7: πρὸς τὸ συμφέρον), und sicher hat der Vf diese paulinische Aussage gekannt, auch wenn er sie wohl nicht direkt zitiert; vgl. in der Sache Barn 4,10: ἐπὶ τὸ αὐτὸ συνερχόμενοι συνζητεῖτε περὶ τοῦ κοινῇ συμφέροντος. Der Ausdruck ζητεῖν τὸ κοινωφελές πᾶσιν verweist auf den Einfluß philosophischer Sprache. κοινωφελής ist seit Philo belegt; vgl. Philo Jos 73: Der wahre πολιτικός wird sagen, er werde in der Ratsversammlung γνώμας ... τὰς κοινωφελεῖς einbringen; ähnlich Vit Mos II 9; Spec Leg IV 170. Philo nennt Vit Mos II 28 die Aufgabe der Übersetzung der Tora ins Griechische μέγα ... καὶ κοινωφελές, und in Spec Leg IV 149 bezeichnet er das Gebot von Dtn 19,14 als ein κοινωφελές παράγγελμα (ähnlich IV 215 über die Bestimmungen in Lev 25); nach Spec Leg IV 157 ist Gott τῶν κοινωφελῶν ἁπάντων βεβαιωτής. Das Wort begegnet in der Stoa (Epict Diss IV 10,12: ἔργον ... ἀνθρωπικόν, εὐεργετικόν, κοινωφελές, γενναῖον; MAnt IV 12,2: κοινωφελές neben δίκαιον als Gegentyp zu ἡδὺ ἢ ἔνδοξον); spätere Belege bei Liddell-Scott und Lampe Lexicon. Clemens Alex Strom IV 111,1 faßt 1 Clem 48 so zusammen: ἡ σεμνὴ οὖν τῆς φιλανθρωπίας ἡμῶν καὶ ἁγνὴ ἀγωγὴ ... τὸ κοινωφελὲς ζητεῖ.

49,1–50,7 Das Lob der Liebe

[1]Wer Liebe in Christus hat, der tue die Gebote Christi.
[2]Das Band der Liebe Gottes – wer vermag es zu beschreiben?
[3]Seine erhabene Schönheit – wer ist imstande, sie auszudrücken?
[4]Die Höhe, zu welcher die Liebe hinaufführt, ist unaussagbar.
[5]Liebe verbindet uns eng mit Gott,
    Liebe deckt zu die Menge der Sünden.
    Liebe erträgt alles, sie duldet alles.
    Nichts Gemeines ist in der Liebe,
    nichts Überhebliches.
    Liebe kennt keine Spaltung,
    Liebe lehnt sich nicht auf,
    Liebe tut alles in Eintracht.
    In der Liebe sind zur Vollendung geführt worden alle Auserwählten Gottes.
    Ohne Liebe ist nichts wohlgefällig bei Gott.
[6]In Liebe hat uns angenommen der Herr; um der Liebe willen, die er zu uns hatte, hat Jesus Christus, unser Herr, sein Blut gegeben für uns nach dem Willen Gottes, und das (= sein) Fleisch für unser Fleisch und die (= seine) Seele für unsere Seelen.
50 [1]Seht, Geliebte, wie etwas Großes und Wunderbares die Liebe ist, und von ihrer Vollendung gibt es keine Beschreibung. [2]Wer ist würdig, in ihr erfunden zu werden außer denen, welche Gott für würdig erachtet? Erbitten wir also und erflehen wir von seinem Erbarmen, daß wir in der Liebe erfunden werden ohne menschliche Parteineigung, frei vom Tadel.
[3]Alle Geschlechter von Adam bis zum heutigen Tage sind vergangen; aber die, die in Liebe vollendet worden sind gemäß der Gnade Gottes, besitzen den Ort der Frommen. Sie werden offenbart werden beim Erscheinen der Herrschaft Christi.
[4]Denn es steht geschrieben: „Tretet ein in die Kammern einen kurzen Augenblick, bis daß vorübergegangen ist mein Zorn und mein Grimm. Und ich werde eines guten Tages (eurer) gedenken und werde euch auferwecken aus euren Gräbern."
[5]Selig sind wir, Geliebte, wenn wir die Gebote Gottes zu erfüllen suchten in Eintracht der Liebe, auf daß uns durch Liebe die Sünden vergeben werden.
[6]Denn es steht geschrieben: „Selig, deren Freveltaten vergeben worden und deren Sünden zugedeckt worden sind. Selig der Mann, dessen Sünde der Herr nicht anrechnet und in dessen Mund kein Falsch ist."
[7]Diese Seligpreisung bezog sich auf die, die auserwählt sind von Gott durch Jesus Christus, unseren Herrn. Ihm sei die Ehre von Ewigkeit zu Ewigkeit. Amen.

Der Abschnitt läßt sich verstehen als ein Enkomion („Loblied") der ἀγάπη (s. Wischmeyer, Weg 198 f.213; Sanders, Hellénisme 96 ff zitiert aus einem ähnlichen pythagoreischen Text über die φιλία bei Simplicius [6. Jh. n. Chr.]). Deutlich ist die Zäsur in 50,1, wo von der zunächst eher hymnischen zur prosaischen Redeweise übergeleitet wird. Im ersten Teil (Kap. 49), der vor allem in V. 5 an 1 Kor 13 erinnert (s. den synoptischen Vergleich bei Sanders, Hellénisme 94f; nach Harnack, Einführung 117 ist der Hymnus „zusammengestoppelt [auch aus I. Kor], und man versteht es nicht, daß der Verfasser es gewagt hat, mit

Paulus zu rivalisieren" – was er freilich gar nicht beabsichtigt haben wird), bildet die Aufforderung in 49,1 die Überschrift zum Thema „Liebe ἐν Χριστῷ". 49,2.3 enthalten dann im „Diatribenstil" rhetorische Fragen nach der Beschreibbarkeit des Bandes der göttlichen Liebe, die in 49,3 mit dem Stichwort ἀνεκδιήγητός beantwortet werden. In 49,5 folgt der eigentliche „Hymnus" mit einer wenn auch nicht sehr strengen Struktur (s. die Auslegung). In 49,6 endet der direkte Lobpreis der ἀγάπη mit Aussagen über das Heilsgeschehen ὑπὲρ ἡμῶν; 50,1 gibt, unter Anknüpfung an 49,2, eine Zusammenfassung. Der zweite Teil (50,2–7) steht unter der Frage τίς ἱκανὸς ... εὑρεθῆναι, die in 50,3 mit Blick auf die vergangene Geschichte und in 50,5 mit Blick auf die Gegenwart eine Antwort findet, jeweils verbunden mit einem erläuternden Schriftzitat (50,4.6), wobei das zweite nach dem Schema „Verheißung und Erfüllung" gedeutet wird. Der abschließende Makarismus markiert zugleich das Ende der großen Einheit Kap. 44–50. Clemens Alex Strom IV 111,1–4 bezieht sich auf 1 Clem 49f (αὕτη ἐστὶν ἡ ἀγάπη, τὸ ἀγαπᾶν τὸν θεὸν καὶ τὸν πλησίον) und zitiert, weithin wörtlich, zunächst 49,5; 50,1.2a sowie anschließend 1 Kor 13,1–3.

49,1: Die in der 3. Person formulierte Mahnung erinnert in der Struktur an das Schema von Indikativ und Imperativ: Aus der ἀγάπη ἐν Χριστῷ resultiert die Notwendigkeit und die Fähigkeit, Christi Gebote zu erfüllen (vgl. 13,3, wo an die Bergpredigt erinnernde Forderungen als παραγγέλματα Jesu zitiert sind). Die Wendung ἀγάπην ἔχειν (vgl. 1 Kor 13,1 ff; Joh 5,42; Diod S III 58,3: φιλίαν ἔχειν) meint den konkreten Vollzug des Liebens. ἐν Χριστῷ ist entweder im paulinischen Sinn zu verstehen (vgl. 2 Tim 1,13), oder es steht als Ersatz für das direkte Objekt (vgl. Joh 13,35: ἀγάπην ἔχητε ἐν ἀλλήλοις). In der Sache vgl. Joh 14,15 und vor allem 1 Joh 5,1–3 (Hagner, Use 264 hält eine Abhängigkeit des 1 Clem von Joh nicht für unmöglich; dagegen m. R. Knoch, Eigenart 78f). In **2** und **3** folgen in auffallender Wortstellung zwei parallel formulierte rhetorische Fragen, die mit „niemand" beantwortet werden sollen (vgl. V. 4 und 50,1). Zum Ausdruck δεσμὸς τῆς ἀγάπης vgl. Ign Eph 19,3 (δεσμὸς κακίας); die Nähe zu Kol 3,14 wird immer wieder genannt, beschränkt sich aber auf die Verbindung der Worte ἀγάπη und σύνδεσμος (kritisch auch Knoch, Eigenart 286). Die Verbindung ἀγάπη τοῦ θεοῦ ist als gen. auct. zu fassen: Die Liebe, die von Gott ausgeht (vgl. V. 6). Zu ἐξηγήσασθαι vgl. Joh 1,18. Das Bild vom „Band" besagt, daß Gott in seiner nicht zu beschreibenden Liebe sich ganz an den Menschen bindet. Dieses Band besitzt eine Schönheit (αὐτοῦ geht auf δεσμός; zu καλλονή vgl. 35,3; τὸ μεγάλειον c. gen. wie in 26,1), die niemand beschreiben kann. Steht (ἀγάπην) ἐξειπεῖν in bewußter Spannung zu 48,5 (γνῶσιν ἐξειπεῖν)? **4** gibt die Antwort auf die Fragen von V. 2f. Zu ἀνεκδιήγητον s. 20,5. Ob der Ausdruck εἰς τὸ ὕψος ἀνάγειν eigentlich gemeint ist (so Bauer-Aland WB s. v. ὕψος: „von der Dimension" oder auch „konkret der Ort in der Höhe"; vgl. 1 Clem 36,2), oder ob er eher im metaphorischen Sinn – etwa wie δόξα (vgl. 59,3) – aufgefaßt werden soll, läßt sich nicht sagen.

In **5** bekommt der Abschnitt hymnische Züge. Das Ganze erinnert stark an 1 Kor 13 (dort vor allem an V. 4–7); aber ein Zitat liegt nicht vor (anders NTAF 41: „It can hardly be doubted that many of the phrases in Clement were suggested by the recollection of the passage in Corinthians"; ähnlich Finegan, HThR 49, 1956, 85). Zu den Details im Vergleich s. Hagner, Use 200. Der Text ist sorgfältig gegliedert:

A 1 ἀγάπη κολλᾷ ἡμᾶς τῷ θεῷ.
   2 ἀγάπη καλύπτει πλῆθος ἁμαρτιῶν.
B 1   ἀγάπη πάντα ἀνέχεται,
   2   πάντα μακροθυμεῖ·
C 1   οὐδὲν βάναυσον ἐν ἀγάπῃ,
   2   οὐδὲν ὑπερήφανον.
D 1 ἀγάπη σχίσμα οὐκ ἔχει,
   2 ἀγάπη οὐ στασιάζει,
   3 ἀγάπη πάντα ποιεῖ ἐν ὁμονοίᾳ.
E 1   ἐν τῇ ἀγάπῃ ἐτελειώθησαν πάντες οἱ ἐκλεκτοὶ τοῦ θεοῦ·
   2   δίχα ἀγάπης οὐδὲν εὐάρεστόν ἐστιν τῷ θεῷ.

Am Anfang (A) stehen zwei parallele Sätze, die direkt bzw. indirekt von der Gottesbeziehung der Liebe sprechen; dann folgen (B und C) jeweils zwei kurze (dabei in der
zweiten Zeile jeweils weiter verkürzte) Sätze über die Fähigkeit der Liebe, „alles" zu
tragen, sowie darüber, was in der Liebe nicht enthalten ist (vgl. 1 Kor 13,4b.5). Die drei
anschließenden Sätze (D) nehmen πάντα und οὐ in umgekehrter Reihenfolge auf, während
es in den beiden letzten Sätzen (E) wieder (wie in A) um die Gottesbeziehung geht; der Vf
unterscheidet zwischen denen, die ἐν τῇ ἀγάπῃ und denen, die δίχα ἀγάπης existieren.
Auffallend ist, daß in der vorletzten Zeile nicht der übliche präsentisch-zeitlose Stil
vorliegt, sondern statt dessen eine Aussage über ein zurückliegendes Geschehen formuliert wird.

Zum einzelnen: κολλάω nimmt das Bild von V. 2 auf; die Verbindung zu Gott kommt
deshalb zustande, weil die Liebe eine gegenseitige ist. Der zweite Satz entspricht wörtlich
1 Petr 4,8; er erinnert an Prv 10,12 (hebr. Text; LXX weichen deutlich ab) und begegnet
später häufig (Belege bei Hagner, Use 240; s. zu 2 Clem 16,4). Die gegenseitige Liebe von
Gott und Mensch „deckt" die menschlichen Verfehlungen dem Gotteswillen gegenüber
„zu" (vgl. Ps 32,1; 85,3), d. h. die Sünden werden erkannt, aber vergeben (zur Nachge-
schichte s. Brox, 1 Petr 205). Daß der Vf hier 1 Petr direkt zitiert (so Lightfoot I/2, 149, der
darin eine vom Vf gewollte Gleichbehandlung Petri und Pauli sieht), läßt sich nicht zeigen
(zurückhaltend Knoch, Eigenart 96ff). Zu Zeile B 1 vgl. 1 Kor 13,7 (πάντα στέγει ...
πάντα ὑπομονεῖ), zu Zeile B 2 vgl. 1 Kor 13,4 (ἡ ἀγάπη μακροθυμεῖ). Zu den beiden
folgenden negativ formulierten Aussagen in den Zeilen C 1 und C 2 vgl. 1 Kor 13,4b.5.
βάναυσον (ursprünglich neutral „das Gewöhnliche", vgl. βάναυσος „Handwerker", dann
sensu malo; das Wort in uns. Lit. nur hier, s. aber 44,3 ἀβαναύσως) und ὑπερήφανον (s. zu
30,2) bezeichnen Extreme des Spektrums von Verhaltensweisen, die zur Liebe im Widerspruch stehen. In den drei folgenden Sätzen (D), in denen jeweils das Subjekt ἀγάπη
betont am Anfang steht, ist der Bezug zur aktuellen Situation in Korinth besonders
deutlich (σχίσμα in 46,5.9; στασιάζειν zuletzt in 46,7; 47,6; vgl. 46,9); nach zwei negativ
formulierten Sätzen bildet die positive Aussage den Abschluß (zu ὁμόνοια vgl. 21,1; 30,3;
34,7 und Kap. 20). Dabei ist daran zu erinnern, daß auch 1 Kor 13 von Paulus mit Blick auf
Korinth durchaus konkret gemeint ist. Die vorletzte Aussage in Zeile E 1, die in 50,3 fast
wörtlich wiederholt wird, blickt auf ein Geschehen zurück: Meint ἐτελειώθησαν das
Sterben der Erwählten, so ist vermutlich gemeint, daß die Auserwählten Gottes (zu
ἐκλεκτοί s. 2,4; 6,1) durch die Liebe zum himmlischen Ziel ihres Lebens geführt worden
sind; andernfalls könnte gemeint sein, daß die ἐκλεκτοί (durch Gott; pass. divinum) zum

höchsten Grad der Vollendung der Liebe geführt wurden, womit die Aussage etwa 1 Joh 4,18b entspräche. Zur letzten Zeile vgl. 21,1 (τὰ καλὰ καὶ εὐάρεστα ἐνώπιον αὐτοῦ ποιῶμεν μεθ᾽ ὁμονοίας; ähnlich 35,5); in der Sache, nicht aber in der Formulierung, erinnert die Aussage an 1 Kor 13,1–3 (vgl. umgekehrt Hebr 11,6: χωρὶς δὲ πίστεως ἀδύνατον εὐαρεστῆσαι [τῷ θεῷ]; nach Hagner, Use 200 hätte der Vf bei direkter Benutzung des Hebr den Begriff πίστις durch ἀγάπη ersetzt; aber literarische Abhängigkeit liegt hier nicht vor.).

6 spricht zunächst von Gott (ὁ δεσπότης) und bestätigt, daß ἀγάπη auch die göttliche Liebe zum Menschen meinte. Zu προσελάβετο ἡμᾶς vgl. Röm 14,3; Ps 26,10 LXX u. ö. Ausführlich gestaltet ist die christologische Aussage: Jesus Christus hat sich aus Liebe für uns geopfert (vgl. Gal 2,20). Zum Gedanken der Hingabe des Blutes ἐν θελήματι θεοῦ vgl. 7,4; ähnlich 21,6. Bemerkenswert ist die Trichotomie (vgl. Schweizer, ThWNT VII, 146,1–6): αἷμα geht auf die Opfervorstellung (vgl. Röm 3,25 usw.); Christi und „unsere" σάρξ und ψυχή werden erwähnt, um die Vollständigkeit des soteriologischen Geschehens auszusagen. ψυχή meint nicht mehr wie in Mk 10,45; 1 Joh 3,16 den ganzen Menschen (so aber Jaubert, die zSt mit „vie" übersetzt), sondern nur noch sein Inneres (aber nicht im griech. Sinne die „unsterbliche Seele"; vgl. 19,3; 29,1). Grant zSt deutet σάρξ und ψυχή als Explikation von αἷμα und meint, die Aussage beruhe direkt auf einer Exegese von Lev 17,11 (LXX: ἡ γὰρ ψυχὴ πάσης σαρκὸς αἷμα αὐτοῦ ἐστιν); ähnlich Bumpus, Awareness 95 f. Aber diese These ist wenig wahrscheinlich; vgl. die Fortsetzung der Aussage in Lev 17,11: ... τὸ γὰρ αἷμα αὐτοῦ ἀντὶ τῆς ψυχῆς ἐξιλάσεται. Irenäus bezieht sich in der Einleitung zur antidoketischen Ketzerpolemik offenbar auf unsere Stelle: τῷ ἰδίῳ αἵματι λυτρωσαμένου ἡμᾶς τοῦ κυρίου καὶ δόντος τὴν ψυχὴν ὑπὲρ τῶν ἡμετέρων ψυχῶν καὶ τὴν σάρκα τὴν ἑαυτοῦ ἀντὶ τῶν ἡμετέρων σαρκῶν. Mit einer typischen Wendung (s. zu 12,8) leitet Vf in **50,**1 zum Abschluß über. Zu μέγα καὶ θαυμαστόν vgl. 26,1. οὐκ ἔστιν ἐξήγησις nimmt 49,2–4 nochmals auf. Zu τελειότης αὐτῆς s. 49,5; 53,5. Von der „vollkommenen Liebe" spricht 1 Joh 4,18 (s. o.). Daß wirklich 1 Kor 13,10 (ὅταν δὲ ἔλθῃ τὸ τέλειον) im Hintergrund steht, wie oft gesagt wird, ist wenig wahrscheinlich; jedenfalls ist der Sinn der Aussage ein ganz anderer (zu Knoch, Eigenart 287).

Ähnlich wie in 49,2.3 folgt in **50,**2 als Einleitung des neuen Abschnitts eine rhetorische Frage, die ebenso wie dort mit „niemand" zu beantworten ist: Nur denen wird Gottes Liebe zuteil, die Gott dessen für würdig erachtet. Die Aussage erinnert an 35,4 f. Die Formulierung καταξιώσῃ ὁ θεός enthält offenbar den Prädestinationsgedanken (vgl. Knopf zSt), doch kann das Verb auch eine Reaktion Gottes bzw. Christi auf menschliches Tun bezeichnen (s. Ign Eph 20,1; kritisch deshalb Aono, Entwicklung 69: Die Formulierung des 1 Clem zeige „die Ambivalenz des Indikatives ..., obwohl die Initiative Gottes dabei noch festgehalten ist"). Der Vf fordert zum Gebet auf, welches das ἐν ἀγάπῃ εὑρεθῆναι bewirken soll. δίχα προσκλίσεως ἀνθρωπίνης zeigt wieder den aktuellen Bezug (vgl. 47,3 f). ἄμωμος schon mehrfach in 1 Clem, aber nur hier absolut (vgl. Kol 1,22; Eph 1,4). In **3** bekommt der Text eine eschatologische Perspektive: Alle Generationen seit Adam sind dahingegangen; nur die κατὰ ... χάριν in Liebe Vollendeten (über die anderen sagt der Text nichts) gelangten zum „Ort der Frommen" und werden bei der Parusie „offenbart werden". Zur Vorstellung vgl. 5,4.7. Der Ausdruck χῶρος εὐσεβῶν (in uns. Lit. nur hier) ist in griech. Mythologie fester Terminus. Pseud-Plat Ax 371 C: Im „Gefilde der Wahrheit" fragen Richter die Verstorbenen nach ihrem Leben; ὅσοις μὲν οὖν ἐν τῷ ζῆν δαίμων ἀγαθὸς ἐπέπνευσεν, εἰς τὸν τῶν εὐσεβῶν χῶρον οἰκίζονται, woraufeine Schilderung „paradiesischer" Zustände folgt (hierzu und zum folgenden vgl. Sanders, Hellénisme

104 ff; Nilsson, Geschichte II, 241 ff; Hoffmann, Toten 41 f); ähnlich Lycurg or § 96. Der Begriff wird aufgenommen von Philo Fug 131 und bei Justin Dial 5,3. Gegenstück ist der χῶρος ἀσεβῶν. Pseud-Plat Ax 371 E: ὅσοις δὲ τὸ ζῆν διὰ κακουργημάτων ἠλάθη, die werden in Finsternis und χάος geführt ἔνθα χῶρος ἀσεβῶν, wo sie mit den Danaiden, mit Tantalus und mit Sisyphos ewige Qualen leiden (vgl. Philo Cher 2; ins Satirische gewendet bei Lukian VH 2,17.23.26). Der Vf des 1 Clem erwartet offenbar, daß der Aufenthaltsort der in Liebe Vollendeten nicht endgültig ist (s. V. 4); eine näher ausgestaltete Vorstellung vom χῶρος εὐσεβῶν hat er nicht. Die endzeitliche Parusie wird als „Heimsuchung" des Reiches Christi (H und S lesen statt dessen θεοῦ, was sicher nicht ursprünglich ist) bezeichnet. Zu dieser von 44,1.4 abweichenden Bedeutung von ἐπισκοπή vgl. 1 Petr 2,12 im Zitat von Jes 10,3 LXX; ferner Polykrates bei Euseb KG V 24,5: Melito ruht in Sardes περιμένων τὴν ἀπὸ τῶν οὐρανῶν ἐπισκοπὴν ἐν ᾗ ἡ νεκρῶν ἀναστήσεται; der Gedanke entspricht 2 Tim 4,1.18. Der Ausdruck φανερωθήσεται besagt, daß am Ende der Zeit alle Welt die Frommen schauen wird. Zur Vorstellung vgl. Sap Sal 3,1.7: δικαίων δὲ ψυχαὶ ἐν χειρὶ θεοῦ ... καὶ ἐν καιρῷ ἐπισκοπῆς αὐτῶν ἀναλάμψουσιν; ferner 1 Joh 3,2 (s. Vouga zSt).

Als Begründung für die letzte Aussage von V. 3 zitiert der Vf in **4** ein Schriftwort. Es handelt sich um ein freies Mischzitat aus Jes 26,20 LXX und Ez 37,12 LXX, das der Vf vermutlich schon in dieser Kombination vorfand (Grant zSt hält es für denkbar, daß Vf aus einem apokryphen Ezechiel-Buch zitiert; s. zu 8,3). Die Vorstellung ist offenbar nicht völlig einheitlich: Nach **3.4a** sind die Verstorbenen bis zu ihrem „Erscheinen" am „Ort der Frommen" in den „Kammern" (zur Schreibweise ταμεῖον statt wie in 21,2 ταμιεῖον s. Bauer-Aland WB, 1602 f), also offenbar in einer Art „Zwischenreich"; vgl. dazu 4 Esr 7,80.88 ff: Die Seelen der von Gott Verurteilten „gehen nicht in die Kammern ein, sondern müssen sogleich unter Qualen umherschweifen" auf sieben Arten, während die, „die die Wege des Höchsten beachtet haben", zuerst die Herrlichkeit Gottes schauen und dann „auf sieben Stufen zur Ruhe gelangen"; am Schluß steht das Gericht, nach dem sie jeweils in ihrer Kammer versammelt werden (7,101; s. zum Ganzen Volz, Eschatologie 258 ff; vgl. 4 Esr 7,32: „Die Erde gibt die heraus, die in ihr schlafen ... und die Kammern geben die Seelen heraus, die ihnen anvertraut sind" [Übers. Schreiner JSHRZ V/4]; eingehend dazu Stemberger, Leib 74–84). Ähnlich äth Hen 22; sBar 21,23 und vor allem 30,2: „Und es wird dann zu jener Zeit geschehen, daß jene Schatzkammern geöffnet werden, in denen die bestimmte Zahl der Seelen der Gerechten aufbewahrt ist ..." (Übers. Klijn, JSHRZ V/ 2), ferner 5 Esr 2,16 (christlich, um 200): et resuscitabo mortuos de locis suis et de monumentis educam illos. Ausführlich dann Iren Haer V 31,2. Nach der Aussage von **4b** dagegen befinden sich die Verstorbenen in den Gräbern (θῆκαι anstelle von μνήματα in Ez 37,12) und warten auf die Auferstehung. Vgl. PsSal 3,11 f: „Der Untergang des Sünders ist auf ewig, und seiner wird nicht gedacht, wenn er (Gott) sich der Gerechten annimmt (οὐ μνησθήσεται ὅταν ἐπισκέπτηται δικαίους). Das ist das Los der Sünder in Ewigkeit; die Gottesfürchtigen aber stehen auf zum ewigen Leben" (Übers. Holm-Nielsen JSHRZ IV/ 2, 69). Der Gedanke ist natürlich in jedem Fall apokalyptisch und setzt die Gerichtsvorstellung voraus (ἡ ὀργὴ καὶ ὁ θυμός μου); aber trotz des μικρὸν ὅσον ὅσον geht es anders als in Hebr 10,37 nicht um Naherwartung (anders Knoch, Eigenart 178), da sich das Verheißungswort ja an alle Geschlechter seit Adam richtete. Die ungewöhnliche Terminangabe ἡμέρας ἀγαθῆς nimmt möglicherweise die eschatologische Rede von der ἡμέρα (κυρίου o. ä.) auf (vgl. Knoch, Eigenart 174 ff. 403); jedenfalls ist dieser Gerichtstag für die Gerechten ein „guter Tag" (in LXX bezeichnet ἡμέρα ἀγαθή entsprechend dem hebr. יוֹם

טוֹב einen „Festtag", 1 Sam 25,8; Esth 9,19.22; vgl. Pseud-Philo Lib Ant 50,2: „der gute Tag des Passa").

Zwei betont hervorgehobene Makarismen (mit der Anrede ἀγαπητοί) bilden den Abschluß vor der Doxologie in V. 7. In **5** werden diejenigen „selig" genannt (1. Pers. Pl. Ind. Präs.), die bemüht waren, die προστάγματα τοῦ θεοῦ (vgl. 2,8) zu erfüllen (Imperfekt); der Satz blickt auf „unser" bisheriges Tun zurück (Codex H und die Übersetzungen C und S gleichen die Tempora einander an: ἦμεν statt ἐσμέν, wodurch ein Irrealsatz entsteht, an den der Vf aber nicht gedacht hat). Knopf zSt nimmt eine „Mischkonstruktion" an: Der Satz beginne „als Wirklichkeitssatz, um dann vorsichtig das Eintreten der Nichtwirklichkeit ins Auge zu fassen". Aber das imperf. ἐποιοῦμεν läßt die Frage der Verwirklichung des Tuns völlig offen. Zu ἐν ὁμονοίᾳ ἀγάπης und εἰς τὸ ἀφεθῆναι κτλ. vgl. 49,5 (ἀγάπη πάντα ποιεῖ ἐν ὁμονοίᾳ und ἀγάπη καλύπτει πλῆθος ἁμαρτιῶν).

Als Begründung für das μακάριος zitiert der Vf in **6** ein mit μακάριοι eingeleitetes Schriftwort, Ps 31,1.2 wörtlich nach LXX. Dabei kommt es ihm nicht darauf an, die Notwendigkeit der ἀγάπη zu begründen (zu Knopf zSt), sondern er will die Seligsprechung derer, denen die Sünden vergeben werden, aus der Schrift belegen (nach Brunner, Mitte 83.97 sollen die AT-Zitate hingegen dazu dienen, die vorangegangenen Aussagen über die Liebe zu korrigieren). Ps 31,1 f wird auch von Paulus zitiert (Röm 4,7 f), doch hat er die von 1 Clem noch mitzitierte letzte Textzeile absichtlich gestrichen. Auch die Fortsetzung in **7** berührt sich formal mit Röm 4,9 (οὗτος ὁ μακαρισμὸς ἐγένετο ἐπὶ τοὺς ἐπιλελεγμένους; bei Paulus allerdings ein Fragesatz: ὁ μακαρισμὸς οὖν οὗτος ἐπὶ τὴν περιτομὴν ἢ καὶ ἐπὶ τὴν ἀκροβυστίαν;). Daß der Vf an dieser Stelle vom Röm beeinflußt ist, läßt sich jedenfalls nicht ausschließen; in diesem Fall wäre V. 7a fast eine Antwort auf die Frage des Paulus (vgl. Hagner, Use 218): „Diese Seligsprechung" (der technische Gebrauch des Wortes μακαρισμός ist in frühchristlicher Literatur noch selten, später aber häufig; s. Lampe Lexicon s. v.) geht auf die von Gott Auserwählten (vgl. 49,5; überscharf betont Aono, Entwicklung 70 die Differenz zu Paulus: 1 Clem führe das Psalmzitat nach einer „Hervorhebung des menschlichen Tuns als Beleg" an, während Paulus es im Kontext seiner Rechtfertigungslehre verwende, V. 7 habe deshalb nach V. 5 kein volles Gewicht; anders m. R. Knoch, Eigenart 337). Die den ganzen Abschnitt 46,1–50,7 abschließende Doxologie entspricht wörtlich der von 45,7, geht jetzt aber offenbar auf Christus (Bumpus, Awareness 78).

51,1–53,5 Aufforderung, die Verfehlungen zu bekennen

51 **¹Für das also, was wir verfehlt und was wir getan haben aufgrund gewisser hinterlistiger Nachstellungen des Widersachers, laßt uns bitten, daß uns vergeben werde. Auch jene aber, die Anführer des Aufruhrs und der Spaltung waren, müssen auf die gemeinsame Grundlage der Hoffnung blicken. ²Die nämlich, welche in Furcht und Liebe wandeln, wollen, daß lieber sie selbst in Drangsale stürzen als die Nächsten. Lieber ertragen sie ihre eigene Verurteilung als die der uns schön und gerecht überlieferten Eintracht. ³Besser nämlich für einen Menschen ist es, ein Bekenntnis abzulegen über die Verfehlungen, als sein Herz zu verhärten, so wie verhärtet wurde das Herz derer, die einen Aufruhr gemacht**

hatten gegen den Diener Gottes, Mose, deren Verdammnis offenkundig wurde.
[4]„Sie fuhren nämlich lebendig hinab in die Unterwelt, und der Tod wird sie
weiden." [5]Pharao und sein Heer und alle Führer Ägyptens, auch die Wagen und
ihre Reiter, sind aus keinem anderen Grund ins Rote Meer versenkt worden und
zugrunde gegangen, als deshalb, weil sich ihre unverständigen Herzen verhärtet
hatten, nachdem die Zeichen und Wunder in Ägypten durch den Diener Gottes,
Mose, geschehen waren.

52 [1]Bedürfnislos, Brüder, ist der Herr von allen Dingen. Er braucht nichts von
irgend jemandem, außer daß man ihm gegenüber bekenne. [2]Es sagt nämlich der
auserwählte David:

„Ich will bekennen dem Herrn,
und es wird ihm gefallen mehr als ein Jungrind, das Hörner ansetzt und Klauen.
Sehen sollen es Arme und sollen sich freuen."

[3]Und wiederum heißt es:

„Opfere Gott ein Lobopfer und bezahle dem Höchsten deine Gelübde.
Und rufe mich an am Tage deiner Bedrängnis,
und ich werde dich erretten, und du wirst mich preisen."

[4]„Denn ein Opfer für Gott ist ein zerknirschter Geist."

53 [1]Ihr kennt ja, ihr kennt sogar gut die heiligen Schriften, Geliebte; und ihr
habt euch vertieft in die Aussprüche Gottes. (Nur) zur Erinnerung also schreiben
wir dieses:

[2]Nachdem nämlich Mose auf den Berg gestiegen war und vierzig Tage und
vierzig Nächte verbracht hatte mit Fasten und Demütigung, sprach zu ihm Gott:
„⟨Mose, Mose,⟩ Steige eilends hinab von hier, denn gefrevelt hat dein Volk, die
du geführt hast aus dem Lande Ägypten. Schnell sind sie abgewichen von dem
Wege, den du ihnen geboten hast; sie haben sich Gußbilder gemacht. [3]Und es
sprach der Herr zu ihm: Ich habe zu dir geredet einmal und zweimal folgendermaßen: ‚Gesehen habe ich dieses Volk, und siehe, es ist halsstarrig.' Laß mich sie
ausrotten, und ich werde auslöschen ihren Namen unter dem Himmel, und ich
werde dich machen zu einem großen und wunderbaren Volk, ja, viel mehr als
dieses. [4]Und es sprach Mose: Keinesfalls, Herr. Vergib die Sünde diesem Volk,
oder lösche auch mich aus dem Buch der Lebenden." [5]O große Liebe, o unüber-
treffliche Vollkommenheit! Freimütig spricht der Diener zum Herrn. Er fordert
Vergebung für die Volksmenge, oder er bittet, daß auch er selbst ausgelöscht
werde mit ihnen.

Mit dem charakteristischen οὖν wird die Entfaltung der aus Kap. 50 zu ziehenden Konsequenzen eingeleitet: Man muß die Verfehlungen bekennen, und wer das nicht tut, dem
ergeht es wie der Rotte Korah und wie den Ägyptern am Roten Meer (Kap. 51); den
anderen dagegen gilt die Verheißung der in Kap. 52 zitierten Psalmworte. Zusätzlich wird
(Kap. 53) als Vorbild Mose angefügt, der trotz der Frevel des Volkes Gott um Vergebung
bat. Die Wiederaufnahme von ἐξομολογεῖσθαι in 52,1 in Anknüpfung an 51,3a zeigt, daß
die Anrede ἀδελφοί in 52,1 keinen Einschnitt markiert; außerdem lenkt 53,5b den Bogen
deutlich zu 51,1f zurück. Mit den rhetorischen Fragen in 54,1, eingeleitet durch οὖν,
beginnt dagegen ein neuer Abschnitt.

Die an alle gerichtete Aufforderung, um Vergebung zu bitten (1. Pers. Pl. in **51,1a**), nimmt 50,5 auf (ἀφεθῆναι ἡμῖν). Das frevelhafte Handeln ist sowohl ein „verfehlen" (παραπίπτειν wie in Hebr 6,6) als auch ein „tun" (ποιεῖν; fehlt in A); die Leser wissen natürlich, wer und was gemeint ist. Nach den griech. Handschriften und nach S ist zu lesen διά τινος τῶν τοῦ ἀντικειμένου (so noch bei Lightfoot I/2, 153), was zu übersetzen wäre mit „durch irgendeinen der (Anschläge? Diener?) des Widersachers". L liest jedoch propter quasdam incursiones contrarii (entsprechend die koptische Übersetzung), und bei Clemens Alex Strom IV 113,1 ist der Text so paraphrasiert: …καὶ περιπέσῃ ἄκων τοιαύτῃ τινὶ περιστάσει διὰ τὰς παρεμπτώσεις τοῦ ἀντικειμένου (zu παρέμπτωσις, wörtlich eigentlich „Dazwischenkunft", s. Liddell-Scott s. v.). Möglicherweise kommt dies dem ursprünglichen Text des 1 Clem nahe, doch läßt sich die Entstehung der Lesart von A und H dann kaum erklären. ὁ ἀντικείμενος ist, wie in MartPol 17,1 (vgl. Justin Dial 116,1.3), der Satan (anders 1 Tim 5,14; in 2 Thess 2,4 nicht als Subst.), der den Menschen zwar zu verführen vermag, ihm aber damit die Verantwortung für sein Tun nicht abnimmt. Die Gebetsmahnung gilt aber auch (**1b**) für diejenigen, die sich als ἀρχηγοὶ στάσεως καὶ διχοστασίας erwiesen haben (vgl. 14,1 f; διχοστασία in 46,5). Zur Konstruktion τὸ κοινὸν τῆς ἐλπίδος s. B-D-R § 263.2; in der Sache vgl. Ign Eph 1,2 (ὑπὲρ τοῦ κοινοῦ ὀνόματος καὶ ἐλπίδος). σκοπεῖν bei den ApostVätern nur hier; vgl. aber Röm 16,17. Gemeint ist offenbar, daß die Rädelsführer der στάσις durch Unbußfertigkeit auch die (Verwirklichung der eschatologischen) Hoffnung der anderen Gemeindeglieder gefährden. Die in **2** gegebene Begründung basiert auf traditioneller Moral: Man soll lieber selbst leiden als andere leiden sehen. Vgl. 1 Kor 6,7 f; Plat Gorg 509c: μεῖζον μὲν φάμεν κακὸν τὸ ἀδικεῖν, ἔλαττον δὲ τὸ ἀδικεῖσθαι; Sen Ep 95,52: Nach der Verfügung der Natur miserius est nocere quam laedi. οἱ πολιτευόμενοι wie in 21,1; 44,6. Die Verbindung μετὰ φόβου καὶ ἀγάπης ist ungewöhnlich, ebenso καλῶς καὶ δικαίως in V. 2b. Zu ἑαυτοὺς … αἰκίαις περιπίπτειν vgl. 45,7. κατάγνωσις in uns. Lit. nur hier; in LXX nur Sir 5,14, sonst aber häufig. Gemeint ist, wie die Fortsetzung zeigt, die ungerechte Verurteilung. ὁμοφωνία nur hier und überhaupt selten; offenbar will der Vf das häufige ὁμόνοια (zuletzt 50,5) einmal ersetzen. Zu παραδεδομένη s. 19,2; vgl. ferner παράδοσις in 7,2. „Die Eintracht wird ‚verurteilt', indem man gegen sie frevelt" (Knopf zSt). Die in **3** gegebene zweite Begründung ist eine theologische: Buße ist gefordert statt Herzensverhärtung. Zu καλὸν … ἤ (Positiv für den Komparativ) vgl. Mk 9,43.45.47 (B-D-R §245.3); gemeint ist aber nicht ein relativer Vergleich, sondern eine exklusive Alternative. Zu ἐξομολογεῖσθαι ist wohl zu ergänzen „vor Gott", nicht etwa „vor der versammelten Gemeinde" (vgl. 52,1 f); die Verbindung mit περί ist ungewöhnlich, begegnet aber auch Barn 19,12. Der Ausdruck σκληρύνειν τὴν καρδίαν ist wie in Ps 94,8 LXX; Hebr 3,8.13.15; 4,7 (vgl. Mk 10,5) zu verstehen; in Ex 7,3; 9,12 ist Gott Subjekt. Abschreckendes Beispiel ist der schon in 4,12 erwähnte Aufstand gegen Mose (s. dort); zu ὧν τὸ κρίμα κτλ. vgl. Röm 3,8. Inwiefern das Urteil über diese Aufrührer „offenbar" wurde, sagt Vf in **4** mit zwei (nicht markierten) Zitaten, und zwar Num 16,30b.33a LXX und dazu Ps 48,15a β LXX (wobei hier kontextbedingt das ursprüngliche Präsens ins Futur umgeformt ist). Als zweites negatives Beispiel wird in **5** an den Untergang der Ägypter im Roten Meer erinnert (Ex 14). Die verwendeten Stichworte entsprechen weithin dem biblischen (LXX-)Text: Pharao und „sein Heer" Ex 14,4.9.17; τά τε ἅρματα καὶ οἱ ἀναβάται 14,23.26 (vgl. 15,19); πάντες οἱ ἡγούμενοι anstelle von οἱ θεράποντες αὐτοῦ 14,8 (θεράπων soll offenbar Mose vorbehalten bleiben); zu den „Zeichen und Wundern in Ägypten" s. vor allem Ex 11,20. Zu ἀσύνετος καρδία vgl. Röm 1,21 (ähnlich Ps 75,6 LXX). Die biblische Aussage, daß Gott es war, der das Herz des

Pharao und aller Ägypter verhärtete (Ex 14,4.17; 11,10), wird freilich vermieden, „because ... he is addressing members of the Christian community, not explaining the sin of outsiders" (Grant zSt, der 1 Kor 10,6–10 vergleicht). Die Anrede ἀδελφοί in **52,1** dient offenbar dazu, das Gewicht des Folgenden zu unterstreichen. Daß Gott „bedürfnislos" sei, „ist ein griechischer philosophischer Gemeinplatz" (Conzelmann zu Apg 17,25 mit Belegen; vgl. Norden, Agnostos Theos 13 f). τῶν ἀπάντων ist entweder gen. part., oder das Wort ist wie in 20,11; 33,2 zu δεσπότης zu ziehen. Der hellenistische Begriff ἀπροσδεής (z. B. bei Plut Cato Maior 31, p. 354 F: ἀπροσδεὴς μὲν γὰρ ὁ θεὸς ἁπλῶς, wenngleich sich auch Menschen darum bemühen können) wird vom Judentum übernommen. LXX-Belege: 2 Makk 14,35 σὺ κύριε τῶν ὅλων ἀπροσδεὴς ὑπάρχων ηὐδόκησας ναὸν ... γενέσθαι; ähnlich 3 Makk 2,9; außerdem 1 Makk 12,9 (von Menschen). Vgl. ferner EpArist 211,5: ὁ θεὸς ἀπροσδεής ἐστι καὶ ἐπιεικής; Jos Ant VIII 111 (als Wiedergabe des salomonischen Gebets 1 Kön 8,27): ἀπροσδεὲς γὰρ τὸ θεῖον ἁπάντων καὶ κρεῖττον τοιαύτης ἀμοιβῆς. In uns. Lit. begegnet das Adjektiv nur hier, ist dann aber in der Patristik nicht selten, sowohl für Gott (Act Pl et Thecl 17: Paulus lehrt vor dem Prokonsul θεὸς ζῶν, θεὸς ἐκδικήσεων, θεὸς ζηλωτής, θεὸς ἀπροσδεής, χρῄζων τῆς τῶν ἀνθρώπων σωτηρίας ἔπεμψέν με; Athenagoras Resurr 12,3: παντὸς γάρ ἐστιν ἀπροσδεής) als auch für Christus und den Heiligen Geist (Belege bei Lampe Lexicon s. v.). Vgl. auch Dg 3,4: ὁ γὰρ ποιήσας τὸν οὐρανὸν καὶ τὴν γῆν ... οὐδενὸς ἂν αὐτὸς προσδέοιτο τούτων, nämlich Opfergaben. Die Formulierung in 1 Clem 52,1b (οὐδὲν ... χρῄζει εἰ μὴ ...) ist natürlich paradox gemeint; τὸ ἐξομολογεῖσθαι αὐτῷ entsprechend 51,3. Als Begründung werden in **2–4** Psalmzitate angeführt; φησίν als Zitateinleitung wie in 13,3 u. ö. Über den Entstehungsort der Zitatsammlung läßt sich wenig sagen (zur Frage von Testimonien s. Koch, Schrift 247–255); Clemens Alex Strom IV 113,2 f (s. o. zu 51,1a) zitiert einen nahezu identischen Text, ist aber sicher von 1 Clem abhängig. Als Sprecher gilt David (vgl. 18,1); zum im ganzen seltenen Epitheton ἐκλεκτός für einzelne Menschen s. Schrenk, ThWNT IV, 188,5–22. Die Wendung ἐξομολογήσομαι τῷ κυρίῳ (bzw. σοι o. ä.) ist im Psalter sehr häufig (z. B. Ps 7,18; 9,2; 108,30 LXX) und steht meist für אוֹדֶה יְהוָה „lobpreisen will ich Jahwe"; der andere Sinn hier im 1 Clem ergibt sich natürlich aus dem Kontext (vgl. Knoch, Eigenart 274). Das Folgende entspricht praktisch wörtlich Ps 68,32.33a (lediglich αὐτῷ anstelle von τῷ θεῷ in der ersten Zeile). Dem Vf des 1 Clem kommt es auf die Aussage an, daß das Bekennen (der Verfehlungen) bei Gott und den Menschen Freude hervorruft. Das zweite Zitat ist unpersönlich eingeleitet (zu καὶ πάλιν λέγει vgl. 10,6; 14,5 u. ö.); zitiert wird Ps 49,14 f LXX in der Fassung des Codex A (in den übrigen LXX-Handschriften fehlt das σου bei θλίψεως). Schließlich folgt, nur durch γάρ angebunden, Ps 50,19a LXX (vgl. 1 Clem 18, wo Ps 50,3–19 zitiert worden war).

In **53,1** beginnt ein weiterer Argumentationsgang, eingeleitet mit einer captatio benevolentiae; zu dieser vgl. 45,1–3, vor allem 45,3 (ἐπίστασθε ...) und 45,2 (ἐνκεκύφατε εἰς τὰς ἱερὰς γραφάς), und zum rhetorischen Stilmittel der Wiederholung vgl. 47,6 (dort ebenfalls mit der Anrede ἀγαπητοί). Der Ausdruck τὰ λόγια τοῦ θεοῦ (vgl. 19,1; 62,3; 2 Clem 13,3; im NT Röm 3,2; Hebr 5,12; 1 Petr 4,11) bezeichnet, wie der Parallelismus zeigt, die Heilige Schrift. Nach dieser Vorbemerkung kann πρὸς ἀνάμνησιν ... γράφομεν nur bedeuten, daß der Vf den Lesern lediglich etwas ins Gedächtnis rufen will, was sie schon wissen. Er erzählt in **2–4** die biblische Szene von Dtn 9,9 ff bzw. Ex 32,7 ff, wobei er sich im ganzen eng an den LXX-Wortlaut hält. Die Einleitung nimmt Dtn 9,9 verkürzt auf (vgl. Ex 24,18; 34,28); das Stichwort ταπείνωσις, das keinen Anhalt am biblischen

Text hat, ist mit Blick auf die aktuelle Situation eingefügt (auch in 55,6 stehen νηστεία und ταπείνωσις nebeneinander; vgl. dann 56,1 ταπεινοφροσύνη). Welche Aufgabe Mose bei seinem Aufenthalt auf dem Berg erfüllte, wird nicht gesagt (ganz anders Barn 4,7 f; 14,2 f, wo ebenfalls Dtn 9,9 ff zitiert ist). Die Gottesrede in V. 2b ist praktisch wörtliches Zitat von Dtn 9,12 (vgl. Ex 32,7.8a); lediglich der Plural χωνεύματα weicht ab. Die griech. Handschriften bezeugen als einleitende Anrede ein doppeltes Μω[υ]σῆ, Μω[υ]σῆ (ebenso Barn an den genannten St.; vgl. Ex 3,4), doch wird das mit den Übersetzungen möglicherweise zu streichen sein (so die neueren Editionen). Auch **3** ist praktisch wörtliche Wiedergabe von Dtn 9,13.14 (die Nähe zu Ex 32,10 ist gering); lediglich ist Mose anders als im Dtn nicht als Erzähler vorgestellt (LXX: εἶπεν κύριος πρός με), und bei ἔθνος steht das Adj. θαυμαστόν anstelle von ἰσχυρόν (ebenso Clemens Alex Strom IV 118,2). Dagegen ist die Antwort des Mose (**4**) eine recht freie Paraphrase von Ex 32,11a.32 (s. Hagner, Use 51 f). Insbesondere hat das Genitivattribut ζώντων bei βίβλος keinen Anhalt am Text (so aber auch Clemens Alex Strom IV 118,3); vielleicht liegt Einfluß von Ps 68,29 LXX vor (ἐξαλειφθήτωσαν ἐκ βίβλου ζώντων; s. o. zu 52,2). Vgl. Knoch, Eigenart 321 f. In **5** nimmt der Vf die Wertung vor: Das Verhalten des Mose zeigt seine vorbildliche ἀγάπη und τελειότης (s. o. 50,1). Zu παρρησιάζεται θεράπων vgl. 34,1. Die Bitte des Mose entspricht der in 51,1 f dargestellten Norm, die für alle verbindlich sein soll.

54,1–56,16 Freiwillige Auswanderung als Annahme göttlicher Zucht

54 **¹Wer nun unter euch ist edelmütig, wer barmherzig, wer erfüllt von Liebe? ²Er möge sprechen: Wenn es um meinetwillen Aufruhr und Streit und Spaltungen (gibt), so wandere ich aus, ich gehe fort, wohin ihr wollt, und tue, was von der Mehrheit verordnet wird. Nur soll die Herde Christi im Frieden leben mit den bestellten Presbytern. ³Wer dies tut, wird für sich großen Ruhm in Christus erwerben, und jeder Ort wird ihn aufnehmen. Denn „des Herrn ist die Erde und ihre Fülle".**
⁴Das haben die, die den nicht zu bereuenden Wandel Gottes beschreiten, getan und werden es tun.
55 **¹Doch um sogar Beispiele von Heiden zu bringen: Viele Könige und Führer haben in Pestzeiten aufgrund eines Orakelspruchs sich selbst in den Tod gegeben, um durch ihr Blut die Bürger zu retten. Viele sind ausgewandert aus ihren eigenen Städten, um den Aufruhr nicht noch zu vermehren. ²Wir wissen von vielen bei uns, die sich selbst in Ketten überliefert haben, um andere zu erlösen. Viele haben sich selbst in Sklaverei begeben, und mit ihrem Kaufpreis haben sie andere gespeist. ³Viele Frauen, stark gemacht durch die Gnade Gottes, vollbrachten viele mannhafte Taten.**
⁴Die selige Judith erbat bei der Belagerung der Stadt von den Ältesten, sie hinausgehen zu lassen in das Lager der Fremdstämmigen. ⁵Sich selbst also der Gefahr aussetzend ging sie hinaus aus Liebe zum Vaterland und zum Volk, das sich in der Belagerung befand, und der Herr gab den Holofernes „in die Hand einer Frau".
⁶Nicht minder setzte auch die im Glauben vollkommene Esther sich selbst der Gefahr aus, um das Zwölf-Stämme-Volk Israels, als ihm Vernichtung drohte, zu retten. Denn durch ihr Fasten und durch ihre Selbstdemütigung bat sie den

allsehenden Herrn, den Gott der Äonen. Der, als er die Demut ihrer Seele sah, rettete das Volk, um derentwillen sie die Gefahr auf sich genommen hatte.

56 ¹Auch wir also wollen beten für die, die in irgendeiner Verfehlung leben, damit ihnen Sanftmut und Demut verliehen werde, nachzugeben – nicht uns, sondern dem Willen Gottes. So nämlich wird das mitleidvolle Gedenken vor Gott und den Heiligen fruchtbar und vollkommen für sie sein.

²Nehmen wir Züchtigung an, über die niemand aufgebracht sein darf, Geliebte. Die Ermahnung, die wir einander geben, ist gut und überaus nützlich; sie verbindet uns nämlich mit dem Willen Gottes. ³So sagt nämlich das heilige Wort:
„Schwer gezüchtigt hat mich der Herr,
doch dem Tode hat er mich nicht preisgegeben.
⁴Denn welchen der Herr liebt, den züchtigt er.
Er geißelt jeden Sohn, den er annimmt."
⁵„Züchtigen wird mich", heißt es nämlich, „der Gerechte mit Erbarmen, und er wird mich zurechtweisen;
das Öl der Sünder aber soll mein Haupt nicht salben."
⁶Und wiederum heißt es:
„Selig der Mensch, den der Herr zurechtgewiesen hat.
Die Züchtigung des Allmächtigen weise nicht zurück.
Denn er bewirkt Schmerz, und er stellt wieder her.
⁷Er schlug, und seine Hände heilten.
⁸Sechsmal wird er dich aus Trübsalen herausreißen,
beim siebtenmal aber wird das Übel dich nicht treffen.
⁹In Hungersnot wird er dich retten vor dem Tod,
im Krieg aus der Hand des Schwertes dich lösen.
¹⁰Und vor der Geißel der Zunge wird er dich verbergen,
und keinesfalls sollst du dich fürchten vor den kommenden Übeln.
¹¹Ungerechte und Frevler sollst du verlachen,
vor wilden Tieren dich keinesfalls fürchten;
¹²denn die wilden Tiere werden mit dir in Frieden leben.
¹³Dann sollst du erfahren, daß in Frieden leben wird dein Haus;
die Wohnstätte deiner Hütte soll keinesfalls Mangel haben.
¹⁴Erfahren sollst du, daß zahlreich dein Same,
deine Kinder wie die Fülle des Krauts auf dem Acker.
¹⁵Ins Grab wirst du kommen wie reifes Korn, zur rechten Zeit geerntet, oder wie ein Garbenhaufe auf der Tenne, zur rechten Zeit eingebracht."
¹⁶Ihr seht, Geliebte, wie groß der Schutz ist für die, die vom Herrn gezüchtigt werden; denn als guter Vater züchtigt er, damit wir Erbarmen fänden durch seine heilige Züchtigung.

In Kap. 54 spricht der Vf endlich offen sein Ziel aus: Die für die στάσις Verantwortlichen sollen die korinthische Gemeinde verlassen. Als nähere Erläuterung verweist er auf herausragende Vorbilder (54,4–55,2), vor allem Frauen (55,3–6). Diese Forderung entspreche dem Willen Gottes (56,1 f), wofür der Vf eine lange Kette von passenden biblischen Zitaten, vor allem weisheitlicher Art, anführt (56,3–15), die er mit einer Nutzanwendung abschließt (56,16).

Als Konsequenz (οὖν) aus dem Vorbild des Mose, das er in Kap. 53 dargestellt hatte, richtet der Vf mit einer dreifachen rhetorischen Frage in **54,1** einen Appell an Edelmut und Liebe der Adressaten, und zwar noch ohne jemanden direkt anzusprechen. γενναῖος wie in 5,1; εὔσπλαγχνος, in 29,1 von Gott, knüpft an das Verhalten des Mose an (s. zu 53,4); zu πεπληροφορημένος ἀγάπης vgl. 53,5; 42,3. In **2** aber formuliert er mit Hilfe einer fingierten Rede seinen konkreten Rat zur Lösung des Konflikts in Korinth: Die für den Aufruhr Verantwortlichen (zu στάσις und ἔρις vgl. 3,2; zu ἔρεις und σχίσματα vgl. 46,5) sollen sich bereiterklären, die Gemeinde zu verlassen, damit auf diese Weise der ursprüngliche Zustand wiederhergestellt werde. Auffallend ist, daß der Vf nicht von der Gemeinde fordert, sie solle sich von den „Aufrührern" trennen, sondern daß er umgekehrt auf deren „Edelmut" (V. 1) hofft. Dies spricht sowohl gegen die These, hier lasse sich bereits ein kirchliches „Bußinstitut" erkennen (so Knoch, Eigenart 272 ff; die Ausweisung werde „als Bußsentenz der Gemeinde, nicht nur als Rat verhängt"), als auch gegen die Vermutung, es handele sich hier im Sinne des römischen Staatsrechts um die Strafe des expellere (so Mikat, Bedeutung 32 f; vgl. aber ders., GAufs I, 361–373). Die Argumentation des 1 Clem setzt vielmehr unveränderte Mehrheitsverhältnisse in der korinthischen Gemeinde voraus und zielt darauf, daß diese Gemeinde durch die Selbstanklage der Rädelsführer zur Einsicht kommt. Daß diesen eine Rede in den Mund gelegt wird, ist auffallend (Mikat aaO. 373: „Die Initiative soll den Aufrührern nicht genommen werden."). Die Wendung ἐκχωρῶ, ἄπειμι ist sicher keine wörtliche Anspielung auf Senecas Fassung der euripideischen Medea (V. 449: discedo, exeo), wie Ziegler, Studien 91.94 meint; eher erinnert die Argumentation an Cic Mil 93, wo Cicero aus einer Rede des Milo zitiert: „Valeant cives mei ... tranquilla re publica mei cives, quoniam mihi cum illis non licet, sine me ipsi, sed propter me tamen perfruantur. Ego cedam atque abibo." (vgl. Harnack, Einführung 82: „Es ist ein antiker Gedanke, daß der Patriot sich selbst exilieren soll, wenn er dadurch dem Vaterlande den Frieden zurückzugeben vermag."). ἄπειμι οὗ ἐὰν βούλησθε meint vermutlich nicht, daß die Gemeinde ein ganz bestimmtes Exil vorschreiben werde; aber die Rädelsführer sollen zu erkennen geben, daß sie auf jedes selbstgesetzte Ziel verzichten. πλῆθος, als Bezeichnung für die christliche Gemeinde eher ungewöhnlich (vgl. aber Apg 4,32; 15,12), ist wahrscheinlich wegen 53,5 gewählt; vielleicht denkt der Vf bei τὰ ὑποτασσόμενα ὑπὸ τ.πλ. an die Analogie der Mehrheitsbeschlüsse politischer Versammlungen (s. Knopf zSt mit inschriftlichen Belegen für diesen Sprachgebrauch; vgl. auch Apg 14,4 τὸ πλῆθος τῆς πόλεως). Zum möglichen kirchenrechtlichen Hintergrund des Ganzen stellen Gebhardt/Harnack zSt wohl m. R. fest: „Summa postestas apud plebem Christianum fuit." Wichtig ist, daß der zweite Teil der den Rädelsführern in den Mund gelegten Rede (**2b**) fast wörtlich an 44,3 anknüpft; sie sollen selbst den Vorschlag machen, die ursprüngliche Ordnung solle restituiert werden. Die Formulierung setzt offenbar voraus, daß die alten Presbyter in den Augen Roms gleichsam „de iure Christi" noch im Amt sind. Zu εἰρηνεύειν s. 15,1. Denen, die so handeln, winkt, wie der Vf in **3** festgestellt, Ruhm; zu κλέος vgl. 5,6. ἐν Χριστῷ meint nicht nur „in den christlichen Gemeinden" (so Knopf zSt), sondern der paulinische Sinn klingt wohl auch noch an (s. zu 1,2). πᾶς τόπος ist so zu verstehen, daß es bereits „überall" christliche Gemeinden gibt; für diese Deutung spricht die Anführung von Ps 23,1 LXX (vgl. bei Paulus 1 Kor 10,26, freilich mit anderer Zielsetzung), sofern κύριος Christus meint (auf Gott bezieht Knoch, Eigenart 409, da 1 Clem den Begriff „Pleroma" nicht auf Christus anwende; aber der Kontext, insbesondere das δέξεται, spricht für die andere Deutung). Sehr auffallend ist, daß der Vf die

Rädelsführer der στάσις nicht verurteilt wissen will, und daß er insbesondere auch nicht befürchtet, sie könnten in einer anderen Gemeinde ähnlich handeln wie in Korinth. Das spricht gegen die Erwägung, es könne sich bei ihnen um Wandercharismatiker im Sinne von Did 11 gehandelt haben (zu Knopf zSt; kritisch hierzu auch Ziegler, Studien 99). Vielmehr scheint der Vf vorauszusetzen, daß in Korinth eine besondere Konstellation vorlag, die sich so an einem anderen Ort nicht wiederholen wird. An das stoische Ideal, wonach der Weise das Exil mit Gleichmut trage und darin seinen Ruhm habe, denkt der Vf nicht (zu Sanders, Hellénisme 47 ff). Oft wird auf Texte verwiesen wie Sen Ep 82,10: Et cum dicis: ,indifferens nihil gloriosum est', concedo tibi ita, ut dicam nihil gloriosum esse nisi circa indifferentia: tamquam indifferentia esse dico, id est nec mala nec bona, morbum, dolorem, paupertatem, exilium, mortem („Und wenn du sagst: ,Nichts Gleichgültiges ist rühmlich', gesteht ich es dir in der Weise zu, daß ich sage, nichts ist rühmlich, wenn es nicht mit Gleichgültigem zu tun hat: als gleichsam belanglos bezeichne ich – das heißt, als weder schlecht noch gut – Krankheit, Schmerz, Verbannung, Tod" [Übers. Rosenbach]); aber mit solcher Haltung hat das vom Vf des 1 Clem Geforderte nichts zu tun. Er setzt vielmehr voraus, daß die aus der korinthischen Gemeinde Auswandernden „überall" eine neue (christliche) Heimat finden werden.

Solches Verhalten, so erklärt der Vf abschließend (**4**), ist schon oft praktiziert worden, d. h. es ist und wird in Zukunft sein geradezu selbstverständlich. Zur figura etymologica πολιτεύεσθαι πολιτείαν s. Bauer-Aland WB s. v. πολιτεία 3. ἀμεταμέλητος wie in 2,7; zu πολιτεία vgl. 2,8. Wieder fällt auf, daß den Rädelsführern der στάσις nicht etwa gedroht wird, sondern daß ihnen – vorausgesetzt, sie handeln richtig – fast eine Art Vorbildcharakter zugesprochen wird.

In **55,1** erinnert der Vf daran, daß es für das soeben dargestellte Verhalten sogar (καί) heidnische Beispiele gibt; zu ὑπόδειγμα s. 5,1; 6,1. Das Folgende ist durch das fünfmalige πολλοί rhetorisch deutlich stilisiert; man wird aber kaum sagen können, daß es sich um sieben Beispiele handele (unter Einschluß von Judith und Esther), denn die einzelnen Gruppen sind ganz ungleich beschrieben. Zuerst spricht der Vf von „vielen Königen und Führern", die sich aufgrund von Orakelsprüchen (das Verb χρησμοδοτέω in uns. Lit. nur hier; vgl. aber χρηματίζω) für ihre Stadt opferten. An wen er dabei im einzelnen denkt und ob er überhaupt ein bestimmtes Wissen hat (bezweifelt von Lampe, Christen 179 f unter Verweis auf Sen Ep 24,6, der seinen Briefpartner sagen läßt, solche fabulae würden in allen Schulen gelehrt), läßt sich schwer sagen. Es ist auch nicht klar, ob er bei λοιμικοῦ . . . καιροῦ präzis an Epidemien denkt oder, was den Bereich der möglicherweise gemeinten Beispiele erweitern würde, allgemein an „calamités publiques" (so Sanders, Hellénisme 52; ähnlich schon Knopf, NTApo Handbuch 188). Von den in der Literatur (vgl. vor allem Sanders, Hellénisme 52–55; Ziegler, Studien 60–73) angeführten sagenhaften oder historischen Königen bzw. Heerführern – Kodros, Menoikos, Leonidas, Decius Mus – wird in der Überlieferung gesagt, sie hätten sich geopfert, um militärische Siege zu erringen; Sperthias und Bulis lieferten sich Herodot zufolge freiwillig ins Lager der Perser aus, wurden aber von Xerxes freigelassen (Hdt VII 134–136). Möglicherweise hat der Vf gar keine bestimmten Personen im Blick, sondern knüpft ohne nähere Differenzierung an Aufzählungen an, wie sie sich etwa bei Cic Tusc I 116 finden: Die Töchter des Erechtheus suchten den Tod pro vita civium; Kodrus und Menoikos haben oraculo edito ihr Blut für ihr Vaterland geopfert; Iphigenia Aulide duci se immolandum iubet, ,ut hostium eliciatur suo' („damit das Blut der Feinde durch das ihre hervorgelockt werde", Übers. Gigon).

Cicero verwendet diese Kette von Beispielen als Beleg dafür, daß in den Augen der Rhetoren der Tod fürs Vaterland nicht nur ruhmreich, sondern auch glückselig ist (mortes ... non solum gloriosae ... sed etiam beatae; vgl. I 32: In Rom haben sich viele bedeutende Männer töten lassen ob rem publicam, und zwar in der Hoffnung auf Unsterblichkeit). Der Opfertod aufgrund eines Orakelspruchs ist auch im Fall des M. Curtius überliefert, der in die Erdspalte hineinsprang, die sich am römischen Capitol aufgetan hatte (Livius VII 6,1–6). Bemerkenswert ist, daß der Vf des 1 Clem das „soteriologische" Element in der Formulierung ἵνα ῥύσωνται διὰ τοῦ ἑαυτῶν αἵματος (vgl. 12,7; 49,6) nicht zu bemerken bzw. nicht für anstößig zu halten scheint. In **1b** nennt der Vf wiederum πολλοί, die die eigene Stadt verließen, um den inneren Frieden wiederherzustellen. Zu denken wäre hier etwa an den athenischen Gesetzgeber Solon oder an den sagenhaften Spartanerkönig Lykurgos, vor allem aber an Scipio Africanus (vgl. Sen Ep 86,2: Scipio habe gesagt exeo si plus quam tibi [sc. Rom] expedit, crevi „ich gehe weg, wenn ich mehr, als dir zuträglich, mächtig geworden bin" [Übers. Rosenbach]). Wieder ist deutlich, daß der Vf in 55,1 die stoische indifferentia nicht im Blick hat; es spielt für seine Argumentation auch wohl keine Rolle, daß „das freiwillige Auswandern aus einer Stadt in der Zeit des römischen Reiches und seines Weltbürgertums, seiner Freizügigkeit kein so grimmiges Opfer mehr wie in der Zeit des alten Stadtstaates« war (so Knopf zu 54,3). In **2** nennt er abermals „viele", die sich zugunsten anderer selbst in die Sklaverei begeben hätten; ἐν ἡμῖν geht wohl ebenso wie in 6,1 auf die Christen in Rom. Über die hier erwähnte Praxis wissen wir sonst freilich nichts. Eine Beziehung zu 1 Kor 13,3 besteht nicht; die fromme Legende vom Verkauf des Apostels Thomas an einen indischen Kaufmann durch Jesus in Act Thom 2f besagt etwas anderes, und die Belege aus späterer Hagiographie (s. Bellen, JAC 6, 1963, 179 A 16) sind, anders als Bellen meint, kein Indiz dafür, daß dieser Topos „doch wohl wirkliche Vorkommnisse widerspiegelt". Zur Rechtslage s. Gülzow, Christentum 76–85, der auf die Möglichkeit verweist, auf dem Umweg über einen Selbstverkauf das römische Bürgerrecht zu erlangen. Vgl. auch Alföldy, in: WdF 552, 1981, 336–371, hier: 366f. Lampe, Christen 68f verweist auf Dio Chrys Or 15,22f, demzufolge sich „unzählige Freie" auch zu sehr harten Bedingungen selbst verkaufen. Aber hier und an den anderen genannten Stellen ist die Ursache für den Selbstverkauf immer die eigene Notlage, die offenbar keinen Ausweg mehr zuließ. Überliefert ist dagegen das besondere Bemühen insbesondere der römischen Christen um die Freilassung von christlichen Sklaven bzw. um die Verbesserung von deren Los; vgl. den Römerbrief des Dionysios von Korinth (um 170), wonach die Christen Roms ἐξ ἀρχῆς fremde Gemeinden, Arme und christliche Sklaven in den Bergwerken finanziell unterstützt hätten (Euseb KG IV 23,10). In ConstAp V 1,3 wird derjenige μακάριος und φίλος τοῦ Χριστοῦ genannt, der sein ganzes Vermögen (ἄπαντα τὸν βίον αὐτοῦ; βίος hier natürlich nicht „Leben", wie ἅπας zeigt) opfert, um Mitchristen aus dem Gefängnis zu retten; ähnlich Herm Sim X 4,2f: dico autem omnem hominem de incommodis eripi oportere ... qui igitur huiusmodi animam eripit de necessitate, magnum gaudium sibi adquirit ... qui nouit igitur calamitatem huiusmodi hominis et non eripit eum, magnum peccatum admittit, et reus fit sanguinis eius „Ich (sc. der Hirt) sage aber, daß jeder Mensch aus bedrängender Lage entrissen werden muß ... Wer also eines solchen Menschen Seele (= Leben) der Not entreißt, verschafft sich große Freude ... Wer also die Drangsal eines solchen Menschen kennt und ihn nicht herausreißt, der begeht große Sünde und muß sich verantworten für dessen Blut" (weniger deutlich, aber vergleichbar Herm Mand VIII 10: ἐξ ἀναγκῶν λυτροῦσθαι τοὺς δούλους τοῦ θεοῦ und

Herm Sim I 8: ἀντὶ ἀγρῶν οὖν ἀγοράζετε ψυχὰς θλιβομένας, καθά τις δυνατός ἐστι). Den Sklavenloskauf durch christliche Gemeinden erwähnt schon Ign Pol 4,3 (dazu Bauer-Paulsen zSt). Zum Ganzen s. Harnack, Mission I, 187–190. 192–195. Alle diese Aussagen treffen aber nicht das hier vom Vf des 1 Clem Behauptete. Auffallend ist, daß V. 2a und V. 2b als Parallelismus formuliert sind; handelt es sich womöglich um einen geradezu „poetischen" Topos? Die abschließende Aussage in **3** knüpft unmittelbar an V. 2 an, bezieht sich also auf Christinnen. Der an 6,2 erinnernde Satz ist betont rhetorisch formuliert (πολλαὶ γυναῖκες ... πολλὰ ἀνδρεῖα). Hagner, Use 187 sieht eine Anspielung auf Hebr 11,34 (... ἐνδυναμώθησαν ἀπὸ ἀσθενείας ...); doch das ist wenig wahrscheinlich, auch wenn dann in Hebr 11,35 Frauen erwähnt werden.

In **4–6** ändert sich der Charakter der Darstellung; an die Stelle knapper Aufzählungen, die im übrigen anonym blieben, treten kurze Erzählungen über zwei namentlich genannte Frauen. Zunächst erzählt der Vf einen Ausschnitt aus dem in LXX erhaltenen, wahrscheinlich um 150 v. Chr. entstandenen Roman über Judith, in dem mit dem Kampf zwischen Jahwe und dem „Gott" Nebukadnezar die Auseinandersetzung zwischen Judentum und Heidentum dargestellt wird (s. E. Zenger, Art. Judith/Judithbuch, TRE 17, 404–408). Es handelt sich um die älteste uns bekannte Bezugnahme auf dieses Buch, das von Josephus nicht erwähnt wird. Die Handlung von Jdt 8–13 wird mit wenigen Stichworten wiedergegeben, wobei der Vf möglicherweise annimmt, daß die Leser die Geschichte kennen. Fragen kann man, ob ἐξῆλθεν in **5** eine Anspielung auf den Ratschlag von 54,2 (vgl. 55,1b) enthält; jedenfalls hat das hier genannte Motiv δι᾽ ἀγάπην τῆς πατρίδος καὶ τοῦ λαοῦ so keinen Anhalt an der Erzählung selbst, denn Judith handelt aus Gehorsam gegen die Tora Gottes. Zur abschließenden Bemerkung vgl. aber Jdt 13,15: καὶ ἐπάταξεν αὐτὸν ὁ κύριος ἐν χειρὶ θηλείας. In **6** bezieht sich der Vf als zweites auf das Estherbuch, und zwar auf dessen griechische (LXX-)Fassung, die sich im Detail und in der Gesamttendenz von der hebräischen Fassung erheblich unterscheidet. Anders als in der griech. Fassung ist in der hebräischen von Gott überhaupt nicht die Rede, während es am Schluß des griech. Buches in Esth 10,3a LXX im Gebet des Mardochai heißt: παρὰ τοῦ θεοῦ ἐγένετο ταῦτα (auch Jos Ant XI bezieht sich auf die erweiterte griech. Esth-Fassung; auffallend ist, daß Josephus über seine Vorlage hinaus unmittelbar vom Eingreifen Gottes in den geschichtlichen Ablauf spricht, XI 237.247). Die Charakterisierung der Esther als τελεία κατὰ πίστιν entspricht diesem Bild (vgl. ihr Gebet in Esth 4,17k–z). Zu κίνδυνος bzw. ἐκινδύνευσεν vgl. Esth 4,17l (βοήθησόν μοι ... ὅτι κινδυνός μου ἐν χειρί μου); zu διὰ νηστείας vgl. 4,16; zu ταπείνωσις bzw. τὸ ταπεινὸν τῆς ψυχῆς αὐτῆς vgl. 4,8 LXX und vor allem die Einleitung zum erwähnten Gebet in 4,17k: τὸ σῶμα αὐτῆς ἐταπείνωσεν σφόδρα. Zum Gottesprädikat παντεπόπτης (nochmals in 1 Clem 64) vgl. das Anerkennungsdekret des Artaxerxes in 8,12d LXX: ... τοῦ τὰ πάντα κατοπτεύοντος ἀεὶ θεοῦ; der Begriff begegnet auch in 2 Makk 9,5; Pol Phil 7,2, ist aber typisch hellenistisch (Belege bei Bauer-Paulsen zur o. a. Pol-Stelle). Keinen Anhalt an Esth hat der Ausdruck τὸ δωδεκάφυλον τοῦ Ἰσραήλ (vgl. aber Apg 26,7); auch die Wendung θεὸς τῶν αἰώνων ist ungewöhnlich (vgl. aber 35,3; 61,2). Zu ἐρύσατο vgl. in V. 1 ῥύσωνται. Zur constructio ad sensum ... λαόν, ὧν s. B-D-R § 296.1. Clemens Alex Strom IV 118,4–119,2 gibt, unmittelbar im Anschluß an das Mose-Beispiel (s. zu 53,3) eine Paraphrase der Judith- und der Esther-Erzählung (zusätzlich Susanna und „die Schwester des Mose"), im Wortlaut freilich stark abweichend von 1 Clem. In **56,1** gibt der Vf eine Anwendung vor allem des zuletzt Gesagten; καὶ ἡμεῖς meint die römischen (und wohl auch die korinthischen) Christen, die handeln sollen entsprechend dem

Vorbild der Esther. Zu ἐντύχωμεν περί s. Bauer-Aland WB s. v. ἐντυγχάνω 1b. Die ἔν τινι παραπτώματι ὑπάρχοντες sind, wie die Fortsetzung zeigt (μὴ ἡμῖν, ἀλλὰ …), nicht „ganz allgemein … alle Übertreter" (so Knopf zSt), sondern gerade die Rädelsführer der korinthischen στάσις (zur Formulierung vgl. Gal 6,1). Zu ἐπιείκεια καὶ ταπεινοφροσύνη s. 30,8 (vgl. auch 58,2 und ferner 30,3); diese Haltung würde zum Nachgeben (εἴκω in uns. Lit. nur noch Gal 2,5) führen, wobei den Betroffenen bewußt würde, daß sie es nicht mit menschlichen Wünschen, sondern mit dem θέλημα τοῦ θεοῦ zu tun haben (vgl. 59,1 und vor allem die Argumentation in 42,2). ἔγκαρπος καὶ τελεία wie in 44,5. μνεία ist, wie in Röm 1,9; Phlm 4 u. ö., das fürbittende Gedenken; πρὸς τὸν θεὸν καὶ τοὺς ἁγίους bezieht sich darauf, daß das vor Gott gebrachte Gebet zugleich vor „den Heiligen" (vgl. 46,2; s. den Exkurs bei Lietzmann zu Röm 15,25), d. h. in der Gemeinde gesprochen wird. οἱ ἅγιοι können an sich natürlich auch „die Engel" sein (vgl. Gebhardt/Harnack p 91 ff mit zahlreichen Belegen; Jaubert 189); aber das paßt gar nicht in den Kontext des 1 Clem, und man sieht auch nicht, welche Funktion die Engel hier wahrnehmen könnten (richtig Lightfoot I/2, 163). Das Gebet hat sich dann als „fruchtbar" erwiesen, wenn die Rädelsführer den Ratschlag von 54,2 auch tatsächlich befolgen.

Ganz betont und durch die Anrede ἀγαπητοί zusätzlich herausgehoben führt der Vf in **2** das Stichwort παιδεία ein, das die Argumentation bis 57,1 bestimmt. παιδεία bzw. παιδεύειν ist nicht als „Bildung, Erziehung", sondern im Sinne des LXX-Sprachgebrauchs als „Zucht, Züchtigung" verstanden (s. Bertram, ThWNT V, 607–611). Daß man sich diese παιδεία gefallen lassen soll, sagen auch die folgenden Zitate, vor allem V. 6b (μὴ ἀπαναίνου). Solche gegenseitige νουθέτησις (vgl. 7,1; ferner Röm 15,14; 1 Kor 4,14; zur Parallelität von παιδεία und νουθεσία s. Eph 6,4; s. auch 2 Clem 17,2f) ist deshalb „gut und äußerst nützlich", weil sie zur Erfüllung des Gotteswillens führt; zu θέλημα τοῦ θεοῦ s. V. 1. Zu κολλάω vgl. 46,4; 49,5. Es folgen drei jeweils ausdrücklich markierte Zitate in **3–15**, alle mit weisheitlicher Tendenz bzw. aus entsprechender Überlieferung. Ob der Vf ein Testimonium verwendet oder ob er (m. E. wahrscheinlicher) die Texte selbst zusammengestellt hat, läßt sich nicht sicher sagen (vgl. Hagner, Use 98 f. 102 f). Das erste Zitat in **3.4**, eingeleitet mit φησὶν ὁ ἅγιος λόγος (s. 13,3), ist aus Ps 117,18 und Prv 3,12 zusammengesetzt, beide wörtlich nach LXX. Zum Zitat von Prv 3,12 in Hebr 12,6 s. Braun zSt. Dem Vf liegt offenbar an der Verbindung von „Züchtigung" und „Liebe Gottes"; die Anführer des Aufruhrs sind also nicht etwa von Gott verworfen, sondern sie sollen die – durch 1 Clem ausgesprochene und real bewirkte – Zurechtweisung als Akt der Liebe Gottes erkennen. Das zweite Zitat in **5**, eingeleitet mit γὰρ φησίν (s. 30,2), stammt aus Ps 140,5a.b. Codex A liest, abweichend von LXX und allen anderen Zeugen, den Plural ἁμαρτωλῶν anstelle des Sing.; das ist wohl ursprünglich (auch wenn A in V. 5b fehlerhaft ἔλεος anstelle von ἔλαιον bietet), denn der Vf will offenbar den Gedanken vermeiden, es könne ein bestimmter Sünder gemeint sein. In **6–15** schließlich zitiert der Vf Hi 5,17–26; zur Zitatformel καὶ πάλιν λέγει s. 52,3. Der Text folgt nahezu wörtlich LXX (zu den geringfügigen Abweichungen und den Differenzen in den LXX-Handschriften s. Hagner, Use 41); ob in V. 8 mit den Versionen οὐχ ἅψεται (entsprechend dem LXX-Codex A) zu lesen ist oder mit H (entsprechend der Mehrheit der LXX-Handschriften) parallel zu V. 10.11 οὐ μὴ ἅψ., ist kaum zu entscheiden. Auffallend ist, daß der Vf aus der ersten Rede des Eliphas jenen Textabschnitt zitiert, der nur am Anfang (hier: V. 6) Gottes strafendes Handeln erwähnt, dann aber ausschließlich das göttliche Heilen und Helfen preist; dazu gehört auch die geradezu „eschatologische" Heilsansage in V. 12–15 (= Hi 5,23–26).

Denkbar ist, daß die Gemeinde bei εἰρηνεύσει σου ὁ οἶκος (V. 13) an ihre eigene Situation denken soll, und daß der Vf in V. 15, entgegen dem ursprünglichen Textsinn, im Bild von der Ernte die Auferstehung im Blick hat.

Die Anwendung in **16** (zu βλέπετε, ἀγαπητοί vgl. 12,8: ὁρᾶτε, ἀγαπητοί im Anschluß an ein Zitat) betont, ebenso wie der zuletzt zitierte Text selbst, zunächst den Aspekt des Bewahrens. ὑπερασπισμός, in LXX viermal belegt (vgl. vor allem Ps 17,36 LXX), begegnet in uns. Lit. nur hier; vgl. aber 45,7: Gott als ὑπερασπιστής. V. 16b ist als Weisheitssatz formuliert; daß Hebr 12,7 (s. o. zu V. 3f) „is reflected here" (so Hagner, Use 189), ist angesichts der sprachlichen Differenzen wenig wahrscheinlich. Das abschließende εἰς τὸ ἐλεηθῆναι ἡμᾶς klingt wie eine Wiederaufnahme von 50,2.

57,1–58,2 Nehmt unseren Rat an – ihr werdet es nicht bereuen!

57 **¹Ihr nun, die ihr mit dem Aufruhr begonnen habt, ordnet euch den Presbytern unter und laßt euch züchtigen zur Buße und beugt die Knie eures Herzens! ²Lernt, euch unterzuordnen, legt ab die prahlerische und hochmütige Überheblichkeit eurer Zunge! Denn es ist besser für euch, in der Herde Christi klein und dazugerechnet gefunden zu werden, als über die Maßen in Geltung stehend aus ihrer Hoffnung verstoßen zu sein. ³Denn so spricht die vortreffliche Weisheit: „Siehe, verkünden will ich euch meines Mundhauchs Rede, will euch lehren mein Wort.**
⁴Da ich rief und ihr nicht gehört habt,
und da ich ausdehnte die Worte und ihr nicht darauf acht gabt,
sondern habt wertlos gemacht meine Absichten
und wart gegenüber meinen Zurechtweisungen nicht gehorsam:
Darum will auch ich über euren Untergang lachen,
will spotten, wenn über euch Verderben kommt,
und wenn plötzlich Verwirrung über euch hereinbricht,
(wenn) die Katastrophe da ist gleich einem jähen Windstoß,
oder wenn über euch kommt Bedrängnis und Belagerung.
⁵Denn es wird sein, daß ihr mich anrufen werdet, ich aber werde euch nicht erhören.
Suchen werden mich Böse und werden mich nicht finden.
Denn Weisheit haben sie gehaßt, die Furcht des Herrn nicht angenommen; sie wollten nicht achten auf meine Ratschläge, haben verspottet meine Zurechtweisungen.
⁶Deshalb sollen sie die Früchte ihres Weges essen,
und mit ihrer Gottlosigkeit sollen sie sich füllen.
⁷Denn dafür, daß sie Unrecht getan haben an Unmündigen, sollen sie getötet werden;
und das Gericht soll die Gottlosen vernichten.
Wer aber auf mich hört, der soll wohnen in Hoffnung ⟨voll Vertrauen⟩, und er soll Ruhe haben ohne Furcht vor allem Bösen."

58 ¹Gehorchen wir also seinem allheiligen und glorreichen Namen und hüten wir uns vor den zuvor erwähnten durch die Weisheit an die Ungehorsamen gerichteten Drohungen, damit wir „wohnen" im Vertrauen auf den heiligsten Namen seiner Majestät. ²Nehmt an unseren Rat, und ihr werdet es nicht bereuen. Denn es lebt Gott, und es lebt der Herr Jesus Christus und der Heilige Geist – der Glaube und die Hoffnung der Auserwählten, daß derjenige, der in Demut und beharrlicher Sanftmut ohne Wanken die von Gott gegebenen Satzungen und Anordnungen befolgt, eingeordnet und dazugerechnet sein wird zur Zahl derer, die gerettet werden durch Jesus Christus, durch welchen ihm die Ehre gebührt von Ewigkeit zu Ewigkeit. Amen.

Erst jetzt formuliert der Vf die direkte Weisung an die Rädelsführer der στάσις, daß sie sich den Presbytern unterordnen (57,1) und so ihre Zugehörigkeit zur christlichen Gemeinde bewahren sollen (57,2). Als Begründung folgt abermals ein langes Zitat (57,3–7), eine Drohrede der Weisheit. Anschließend wiederholt der Vf die Warnung vor dem Eintreten dieser Drohung (58,1) und fügt (58,2) nach der Mahnung, „unseren Rat" zu akzeptieren, eine beinahe trinitarisch formulierte Verheißung an. Eine Doxologie beendet diesen Abschnitt und zugleich die größere Texteinheit Kap. 51–58, in der der Vf die in seiner Sicht bestehende Gefahr und seinen helfenden Rat sehr konkret ausgesprochen hatte.

Mit ὑμεῖς οὖν κτλ. wendet sich der Vf in **57,1** zum ersten und einzigen Mal an die korinthischen Aufrührer selbst, da sie es waren, die die στάσις angefangen hatten; dabei gibt er drei Weisungen (zwei Impt. ὑποτάγητε und παιδεύθητε, weitergeführt durch ein part. conj. κάμψαντες; s. B-D-R § 417.1. Vgl. in V. 2 μάθετε ... ἀποθέμενοι). Zur Formulierung (καταβολή ist häufig gebraucht für den „Anfang" der Welt, Eph 1,4; Mt 13,35 u. ö.) vgl. Jos Bell II 260: ἀποστάσεως ... καταβολή. Die an die Rädelsführer gerichtete Aufforderung ὑποτάγητε (ὑποτάσσεσθαι erstmals wieder seit 38,1) wird in V. 2 in prinzipiellerer Form wiederholt werden. Wenn in V. 1 als Gegenüber ausdrücklich οἱ πρεσβύτεροι genannt sind, so zeigt das den sehr konkreten Bezug des Ganzen, und es bestätigt, daß die korinthischen Presbyter in den Augen der römischen Kirche formell nach wie vor im Amt sind (s. zu 54,2). Harnack, Einführung 119 sieht einen gewissen Widerspruch zu 54,2, wo ja das πλῆθος als weisunggebend dargestellt worden war; offenbar seien „die wirklich Maßgebenden und Handelnden" die Presbyter und sei also „die Beziehung auf die Gemeinde eine Formsache". Aber wenn die Auflagen von 54,2 erfüllt worden sind, ergibt sich die in 57,1 geforderte Unterordnung (ὑποτάγητε heißt, gegen Harnack, nicht: „gehorcht") als unmittelbare und notwendige Folge. Daß zwischen dem freiwilligen Exil von 54,2 und den Forderungen in 57,1.2 eine Alternative bestünde (so Grant zSt), ist nicht zu erkennen. Die Weisung ὑποτάγητε κτλ. entspricht, bis auf den Art., wörtlich 1 Petr 5,5; aber dort sind die Adressaten die νεώτεροι, so daß die Übereinstimmung in der Formulierung zufällig sein wird. παιδεύθητε εἰς μετάνοιαν knüpft an 56,16 an; das logische Subjekt ist also Gott. Von „Buße" war freilich seit Kap. 8 nicht mehr die Rede gewesen. Die Wendung κάμπτειν τὰ γόνατα meint eine der Möglichkeiten des Gebetsvollzugs (1 Chr 29,20 LXX u. ö.; Jes 45,23, vgl. Phil 2,10; Eph 3,14). Die Verbindung mit καρδία (s. zu 51,3; vgl. ferner 36,2; 59,3) zeigt, daß die innerliche Buße und nicht eine äußerliche Handlung gemeint ist; vgl. Or Man (aus ConstAp II 22; s. dazu Oßwald, JSHRZ IV/1, 17ff) fr. 14: καὶ νῦν κλίνω γόνυ καρδίας μου δεόμενος τῆς παρὰ σοῦ χρηστότητος ἡμάρτηκα κύριε; ferner Joel 2,13: „Zerreißt eure Herzen und nicht eure Kleider". Die

Weisung μάθετε ὑποτάσσεσθαι (zur Konstruktion vgl. 8,4: μάθετε καλὸν ποιεῖν) in **2** verstärkt das ὑποτάγητε von V. 1; das „Unterordnen" soll nicht nur ein Akt sein, sondern eine Haltung. Zur parallelen Aufforderung ἀποθέμενοι κτλ. vgl. 13,1. αὐθάδεια schon in 30,8. Das Verwerfungsurteil über die prahlerische Zunge ist ein traditioneller Topos (vgl. Ps 12,4f; ähnliche Formulierungen häufig) und besagt nicht unbedingt, daß die Rädelsführer der στάσις besonders wortgewandt und darin den Presbytern überlegen gewesen wären (zu Knopf zSt); die Warnung vor Prahlerei durchzog ja den ganzen Brief (13,1; 14,1; 38,2; vgl. 2,1; in 35,5 ὑπερηφανία neben ἀλαζονεία. Zu ἀλαζών (hier als Adjekt.; s. Bauer-Aland WB s. v.) vgl. Röm 1,30; 2 Tim 3,2; in Prv 21,24 LXX neben αὐθάδης. Die Rädelsführer der στάσις hatten sich durch ihr Reden in der Gemeinde eine Rolle angemaßt, die ihnen (nach römischer Auffassung) nicht zustand. **2b** unterstreicht (s. zu 54,3), daß sie nun aber keineswegs aus der Gemeinde Christi ausgeschlossen werden sollen; vielmehr hängt ihre Zukunft entscheidend von ihrem eigenen Verhalten ab. Zu ἄμεινον (diese Komparativform von ἀγαθός nicht im NT) ... ὑμῖν ... εὑρεθῆναι vgl. Sir 44,17: Νωε εὑρέθη τέλειος δίκαιος; Apk 20,15: εἴ τις οὐχ εὑρέθη ἐν τῇ βίβλῳ τῆς ζωῆς. Zu μικροί vgl. die Beschreibung der „Ordnung" in 37,4 (in 37,5 auch ὑποταγῇ μιᾷ). ἐλλόγιμος (vgl. 44,3) ist hier wohl im eigentlichen Wortsinn gemeint: „in eine Rechnung eingetragen" (s. Liddell-Scott s. v. „held in account; vgl. Plat Phileb 17e: οὐκ ἐλλόγιμον οὐδ' ἐνάριθμον). Sie sollen also nicht gedemütigt und auch nicht aus der christlichen Kirche „exkommuniziert" werden, sondern nur den ihnen gebührenden Platz wieder einnehmen. Handeln sie dagegen nicht nach dem Rat des Briefes, so behalten sie zwar ihre herausragende Stellung (zu καθ' ὑπεροχὴν δοκοῦντες vgl. Epict Ench 33,12: ὅταν τινὶ μέλλεις συμβαλεῖν, μάλιστα τῶν ὑπεροχῇ δοκούντων ...; Jos Ant IX 3: ... τῶν ἐν ὑπεροχῇ διὰ πλοῦτον ἢ γένος εἶναι δοκούντων ...; der Ausdruck kann, muß aber nicht ironisch gemeint sein, s. H. D. Betz, Kommentar zu Gal 2,2 mit reichen Belegen); aber sie verlieren die christliche Hoffnung (s. 51,1: τὸ κοινὸν τῆς ἐλπίδος). ἐλπίς hier nicht „das Hoffen", sondern „das Erhoffte" (s. Bauer-Aland WB s. v. ἐλπίς 4), d. h. der Vf verweist sie warnend auf das dann drohende Gericht Gottes. ἐκρίπτω, eigentlich „fortwehen, forttreiben"; in uns. Lit. nur noch Barn 11,7 im Zitat aus Ps 1,4. Das anschließende Zitat in **3–7** (aus Prv 1,23–33) begründet, anders als das Zitat in 56,3–15, in erster Linie die vorausgegangene Warnung (V. 2b β); die Worte der Weisheit sind eine nachdrückliche Droh- und Gerichtsrede, die erst ganz am Schluß auch eine Verheißung enthält (V. 7b). Der Ausdruck ἡ πανάρετος σοφία diente nach Euseb KG IV 22,9 bei Hegesipp und Irenäus sowie überhaupt beim „Chor der Alten" als Bezeichnung des Proverbienbuchs; vgl. auch Melito bei Euseb KG IV 26,14: Σοφία als Alternativbezeichnung für Σολομῶνος Παροιμίαι; Justin Dial 129,3: ἐν τῇ Σοφίᾳ εἴρηται, worauf ein Zitat aus Prv folgt; auch andere alttestamentliche Weisheitsbücher konnten diesen Titel haben (s. Lightfoot I/2, 167 mit Belegen). Da aber in Prv 1,20 „die Weisheit" direkt als Sprecherin des Folgenden vorgestellt wird (σοφία ἐν ἐξόδοις ὑμνεῖται ...), ist die Formulierung an uns. St. einfach darauf zu beziehen (ebenso Grant zSt); entsprechend wird ja in 18,1 Gott als Sprecher von Ps 88,21 und in 22,1 Christus als Sprecher von Ps 33,12ff eingeführt. πανάρετος wie in 1,2; 2,8; 45,7. Das Zitat folgt mit ganz geringfügigen Differenzen dem LXX-Text (s. Hagner, Use 48f). Erwähnenswert ist, daß der Vf am Ende von V. 4 eine Zeile des zitierten Texts wegläßt (V. 27d: ἡ ὅταν ἔρχηται ὑμῖν ὄλεθρος), und daß er in V. 5 τὸν δὲ φόβον τοῦ κυρίου anstelle von ... λόγον ... liest (mit den LXX-Codices C und א^corr, gegen A, B und א*); möglicherweise hat er die spätere hebraisierende LXX-Rezension benutzt (s. Hagner, Use 85; vgl. Koch, Schrift 57–81). In V. 7

setzen L und S πεποιθώς voraus (L: confidens), während dies im griech. Codex H (in Codex A fehlt das Blatt mit dem Text von 1 Clem 57,7–63,4) entsprechend LXX (V. 33a) fehlt. Ob πεποιθώς zu lesen ist oder nicht, läßt sich schwer sagen; die Parallelität zu 58,1 (ἵνα κατασκηνώσωμεν πεποιθότες) läßt möglicherweise auch eine sekundäre Angleichung als denkbar erscheinen, und überdies gibt es parallele Formulierungen (vgl. Sir 4,15b: καὶ ὁ προσέχων αὐτῇ [sc. der Weisheit] κατασκηνώσει πεποιθώς). Die Überlieferung bei Clemens Alex ist kein wirklich textkritisches Argument (vgl. Strom II 136,3: ἡ πανάρετος σοφία λέγει „ὁ δὲ ἐμοῦ ἀκούων κατασκηνώσει ἐπ᾽ ἐλπίδι πεποιθώς"; in 136,4 wird πεποιθώς dann ausdrücklich interpretiert; ferner Strom IV 149,8: ... ἀναπαύσεται ἐπ᾽ εἰρήνῃ πεποιθώς. Daß Clemens an diesen Stellen 1 Clem „in his mind" hatte, wie Lightfoot I/2, 168 vermutet, läßt sich nicht wirklich zeigen.). Im ganzen darf nicht übersehen werden, daß auch dieses lange Zitat nicht mit einem Gerichtswort endet, sondern mit einer Zukunft eröffnenden Verheißung, auf die der Vf dann auch in 58,1 eingeht.

Die zunächst wieder in der 1. Pers. Pl. formulierte Anwendung (οὖν) in **58**,1 nimmt eine Aussage des Zitats auf (57,4: οὐχ ὑπηκούσατε); zu ὑπακούσωμεν vgl. 9,1. Der „Name" steht sowohl in V. 1a wie auch dann in V. 1b für Gott selbst (vgl. 60,4); zu den Epitheta vgl. 43,2 (ἔνδοξος) und 45,7 (πανάρετος); πανάγιος (so ist mit H gegen die Versionen, die ἅγιος voraussetzen, zu lesen) ist in 35,3 Gottesprädikat. Zu φυγόντες τὰς ... ἀπειλάς vgl. 30,1. Daß die Weisheit selbst als die Sprecherin der Drohungen gilt, entspricht der Zitateinleitung in 57,3. Der Finalsatz ἵνα κατασκηνώσωμεν πεποιθότες ἐπὶ κτλ. nimmt die Verheißung von 57,7b auf (möglicherweise ist πεποιθώς von hier aus in das Zitat eingedrungen); κατασκηνοῦν hier offenbar im Sinne von „(die Erde) bewohnen, leben". Der Superlativ ὁσιώτατος (so ist mit H sicher zu lesen; die Versionen setzen ὅσιος voraus) begegnet in uns. Lit. nur hier; später ist er oft belegt als Bischofstitel (s. Lampe Lexicon s. v. ὅσιος). Er findet sich mehrfach bei Philo: Vit Mos II 193 von Mose als dem „heiligsten" Menschen, der je gelebt hat; Virt 201 von Noah, aber im Sinne eines Elativs, ebenso Jos 167 von Jakob; vgl. vor allem Jos 95: ἀψευδεῖν ist ἄριστον, ἐπὶ δὲ τῶν θείων ἀποφθεγμάτων καὶ ὁσιώτατον („nicht zu lügen, ist das Beste, in Bezug auf die göttlichen Aussprüche aber sogar das Heiligste"). Zu Gottes μεγαλωσύνη (L liest iustitiae nomen) vgl. 16,2; 27,4; 36,2. Mit **2** geht der Vf erneut zum Impt. über, wobei die Rädelsführer der στάσις und die korinthischen Christen in gleicher Weise angesprochen sein könnten. Der Vf nennt seine Darlegungen eine συμβουλή (in uns. Lit. nur hier), was nach van Unnik, Studies I, 33–56 den ganzen Brief als dem συμβουλευτικὸν γένος zugehörig kennzeichnet (s. dazu die Einleitung 3: Gattung und Gliederung); daß die Aufforderung δέξασθε τὴν συμβουλὴν ἡμῶν hier auf eine rhetorische Gattungsbezeichnung zu beziehen sei, ist aber wenig wahrscheinlich (s. zu 63,2). Zu ἀμεταμέλητος vgl. 2,7; 54,4. Die abschließende, zunächst eine Verheißung enthaltende und dann in eine Doxologie mündende Begründung hat fast liturgischen Charakter. Zu ζῇ ὁ θεός vgl. die Schwurformel חַי־יְהֹוָה (LXX: ζῇ κύριος) Ri 8,19; Ruth 3,13; 1 Sam 20,3 u. o. (vgl. 1 Clem 8,2). Der Vf erweitert durch die Nennung des κύριος Jesus Christus und des Heiligen Geistes (dabei ist das Fehlen des zweiten ζῇ im lateinischen und koptischen Text sowie bei Basilius De Spiritu Sancto 29 [Text bei Lightfoot I/1, 169] sicher sekundäre Erleichterung, da die von H und S bezeugte Lesart wohl trinitätstheologisch bedenklich zu sein schien). τὸ πνεῦμα τὸ ἅγιον wie in 13,1; 16,2; 22,1; 45,2; anders in 2,2. ἥ τε πίστις καὶ ἡ ἐλπίς ist offenbar Apposition (so Knopf zSt; vgl. Lightfoot I/2, 169: „They are described as ‚the faith and hope‘ [i.e. the object of faith and hope]"); andernfalls müßte man annehmen, daß die fünf „Größen" einfach nebeneinander stehen, was doch wohl schwerlich gemeint sein kann (s. Jaubert 193 A 3). Harnack, Einführung 119 verweist auf Ign Smyrn 10,2, wo Christus ἡ τελεία πίστις genannt ist; aber hier wie auch in Ign Magn 11,1 u. ö., wo Christus „unsere Hoffnung" genannt wird, ist die Vorstellung eine andere. Zum Nebeneinander von Gott, Christus und Geist s. 46,6. Es liegt eine triadische Formel vor wie in 2 Kor 13,13; Mt 28,19, ohne daß über die Zuordnung der drei „Personen" zueinander etwas gesagt wäre. πίστις und ἐλπίς stehen im 1 Clem nur hier beieinander (vgl. aber die Verben in 12,7); im NT 1 Petr 1,21 und vor allem die Trias mit ἀγάπη bei Paulus. Zu ἐκλεκτοί s. 1,1; 2,4; 46,4; 49,5. Der Inhalt der ἐλπίς wird im ὅτι-Satz expliziert. Dabei wiederholt der Vf im Grunde nur vieles schon Gesagte: Zu ἐν ταπεινοφροσύνῃ μετ᾽ ... ἐπιεικείας vgl. 30,8; 56,1. Zu ἐκτενής (das Adjektiv nochmals in 59,2 und vor allem 62,2) vgl. 33,1; 34,7; 37,1. Zu ἀμεταμελήτως s. o. Zu δικαιώματα καὶ προστάγματα vgl. 2,8. Bei ἐντεταγμένος (ἐντάσσω in uns. Lit. nur hier und überhaupt nicht häufig; vgl. Clemens Alex Strom VII 49,4) könnte der Gedanke von 37,3; 41,1 (... ἐν τῷ ἰδίῳ τάγματι) im Hintergrund stehen; ἐλλόγιμος wie in 57,2. Zum Ausdruck ἀριθμὸς τῶν σωζομένων vgl. 2,4 (σῴζεσθαι ... τὸν ἀριθμὸν τῷ ἐκλεκτῶν αὐτοῦ); σωζόμενος absolut wie in 1 Kor 1,18; Apg 2,47 u. ö. (L und C ergänzen, sicher sekundär, ἐθνῶν; L: in numero salvatorum gentium). Den Abschluß bildet eine weitere, die siebente Doxologie des Briefes (zuletzt in 50,7), in der eindeutig Gott der Adressat ist. Auffallend ist das hier erstmals überhaupt begegnende christologische δι᾽ οὗ, durch das „die doxologischen Prädikate ... Gott durch Jesus zugeeignet werden" (A. Stuiber, Art. Doxologie, RAC 4, 216). Diese Form wiederholt sich dann in 61,3; 64; 65,2. Anders als in 61,3 liegt hier aber kein „doppeltes διά" vor (zu Stuiber aaO.), denn das erste διὰ Ἰησοῦ Χριστοῦ ist ja konkret auf τῶν σωζομένων bezogen.

59,1–61,3 Das Schlußgebet

59   **¹Wenn aber einige dem von ihm durch uns Gesagten nicht gehorchen, so sollen sie erkennen, daß sie sich in Verfehlung und in nicht geringe Gefahr verwickeln werden. ²Wir aber werden unschuldig sein an dieser Sünde, und wir werden beten, darbringend inständiges Gebet und Flehen, daß der Schöpfer des Alls die abgezählte Zahl seiner Auserwählten in der ganzen Welt vollständig bewahren möchte durch seinen geliebten Sohn Jesus Christus, unseren Herrn, durch welchen er uns berufen hat von der Finsternis zum Licht, von der Unkenntnis zur Kenntnis der Herrlichkeit seines Namens,**

     ³   1 **zu hoffen auf den Urgrund aller Schöpfung, deinen Namen,**

        2 **der du geöffnet hast die Augen unseres Herzens,**

        3   **um dich zu erkennen, den allein Höchsten im Höchsten,**

        4   **den Heiligen, ruhend im Heiligen.**

        5   **Der du demütigst den Stolz der Prahler,**

        6   **der du vereitelst die Pläne der Heiden,**

        7   **der du Demütige erhebst und die Hohen demütigst,**

        8   **der du reich machst und arm,**

        9   **der du tötest und machst lebendig,**

       10   **du allein Wohltäter der Geister**

11	und Gott allen Fleisches.
12	Der du hinsiehst in die Abgründe,
13	der du Beobachter bist der menschlichen Taten,
14	der du Helfer bist derer, die in Gefahr sind,
15	der du Retter bist der Hoffnungslosen,
16	der du Schöpfer bist und Aufseher jeglichen Geistes.
17	Der du zahlreich machst die Völker auf Erden,
18	und hast dir aus allen erwählt, die dich lieben,
19	durch Jesus Christus, deinen geliebten Sohn,
20	durch welchen du uns erzogen hast, geheiligt, geehrt.

4 21 Wir bitten dich, Herr,
22 unser Helfer zu sein und unser Beschützer.
23   Die unter uns in Bedrängnis sind rette,
24   die Gestrauchelten richte auf,
25   den Betenden zeige dich,
26   die Kranken heile,
27   die Irrenden deines Volkes bring auf den rechten Weg.
28   Sättige die Hungernden,
29   erlöse unsere Gefangenen,
30   richte auf die Schwachen,
31   tröste die Kleinmütigen.
32 Es sollen dich erkennen alle Völker, daß du allein Gott bist,
33   und Jesus Christus dein Sohn,
34   und wir dein Volk und Schafe deiner Weide.

60, **1** 35 Du hast ja die Ewige Ordnung der Welt durch die waltenden Kräfte geoffenbart,
36 du, Herr, hast den Erdkreis geschaffen;
37   der Treue in allen Geschlechtern,
38   gerecht in allen Urteilen,
39   wunderbar in Stärke und Erhabenheit,
40   der Weise bei der Schöpfung
41   und klug im Bewahren des Geschaffenen,
42   der Gütige im Sichtbaren,
43   und liebevoll für die, die auf dich vertrauen.
44 Barmherziger und Mitleidiger,
45   vergib uns unsere Frevel und unsere Ungerechtigkeiten und Verfehlungen und Vergehen,
2 46 rechne nicht an alle Sünde deiner Knechte und Mägde,
47   sondern reinige uns mit der Reinigung deiner Wahrheit,
48   und lenke unsere Schritte,
49   in Heiligkeit des Herzens zu wandeln,
50   und zu tun das Gute und Wohlgefällige
51   vor dir
52   und vor unseren Herrschern.
3 53 Ja, Herr, laß leuchten dein Angesicht über uns zum Guten in Frieden,
54   auf daß wir beschützt seien durch deine starke Hand

55   und gerettet würden vor jeglicher Sünde durch deinen erhobenen
      Arm

56   und rette uns vor denen, die uns unverdientermaßen hassen.

4 57 Gib Eintracht und Frieden uns und allen, die die Erde bewohnen,

58   wie du sie gegeben hast unseren Vätern,

59   als sie dich fromm anriefen in Glaube und Wahrheit,

60   daß wir gehorsam werden deinem allmächtigen und herrlichen
          Namen,

61   sowie unseren Herrschern und Regierenden auf Erden.

61, **1** 62 Du, Herr, hast ihnen die Macht der Königsherrschaft gegeben

63   durch deine erhabene und unaussprechliche Macht,

64   damit wir erkennen

65   die von dir ihnen gegebene Herrlichkeit und Ehre,

66   uns ihnen unterzuordnen,

67   keineswegs im Widerspruch zu deinem Willen.

68   Ihnen gib, Herr, Gesundheit, Frieden, Eintracht, Beständigkeit,

69   damit sie ausüben die ihnen von dir gegebene Regierungsgewalt
          untadelig.

2 70 Denn du, Herr, himmlischer König der Äonen,

71   gibst den Menschen

72   Herrlichkeit und Ehre und Macht über das, was auf Erden ist.

73 Du, Herr, lenke ihren Willen

74   entsprechend dem, was gut ist und wohlgefällig vor dir,

75   damit sie, in Frieden und Milde fromm die von dir ihnen gegebe-
          ne Macht ausübend,

76   Gnade bei dir finden.

3 77 Der du allein vermagst, dies und noch größere Wohltaten unter uns zu
      tun:

78   Dich preisen wir durch den Hohenpriester und Beschützer
          unserer Seelen, Jesus Christus,

79   durch welchen dir gebührt die Herrlichkeit und die Majestät

80   jetzt und von Geschlecht zu Geschlecht

81   und von Ewigkeit zu Ewigkeit.

82   Amen.

Mit 59,1 eröffnet der Vf eine abschließende Warnung vor den Folgen möglichen Unge-
horsams, und er verweist zugleich (59,2) darauf, daß die römische Gemeinde alles in ihren
Kräften Stehende zum Erhalt der Unversehrtheit der Kirche getan habe. Eine liturgisch
klingende christologische Wendung am Ende von 59,2 leitet über zu dem umfangreichen
Gebet 59,3–61,3 (zur Struktur s. den Exkurs bei 59,3 und außerdem die Übersetzung).

In **59,1** wiederholt der Vf nochmals die Warnung (vgl. 57,2b) vor der Mißachtung des
gegebenen „Ratschlags". τινές, typischer Topos antiketzerischer Polemik (Gal 1,7; 1 Tim
1,6; vgl. Phil 3,4), meint die Aufrührer, nicht allgemein die Christen in Korinth. ἀπειθήσωσιν nimmt 58,1 auf (vgl. die „Weisheits"rede in 57,4); L hat diffident („mißtrauen,
zweifeln"). Zu τοῖς ὑπ' αὐτοῦ (= Gott) δι' ἡμῶν (= die römische Kirche) εἰρημένοις (=
1 Clem) vgl. 56,1 und vor allem 63,2. γινωσκέτωσαν knüpft möglicherweise an das

zweifache γνώσῃ des Zitats in 56,13.14 an. παράπτωσις, in uns. Lit. nur hier und überhaupt selten (in LXX nur Jer 22,21; vgl. Justin Dial 141,3f), ist nahezu bedeutungsgleich mit dem häufigen παράπτωμα (s. 56,1). Zu κίνδυνος vgl. 14,2; 41,4; 47,7; gemeint ist also eine eschatologische Gefährdung (vgl. Knoch, Eigenart 191). Zur Litotes οὐ μικρῷ vgl. 44,4, wo auch sachlich beinahe dasselbe wie hier ausgesagt ist. Anstelle von ἑαυτοὺς ἐνθήσουσιν setzt L mit se tradent ἐνδώσουσιν voraus, aber der Bedeutungsunterschied ist gering. Gegen die mögliche Verfehlung der einen stünde (**2**) die Schuldlosigkeit der anderen. Zu ἀθῷος vgl. 46,3f; zur Formulierung vgl. Num 5,31 LXX: ἀθῷος ἔσται ὁ ἄνθρωπος ἀπὸ ἁμαρτίας ... „Diese Sünde“ wäre das Beharren auf dem, was in römischen Augen eine στάσις ist. Wieder scheint es, als hinge alles weitere allein von den Rädelsführern in Korinth ab. Freilich würden die römischen Christen dennoch nicht ablassen, Gott darum zu bitten (vgl. 50,2), er möchte die Kirche als „unversehrte“ erhalten. Mit τὴν δέησιν καὶ ἱκεσίαν ποιούμενοι wird das von V. 3 an folgende Gebet vorbereitet. Zu τὸν ἀριθμὸν κτλ. vgl. 2,4; 58,2; zu ἐν ὅλῳ τῷ κόσμῳ vgl. 5,7. διαφυλάσσω in uns. Lit. nur noch Lk 4,10 im Zitat von Ps 90,11 LXX. Vgl. in späterer Zeit das liturgische Lektorengebet in ConstAp VIII 22,3: ὁ θεὸς ... τὸν ἀριθμὸν τῶν ἐκλεκτῶν σου διαφυλάττων. Das Gottesprädikat ὁ δημιουργὸς τῶν ἁπάντων begegnete schon in 26,1 (vgl. 20,11; 33,2). Zur ersten der beiden christologischen διά-Formeln vgl. 58,2; zugleich liegt aber ein Vorgriff auf das Gebet in 59,3 vor, und zwar bis in die Formulierung hinein (vgl. vor allem ἠγαπημένος und den nur hier begegnenden Christustitel παῖς; dazu Bumpus, Awareness 104f). Wenig wahrscheinlich ist, daß es sich bereits um einen Teil des Eingangs einer römischen Gemeindeliturgie handelt, wie Knopf zSt im Anschluß an Drews, Untersuchungen 42f vermutet (vgl. den folgenden Exkurs). Vielmehr läßt sich der besondere Stil wohl damit erklären, daß der Vf selbst zum Gebet hinführen will, dessen Eingangswendung ja offensichtlich fehlt. Zum zweiten christologischen διά vgl. abermals 58,2; Subjekt des καλεῖν ist, wie bei Paulus (vgl. 1 Kor 1,9 u. ö.), Gott. Zum Gegenüber von σκότος und φῶς vgl. Kol 1,12f, vor allem aber 1 Petr 2,9; eine Anspielung auf Jes 42,16 LXX liegt, anders als in Apg 26,18, wohl nicht vor (dort ἐπιστρέφω, hier καλέω). ἀγνωσία und ἐπίγνωσις im 1 Clem nur hier; vgl. aber γινωσκέτωσαν in V. 1. Die Formulierung erinnert an traditionelle Bekehrungssprache (vgl. Conzelmann, ThWNT IX, 317.348); vgl. Jos As 8,9: κύριε ὁ θεὸς τοῦ πατρός μου ... καλέσας ἀπὸ τοῦ σκότους εἰς τὸ φῶς ... (s. dazu Burchard, JSHRZ II/4, 650f). Zu δόξα ὀνόματος αὐτοῦ vgl. 58,1 (ἔνδοξος ὄνομα).

Exkurs: Das Gebet in 1 Clem 59,3–61,3

Der Text des 1 Clem geht in 59,3 in ein Gebet über (Wechsel zur Gottesanrede in der 2. Person), das sich durch seine sorgfältige Stilisierung und Strukturierung als jedenfalls nicht völlig ad hoc formuliert erweist. Daß ein solches Gebet gegen Ende des Briefes steht, ist sicher kein Zufall, wenn man an dessen beabsichtigte Verlesung in der korinthischen Gemeinde(versammlung) denkt. Freilich folgt in Kap. 62–64 nochmals konkrete situationsbezogene Paränese, so daß man nicht anzunehmen braucht, das Gebet steht „an Stelle der [sonst in Homilien üblichen] listenartigen Schlußermahnung“ und sei selbst „eine bestimmte Form der Paränese“ (zu Mikat, in: FS Scheuner, 457). Der im folgenden unternommene Versuch einer Gliederung (vgl. auch Grant 93–96) soll das Verständnis des Gebetsaufbaus, aber auch die Kommentierung des Textes im einzelnen erleichtern (s. auch die Übersetzung).

Der Anfang des Gebets fehlt, braucht sich aber von den Aussagen in 59,2 nicht wesentlich unterschieden zu haben (nach Gebhardt/Harnack zSt liegt ein Wechsel von indirekter zu direkter

Rede vor, entsprechend Apg 1,4 u. ö.; Konjekturen, wie von Bryennios vorgeschlagen [zu lesen sei vor ἐλπίζειν etwa Δός, δέσποτα], sind unnötig). Daß Z 1 zum Gebet gehört, ist durch das σου klar, auch wenn ἐλπίζειν zu Beginn eines Gebets eher ungewöhnlich ist (ansonsten fehlt dem Gebet ja das eschatologische Element). Die Bitte geht, vorbereitet mit einer bildhaften partizipialen Wendung (Z 2), auf „unser" Erkennen. Von Z 3 an läßt sich das Gebet in sieben unterschiedlich lange Abschnitte gliedern, wobei sprachliche und inhaltliche Beobachtungen für die Gliederung gleichermaßen von Bedeutung sind (zum einzelnen s. die Auslegung).

Teil 1 (= Z 3–20) enthält die Einleitung mit der feierlichen, direkt an Gott gerichteten Bitte, die Beter möchten ihn als den allein „Höchsten" und „Heiligen" erkennen (Z 3.4), sowie einer Kette von Gottesprädikaten (Z 5–12 sechs partizipiale Aussagen, unterbrochen nur in Z 10.11; Z 13–16 vier Substantive, die ein aktives Tun Gottes ausdrücken; schließlich Z 17.18 eine partizipiale Aussage über „die Völker" und Gottes erwählendes Handeln); den Abschluß bildet ein christologischer „Refrain" (Z 19.20).

59,   ³ 1 ἐλπίζειν ἐπὶ τὸ ἀρχεγόνον πάσης κτίσεως ὄνομά σου,

2 ἀνοίξας τοὺς ὀφθαλμοὺς τῆς καρδίας ἡμῶν

3   εἰς τὸ γινώσκειν σε τὸν μόνον ὕψιστον ἐν ὑψίστοις,

4   ἅγιον ἐν ἁγίοις ἀναπαυόμενον.

5   τὸν ταπεινοῦντα ὕβριν ὑπερηφάνων,

6   τὸν διαλύοντα λογισμοὺς ἐθνῶν,

7   τὸν ποιοῦντα ταπεινοὺς εἰς ὕψος καὶ τοὺς ὑψηλοὺς ταπεινοῦντα,

8   τὸν πλουτίζοντα καὶ πτωχίζοντα,

9   τὸν ἀποκτείνοντα καὶ ζῆν ποιοῦντα,

10   μόνον εὐεργέτην πνευμάτων

11   καὶ θεὸν πάσης σαρκός·

12   τὸν ἐπιβλέποντα ἐν ταῖς ἀβύσσοις,

13   τὸν ἐπόπτην ἀνθρωπίνων ἔργων,

14   τὸν τῶν κινδυνευόντων βοηθόν,

15   τὸν τῶν ἀπηλπισμένων σωτῆρα,

16   τὸν παντὸς πνεύματος κτίστην καὶ ἐπίσκοπον·

17   τὸν πληθύνοντα ἔθνη ἐπὶ γῆς

18   καὶ ἐκ πάντων ἐκλεξάμενον τοὺς ἀγαπῶντάς σε

19   διὰ Ἰησοῦ Χριστοῦ τοῦ ἠγαπημένου παιδός σου,

20   δι' οὗ ἡμᾶς ἐπαίδευσας, ἡγίασας, ἐτίμησας.

Teil 2 (= Z 21–34) enthält das eigentliche Bittgebet und die direkte Anrede an Gott als δεσπότης. Die Bitten sind in Z 23–31 imperativisch formuliert, wobei zunächst (Z 23–27) das Objekt voransteht, dann (Z 28–31) das Verb. Z 32 mit der Bitte um die Gotteserkenntnis der Heiden nimmt Z 3 und Z 17.18 inhaltlich wieder auf. Den Schluß bildet (Z 33.34) ein erweiterter „Refrain".

59,   ⁴ 21 Ἀξιοῦμέν σε, δέσποτα,

22   βοηθὸν γενέσθαι καὶ ἀντιλήπτορα ἡμῶν.

23   τοὺς ἐν θλίψει ἡμῶν σῶσον

24   τοὺς πεπτωκότας ἔγειρον

25   τοῖς δεομένοις ἐπιφάνηθι,

26   τοὺς ἀσθενεῖς ἴασαι,

27   τοὺς πλανωμένους τοῦ λαοῦ σου ἐπίστρεψον.

28   χόρτασον τοὺς πεινῶντας,

29   λύτρωσαι τοὺς δεσμίους ἡμῶν,

30   ἐξανάστησον τοὺς ἀσθενοῦντας,

31   παρακάλεσον τοὺς ὀλιγοψυχοῦντας.

32 γνώτωσάν σε πάντα τὰ ἔθνη, ὅτι σὺ εἶ ὁ θεὸς μόνος

33   καὶ Ἰησοῦς Χριστὸς ὁ παῖς σου

34   καὶ ἡμεῖς λαός σου καὶ πρόβατα τῆς νομῆς σου.

Teil 3 (= Z 35–43) gibt unter Verweis auf Gottes Schöpferhandeln eine Begründung für das Gebet; Gott wird dabei in sieben analogen Wendungen (jeweils ein Adjektiv mit ἐν verbunden; dreimal ist das Adj. durch den Artikel ὁ substantiviert) angesprochen.

60, ¹ 35 Σὺ γὰρ τὴν ἀέναον τοῦ κόσμου σύστασιν διὰ τῶν ἐνεργουμένων ἐφανεροποίησας.

36 σύ, κύριε, τὴν οἰκουμένην ἔκτισας,

37   ὁ πιστὸς ἐν πάσαις ταῖς γενεαῖς,

38   δίκαιος ἐν τοῖς κρίμασιν,

39   θαυμαστὸς ἐν ἰσχύϊ καὶ μεγαλοπρεπείᾳ,

40   ὁ σοφὸς ἐν τῷ κτίζειν

41   καὶ συνετὸς ἐν τῷ τὰ γενόμενα ἑδράσαι,

42   ὁ ἀγαθὸς ἐν τοῖς ὁρωμένοις

43   καὶ χρηστὸς ἐν τοῖς πεποιθόσιν ἐπί σε.

Dann folgen in einem zweiten Hauptabschnitt konkrete, imperativisch formulierte Bittgebete; sie betreffen die Beziehungen der Beter zu Gott, dann zu den anderen Menschen, schließlich zu den Inhabern der politischen Gewalt. Dabei steht in *Teil 4* (= Z 44–52) im Vordergrund die Bitte um Sündenvergebung, wobei die letzte Zeile schon vorausverweist auf Teil 6.

60, ² 44 Ἐλεῆμον καὶ οἰκτίρμον,

45   ἄφες ἡμῖν τὰς ἀνομίας ἡμῶν καὶ τὰς ἀδικίας καὶ παραπτώματα καὶ πλημμελείας.

46 μὴ λογίσῃ πᾶσαν ἁμαρτίαν δούλων σου καὶ παιδισκῶν,

47   ἀλλὰ καθάρισον ἡμᾶς τὸν καθαρισμὸν τῆς σῆς ἀληθείας,

48   καὶ κατεύθυνον τὰ διαβήματα ἡμῶν

49   ἐν ὁσιότητι καρδίας πορεύεσθαι

50   καὶ ποιεῖν τὰ καλὰ καὶ εὐάρεστα

51   ἐνώπιόν σου

52   καὶ ἐνώπιον τῶν ἀρχόντων ἡμῶν.

In *Teil 5* (= Z 53–61) bitten die Beter Gott, „Frieden und Eintracht" unter den Menschen zu schaffen, wobei wiederum die letzte Zeile vorausverweist auf den folgenden Teil 6.

60, ³ 53 Ναί, δέσποτα, ἐπίφανον τὸ πρόσωπόν σου ἐφ᾽ ἡμᾶς ἀγαθὰ ἐν εἰρήνῃ,

54   εἰς τὸ σκεπασθῆναι ἡμᾶς τῇ χειρί σου τῇ κραταιᾷ

55   καὶ ῥυσθῆναι ἀπὸ πάσης ἁμαρτίας τῷ βραχίονί σου τῷ ὑψηλῷ,

56   καὶ ῥῦσαι ἡμᾶς ἀπὸ τῶν μισούντων ἡμᾶς ἀδίκως.

60, ⁴ 57 δὸς ὁμόνοιαν καὶ εἰρήνην ἡμῖν τε καὶ πᾶσιν τοῖς καοικοῦσιν τὴν γῆν,

58   καθὼς ἔδωκας τοῖς πατράσιν ἡμῶν

59   ἐπικαλουμένων σε αὐτῶν ὁσίως ἐν πίστει καὶ ἀληθείᾳ,

60   ὑπηκόους γινομένους τῷ παντοκράτορι καὶ ἐνδόξῳ ὀνόματί σου,

61   τοῖς τε ἄρχουσιν καὶ ἡγουμένοις ἡμῶν ἐπὶ τῆς γῆς.

In *Teil 6* (= Z 62–76) bitten die Beter für die irdischen Machthaber, die ihre Stellung Gott verdanken; dabei wird Gott viermal ausdrücklich angeredet als δεσπότης (Z 62.70) und als κύριος (Z 68.73).

61, ¹ 62 Σύ, δέσποτα, ἔδωκας τὴν ἐξουσίαν τῆς βασιλείας αὐτοῖς

63   διὰ τοῦ μεγαλοπρεποῦς καὶ ἀνεκδιηγήτου κράτους σου,

64   εἰς τὸ γινώσκοντας

65   τὴν ὑπὸ σοῦ αὐτοῖς δεδομένην δόξαν καὶ τιμὴν

66   ὑποτάσσεσθαι αὐτοῖς,

67   μηδὲν ἐναντιουμένους τῷ θελήματί σου.

68   οἷς δός, κύριε, ὑγίειαν, εἰρήνην, ὁμόνοιαν, εὐστάθειαν,

69   εἰς τὸ διέπειν αὐτοὺς τὴν ὑπὸ σοῦ δεδομένην αὐτοῖς ἡγεμονίαν ἀπροσκόπως.

61,   **2** 70 Σὺ γάρ, δέσποτα, ἐπουράνιε βασιλεῦ τῶν αἰώνων,

71   δίδως τοῖς υἱοῖς τῶν ἀνθρώπων

72   δόξαν καὶ τιμὴν καὶ ἐξουσίαν τῶν ἐπὶ τῆς γῆς ὑπαρχόντων.

73 σύ, κύριε, διεύθυνον τὴν βουλὴν αὐτῶν

74   κατὰ τὸ καλὸν καὶ εὐάρεστον ἐνώπιόν σου,

75   ὅπως διέποντες ἐν εἰρήνῃ καὶ πραΰτητι εὐσεβῶς τὴν ὑπὸ σοῦ αὐτοῖς δεδομένην ἐξουσίαν

76   ἵλεώ σου τυγχάνωσι.

In *Teil 7* (= Z 77–82) folgt schließlich eine letzte doxologische Anrede an Gott, verbunden mit einem dritten, diesmal sehr erweiterten christologischen „Refrain".

61,   **3** 77 Ὁ μόνος δυνατὸς ποιῆσαι ταῦτα καὶ περισσότερα ἀγαθὰ μεθ' ἡμῶν,

78   σοὶ ἐξομολογούμεθα διὰ τοῦ ἀρχιερέως καὶ προστάτου τῶν ψυχῶν ἡμῶν Ἰησοῦ Χριστοῦ,

79   δι' οὗ σοι ἡ δόξα καὶ ἡ μεγαλωσύνη

80   καὶ νῦν καὶ εἰς γενεὰν γενεῶν

81   καὶ εἰς τοὺς αἰῶνας τῶν αἰώνων.

82   ἀμήν.

Daß dieses Gebet vom Vf des 1 Clem nicht im Zuge der Abfassung des Briefes frei formuliert worden ist, liegt angesichts der sorgfältigen Struktur auf der Hand (anders von der Goltz, Gebet 194 f); denkbar ist, daß es sich um ein liturgisches Gemeindegebet handelt, für das wir weitere zeitgenössische Belege allerdings nicht hätten. Die Studien von Drews, Untersuchungen 40–47 zeigen gewisse Übereinstimmungen mit der Liturgie in Const Ap VIII 10,22 ff; 22,2; die Folgerung, in 1 Clem 59–61 liege also die Frühform jener Liturgie vor („römische Gemeindeliturgie"), geht aber erheblich zu weit, denn die Parallelen sind zu verstreut und auch zu allgemein (vgl. auch Jaubert 39 f). Deutlich greifbar sind die Anklänge an biblische (LXX-)Sprache und insbesondere auch gewisse Analogien zum jüdischen Achtzehn-Gebet (vgl. Lightfoot I/1, 382–396; von der Goltz aaO. 198–203; zum einzelnen s. die Auslegung). Warum der Vf das Gebet an dieser Stelle bringt, ist nicht ganz klar erkennbar. Es dient offenbar nicht dazu, die römische und die korinthische Kirche zum Abschluß gleichsam liturgisch zu „vereinigen" (zu Harnack, Einführung 119 f), denn 1 Clem endet ja durchaus nicht mit diesem Gebet, sondern mit situationsbezogener Korrespondenz. Knopf, Exkurs zu 59,2 meint, offenbar habe der Vf die Intention gehabt, dem Brief „einen klingenden, reichen, auch zum Herzen gehenden Abschluß" zu geben, und so seien ihm – analog zum Gottesdienst, in dem auf die Predigt das Gebet folgte – „die Sätze der Liturgie, ihr Lobpreis Gottes und ihr Bittgebet in den Sinn" gekommen. Es darf aber nicht übersehen werden, daß sich die meisten Themen des Gebets auf das in 1 Clem verhandelte Problem beziehen lassen (s. Mikat, in: FS Scheuner) und daß es bis in die Formulierungen hinein Querverbindungen zu vorangegangenen Aussagen des Textes gibt. Das gilt auch für Teil 6 (61,1 f) mit dem Gebet für die Obrigkeit, wenn man an die Auswirkungen denkt, die innergemeindliche στάσις und das Zerbrechen von εἰρήνη und ὁμόνοια auf die Außenbeziehungen der Christen haben konnten (Mikat aaO.). Wahrscheinlich hat der Vf des 1 Clem ein so oder ähnlich in der Gemeinde verwendetes Gebet aufgenommen und für seine aktuellen Zwecke umformuliert. Solches Verfahren war für ihn ja keineswegs ungewöhnlich, wie seine zahlreichen Bezugnahmen auf biblische Texte zeigen.

59,3: Das Gebet spricht zuerst (Z 1) von der Hoffnung auf „deinen Namen", wobei ὄνομα ebenso wie in 58,1; 59,2 Gott selbst meint. Gott bzw. sein „Name" gilt als Urgrund (zu ἀρχέγονος s. Lightfoot I/2 zSt und Bauer-Aland WB s. v.; H liest ἀρχέγονος „anfänglich") aller Schöpfung; ἐλπίζειν zeigt den Zusammenhang von Eschatologie und Protologie, freilich nur in Andeutung. Die Beter sprechen davon, daß Gott „die Augen unseres Herzens" geöffnet habe (Z 2; vgl. 36,2); gemeint ist wohl, daß allein dadurch das folgende Gebet erst möglich geworden ist. Z 3.4 zu Beginn des eigentlichen *Teil 1* sagen, welchen Zweck das Öffnen der Augen verfolgte: Gott soll erkannt werden als der allein Höchste und Heilige. Die Formulierung spielt unmittelbar auf Jes 57,15 LXX an, wie vor allem das abschließende ἀναπαυόμενον zeigt: κύριος ὁ ὕψιστος ὁ ἐν ὑψηλοῖς κατοικῶν τὸν αἰῶα, ἅγιος ἐν ἁγίοις ὄνομα αὐτῷ, κύριος ὕψιστος ἐν ἁγίοις ἀναπαυόμενος ... Const Ap VIII 11,2 bietet später eine ähnliche Formulierung (wobei dort die Anspielung auf Jes 57,15 jedenfalls deutlicher ist als eine direkte oder indirekte Bezugnahme auf unsere St.). Ob man ἐν ὑψίστοις und ἐν ἁγίοις neutrisch (als Bezeichnung des Raums) oder mask. (etwa: Engelwesen) faßt, ist im Grunde gleichgültig, weil es dem Text gerade auf die Betonung der einzigartig herausragenden Stellung Gottes ankommt (μόνον). Daß Gott ὕψιστος ist, war schon in 45,7 gesagt worden; hier entspricht die Aussage der Anrede Gottes in der 1. Benediktion des Achtzehn-Gebets (babyl. Rezension; Übers. im folgenden jeweils nach Dalman, Worte Jesu I, 299–304): „Jahve ... höchster Gott und Schöpfer des Alls". Das betonte μόνος wird in Z 10, Z 32 und Z 77 wiederholt.

In Z 5–18 folgen mehrere kurze, z. T. antithetisch formulierte Gottesprädikationen. Die beiden ersten (Z 5.6) sprechen vom richtenden Handeln Gottes, wobei Z 5 an Jes 13,11 f LXX erinnert (καὶ ἀπολῶ ὕβριν ἀνόμων καὶ ὕβριν ὑπερηφάνων ταπεινώσω) und Z 6 an Ps 32,10 LXX (κύριος διασκεδάζει βουλὰς ἐθνῶν, ἀθετεῖ δὲ λογισμοὺς λαῶν; die dritte Zeile des Psalmworts – καὶ ἀθετεῖ βουλὰς ἀρχόντων – ist sicher nicht zufällig entfallen); vgl. die 12. Benediktion des Achtzehn-Gebets („Gepriesen seist du, Jahve, der Freche beugt!"). Es schließen sich in Z 7–9 drei antithetisch formulierte Aussagen an über die Freiheit Gottes zur Umkehrung der irdischen Verhältnisse; auch hier haben die einzelnen Formulierungen Parallelen bzw. sogar Vorlagen in LXX. Zu Z 7 vgl. Ez 21,31 (ἐταπείνωσας τὸ ὑψηλὸν καὶ τὸ ταπεινὸν ὕψωσας; vgl. Lk 1,52, anders dagegen Lk 14,11), ferner Hi 5,11 (τὸν ποιοῦντα ταπεινοὺς εἰς ὕψος καὶ ἀπολωλότας ἐξεγείροντα) und Jes 10,33 (καὶ οἱ ὑψηλοὶ τῇ ὕβρει συντριβήσονται, καὶ οἱ ὑψηλοὶ ταπεινωθήσονται). Zu Z 8 vgl. 1 Reg 2,7 (κύριος πτωχίζει καὶ πλουτίζει, ταπεινοῖ καὶ ἀνυψοῖ). Zu Z 9 vgl. 1 Reg 2,6 (κύριος θανατοῖ καὶ ζωογονεῖ, κατάγει εἰς ᾅδου καὶ ἀνάγει), ferner Dtn 32,39 (ἐγὼ ἀποκτενῶ καὶ ζῆν ποιήσω) und 4 Reg 5,7, wo der König sagt: Μὴ θεὸς ἐγὼ τοῦ θανατῶσαι καὶ ζωοποιῆσαι. Ähnlich formuliert die 2. Benediktion des Achtzehn-Gebets: „... der die Toten lebendig macht ... der da tötet und lebendig macht und Hilfe sprossen läßt". L und S setzen nach ἀποκτείνοντα noch ein καὶ σώζοντα (L: et salvas) voraus, aber das ist sicher nicht ursprünglich. Die eingeschobenen Gottesprädikate in Z 10.11 erinnern an Num 16,22; 27,16 (θεὸς τῶν πνευμάτων καὶ πάσης σαρκός); das Attribut εὐεργέτης (s. zu 19,2; 20,11) ist jüdisch allerdings ganz unüblich (vgl. jedoch Philo Deus Imm 110: Gott als ὁ ὤν ist καὶ κύριος καὶ θεός, ἄρχων τε καὶ εὐεργέτης; Leg Gaj 118: Gott als ὁ τοῦ κόσμου παντὸς εὐεργέτης; Spec Leg I 209: ὁ γὰρ θεὸς ἀγαθός τέ ἐστι καὶ ποιητὴς καὶ γεννητὴς τῶν ὅλων καὶ προνοητικὸς ὢν ἐγέννησε, σωτήρ τε καὶ εὐεργέτης, μακαριότητος καὶ πάσης εὐδαιμονίας ἀνάπλεως). In sechs weitgehend parallelen Wendungen rufen die Beter in Z 12–17 Gott an als den, der die Welt beaufsichtigt und sie bewahrt. Zu Z 12 vgl. Sir 16,17 f (μὴ εἴπῃς ὅτι Ἀπὸ κυρίου κρυβήσομαι ... ἰδοὺ ὁ οὐρανὸς καὶ ὁ οὐρανὸς τοῦ οὐρανοῦ, ἄβυσσος καὶ γῆ ἐν τῇ ἐπισκοπῇ αὐτοῦ σαλευθήσονται; vgl. 42,18: ἄβυσσον καὶ καρδίαν ἐξίχνευσεν), ferner Dan 3,55 LXX (εὐλογητὸς εἶ, ὁ βλέπων ἀβύσσους καθήμενος ἐπὶ χερουβιμ). Zu ἐν anstelle von εἰς s. B-D-R § 218. Zu Z 13 vgl. 3 Makk 2,21 (ὁ πάντων ἐπόπτης θεὸς καὶ προπάτωρ ἅγιος ἐν ἁγίοις ...); ferner 2 Makk 3,39: αὐτὸς ... ἐπόπτης ἐστὶν καὶ βοηθὸς ἐκείνου τοῦ τόπου [sc. des Tempels]; 7,35; Ep Arist 16,2: πάντων ἐπόπτην καὶ κτίστην θεὸν οὗτοι σέβονται ... ἐπόπτης ist inschriftlich auch als Attribut des Augustus belegt (s. Deißmann, Licht 294 f) und begegnet als

Gottesattribut in Zaubertexten (s. Schermann, Zauberpapyri 29). Zu Z 14.15 vgl. Jdt 9,11: ἐλαττόνων εἶ βοηθός, ἀντιλήμπτωρ ἀσθενούντων, ἀπεγνωσμένων σκεπαστής, ἀπηλισμένων σωτήρ (vgl. u. Z 22). βοηθός als Christusprädikat schon in 36,1, das an sich häufigere σωτήρ dagegen im 1 Clem nur hier. Zu Z 16 vgl. 2 Makk 1,24 (ὁ πάντων κτίστης; 7,23 (ὁ τοῦ κόσμου κτίστης); s. o. zu 19,2. ἐπίσκοπος als Gottestitel in Hi 20,29 (selten auch in Zaubertexten; s. Schermann, Zauberpapyri 29). Zu παντὸς πνεύματος vgl. Z 10. Zur Formulierung in Z 17 vgl. Gen 48,16 LXX (καὶ πληθυνθείησαν εἰς πλῆθος πολὺ ἐπὶ τῆς γῆς). In Z 18 beziehen sich die Beter in unmittelbarem Anschluß an die vorangegangene Zeile auf sich selbst (vgl. 59,2): Gott hat aus allen Völkern diejenigen Menschen auserwählt, die ihn lieben (vgl. 29,1).

Z 19.20 bilden den christologischen „Refrain", auf den der Vf schon in 59,2 vorausverwiesen hatte. Die drei das Handeln Gottes „durch Christus" beschreibenden Verben sind für 1 Clem wichtig (zu παιδεύειν vgl. 56,2–57,1; zu ἁγιάζειν s. die inscriptio; τιμᾶν war in 21,6; 44,6 im Blick auf die Presbyter gebraucht worden; vgl. Joh 12,26: ἐάν τις ἐμοὶ διακονῇ τιμήσει αὐτὸν ὁ πατήρ), und es ist durchaus denkbar, daß der Vf diese Zeile bewußt kontextbezogen formuliert hat.

59,4: *Teil 2* enthält das eigentliche Bittgebet (zu ἀξιοῦμεν vgl. 51,1): Der mit dem für 1 Clem typischen Titel δεσπότης angeredete Gott soll in konkreter Not helfen. Zu βοηθός und ἀντιλήπτωρ vgl. Jdt 9,11 (s. o.). Die konkreten imperativisch formulierten Bitten in Z 23–31 erinnern an die 2. Benediktion des Achtzehn-Gebets, dort freilich als Lobpreis, nicht als Bitte formuliert („... der Kranke heilt, Elenden hilft, Fallende stützt, Gebundene löst und seine Treue hält denen, die im Staube schlafen."). In der Forschung wird seit langem auf die Parallele in der (späten; s. Kretschmar, RGG³ IV, 405) Markus-Liturgie von Alexandria verwiesen (Text bei Brightman, Liturgies I, 113–143), wo der Priester folgendes Gebet spricht: Λύτρωσαι δεσμίους, ἐξέλου τοὺς ἐν ἀνάγκαις, πεινῶντας χόρτασον, ὀλιγοψυχοῦντας παρακάλεσον, πεπλανημένους ἐπίστρεφον, ἐσκοτισμένους φωταγώγησον, πεπτωκότας ἔγειρον, σαλευμένους στήριξον, νενοσηκότας ἴασαι, πάντας ἄγαγε εἰς τὴν ὁδὸν τῆς σωτηρίας, σύναψον καὶ αὐτοὺς τῇ ἁγίᾳ σου ποίμνῃ, ἡμᾶς δὲ ῥῦσαι ἀπὸ τῶν ἀνομιῶν ἡμῶν φρουρὸς ἡμῶν καὶ ἀντιλήπτωρ κατὰ πάντα γενόμενος. Die einzelnen erwähnten Notsituationen sind als durchaus konkret gemeint aufzufassen, aber natürlich nicht als unmittelbar durch aktuelle Situationen veranlaßt (der Hinweis auf die Gefangenen läßt also keinen Rückschluß auf eine „domitianische Verfolgung" zu). Zu ἐν θλίψει (Z 23) vgl. 22,7; τοὺς ... ἡμῶν sind natürlich die Christen. Zu Z 24 vgl. Mi 7,8, außerdem Ps 145,14; 146,8b. Die Bitte in Z 25 zielt nicht auf eine reale Epiphanie, sondern besagt, daß die Beter auf einen helfenden Machterweis Gottes warten (Bultmann/Lührmann, ThWNT IX, 10 Anm. 21). In Z 26, wo (mit den Versionen) sicher ἀσθενεῖς ursprünglich ist (H liest ἀσεβεῖς) geht es um die Heilung Kranker (vgl. Lk 9,2); vgl. die 8. Benediktion des Achtzehn-Gebets: „Heile uns, Jahve, unser Gott, so sind wir geheilt, und bringe Heilung all unseren Krankheiten; denn ein heilender, barmherziger Gott bist du. Gepriesen seist du, Jahve, der die Kranken seines Volkes Israel heilt!" In Z 27 wird für die „Umkehr" irrender Christen gebetet (vgl. 2 Clem 15,1; zur Formulierung s. außerdem die Gottesrede in Ez 34,16 LXX: τὸ πλανώμενον ἐπιστρέψω; s. u. Z 34); vgl. dazu (in Analogie und Differenz) die 5. Benediktion des Achtzehn-Gebets: „Bringe uns zurück, unser Vater, zu deiner Tora, und laß uns nahen, unser König, zu deinem Dienst und laß uns umkehren in vollkommener Buße vor dein Angesicht. Gepriesen seist du, Jahve, der Wohlgefallen an Buße hat!" Später wird dies noch exakter ausgeführt in Const Ap VIII 10,17: ὑπὲρ τῶν ἔξω ὄντων καὶ πεπλανημένων δεηθῶμεν, ὅπως ὁ κύριος αὐτοὺς ἐπιστρέψῃ. In verändertem Stil (s. o. den Exkurs) bitten die Beter in Z 28–31 um Verbesserungen menschlicher Lebenslagen. Zu Z 28 vgl. Lk 6,21; 1,53; s. außerdem die 9. Benediktion des Achtzehn-Gebets („... segne unsere Jahre und sättige die ganze Welt aus deinem Guten ..."). Zu Z 29 vgl. das zu 55,2 Gesagte; zu Christen im Gefängnis vgl. Hebr 10,34; 13,3 und die Berichte in der Apg. Illustrativ die (satirisch spottende) Beschreibung der Gefangenenfürsorge bei den Christen Luc Pergr Mort 12f (um 170 n. Chr.). Später wird auch in diesem Punkt das liturgische Gebet näher ausgestaltet (Const Ap VIII 10,15: ... ὑπὲρ τῶν ἐν μετάλλοις καὶ ἐξορίαις καὶ φυλακαῖς καὶ δεσμοῖς ὄντων διὰ τὸ ὄνομα τοῦ κυρίου δεηθῶμεν, ὑπὲρ τῶν ἐν πικρᾷ δουλείᾳ καταπονουμένων δεηθῶμεν). Zu Z 30.31 vgl. vor allem 1 Thess 5,14 (παραμυθεῖσθε τοὺς ὀλιγοψύχους, ἀντέχεσθε τῶν ἀσθενῶν; ὀλιγόψυχος bzw. ὀλιγοψυχέω in uns. Lit. nur an diesen beiden St., später aber häufig). ἀσθενοῦντες ist von ἀσθενεῖς in Z 26 zu unterscheiden, also allgemein „die Schwachen" (vgl. Röm 14,1f; 1 Kor 8,11f).

Die Bitte Z 32 knüpft an den Anfang (Z 3) an; nun geht es darum, daß „alle Völker" (vgl. Z 17) Gott erkennen (mit H ist das direkte Akk.-Objekt σε zu lesen; dessen Fehlen in den Versionen ist eine Erleichterung, mit Fischer gegen Funk-Bihlmeyer). Der Gedanke ist ganz traditionell, vgl. 1 Kön 8,60; 2 Kön 19,19; Ez 36,23; Test XII Lev 18,9: Unter dem endzeitlichen Priestertum τὰ ἔθνη πληθυνθήσονται ἐν γνώσει ἐπὶ τῆς γῆς. Der „Refrain" in Z 33.34 weicht von dem in Z 19.20 ab; Christus und das Gottesvolk der Christen (s. Z 27) sollen gleichermaßen Gegenstand des auf Gott gerichteten „Erkennens" sein (vgl. 1 Kor 8,6). Deutlich steht für die Formulierung Ps 99,3 LXX im Hintergrund: γνῶτε ὅτι κύριος, αὐτός ἐστιν ὁ θεός, αὐτὸς ἐποίησεν ἡμᾶς καὶ οὐχ ἡμεῖς, λαὸς αὐτοῦ καὶ πρόβατα τῆς νομῆς αὐτοῦ; vgl. auch Ps 79,13; 95,7. Das im NT häufige Bild von Christus als dem Hirten ist hier nicht im Blick.

60,1: *Teil 3* des Gebets ist eine Anrufung Gottes als des Schöpfers (vgl. die 1. Benediktion des Achtzehn-Gebets: „... höchster Gott und Schöpfer des Alls"). Die Gedanken erinnern an 1 Clem 20; auffallend ist die Betonung der („ewigen") Dauer der Welt, also das Fehlen jeglicher Eschatologie. Auch in diesem Teil besteht eine große Nähe zur LXX-Sprache, doch sind direkte Zitate oder Anspielungen nicht erkennbar. Die einleitende Aussage (Z 35) sagt nicht, daß Gott in der Schöpfung erkannt werde, „wohl aber daß der ewige, also der ruhende göttliche Bestand des Weltalls durch die bunte und wechselnde Vielgestaltigkeit der Einzelerscheinungen sichtbar wird" (Knopf zSt). σύστασις, „Zusammenfügung, Struktur", ist an sich ein politisch-philosophischer Begriff mit großem Anwendungsbereich (s. Liddell-Scott s. v.). Zu σύστασις τοῦ κόσμου vgl. Plat Tim 32C: ἡ τοῦ κόσμου σύστασις hat beim Schöpfungsakt die vier Elemente Feuer, Wasser, Erde und Luft vollständig verbraucht (die Aussage ist übernommen von Philo Det Pot Ins 154; Aet Mund 25). Vgl. Diod S I 7,1: κατὰ γὰρ τὴν ἐξ ἀρχῆς τῶν ὅλων σύστασιν μίαν ἔχειν ἰδέαν οὐρανόν τε καὶ γῆν „Denn am Anfang bei der Zusammenfügung aller Dinge hatten Himmel und Erde *ein* Aussehen". Das Verb φανεροποιεῖν ist selten und spät; in uns. Lit. noch Herm Sim IV, 2 von der (eschatologischen) Offenbarung derer, die Gott dienen. In der Sache kommt uns. St. sehr nahe Sap Sal 7,17f: αὐτὸς γάρ μοι ἔδωκεν τῶν ὄντων γνῶσιν ἀψευδῆ εἰδέναι σύστασιν κόσμου καὶ ἐνέργειαν στοιχείων, ἀρχὴν καὶ τέλος καὶ μεσότητα χρόνων. Vgl. auch das zu 59,2 zitierte Gebet aus Const Ap VIII 22,3, das unseren Text voraussetzt, ohne unmittelbar von ihm abhängig zu sein. Zur nochmaligen Anrede an Gott in Z 36 vgl. Z 21. Die Formulierung ist nahe bei Ps 88,12b.13a LXX: τὴν οἰκουμένην καὶ τὸ πλήρωμα αὐτῆς σὺ ἐθεμελίωσας. τὴν βορρᾶν καὶ θαλάσσας σὺ ἔκτισας (οἰκουμένη häufig in LXX für תֵּבֵל „die kultivierte Erde"). Zu den Gottesattributen πιστός und δίκαιος in Z 37.38 s. o. zu 27,1. Vgl. außer den dort genannten AT-Stellen noch Dtn 7,9; Ps 144,17 LXX: δίκαιος κύριος ἐν πάσαις ταῖς ὁδοῖς αὐτοῦ (vgl. V. 13a; auch für das Folgende bietet Ps 144 Parallelen); ferner Tob 3,2 BA: δίκαιος εἶ, κύριε ... καὶ κρίσιν ἀληθινὴν καὶ δικαίαν σὺ κρίνεις εἰς τὸν αἰῶνα; Ps 119,137. Vgl. 1 Joh 1,9: πιστός ἐστιν καὶ δίκαιος. Zu Z 39 vgl. Jdt 16,13 (κύριε, μέγας εἶ καὶ ἔνδοξος, θαυμαστὸς ἐν ἰσχύι), ferner Ps 67,35 f LXX: δότε δόξαν τῷ θεῷ· ἐπὶ τὸν Ἰσραηλ ἡ μεγαλοπρέπεια αὐτοῦ ... θαυμαστὸς ὁ θεὸς ἐν τοῖς ἁγίοις αὐτοῦ. ἰσχύς in LXX sehr häufig, meist für כֹּחַ; μεγαλοπρέπεια nur in einigen Psalmen, mit verschiedenen hebr. Äquivalenten (in uns. Lit. nur hier; vgl. aber das Adj. in 1,2; 9,1 u. ö.). Z 40/41 und Z 42/43 sind parallel formuliert: Gott ist „weise" als Schöpfer und Erhalter, und er ist „gütig" sowohl in dem, was sichtbar ist, als auch in dem, worauf die Christen vertrauen, ohne es zu sehen. Zu Z 40 vgl. Sir 1,8f: εἷς ἐστιν σοφός, φοβερὸς σφόδρα ... κύριος . αὐτὸς ἔκτισεν αὐτὴν (sc. die Weisheit; vgl. Sauer, JSHRZ III/5, 507). συνετός als Gottesattribut ist ganz ungewöhnlich; vgl. aber Ps 146,5 LXX: μέγας ὁ κύριος ἡμῶν, καὶ μεγάλη ἡ ἰσχὺς αὐτοῦ, καὶ τῆς συνέσεως αὐτοῦ οὐκ ἔστιν ἀριθμός. Zu ἐδράζω s. Bauer-Aland WB s. v. Z 42 erinnert an Sap Sal 13,1: Nichtig sind die Menschen, die keine Gotteserkenntnis haben καὶ ἐκ τῶν ὁρωμένων ἀγαθῶν οὐκ ἴσχυσαν εἰδέναι τὸν ὄντα. Daß Gott ἀγαθός sei, sagt Ps 72,1; vgl. Ps 117,1 LXX: ἐξομολογεῖσθε τῷ κυρίῳ, ὅτι ἀγαθός (vgl. Ps 135,1 LXX: ἐξομολογεῖσθε τῷ κυρίῳ, ὅτι χρηστός); vgl. Mk 10,18: Gott allein ist ἀγαθός. Z 43: χρηστός ist in LXX ein geläufiges Gottesprädikat; vgl. Ps 144,9: χρηστὸς κύριος τοῖς σύμπασιν; Sap Sal 15,1: σὺ δέ, ὁ θεὸς ἡμῶν, χρηστὸς καὶ ἀληθής. Im NT Lk 6,35; 1 Petr 2,3. In der griech. Religiosität ist der Ausdruck übrigens ungewöhnlich; der von Knopf zSt genannte Beleg für θεοὶ χρηστοί (Hdt VIII 111) redet ironisch, fast zynisch. Zu τοῖς πεποιθόσιν vgl. 58,1; die Aussage ist wohl nicht eschatologisch zu verstehen.

Mit Z 44.45 beginnt *Teil 4* des Gebets. Die Gottesanrede ἐλεήμων und οἰκτίρμων sowie die Bitte um Vergebung und Erbarmen sind ganz traditionell; vgl. Ps 86,15.16a; 103,8ff; 111,4; 112,4; Joel 2,13; Sir 2,11: διότι οἰκτίρμων καὶ ἐλεήμων ὁ κύριος καὶ ἀφίησεν ἁμαρτίας καὶ σῴζει ἐν καιρῷ θλίψεως. Die Aufzählung der Fehlhandlungen, um deren Vergebung Gott gebeten wird, ist „fallend" (Knopf zSt); die einzelnen Begriffe passen jedenfalls zum brieflichen Kontext. ἀνομία (auch im Plural) bisher im 1 Clem häufig in Zitaten (8,3; 15,5; 16,5 u. ö.); ἀδικία in 35,5; zu παράπτωμα vgl. vor allem 51,3; πλημμέλεια in 41,2. Auch **60,2** gehört zu Teil 4 des Gebets. Zur Formulierung der Bitte in Z 46 vgl. 2 Reg 19,20: μὴ διαλογισάσθω ὁ κύριός μου (= David) ἀνομίαν. Daß die Betenden von sich in der 3. Pers. sprechen, ist ganz geläufig (vgl. Ps 19,12.14; 27,9 u. ö.). Zu δούλων καὶ παιδισκῶν vgl. Joel 3,2 (Apg 2,18), freilich δούλη anstelle von παιδίσκη. Das Gebet bringt explizit zum Ausdruck, daß die „wir" Männer und Frauen sind. Zur Struktur der Aussage in Z 47 (μή+ 2. Pers. Konj. Aor. – ἀλλά+ Impt. Aor.) vgl. das Vaterunser Mt 6,13 (Codex H liest irrtümlich καθαρεῖς; das von den Editionen durchweg übernommene καθάρισον folgt den Versionen). Die Bitte um „Reinigung" begegnet in den Psalmen (vgl. Ps 50,4 LXX: καὶ ἀπὸ τῆς ἁμαρτίας μου καθάρισόν με; ähnlich Ps 38,9 LXX Codex א als varia lectio zu ῥῦσαι) und in auffallend ähnlicher Formulierung in Qumran (1 QS IV 21: „Und er wird über sie sprengen den Geist der Wahrheit wie Reinigungswasser [zur Reinigung] von allen Greueln der Lüge ..." [Übers. Lohse]). Auffällig wieder die figura etymologica καθάρισον τὸν καθαρισμόν; in der Sache vgl. 1 Joh 1,7.9. ἀλήθεια im Gebet Jesu in Joh 17,17. ἁμαρτία ist Verfehlung gegen Gott, die nur durch Gottes Wahrheit „gereinigt" werden kann. Zu Z 48 vgl. 1 Clem 48,4 (dort auch ἐν ὁσιότητι); in LXX Ps 118,133: τὰ διαβήματά μου κατεύθυνον κατὰ τὸ λόγιόν σου, καὶ μὴ κατακυριευσάτω μου πᾶσα ἀνομία; Ps 36,23; 39,3; vgl. Lk 1,79b. Zu Z 49 vgl. 1 Clem 32,4 (ἐν ὁσιότητι καρδίας); 29,1 (ἐν ὁσιότητι ψυχῆς; vgl. die dort genannten Texte). πορεύεσθαι wie in 1,3; 3,4; 13,3. Zu Z 50.51 vgl. 21,1 (τὰ καλὰ καὶ εὐάρεστα ἐνώπιον αὐτοῦ ποιῶμεν) und die dort genannten Texte; die Formulierung wird in Z 73/74 mit verändertem Ziel wiederholt. Z 52 bringt zum Abschluß einen neuen Akzent ein – den Bezug zu den ἄρχοντες ἡμῶν, den politischen Herrschern (vgl. Z 60.61 und dann Teil 6 insgesamt), die merkwürdig gleichberechtigt neben Gott zu stehen scheinen (s. u. den Exkurs zu 61,2).

60,3: Mit der betonten Anrede ναί, δέσποτα (vgl. Lk 10,21/Mt 11,26) beginnt in Z 53 *Teil 5* des Gebets. Zur Bitte ἐπίφανον κτλ. vgl. den aaronitischen Segen Num 6,25 f LXX (ἐπιφάναι κύριος τὸ πρόσωπον αὐτοῦ ἐπὶ σὲ ... καὶ δῴη σοι εἰρήνην); ähnlich Ps 30,17: ἐπίφανον τὸ πρόσωπόν σου ἐπὶ τὸν δοῦλόν σου; Ps 118,35 (s. o. zu Z 48); zu εἰς ἀγαθά vgl. Röm 13,4. Zu Z 54.55 vgl. Sap Sal 5,16 (τῇ δεξιᾷ σκεπάσει αὐτοὺς καὶ τῷ βραχίονι ὑπερασπιεῖ αὐτῶν); 19,8 (οἱ τῇ σῇ σκεπαζόμενοι χειρί). Die anthropomorphe Redeweise ist biblisch traditionell; zur Verbindung χεὶρ κραταιά und βραχίων ὑψηλός vgl. Ex 6,1 LXX; Dtn 4,34; 5,15; Jer 32,21 (entsprechend dem hebr. בְּיָד חֲזָקָה וּבְאֶזְרוֹעַ נְטוּיָה). Zu ῥυσθῆναι ἀπὸ πάσης ἀμαρτίας vgl. Mt 6,13; ferner Weish 10,13: ἐξ ἀμαρτίας ἐρρύσατο αὐτόν. Sehr geläufig, aber dabei doch wohl auch durchaus konkret gemeint, ist die in Z 56 formulierte Bitte; vgl. Ps 106,10; Ps 17,18 LXX: ῥύσεταί με ἐξ ἐχθρῶν μου δυνατῶν καὶ ἐκ τῶν μισούντων με. Zu μισούντων ἡμᾶς ἀδίκως vgl. in LXX Ps 37,20b (οἱ μισοῦντές με ἀδίκως); 34,19; 68,4 (hier jeweils δωρεάν). Ferner Justin Apol I 14,3: καὶ ὑπὲρ τῶν ἐχθρῶν εὐχόμενοι, καὶ τοὺς ἀδίκως μισοῦντας πείθειν πειρώμενοι ... (dieser Aspekt, daß die Hasser sich zu Christus bekehren sollen, fehlt in 1 Clem). Die in **60,4** folgende Bitte entspricht dem Kontext des ganzen Briefes. Zu Z 57 vgl. 20,10 f, ferner unten Z 68 und 65,1. Daß Eintracht und Frieden für das Zusammenleben der Menschen unverzichtbare Gaben Gottes sind, hatte der Vf ausführlich dargelegt (vgl. 63,2); zu diesem Aspekt s. Mikat, in: FS Scheuner, 459. Zum Gebet der Christen für alle Menschen vgl. 1 Tim 2,1; Ign Eph 10,1; Pol Phil 12,3. Die umschreibende Wendung οἱ κατοικοῦντες ἐπὶ τῆς γῆς (seltener: τὴν γῆν) wird sehr häufig in der Apk gebraucht. Es wird nicht etwa um Bekehrung o. ä. gebetet (so Justin Dial 35,8; 96,3: εὐχόμεθα ὑπὲρ ὑμῶν, ἵνα ἐλεηθῆτε ὑπὸ τοῦ Χριστοῦ; ähnlich die Fortsetzung der oben zitierten St. bei Justin Apol I 14,3) oder weil das Gebot der Feindesliebe erfüllt werden soll (so Justin Dial 133,6), sondern die Beter bitten generell für eine friedliche Weltordnung. Woran in Z 58.59 konkret gedacht ist, läßt sich kaum sagen; möglicherweise soll der Rückbezug auf die Erzväter (ebenso wie in 30,7; vgl. 62,2) Gott an die Kontinuität seines Handelns erinnern. Zur syntaktischen Konstruktion in Z 59 (gen. abs. anstelle eines part. conjunct.) s. B-D-R § 423,4. Zur Parallelität von πίστις und ἀλήθεια vgl. 35,2 und 1 Tim 2,7. Abschließend parallelisiert das Gebet in Z 60.61 den Gehorsam gegen Gott mit dem gegen die irdische „Obrigkeit" (s. zu Z 51.52). Der Anschluß ὑπηκόους γινομένους ist Solözismus (s. B-D-R §§ 136. 137). Zu παντοκράτορι καὶ ἐνδόξῳ ὀνόματί σου vgl. Herm Vis III 3,5: τοῦ παντοκράτορος καὶ ἐνδόξου ὀνόματος. Zum Problem des adj. Gebrauchs von παντοκράτωρ s. Bauer-Aland WB s. v. Statt ἐνδόξῳ (so die Versionen; L: mirifico) liest H παναρέτῳ, wohl irrtümlich (vgl. 1,2; 2,8; 45,7; 57,3). ὄνομά σου als Gottesbezeichnung schon in Z 1; vgl. 58,1. Mit ὑπηκόους κτλ. sind wahrscheinlich die Christen gemeint (vgl. ἡμῶν in Z 61), möglicherweise aber auch alle Menschen (Z 57). Zur Formulierung in Z 61 (s. auch Z 52) vgl. 32,2; ferner 5,7; 37,3; ἐπὶ τῆς γῆς zeigt die Begrenztheit des Machtbereichs an. Konkret ist bei den ἄρχοντες und ἡγούμενοι ἡμῶν an die Repräsentanten der römischen Staatsverwaltung und -macht zu denken, mit denen Christen direkt oder indirekt in Berührung kommen konnten. L hat ἡμῶν gestrichen (ebenso in 61,1 [= Z 62] αὐτοῖς), so daß die ganze Aussage zu einer allgemeingültigen Beschreibung von Machtstrukturen wird (Harnack, SAB 1894, 261–272 sieht darin eine tendenziöse Textfälschung des Mittelalters).

61,1: Mit der betonten Gottesanrede in Z 62 beginnt *Teil 6* des Gebets (αὐτοῖς bezieht sich natürlich auf die unmittelbar voranstehende Zeile zurück). In der Sache zeigt sich hier eine große Nähe zu Röm 13,1–7; daß der Vf diesen paulinischen Text kennt, ist klar, auch wenn sich Spuren einer direkten Benutzung nicht zeigen. Zum Gebet für die Inhaber der Macht vgl. 1 Tim 2,2 (s. u. den Exkurs); es ist hier freilich viel weiter ausgebaut als in jener kurzen Notiz. Die erste Aussage (Z 62/63) betont nachdrücklich, daß Gott auch den Machthabern gegenüber der eigentliche Souverän ist. βασιλεία ist im eigentlichen Sinne das „Königtum" (ein ungewöhnlicher Sprachgebrauch, da im Urchristentum βασιλεία fast nur als Bezeichnung der Gottes- bzw. Christusherrschaft begegnet); ἐξουσία (in 1 Clem nur hier und in V. 2) meint den konkreten Vollzug der Macht (vgl. Joh 19,11; auf diese St. verweist auch Grant zSt). Zu Gottes κράτος s. zu 27,5; zu μεγαλοπρεπής vgl. Z 39, ferner 9,1. ἀνεκδιήγητος schon in 20,5; 49,4. Die irdischen Machthaber verdanken ihre Stellung also ausschließlich der freien Entscheidung Gottes. Die finale Aussage in Z 64/65 knüpft an Z 32 (γνώτωσαν) und Z 3 (εἰς τὸ γινώσκειν σε) an: Die Christen sollen δόξα und τιμή der Inhaber der obrigkeitlichen Gewalt erkennen (zur Verbindung beider Begriffe s. 45,8), wobei nochmals gesagt wird, daß Gott deren Urheber ist. In Z 66.67 betont das Gebet nachdrücklich, daß die Unterordnung unter die Staatsgewalt (zu ὑποτάσσεσθαι vgl. 1,3; 57,1 f) dem Willen Gottes (vgl. 34,5; 56,2) völlig entspricht (beachte erneut die Litotes; B-D-R § 495,2). Das Verb ἐναντιόομαι ist in uns. Lit. hapax legomenon (vgl. aber Apg 13,45 in der Lesart des Codex E, wo D u. a. ἀντιλέγειν lesen). In Z 68 wird das Gebet konkreter: Die Beter bitten Gott (κύριε) für das Wohlergehen derer, die die ἐξουσία haben. Zu ὑγίεια s. zu 20,10; das Subst., auch hier wohl im konkreten Wortsinn, in uns. Lit. nur an diesen beiden St. (Schermann, Zauberpapyri 45 notiert Parallelen aus Zaubertexten, in denen die Gottheit um Gesundheit gebeten wird). Zu εἰρήνη und ὁμόνοια s. Z 57. εὐστάθεια, ein erst hell. Wort (s. Bauer-Aland WB s. v.), meint die Dauerhaftigkeit und Ruhe; vgl. Sap Sal 6,24: πλῆθος δὲ σοφῶν σωτηρία κόσμου, καὶ βασιλεὺς φρόνιμος εὐστάθεια δήμου. Ferner Philo Jos 57: εἰ δὲ τὰ ἐξ ἀκρασίας στάσεις ἐμφύλιοι καὶ πόλεμοι καὶ κακὰ ἐπὶ κακοῖς ἀμύθητα, δῆλον ὅτι τὰ ἐκ σωφροσύνης εὐστάθεια καὶ εἰρήνη καὶ τελείων κτῆσις ἀγαθῶν καὶ ἀπόλαυσις „Wenn aber die Folgen der Zügellosigkeit innere Unruhen und auswärtige Kriege und Leiden über Leiden ohne Zahl sind, so sind andererseits die Folgen der Enthaltsamkeit Wohlstand, Frieden, Besitz und Genuß vollkommenen Glückes" (Übers. L. Cohn). Bedeutsam ist in Z 69 die Angabe des Zwecks: Die Machthaber sollen die ἡγεμονία (vgl. Lk 3,1) ausüben (διέπειν nochmals in Z 75; sonst in uns. Lit. nur noch Dg 7,2) ἀπροσκόπως (s. 20,10; vgl. das Adj. in 1 Kor 10,32), wobei abermals wie in Z 65 betont wird, daß ihnen die Regierungsgewalt von Gott gegeben worden ist, wodurch das Adverb auch einen kritischen Maßstab setzt („unanstößig" gegenüber dem, der die Macht verlieh; vgl. in der Sache Sap Sal 6,3 f: ὅτι ἐδόθη παρὰ κυρίου ἡ κράτησις ὑμῖν ... ὃς ἐξετάσει ὑμῶν τὰ ἔργα καὶ τὰς βουλὰς διερευνήσει [durchforschen]).

61,2: Mit einer erneuten Anrede an Gott (vgl. Z 62) explizieren die Beter in Z 70–72 den schon in Z 65.69 erwähnten Gedanken weiter, daß es nämlich Gott ist, der den „Menschensöhnen" δόξαν κτλ gibt. Zur Anrede vgl. 1 Tim 1,17; Tob 13,7: ὑψώσατε τὸν βασιλέα τῶν αἰώνων (vgl. auch 13,11). Vgl. Jer 10,10: מֶלֶךְ עוֹלָם (keine LXX-Parallele). ἐπουράνιος als Gottesprädikat in 3 Makk 6,28; 7,6; im NT nur Mt 18,35; vgl. MartPol 14,3, wo Jesus „ewiger und himmlischer Hohepriester" genannt wird. Schermann, Zauberpapyri 24 notiert aus zyprischen Fluchtafeln die Formel ὁ ἐν οὐρανῷ ἔχων τὸ αἰθέριον βασίλειον. Betont stehen dem himmlischen König die „Söhne der Menschen" gegenüber – die Herrscher haben also zwar δόξα, τιμή und ἐξουσία, sie sind aber eben Menschen, nicht mehr. Grant zSt sieht „clearly an allusion" auf Ps 8,5 f (der Beter sagt, Gott habe den υἱὸς ἀνθρώπου gekrönt δόξῃ καὶ τιμῇ); aber das ist eher fraglich. Z 73/74 (zur erneuten Anrede Gottes s. Z 68) nehmen Z 48–51 auf: Gott soll den Willen der Herrscher lenken entsprechend dem, was ihm gefällt. Z 75 knüpft an Z 69 an und wiederholt zum drittenmal, daß die ἐξουσία der Herrschenden von Gott stammt. Zu ἐν εἰρήνῃ vgl. Z 68; zu ἐν πραΰτητι vgl. 30,8. εὐσεβῶς zielt, trotz der in 62,1 folgenden parallelen Aussage, nicht auf eine bewußte (christliche) Frömmigkeit der Herrscher, sondern meint inhaltlich das, was in Z 74 gesagt worden war. Das Ziel ist, daß die Machthaber Gottes gnädige Zuwendung erfahren (vgl. 48,1), also etwa jene Gaben, die in Z 68 aufgezählt worden waren. Der Gedanke, daß ihnen im Endgericht Vergebung widerfahren soll, ist gar nicht im Blick.

Exkurs: Das Gebet der Christen für die Inhaber der politischen Macht

Das christliche Gebet für die heidnische Obrigkeit hat eine längere jüdische Vorgeschichte (s. den ausführlichen Exkurs bei Dibelius-Conzelmann zu 1 Tim 2,2). Die loyale Gesinnung der Christen gegenüber dem Römischen Reich wird im NT weithin vorausgesetzt (Röm 13,1–7; 1 Petr 2,13–17; Tit 3,1; Apg passim); eine grundsätzlich völlig andere Haltung nimmt nur die Apk ein, offenbar aufgrund der Auseinandersetzung mit dem für Christen unannehmbaren Kaiserkult. Der Text 1 Clem 61,1f ist die älteste erhaltene Gestalt eines christlichen Gebets für die Machthaber. Dabei werden zwar in Hinführung zu diesem Gebetsteil in 60,2 (Z 51/52) und in 60,4 (Z 60/61) Gott und die irdischen Machthaber in gewisser Weise fast gleichgeordnet (Mikat, in: FS Scheuner, 456); aber keineswegs beruft sich das Gebet „für die Anerkennung der Obrigkeit auf die ewige Weltordnung" (so Mikat ebenda), denn in 60,1 (Z 35) ist von der Obrigkeit durchaus noch nicht die Rede (Z 35 bezieht sich vielmehr explizierend auf Z 32–34). Bei aller Anerkennung der gegebenen Ordnung betont das Gebet immer wieder, daß die irdischen Machthaber ihre Stellung von Gott erhalten haben (vgl. Röm 13,1); dabei enthält es zugleich die Bitte, Gott als der „himmlische König" solle das Denken und Handeln der menschlichen Herrscher in die richtige (d. h. dem Willen Gottes entsprechende) Richtung lenken. In dem Gebet fehlt eine Reflexion darüber, wie auf eine ihre Macht mißbrauchende Obrigkeit zu reagieren ist. Nach Ziegler, Studien 38 hätte es zur Gesamtintention des 1 Clem möglicherweise schlecht gepaßt, wenn das Gebet auf die Möglichkeit oder gar Notwendigkeit politischen Widerstandes hingewiesen hätte; die Aufrührer in Korinth würden es „gar nicht verstanden haben, wenn ihnen im selben Briefe einmal Unterordnung, das andere Mal Auflehnung gepredigt worden wäre". Aber daß der Vf bei den Adressaten mit so wenig Differenzierungsvermögen gerechnet hätte, ist wenig wahrscheinlich. Vielmehr ist das Gebet als ständig gültige Gottesanrede formuliert, nicht als Antwort auf aktuelle politische Entwicklungen. Wohl aber bezieht es der Vf auf die Situation der Gemeinde in Korinth; jedenfalls ist die Bitte um εἰρήνη und ὁμόνοια (als Gegensatz etwa zu στάσις und πόλεμος oder ἔρις) aus römischer Sicht sowohl für die gemeindliche wie für die politische Situation von großer Bedeutung (vgl. Mikat, in: FS Scheuner, 462f). Der für das Gebet charakteristische doppelte Akzent – einerseits Gebet für den Kaiser und seine Verwaltung, andererseits die damit verbundene Bitte, er möchte seine Macht dem Willen Gottes entsprechend ausüben – hält sich auch im späteren christlichen Denken durch. Vgl. Theophil Ad Autol I 11: Der Kaiser θεὸς γὰρ οὐκ ἔστιν, ἀλλὰ ἄνθρωπος, ὑπὸ θεοῦ τεταγμένος, οὐκ εἰς τὸ προσκυνεῖσθαι, ἀλλὰ εἰς τὸ δικαίως κρίνειν; vgl. Tert Apol 30,1–5; vgl. 39,2. S. zum Ganzen außer der erwähnten Studie von

P. Mikat noch die Beiträge in R. Klein (Hg.), Das frühe Christentum im römischen Staat, WdF 267, 1971. Außerdem A. Lindemann, WuD NF 18, 1985, 105–133.

61,3: Der Schlußabschnitt des Gebets *(Teil 7)* nimmt in Z 77 das μόνος-Prädikat nochmals auf (vgl. Z 3. 10. 32). Zu ποιῆσαι ... ἀγαθὰ μεθ᾽ ἡμῶν vgl. Lk 1,72; 10,37; in LXX Gen 24,12; 2Reg 2,6: ποιήσω μεθ᾽ ὑμῶν τὰ ἀγαθὰ ταῦτα. In Z 78 wird das vorangegangene Gebet als ein Lobpreis Gottes bezeichnet (zu ἐξομολογέομαι vgl. 26,2; in anderer Bedeutung in 51,3; 52,1). Christus ist ἀρχιερεύς und προστάτης wie in 36,1. Das christologische διά in der Doxologie (s. zu 58,2) wird in Z 79 wiederholt: Die Gott gebührende δόξα und μεγαλωσύνη (s. 20,12) werden ihm „durch ihn" (= Christus) zuteil. Zu Z 80 vgl. Tob 8,5 א: ... εὐλογητὸν τὸ ὄνομά σου εἰς πάντας τοὺς αἰῶνας τῆς γενεᾶς. εἰς γενεὰ γενεῶν ist Bibelgriechisch für das sehr häufige לְדֹר וָדֹר (in LXX meist: εἰς γενεὰν καὶ γενεάν); vgl. auch Eph 3,21 (αὐτῷ ἡ δόξα ... εἰς πάσας τὰς γενεὰς τοῦ αἰῶνος τῶν αἰώνων· ἀμήν). καὶ νῦν hier offenbar erstmals in liturgischem Kontext; vgl. 64, wo diese Doxologie fast wörtlich wiederholt wird. Hier schließt die Doxologie stilgemäß das Gebet ab; sie beendet aber zugleich auch den ganzen Briefabschnitt 59,1–61,3.

62,1–3 Rückblickende Zusammenfassung des Briefes

¹Über das, was unserer Religion angemessen ist, und was in allererster Linie notwendig ist zu einem tugendsamen Leben für die, die (ihr Leben) fromm und gerecht führen wollen, haben wir euch hinreichend brieflich unterrichtet, Männer, Brüder. ²Denn über Glauben und Buße und echte Liebe und Enthaltsamkeit und Besonnenheit und Geduld haben wir jeden Punkt berührt, daran erinnernd, daß ihr in Gerechtigkeit und Wahrheit und Langmut dem allmächtigen Gott fromm gefallen müßt, indem ihr Eintracht haltet, ohne Böses nachzutragen, in Liebe und Frieden, mit beharrlicher Sanftmut, wie ja auch unsere zuvor erwähnten Väter (Gott) gefallen haben, da sie demütig waren gegenüber dem Vater, dem Gott und Schöpfer, und gegenüber allen Menschen. ³Und daran haben wir euch um so lieber erinnert, als wir genau wußten, wir schrieben an Männer, die gläubig sind und hochangesehen und die sich vertieft haben in die Aussprüche der Unterweisung Gottes.

Der Vf blickt zusammenfassend (ἄνδρες ἀδελφοί markiert den Neueinsatz) auf das von ihm im Brief Geleistete zurück, wobei er in V. 2 die einzelnen erörterten Themen nochmals aufzählt und an sein hauptsächliches Argumentationsmittel erinnert (οἱ ... πατέρες ἡμῶν); die captatio benevolentiae in V. 3 greift auf den Briefanfang zurück. Hagner, Use 6 f: „The epistle may be fairly summed up as an extended piece of ethical paraenesis" (unter Bezugnahme auf Kap. 62).

1: θρησκεία, schon in 45,7, meint umfassend die „christliche Religion" (vgl. entsprechend Apg 26,5 vom Judentum). Zu τὰ ἀνήκοντα vgl. 45,1. ὠφέλιμος schon in 56,2, im gleichen Sinn wie hier; ἐνάρετος, in uns. Lit. sonst nur noch Ign Phld 1,2, ist ein typisch stoischer Begriff. Zu διευθύνειν ist dem Sinne nach τὸν βίον zu ergänzen; L verkürzt: quae utilia sunt his qui perpetuam vitam volunt pie et iuste incedere. ἐπιστέλλειν wie in 7,1; das anspruchsvolle ἱκανῶς will signalisieren, daß die Adressaten selbst verantwortlich sind, wenn sie sich nicht an die Ratschläge des Briefes halten. Iren Haer III 3,3 nimmt in seinem Bericht über Clemens Romanus offensichtlich auf diese Aussage Bezug (ἐπέστειλεν ... ἱκανωτάτην γραφὴν τοῖς Κορινθίοις).

2 expliziert das ἱκανῶς. Auffallend ist die rhetorische Stilisierung in V. 2a: Zuerst zählt der Vf in einer sechsgliedrigen Reihe Themen auf (πίστις, μετάνοια usw.), die er vollständig, d. h. jedes Detail (πάντα τόπον) berührend, erörtert habe (ψηλαφάω im bildlichen Sinn wie bei Polyb VIII 18,4: πᾶσαν ἐπίνολαν ἐψηλάφα): danach nennt er in einer dreigliedrigen Reihe Kriterien wahrer Gottesbeziehung (δικαιοσύνη, ἀλήθεια, μακροθυμία); und schließlich folgen zwei die Eintracht bestimmenden Verhaltensnormen (ἐν ἀγάπῃ καὶ εἰρήνῃ) sowie endlich die ἐπιείκεια als Maßstab des ὁμονοεῖν. Vier der sechs in der ersten Reihe genannten Stichworte begegnen auch im „Tugendkatalog" Gal 5,22f (vgl. Knoch, Eigenart 250–254 u. ö.). Von der πίστις war im 1Clem oft die Rede, vgl. vor allem 22,1. Zu μετάνοια vgl. 8,1ff und 57,1. Zu ἀγάπη vgl. 21,7f und vor allem natürlich Kap. 49f; das Attribut γνήσιος, nur hier, soll offenbar Mißverständnissen vorbeugen. Zu ἐγκράτεια vgl. 30,3; 35,2 und vor allem 38,2. σωφροσύνη begegnete bislang nicht (vgl. aber 1,2f, wo der Vf durch Adjektiv und Verb die korinthische Vergangenheit vor dem Aufruhr kennzeichnet), doch im Grunde ist dies die Verhaltensnorm, auf die die ständigen Mahnungen zur ταπεινοφροσύνη (vgl. 58,2 u. ö.) zielten. Zu ὑπομονή vgl. 5,5.7 und vor allem 45,8; 46,1. Die anschließende partizipiale Wendung ὑπομιμνῄσκοντες κτλ. nennt die Bedingungen für die rechte Gottesbeziehung; zu τῷ θεῷ εὐαρεστεῖν vgl. 21,1; 41,1. Zur Verknüpfung von δικαιοσύνη und ἀλήθεια vgl. 31,2; 35,2. Das Stichwort μακροθυμία hatte bislang nur am Rande eine Rolle gespielt (13,1; 49,5); vgl. aber den Hinweis auf Gottes „langmütigen Willen" in 19,3. Die an ὑμᾶς anknüpfende partizipiale Wendung ὁμονοῦντας ... ἐν ἀγάπῃ καὶ εἰρήνῃ erinnert an das eigentliche Thema des ganzen Briefes (vgl. 30,3; 34,7; zuletzt 60,4). Zu ἀμνησικάκως vgl. die Beschreibung der Vergangenheit in 2,5; ob sich diese Aufforderung tatsächlich konkret an die (wieder in ihr Amt eingesetzten) Presbyter richtet, läßt sich kaum sagen. Zu ἐπιείκεια vgl. 30,8; 56,1; 58,2. In **2b** erinnert der Vf an das Vorbild der πατέρες ἡμῶν (vgl. 30,7; 60,4); ihre Demut war zumal in 17,2–19,1 ausführlich geschildert worden. Zu den Gottesbezeichnungen „Vater" und „Schöpfer" vgl. 19,2; von der Demut der Väter πρὸς πάντας ἀνθρώπους war bislang nicht die Rede gewesen, doch ist sie im Grunde eine Selbstverständlichkeit (vgl. Phil 2,3; 1Petr 5,5: ἀλλήλων). Die abschließende captatio in **3** nimmt die Argumentation des Briefanfangs auf, steht zugleich aber in einer gewissen Spannung etwa zur heftigen Kritik in 47,6f. Zu πιστός vgl. 1,2. Zu ἐλλόγιμος vgl. 44,3; 57,2; der Superlativ ist rhetorische Übersteigerung. Zu ἐγκεκυφόσιν κτλ. vgl. 45,2; 53,1. παιδεία ist, wie in 56,2.16; 57,1, die „Zurechtweisung", die in den λόγια Gottes zur Sprache kommt, wobei der Vf die Schriftlichkeit dieser „Aussprüche" (in der Bibel) voraussetzt. Die ganze Formulierung macht es im übrigen wahrscheinlich, daß der Brief bewußt an die Männer in der korinthischen Gemeinde adressiert ist (s. zu 1,3; vgl. Ziegler, Studien 35ff); sie sind es, die aufgefordert werden, ihr Wissen nun zu bewähren und sich von den Rädelsführern der στάσις zu distanzieren.

63,1–4 Eine letzte Mahnung zu Frieden und Eintracht

[1]Es ist also angebracht, sich derartigen und so zahlreichen Vorbildern zuzuwenden, den Nacken zu beugen und den Platz des Gehorsams einzunehmen, damit wir, ablassend vom nichtigen Aufruhr, zu dem uns in Wahrheit vorgelegten Ziel gelangen ohne allen Tadel. [2]Freude nämlich und Jubel werdet ihr uns bereiten, wenn ihr, gehorsam gegenüber dem, was von uns durch den Heiligen Geist geschrieben worden ist, den frevelhaften, aus eurer Eifersucht geborenen Zorn ausrottet gemäß der Bitte, die wir hinsichtlich Frieden und Eintracht in diesem Brief vorgebracht haben.
[3]Wir haben ferner gläubige und besonnene Männer gesandt, die von Jugend auf bis ins Alter untadelig unter uns ihren Wandel geführt haben; diese werden auch Zeugen sein zwischen euch und uns. [4]Das haben wir aber getan, damit ihr erkennt, daß unsere ganze Sorge war und ist, ihr möchtet rasch zum Frieden kommen.

Zum letztenmal formuliert der Vf einen Aufruf zur Umkehr, rhetorisch geschickt zunächst (V. 1) in der 1. Pers. Plural, erst dann (V. 2) in der Anrede an die Leser. In V. 3f werden römische Gemeindegesandte erwähnt (vgl. 65,1), die wohl als Überbringer des Briefes zu denken sind.

Die einleitende Wendung in **1** (θεμιτὸν ἐστίν) gehört der gehobenen Schriftsprache an (Belege bei Bauer-Aland WB s. v.; häufiger ist das verneinende οὐ θεμιτόν; vgl. ἀθέμιτον in V. 2). Zu den ὑποδείγματα vgl. 5,1; 6,1; 46,1. Zu προσέρχομαι s. 33,8 (dort mit ὑπογραμμός anstelle von ὑπόδειγμα). ὑποθεῖναι τὸν τράχηλον bezeichnet die Demutsgebärde, nimmt also 62,2b auf; bei Epict Diss IV 1,77 steht die Wendung synonym für παρέδωκας σαυτὸν δοῦλον. Der Ausdruck τὸν τόπον ἀναπληρῶσαι wie in 1 Kor 14,16; die Formulierung, die ja einem einfachen ὑπακούειν (bzw. V. 2: ὑπήκοοι γενόμενοι) entspricht, wirkt geziert (Knopf zSt). S bietet an dieser Stelle eine (von Lightfoot in griechischer Rückübersetzung in den Text übernommen, auch von Harnack, Einführung 121 für ursprünglich gehaltene, aber sicher sekundäre) Erweiterung („... den Platz des Gehorsams einnehmend wollen wir uns jenen zuwenden, die die Führer unserer Seelen sind"). Abermals wird das Ende der korinthischen στάσις gefordert. Zum σκόπος, der ohne Tadel erreicht werden soll, vgl. 19,2, vor allem aber 6,2 und 51,1. Die Verwendung des Wir-Stils zeigt, abgesehen von der Rhetorik, an, daß die erwähnten Normen für alle Christen gelten. **2** unterstreicht den Sinn des „Wir": Es liegt in der Hand der Korinther, den Römern χαρὰν καὶ ἀγαλλίασιν zu bereiten (zur Formulierung vgl. Lk 1,14; Mart Pol 18,3; die Verbindung der beiden Worte ist ungewöhnlich). Die römische Gemeinde erwartet Gehorsam gegenüber den Aussagen ihres Briefes (vgl. 59,1), weil sie ihn διὰ τοῦ ἁγίου πνεύματος geschrieben hat. Die Gemeinde beansprucht damit wohl nicht, ihr Brief sei vom Geist unmittelbar inspiriert; aber der Vf setzt voraus, daß die erhobenen Forderungen dem Willen des göttlichen πνεῦμα entsprechen. ὀργή steht hier für στάσις; der ζῆλος war vor allem in Kap. 3–6 als Ursache aller Übel beschrieben worden. Der Nachsatz am Ende von V. 2 kennzeichnet das jetzt nahezu abgeschlossene Schreiben als eine ἔντευξις περὶ εἰρήνης καὶ ὁμονοίας; dabei ist ἔντευξις nicht einfach die Bitte, sondern im fast technischen Sinn die (offizielle) „Eingabe" (vgl. Justin Apol I 1,1, dort neben προσφώνησις); L übersetzt denuntiatio. Zur Gattung der ἔντευξις s. die Einleitung 3: Gattung und

Gliederung. εἰρήνη καὶ ὁμόνοια nochmals in 65,1; dies ist es, worauf es der römischen Gemeinde ankam.

In **3** erwähnt der Brief die Gemeindegesandten. ἐπέμψαμεν ist wahrscheinlich Aorist des Briefstils (s. B-D-R § 334), d. h. die erwähnten Männer sind jetzt in Korinth anwesend und werden durch die lobenden Formulierungen im Brief beglaubigt. Die Angaben über sie sind eindrücklich (ἀπὸ νεότητος ... ἕως γήρους ἀμέμπρως), bleiben aber für uns doch relativ undeutlich, so daß Erwägungen hinsichtlich ihres Lebensalters und ihrer eventuellen Bekanntschaft mit Paulus oder Petrus entfallen müssen. ἕως γήρους sprachlich wie in Ps 70,18 LXX. Der Hinweis auf ihre Rolle als μάρτυρες besagt wohl, daß sie zunächst in Korinth den römischen Standpunkt erläutern und dann umgekehrt in Rom über die korinthische Reaktion berichten sollen (65,1); deshalb hat ihre Dreizahl (s. 65,1) mit der Bestimmung über die Zahl der Zeugen vor Gericht (Dtn 19,15) wahrscheinlich nichts zu tun. In **4** nennt der Vf abschließend nochmals das römische Motiv: Es geht um die rasche Herstellung des Friedens (wie Rom ihn sieht) in Korinth. φροντίς schon in 7,2, freilich mit anderem Inhalt. ἐν τάχει wie 48,1, und εἰρηνεύειν wie in 54,2.

64 Schlußvotum

Im übrigen verleihe der allsehende Gott, der Herrscher der Geister und Herr alles Fleisches, der auserwählt hat den Herrn Jesus Christus und durch ihn uns zu einem erlesenen Volk, jeder ‚Seele‘, die seinen erhabenen und heiligen Namen angerufen hat, Glauben, Furcht, Frieden, Geduld und Langmut, Enthaltsamkeit, Keuschheut und Besonnenheit, auf daß sie (sc. die ‚Seelen‘) seinem Namen wohlgefällig seien durch unseren Hohenpriester und Beschützer Jesus Christus, durch welchen ihm sei Herrlichkeit und Majestät, Macht und Ehre, jetzt und in alle Ewigkeit. Amen.

Im ersten Wort von Kap. **64** setzt Codex A wieder ein (s. zu 57,7). Im Schlußvotum (λοιπόν wie in 2 Kor 13,11) bedient sich der Vf biblischer und liturgischer Sprache. Das Gottesprädikat παντεπόπτης wie in 55,6; zu δεσπότης τῶν πνευμάτων καὶ κύριος πάσης σαρκός vgl. 59,3 (s. dort Z 10.11). Auffallend ist die Aussage, Gott habe Christus „auserwählt"; wahrscheinlich steht im Hintergrund die jüdische Messiasbezeichnung ὁ ἐκλεκτός (vgl. Lk 23,35; häufig in der Apokalyptik, s. Schrenk, ThWNT IV, 189f). Der Vf vertritt sicher keine adoptianische Christologie, sondern will durch seine Formulierung die enge Verbindung des „erwählten" Christus mit dem „erwählten" Gottesvolk unterstreichen; vgl. äth Hen 40,5: Ich hörte preisen „den Erwählten und die Auserwählten, die aufgehoben sind bei dem Herrn der Geister" (Übers. Uhlig, JSHRZ V/6, 580f). Die Kirche wird als ὁ λαὸς περιούσιος auch in Tit 2,14 (in Anlehnung an Ex 19,5; 23,22 LXX); 1 Petr 2,9f bezeichnet; 1 Clem setzt diesen Sprachgebrauch offenbar als selbstverständlich voraus (vgl. 29,1f). Zu δι’ αὐτοῦ vgl. 1 Kor 8,6 (anders Eph 1,4: ἐξελέξατο ἡμᾶς ἐν αὐτῷ). Die an Gott gerichtete Bitte ist sehr feierlich formuliert. Zu πάσῃ ψυχῇ vgl. Röm 2,9; 13,1; Apk 16,3; in LXX häufig für כָּל נֶפֶשׁ. ἐκιπαλεῖν τὸ ὄνομα ist eine geläufige Wendung (vgl. Ps 98,6 LXX; Joel 3,5; 1 Kor 1,2); μεγαλοπρεπής war in 9,1f; 19,2; 61,1 Gottesprädikat; zu ἅγιον πνεῦμα vgl. 58,1. Die ganze Formulierung ist stilisiert, nimmt

aber zugleich wohl auch auf die konkreten Verhältnisse im christlichen Gottesdienst
Bezug (vgl. Röm 10,9–13; s. jedoch auch äth Hen 45,3: „An jenem Tage wird mein
Erwählter sitzen auf dem Thron der Herrlichkeit, und er wird wählen [von] ihren Werken
… Und ihre Seele wird stark werden in ihnen, wenn sie meine Auserwählten sehen und
die, die meinen herrlichen Namen angefleht haben"; Übers. Uhlig aaO. 585 f). Inhalt der
Bitte ist die Verleihung von „Tugenden" (der Ausdruck fehlt freilich hier wie überhaupt
im 1 Clem), von denen acht (bzw. neun; s. u.) aufgezählt werden. Dieser Katalog entspricht weitgehend demjenigen in 62,2; neu sind φόβος (s. aber 2,8; 3,4 u. ö.) und ἁγνεία
(vgl. 21,7; ἁγνεία καὶ σωφροσύνη auch Ign Eph 10,3; vgl. Tit 2,5). Auffallend ist der
angestrebte Zweck, der mit dem in uns. Lit. nur hier begegnenden, sonst aber häufigen
(Belege bei Bauer-Aland WB s. v.) Substantiv εὐαρέστησις bezeichnet ist: Die Bitte an
Gott geht darauf, dem Menschen zu ermöglichen, gottgefällig zu leben (vgl. in der Sache
62,2 und vor allem 38,2). Die (im Deutschen schlecht wiederzugebende) substantivische
Formulierung wirkt beinahe so, als sei die εὐαρέστησις eine neunte erbetene „Tugend".
Die doxologische Schlußwendung entspricht weitgehend dem Gebetsschluß in 61,3;
κράτος und τιμή begegneten bislang in den Doxologien des 1 Clem nicht, fügen sich aber
ohne weiteres ein (s. auch 65,2).

65,1–2 Hinweis auf die Abgesandten. Gnadenwunsch

**[1]Die von uns abgesandten aber, Claudius Ephebius und Valerius Bito samt Fortu-
natus, schickt in Frieden mit Freude bald zurück zu uns, damit sie uns möglichst
schnell von dem erwünschten und ersehnten Frieden und der Eintracht Bericht
geben, damit um so schneller auch wir uns freuen über eure gute Ordnung.
[2]Die Gnade unseres Herrn Jesus Christus sei mit euch und mit allen überall, die
berufen sind von Gott durch ihn, durch welchen ihm sei Herrlichkeit, Ehre,
Macht und Majestät, ewiger Thron von Ewigkeit in alle Ewigkeit. Amen.**

Der Brief schließt, vor dem Gnadenwunsch und einer letzten Doxologie, mit der Bitte an
die Adressaten, sie möchten die Gemeindegesandten, deren Namen nun genannt werden,
alsbald mit positiver Nachricht nach Rom zurückschicken. Auffallend ist hier das Bemühen des Vf um einen gewählten Sprachstil.

Die in **1** erwähnten drei Männer tragen lateinische Namen. Claudius ist ein sehr
häufiger römischer Gentilname; der Beiname Ephebus (eigentlich „der mannbare Jüng-
ling") ist griechisch. Auch Valerius ist ein römischer Gentilname, der Name Bito(n)
wiederum griechisch (vgl. Diod S 14,53,5; Cic Tusc I 113). In beiden Fällen ist wohl
ausgeschlossen, daß es sich um römische Bürger handelt; vielleicht sind sie Freigelassene.
Ob sie aus dem kaiserlichen Hause stammen, wie Lightfoot I/1, 27f und Knopf zSt
vermuten, läßt sich trotz der „kaiserlichen" Namen kaum sagen; daher ist es auch
problematisch, nur aufgrund dieser Namen allgemeine Informationen über die gehobene
gesellschaftliche Stellung kaiserlicher Freigelassener unmittelbar auf die hier genannten
römischen Abgesandten zu beziehen; so aber Lampe, Christen 153–155: „In den Augen
der stadtrömischen Christen verkörpern Claudius und Valerius Autorität", weil sie
„soziologisch zu den ‚Spitzen' des stadtrömischen Christentums im 1. Jh. zählten". Fortu-

natus ist häufiger Beiname; mit dem in 1 Kor 16,17 erwähnten Mann wird der hier genannte kaum identisch sein. σὺν καί deutet offenbar eine gewisse Nachordnung an, wofür auch das Fehlen eines Gentilnamens zu sprechen scheint. Zur Formulierung vgl. AssMos Fragm. f (Clemens Alex Strom VI 132,3): εἶδεν δὲ Ἰησοῦς (= Josua) … πνεύματι ἐπαρθεὶς σὺν καὶ τῷ Χαλὲβ ἀλλ᾿ οὐχ ὁμοίως ἄμφω θεῶνται …). Zu ἐν εἰρήνη … ἀναπέμψατε vgl. 1 Kor 16,11. Auffallend ist die Kette ἐν τάχει – θᾶττον – τάχιον. ἐν τάχει wie in 63,4; zum Nebeneinander des sprachlich gebildeten, attischen ὅπως θᾶττον c. Konj. und des vulgären εἰς τὸ τάχιον c. Inf. vgl. Mart Pol 13,1 f (s. B-D-R § 61.1). Inhalt der von Rom aus Korinth erhofften Botschaft sind natürlich εἰρήνη καὶ ὁμόνοια (s. 63,2), hier verstärkt durch zwei bedeutsame Adjektive. εὐκταῖος (in uns. Lit. nur hier) ist gewählte literarische Sprache; das fast synonyme ἐπιπόθητος begegnet im NT nur in Phil 4,1 (vgl. Barn 1,3). Zu ἡμᾶς χαρῆναι vgl. 63,2 (χαρὰν ἡμῖν παρέξετε). εὐστάθεια, bisher nur im Gebet in 61,1, bezeichnet den durch „Frieden und Eintracht" ermöglichten Dauerzustand (vgl. Sap Sal 6,24: βασιλεὺς φρόνιμος εὐστάθεια δήμου). Der Gnadenwunsch in **2** entspricht zunächst wörtlich 1 Kor 16,23; Röm 16,20, was kaum Zufall ist (im NT außer bei Paulus – schon in 1 Thess 5,28 – nur noch Apk 22,21); jedenfalls war der Vf mit dem Formular der paulinischen Briefe vertraut. Die Ausweitung καὶ μετὰ πάντων πανταχῇ κτλ. erinnert wieder an 1 Kor 1,2 (s. o. zu Kap. 64); dem Vf liegt an der Verbindung Korinths mit allen Christen, die hier als οἱ κεκλημένοι ὑπὸ τοῦ θεοῦ apostrophiert werden (vgl. 32,4; 59,2). Die Schlußdoxologie entspricht weitgehend der von Kap. 64; sie ist erweitert durch das sonst nicht begegnende θρόνος αἰώνιος (in der Schlußdoxologie Mart Pol 21 dann nachgeahmt) und den ungewöhnlichen Ausdruck ἀπὸ τῶν αἰώνων (in Kol 1,26/Eph 3,9 liegt ein anderer Sinn vor). Der Brief endet also überaus feierlich.

Zweiter Clemensbrief

Literaturverzeichnis zum Zweiten Clemensbrief

Aufgeführt ist die im Kommentar zum Zweiten Clemensbrief zitierte Sekundärliteratur; Artikel aus RAC, RGG, ThWNT, TRE und anderen Nachschlagewerken sind nicht aufgenommen, da sie stets unter Angabe von Autor und Fundort zitiert werden. Textausgaben biblischer und apokrypher sowie antiker griechischer oder lateinischer Schriften, deren Benutzung sich von selbst versteht, sind ebenfalls nicht in das Literaturverzeichnis aufgenommen worden.

Zitiert wird unter Nennung des Verfassernamens und des ersten Substantivs des Buchtitels, bei Kommentaren unter Nennung der betreffenden biblischen Schrift.

Aono, T., Die Entwicklung des paulinischen Gerichtsgedankens bei den Apostolischen Vätern, EHS XXIII.137, Bern/Frankfurt a. M./Las Vegas 1979.

Baarda, T., 2 Clement 12 and the Sayings of Jesus; in: J. Delobel (Ed.), Logia. Les Paroles de Jésus – The Sayings of Jesus. Mémorial Joseph Coppens, EThL 59, Leuven 1982, 529–556.

Baasland, E., Der 2. Clemensbrief und frühchristliche Rhetorik. ,Die erste christliche Predigt' im Lichte der neueren Forschung (erscheint in ANRW II 27.1).

Bartlet, V., The Origin and Date of 2 Clem, ZNW 7, 1906, 123–135.

Bauer, W., Das Gebot der Feindesliebe und die alten Christen, in: Ders., Aufsätze und kleine Schriften, hg. von G. Strecker, Tübingen 1967, 235–252.

Ders.,/Paulsen, H., Die Briefe des Ignatius von Antiochia und der Brief des Polykarp von Smyrna. Zweite, neubearbeitete Auflage der Auslegung W. Bauers, HNT 18 (Die Apostolischen Väter II), Tübingen 1985.

Berger, K., Zur Diskussion über die Herkunft von I Kor II.9, NTS 24, 1977/78, 270–283.

Ders., Die Weisheitsschrift aus der Kairoer Geniza. Erstedition, Kommentar und Übersetzung, TANZ 1, Tübingen 1989.

Betz, H. D., Studien zur Bergpredigt, Tübingen 1985.

Ders., Der Galaterbrief. Ein Kommentar zum Brief des Apostels Paulus an die Gemeinden in Galatien, aus dem Amerikanischen übersetzt und für die deutsche Ausgabe redaktionell bearbeitet von S. Ann, München 1988.

(Strack, H. L./)Billerbeck, P., Kommentar zum Neuen Testament aus Talmud und Midrasch, Bd. I–IV: München [5]1969; Bd. V–VI: München [3]1969.

Bousset, W., Die Religion des Judentums im späthellenistischen Zeitalter, bearbeitet von H. Gressmann, HNT 21, Tübingen [4]1966.

Braun, H., An die Hebräer, HNT 14, Tübingen 1984.

Bultmann, R., Θεὸν οὐδεὶς ἑώρακεν πώποτε (Joh 1,18), in: Ders., Exegetica. Aufsätze zur Erforschung des Neuen Testaments, ausgewählt, eingeleitet und herausgegeben von E. Dinkler, Tübingen 1967, 174–197.

Bultmann, R., Theologie des Neuen Testaments, Tübingen [9]1984.

Campenhausen, H. von: Die Entstehung der christlichen Bibel, BHTh 39, Tübingen 1968.

Conzelmann, H., Der erste Brief an die Korinther, KEK V, Göttingen [2]1981.

Dibelius, M., Der Hirt des Hermas, HNT-Ergänzungsband. Die Apostolischen Väter IV, Tübingen 1923.

Ders., Der Brief des Jakobus, mit Ergänzungen von H. Greeven, KEK [12]XV, Göttingen [6]1984.

Ders., Die Pastoralbriefe, ergänzt von H. Conzelmann, HNT 13, Tübingen [4]1966.

DINKLER, E., Die Taufterminologie in 2 Kor 1,21 f, in: Ders., Signum crucis. Aufsätze zum Neuen Testament und zur christlichen Archäologie, Tübingen 1967, 99–117.

DI PAULI, A., Zum sogenannten 2. Korintherbrief des Clemens Romanus, ZNW 4, 1903, 321–329.

DONFRIED, K. P., The Theology of Second Clement, HThR 66, 1973, 487–501.

DERS., The Setting of Second Clement in Early Christianity, NT.S 38, Leiden 1974.

FRANK, A., Studien zur Ekklesiologie des Hirten, II Klemens, der Didache und der Ignatiusbriefe unter besonderer Berücksichtigung der Idee einer präexistenten Kirche, Diss. theol. München 1975.

FUNK, F. X., Der sogenannte zweite Klemensbrief, ThQ 84, 1902, 349–364; wiederabgedruckt in: Ders., Kirchengeschichtliche Abhandlungen und Untersuchungen 3, Paderborn 1907, 261–275.

FURNISH, V. P., II Corinthians. Translated with introduction, notes and commentary, The Anchor Bible 32A, New York 1984.

GRANT, R. M./GRAHAM, H. H., The Apostolic Fathers. A New Translation and Commentary, Volume 2. First and Second Clement, New York 1965.

GRILLMEIER, A., Jesus der Christus im Glauben der Kirche, Bd. 1: Von der apostolischen Zeit bis zum Konzil von Chalcedon (451), Freiburg i. Br. [3]1986.

HAGNER, D. A., The Use of the Old and New Testaments in Clement of Rome, NT.S 34, Leiden 1973.

HARNACK, A. VON: Geschichte der altchristlichen Literatur bis Eusebius, II: Die Chronologie, Bd. 1: Die Chronologie der Literatur bis Irenäus nebst einleitenden Untersuchungen, Leipzig [2]1958.

DERS., Über den sogenannten zweiten Brief des Clemens an die Korinther, ZKG 1, 1877, 264–283 und 329–364.

DERS., Zum Ursprung des sog. 2. Clemensbriefs, ZNW 6, 1905, 67–71.

HARNISCH, W., Verhängnis und Verheißung der Geschichte. Untersuchungen zum Zeit- und Geschichtsverständnis im 4. Buch Esra und in der syrischen Baruchapokalypse, FRLANT 97, Göttingen 1969.

HARRIS, J. R., The Authorship of the so-called Second Epistle of Clement, ZNW 23, 1924, 193–200.

KÄSEMANN, E., An die Römer, HNT 8a, Tübingen [4]1980.

KELLY, J. N. D., Altchristliche Glaubensbekenntnisse. Geschichte und Theologie, Göttingen 1972.

KLAIBER, W., Rechtfertigung und Gemeinde. Eine Untersuchung zum paulinischen Kirchenverständnis, FRLANT 127, Göttingen 1982.

KNOPF, R., Die Anagnose zum zweiten Clemensbrief, ZNW 3, 1902, 266–279.

DERS., Die Lehre der Zwölf Apostel. Die zwei Clemensbriefe, HNT-Ergänzungsband. Die Apostolischen Väter I, Tübingen 1920.

KOCH, D.-A., Die Schrift als Zeuge des Evangeliums. Untersuchungen zur Verwendung und zum Verständnis der Schrift bei Paulus, BHTh 69, Tübingen 1986.

KÖHLER, W.-D., Die Rezeption des Matthäusevangeliums in der Zeit vor Irenäus, WUNT II/24, Tübingen 1987.

KÖRTNER, U., Papias von Hierapolis. Ein Beitrag zur Geschichte des Urchristentums, FRLANT 133, Göttingen 1983.

KOSCHORKE, K., Die Polemik der Gnostiker gegen das kirchliche Christentum. Unter besonderer Berücksichtigung der Nag-Hammadi-Traktate „Apokalypse des Petrus" (NHC VII,3) und „Testimonium Veritatis" (NHC IX,3), NHS 12, Leiden 1978.

KÖSTER, H., Synoptische Überlieferung bei den Apostolischen Vätern, TU 65, Berlin 1957.

DERS., Einführung in das Neue Testament im Rahmen der Religionsgeschichte und Kulturgeschichte der hellenistischen und römischen Zeit, Berlin/New York 1980.

KRÜGER, G., Zu II. Klem. 14,2, ZNW 31, 1932, 204–205.

LEIPOLDT, J., Geschichte des neutestamentlichen Kanons, Bd. 1: Die Entstehung, Leipzig 1907; Bd. 2: Mittelalter und Neuzeit, Leipzig 1908.

LIETZMANN, H., Die älteste Gestalt der Passio SS. Carpi, Papylae et Agathonices, in: Ders., Kleine Schriften I. Studien zur spätantiken Religionsgeschichte, hg. von K. Aland, TU 67, Berlin 1958, 239–250.

LINDEMANN, A., Die Aufhebung der Zeit. Geschichtsverständnis und Eschatologie im Epheserbrief, StNT 12, Gütersloh 1975.

DERS., Paulus im ältesten Christentum. Das Bild des Apostels und die Rezeption der paulinischen Theologie in der frühchristlichen Literatur bis Marcion, BHTh 58, Tübingen 1979.

DERS., Paulinische Theologie im Brief an Diognet, in: Kerygma und Logus (FS C. Andresen), hg. von A. M. Ritter, Göttingen 1979, 337–350.

LOHMANN, H., Drohung und Verheißung. Exegetische Untersuchungen zur Eschatologie bei den Apostolischen Vätern, BZNW 55, Berlin 1989.

LÜHRMANN, D., Das Offenbarungsverständnis bei Paulus und in paulinischen Gemeinden, WMANT 16, Neukirchen 1965.

DERS., Epiphaneia. Zur Bedeutungsgeschichte eines griechischen Wortes, in: Tradition und Glaube (FS K. G. Kuhn), hg. von G. Jeremias u. a., Göttingen 1971, 185–199.

DERS., Das Markusevangelium, HNT 3, Tübingen 1987.

LÜTGERT, W., Amt und Geist im Kampf. Studien zur Geschichte des Urchristentums, BFChTh 15 (4+5), Gütersloh 1911.

MAIER, J., Geschichte der jüdischen Religion. Von der Zeit Alexander des Großen bis zur Aufklärung, mit einem Ausblick auf das 19./20. Jahrhundert, Berlin/New York 1972.

MARTIN, J., Antike Rhetorik, HAW II/3, München 1974.

MÜNCHOW, C., Ethik und Eschatologie. Ein Beitrag zum Verständnis der frühjüdischen Apokalyptik mit einem Ausblick auf das Neue Testament, Berlin 1981.

New Testament in the Apostolic Fathers, by a Commitee of the Oxford Society of Historical Theology, Oxford 1905 (zit.: NTAF).

ÖFFNER, E., Der zweite Clemensbrief. Moralerziehung und Moralismus in der ältesten christlichen Moralpredigt, Diss. theol. Erlangen 1976.

PAULSEN, H., Überlieferung und Auslegung in Römer 8, WMANT 43, Neukirchen-Vluyn 1974.

DERS., Das Kerygma Petri und die urchristliche Apologetik, ZKG 88, 1977, 1–37.

PFITZNER, V. C., Paul and the Agon Motif, NT.S 16, Leiden 1967.

RUDOLPH, K., Die Gnosis. Wesen und Geschichte einer spätantiken Religion, Göttingen 1978.

RÜGER, H. P., Die Weisheitsschrift aus der Kairoer Geniza, WUNT 53, Tübingen 1991.

SANDERS, J. T., The Transition from opening Epistolary Thanksgiving to Body in the Letters of the Pauline Corpus, JBL 81, 1962, 348–362.

SCHRAGE, W., Das Verhältnis des Thomas-Evangeliums zur synoptischen Tradition und zu den koptischen Evangelienübersetzungen. Zugleich ein Beitrag zur gnostischen Synoptikerdeutung, BZNW 29, Berlin 1964.

SCHUBERT, H. VON: Der sogenannte 2. Clemensbrief, eine Gemeindepredigt, in: E. Hennecke (Hg.), Handbuch zu den Neutestamentlichen Apokryphen, Tübingen 1904, 248–255.

SCHÜSSLER, W., Ist der Zweite Klemensbrief ein einheitliches Ganzes?, ZKG 28, 1907, 1–13.

STEGEMANN, C., Herkunft und Entstehung des sogenannten Zweiten Klemensbriefes, Diss. theol. Bonn 1974.

STEMBERGER, G., Das klassische Judentum. Kultur und Geschichte der rabbinischen Zeit (70 n. Chr.–1040 n. Chr.), München 1979.

STREETER, B. H., The Primitive Church, studied with Special Reference to the Origins of the Christian Ministry, 1929.

TACHAU, P., „Einst" und „Jetzt" im Neuen Testament. Beobachtungen zu einem urchristlichen Predigtschema in der neutestamentlichen Briefliteratur und zu seiner Vorgeschichte, FRLANT 105, Göttingen 1972.

UNNIK, W. C. VAN: Die Rücksicht auf die Reaktion der Nicht-Christen als Motiv in der altchristlichen Paränese, in: W. ELTESTER (Hg.), Judentum Urchristentum Kirche. FS J. Jeremias, BZNW 26, Berlin ²1964, 221–234.

DERS., The Interpretation of 2 Clement 15,5, VigChr 27, 1973, 29–34.

VIELHAUER, P., ΑΝΑΠΑΥΣΙΣ. Zum gnostischen Hintergrund des Thomasevangeliums, in: Ders., Aufsätze zum Neuen Testament, ThB 31, München 1965, 215–234.

Ders., Geschichte der urchristlichen Literatur. Einleitung in das Neue Testament, die Apokryphen und die Apostolischen Väter, Berlin/New York 1975.

Völter, D., Die Apostolischen Väter neu untersucht, II/1: Die älteste Predigt aus Rom (Der sogenannte zweite Clemensbrief), Leiden 1908.

Volz, P., Die Eschatologie der jüdischen Gemeinde im neutestamentlichen Zeitalter. Nach den Quellen der rabbinischen, apokalyptischen und apokryphen Literatur, Tübingen 1934.

Warns, R., Untersuchungen zum 2. Clemens-Brief, Diss. theol. Marburg 1989.

Windisch, H., Das Christentum des zweiten Clemensbriefes, in: Harnack-Ehrung. Beiträge zur Kirchengeschichte, Leipzig 1921, 119–134.

Ders., Julius Cassianus und die Clemenshomilie (II Clemens), ZNW 25, 1926, 258–262.

Ders., Die Katholischen Briefe, HNT 15. Dritte, stark umgearbeitete Auflage von H. Preisker, Tübingen 1951.

Wohlenberg, G., Der erste und zweite Petrusbrief und der Judasbrief, KNT XV, Leipzig ²1915.

Einleitung

1. Überlieferung und Bezeugung

Die traditionell als „Zweiter Clemensbrief" (2 Clem) bezeichnete Schrift wird nur von zwei griechischen und einer syrischen Handschrift überliefert, und zwar immer unmittelbar im Anschluß an 1 Clem (s. die Einleitung dort). Ältester Textzeuge ist der im 5. Jh. geschriebene Codex Alexandrinus (A), der einige Lücken hat (Übersicht bei Lightfoot I/2, 267) und hinter 12,5a ganz abbricht. Vollständig erhalten ist der Text im Codex Hierosolymitanus graecus 54 (H) aus dem Jahre 1056, der außerdem u. a. die Didache und den Barnabasbrief enthält (Autotypie bei Lightfoot I/1; Text des 2. Clem: 462–474). Die syrische Übersetzung (S) steht in einer Handschrift aus dem Jahre 1170 zwischen den Katholischen Briefen und dem Corpus Paulinum, was die hohe Bedeutung der beiden Clem in der syrischen Kirche zeigt. Ein generelles Urteil über die textkritische Qualität der drei Handschriften ist nicht möglich; es läßt sich aber sagen, daß A, soweit vorhanden, als besonders zuverlässig gelten kann und daß S öfters zu sekundärer Texterweiterung neigt (vgl. Lightfoot I/1, 142–146), die sich freilich häufig syrischem Sprachstil verdankt und so für die Textkritik nicht in Anschlag zu bringen ist (vgl. Lightfoot I/1, 136; s. zu 3,1; 18,1).

Anspielungen auf 2 Clem ohne expliziten Hinweis finden sich möglicherweise schon bei Origenes und bei Hippolyt. Orig Comm in Joh II 34,207 (GCS 10, p. 92,25–27) berührt sich mit 1,1: Die Propheten ... διδάσκοντες οὐ μόνον τοὺς μετὰ τὴν Χριστοῦ ἐπιδημίαν, ἃ δεῖ φρονεῖν περὶ τοῦ υἱοῦ τοῦ θεοῦ ... In der 18. Homilie zu Jeremia (GCS 6, p. 151,7–10) könnte 8,1–3 verwendet worden sein: ὅσον ἐσμὲν ἐν τῷ βίῳ τούτῳ, μορφούμεθα, ἵν' οὕτως ὀνομάσω διὰ τὸ πήλινον ἡμῶν σκεῦος, κεραμευτικῶς καὶ μορφούμεθα ἤτοι κατὰ κακίαν ἢ κατὰ ἀρετήν. Vielleicht hat Hippolyt 2 Clem gekannt, doch die Anspielungen, die Lightfoot I/ 2, 258 f in der Schrift De universo (Text bei Holl, Fragmente vornicänischer Kirchenväter aus den Sacra Parallela, TU 20,2, 1899, Nr. 353) entdeckt, sind überaus vage (s. zu 19,3). Erstmals ausdrücklich erwähnt ist 2 Clem bei Euseb KG III 38,4 im Anschluß an Informationen über Ignatius und 1 Clem: Dieser, dem Euseb offenbar nicht bekannte (anders Di Pauli, ZNW 4, 1903, 323), sogenannte zweite Brief des Clemens werde nicht anerkannt, und „wir wissen, daß ihn auch die Alten nicht benutzt haben" (ἰστέον δ' ὡς καὶ δευτέρα τις εἶναι λέγεται τοῦ Κλήμεντος ἐπιστολή, οὐ μὴν ἔθ' ὁμοίως τῇ προτέρᾳ καὶ ταύτην γνώριμον ἐπιστάμεθα, ὅτι μηδὲ τοὺς ἀρχαίους αὐτῇ κεχρημένους ἴσμεν; ein ähnlicher Hinweis bei Hieronymus Vir Ill 15 [Text bei Lightfoot I/1, 173] ist offenbar davon abhängig.). Die für die Handschriften charakteristische Verbindung der beiden Clemensbriefe bestand in der Zeit vor Euseb also offenbar noch nicht. Weitere Bezeugungen des 2 Clem oder Zitate in der Literatur des ersten Jahrtausends bei Lightfoot I/1, 182–200. Bei Severus von Antiochia (um 520) wird 2 Clem erstmals als „zweiter Brief des Clemens an die Korinther" zitiert (Text bei Lightfoot I/1, 182 f; vgl. außerdem Harnack, ZKG 1, 1877, 269–283). So lautet auch die Überschrift in H und S; in A fehlt eine Überschrift, doch findet sich dieselbe Bezeichnung im (später hinzugefügten) Inhaltsverzeichnis.

2. Verfasserschaft

Als Vf des 2 Clem gilt „Clemens" von Rom (s. die Einleitung zum 1 Clem). Aber der Autor ist sicher nicht mit dem Vf des 1 Clem identisch. Überhaupt besteht, abgesehen von der handschriftlichen Überlieferung und einigen übereinstimmenden Zitaten (s. u.), kein Zusammenhang zwischen beiden Schriften (anders noch Lindemann, Paulus 264). Die Annahme, 2 Clem sei bewußt als Anhang zu 1 Clem konzipiert worden (Stegemann, Herkunft 105), läßt sich nicht belegen; noch weniger wahrscheinlich ist die von Donfried vertretene These, 2 Clem sei ein Mahnschreiben der aufgrund von 1 Clem wieder in ihr Amt eingesetzten korinthischen Presbyter (Setting 1; kritisch dazu Strobel, ThLZ 102, 1977, 516). Harnack, Chronologie I 438–450 (anders noch ders., ZKG 1, 1877, 359 ff) sah den römischen Bischof Soter als Vf an (vgl. Euseb KG IV 23,9 ff; s. o. zu 1 Clem). Harris, ZNW 23, 1924, 193–200 hat in dem (gnostischen) Enkratiten Julius Cassianus den Vf sehen wollen, doch ist dies von Windisch, ZNW 25, 1926, 258–262 unter Hinweis auf den ausgesprochen nicht-gnostischen Charakter des 2 Clem zurückgewiesen worden. Tatsächlich bleiben alle Versuche, den Autor namentlich identifizieren zu wollen, vergeblich. 17,3 legt allerdings die Annahme nahe, daß der Vf einer der πρεσβύτεροι ist, denen das Predigen anvertraut war (s. u.). Da andere kirchliche Ämter in der Schrift nicht erwähnt werden, sind weitere Rückschlüsse auf die formale Stellung der Presbyter nicht möglich.

3. Gattung, literarische Integrität und Gliederung

Daß 2 Clem kein Brief, sondern eine Homilie ist, ist in der Forschung immer schon gesehen worden (Stegemann, Herkunft 115–117 meint allerdings, die predigtartig formulierten Sätze 15,2; 17,3; 19,1 seien bewußt fingiert worden). Briefliche Elemente fehlen ganz. Da nach 19,1 der Text *verlesen* wird, kann man von einer „Lesepredigt" sprechen, die ursprünglich zwar frei gehalten, dabei aber von einem Hörer mitgeschrieben wurde, um später nochmals verlesen zu werden (Warns, Untersuchungen 64–76. 157 f). Der Prediger charakterisiert seine Predigt als eine συμβουλία (15,1), und er kennzeichnet das Wirken der christlichen Prediger als ein νουθετεῖν (17,2 f; vgl. 19,2). Die Predigt hat also ausgesprochen mahnenden Charakter (die Gattung der συμβουλία bezeichnet allerdings weniger eine Mahnrede als einen hilfreichen „Rat"; s. J. Martin, HAW II/3, 167–176; vgl. Baasland, der 2 Clem als hellenistisch-christliche Rede definiert, die neben ihrem symbuleutischen Chrarakter auch Züge protreptischer Rede trage). Das Thema dieser συμβουλία ist die ἐγκράτεια (s. dazu den Exkurs bei 15,1). Wesentliches inhaltliches Stichwort ist „Buße" (Verb und Substantiv begegnen nur in 8,1–18,2, dort allerdings elfmal; zu 19,1 s. u.). Der Predigt geht es nicht um die Bekehrung zum Christentum, sondern um die Abkehr von Irrlehre (15,1) bzw. von der aus ihr resultierenden falschen Lebenspraxis. Das Ziel ist ein Leben in sittlicher Reinheit (vgl. die Aufforderung, die σάρξ zu bewahren, 8,4.6; 14,3; vgl. ferner die Mahnung zum „Bewahren" der Taufe 6,9; 7,6). Warns nimmt an, die Predigt sei in einer Gemeinde gehalten worden, in der ein Hang zum Valentinianismus verbreitet war; der Prediger warne vor dieser gnostischen Ketzerei, fühle sich dabei aber schon so sicher, daß er auf grobe Polemik habe verzichten können (s. dazu u. 4. Die Gegner).

Die literarische Integrität des 2 Clem ist von Di Pauli, ZNW 4, 1903, 321–329 bestritten worden unter Hinweis auf Differenzen zwischen Kap. 1–18 einerseits und Kap. 19.20 andererseits (s. u. den Exkurs vor 19,1); die beiden Schlußkapitel des jetzigen Textes seien die in 19,1 erwähnte ἔντευξις, die im Anschluß an die eigentliche συμβουλία verlesen worden sei. Sehr viel weiter ging Völter, Predigt, der innerhalb von Kap. 1–18 als „Grundschrift" eine Predigt ohne besondere christliche Prägung, vergleichbar etwa dem Jak, rekonstruierte; dieser Predigt seien zunächst Kap. 19.20 angefügt worden. Der so um 130 vorliegende Text sei um 150/160 in „specifisch christlichem Sinn" überarbeitet und als Brief von Rom nach Korinth gesandt worden. Eine solche „Grundschrift" des 2 Clem läßt sich aber nur durch im Grunde willkürliche Streichungen im Text gewinnen. Hingegen hat die Annahme, daß es sich bei Kap. 19.20 um einen Zusatz handelt, alle Wahrscheinlichkeit für sich (Warns, Untersuchungen 151–156). Stegemann, Herkunft 105 sieht in diesen Kapiteln den vom Vf des 2 Clem geformten Abschluß für beide Clemensbriefe (s. o.); daran ist m. E. soviel richtig, daß der Abschnitt 19,1–20,4 seine jetzige Stellung in der Tat wohl erst bei der Verbindung des 2 Clem mit 1 Clem erhalten hat. Baasland dagegen tritt aus Gründen der Rhetorik für literarische Einheitlichkeit ein und sieht in Kap. 19 und 20 die peroratio, eine „angedeutete Wiederholung der Rede oder einiger ihrer wichtigen Punkte". S. dazu den Exkurs unten vor 19,1.

Der Versuch, 2 Clem zu gliedern, bereitet Schwierigkeiten. Knopf erkannte sieben Abschnitte (Kap. 1–2; 3–4; 5–6; 7–8; 9–12; 13–18; 19–20); ähnlich gliedert auch Vielhauer, Geschichte 739, der freilich Kap. 3–8 als Einheit sieht („Mahnungen zum ‚Gegenlohn'"). Donfried, HThR 66, 1973, 487 kommt aufgrund einer formgeschichtlichen Untersuchung des 2 Clem zu der These, die Predigt folge einem im frühen Christentum auch sonst belegten „threefold pattern": Sie enthalte einen theologisch-lehrhaften Eingangsteil (1,1–2,7), dann einen ethischen Hauptteil (3,1–14,5) und schließlich einen eschatologischen Ausblick (15,1–18,2). Aber Kap. 3–14 bilden gerade formgeschichtlich keine Einheit (Wengst 215; Wengsts eigener Gliederungsversuch [209] sieht in 1,1–18,2 eine in neun Abschnitte aufgeteilte Ermahnung, die sich offenbar nicht weiter strukturieren läßt). Einleuchtend ist der Gliederungsvorschlag von Warns, Untersuchungen 134: Im Proömium (Kap. 1) werde die thematische Frage gestellt (1,3.5), auf die die beiden Hauptteile A (Kap. 2–7) und B (Kap. 8–14) Antworten geben (3,3f; 9,7f); dem folge der (eschatologisch ausgerichtete) Schlußteil (Kap. 15–18) mit der Doxologie in 20,5 (zu 19,1–20,4 s. o.). In der Tat lassen sich das Proömium (1,1–8) und der mit Kap. 2 beginnende Abschnitt deutlich voneinander unterscheiden, auch wenn 2,1 keinen markierten Übergang enthält. Klar erkennbar sind die Einschnitte in 8,1 und in 15,1, die Warns' Gliederung bestätigen. Auffällig ist, daß nicht nur der Schlußteil 15,1–18,2 eschatologisch bestimmt ist, sondern daß auch die beiden Abschnitte 2,1–7,6 und 8,1–14,5 jeweils zentrale eschatologische Aussagen enthalten (5,1–6,9, vor allem 5,4f; 6,6f; ferner 10,3–5 und 12,1–6). Baasland sieht in 1,1.2 das Proömium und in 1,3–5 die propositio, deren Thema (die Frage nach der „Gegenleistung") sich wie ein „roter Faden" durch die ganze Rede ziehe (die in 1,3 gestellte Frage werde in 3,3; 9,5–11; 11,5–7; 15,1.2; 19,1 beantwortet, wobei 9,5–11 als vertiefende Wiederholung der propositio eine Sonderstellung einnehme. Die Anredeformeln (1,1 usw.; s. u.) seien als Gliederungssignale anzusehen. Zur Gliederung im vorliegenden Kommentar s. u. S. 197.

Die Hörer, an die sich 2 Clem wendet, werden häufig direkt angesprochen (1,1; 4,3; 5,1.5; 7,1; 8,4; 10,1; 11,5; 13,1; 14,1.3; 16,1; vgl. 19,1; 20,2). Vf richtet seine Mahnungen bzw. Ratschläge bisweilen explizit (2. Pers. Pl.) an die Adressaten (5,5: γινώσκετε ἀδελφοί;

7,5: τί δοκεῖτε; 9,1: μὴ λεγέτω τις ὑμῶν; 9,4; 14,2: οὐκ οἴομαι δὲ ὑμᾶς ἀγνοεῖν; 16,3: γινώσκετε; vgl. 19,1: ἀναγινώσκω ὑμῖν κτλ.), gewöhnlich aber bezieht er rhetorisch geschickt sich selbst mit ein (1. Pers. Pl.: passim; die Handschriften haben dies gelegentlich korrigiert: 1,1 H δεῖ ὑμᾶς φρονεῖν; 4,5 A: ταῦτα ὑμῶν πρασσόντων; 13,1 H: ἵνα τὸ ὄνομα δι᾽ ὑμᾶς μὴ βλασφημῆται; 17,6 H: ... ὅταν ὄψονται τοὺς ἐν ὑμῖν ἀσεβήσαντες; vgl. 20,1 H: ... τὴν διάνοιαν ὑμῶν). Nur in ganz seltenen Fällen verwendet er in der Paränese die 3. Person, als spräche er allgemein (10,3; 15,1.5; vgl. 19,3f).

4. Die Gegner

Die Frage, gegen welche „Häresie" 2 Clem kämpft, ist in den verschiedenen Phasen der Forschung unterschiedlich beantwortet worden. Lightfoot fand eine dezidierte Polemik gegen Ebioniten, die eine Niedrigkeits-Christologie vertraten; hiergegen stelle der Vf seinen Satz von der Gottheit Christi (1,1; Lightfoot I/2, 211). Lütgert, Amt 111–118 sah den Vf dagegen im Kampf mit der Gnosis (Leugnung der Auferstehung, Zweifel an der Parusie, doketische Christologie und ethischer Libertinismus), und diese Annahme hat sich weithin durchgesetzt (Knopf; Windisch). Donfried, Setting 112 sieht 2 Clem entstanden „in an environment of incipient gnosticism": Der vom Prediger bekämpfte Glaube betone in extremer Weise das „Jetzt" und sei von einem ausgeprägten Spiritualismus bestimmt (vgl. ders., HThR 66, 1973, 490). Nach Warns, Untersuchungen polemisiert die ganze Predigt gegen valentinianische Christen, die nicht ohne Erfolg versuchten, die Gemeinde in ihrem Sinne zu beeinflussen; deshalb warne der Prediger in 9,7ff vor nur äußerlicher Buße und bemühe sich darum, die Christlichkeit der Valentinianer als bloßen Schein zu entlarven. Insbesondere wolle er die Vollwertigkeit der Taufe und den häretischen Charakter des valentinianischen Sakraments der „Konfirmation" des Gnostikers erweisen. Zweifellos lassen sich bestimmte Formulierungen des 2 Clem als antignostisch verstehen, so die Betonung der σάρξ (8,6; 9,1ff) und auch die ethische Deutung des in 12,2 zitierten Logions. Umgekehrt können Begriffe wie ἀνάπαυσις (6,7) und ἡ ἐκκλησία ἡ πρώτη ἡ πνευματική (14,1) als aus gnostischem Kontext stammend verstanden werden. Dies zeigt im Grunde aber nur, daß es im Umkreis des 2 Clem ein gnostisches Christentum gegeben hat; eine gezielte Auseinandersetzung mit der Gnosis läßt sich wegen des (in der Forschung allgemein gesehenen) Mangels an direkter Polemik nicht aufweisen, zumal Vf die Buße der innergemeindlich Angesprochenen ganz in das Zentrum seiner Argumentation und Mahnung gerückt hat. Vorsicht ist deshalb auch angebracht bei der Frage, ob die (ohnehin sehr undeutlichen) Berührungen mit Aussagen paulinischer Briefe sich der gegnerischen Paulusbenutzung verdanken (so vor allem Warns, Untersuchungen 212.217f). Vgl. dazu Lindemann, Paulus 271f.

5. Schriftbezüge und Zitate

Als der Homilie zugrundeliegenden biblischen Text hat Knopf ZNW 3, 1902, 266–279 den Abschnitt Jes 54–66 bestimmt; dazu paßt die Verwendung von Jes 54,1 in 2,1–3 und die ungewöhnliche Häufigkeit der Zitate aus den Schlußkapiteln des Jesajabuches insgesamt (s. u.). Trotzdem bleibt Knopfs These reine Vermutung. Dasselbe gilt für die

Erwägung von Schüssler, ZKG 28, 1907, 12f, der unter Bezugnahme auf Plinius Ep X 96 (die Christen hätten zu Ehren Christi Hymnen gesungen) meint, möglicherweise sei 1 Tim 3,16 der Text, an den 2 Clem 1,1 anschließe. Aufgrund von 19,1 (s. den Exkurs dort) ist es aber in der Tat wahrscheinlich, daß 2 Clem sich auf einen autoritativen (vermutlich biblischen) Text bezogen hat, den jedenfalls der Vf von 19,1–20,4 als Wort Gottes versteht. Von großer Bedeutung sind die zahlreichen Zitate, die Vf verwendet (zu den einleitenden Formeln s. die Übersicht bei Köster, Überlieferung 63f). Mehrere Kategorien sind zu unterscheiden: 1) Zitate aus dem Alten Testament, und zwar (a) solche Zitate, die ausdrücklich markiert sind, (b) solche, deren Zitatcharakter nicht erwähnt ist; 2) Zitate aus christlichen Schriften, und zwar (a) Zitate aus (später) neutestamentlichen Evangelien, (b) Anspielungen auf andere „neutestamentliche" Texte, (c) Zitate, die aus einer vom Vf als „das Evangelium" bezeichneten Schrift stammen (8,5). Außerdem 3) enthält 2 Clem Zitate aus uns unbekannten Texten.

1. (a) In 2,1 wird Jes 54,1 zitiert, ohne Einleitung, aber mit anschließender ausführlicher Auslegung. In 3,5 findet sich ein Zitat von Jes 29,13 mit Stellenangabe (λέγει ... ἐν τῷ Ἠσαΐᾳ; s. dazu den dortigen Exkurs). In 6,8 steht eine kurze Paraphrase des sonst im frühen Christentum nicht verwendeten Textabschnitts Ez 14,14–20 mit dem ausdrücklichen Hinweis λέγει ... ἡ γραφὴ ἐν τῷ Ἰεζεκιήλ. In 7,6 (und 17,5) wird Jes 66,24b zitiert; die Zitatmarkierung beschränkt sich auf φησίν. In 13,2 zitiert Vf Jes 52,5b als Wort des κύριος, womit er vermutlich Jesus meint; es ist denkbar, daß er das Zitat aus dem von ihm benutzten „Evangelium" (8,5; s. u.) übernommen hat (dazu und zu den weiteren Verwendungen des Jes-Textes im frühen Christentum s. u. den Kommentar). In 14,1b wird Jer 7,11 und in 14,2 wird Gen 1,27 zitiert als ἡ γραφή und dann jeweils ekklesiologisch gedeutet. In 15,3 wird Jes 58,9 zitiert, in 17,4 Jes 66,18; die Tatsache, daß das Logion in 17,4 als Wort des κύριος eingeführt wird sowie die Nähe zu 17,5 (s. o.) lassen es als denkbar erscheinen, daß Vf es ebenfalls aus dem in 8,5 erwähnten „Evangelium" übernommen hat.

(b) Neben den erwähnten expliziten, mehr oder weniger exakt LXX entsprechenden Zitaten finden sich weitere Anspielungen auf alttestamentliche Texte in 14,1a (Ps 71,5.17) und in 16,3 (Mal 3,19; Jes 34,4). Warns, Untersuchungen 478–484 sieht darüber hinaus in 3,1 und in 10,2 mögliche Anspielungen auf Ps 113,25f bzw. Ps 33,15, doch läßt sich das kaum erweisen (s. u. den Kommentar).

Der Befund insgesamt macht es wahrscheinlich, daß dem Vf der LXX-Text des Jesajabuches (oder ein entsprechendes Testimonienbuch) zur Verfügung stand; die z. T. sehr geringfügigen Abweichungen von LXX lassen sich erklären, wenn Vf auswendig und nicht direkt nach einer schriftlichen Vorlage zitiert. Die übrigen AT-Zitate und Anspielungen sind entweder geläufig (Gen 1,27) oder verdanken sich einer offenbar speziellen Kenntnis des Predigers (vor allem Ez 14).

2. (a) Mehrfach zitiert Vf Worte Jesu, die auch in den (später) neutestamentlichen Evangelien überliefert sind (vgl. zum folgenden Köster, Überlieferung 70–105). In 2,4 wird im Anschluß an die Auslegung von Jes 54,1 das Logion Mt 9,13b (gegen die Annahme, Vf beziehe sich auf Mk 2,17, spricht der Kontext) zitiert, eingeleitet mit der Wendung ἑτέρα δὲ γραφὴ λέγει. In 3,2 wird als Wort Jesu Mt 10,32/Lk 12,8 in abweichendem Wortlaut zitiert. In 3,4a folgt vielleicht eine Anspielung auf Lk 6,46. Die (nicht ganz sichere) Anspielung auf das Schema in 3,4b kommt im Wortlaut der bei Mk 12,30 verwendeten Fassung am nächsten; sollte Vf tatsächlich diesen Text benutzt haben, so wäre das der einzige Beleg für eine Benutzung des Mk. Das Logion von 4,4 erinnert vor

allem an Mt 10,28; aber Vf gibt keinen Hinweis auf einen Zitatcharakter der Stelle. Schwer einzuordnen ist der Befund an den folgenden Stellen: In 6,1.2 werden Jesusworte zitiert (λέγει δὲ ὁ κύριος), die ihre nächsten Parallelen in Lk 6,13 bzw. Mt 16,26a haben; 6,2 ist aber als erläuterndes Argument zu dem in 6,1 zitierten Logion formuliert, nicht als neues Zitat. In 13,4 begegnet eine (lockere) Anspielung auf die „Feldrede" (Lk 6,27.32.35/Mt 5,44.46), eingeleitet jedoch mit der so sonst nicht belegten Wendung λέγει ὁ θεός (die nach Köster, Überlieferung 65 auf den Kontext 13,3 zurückgeht). Das mit λέγει ὁ κύριος eingeleitete Wort in 15,4 erinnert vage an Mt 7,7 par, aber auch an Apg 20,35.

Der Befund macht es wahrscheinlich, daß Vf diese Worte Jesu durchweg nicht aus einer schriftlichen Quelle übernimmt, sondern aus mündlicher Überlieferung (zur Ausnahme 3,2 s. u.), die vermutlich Mt entweder literarisch bereits voraussetzt (vgl. 2,4) oder die mit Mt bzw. Q traditionsgeschichtlich verwandt ist (vgl. Köster, Überlieferung 109 ff; Köhler, Rezeption 146–149).

(b) Das in 7,1 verwendete Bild vom sportlichen Wettkampf erinnert an 1 Kor 9,24 ff; das Wort vom „Fleisch" als dem Tempel Gottes berührt sich mit 1 Kor 6,19. In beiden Fällen läßt sich aber eine direkte Benutzung des 1 Kor nicht erweisen, ebensowenig allerdings eine Bezugnahme auf eine Paulusverwendung der Gegner. Der Vf des 2 Clem hat in seiner Predigt paulinische Aussagen nicht verwendet. Daß er paulinische Briefe gar nicht gekannt hat, ist allerdings wenig wahrscheinlich.

(c) Auffällig sind diejenigen Textstellen, wo Vf explizit Jesusworte zitiert, die sich in den uns bekannten Evangelien (so) nicht finden. Da der Prediger gerade im Zusammenhang eines solchen Zitats eine Fundstelle nennt (8,5: λέγει γὰρ ὁ κύριος ἐν τῷ εὐαγγελίῳ), ist es sehr wahrscheinlich, daß er eine entsprechende Schrift verwendet hat, die bereits gattungsmäßig als τὸ εὐαγγέλιον bezeichnet wird (vgl. Bauer-Aland WB s. v. εὐαγγέλιον 3.4, Sp. 644). Köhler, Rezeption 130 meint zwar, hier solle nicht so sehr „exakt eine bestimmte Quellenschrift" benannt als vielmehr „auf ‚neutestamentliche' Herrenworte im Unterschied zu ‚alttestamentlichen'" hingewiesen werden; aber ein „Neues Testament" gibt es noch nicht, und da die Zitatformel derjenigen von 3,5 und 6,8 entspricht, muß sie eine präzise Bedeutung haben (so auch Wengst 221–224). Geht man von dieser Annahme aus, so lassen sich mit der gebotenen Vorsicht folgende Jesuslogien diesem Evangelium zuweisen: 4,2.5; 6,1.2; 8,5; 9,11; 12,2.6; 13,4, außerdem das in 5,2–4 zitierte Apophthegma (s. den Exkurs dort). Mit einer gewissen Wahrscheinlichkeit sind darüber hinaus 3,2; 4,4; 13,2; 17,4.5a aus dieser Schrift übernommen worden. Warns, Untersuchungen 466–468 versucht eine Rekonstruktion des zitierten „Evangeliums" mit folgender Textfolge: 4,2/4,5; 5,2/3,2; 13,2; 8,5/6,1; 9,11; 13,4; 6,2/11,6b; 17,4.5a; 12,2.6b. Zweifellos besitzt diese Rekonstruktion ein gewisses Maß an Wahrscheinlichkeit; aber Sicherheit läßt sich naturgemäß nicht gewinnen.

3. Unbekannt ist die Herkunft der Zitate in 11,2–4 (dieser als προφητικὸς λόγος eingeführte Text begegnet in 1 Clem 23,3 f als γραφή); 11,7 (vgl. 1 Clem 34,8; 1 Kor 2,9) und 17,7b. S. jeweils den Kommentar. Der Prediger des 2 Clem unterscheidet bei seinen Zitaten hermeneutisch nicht, ob sie aus dem Alten Testament stammen oder aus der Jesusüberlieferung; insofern dienen ihm die AT-Zitate auch nicht als „Schriftbeweise", was zeigt, daß er, anders als z. B. Justin, in keiner unmittelbaren Auseinandersetzung mit Juden oder Judenchristen steht. Die Methoden der Schriftverwendung sind im übrigen unterschiedlich: Das Zitat von Jes 54,1 wird in 2,1–3 midraschartig Schritt für Schritt „exegesiert"; das in 8,5 zitierte Jesuslogion wird in 8,6 im Stil paränetischer „Anwendung"

gedeutet (τοῦτο λέγει „das meint"; ähnlich 12,2 ff; 14,2; 17,4). Andererseits können die Zitate auch ganz unvermittelt auf die Gegenwart bezogen werden (so in 3,5; 6,1; 13,2). Eine „christologische" Schriftdeutung gibt es nicht; daß „der Herr" als Sprecher eines AT-Wortes genannt werden kann (s. o.), geschieht offenbar unreflektiert.

6. Abfassungsort und -zeit

Der Abfassungsort des 2 Clem ist unbekannt. Vorgeschlagen wurden Rom (Harnack, Chronologie I 442–446 unter Hinweis auf die Nähe zu 1 Clem; s. o.), Korinth (Funk, ThQ 84, 1902, 356–381; Donfried, Setting 3; vgl. Baasland), Syrien bzw. Antiochia (Stege-mann, Herkunft 133 unter Hinweis auf die Textüberlieferung) und Alexandria (so schon Bartlet, ZNW 7, 1906, 132) bzw. Ägypten (jetzt vor allem Warns, Untersuchungen 90–95 unter Hinweis auf 7,1–3 [dazu s. dort den Exkurs] und auf die Auseinandersetzung mit dem Valentinianismus; ähnlich schon Streeter, Church 243–247). Aber eindeutige Krite-rien für eine Entscheidung gibt es nicht; angesichts der äußeren Bezeugung sind Ägypten oder Syrien allerdings wahrscheinlicher als Rom oder Korinth.

Das Urteil über die Abfassungszeit hängt teilweise mit der Frage nach dem Entste-hungsort zusammen. Ist Warns' These richtig, daß 2 Clem sich mit einem bereits ausgebil-deten Valentinianismus in Ägypten auseinandersetzt, so kann die Predigt erst um 160 verfaßt worden sein (vgl. daß Harnack, ZNW 6, 1905, 69 für das erste Jahr der Amtszeit des Bischofs Soter plädierte, also 166); hingegen folgt aus Donfrieds These (s. o.), daß 2 Clem schon um 100 verfaßt worden sein muß (HThR 66, 1973, 499). Stegemann, Herkunft 139 vermutet eine Abfassung zwischen 120 und 160, während Wengst 227 für die Zeit zwischen 130 und 150 eintritt, da das Verständnis dessen, was „Schrift" ist, noch ungeklärt sei (s. o.). Eine genauere Angabe als „Mitte des 2. Jahrhunderts" scheint nicht möglich zu sein.

7. Zum theologischen Charakter

In der Forschung überwiegt ein im ganzen negatives Urteil über die Theologie bzw. „das Christentum" des 2 Clem. Nach Meinung Harnacks war es „ein sehr charakteristisches Merkmal der Mattigkeit der Zeit und des Verlustes der lebendigen sittlichen Kraft, dass ein übertriebenes Bekenntnis der factischen Heillosigkeit des gegenwärtigen Zustandes die hochgespannten Forderungen zu sittlichen Leistungen begleitet" (ZKG 1, 1877, 355); dieser „vulgär-heidenchristliche Lehrtypus" sei aber weder durch „Compromisse zwi-schen verschiedenen apostolischen Traditionen" zustande gekommen, noch handele es sich um „eine Degeneration der paulinischen Dogmatik", sondern er sei „das natürliche Product der Heidenkirche" (aaO. 356) aus der Zeit zwischen 130 und 160. Windisch hat dieses Urteil noch verschärft: Der „äußerliche Schematismus der Heilslehre" und „die Betonung des utilitaristischen Motivs und die Empfehlung der typischen frommen Werke als sicherer Heilmittel gegen Sünde und Tod" erwiesen als theologische Grundlage des 2 Clem ein „spätjüdisch verstandenes und spätjüdisch verflachtes synoptisches Christen-tum": „Der Geist des Evangeliums ist im II. Clem. dem Judentum wieder um ein beträcht-liches angenähert (insoweit ein heidenchristlicher Theolog sich Spätjüdisches aneignen konnte)" (Christentum 126). Trotzdem lebe „in dem Brief ein Stück echtester prophetisch-synoptischer Religion, zurechtgemacht für die Gemeinden des zweiten Jahrhunderts", wobei Windisch als Abfassungszeit 125–140 für wahrscheinlich hält; „sein Christentum ist in der Hauptsache als primitiv urchristlich und als vorpaulinisch zu bezeichnen" (aaO. 133). Daß der Vf des 2 Clem „eine handfeste Werkgerechtigkeit" (Vielhauer, Geschichte 742) bzw. „Gesetzlichkeit" (Wengst 235) lehre, gilt in der Forschung weithin als ausgemacht (besonders nachdrücklich Öffner: „Eine recht dürre Moralepistel" [267], die nur in 17,2 f; 18,2 „zaghafte Ansätze" zur Durchbrechung des Moralismus zeige [271]).

Auch R. Bultmann nennt das Christentum des 2 Clem „gesetzlich", auch wenn die Mahnungen des Predigers bestimmt seien „durch den Hinweis auf die durch das Werk Christi bestimmte Gegenwart"; Bultmann mißt 2 Clem freilich unmittelbar an Paulus und beobachtet deshalb, daß „die paulinische Paradoxie fehlt und damit die paradoxe Realisierung des Zukünftigen im Gegenwärtigen" (Theologie 521). Die scharf negativen Urteile über 2 Clem ändern sich etwas, wenn die kritische Front dieser Predigt vor allem gegen gnostische Tendenzen in den Vordergrund gerückt wird. So bei Donfried, HThR 66, 1973, 497: „Whereas his opponents have moved too far in the direction of the present nature of salvation, our author has overstressed the futurity of salvation ... It might well be that 2 Clement felt that only such an extreme moralism would bring his opponents to their correct senses" (ähnlich Köster, Einführung 672); aber auch Donfried kommt zu dem Ergebnis: „Instead of the obedience of faith nurtured by the Spirit, a nova lex, a new Christian morality appears which in essence is little different from that which was practiced in Hellenistic Judaism" (aaO. 498). Eine dem Gesamtcharakter des theologischen Denkens des 2 Clem besser gerecht werdende Zusammenfassung gibt Powell, TRE 8, 121 f: Das mehrfache Reden von ἀντιμισθία zeige nicht „eine Heilslehre des do ut des", denn die „Vergeltung" bzw. „Gegenleistung", von der 1,3 rede, sei „nicht ein unabhängiger menschlicher Anspruch noch eine Genugtuung für Sünde, sondern eine Reaktion auf die Güte Gottes" (zustimmend zitiert auch von Baasland).

Jede inhaltliche Bewertung der Theologie des 2 Clem muß berücksichtigen, daß es sich um eine auf ein Thema konzentrierte Predigt handelt und nicht um einen sorgfältig ausgearbeiteten Brief oder gar um einen im strengen Sinne literarischen theologischen Text. Deshalb sind die christologischen bzw. soteriologischen Aussagen vor allem in Kap. 1–3 (vgl. außerdem 9,5; 11,6; 15,3) in gleicher Weise ernst zu nehmen wie die Mahnungen, deren Zahl bei einer συμβουλία bzw. ἔντευξις naturgemäß überwiegt.

Übersicht über die Textgliederung und Verzeichnis der Exkurse

Die *Abkürzungen* entsprechen im allgemeinen den Abkürzungsverzeichnissen der RGG, der TRE, des ThWNT bzw. der Lexika. Die Bezeichnung „in uns. Lit." (= in unserer Literatur) faßt die Schriften des Neuen Testaments und der Apostolischen Väter zusammen.

Kommentar

1,1–8 Proömium

^{1}Brüder, wir müssen von Jesus Christus so denken wie von Gott, wie vom Richter der Lebenden und Toten; und wir dürfen nicht gering denken von unserer Rettung.
^{2}Wenn wir nämlich gering von ihm denken, hoffen wir auch nur Geringes zu empfangen. Und die, die zuhören, als ginge es um etwas Geringes, sündigen. Auch wir sündigen, weil wir nicht wissen, von woher wir berufen worden sind und von wem und zu welchem Ort, und wieviel Jesus Christus um unseretwillen zu leiden auf sich genommen hat.
^{3}Welche Gegenleistung werden wir ihm also geben? Oder welche Frucht, dessen würdig, was er uns gegeben hat? Wie viele heilige Leistungen schulden wir ihm?
^{4}Das Licht nämlich hat er uns geschenkt; wie ein Vater hat er uns „Söhne" genannt; als wir zugrunde gingen, hat er uns gerettet.
^{5}Welchen Lobpreis werden wir ihm also darbringen oder welchen Lohn als Gegenleistung für das, was wir empfangen haben?
^{6}Wir waren verstandesblind, verehrten Steine und Holz, Gold, Silber und Kupfer, Menschenwerke; und unser ganzes Leben war nichts anderes als Tod.
Also mit Verfinsterung behaftet und von solchem Dunkel im Sehvermögen erfüllt, wurden wir wieder sehend, weil wir durch seinen Willen jene Wolke abstreiften, die uns umfing.
^{7}Denn er hat sich unserer erbarmt und voller Mitleid errettet, denn er sah bei uns viel Irrtum und Verderben und daß wir keine Hoffnung auf Rettung hatten – es sei denn die, die von ihm her kommt.
^{8}Er hat uns nämlich berufen als nicht Seiende, und er hat uns aus dem Nichtsein sein lassen wollen.

Das Proömium des 2Clem ist klar gegliedert: V. 1.2 beschreiben das richtige φρονεῖν περὶ Ἰησοῦ Χριστοῦ mit Betonung der richterlichen Stellung Christi und dann (V. 2 am Ende) der Leidenschristologie. V. 3 und V. 5 fragen nach der richtigen Antwort (ἀντιμισθία) der Christen auf die ihnen geschenkte Heilstat, wobei V. 4 und V. 7, jeweils mit γάρ anknüpfend, die Notwendigkeit des Danks begründen. V. 8 faßt zusammen und leitet zum Zitat in 2,1 über.

Donfried, Setting 103–107 sieht in 1,4–8 einen durch 1,1 eingeleiteten Hymnus, der in 2,7 zusammengefaßt werde („a summary of the whole hymn"). Richtig ist, daß der Abschnitt teilweise in gehobener Sprache formuliert ist; aber es liegt reine Prosa vor, und eine strophische Gliederung gelingt nicht. Häufig wird angenommen, daß der Text auf die Taufe der Angeredeten Bezug nimmt (so vor allem im Blick auf die Aoristformen); aber die Anspielungen wären sehr vage.

1: Die Anrede ἀδελφοί, gelegentlich durch μου erweitert, begegnet mehrfach (in 19,1 und 20,2 dagegen ἀδελφοί καὶ ἀδελφαί; s. dazu den Exkurs vor 19,1). Der einleitende Satz formuliert eine dogmatische Grundforderung: Im Denken „über Christus" (φρονεῖν περί ist selten) darf zwischen ihm und Gott kein Unterschied gemacht werden (s. den folgenden Exkurs: Die Christologie des 2 Clem). Der Vergleich οὕτως – ὡς ist soweit zugespitzt, daß er fast auf eine Identifikation hinausläuft: Jesus ist in seinem Handeln Gott; er ist der Richter über Lebende und Tote (vgl. Apg 10,42; 1 Petr 4,5; 2 Tim 4,1; Pol Phil 2,1; Barn 7,2). Dementsprechend, so sagt der Vf, dürfen die Christen von ihrer Rettung nicht gering denken (zu μικρὰ φρονεῖν vgl. Bauer-Aland WB s. v. μικρός 3b). σωτηρία bezeichnet das bevorstehende erhoffte Heil (vgl. 1,7; 19,1), wie der zu V. 1 parallele Aufbau von V. 2a zeigt. Schon hier zeigt sich also die eschatologische Intention des Textes (s. die Einleitung 3. Gattung, literarische Integrität und Gliederung). Von der Rettung „gering" denken, heißt (**2a**) von Christus „gering", also falsch denken. Wer das tut, der hat eine unzureichende eschatologische Hoffnung; die Christen werden aber nichts „Geringes" empfangen, sondern das ewige Leben (8,4; vgl. als Gegentyp 1,7: Als Heiden hatten wir keine Hoffnung auf Rettung).

Die Auslegung von **2b** hängt von der Lösung des textkritischen Problems ab: Nach der von S vorausgesetzten Lesart (übernommen von Funk-Bihlmeyer) werden οἱ ἀκούοντες und „wir" voneinander unterschieden; nach der Lesart der griechischen Codices A und H sind „wir" es, die als die Hörenden sündigen (so Wengst; syrische Fragmente, die ebenfalls diese Fassung bezeugen, bei Lightfoot I/1, 180–183). Der Gedankengang in V. 2 spricht eher für die Lesart von S: V. 2a redet von „uns", den Gemeindegliedern; V. 2b faßt offenbar die als Gäste anwesenden Hörer ins Auge, die sündigen, wenn sie das Gehörte als etwas „Geringes" einstufen; V. 2c ergänzt, daß in diesem Fall auch die Gemeindeglieder sündigen, weil sie ihren eigenen Status, Berufene zu sein, verkennen. Die Lesart von A und H ist vermutlich durch Haplographie entstanden. ἁμαρτάνειν begegnet im 2 Clem nur hier (zu ἁμαρτία s. 16,4).

Die näheren Umstände der Berufung werden in **2c** zunächst durch eine dreifache Bestimmung beschrieben: „Von woher – von wem – wohin". Das erinnert an die gnostische Bestimmung des menschlichen Daseins (Exc ex Theod 78,2: τίνες ἦμεν, τί γεγόναμεν· ποῦ ἦμεν, ποῦ ἐνεβλήθημεν· ποῦ σπεύδομεν, πόθεν λυτρούμεθα· τί γέννησις, τί ἀναγέννησις.). Sollte ein solcher Bezug tatsächlich im Hintergrund stehen, so enthielte das οὐκ εἰδότες eine direkte Polemik gegen von gnostischem Denken beeinflußte christliche Adressaten der Predigt. In dieselbe Richtung weist möglicherweise auch der betonte Hinweis auf das Leiden Christi ἕνεκεν ἡμῶν (zur Sache und zur Formulierung vgl. Barn 5,5: ὁ κύριος ὑπέμεινεν παθεῖν περὶ τῆς ψυχῆς ἡμῶν).

Exkurs: Die Christologie des 2 Clem

Jesus Christus wird vom Vf des 2 Clem nicht mit Gott identifiziert (Wengst 228 hält es in Anknüpfung an Chr. Stegemann für denkbar, daß in 4,4; 12,1 f; 13,3 f Jesus direkt als „Gott" bezeichnet wird; das ist aber sehr fraglich – s. jeweils zSt) Allerdings fordert der Vf, es dürfe im Blick auf das φρονεῖν des Christen über Christus keine Rangabstufung geben (1,1): Jesus ist seinem Wesen nach „wie Gott" (vgl. Phil 2,6), er ist der endzeitliche Richter (vgl. 2 Kor 5,10 und Röm 14,10), und von ihm kann in gleicher Weise wie von Gott gesagt werden, er habe uns „berufen" (1,8; 2,4; 9,5 einerseits, 10,1; 16,1 andererseits). Polemisiert der Vf gegen eine christliche Gemeindegruppe, die vom irdischen Jesus „gering" dachte? Das vermutet Warns, Untersuchungen 254 f unter Hinweis auf EvPhil § 27 (NHC II/3 p 58,14 ff), wo in innergnostischer Diskussion davor gewarnt wird, angesichts des „Königs" (= des erhöhten Christus) das „Lamm" (= den Irdischen) zu verachten. Nachdrücklich betont ist in 1,2 das Leiden Christi „für uns", aber dieser Gedanke wird dann nicht weiter entfaltet. Jesus hat die dem Untergang geweihten Menschen berufen und gerettet (2,7) und ihnen den Zugang zu Gott ermöglicht (3,1 f). Er, der einst Geist war, ist Fleisch geworden (9,5); in dieser σάρξ Christi wurde die Kirche offenbar, die sein Leib ist und der Christus gegenübersteht wie der Mann seiner Frau (14,2 f). Gegenwärtig ist der erhöhte Christus als πνεῦμα zu denken (14,4); am Ende der Tage werden die Ungläubigen (bzw. die Irrlehrer) erkennen, daß τὸ βασίλειον τοῦ κόσμου bei Jesus liegt und daß sie mit der Zurückweisung der kirchlichen Verkündigung ihre eigene Rettung (σωτηρία) verworfen haben (17,5).

Die christologischen Aussagen im 2 Clem verbinden sich zwar häufig mit paränetischen Konsequenzen (s. zu 1,3; 3,3; 9,6; 14,3; 17,6), aber vor einer Abwertung des theologischen Ernsts dieser Christologie sollte man sich hüten (zu Wengst 228–230), ebenso vor einer pauschalen Deutung des Befundes als „Moralismus" oder „Gesetzlichkeit" (zu Öffner); denn die Paränese gründet eben in der Christologie, nicht umgekehrt (so m. R. auch Baasland).

Das zur Bezeichnung der Tat Christi am häufigsten gebrauchte Verb ist σώζειν (1,4; 8,2; 14,1 u. ö.); der am meisten verwendete Hoheitstitel ist κύριος, sowohl für den irdischen (5,2; 6,1 u. ö.) wie für den gegenwärtig geglaubten Christus (8,2). Als κύριος hat Jesus die Gebote gegeben, die dem Willen Gottes entsprechen (8,4; vgl. 17,3.6). Als κύριος wird er in der Parusie aller Welt offenbar sein (17,4 f). In der Schlußdoxologie begegnen im liturgischen Gebrauch die christologischen Titel σωτήρ und ἀρχηγός (τῆς ἀφθαρσίας), deren besondere Bedeutung aber nicht näher expliziert wird (s. zu 20,5).

Dem Hinweis auf Jesu Leiden ἕνεκα ἡμῶν folgt in **3** die suggestiv gestellte dreifache Frage nach unserer Reaktion, auf die eine inhaltliche Antwort aber erst ab 3,3 gegeben wird. Im Begriff ἀντιμισθία (s. dazu Preisker, ThWNT IV, 707,5–14) wird ein wesentliches Element der Gott-Mensch-Beziehung sichtbar (11,6). Die Frage nach der angemessenen Frucht erinnert an Mt 3,8 Q, aber natürlich auch an paulinische Aussagen (Röm 6,22; Gal 5,22); die Reihenfolge von Gabe und Gegengabe steht für den Vf fest. ὅσια steht parallel zu ἀντιμισθία und καρπός und meint deshalb, entsprechend „dem herrschenden griechischen Sprachgebrauche", das, „was sich auf die Götter bezieht, ... die religiöse und kultische Pflicht" (Knopf zSt). Warns, Untersuchungen 176 f sieht in V. 3.5 Anklänge an die in Act Joh 109 zitierte Abendmahlsliturgie (Lipsius-Bonnet II/1, 207 ff: τίνα αἶνον ἢ ποίαν προσφορὰν ἢ τίνα εὐχαριστίαν κλῶντες τὸν ἄρτον τοῦτον ἐπονομάσωμεν ἀλλ᾿ ἢ σὲ μόνον κύριε Ἰησοῦ;); der Prediger setze vor seine Rede also ein eucharistisches Vorzeichen. Aber so deutlich sind die Zusammenhänge nicht sichtbar.

Der dreifachen Frage von V. 3 entspricht in **4** eine dreifache Begründung für die Notwendigkeit der Gegenleistung: φῶς, das in 2 Clem nur hier erwähnt ist, bildet die Gegengabe zur heidnischen Finsternis (1,6; vgl. 1 Clem 59,2) in Anlehnung an das Einst-Jetzt-Schema (Tachau; vgl. Conzelmann, ThWNT IX, 348 A 398). Die zweite Aussage erinnert an 1,1: Christus hat uns als υἱοί bezeichnet und damit die Vaterrolle übernommen. Im Hintergrund steht nicht ein bestimmtes Logion Jesu, sondern die christliche Tradition, daß die Christen als „Gottessöhne" bezeichnet werden können (Röm 8,14; 9,26; Gal 4,7; vgl. Joh 12,36). Zu προσαγορεύω s. Braun zu Hebr 5,10. Die dritte Aussage ist für die Soteriologie des 2 Clem besonders charakteristisch (2,7; vgl. 2,5), denn der Vf verwendet σώζειν häufig.

Die beiden in **5** formulierten Fragen knüpfen an V. 3 an, während der Relativsatz ὧν ἐλάβομεν V. 4 entspricht; die beiden Partizipialaussagen in V. 6 noch direkt zu V. 5 zu ziehen (so Wengst), legt sich aus diesem Grunde nicht nahe. αἶνος, im NT nur in Lk 18,43 und Mt 21,16 (in Ps 8,3 LXX für hebr. עז), bezeichnet das Gott allein gebührende Lob (vgl. 9,10). Ob man δώσομεν (H) oder δώσωμεν (A; diese Form begegnet in Mk 6,37 ℵ D usw., dazu B-D-R § 95,2) liest, bleibt sich gleich. Die Verbindung μισθὸν ἀντιμισθίας wirkt etwas gekünstelt; der Prediger wollte offenbar vermeiden, die Frage von V. 3a nahezu wörtlich zu wiederholen.

Der Inhalt dessen, was wir empfangen haben, wird in **6** beschrieben (nach Warns, Untersuchungen 159 geht die eigentümliche Syntax – in V. 6a fehlt ein finites Verb – auf die mündliche Rede zurück): Der (einstigen) heidnischen Todesexistenz und geistigen Verfinsterung steht (jetzt) die Erlangung der „Sehkraft" (ἀνεβλέψαμεν) gegenüber. πηρός „verstümmelt" ist selten; H korrigiert: πονηροί. Die Verstandesblindheit der Heiden (vgl. dazu Eph 4,18) wird, wie in der traditionellen jüdischen Polemik (schon Ps 135,15; Jes 44,9–20), insbesondere in deren Bilderverehrung faßbar. Die von Knopf zSt erwähnten Aussagen vorsokratischer Philosophie haben andere Motive: Die Götter werden für menschengestaltig gehalten (Xenophanes; bei Diels-Kranz fr 14–16); „Menschen beten zu den Götterbildern, wie wenn einer mit Gebäuden Zwiesprache pflegen wollte, ohne von Göttern und Heroen auch nur entfernt zu wissen, wer sie sind" (Heraklit; bei Diels-Kranz fr 53). προσκυνεῖν im 2 Clem sonst nur noch in 3,1. Die Aufzählung der Materialien der Götterbilder ist locker geordnet: Steine und Holz (Plural), dann in absteigender Linie Metalle; dann heißt es zusammenfassend: ἔργα ἀνθρώπων. Ähnliche Aufzählungen finden sich oft (Dan 5,4.23 Θ; Sap Sal 13,10–19; Apk 9,20; formal näher bei unserer Stelle äth Hen 99,7; Or Sib III 586–590; Dg 2,2; Kg Pt fr IIIa). Die Existenz (βίος) der einstigen Heiden kann nur als „Tod" qualifiziert werden (die Formulierung hier ist ungewöhnlich, der Gedanke begegnet in der Sache öfter: Kol 2,13; Eph 2,1; 5,14; Apk 3,1). Eine Dialektik von Tod und Leben wie in Corp Herm I 15 („Der Mensch ist διὰ τὸ σῶμα sterblich, unsterblich aber seinem eigentlichen Wesen nach") oder wie in den bei Knopf zSt angeführten klassischen Texten liegt hier gerade nicht vor (vgl. Heraklit, bei Diels-Kranz fr 62: ἀθάνατοι θνητοί, θνητοὶ ἀθάνατοι, ζῶντες τὸν ἐκείνων θάνατον, τὸν δὲ ἐκείνων βίον τεθνεῶτες „Als Unsterbliche sind sie sterblich, als Sterbliche unsterblich; das Leben der Sterblichen ist der Unsterblichen Tod, der Tod der Unsterblichen ist der Sterblichen Leben"; vgl. auch die Euripides-Fragmente 639. 830). Der folgende Satz περικείμενοι ... ἀνεβλέψαμεν ἀποθέμενοι ... νέφος erinnert in Aufbau und Begrifflichkeit an Hebr 12,1; aber inhaltlich liegt natürlich eine ganz andere Aussage vor. Zu ἀμαύρωσις und ἀχλύς s. Bauer-Aland WB; beide Worte fehlen im NT und begegnen bei den Apost Vätern nur hier. In die Finsternis heidnischen Lebens wäre nie ein Lichtstrahl gedrungen, wenn Christi Wille es uns nicht ermöglicht hätte, die uns umfangende Wolke abzustreifen. Zu τῇ αὐτοῦ θελήσει (so ist mit A zu lesen) vgl. Hebr 2,4.

Die V. 4 entsprechende soteriologische Aussage in **7** ist plerophor formuliert; ἐλεέω und σπλαγχνίζομαι begegnen im 2 Clem nur hier. Christus sah den „Irrtum" der Heiden (vgl. V. 6a), das daraus resultierende Verderben (zu πλάνη und ἀπώλεια vgl. 2 Petr 3,16f) und ihre Hoffnungslosigkeit. ἐλπίς ist, wie in Eph 2,12, nicht die subjektive Haltung des Hoffens, die natürlich auch den Heiden nicht abgesprochen wird, sondern die begründete Hoffnung; sie hat allein bei Christus Aussicht auf Erfüllung. Der Aor. ἔσωσεν (wie in 1,4; 2,7; 3,3; 9,2) erklärt sich von dem Gedanken her, daß die Berufung (1,8) die Menschen in eine neue Wirklichkeit versetzt hat (vgl. 2 Tim 1,9: ... θεοῦ τοῦ σώσαντος ἡμᾶς καὶ καλέσαντος und Tit 3,5; dazu Dibelius-Conzelmann jeweils zSt); der Prediger meint, anders als der Vf von Eph 2,5.8, nicht, daß das eschatologische Heil bereits vollendet sei (vgl. 4,1; 8,2; 14,1 f). Der Zustand des Verderbens (V. 7), ja des Todes (V. 6b) wird in **8** abschließend als der Zustand des Nichtseins beschrieben. Die Formulierung ἐκάλεσεν ἡμᾶς οὐκ ὄντας καὶ ... εἶναι erinnert an Röm 4,17 (θεοῦ ... καλοῦντος τὰ μὴ ὄντα ὡς ὄντα; dazu Käsemann zSt), aber ein literarischer Zusammenhang besteht nicht. Die Stelle erlaubt auch keinen Rückschluß auf die Paulus-Exegese der Valentinianer (zu Warns, Untersuchungen 237–240). Nahe kommt Philo Spec Leg IV 187 (V p 252,4 f: τὰ γὰρ μὴ ὄντα ἐκάλεσεν εἰς τὸ εἶναι τάξιν ἐξ ἀταξίας ...), doch sollte man den Einfluß der philosophischen Reflexion über die creatio ex nihilo nicht überschätzen, wovor schon das unterminologische οὐκ ὄντας (statt μὴ ὄν) warnt. Zum Wechsel von οὐκ und μή vgl. 1 Petr 1,8 (dazu ausführlich Wohlenberg, KNT XV zSt). ἠθέλησεν ... εἶναι ἡμᾶς nimmt τῇ αὐτοῦ θελήσει (V. 6 am Ende) auf: Die neue Wirklichkeit wurde durch den Willen Christi geschaffen.

2,1–7,6 Erster Hauptteil: Christi Heilstat und christliches Leben

2,1–7 Zwei Schriftzitate und ihre Deutung

[1]„Freue dich, Unfruchtbare, die du nicht gebierst; brich aus in Jubel und rufe laut, die du nicht in Wehen liegst; denn zahlreich sind die Kinder der Einsamen, mehr als derjenigen, die den Mann hat."
Was (die Schrift) gesagt hat: „Freue dich, Unfruchtbare, die du nicht gebierst", das hat sie über uns gesagt: Unfruchtbar nämlich war unsere Kirche, bevor ihr Kinder gegeben wurden.
[2]Was (die Schrift) aber gesagt hat: „Rufe laut, die du nicht in Wehen liegst", das meint: Unsere Gebete einfältig emporsteigen zu lassen zu Gott, damit wir nicht wie die in Wehen Liegenden verzagen.
[3]Was aber (die Schrift) gesagt hat: „Denn zahlreich sind die Kinder der Einsamen, mehr als derjenigen, die den Mann hat" – unser Volk schien ja von Gott verlassen zu sein, doch jetzt, da wir gläubig geworden sind, sind wir mehr geworden als die, die Gott zu haben meinen.
[4]Aber auch eine andere Schrift(stelle) sagt: „Ich bin nicht gekommen, Gerechte zu berufen, sondern Sünder."
[5]Das meint: Man muß die Verlorengehenden retten.
[6]Jenes nämlich ist groß und wunderbar – nicht das Stehende zu festigen, sondern das Fallende.
[7]So hat auch Christus das Verlorengehende retten wollen, und er hat viele gerettet, indem er kam und uns berief, die wir schon verlorengingen.

Kap. 2 enthält zwei Zitate (V. 1a: Jes 54,1; V. 4: Mt 9,13b), die beide im einzelnen, wenn auch auf formal unterschiedliche Weise, ausgelegt werden. Die Auslegung des AT-Zitats in V. 1b–3 erfolgt midraschartig unter Wiederholung der zu deutenden Textzeile, und zwar im Blick auf die Gegenwart unter Verwendung des Einst-Jetzt-Schemas (Tachau; vgl. Donfried, Setting 108f, der hier Bezugnahmen auf das Taufgeschehen sieht). Die Auslegung des Jesus-Logions in V. 5–7 führt von einer allgemeinen Anwendung (V. 5f) zu einer konkreten christologischen Aussage (V. 7) zurück.

1: Das unvermittelt einsetzende (wörtlich LXX entsprechende) Zitat von Jes 54,1 dient zunächst offenbar als Beleg für die Aussage von 1,8 (s. u.); die anschließende Auslegung schlägt dann aber eine andere Richtung ein. Das Zitat wird schon von Paulus benutzt (Gal 4,27; dazu Koch, Schrift 209) und findet sich auch bei Justin (Dial 13,8; Apol I 53,5). Im zeitgenössischen Judentum wird es, durchaus sachgemäß, auf Israel gedeutet (s. Billerbeck III, 574f); Paulus sieht in ihm den Beleg für seine These, daß die Christen die Kinder der Sara sind, und Justin versteht ihn in der Apologie als die biblische Vorhersage der heidenchristlichen Mehrheit in der Kirche (s. u. zu 2,3). Daß der Prediger des 2 Clem das Zitat von seinen Gegnern übernommen hätte (so Warns, Untersuchungen 487–492), läßt sich nicht erweisen. Wenig wahrscheinlich ist auch Donfrieds Vermutung, die Verwendung der Stelle stehe dem Schriftgebrauch der galatischen Gegner des Paulus nahe (Setting 199; vgl. Lindemann, Paulus 268). War Jes 54,1 Teil eines zuvor verlesenen Predigttextes, so daß der Prediger „gleichsam als selbstverständlich" darauf hat zurückgreifen können (so Knopf zSt)? Wahrscheinlich verwendet der Vf das Zitat, weil er die ihm so wichtige Paradoxie darin ausgesagt fand, daß Unmögliches Wirklichkeit geworden sei (vgl. Donfried, Setting 83).

Die anschließende Auslegung folgt keinem einheitlichen hermeneutischen Schema; der Vf ist allerdings bemüht, nach der pescher-Methode Zeile für Zeile des Zitats nacheinander zu deuten. **1b** wirkt wie eine allegorische Exegese (ὃ εἶπεν . . . ἡμᾶς εἶπεν): Die στεῖρα des biblischen Textes war „unsere Kirche", bevor ihr (von Christus?) Kinder gegeben wurden und sie also im eigentlichen Sinne ins Leben trat. Daß ἡ ἐκκλησία ἡμῶν hier als weibliches, präexistentes, himmlisches Wesen vorgestellt sei (so Knopf), ist von Kap. 14 her eingetragen; eher wäre möglich, daß der Vf an seine (Teil-)Kirche (vgl. das ἡμῶν) denkt, die eine Zeitlang unter einer – jetzt überwundenen – Stagnation gelitten haben mag (s. zu 2,3). Die ursprünglichen Hörer werden den Sinn der Aussage sofort verstanden haben. In **2** wird die zweite Zeile des Jes-Zitats verkürzt (ῥῆξον fehlt) wiederholt; das deutende τοῦτο λέγει (vgl. 2,5; 12,5) entspricht dem gängigen τοῦτ᾽ ἔστιν (dazu Koch, Schrift 28 A 23), das der Vf ebenfalls kennt (14,2). Das Bibelwort wird jetzt nicht allegorisch gedeutet, sondern direkt auf die gegenwärtige Situation bezogen: βοᾶν meine das an Gott gerichtete schlichte Beten (vgl. 1 Clem 23,1; 34,7); ἡ οὐκ ὠδίνουσα meine, daß die Beter nicht verzagen sollen (der Vf setzt gedanklich voraus, daß in Wehen liegende Frauen „verzagen"). Zu προσευχὰς . . . ἀναφέρειν . . . μὴ . . . ἐγκακῶμεν vgl. Sir 48,19f und Lk 18,1, auch wenn vermutlich keine Zitate vorliegen (zu Warns, Untersuchungen 220–222). ἀναφέρειν gehört terminologisch zum Opferkult (so oft in LXX; vgl. Hebr 7,27), wird dann aber auch in übertragener Bedeutung verwendet (Hebr 13,15; 1 Petr 2,5; Barn 12,7). Auch die Wiederholung der Schlußzeile des Zitats in **3** wird mit ὃ δὲ εἶπεν eingeleitet; aber diesmal schließt die Deutung direkt an. Zu ἔρημος ἀπό s. B-D-R § 211.1; ἔρημος gilt als Adjektiv der Trennung (vgl. Appian bell civ 4,30 § 130: ἔρημος ἐκ παραπομπῆς „vom Gefolge verlassen"; Jer 51,2 LXX: Jerusalem und Juda sind ἔρημος ἀπὸ ἐνοίκων). Der Prediger des 2 Clem legt Jes 54,1b auf die Gottesbeziehung hin aus und relativiert dabei die Textaussagen: Unser Volk war nur scheinbar „verlassen"; und andererseits „haben" die anderen, die inzwischen auch zahlenmäßig unterlegen sind, Gott ebenfalls nur scheinbar. An welche Gruppen der Vf hierbei denkt, läßt sich nicht sicher sagen. ὁ λαὸς ἡμῶν ist vermutlich dieselbe Größe wie ἡ ἐκκλησία ἡμῶν (s. zu 2,1; deutet man mit Wengst 241 A 19 konkret auf das ägyptische Volk des Vf, so stünde hier die Behauptung, dieses Volk habe sich seit seiner „Christianisierung" zahlenmäßig vergrößert. Ist das wahrscheinlich?). Diese Kirche schien ja von Gott verlassen zu sein (ἐπεί verweist auf einen schon erwähnten Tatbestand – also vermutlich die Unfruchtbarkeit), aber sie wuchs nun an Zahl beträchtlich. νυνὶ δὲ πιστεύσαντες bezieht sich auf das Christwerden der Gemeindeglieder, die sich schon so als die „Kinder der Unfruchtbaren" erweisen. Die Wendung οἱ δοκοῦντες ἔχειν θεόν nimmt entweder eine Behauptung der Gegner auf (nach Knopf zSt und Wengst 271 A 20 wären es wie bei Justin [s. o.] die Juden, die beanspruchten, Gott zu haben; vgl. KerPt fr IVa Dobschütz. Nach Warns, Untersuchungen 63 würde es sich dagegen um Valentinianer handeln, wobei dem Prediger dann freilich der Lapsus unterlaufe, daß die valentinianische Kirche als die ältere erscheine.), oder der Vf übernimmt einfach die Begrifflichkeit des Zitats (τῆς ἐχούσης τὸν ἄνδρα), ohne daß auf dem Verb ἔχειν besonderes Gewicht liegt. Wie bei 2,1 gilt, daß die ursprünglichen Hörer die Anspielung sofort verstanden haben werden.

Die Gestaltung des Abschnitts **4–7** ist rhetorisch geschickt: Das Christi Werk beschreibende Zitat folgt der Struktur „nicht – sondern" (V. 4); die Auslegung (V. 5) zielt auf eine direkte, für jeden geltende positive Anweisung (δεῖ); die Erläuterung in V. 6 nimmt die Struktur des οὐ – ἀλλά wieder auf, redet aber immer noch auf der Ebene des allgemein Gültigen. V. 7 hingegen spricht, wie das Zitat selbst, vom Handeln Christi, beschreibt aber (wie V. 5) nur die positive Folge. In **4** wird ein aus der synoptischen Überlieferung bekanntes Jesuswort wörtlich zitiert (anders Barn 5,9); es wird dabei ἑτέρα γραφή genannt. Das Präsens λέγει (statt εἶπεν) besagt, daß Jesus „in seinen Worten gegenwärtig spricht" (Köster, Überlieferung 65). Ungewöhnlich ist die Verwendung des Wortes γραφή an dieser Stelle. In 6,8; 14,1.2 meint ἡ γραφή (mit Artikel!) das Alte Testament; die sonstigen Zitate aus christlicher Überlieferung werden in anderer Weise eingeführt (s. Einleitung 5. Schriftbezüge und Zitate). Vermutlich zitiert der Vf Mt 9,13b (vgl. in 3,1 das Stichwort ἔλεος; Mk 2,17 hat dazu keine Entsprechung) und sieht darin ausdrücklich ein Wort Christi (2,7). Die Beobachtungen lassen den Schluß zu, daß er dem Wort unmittelbar aktuelle Bedeutung beimißt, daß er es auch als „Schrift" versteht, aber eben noch nicht als „die Schrift" im Sinne der Bibel; die Stelle darf deshalb im Blick auf die Frühgeschichte des neutestamentlichen Kanons nicht überbewertet werden (vgl. Campenhausen, Entstehung 143 mit A 63; Köster, Überlieferung 66). Selbst wenn der Vf des 2 Clem das Wort aus mündlicher Überlieferung übernommen haben sollte (so Donfried, Setting 59f), hält er es doch für ein Stück γραφή (Köhler, Rezeption 136). Daß das Logion, frei zitiert, als Bestandteil autoritativ gültiger Tradition angesehen wurde, belegt 1 Tim 1,15 (vgl. Dibelius-Conzelmann zSt). Die Deutung des Wortes in **5** (τοῦτο λέγει wie in V. 2) zielt auf die eigene Aktivität (δεῖ) der Christen; sie müssen das weitergeben, was sie selbst empfangen hatten (1,4; 2,7). Der Vf denkt dabei vermutlich nicht an die Mission (so Wengst 241 A 22), sondern an die anzustrebende Umkehr innergemeindlicher Gegner (Valentinianer? So Warns, Untersuchungen 490f); darauf verweisen 2,6 und die Tatsache, daß die Mission in 2 Clem sonst keine Rolle spielt (s. zu 13,3f). Die in **6** (und dann nochmals in 5,5) gebrauchte Formel μέγα καὶ θαυμαστόν (vgl. Apk 15,1.3; 1 Clem 26,1; 50,1; 53,3) ist offenbar im hellenistischen Bereich zu Hause (Ditt Syll³ 1073,26; Philo Vit Mos II 10;

LXX: Dt 28,59; Hi 42,3; Tob 12,22; Dan 9,4 Θ; ein festes hebräisches Äquivalent gibt es nicht) und bezeichnet überwältigende Größe. Dem dann folgenden Satz liegt vermutlich eine allgemeine Sentenz zugrunde (zu „stehen" und „fallen" in übertragener Bedeutung vgl. 1 Kor 10,12). Das Verb στηρίζειν ist im NT Terminus der Glaubensstärkung (Harder, ThWNT VII, 655–657) und dürfte hier im selben Sinn gebraucht sein. τὰ ἑστῶτα wären dann die im Glauben ohnehin gefestigten (vgl. V. 4: δικαίους), τὰ πίπτοντα die (durch Irrlehren?) gefährdeten Gemeindeglieder (vgl. V. 4: ἁμαρτωλούς). Denkbar wäre, daß der Vf einer gnostischen Praxis widerspricht, wonach die Starken (= Gnostiker) gestärkt, die Schwachen (= Nichtgnostiker) verworfen werden. **7** zieht den Schluß (οὕτως): Christus plante sein Handeln entsprechend der Maxime von V. 6, und er hat – entsprechend der Aussage des Zitats V. 4 – „uns" als die ἤδη ἀπολλύμενοι berufen und so gerettet. Die Nähe zu der Tradition, die auch in Lk 19,10; 1 Tim 1,15 begegnet, ist deutlich.

3,1–5 Christi Heilstat und unsere Antwort

[1]Da er also so großes Erbarmen uns gegenüber erwies, ist es das erste, daß wir als die Lebendigen den toten Götzen nicht opfern und sie nicht verehren; vielmehr haben wir durch ihn den Vater der Wahrheit erkannt.
Was ist die auf ihn gerichtete Erkenntnis (anderes) als ihn nicht zu verleugnen, durch den wir ihn erkannt haben?
[2]Er sagt aber auch selbst: „Den, der mich bekannt hat [vor den Menschen], den werde auch ich bekennen vor dem Vater."
[3]Dies also ist unser Lohn: Wenn wir [nun] (den) bekennen, durch den wir gerettet worden sind.
[4]Wodurch aber bekennen wir ihn? Dadurch, daß wir tun, was er sagt, und nicht ungehorsam sind gegenüber seinen Geboten und nicht allein mit den Lippen ihn ehren, sondern von ganzem Herzen und von ganzem Verstand.
[5]Es heißt aber auch bei Jesaja: „Dieses Volk ehrt mich mit den Lippen, sein Herz aber ist fern von mir."

V. 1a faßt 2,4–7 zusammen und nennt zugleich die Konsequenz des ἐλεεῖν Jesu („nicht – sondern"). V. 1b erläutert das aus V. 1a aufgenommene Stichwort γινώσκειν/γνῶσις durch den Blick auf das Bekenntnis (μὴ ἀρνεῖσθαι), wofür in V. 2 ein Wort Christi zitiert wird. V. 3 zieht die Schlußfolgerung; die Aussage über den μισθός verweist dabei auf 1,3.5 zurück: Unser Gegenlohn ist unser Bekennen (wobei dann V. 4 erläutert, was mit ὁμολογεῖν gemeint ist). V. 5 belegt das durch ein ausdrücklich eingeleitetes Bibelzitat. Der ganze Abschnitt zeigt sich als ein polemischer Angriff auf eine Gotteserkenntnis, die – zumindest in den Augen des Sprechers – mit einer Verleugnung Christi einhergeht.

1: Die einleitende Bemerkung über ἔλεος (die Erweiterung καὶ ἐλέησεν ἡμᾶς, bei Wengst gegen die griechischen Handschriften als Rückübersetzung von S im Text, ist wohl nur Folge des syrischen Sprachstils; so R. Warns brieflich) knüpft an die Aussage von 1,7 an und läßt so 1,8–2,7 als deren Explikation erscheinen. Dem πρῶτον μέν entspricht zwar nichts Weiteres (Knopf zSt), aber das ist auch nicht unbedingt nötig (vgl. B-D-R § 447.14). Christi Erbarmen εἰς ἡμᾶς bestand vor allem darin, daß er „uns" vor falscher (heidnischer) Götterverehrung bewahrte und zur richtigen Gotteserkenntnis führte. Die Formulierung ἡμεῖς οἱ ζῶντες κτλ. wirkt wie ein Zitat. Eine nahezu wörtliche Parallele findet sich in Acta Carpi 12: Der Märtyrer erklärt gegenüber dem römischen Prokonsul in Pergamon (vermutlich zur Zeit des Mark Aurel; vgl. Lietzmann, Kl Schriften I, 239–250): οἱ ζῶντες τοῖς νεκροῖς οὐ θύουσιν (zur Fortsetzung in 2 Clem 3,1 [οὐ προσκυνοῦμεν] vgl. Acta Carpi 7, wo Joh 4,23 zitiert ist: προσκυνηταὶ … προσκυνοῦντες τῷ θεῷ …). Warns, Untersuchungen 478 f sieht einen Zusammenhang mit Ps 113,26 LXX: ἡμεῖς οἱ ζῶντες εὐλογήσομεν τὸν κύριον. Zu den „toten Götzen" vgl. Ps 106,28 und vor allem Did 6,3. Die Gottesbezeichnung „Vater der Wahrheit" (vgl. 20,5) fehlt sonst in frühkirchlicher Literatur, begegnet aber oft in gnostischen Schriften (vgl. Donfried, Setting 112; Belege aus Nag Hammadi bei Siegert, Register 26). Besonders nahe kommen Herakleon (fr 20 zu Joh 4,21 [Völker, Quellen 74,2–4]: οἱ πνευματικοὶ οὔτε τῇ κτίσει οὔτε τῷ δημιουργῷ προσκυνήσετε, ἀλλὰ τῷ πατρὶ τῆς ἀληθείας), der Anfang des EvVer (NHC I/3 p 16,32ff: „… welche die Gnade vom Vater der Wahrheit empfangen haben, daß sie ihn erkennen durch die Kraft des Wortes") und der Zweite Logos des Großen Seth (NHC VII/2 p 52,2ff: „Es war für sie unmöglich zu wissen, wer der Vater der Wahrheit, der Mann der Größe ist"). Dieser Befund verweist (mit Warns, Untersuchungen 345 f) auf eine Auseinandersetzung des Vf mit der Gnosis (vgl. Donfried, Setting 112: „While taking over certain ‚gnosticizing' phraseology, our author is at the same time reinterpreting it."). Seine Aussage über die Gotteserkenntnis steht in der Nähe von Joh 17,3; von der in 1 Kor 8,2f sichtbaren Dialektik ist nichts zu erkennen. Auf Gott gerichtete γνῶσις impliziert notwendig das öffentliche Bekenntnis zu Christus (zu τὸ μὴ ἀρνεῖσθαι αὐτόν vgl. 17,7; A streicht dieses αὐτόν, um den Text zu vereinfachen), weil er die Gotteserkenntnis vermittelt hat; zugleich zielt diese γνῶσις auf den Gehorsam gegenüber Christi Geboten (V. 4). Das in **2** als Beleg dafür zitierte Wort (λέγει ist hier anders gebraucht als in V. 5) Jesu kommt der in der Q-Überlieferung (Mt 10,32/Lk 12,8; anders Mk 8,36 par Lk 9,26; vgl. überdies Apk 3,5) begegnenden Fassung am nächsten (s. die Übersicht bei Donfried, Setting 60), ohne daß ein Zitat unmittelbar aus einer schriftlichen Quelle vorliegt (Köhler, Rezeption 131 in Anlehnung an Köster: „Die wahrscheinlichste Annahme ist die gedächtnismäßiger Zitation des Mt"; „sicher" sei das aber „keineswegs"). Streicht man mit S ἐνώπιον τῶν ἀνθρώπων (Lightfoot I/2, 216: „probably correct") und auch das Pronomen μου am Ende des Satzes (so Wengst), dann erhält man die am meisten vom NT abweichende Textfassung; die stärkere Angleichung an Mt 10,32 in H und A ist sekundär. Daß mit αὐτός Christus gemeint ist, geht aus dem Kontext und aus dem Zitat selbst hervor; es besteht kein Anlaß, von „naivem Modalismus" (so Knopf zSt) zu sprechen.

In **3** nimmt der Vf die in 1,3.5 gestellten rhetorischen Fragen auf und gibt eine auf 3,1.2 aufbauende explizite Antwort darauf: Der von uns zu zahlende Lohn besteht darin, Christus (zu δι' οὗ ἐσώθημεν vgl. 1,4; 2,7) zu bekennen. ἐὰν οὖν (so A; übernommen von Funk-Bihlmeyer) ist „schwer erträglich" (Knopf zSt) und könnte gerade deshalb ursprünglich sein.

Wie in V. 2 nach dem Inhalt von γνῶσις, so wird in **4** nach dem Inhalt des ὁμολογεῖν gefragt. Die Antwort ist dreifach gegliedert: Zuerst (ποιεῖν ἃ λέγει) nimmt der Vf offensichtlich Lk 6,46 auf (s. zu 4,1 f); dies wird dann gedeutet als der Gehorsam gegenüber Christi ἐντολαί (vgl. 4,5; 6,7; im NT nur im joh Schrifttum: Joh 14,15 u. ö.; 1 Joh 2,3 u. ö.); und es gipfelt schließlich in der Forderung, Christus in der rechten Weise zu ehren. V. 4b enthält dabei auffallenderweise Anspielungen auf Texte, die ursprünglich von der

Beziehung des Menschen zu Gott reden, nämlich Jes 29,13 (s. zu V. 5) und Dt 6,5. Die Anspielung auf das Schema geht dabei vermutlich nicht unmittelbar auf das AT zurück, sondern auf Mk 12,30, da dort καρδία und διάνοια nebeneinander stehen, während in LXX entweder (mit A) ἐξ ὅλης τῆς καρδίας σου oder (mit Bʳ) . . . τῆς διανοίας zu lesen ist. Warns, Untersuchungen 301 meint, zitiert werde nicht Mk, sondern die Lk-Parallele 10,27, da der Vf des 2 Clem Mk gar nicht kenne; aber die Nähe zum Mk-Text ist am größten (s. die Einleitung 5. Schriftbezüge und Zitate). In **5** wird ein Jes-Wort ausdrücklich zitiert, wobei die einleitende Wendung λέγει δὲ καί . . . zeigt, daß der Vf das Zitat als zusätzlichen Beleg versteht, nicht als Wiederholung von V. 4. Zur Zitatform s. den anschließenden Exkurs. Der Vf setzt wohl nicht voraus, daß im Prophetenwort „der präexistente himmlische Christus" spricht (so Knopf zSt); es handelt sich lediglich um unpersönliche Redeweise („es heißt") wie etwa in Röm 9,25 (s. dazu Koch, Schrift 31 f). Das Bibelwort lehrt, daß mit einem Lippenbekenntnis die Abkehr des Herzens von Gott einhergeht. Denkbar ist, daß der Vf ὁ λαὸς οὗτος polemisch konkret versteht und damit seine Gegner meint (vgl. 2,3: ὁ λαὸς ἡμῶν).

Exkurs: Das Zitat in 2 Clem 3,5

Das in V. 5 verwendete Zitat aus Jes 29,13 LXX findet sich auch in der synoptischen Überlieferung (Mk 7,6/Mt 15,8) und in 1 Clem 15,2. Die genaue Analyse ist schwierig, weil in allen Fällen (einschließlich LXX) die Handschriften differieren.

Die erste Zeile des Zitats weicht von der LXX-Fassung deutlich ab (Jes 29,13 A ℵ: ὁ λαὸς οὗτος [Codex B fügt hinzu: ἐν τῷ στόματι αὐτοῦ καὶ ἐν; vgl. den hebr Text] τοῖς χείλεσιν αὐτῶν τιμῶσίν με) und stimmt im wesentlichen mit Mk 7,6/Mt 15,8; 1 Clem 15,2 überein (ὁ λαὸς οὗτος [Mk 7,6 und 1 Clem 15,2: οὗτος ὁ λαὸς] τοῖς χείλεσίν με τιμᾷ). Die zweite Zeile ist am Anfang in allen Handschriften einheitlich überliefert (ἡ δὲ καρδία αὐτῶν πόρρω); nur 2 Clem 3,5 H liest αὐτοῦ, was hier die ursprüngliche Lesart sein dürfte. Auffallend sind dann aber die starken Differenzen beim Verb: Die LXX-Handschriften sowie 1 Clem 15,2 H und die meisten Mk- und Mt-Handschriften lesen ἀπέχει, Mk 7,6 Δ und 2 Clem 3,5 H lesen ἀπέστη, Mt 15,8 D liest ἐστίν. 1 Clem 15,2 A und Mk 7,6 L Θ bezeugen ἄπεστιν, ebenso 2 Clem 3,5 A, was ursprünglich sein wird. Der unterschiedliche Befund in beiden Textzeilen legt die Vermutung nahe, daß der Vf des 2 Clem weder direkt LXX noch eines der kanonischen Evangelien benutzt hat. Nimmt man an, daß 2 Clem mit 1 Clem in Verbindung steht (s. die Einleitung), so würde sich die Zitatfassung zwanglos von daher erklären; andernfalls muß man annehmen, daß der Vf aus einer gesonderten Vorlage zitiert (vgl. Wengst 218). Hagner, Use 173 hält es für möglich, daß der Vf das Zitat aus 1 Clem übernahm und aufgrund eigener Kenntnis (die aus der synoptischen Überlieferung stammen könnte) die Quellenangabe hinzufügte.

4,1–5 Das wahre Bekenntnis zu Christus

¹Wir wollen ihn also „Herrn" nicht nur nennen; das wird uns nämlich nicht retten. ²Er sagt nämlich: „Nicht jeder, der zu mir sagt ‚Herr, Herr', wird gerettet werden, sondern der, der die Gerechtigkeit tut."
³Folglich wollen wir ihn nun, Brüder, mit Werken bekennen, dadurch, daß wir einander lieben, dadurch, daß wir nicht ehebrechen, uns gegenseitig nicht verleumden, nicht eifersüchtig sind, sondern enthaltsam sind, barmherzig, gut. Auch müssen wir miteinander Mitleid haben und dürfen nicht geldgierig sein. Mit diesen Werken bekennen wir ihn, und nicht mit den entgegengesetzten.

⁴**Und wir dürfen nicht die Menschen mehr (= in erster Linie) fürchten, sondern Gott.**
⁵**Deshalb, wenn wir das tun, hat Jesus gesagt: „Wenn ihr vereint wärt mit mir an meiner Brust und meine Gebote nicht tut, dann werde ich euch hinauswerfen und zu euch sagen: Weicht von mir, ich weiß von euch nicht, woher ihr seid, ihr Täter der Gesetzlosigkeit."**

Das Kapitel ist deutlich gegliedert: Der einleitenden Aufforderung (V. 1a), der eine Begründung folgt (V. 1b), schließt sich ein Jesuszitat an (V. 2). Dann wird als Beginn der nun folgenden Paränese die konkrete Schlußfolgerung gezogen in bezug auf das zu meidende und das geforderte sittliche Verhalten (V. 3). V. 4 mahnt zur Gottes- anstelle der Menschenfurcht, worauf in V. 5 ein (in der Sache mit V. 2 übereinstimmendes) weiteres Jesuswort als Warnung vor sittlicher Leichtfertigkeit folgt.

Die Formulierung von **1** erfolgt im Vorgriff auf das Folgende (V. 2); der κύριος-Titel hatte in 2 Clem bisher keine Rolle gespielt. In der Sache nimmt καλῶμεν das ὁμολογεῖν von Kap. 3 auf: Der Aussage von 3,4 entsprechend darf sich das Bekenntnis nicht auf die formale Aussage κύριος Ἰησοῦς beschränken. In V. 1b überrascht das futurische σώσει auf dem Hintergrund von 2,7; 3,3 (s. dort); es bestätigt aber das Gewicht der Eschatologie, das schon in 1,1 sichtbar wurde. Daß das bloße „Herr"-Sagen nicht „rettet", wird bestätigt durch das Jesuswort in **2**. λέγει hat hier denselben Sinn wie in 3,2. Die Quelle des Zitats läßt sich nicht eindeutig ermitteln (vgl. die ausführliche Übersicht zu V. 2 und V. 5 bei Donfried, Setting 64f): Der erste Teil stimmt wörtlich mit Mt 7,21aα überein (ebenso Justin Apol I 16,9), während die Hauptaussage (σωθήσεται) wie eine Kurzfassung des Mt-Textes wirkt. Steht dahinter eine Polemik gegen die christliche Verwendung von Joel 3,5, wie sie sich in Röm 10,13 findet? Die positive Aussage entspricht zunächst wörtlich Mt 7,2bα; aber als Objekt des Tuns wird die δικαιοσύνη genannt, was zwar an mt Theologie zu erinnern scheint, tatsächlich aber wörtlich mit 1 Joh 2,29 (u. ö.) übereinstimmt (vgl. 2 Clem 11,7). Hat der Vf den Text von Mt 7,21 frei abgewandelt (so Köster, Überliefe-rung 83; Köhler, Rezeption 133f)? H. D. Betz, Studien 128 meint, das Logion stimme sachlich mit Mt 7,21–23 überein und sei „nicht ohne dessen Kenntnis denkbar", auch wenn kein direktes Zitat vorliege. Knopf zSt hält eine Zitierung ebenfalls für unwahr-scheinlich, „da die Beweggründe der Umformung nicht einzusehen sind. Und für einen Gedächtnisfehler ist das Wort zu kurz." Offenbar wird, wie auch der Zusammenhang mit V. 5 zeigt (s. dort), aus dem apokryphen Evangelium zitiert, das der Vf auch sonst benutzt hat (s. die Einleitung 5.). Das zitierte Logion bindet die eschatologische Rettung nicht an das Bekenntnis zu Jesus, sondern allein an das Tun der Gerechtigkeit (der inhaltliche Sinn von δικαιοσύνη geht aus V. 3f hervor).

3 zieht die Folgerung (ὥστε οὖν); der Vf greift auf 3,2–4 zurück und erklärt, daß die richtige Weise des Bekennens ἐν τοῖς ἔργοις geschieht (vgl. 3,4: ἐν τῷ ποιεῖν ἃ λέγει). Die geforderten ἔργα werden in einer formal sorgfältigen Gliederung aufgezählt: An der Spitze steht das Liebesgebot (vgl. 9,6); es folgen drei durch verneinte Infinitive formulierte Verbote (μή – μηδέ – μηδέ) und drei jeweils antithetisch dazu passende positive Adjektive. Den Schluß bilden umgekehrt zuerst eine Aufforderung und dann eine Warnung. Daß dieser antithetische Aufbau kein Zufall ist, zeigt der Schlußsatz von V. 3. Zu ἀγαπᾶν ἑαυτούς s. B-D-R § 287. Zu μοιχᾶσθαι vgl. 6,4. Zu καταλαλεῖν ἀλλήλων s. Jak 4,11; vgl. aber vor allem auch Substantiv oder Adjektiv in den Lasterkatalogen (Röm 1,30; 2 Kor

12,20; 1 Petr 2,1; 1 Clem 30,1.3; Herm Sim VI 5,5). Zu ζηλοῦν vgl. 1 Kor 13,4; das Verb begegnet bei den Apost Vätern nur noch Ign Röm 5,3, dort aber in anderer Bedeutung. ζῆλος „Rangstreit, Eifersucht" ist auch 1 Clem 3–6 ein Hauptübel (vgl. 63,2; außerdem Herm Sim VIII 7,4). Die Bedeutung von ἐγκρατής ist nicht ganz klar: Fordert der Vf wirklich eine „enkratitische Ethik" (s. zu 15,1)? Vom Kontext her läge es näher, daß es sich um den (freilich überbietenden) Gegentyp zum μοιχᾶσθαι handelt. ἐλεήμων εἶναι ist Gegentyp zum καταλαλεῖν (vgl. Test Ass 4,3: Der ἐλεήμων kann zugleich ἄδικος sein): Wir sollen nicht nur Verleumdungen meiden, sondern im Gegenteil barmherzig sein, und zwar auch im Blick auf die Verfehlungen anderer. ἀγαθὸς (εἶναι) ist Gegentyp zum ζηλοῦν: Wir sollen nicht nur ζῆλος meiden, sondern „gut" sein (zur Kombination beider Begriffe vgl. 1 Clem 5,2f; Herm Sim VIII 7,4: οὗτοι πάντοτε πιστοὶ καὶ ἀγαθοὶ ἐγένοντο, ἔχοντες δὲ ζῆλόν τινα ἐν ἀλλήλοις). Das abschließende Begriffspaar bezieht sich nicht auf das allgemeine Gefühl, sondern auf konkrete Situationen: Wir sollen Mitleid praktizieren (συμπάσχειν ἀλλήλοις offenbar nur hier) und nicht womöglich auf unseren materiellen Vorteil bedacht sein (vgl. 1 Tim 6,10; 2 Tim 3,2; Pol Phil 4,1; s. zu 2 Clem 6,4).

Die abschließende Bemerkung (4) nennt als Motiv für das geforderte Verhalten die Gottesfurcht; es besteht kein Anlaß, mit Chr. Stegemann, Herkunft 86 f (vgl. Wengst 228 A 107) zu vermuten, ὁ θεός sei hier eine Christus-Bezeichnung. Die Formulierung ist ungewöhnlich; die üblicherweise genannten Parallelen (Apg 5,29; 1 Clem 14,1; Platon Apol 17 [29 D]) verwenden nicht das Verb φοβεῖσθαι. Warns, Untersuchungen 289f verweist m. R. auf Mt 10,28; die Aussage hier stehe traditionsgeschichtlich im Zusammenhang mit 5,2–4 (s. dort den Exkurs). Die Kombination von μᾶλλον und ἀλλά wirkt ungeschickt; aber μᾶλλον muß nicht immer einen Gradunterschied, sondern kann auch einen Gegensatz bezeichnen (B-D-R § 246,2).

In **5** folgt als warnender Beleg (διὰ τοῦτο) ein explizit eingeleitetes Jesuswort. Lightfoot und Funk-Bihlmeyer lesen mit Codex A ὑμῶν πρασσόντων; aber da im folgenden die 2. Pers. Pl. verwendet ist, scheint diese Lesart sekundäre Angleichung an den Kontext zu sein. ταῦτα bezieht sich zurück auf V. 4, wobei der gen. abs. konditional aufzulösen ist: Wenn wir „das" (was in V. 4 verboten worden war) tun (nämlich: die Menschen fürchten anstelle Gottes), dann erfüllt sich an uns das Jesuswort. Ob hier ὁ Ἰησοῦς zu lesen ist (so Wengst mit dem syrischen Text) oder ὁ κύριος (so die griech. Handschriften), läßt sich kaum entscheiden; S neigt freilich nicht zur Titelvermeidung (vgl. 16,2), so daß er hier den ursprünglichen Text bieten mag.

Das zitierte Jesuswort ist ein apokryphes Logion, das die unbedingte Bindung an die ἐντολαί Jesu betont. Diese Bindung gilt gerade auch für diejenigen, die ganz eng in der Gemeinschaft mit Jesus stehen (zu συνάγειν ἐν κόλπῳ vgl. Prv 30,4 LXX). Das Drohwort (ἀποβαλῶ ὑμᾶς καὶ ἐρῶ ὑμῖν· ὑπάγετε ἀπ' ἐμοῦ, οὐκ οἶδα ὑμᾶς πόθεν ἐστέ, ἐργάται ἀνομίας) ist offenbar eine Weiterentwicklung der ursprünglich aus Q stammenden Logien in Mt 7,23 und Lk 13,27 (vgl. Ps 6,9 LXX). H. D. Betz, Studien 129: „2 Clem 3–4 gehört literarisch zur Kommentarliteratur, in der Jesussprüche sekundär ausgelegt werden, und zwar ganz im Rahmen judenchristlicher Theologie." Der einleitende Bedingungssatz ἐὰν ἦτε μετ' ἐμοῦ συνηγμένοι ἐν τῷ κόλπῳ μου, καὶ μὴ ποιῆτε τὰς ἐντολάς μου hat eine ungefähre Parallele im EvNaz (Text bei Aland, Synopse zu Mt 7,5: ἐὰν ἦτε ἐν τῷ κόλπῳ μου καὶ τὸ θέλημα τοῦ πατρός μου τοῦ ἐν οὐρανοῖς μὴ ποιῆτε, ἐκ τοῦ κόλπου μου ἀπορρίψω ὑμᾶς), doch dieser Text kann nicht die Vorlage für 2 Clem 4,5 gewesen sein. Vermutlich nahm der Vf auch dieses Zitat aus der apokryphen Evangeliumsschrift (s. die Einleitung 5.). Jedenfalls sind weder Mt noch Lk Zitiervorlage des Vf gewesen, „wohl aber Grundlage der im II Clem zitierten Quelle" (Köhler, Rezeption 144; vgl. zur Sache auch Aono, Gerichtsgedanke 131–135). Demgegenüber meint Köster, Überlieferung 94, statt mit literarischer Abhängigkeit sei mit „freier Überlieferung" zu rechnen, „die noch nach Abschluß und unter Verwendung unserer synoptischen Überlieferung sehr lebendig und vielfältig gewesen sein muß". In der Sache sagt das Logion im Kontext nichts anderes als schon das aus demselben Zusammenhang stammende Zitat in 4,2.

5,1–6,9 Das Sein der Christen in dieser Welt und im kommenden Äon

5 ¹Darum, Brüder, indem wir den gastweisen Aufenthalt in dieser Welt preisgeben, laßt uns den Willen dessen tun, der uns berufen hat, und laßt uns keine Furcht davor haben, aus dieser Welt hinauszugehen.
²Es sagt nämlich der Herr: „Ihr werdet sein wie Schafe inmitten von Wölfen."
³Petrus aber antwortet und sagt zu ihm: „Wenn nun die Wölfe die Schafe zerreißen?"
⁴Jesus sprach zu Petrus: „Die Schafe sollen die Wölfe nicht fürchten, nachdem sie gestorben sind; (so) auch ihr: Fürchtet nicht (die), die euch töten und euch (sonst) nichts zu tun vermögen; sondern fürchtet den, der nach eurem Sterben Macht hat über Seele und Leib, sie in die Feuerhölle zu werfen."
⁵Und erkennt Brüder, daß der Aufenthalt dieses Fleisches in dieser Welt kurz ist und von geringer Dauer – die Verheißung Christi aber ist groß und wunderbar, nämlich die Ruhe des kommenden Reiches und des ewigen Lebens.
⁶Was also ist (anderes) zu tun, um zu ihnen zu gelangen, als fromm und gerecht zu wandeln und diese weltlichen Dinge für Fremdartiges zu halten und sie nicht zu begehren?
⁷Wenn wir nämlich begehren, diese (Dinge) zu erwerben, fallen wir herunter vom gerechten Weg.
6 ¹Es sagt aber der Herr: „Kein Haussklave kann zwei Herren dienen." Wenn wir sowohl Gott als auch dem Mammon dienen wollen, ist das für uns schädlich.
²Denn was nützt es, wenn jemand die ganze Welt gewinnt, die Seele aber einbüßt?
³Es sind aber dieser Äon und der künftige zwei Feinde.
⁴Dieser verkündet Ehebruch und Schändung und Geldgier und Betrug, jener aber kehrt sich von diesen Dingen ab.
⁵Wir können also nicht Freunde der zwei (zugleich) sein. Wir müssen vielmehr, indem wir uns von diesem abkehren, jenem entsprechend leben.
⁶Wir meinen, daß es besser ist, die hiesigen Dinge zu hassen, weil sie gering und von kurzer Dauer und vergänglich sind – jene aber zu lieben, die guten, die unvergänglichen.
⁷Wenn wir den Willen Christi tun, werden wir Ruhe finden. Andernfalls aber wird uns nichts retten vor der ewigen Strafe, wenn wir seinen Geboten ungehorsam werden.
⁸Es sagt aber auch die Schrift bei Ezechiel: „Wenn auferstehen Noah und Hiob und Daniel, werden sie ihre Kinder in der Gefangenschaft nicht retten."
⁹Wenn aber sogar solche Gerechte mit ihren eigenen rechtschaffenen Taten ihre

Kinder nicht retten können, mit welcher Zuversicht werden (dann) wir, wenn wir die Taufe nicht rein und unbefleckt bewahren, in das Reich Gottes hineinkommen?
Oder wer wird unser Anwalt sein, wenn wir nicht im Besitz frommer und gerechter Werke erfunden werden?

Der Prediger zieht in 5,1 eine Folgerung aus dem Gesagten (ὅθεν) und bringt dabei zugleich seine Interpretation der Weltwirklichkeit zum Ausdruck: Die Christen sind in der Welt nicht zu Hause, sondern leben wie die Schafe unter den Wölfen, in tödlicher Bedrohung. Diese Gefahr ist freilich unbedeutend, verglichen mit der großartigen Verheißung des künftigen Heils (5,2–5). Daraus folgt, daß die Ansprüche des κόσμος abgewiesen werden müssen (und: abgewiesen werden können, 5,6), andernfalls der Wandel im Absturz vom gerechten Wege endet (5,7). Auffallend ist, daß sich der Prediger hier erstmals explizit gnostischer Terminologie bedient, diese aber offenbar antignostisch einsetzt (s. zu 5,5). Dabei ist seine eigene Position von der der Gnosis gar nicht weit entfernt, insofern er die Existenz in dieser Welt als unbedeutend und τὰ κοσμικά als ἀλλότρια einschätzt. Die von ihm positiv genannten ethischen Normen (5,6a) können ebenfalls in der Gnosis begegnen, doch soll die Betonung des θέλημα (Gottes oder Christi?; s. zu 5,1 und 6,7) natürlich antignostisch aufgefaßt werden. Dieselbe Dialektik zeigt sich in 6,1–6: Der Prediger betont zunächst den Dualismus (Gott und Mammon) und deutet ihn sogar in der apokalyptischen Terminologie des Zwei-Äonen-Schemas (6,3); er verschiebt das Ganze dann aber auf die Ebene der Ethik und fordert dazu auf, sich im Handeln nicht an „diesem", sondern am „kommenden" Äon auszurichten (6,5f), weil sonst ewige Strafe statt der verheißenden „Ruhe" drohe (6,7). In einem Nachtrag (6,8f) wird betont, daß es eine stellvertretende Gerechtigkeit nicht gibt. Berger, Weisheitsschrift 64 findet in 2 Clem 5f, vor allem in 6,1–7, „eine leicht christianisierte Fassung des Materials, das in dieser Form sonst nur in WeishKairGen" begegne (vielleicht gehöre 2 Clem zur Wirkungsgeschichte jener Weisheitsschrift [aaO. 70], die Berger auf die Zeit um 100 n. Chr. datiert; vgl. jedoch Rüger, Weisheitsschrift, der zeigt, daß die Schrift „ein Produkt des mittelalterlichen jüdischen Neuplatonismus" ist, aaO. 17).

Der Prediger ruft (**5,1**) mit Nachdruck (ἀδελφοί; vgl. 4,3) dazu auf, den Willen Christi (zu καλέσας ἡμᾶς vgl. 2,7) zu tun; das geschieht – entsprechend dem bisher von ihm Gesagten (ὅθεν) – indem „wir" das gegenwärtige Wohnen in der Welt aufgeben. Der πάροικος (das Abstraktum παροικία begegnet nur im biblischen und kirchlichen Sprachgebrauch; vgl. Apg 13,17; 1 Petr 1,17; bei den Apost Vätern nur hier) ist in Griechenland der „Schutzgenosse, der dauernd ohne Bürgerrecht, aber doch unter dem Schutz eines Gemeinwesens wohnt" (KL Schmidt/MA Schmidt, ThWNT V, 841,1f; vgl. aaO. 851f). Die Vorstellung wird spiritualisiert, aber nicht grundlegend verändert (gegen Donfried, Setting 118f), wenn der πάροικος nicht mehr ein einzelnes Land (bzw. eine Stadt), sondern die Welt „als Gast" bewohnt (vgl. besonders Philo Conf Ling 77f: Mose zufolge existieren σοφοὶ πάντες als παροικοῦντες; ihre ψυχαί kehren dorthin zurück, woher sie stammen πατρίδα μὲν τὸν οὐράνιον χῶρον ἐν ᾧ πολιτεύονται, ξένην δὲ τὸν περίγειον ἐν ᾧ παρῴκησαν νομίζουσαι). Den vom κόσμος gewährten Schutz sollen die Christen preisgeben und ohne Furcht die Welt verlassen (anders, nämlich dialektisch, wird das Verhältnis zur Welt in Dg 5,5 gesehen; vgl. Lindemann, FS Andresen 340f). ἐξελθεῖν ἐκ τοῦ κόσμου τούτου meint ebenso wie in 8,3 das Sterben, ohne daß in der Aussage eine „Aufmunterung zum

Martyrium" (so Knopf zSt) gesehen werden muß. Man sollte aber auch nicht das Zwei-Äonen-Schema von 6,3 schon hier eintragen (zu Donfried, Setting 118), denn ein in der Zukunft liegendes Ziel des ἐξελθεῖν wird nicht genannt. Hier liegt auch eine Differenz zu WeishKairGen 1,9f: „Wer sich damit beschäftigt, diese Welt zu bauen, dem ist die kommende Welt zur Ruine geworden. Denn diese Welt ist ein Ort von Fremdlingen, wie ein Gast, der zum Nachtlager hinübergeht" (Übers. Rüger, Weisheitsschrift 82). Nach Berger, Weisheitsschrift 114 partizipieren diese Schrift und 2 Clem „sehr intensiv an einer gemeinsamen Tradition", die nicht gnostisch sei; aber mehr als eine Ähnlichkeit der Vorstellungen liegt wohl nicht vor.

Als Begründung für das Gesagte wird zunächst (**2**) ein explizit eingeleitetes Herrenwort angeführt, das sich durch V. 3f als Teil einer apophthegmatischen Bildung erweist. Das Logion erscheint wie eine Abwandlung von Lk 10,3 Q, wobei das futurische ἔσεσθε das Ergebnis der „Sendung" (ἰδοὺ ἀποστέλλω ὑμᾶς) beschreibt. Zu ἀρνίον statt ἄρην s. Bauer-Aland WB s. v. ἀρνίον. Die Antwort des Petrus auf das Herrenwort ist (**3**) als Einwand formuliert (ἐὰν οὖν): Die Schafe, d. h. die in der Welt existierenden Christen, werden von den Wölfen, d. h. von der Welt, tödlich bedroht. διασπαράσσω, in unserer Literatur nur hier, wird im Kontext desselben Bildes von Aesop (Fabulae 165 H) gebraucht. Mit der Antwort Jesu (**4**; jetzt ὁ Ἰησοῦς statt ὁ κύριος) geht der Text in das Erzähltempus über (εἶπεν statt λέγει). Nachdem die Schafe den Tod hinter sich haben, hat Jesus gesagt, brauchen sie die Wölfe nicht mehr zu fürchten. Diese Aussage setzt voraus, daß den Schafen (d. h. den Christen) nach ihrem Sterben das ewige Leben zuteil wird. Die abschließend formulierte Anwendung des Bildes (καὶ ὑμεῖς) ist im Wortlaut relativ nahe bei Lk 12,4f bzw. Mt 10,28 (Parallelen finden sich bei Justin Apol I 19,7 und bei PsClem Hom 17,5,2; s. die Übersicht bei Köhler, Rezeption 190; vgl. ferner Herm Mand 12,6,3: ἀκούσατε οὖν μου, καὶ φοβήθητε τὸν πάντα δυνάμενον, σῶσαι καὶ ἀπολέσαι, καὶ τηρεῖτε τὰς ἐντολὰς ταύτας, καὶ ζήσεσθε τῷ θεῷ. S. im übrigen den anschließenden Exkurs.). Im jetzigen Kontext nimmt die abschließend formulierte Anwendung des Bildes auf V. 2 (ἔσεθε) und auf V. 3 Bezug: Nicht diejenigen müssen gefürchtet werden, welche die Christen zwar töten, im übrigen aber ihnen nichts anhaben können; sondern der ist zu fürchten, dessen strafende Macht den Tod überdauert, also Gott (vgl. 4,4). Zu γέεννα πυρός vgl. Mt 5,22; 18,9 (s. Lührmann zu Mk 9,47); vgl. außerdem die λίμνη τοῦ πυρός in Apk 20,14f.

Exkurs: *Das Zitat in 2 Clem 5,2–4*

Die apophthegmatische Dialogform der Stelle macht es wahrscheinlich, daß in 5,2–4 insgesamt ein Zitat vorliegt; der Vf des 2 Clem hat den Dialog als ganzen nicht von sich aus gebildet, sondern schon vorgefunden, wenn auch in keiner der uns bekannten Quellen (vgl. Köhler, Rezeption 144–146). Die Analyse bereitet im einzelnen jedoch Schwierigkeiten, weniger freilich für die (unterschiedlich große) Nähe zu den synoptischen Texten als vielmehr im Blick auf den formalen Aufbau. Direkt aufeinander bezogen und sprachlich auf derselben Ebene formuliert sind nur V. 2.3, die für sich durchaus einen vollständigen Dialog ergeben würden: Der vom κύριος ausgesprochenen Ankündigung folgt ein skeptischer, als rhetorische Frage formulierter Einwand, als dessen Sprecher – wie häufig in der synoptischen Überlieferung – Petrus genannt wird. In V. 4 liegt dann zwar immer noch dasselbe Bild vor wie in V. 2f; aber auf dieser Ebene klingt die Mahnung μὴ φοβείσθωσαν . . . μετὰ τὸ ἀποθανεῖν fast zynisch. Aus der metaphorischen ist offensichtlich eine allegorische Rede geworden, und als solche gibt V. 4a natürlich einen guten Sinn. Auffallend ist, daß in V. 4 das Stichwort φοβέω im Mittelpunkt steht, das zwar in 4,4; 5,1 eine Rolle gespielt hatte, nicht aber in dem Dialog 5,2.3.

Man kann entweder vermuten, daß V. 2.3 vom Vf des 2 Clem sekundär durch V. 4 ergänzt wurden, um den Dialog dem Kontext anzupassen, oder daß V. 4 immer schon Bestandteil des Dialogs gewesen ist und gerade den Ausschlag für dessen jetzige Plazierung gegeben hat. In jedem Fall spricht eine hohe Wahrscheinlichkeit dafür, daß V. 4 erst auf einer zweiten Stufe zu dem kleinen Apophthegma hinzugewachsen ist. Dafür spricht auch die Tatsache, daß das in V. 4 begegnende Logion nicht nur an den genannten Stellen (s. o. zu V. 4) belegt ist, sondern auch in Exc ex Theod 14,3; 51,3 und Iren Haer III 18,5; es muß also in dieser Form als freies Logion im 2. Jh. tradiert worden sein. Zur Frage, ob 5,2.3(4) zu einem umfassenden apokryphen Evangelium gehört haben, s. die Einleitung 5.

5 setzt nochmals neu ein (ἀδελφοί) und begründet positiv, warum die Hörer den Mut haben sollen, „diese Welt" zu verlassen (V. 1). ἐπιδημία, in unserer Literatur nur hier, knüpft an παροικία an. σὰρξ αὕτη bezeichnet die menschliche Existenz (vgl. 8,2; 9,1 f), die sich nur zum geringeren Teil „in dieser Welt" abspielt (μικρὰ καὶ ὀλιγοχρόνια auch in 6,6). Anders als in Kap. 9 ist noch nicht eine „fleischliche" Existenz im Jenseits unmittelbar im Blick (s. den Exkurs bei 9,1), sondern die ἐπαγγελία Christi (vgl. 10,3 f; in 11,1 spricht der Vf von der ἐπαγγελία τοῦ θεοῦ), die (explikatives καί; B-D-R § 442,6) als ἀνάπαυσις bezeichnet wird. Inhaltlich wird diese „Ruhe" mit den traditionellen Vorstellungen von der μέλλουσα βασιλεία und der ζωὴ αἰώνιος identifiziert. Zur gnostischen Funktion des Begriffs ἀνάπαυσις (nochmals in 6,7) s. Vielhauer GAufs I 215–234, vor allem 215–227; reiches Material bei Braun zu Hebr 3,11 (Exkurs „Die Ruhe"). Die betont futurisch-eschatologische Interpretation von ἀνάπαυσις erinnert an bestimmte Texte des hellenistischen Judentums (vgl. JosAs 8,9: Joseph betet für Aseneth zu Gott „und sie gehe hinein in deine Ruhe (κατάπαυσις), die du bereitetest deinen Auserwählten, und sie lebe in deinem ewigen Leben in die Ewigkeit-Zeit"; ähnlich 15,7: Die Umkehr, womit offenbar ein himmlischer Engel gemeint ist, bereitete „einen Ort der Ruhe (τόπον ἀναπαύσεως) ... in den Himmeln, und sie wird wieder erneuern alle, die (da) umkehren, und sie (selbst) wird aufwarten ihnen in die Ewigkeit-Zeit" [Übers. Burchard JSHRZ II/4]; vgl. Donfried, Setting 122). Es ist wahrscheinlich, daß der Prediger gegen gnostisches Denken polemisiert, das die „Ruhe" schon in der Gegenwart zu haben meint (vgl. etwa EvThom log 2 in der Fassung von POxy 654,1: μὴ παυσάσθω ὁ ζη[τῶν τοῦ ζητεῖν ἕως ἂν] εὕρῃ. καὶ ὅταν εὕρῃ [θαμβηθήσεται, καὶ θαμ]βηθεὶς βασιλεύσει κα[ὶ βασιλεύσας ἀναπα]ήσεται. Von daher ist wohl auch das einleitende γινώσκετε polemisch bzw. ironisch zu verstehen (mit Warns, Untersuchungen 269–272). **6** zieht die Schlußfolgerung und wiederholt dabei in neuer Terminologie die Feststellung, daß es, um die in V. 5 genannten Heilsgüter zu gewinnen, auf den vor Gott und den Menschen rechten Wandel ankommt. Zu ὁσίως καὶ δικαίως vgl. 1 Thess 2,10; Eph 4,24; Lk 1,75; ferner 1 Clem 14,1; 48,4; 60,2 vl und vor allem 2 Clem 6,9 (ἔργα ... ὅσια καὶ δίκαια). Das, was der κόσμος allenfalls zu geben vermöchte (τὰ κοσμικὰ ταῦτα), paßt nicht zur wahren christlichen Existenz und soll also für die Christen als ἀλλότρια gelten. Derselbe Gedanke findet sich in Herm Sim I; dort ist konkret expliziert, welche möglichen Gaben der κόσμος gewähren kann und auf welche Alternativen die Christen stattdessen verpflichtet sind (anstelle von irdischen Äckern, Häusern usw. sollen die Christen die Werke Gottes erstreben und seine Gebote beachten, I 8). Der Prediger des 2 Clem beschränkt sich auf die negative Seite und gerät so in die Nähe einer rigoristisch-asketischen Ethik. **7** faßt zusammen und nimmt den Gedanken von V. 6 im Bild der ὁδὸς δικαία nochmals auf, ohne daß man mit dem Einfluß des Zwei-Wege-Schemas zu rechnen hat. ὁδός in 2 Clem sonst nur in 7,3. ἀποπίπτειν c. gen. in übertragener Bedeutung in unserer Literatur nur hier. Fragen kann man, ob das hier verwendete Verb κτάομαι auf den

Erwerb materieller Güter hinweist; dann wäre gemeint, daß die Christen darauf generell verzichten müssen.

Das in **6,1** als Aussage (λέγει) des κύριος eingeführte Zitat entspricht wörtlich Lk 16,13a (vgl. EvThom NHC II/2 log 47a in Greevens Rückübersetzung: οὐδεὶς οἰκέτης δύναται δυσὶ κυρίοις δουλεύειν; im Paralleltext Mt 6,24a fehlt οἰκέτης). Zu V. 1b vgl. Lk 16,13b/Mt 6,24b (Gegensatz des Dienstes für Gott und für Mammon); die Mahnung ἐὰν θέλωμεν ... ἀσύμφορον ἡμῖν wirkt verglichen mit dem imperativischen οὐ δύνασθε δουλεύειν moralisierend (in der Sache vgl. in 4,3; 6,4 die Warnung vor Geldgier). Der Prediger setzt offensichtlich voraus, daß die Hörer den Textzusammenhang kennen. Warns, Untersuchungen 358 ff vermutet, daß die in 8,5 und hier zitierten Sprüche ursprünglich zusammengehören, und zwar von Lk 16,10–12.13 her. **2** entspricht (nicht ganz wörtlich) Mt 16,26a, ohne daß allerdings der Zitatcharakter deutlich gemacht ist (vgl. Köhler, Rezeption 134 f). Nach Warns, Untersuchungen 394 ff wäre ὅλον (mit Codex H) zu streichen; entsprechend dem syrischen Text sei statt ζημιωθῇ zu lesen ἀπολέσῃ (so auch bei Justin Apol I 15,12; Clemens Alex Strom VI 112,3: τί γὰρ ὄφελος ἐὰν τὸν κόσμον κερδήσῃς, τὴν δὲ ψυχὴν ἀπολέσῃς; ähnlich Inter NHC XI/1, p 9,33–35 [dazu Köhler, Rezeption 411 f]; vgl. Mt 16,25: ὃς ἀπολέσῃ τὴν ψυχὴν αὐτοῦ). ἡ ψυχή ist, wie der Kontext zeigt, das (ewige) Leben des kommenden Äons, dessen der Mensch verlustig gehen kann; insofern führt V. 2 die Aussage von V. 1 fort.

Ohne Übergang folgt in **3** ein Hinweis auf das apokalyptische Schema der zwei Äonen; im NT nur in Eph 1,21 angedeutet, begegnet es in derart expliziter Begrifflichkeit hier erstmals in christlicher Literatur (die Termini ὁ αἰὼν οὗτος bzw. ὁ κόσμος οὗτος o. ä. finden sich freilich sehr oft; vgl. Gal 1,4; 2 Kor 4,4 usw.). Zum Verständnis von הזה העולם und העולם הבא im Judentum s. Billerbeck IV/2, 811 ff und Bousset-Greßmann 242–246; ausführliche Darstellung des Befundes in sBar und 4Esr bei Harnisch, Verhängnis 90–106. Vgl. ferner WeishKairGen 3,4–6: „Wer in dieser Welt forscht, wird die kommende Welt nicht erlangen. Aber wer die kommende Welt sucht, für den ist es angemessen, diese Welt zu verachten. Denn der Mensch wird nicht zweier Tische gewürdigt. Denn die Genüsse der Welt lassen (einen) die kommende Welt verlieren" (Übers. Rüger, Weisheitsschrift 91). Auch in diesem Text fehlt, was Berger, Weisheitsschrift 172 nicht genügend beachtet, die ungewöhnliche Formulierung des 2 Clem, die beiden Äonen seien „zwei Feinde". Daß durch V. 3 der ganze Gedankengang von Kap. 6 als „clearly ‚gnosticizing'" erwiesen sei (so Donfried, Setting 71), läßt sich kaum sagen; dem Vf dient die Aussage dazu, den zeitlich-eschatologischen Antagonismus auf einen ethischen Dualismus zu übertragen, womit sich der Sinn an Jak 4,4 annähert (s. dazu Dibelius, Jak zSt). **4** entfaltet diesen Dualismus: „Dieser" Äon propagiert (zur besonderen Bedeutung von λέγει s. Bauer-Aland WB s. v. λέγω II 1 c, Sp. 953) vier Arten von sittlichen Verfehlungen. Zu μοιχεία und φιλαργυρία vgl. 4,3; φθορά neben μοιχεία hat den Sinn „Vergewaltigung" (so auch bei Philo Det Pot Ins 102). Zu ἀπάτη vgl. Eph 4,22; der Kontext legt es nahe, daß an materiellen (Geld-)Betrug gedacht ist. Anders als in 4,3 stehen diesen „Lastern" keine „Tugenden" gegenüber; der Prediger beschränkt sich auf die Aussage, daß „jener" Äon sich der Unsittlichkeit widersetzt – es ist deutlich, daß das eschatologische Moment fast völlig fehlt.

5 nimmt, mit etwas veränderter Metaphorik (φίλοι εἶναι anstelle von δουλεύειν), die Grundaussage des ethischen Dualismus von V. 1.3 nochmals auf: Christen müssen sich im „Gebrauch" der Dinge (χρᾶσθαι) „jenem" Äon entsprechend verhalten und also von

„diesem" Äon sich abkehren (vgl. in der Sache Röm 12,2). **6** wiederholt und gibt zusätzlich eine Begründung. Der Indikativ οἰόμεθα ist überraschend, weil man entweder die 1. Pers. Pl. erwartet (vgl. 14,2; 15,1) oder aber den Adhortativ. βέλτιον zielt nicht auf das (relativ) Bessere, sondern auf das allein Gute (vgl. B-D-R § 244.3); dem entspricht die Alternative von μισῆσαι und ἀγαπῆσαι, die vor dem Hintergrund von V. 1 an Lk 16,13/Mt 6,24 erinnert. Der Gegensatz von τὰ ἐνθάδε einerseits und ἐκεῖνα andererseits wird im Blick auf die unterschiedlichen Konsequenzen entfaltet, ohne daß die Symmetrie vollständig wäre. Zu μικρὰ καὶ ὀλιγοχρόνια vgl. 5,5, zur Vergänglichkeit des Diesseitigen vgl. 1 Kor 15,53f; auf der anderen Seite stehen τὰ ἀγαθά und τὰ ἄφθαρτα. **7** führt zu 5,1.5 zurück: Die Christen werden die verheißene ἀνάπαυσις „finden", wenn sie den Willen Christi erfüllen. Zu εὑρήσομεν ἀνάπαυσιν vgl. Mt 11,29, wo Jer 6,16 LXX zitiert wird (mit ἀνάπαυσιν statt ἁγνισμόν); nach Köhler, Rezeption 137 ist hier Mt-Abhängigkeit möglich, aber nicht sicher zu behaupten. In der Sache vgl. den ähnlichen Gedanken in 1 Joh 2,17: ὁ δὲ ποιῶν τὸ θέλημα τοῦ θεοῦ μένει εἰς τὸν αἰῶνα. Verstoßen die Christen gegen Christi Willen, so wird sie nichts vor der ewigen Strafe (κόλασις αἰώνιος in Mt 25,46; s. zu 17,7) erretten; zu οὐδὲν ῥύσεται vgl. 4,1 (οὐ σώσει). Der ἐάν-Satz verdeutlicht das einleitende εἰ δὲ μήγε: Der Wille Christi wird in seinen ἐντολαί sichtbar, denen dauernder Gehorsam geschuldet wird (vgl. 4,5 und vor allem 3,4). Die Formulierung ἐὰν παρακούσωμεν verweist auf den konkret mahnenden Charakter der ganzen Aussage: Die Hörer sind gegenwärtig nicht ungehorsam, aber dies darf sich auch nicht ändern! Der syrische Text ergänzt, daß es nicht nur um das Tun, sondern auch um das Denken (griech. καταφρονεῖν) geht.

Den Schluß des Abschnitts bildet eine in mehreren rhetorischen Fragen formulierte Warnung (V. 9), vorbereitet in **8** durch ein präzise eingeleitetes Schriftwort (zur Nennung des biblischen Buches vgl. 3,5, zur Verwendung von ἡ γραφή vgl. 14,2). Es handelt sich um eine sehr freie Paraphrase der an den Propheten gerichteten Gottesrede von Ez 14,13–20; dort werden Noah, Daniel und Hiob als Beispiele frommer Lebensführung durch Nicht-Israeliten aufgezählt. Die Formulierungen des Vf über das Verhältnis der drei Männer zu den τέκνα stehen dem LXX-Text (V. 14.16.18) relativ nahe, während die jeweils geschilderte Notsituation (V. 13.15.17.19) nur sehr abgekürzt bezeichnet wird durch das Stichwort αἰχμαλωσία (Warns, Untersuchungen 520f vermutet, dies gehe auf PsSal 2,6a zurück: „Die Söhne und Töchter [sc. Jerusalems gerieten] in unglückliche Gefangenschaft, ihr Hals war in einer Fessel offen vor den Heiden"; Übers. Holm-Nielsen JSHRZ IV/2). Die Reihenfolge der drei Namen ist entsprechend ihrer Abfolge im biblischen Kanon geändert, d. h. der Prediger des 2 Clem versteht den ursprünglichen Sinn der Erwähnung gerade dieser Namen wohl nicht mehr. Für ihn hat das Zitat eschatologische Bedeutung: Nicht einmal diese drei Gerechten werden bei der Auferstehung (ἐὰν ἀναστῇ anstelle von LXX καὶ ἐὰν ὦσιν . . . ἐν μέσῳ αὐτῆς) ihre Kinder, die sich am Strafort befinden (das ist hier offenbar der Sinn von αἰχμαλωσία; vgl. φυλακή in 1 Petr 3,19; Apk 20,7), „retten" können (vgl. V. 7b), da ein jeder seine eigene δικαιοσύνη aufweisen können muß. Vgl. in der Sache 4 Esr 7,10–105: Am Tag des Gerichts wird niemand für einen anderen bitten, „denn dann trägt jeder selbst seine Ungerechtigkeit oder Gerechtigkeit" (Übers. Schreiner JSHRZ V/4). **9** zieht die Folgerung nach dem Schema a maiore ad minus: Wenn nicht einmal die rechtschaffenen Taten solcher δίκαιοι andere Menschen zu retten vermögen, dann können die Christen allenfalls darauf hoffen, durch eigenes Tun ihr Heil nicht zu verspielen. Das Wort δικαιοσύνη begegnet im Plural entsprechend dem hebr. Sprachgebrauch in LXX (z. B. Dtn 9,6; 1 Sam 26,23; Ez 3,20; 33,13; vgl. Tob 2,14; 12,9 BA), aber nicht im NT; bei den Apost Vätern nur hier, wobei es die Absicht des Vf ist, aus Ez 14 sowohl die Negativaussage (V. 18: οὐ μὴ ῥύσωνται υἱοὺς οὐδὲ θυγατέρας) als auch die Positivaussage (V. 20: ἐν τῇ δικαιοσύνῃ αὐτῶν ῥύσονται τὰς ψυχὰς αὐτῶν) zusammenzufassen. Im folgenden könnte man einen Hinweis auf Christi stellvertretende δικαιοσύνη erwarten; statt dessen vergleicht der Prediger aber die biblischen δίκαιοι mit „uns": Wir müssen die Taufgabe „rein" bewahren, weil wir sonst nicht εἰς τὸ βασίλειον τοῦ θεοῦ gelangen werden. Das (im Sing. seltene) Substantiv τὸ βασίλειον bezeichnet eigentlich den Königspalast (Lk 7,25), meint hier aber wie in 17,5 dasselbe wie ἡ βασιλεία (vgl. Gaius bei Euseb KG III 28,2: Kerinth habe ἐπίγειον ... τὸ βασίλειον τοῦ Χριστοῦ erwartet; weitere Belege bei Bauer-Aland WB s. v. βασίλειος Sp. 272). Der Prediger formuliert seine Position in zwei rhetorischen Fragen. Mit der ersten (ποίᾳ πεποιθήσει εἰσελευσόμεθα;) warnt er offenbar vor einem allzu sorglosen Vertrauen, das die Hörer in die Heilswirksamkeit der Taufe setzen könnten. τηρεῖν τὸ βάπτισμα meint, die mit der Taufe verbundenen (sittlichen) Pflichten zu erfüllen (s. den Exkurs zu 7,6). Vgl. Act Paul et Thecl 6 (Lipsius-Bonnet I 239,5 ff): μακάριοι οἱ τὸ βάπτισμα τηρήσαντες, ὅτι αὐτοὶ ἀναπαύσονται πρὸς τὸν πατέρα καὶ τὸν υἱόν. Zu ἁγνὸς καὶ ἀμίαντος vgl. 1 Clem 29,1. Die zweite Frage betont, daß die Christen ohne fromme und gerechte Werke bei Gott keinen Anwalt finden werden. Die Aussage steht in einem charakteristischen Widerspruch zu 1 Joh 2,1, wo Christus als „Anwalt" für die Sünder erscheint, auch wenn (oder gerade weil) dort die Mahnung μὴ ἁμάρτητε vorausgeht. Vorausgesetzt ist hier wie dort natürlich der Gedanke des Gerichts nach den Werken (vgl. Röm 2,5f; 1 Kor 3,13f); nach 2 Clem empfängt der Christ vor Gottes Richterstuhl keine Fürsprache, wenn er keine heiligen und gerechten Werke vorzuweisen vermag (zur Vorstellung vgl. Mt 25,31–46). Warns, Untersuchungen 523 hält es für denkbar, daß an dieser Stelle Polemik gegen valentinianische Christen vorliegt, die aufgrund von Röm 3,24–31 die Notwendigkeit der Werke für die Rechtfertigung verneinten. Aber die Aussage des Vf setzt einen Zusammenhang von ἔργα und δικαιοσύνη θεοῦ/δικαιοῦσθαι nicht voraus und läßt also keinen Rückschluß auf eine mögliche direkte oder indirekte Konfrontation mit paulinischer Theologie zu (vgl. Lindemann, Paulus 270f).

7,1–6 Das Bild vom Wettkampf

¹Deshalb, Brüder, laßt uns den Kampf führen im Wissen darum, daß der Wettkampf unsere gegenwärtige Aufgabe ist und daß zu den vergänglichen Wettkämpfen viele hinfahren, aber nicht alle bekränzt werden, sondern (nur) diejenigen, die sich viel abgemüht und gut gekämpft haben.
²Wir nun wollen den Kampf führen, damit wir alle bekränzt werden.
³Deshalb wollen wir den geraden Weg laufen, den Wettkampf, der unvergänglich ist; und in großer Zahl laßt uns zu ihm hinfahren und laßt uns den Kampf führen, damit wir auch bekränzt werden. Und wenn wir auch nicht alle bekränzt werden können, so wollen wir doch möglichst nahe an den Kranz herangelangen.
⁴Wir müssen aber wissen: Wer am vergänglichen Wettkampf teilnimmt, wird, wenn er sich als Regelverletzer erweist, nach vollzogener Auspeitschung weggeschafft und aus der Rennbahn hinausgeworfen.

⁵Was meint ihr? Wer beim Wettkampf der Unvergänglichkeit die Regeln verletzt, was wird der erleiden?
⁶Von denen nämlich, die das Siegel nicht bewahren, heißt es: „Ihr Wurm wird nicht sterben und das Feuer wird nicht verlöschen, und sie werden ein Schauspiel sein für alles Fleisch."

Aus der Notwendigkeit der ἔργα (6,9) ergibt sich die Mahnung, um Erfolg bemüht zu sein (ἀγωνισώμεθα). Das Bild des Agon und des Siegeskranzes wird in 7,1–6 relativ ausführlich entfaltet, und zwar auf doppelte Weise: V. 1 und V. 4 sprechen vom „vergänglichen" Wettkampf und seinen besonderen Regeln; V. 2f und V. 5f sprechen vom „unvergänglichen" Agon und seinen Verheißungen bzw. Gefahren, wobei der Vf am Schluß (V. 6) ein Schriftzitat einsetzt.

Der Vf zieht in **1** mit betontem Neueinsatz die Schlußfolgerung. Funk-Bihlmeyer und Lightfoot, ebenso Knopf, lesen mit Codex A ὥστε οὖν ἀδελφοί μου; der Sprachgebrauch in 2 Clem ist uneinheitlich (vgl. 4,3; 10,1; 11,5), aber da A in V. 1 zumindest einen offenkundigen Fehler enthält (αἰών statt ἀγών), liegt es nahe, mit S und H den kürzeren Text zu lesen (Wengst). Die Metaphorik des Wettkampfs, die hier ganz unvermittelt eingeführt wird, war in der zeitgenössischen populären Ethik beliebt (Belege bei Conzelmann, 1 Kor 199f; dort auch Literatur); sie begegnet im NT häufig (1 Kor 9,24ff; Phil 3,13f; 2 Tim 2,5; 4,7f; Hebr 12,1). Vor allem die Nähe zu 1 Kor 9,24ff ist auffällig, weil hier wie dort die Gegenüberstellung von φθαρτός und ἄφθαρτος begegnet; von daher hätte die Annahme, daß dem Vf der paulinische Text „vorzuschweben scheint" (so Knopf zSt), einiges für sich. Es läßt sich aber nicht sicher sagen, ob er wirklich an 1 Kor denkt (keinerlei Zusammenhang sieht Stegemann, Herkunft 130 mit A 438), denn alle Indizien dafür, daß der Vf bewußt auf (paulinische) Tradition zurückgreift, fehlen (vgl. demgegenüber die explizite Anführung des AT-Zitats in V. 6). Die Wiederaufnahme des Verbs τηρεῖν (6,9: τηρήσωμεν τὸ βάπρισμα) in 7,6 (… τηρησάντων τὴν σφραγῖδα) zeigt, daß der Prediger in Kap. 7 an den „Kampf" denkt, den die Christen gleichsam mit sich selbst führen müssen, um die rechten Werke vorweisen zu können. Dieser Kampf, so wird den Hörern als erstes eingeschärft (εἰδότες), ist gegenwärtig im Gange (zu ἐν χερσίν s. Bauer-Aland WB s. v. χείρ 2c, Sp. 1756). Dem Vf kommt es nun darauf an, Aspekte gewöhnlicher (φθαρτός) Wettkämpfe in Erinnerung zu rufen, um von daher dann auf die Besonderheit des ἀγὼν ἄφθαρτος hinweisen zu können (V. 3). Die wenig exakte Aussage, daß nicht alle Teilnehmer den Kranz erringen, sondern nur die besonders bemühten und fairen (καλῶς, dagegen φθείρων V. 4) Kämpfer, zielt schon auf das eigentlich Gemeinte (V. 2); Paulus dagegen sagt in 1 Kor 9,24 (auf der Bildebene korrekt, in der Sache aber natürlich nicht recht glücklich), daß nur einer den Kranz gewinnt (vgl. Grundmann, ThWNT VII, 619f). Die Verben κοπιᾶν und ἀγωνίζεσθαι stehen so auch in Kol 1,29 und 1 Tim 4,10 beieinander; s. dazu und überhaupt zur Thematik V. C. Pfitzner, Paul and the Agon Motif, NT.S 16, 1967. Auf besonders eindrückliche Parallelen bei Philo und Seneca weist Donfried, Setting 128f hin. Sen Ep IX 78,16: „Faustkämpfer – wie viele Schläge nehmen sie im Gesicht, wie viele am ganzen Körper hin? Sie ertragen sie dennoch ohne Qual aus Ruhmsucht, und nicht nur weil sie kämpfen, erdulden sie das, sondern um zu kämpfen: allein schon das Training (exercitatio) ist eine Marter. Auch wir wollen alles überwinden; dafür ist der Siegespreis nicht ein Kranz noch ein Palmzweig …, sondern die sittliche Vollkommenheit und charakterliche Festigkeit und Frieden für den Rest der Zeit, wenn einmal in einem Kampfe niedergerungen worden ist das Schicksal (... sed uirtus et firmitas animi et pax in ceterum parta, si semel in aliquo certamine debellata fortuna est)." Philo Agr 111–123 schildert ironisch die grotesken Züge des Faustkampfs und des Wettlaufs und fordert, es dürfe allein jener „olympische" Wettkampf für heilig erklärt werden, in dem es um den Erwerb der göttlichen und „wahrhaft olympischen" Tugenden gehe (ὁ περὶ κτήσεως τῶν θείων καὶ ὀλυμπίων ὡς ἀληθῶς ἀρετῶν, Agr 119).

Exkurs: Das Verbum καταπλεῖν in 2 Clem 7,1

Die Verwendung des Verbs καταπλέω in V. 1 gibt immer wieder Anlaß, den Entstehungsort bzw. die Adresse des 2 Clem von hier aus bestimmen zu wollen. Lightfoot sah im Bild des sportlichen ἀγών und dann vor allem eben im Hinweis auf das καταπλεῖν einen Hinweis auf Korinth – gedacht sei an die Isthmien, zu denen man üblicherweise von See her gelangt sei (I/2, 244). Vermutlich liege dann auch der Abfassungsort ganz in der Nähe („We are naturally led to suppose that the homily was delivered in the neighbourhood of the place where those combatants landed", aaO. 197). Warns, Untersuchungen 103 ff nimmt diese Argumentation auf, deutet aber entsprechend seiner These von der Entstehung des 2 Clem in Ägypten das καταπλεῖν auf die Reise nilabwärts zu sportlichen Wettkämpfen in Alexandria. Demgegenüber hat u. a. schon Knopf zSt betont, καταπλεῖν bedeute „einfach: von der hohen See zum Lande hinab- oder herabfahren" (so in der Tat in Lk 8,26); gemeint sei nicht: „Über See zu uns herfahren, und die Worte müssen nicht für eine Hörerschaft bestimmt sein, die an einem Ort wohnt, wo berühmte Wettspiele stattfinden und zu dem man über See fährt" (so auch Wengst 225 A 90; 271 f A 51). Dem ist zuzustimmen. Überdies legt schon die Verwendung des Plurals ἀγῶνες die Vermutung nahe, daß gar nicht an ein bestimmtes sportliches Ereignis gedacht ist. Dann aber ist klar, daß von 7,1 her eine Ortsbestimmung des 2 Clem und/oder seiner Adressaten nicht möglich ist.

2: Wenn alle sich als Kämpfer verstehenden Christen sich wirklich bemühen, können sie alle den Kranz erringen, der in christlicher Bildsprache das ewige Leben meint (Apk 2,10 [στέφανος ζωῆς]; 4,4; 2 Tim 4,8; Jak 1,12; vgl. Phil 4,1). Noch weniger als in V. 1 liegt dem Prediger an der Stimmigkeit des Bildes, sondern nur an der Aussage, daß Anstrengung belohnt wird.

In **3** wird nun das Bild vom unvergänglichen Wettkampf eingeführt, speziell bezogen auf den Wettlauf. Die griech. Handschriften lesen am Anfang θῶμεν τὴν ὁδόν (von τίθημι), während der syrische Text θέωμεν voraussetzt, was sicher ursprünglich ist; θεῖν „laufen" begegnet im NT nicht und in den Apost Vätern nur hier, ist aber sonst nicht selten (vgl. Liddell-Scott s. v.). Ausführlich zum textkritischen Problem Lightfoot I/2, 224 f. Der „gerade Weg" ist, wie die Erläuterung ἀγὼν ἄφθαρτος zeigt, im übertragenen Sinne gemeint (vgl. Prv 2,13; 20,11; Apg 13,10; 2 Petr 2,15 u. ö.); dasselbe gilt für die anderen aus V. 1 übernommenen Begriffe. Allerdings wird mit dem ἵνα-Satz der Vergleich bewußt verlassen (dagegen V. 1: ἀλλ' οὐ πάντες στεφανοῦνται). Die sogleich sich anschließende Einschränkung (καὶ εἰ μὴ δυνάμεθα) geht wohl weniger auf ein Interesse an der Wiederherstellung der Logik des Bildes zurück, als vielmehr auf die Einsicht in die menschliche Unvollkommenheit („Wer immer strebend sich bemüht ..."); der „Kranz" wird so zur Metapher für ein Ideal, dem der Mensch wenigstens nahekommen soll (vgl. 18,2). Der Hinweis, daß auch der Zweit- und der Drittplazierte gelegentlich ausgezeichnet wurden (vgl. Philo Agr 120 f; Jos Bell I 415; bisweilen gab es sogar für alle Teilnehmer eine Auszeichnung, vgl. P. J. Meier, Art. Agones, PW I [1893] 836–867, hier: 847), trägt für das Verständnis wenig aus.

4 beschreibt einen den Hörern vermutlich bekannten Vorgang aus dem Sportgeschehen, allerdings schon im Blick auf das dann eigentlich Gemeinte (V. 5): Böswillig regelwidriges Verhalten (ἀγῶνα φθείρειν ist terminus technicus; Bauer-Aland WB s. v. φθείρω 1b, Sp. 1709; vgl. auf der anderen Seite 2 Tim 2,5: νομίμως ἀθλεῖν) wurde durch Auspeitschung und Disqualifikation des Betreffenden geahndet (Lucianus Pisc 33: οἱ ἀθλοθέται μαστιγοῦν εἰώθασιν, ἢν τις ὑποκριτὴς Ἀθηνᾶν ... ὑποδεδυκὼς μὴ καλῶς ὑποκρίνηται; Lucianus Ind 9: Nachdem ein völlig unbegabter Sänger die Hörer durch glanzvolle Kleidung geglaubt hatte täuschen zu können τοὺς ἀθλοθέτας δὲ ἀγανακτήσαντας ἐπὶ τῇ τόλμῃ μαστιγώσαντας αὐτὸν ἐκβαλεῖν τοῦ θεάτρου; zum ganzen s. Meier [zu V. 3] 851). Warns, Untersuchungen 291 ff hält es für möglich, daß die Wendung ἔξω βάλλεται τοῦ σταδίου durch Mt 22,13 beeinflußt ist – der Vf denke schon hier an das künftige Gericht; vgl. aber die zitierte Stelle aus Lukian Adversus Indoctum 9. Dem εἰδέναι ... δεῖ in V. 4 entspricht die direkte Frage in **5**: τί δοκεῖτε; (vgl. 1 Clem 43,6; Mt 18,12 u. ö.: τί ὑμῖν δοκεῖ;). Dem φθαρτὸς ἀγών wird ὁ τῆς ἀφθαρσίας ἀγών gegenübergestellt; das Genitivattribut ersetzt wohl nicht nur das Adjektiv (vgl. V. 3), sondern deutet an, daß der ἀγών auf die Unvergänglichkeit zielt. An welche „Regelverletzungen" der Prediger denkt, sagt er in V. 6, und dort ist auch die Strafe beschrieben. Zu παθεῖται (Codex A) statt πείσεται (Codex H) vgl. B-D-R § 74.8; ein Bedeutungsunterschied besteht nicht. In **6** wird eine Antwort auf die Frage von V. 5 implizit vorausgesetzt und explizit begründet (γάρ). Die Strafe wird mit Hilfe des knapp eingeführten (φησίν auch in 12,6; vgl. 1 Kor 6,16) Zitats von Jes 66,24b LXX geschildert. Der biblische Text wird, anders als in Mk 9,48, praktisch wörtlich und durchaus sinnentsprechend zitiert; γάρ am Anfang fehlt, weil es stören würde, und bei τὸ πῦρ fehlt das Pronomen αὐτῶν (von A und S sekundär nachgetragen) vermutlich deshalb, weil der Vf an „das" (ewige) Feuer denkt (anders in 17,5, wo die Jes-Stelle noch exakter zitiert wird). Das Prophetenwort wird verstanden als Drohung gegen die, welche „das Siegel" nicht bewahren. Der Begriff σφραγίς wird unvermittelt eingesetzt und ergibt sich nicht aus der bisher verwendeten Metaphorik; offensichtlich ist auf die mit der Taufe verbundene Verpflichtung Bezug genommen (vgl. 6,9).

Exkurs: *Taufe und Siegel*

Der Prediger des 2 Clem fordert, daß die Christen die Taufe (von der er direkt nur in 6,9 spricht) „bewahren" sollen; er fordert ebenso, daß sie das Siegel, das ihnen aufgedrückt wurde, „bewahren" sollen (8,6). Bedeutet dies, daß in 2 Clem die Taufe als Siegel verstanden ist (so Donfried, Setting 125)? Für den Vf verleiht das Siegel jedenfalls keinen character indelebilis. Aber es prägt den Christen und gewährt ihm das ewige Leben, solange er sich entsprechend verhält (8,6); tut er es nicht, so hat er ewige Strafe zu gewärtigen (7,6). In der griechischen bzw. hellenistischen Religiosität wird dem Siegel, durch das ein Mensch oder eine Opfergabe der Gottheit übereignet wird, magische Kraft zugeschrieben. Dabei ist immer an ein reales, sichtbares und bleibendes Siegel (= Zeichen) gedacht (s. Fitzer, ThWNT VII, 942f; vgl. O. Betz, ThWNT VII, 658–660). Die Bezeichnung der Beschneidung als Siegel im Judentum (vgl. Röm 4,11) weist in dieselbe Richtung (Fitzer aaO. 947). Im NT, außer in der Apk, überwiegt der metaphorische Gebrauch von σφραγίς/σφραγίζειν. Nach 1 Kor 9,2 ist die Gemeinde das Siegel, d. h. die „rechtsgültige Beglaubigung" (Conzelmann, 1 Kor zSt) der paulinischen ἀποστολή; in 2 Kor 1,22 könnte an die Taufe gedacht sein (vgl. Dinkler, GAufs 109–113), doch das ist nicht sicher (s. Furnish, 2 Cor zSt). In der Exegese von Eph 1,13; 4,30 wird das Verb (im Passiv) oft von der Taufe her gedeutet, aber auch das ist fraglich (vgl. Lindemann, Aufhebung 102f; dort Literatur). Zweifelsfrei ist das Verständnis der Taufe als σφραγίς erst beim Hirten des Hermas belegt (Sim VIII 2,3f; 6,3; IX 16,3–7; 17,4); in Mart Pauli 5.7 meint διδόναι τὴν ἐν κυρίῳ σφραγῖδα offenbar ganz selbstverständlich die Taufe. In der zweiten Hälfte des 2. Jh.s setzt sich diese Terminologie rasch durch, und zwar in der Großkirche ebenso wie in der Gnosis (vgl. Apokr Joh NHC II/1 p 31,23 ff mit EvPhil NHC II/3 p 67,27 ff). Ob schon 2 Clem die Taufe direkt als Siegel bezeichnet, ist umstritten; Knopf (Exkurs zu 6,9) bejaht es, Fitzer (aaO. 952,15–20) verneint es. Die Parallelität von τηρεῖν τὸ βάπτισμα (6,9) und τηρεῖν τὴν σφραγῖδα (7,6; 8,6) scheint zwar auf die Identifizierung hinzuweisen; andererseits aber spricht der Vf auch vom τηρεῖν τὴν σάρκα (8,4.6; vgl. 9,3 φυλάσσειν τὴν σάρκα). Zu beachten ist, daß unmittelbar im Anschluß an 7,6 zur Buße gemahnt wird (8,1: μετανοήσωμεν; vgl. 17,1), die ja der Taufe vorangeht. Natürlich redet der Prediger in 8,1 nicht nur Ungetaufte an, sondern er fordert alle, auch Christen, zu immer neuer Buße auf (s. u.). Er knüpft also offenbar an die Taufverpflichtung an; wahrscheinlich wird man den Schluß ziehen dürfen, daß Siegel und Taufe zwar vielleicht nicht identisch sind, wohl aber unmittelbar zusammengehören: Die christliche Existenz ist seit der Taufe und aufgrund der Taufe durch ein „Siegel" ausgezeichnet, an dem sich die Qualität dieser Existenz gegenwärtig und eschatologisch im Endgericht ablesen läßt.

8,1–14,5 Zweiter Hauptteil: Die Mahnung zur Buße

8,1–3 Buße

¹Solange wir nun auf Erden sind, laßt uns Buße tun.
²Wir sind nämlich Ton in der Hand des Handwerkers. Wie nämlich der Töpfer, wenn er ein Gefäß macht und es mißrät ihm unter seinen Händen oder es zerbricht, es wiederum neu formt, hingegen, wenn er es in den Feuerofen geschoben hatte, ihm nicht mehr hilft, so wollen auch wir, solange wir in dieser Welt sind, von ganzem Herzen Buße tun für das, was wir im Fleisch Böses getan haben, damit wir vom Herrn gerettet werden, solange wir noch Gelegenheit dazu haben.
³Wenn wir nämlich erst aus der Welt herausgegangen sind, können wir dort nicht mehr (Sünden) bekennen oder noch Buße tun.

Der aus der Drohung (7,6) resultierende Bußaufruf wendet sich an die Christen (und natürlich an alle Menschen); der Prediger schärft ihnen anhand des Töpferbildes ein, daß es für die Buße sehr wohl ein „Zu spät" gibt.

Die Buße, so sagt der Vf in **1**, soll im diesseitigen Leben erfolgen (zu ὡς „solange" vgl. Gal 6,10). Nachdem unmittelbar zuvor von der Taufe die Rede gewesen war, überrascht der Bußruf. Gegen die Annahme, daß sich der Prediger jetzt allein an Ungetaufte wende (so Knopf zSt), spricht schon die 1. Pers. Pl. (vgl. 17,1), außerdem die Anrede ἀδελφοί in V. 4 (vgl. Donfried, Setting 130 f). Man kann die Formulierung nur so verstehen, daß μετάνοια/μετανοεῖν nicht mehr primär die Bekehrung, sondern auch und gerade die vom Christen zu praktizierende Buße meint (vgl. den Gebrauch von μετανοεῖν in den Sendschreiben der Apk, 2,5.16.21 u. ö.). Das anschließend in **2** eingeführte Bild vom Ton und vom Töpfer (vgl. Jer 18,3–6) wird im Judentum häufig und in unterschiedlicher Weise gebraucht (vgl. Billerbeck III 271; s. außerdem TestN 2,2–5); es begegnet aber auch außerhalb des Judentums (Rengstorf, ThWNT VI, 118 A 12 nennt Epict Diss IV 11,27) und einmal in Nag Hammadi (OrigMund NHC II/5 p 103,22). Auch die christlichen Apologeten verwenden es: Athenagoras spricht von Gottes Schöpferkraft (Leg 15,2 f), Theophilus bezieht das Umbilden (ἀναπλάσσειν) des mißratenen „Gefäßes" Mensch auf dessen Tod und Auferstehung (Ad Autol II 26). Im Gegensatz dazu dient das Bild hier gerade dazu, die Aufforderung von V. 1 zu erläutern und zu begründen: Eine Zeitlang gibt es noch die Chance zur Veränderung, danach aber nicht mehr. Die einleitende Feststellung erinnert an Jer 18,6b LXX (ὡς ὁ πηλὸς τοῦ κεραμέως ὑμεῖς ἐστε ἐν ταῖς χερσίν μου), wobei statt des Vergleichs zunächst eine direkte metaphorische Aussage vorliegt. εἰς τὴν χεῖρα meint dasselbe wie ἐν τῇ χειρί (B-D-R § 205.6). Dann folgt ein Vergleich (ὃν τρόπον … οὕτως), an dem deutlich wird, daß es dem Prediger eigentlich nicht um das Tun des Töpfers geht, sondern um die Veränderbarkeit des Tons: Nur bis zu einem bestimmten Zeitpunkt kann der Töpfer den schlecht verarbeiteten Ton nochmals umformen (ἀνα-πλάσσειν wie in Sap Sal 15,7; Theophil Ad Autol II 26). In der Textüberlieferung ist nicht klar, ob ταῖς χερσὶν αὐτοῦ auf ποιῇ zu beziehen ist (so Wengst mit H und S) oder auf διαστραφῇ (so Funk-Bihlmeyer und Lightfoot, mit A). Im Bild liegt das Letztere näher (also: Das Gefäß mißrät ihm „unter den Händen"; so jedenfalls der Gedanke in Jer 18,4); unter der Annahme, daß eine Allegorese vorliegt (s. u.), wäre demgegenüber die Lesart von H (und S) vorzuziehen (also: Die Hände des Töpfers, d. h. Gottes, sind für das Mißlingen nicht unmittelbar verantwortlich – vermutlich ein sekundär entstandener Aspekt). Ist dagegen das Gefäß im Ofen bereits gebrannt worden, so läßt es sich unter keinen Umständen mehr verbessern. Knopf zSt sieht hier eine „leise Allegorisierung; hinter dem Töpfer blickt der Weltrichter heraus, der den Sünder ins höllische Feuer steckt". Tatsächlich erinnert das Stichwort τὸ πῦρ an 7,6; aber zugleich ist zu beachten, daß vom Bild her eine andere Aussage kaum möglich ist. Die Anwendung (οὕτως καὶ ἡμεῖς) zeigt, worum es geht: Wir sollen Buße tun, solange noch Gelegenheit dazu ist, solange der Ton noch nicht gebrannt ist. Wäre das Bild allegorisch angelegt, so müßte jetzt dargelegt werden, wie „wir" Gott die Möglichkeit dazu geben, daß er uns erneuert. Aber das meint der Prediger gerade nicht; das μετανοεῖν ist im Gegenteil unsere eigene Tat. Solange wir leben (statt ἐπὶ γῆς jetzt ἐν τούτῳ τῷ κόσμῳ), sollen wir Buße tun (zu ἐξ ὅλης καρδίας vgl. Dtn 6,5 usw.) für das Böse (zu πονηρά s. Mk 7,23), das wir in eben diesem Leben (ἐν τῇ σαρκί) getan haben. Anlaß, den Begriff σάρξ eng zu fassen und eine asketische Tendenz herauszulesen, besteht nicht (vgl. Röm 7,18: ἐν ἐμοί, τοῦτ' ἔστιν ἐν τῇ σαρκί μου); s. im übrigen zu Kap. 9. Zu ὡς ἔτι καιρὸν ἔχομεν vgl. Gal 6,10 (Belege für unterschiedliche Kontexte bei Braun zu Hebr 11,15); Funk-Bihlmeyer lesen (mit A und S) den ausführlicheren Text ἕως ἔχομεν καιρὸν μετανοίας, doch dürfte dies eine sekundäre Verdeutlichung sein. Der Tod bedeutet die endgültige Grenze für die Möglichkeit der Buße (**3**); das Sterben wird, wie in 5,1, als ἐξέρχεται ἐκ τοῦ κόσμου bezeichnet (derselbe Ausdruck in anderer Bedeutung in 1 Kor 5,10). Im Jenseits (ἐκεῖ) gibt es weder ein (Sünden-)Bekennt-nis noch eine Buße. ἐξομολογεῖν kann in Verbindung mit ἁμαρτίαι (Mk 1,5; Barn 19,12; Herm Vis I 1) oder παραπτώματα (Jak 5,16; Did 4,14; 1 Clem 51,3) stehen, wird aber natürlich oft auch im positiven Sinn (den Glauben „bekennen") gebraucht (vgl. 3,4). Anders als Hermas in Vis III 7,5f (vgl. andererseits aber Vis II 2,5) verneint 2 Clem ausdrücklich die Möglichkeit einer Buße nach dem Tode (vgl. Braun im Exkurs zu Hebr 6,6; Dibelius im Exkurs zu Herm Mand IV 3,7). Vorausgesetzt ist ein Verständnis des Gerichts, wie es auch in den Texten von Mt 25 zum Ausdruck kommt.

8,4–9,5 Auferstehung des Fleisches

[4]**Folglich, Brüder: Wenn wir den Willen des Vaters tun und das Fleisch rein bewahren und die Gebote des Herrn halten, werden wir das ewige Leben empfangen.**
[5]**Der Herr sagt nämlich im Evangelium: „Wenn ihr das Kleine nicht bewahrt habt, wer wird euch das Große geben? Denn ich sage euch: Der im Geringsten Treue ist auch im Großen treu."**
[6]**Folglich meint er nun dieses: Bewahrt das Fleisch rein und das Siegel unbefleckt, damit ihr das Leben empfangt.**
9 [1]**Und es soll keiner von euch sagen, daß dieses Fleisch nicht gerichtet wird und nicht aufersteht.**
[2]**Erkennt: Worin seid ihr gerettet worden? Worin seid ihr wieder sehend geworden? Doch nur als solche, die in diesem Fleisch existieren.**
[3]**Folglich müssen wir das Fleisch hüten wie den Tempel Gottes.**
[4]**Wie ihr nämlich im Fleisch berufen worden seid, so werdet ihr auch im Fleisch hingelangen.**
[5]**Einer ist Christus, der Herr, der uns gerettet hat. Er war zuerst Geist und ist Fleisch geworden, und so hat er uns berufen; so werden auch wir in diesem Fleisch den Lohn empfangen (9,1–5).**

Auf das warnende „Zu spät" folgt in 8,4–6 die an die Erfüllung von Bedingungen geknüpfte eschatologische Verheißung; dabei deutet 8,6 bereits an, daß es in besonderer Weise um „das Fleisch" geht: Als ἐν τῇ σαρκί vom fleischgewordenen Christus Berufene werden die Christen den jenseitig-endzeitlichen Lohn ἐν ταύτῃ τῇ σαρκί empfangen (9,1–5).

Die in **8,4** gezogene Schlußfolgerung aus der in 8,1–3 ausgesprochenen Warnung ist klar: Das sittliche Verhalten während der irdischen Existenz schafft die Voraussetzung für die Erlangung der ζωὴ αἰώνιος. Das futurische λημψόμεθα markiert die Verheißung (vgl. V. 5), nicht aber einen Anspruch, den die Christen geltend machen könnten (s. zu 8,6). Zwischen dem θέλημα Gottes und dem Willen Christi (6,7) besteht kein Unterschied. φυλάσσειν τὰς ἐντολάς wie in Barn 4,11 (vgl. Mk 10,20). Knopf zSt deutet die Aufforderung, die σάρξ „rein" zu bewahren, im Sinne strenger „Askese, die auch den ehelichen Verkehr ausschließt"; er verweist auf ActPl et Thecl 5: μακάριοι οἱ ἁγνὴν τὴν σάρκα τηρήσαντες ... μακάριοι οἱ ἐγκρατεῖς ... μακάριοι οἱ ἔχοντες γυναῖκας ὡς μὴ ἔχοντες (Lipsius-Bonnet I 238,13–239,1). Dieser Hinweis trägt aber wenig aus, da diese Schrift, wie die apokryphen Apostelakten überhaupt, als ganze enkratitisch ausgerichtet ist und also auch das τὴν σάρκα τηρεῖν entsprechend verstanden wissen will. Der Prediger des 2 Clem meint eine dem Willen Gottes und den Geboten Christi entsprechende sittliche Reinheit, die die Christen bewahren sollen. Vgl. Herm Sim V 7,1–4: τὴν σάρκα σου ταύτην φύλασσε καθαρὰν καὶ ἀμίαντον, ἵνα ... δικαιωθῇ σου ἡ σάρξ ... κἂν μιάνῃς τὴν σάρκα σου, οὐ ζήσῃ. Die Begründung für die Verheißung von V. 4 gibt (**5**) der κύριος „in dem Evangelium". Die rhetorische Frage im ersten Teil des Zitats entspricht in der sprachlichen Struktur und in der logischen Tendenz Lk 16,11 (εἰ οὖν ἐν τῷ ἀδίκῳ μαμωνᾷ πιστοὶ οὐκ ἐγένεσθε/εἰ τὸ μικρὸν οὐκ ἐτηρήσατε: τὸ ἀληθινὸν τίς ὑμῖν πιστεύσει;/τὸ μέγα τίς ὑμῖν δώσει;); sie weicht in der Begrifflichkeit aber deutlich ab, wobei es sich kaum um nachlässige Zitierweise handeln kann. Der Text berührt sich auffallend mit Iren Haer II 34,3: Über die, die das Geschenk des irdischen Lebens nicht richtig bewahrten, sprach der Herr (dominus dicebat): Si in modico fideles non fuistis, quod magnum est quis dabit vobis? Irenäus deutet dies auf das Verhältnis von modica temporalis vita einerseits und longitudo dierum (= Ewigkeit) andererseits. Denselben Sinn scheint auch die sehr ähnliche Formulierung bei Hipp Ref X 33 zu haben: Gehorche Gott, ἵνα ἐπὶ τῷ μικρῷ πιστὸς εὑρεθεὶς καὶ τὸ μέγα πιστευθῆναι δυνηθῇς; bei Hippolyt wird aber nicht angedeutet, daß es sich um ein Jesus-Logion handelt. Die mit λέγω γὰρ ὑμῖν eingeleitete, erläuternde Aussage im zweiten Teil von V. 5 stimmt wörtlich mit Lk 16,10a überein. Der Prediger hat beide Sätze als Einheit aufgefaßt; das λέγω ist nicht seine eigene Zwischenbemerkung, sondern Teil des Zitats.

Woher stammt das Doppellogion? Knopf zSt findet in dem λέγει … ἐν τῷ εὐαγγελίῳ den „bekannten, alten Sprachgebrauch: das Evangelium ist eines"; auch Donfried (Setting 72 f) meint, der Vf beziehe sich hier auf „the oral message of salvation", nicht auf ein geschriebenes Buch (V. 5 sei freilich „dependent on a non-synoptic source"). Von 3,5; 6,8 her liegt aber die Annahme näher, daß ἐν τῷ εὐαγγελίῳ sich hier bereits auf ein vorliegendes Buch bezieht (so auch Köster, Überlieferung 11. 65; der direkte Herkunftsort lasse sich aber „nicht genauer bestimmen", aaO. 102). Dies wäre dann aber keine der uns bekannten Evangelienschriften (vgl. Wengst 220f). Warns, Untersuchungen 358–362 sieht deshalb in 8,5 in Verbindung mit 6,1 (s. dort) einen wichtigen Beleg für seine Annahme, daß der Prediger des 2 Clem ein apokryphes Evangelium als „das Evangelium" benutzt hat, dessen Kenntnis er auch bei den Zuhörern voraussetzt (s. Einleitung 5. Schriftbezüge und Zitate). Der Sinn des Logions ist im gegenwärtigen Kontext in jedem Falle klar: Wie für Irenäus (s. o.) so ist auch hier τὸ μικρόν das irdische, τὸ μέγα das jenseitige, ewige Leben. Die zweite Hälfte des Zitats paßt dazu im Grunde nur dann, wenn man den Vordersatz exklusiv auffaßt: „*Nur* der im Geringsten Treue …" Ob das Logion an seinem ursprünglichen Ort denselben Sinn gehabt hat, läßt sich kaum sagen.

Erst in **6** schließt sich die Deutung dessen an, was Jesus „meint" (λέγει), womit der Vf den Gedankengang zu V. 4 (und zu 7,6) zurücklenkt. Zum ingressiven Impt. Aor. τηρήσατε vgl. B-D-R § 337,1. Zum ἵνα-Satz vgl. V. 2 (ἵνα σωθῶμεν); möglicherweise ist durch diese Parallele die Lesart des Codex A hervorgerufen (ἵνα … ἀπολάβωμεν), die mit Wengst gegen Funk-Bihlmeyer und Lightfoot als sekundär anzusehen ist. Auch diese Aussage behauptet, wie schon V. 4 (s. o.), nicht einen Rechtsanspruch auf die ζωή (das von den griech. Handschriften bezeugte αἰώνιον ist vermutlich sekundär; vgl. Lightfoot I/2, 228 und Wengst), sondern spricht von der Verheißung, die freilich an Voraussetzungen gebunden ist (s. V. 4; zu ἄσπιλος vgl. Jak 1,27).

Warns, Untersuchungen 185–190 vermutet hinter 8,6 (und 14,3) eine Formel: ἀδελφοί, τηρήσατε τὴν σάρκα ἵνα τὴν ζωὴν ἀπολάβητε. Diese Formel sei im Gottesdienst vermutlich nach dem Abendmahl gesprochen worden; daß der Prediger des 2 Clem sie hier verwende, zeige, daß er sich die Gemeinde als eine enkratitisch ausgerichtete wünsche (für Asketen habe die Formel ja nur noch Erinnerungswert). Die Mahnung τηρήσατε κτλ. wird in 8,6 wie in 14,3 eingeleitet mit der Wendung ἄρα οὖν τοῦτο λέγει. Hier in 8,6 bezieht sich das auf die Interpretation des voranstehenden Zitats (zu τοῦτο λέγει in dieser Funktion vgl. Barn 5,4; 11,8 u. ö.); in 14,3 geht zwar kein Zitat voran, wohl aber eine der Auslegung bedürftige Aussage (s. u. zu 14,3). Es ist wenig wahrscheinlich, daß der Vf ein liturgisches Zitat verwendet (zumal aus der Abendmahlsliturgie), um mit dessen Hilfe einen anderen

Text zu interpretieren. Fragen kann man aber, ob der Ausdruck τηρεῖν τὴν σάρκα geprägte Sprache ist (vgl. Ign Philad 7,2). Aus der Aufforderung, die in dem Zitat von 8,6 enthalten ist, resultiert in **9,1** der mahnende Hinweis an die Hörer, am eschatologischen Urteil über die σάρξ nicht zu zweifeln. Der Vf polemisiert, anders als 2 Tim 2,18, nicht gegen Leugner der Auferstehung (zu Donfried, Setting 145), sondern wendet sich gezielt gegen den Gedanken, es gebe keine „Auferstehung des Fleisches" (s. den anschließenden Exkurs). Er will den Ernst der die σάρξ betreffenden ethischen Mahnung mit dem Hinweis darauf unterstreichen, daß die Menschen die σάρξ nicht mit dem Tode abstreifen, sondern vielmehr Gericht oder Auferstehung (= Heil) ἐν σαρκί erfahren werden (vgl. 9,4). Zur dogmengeschichtlichen Einordnung der Aussage und zur weiteren Entwicklung des Gedankens der resurrectio carnis innerhalb des Symbolum Romanum s. Kelly, Glaubensbekenntnisse 163–165; vgl. zum Ganzen außerdem Donfried, Setting 134–144.

Exkurs: Das Verständnis der σάρξ in 2 Clem

Paulus hatte in 1 Kor 15,50 jeden Gedanken an eine Auferstehung der σάρξ ausgeschlossen und so den korinthischen Enthusiasmus abgewehrt (in 1 Thess 4,17 gab es noch keine Reflexion darüber, ob die Entrückung ἐν σαρκί erfolgen werde). Dem Vf des 2 Clem geht es nun vermutlich nicht um eine Korrektur dieser paulinischen Aussage (vgl. Lindemann, Paulus 269f); er geht vielmehr von der Grundannahme aus, daß der Mensch für die σάρξ uneingeschränkt und also auch über seinen Tod hinaus verantwortlich ist. Oder richtiger: Der Mensch „ist" in seiner vorfindlichen Existenz σάρξ, und er steht insofern Gott verantwortlich gegenüber (vgl. V. 3: die σάρξ als ναὸς θεοῦ; vgl. dazu 1 Kor 6,19). In 5,5, wo es heißt, daß der Aufenthalt der σάρξ „in dieser Welt" kurz sei, spricht der Vf nicht explizit davon, ob das zukünftige ewige Leben mit oder ohne σάρξ zu denken sei. Die Formulierung in 8,2, wonach das Sein in der Welt und das Sein im Fleisch zeitlich zusammenfallen, könnte sogar so gedeutet werden, als verliere der Mensch jenseits seiner irdischen Existenz die σάρξ; aber durch Kap. 9 wird eben dieser Eindruck korrigiert, denn hier bezeichnet σάρξ die Identität des Menschen über seinen Tod hinaus (vor allem V. 1 und V. 5; vgl. 14,5). So ist σάρξ für den Vf offenbar ein Terminus zur Bezeichnung der Existenz des Menschen als ganzer: Als σάρξ sieht er sich einem Anspruch ausgesetzt, auf den er durch richtiges Verhalten reagieren soll, für das er dann zur Rechenschaft gezogen wird. Der Begriff σάρξ hat also nahezu dieselbe Funktion übernommen, die bei Paulus der Begriff σῶμα besitzt (zu σῶμα in 2 Clem s. 12,4). Die Aufforderung an den Hörer, die σάρξ „rein" zu bewahren (8,4.6), richtet sich also nicht an ein „Ich" des Menschen, das von der σάρξ zu unterscheiden wäre, sondern sie richtet sich an den Menschen, der als ganzer σάρξ ist und der so, dem Willen Gottes entsprechend, sich selbst „rein" bewahren soll. σάρξ ist also nicht negativ qualifiziert; der Vf spricht nicht vom „sündigen Fleisch", sondern er bezeichnet im Gegenteil die ψυχή als den Ursprungsort der bösen Begierden (16,2). Daher kann er ohne weiteres sagen, daß Christus σάρξ geworden ist (9,5; vgl. 14,3); und daran wiederum zeigt sich der enge Zusammenhang von Anthropologie und (antidoketistischer) Christologie (s. den Exkurs bei 1,2). Nach 14,3 wurde überdies die präexistente Kirche, die der „lebendige Leib Christi" ist (14,2), uns ἐν τῇ σαρκὶ Χριστοῦ kundgetan, was bedeutet, daß die Kirche seit dem Auftreten des irdischen Jesus real existiert. Auch von der Ekklesiologie her wird (14,4) der Gedanke herausgestellt, daß der Mensch für sein „fleischliches" Verhalten Verantwortung trägt, eben weil auch die Kirche σάρξ ist und als solche dem πνεῦμα (= Christus) gegenübersteht. σάρξ und πνεῦμα sind hier also keine Gegensätze, sondern das πνεῦμα ergänzt die σάρξ, ja es verschafft ihr geradezu ζωὴν καὶ ἀφθαρσίαν (14,5).

Warum hat der Begriff σάρξ gegenüber dem Befund etwa bei Paulus einen solchen Bedeutungswandel erfahren? Zunächst ist festzuhalten, daß auch in 2 Clem σάρξ kein Abstraktum ist, sondern die konkrete „Fleischlichkeit" des Menschen meint. Die Mahnung, die σάρξ zu bewahren, zielt also auf konkretes sittliches Verhalten, ohne daß man dabei den Aspekt des Sexuellen überbetonen dürfte (in 12,5 fehlt das Stichwort σάρξ). Die Redeweise des Vf nimmt offenbar Bezug auf eine Negativwertung der σάρξ, wie sie weithin für die Gnosis kennzeichnend ist (dazu Donfried, Setting 144–146; seine These, der Vf setze in der Abwehr gnostischen Denkens – mißverstandene – paulinische

Aussagen ein, trifft m. E. den Sachverhalt nicht). Dabei ist daran zu erinnern, daß in der Gnosis die Abwertung der σάρξ üblicherweise nicht mit sexuellem Libertinismus einhergeht, sondern im Gegenteil mit Askese. Aber im einen wie im andern Fall weigert sich der Mensch (zumindest theoretisch), Verantwortung zu übernehmen, d. h. verantwortlich in der Welt zu handeln. Dies aber ist gerade die Forderung, die der Prediger des 2 Clem erhebt; und eben deshalb läßt er die menschliche Existenz von der σάρξ her bestimmt sein. Die Forderung erfährt ihre äußerste Zuspitzung, wenn der Prediger in 9,1.5 sogar sagen kann, daß der Mensch auch über den Tod hinaus σάρξ bleibt.

In **2** werden die Hörer betont (γνῶτε wie γινώσκετε in 5,5) daran erinnert, „worin" sie sich befanden, als sie Christen wurden – nämlich ἐν τῇ σαρκὶ ταύτῃ. Mit ἐσώθητε und ἀνεβλέψατε knüpft der Prediger an den Eingang des Ganzen an (s. zu 1,4.6): Wenn das Christsein „im Fleisch" begonnen hat, dann ergeben sich daraus entsprechende Konsequenzen (**3**: δεῖ οὖν). Daß der Mensch (τὸ σῶμα ὑμῶν) „Tempel Gottes" sei, sagt Paulus in 1 Kor 6,19 (vgl. Ign Eph 15,3; Barn 6,15); in 1 Kor 3,16 versteht er die Gemeinde als ganze vom Begriff ναὸς θεοῦ her (vgl. Eph 2,20 ff; s. außerdem den sekundären Einschub in 2 Kor 6,16 ff). Zur Vorgeschichte dieser Vorstellung s. Paulsen, Überlieferung 48–51 (zu Röm 8,9.11): Tempel (oder auch „Wohnung") Gottes sind die Christen bzw. die Gemeinde, insofern Gottes πνεῦμα darin „wohnt". Die nächste Parallele zu 2 Clem 9,3 ist Ign Philad 7,2 (τὴν σάρκα ὑμῶν ὡς ναὸν θεοῦ τηρεῖτε), insbesondere auch insofern, als keine Aussage der Identität gemacht, sondern eine Handlungsanweisung gegeben wird, die eine Relation voraussetzt. Daß der Vf des 2 Clem sich direkt auf Paulus bezieht, ist wenig wahrscheinlich (vgl. NTAF 126: Die Abhängigkeit sei „very possible", aber „we cannot assert a necessary dependence upon any particular passage"). Warns, Untersuchungen 230 ff hält es aber für möglich, daß es die Gegner des Predigers waren, die den Paulustext einbrachten; der Vf würde dann durch das einleitende δεῖ den Zitatcharakter des Begriffs ναὸς θεοῦ anzeigen und in antignostischer Polemik betonen, daß eben die σάρξ (und nichts anderes!) als „Tempel Gottes" anzusehen sei. Aber δεῖ ἡμᾶς c. inf. verweist nicht auf ein Zitat, sondern auf eine von „uns" zu erfüllende Norm (vgl. 1,1; 4,4; 6,5; ein Sonderfall ist möglicherweise 7,4: δεῖ ἡμᾶς εἰδέναι).

Auch in **4** bezieht sich der Vf mit dem Verb ἐκλήθητε auf den Predigteingang zurück (vgl. 1,2.8; 2,7); ebenso wie in V. 2 betont er, daß die Berufung ἐν τῇ σαρκί erfolgt ist. ὃν τρόπον wird ebenso gebraucht wie in 8,2 und 12,4. Das Futur ἐλεύσεσθε (der syrische Text setzt ἦλθεν voraus; dann würde sich die Aussage auf die Inkarnation Christi beziehen) meint das Hineingehen in die βασιλεία (V. 6; vgl. auch 6,9); wieder zeigt sich der deutliche, aber ungewollte Abstand zur paulinischen Theologie (1 Kor 15,50).

5 enthält ein intensiv diskutiertes Textproblem: Während die Handschriften durchweg εἰς Χριστός lesen (s. die Übersetzung), übernehmen Funk-Bihlmeyer, Lightfoot, Knopf und Warns die lediglich von einem syrischen Fragment vorausgesetzte Lesart εἰ Χριστός … Wengst hält die besser bezeugte Lesart für die ursprüngliche, zumal sie einen guten Sinn ergebe. Warns, Untersuchungen 247–252 meint, der Vf betone gegenüber einer valentinianischen Benutzung von Joh 1,14, daß Jesus als der Kyrios „Fleisch" gewesen sei, woraus sich Folgen für das Verhalten der Christen ergeben müßten (εἰ Χριστός … οὕτως καὶ ἡμεῖς …). Tatsächlich ist es denkbar, daß die bekenntnisartige Aussage εἰς Χριστός eine Texterleichterung darstellt; aber andererseits wäre es syntaktisch sehr ungewöhnlich, daß ein mit εἰ eingeleiteter Nebensatz im Hauptsatz mit καὶ οὕτως fortgeführt wird. So liegt es näher, mit den Handschriften εἰς zu lesen und V. 5 entsprechend in mehrere Sätze zu gliedern.

Der Vf betont zunächst, daß Christus „einer" ist (vgl. 1 Kor 8,6b; 1 Clem 46,6), offenbar schon im Blick auf dessen Existenz als πνεῦμα und σάρξ (vgl. vor allem Ign Eph 7,2; dazu Bauer-Paulsen zSt). Als κύριος ist Christus ὁ σώσας ἡμᾶς (vgl. 2,7; s. den Exkurs zu 1,2). Die anschließende Wendung ὢν μὲν τὸ πρῶτον πνεῦμα beschreibt, daß Christus – zeitlich und dem Rang nach – „zuerst" πνεῦμα ist, was sich auf seine Präexistenz bezieht. Der Präexistente ist σάρξ geworden, und „so" (οὕτως) hat er „uns" berufen. Ob ἐγένετο σάρξ auf Joh 1,14 anspielt (s. o. zu Warns), mag man fragen (Codex H nimmt das an und liest deshalb ὢν πρῶτον λόγος anstelle von πνεῦμα); weitere Bezüge zu Joh zeigen sich aber nicht, und so liegt die Vermutung näher, daß der Gedanke der Inkarnation, auch in dieser Formulierung, bereits traditionell geworden ist. Zur Christologie vom Typ Pneuma – Sarx vgl. Grillmeier I 160 f. 336–338 (zu unserer Stelle aaO. 162: „eine beachtliche Formulierung"). Der Weg Christi wird über die Inkarnation hinaus nicht weiter verfolgt, anders als in 14,4 (s. dort) und etwa bei Paulus in 2 Kor 3,17, wo der gegenwärtige, erhöhte κύριος als πνεῦμα apostrophiert wird. Die Aussage unterscheidet sich erheblich von Texten wie etwa Herm Sim IX 1,1 f (ἐκεῖνο γὰρ τὸ πνεῦμα ὁ υἱὸς τοῦ θεοῦ ἐστίν): Dort heißt es, Hermas sei τῇ σαρκί zu schwach gewesen, um das ihm Gesagte verstehen zu können, und er sei deshalb διὰ τοῦ πνεύματος (= Christus) „gekräftigt" worden (zur, wenig ausgearbeiteten, Christologie des Herm vgl. Grillmeier I 158–160). In 2 Clem 9,5 dagegen bedeutet das σάρξ-Sein Jesu gerade die gültige Berufung der Menschen in ihrer σάρξ und die Verheißung, daß sie ἐν ταύτῃ τῇ σαρκί den (jenseitig-eschatologischen) Lohn empfangen werden.

9,6–11 Die Liebe als Erfüllung des Gotteswillens

[6]**Laßt uns also einander lieben, damit wir alle in das Reich Gottes kommen.**
[7]**Solange wir Gelegenheit haben, geheilt zu werden, wollen wir uns selbst dem Gott, der uns gesund machen kann, anvertrauen, wobei wir ihm eine Gegenleistung abstatten.**
[8]**Welche? Buße tun aus reinem Herzen.**
[9]**Denn er weiß alles im voraus und kennt das, was in unserem Herzen ist.**
[10]**So laßt uns ihm also Lob spenden, nicht mit dem Munde allein, sondern auch von Herzen, damit er uns annimmt als Söhne.**
[11]**Denn der Herr hat auch gesagt: „Meine Brüder sind diejenigen, die den Willen meines Vaters tun."**

Aus der Mahnung (9,1–3) und der Zusage (9,4.5) folgt als Konsequenz die Paränese (ἀγαπῶμεν οὖν): Die gegenseitige Liebe entspricht dem Tun des Willens Gottes. Die formale Analogie zu 7,1; 8,1 zeigt, daß 9,6 trotz des eschatologischen Aspekts nicht den Abschluß zu 8,1–9,5 bildet, sondern die Einleitung zum folgenden Abschnitt (anders Baasland, der 9,5–11 [!] als Einheit ansieht, da hier in einer Art „propositio secunda" die Themenangabe von 1,3–5 wiederholt werde).

Der Aufruf zum konkreten Tun (**6**) spricht vom ἀγαπᾶν (s. zu 4,3; vgl. Joh 15,12; Röm 13,8; 1 Joh 3,11; 2 Joh 5). Anders als in der joh Literatur ist gegenseitige Liebe nicht das Kennzeichen der Gemeinde schlechthin (richtig Wengst 232 f); aber das Liebesgebot steht doch an der Spitze der Forderungen, die in 10,1 ff weiter expliziert werden. Zum Finalsatz ὅπως ἔλθωμεν πάντες εἰς τὴν βασιλείαν τοῦ θεοῦ vgl. 7,2; 8,6. Warns, Untersuchungen 258–264 vermutet, die valentinianischen Gegner des Predigers hätten sich bei ihrer Argumentation der Aussage von Joh 3,5 bedient, ohne daß der Vf des 2 Clem dies bemerkt habe; in antignostischer Zuspitzung betone er das πάντες. Aber πάντες hat hier denselben Sinn wie in 7,2: Nicht einige wenige, sondern „alle" Christen sollen das Heil erlangen. Eine direkte Polemik ist in dieser Aussage nicht enthalten. Die zweite Aufforderung (**7**) ist bildhaft formuliert: Solange wir leben (vgl. 8,2; s. auch 16,1), sollen und können wir uns Gott als dem kundigen Arzt (vgl. Ps 40,5 LXX; s. Bauer-Paulsen zu Ign Eph 7,2, wo das Prädikat auf Christus angewandt wird) anvertrauen, um von ihm Heilung zu erlangen. Worauf sich ἰαθῆναι konkret bezieht, bleibt unbestimmt. Im Hintergrund steht wohl der Gedanke, daß Sünde eine Krankheit ist, von der der Mensch „geheilt" werden kann (vgl. Jer 3,22; Dtn 30,3 LXX; Jak 5,16; Herm Vis I 1,9; Sim IX 23,5); dabei kommt es dem Prediger darauf an, daß Gott Gelegenheit zur Heilung gegeben wird. Dieser hat dann, wie jeder Arzt, Anspruch auf Entlohnung (ἀντιμισθία wie in 1,3.5; 3,3; s. R. Herzog, Art. Arzthonorar, RAC I 724 f). Im vorliegenden Fall besteht das Honorar im μετανοῆσαι (**8**); der Vf knüpft an 8,1–3 (vor allem an 8,2) an, und dabei bestätigt sich, daß er Buße nicht als einen einmaligen, unwiederholbaren Akt begreift, sondern als eine Form des Existenzvollzugs.

9 erläutert mit dem γάρ-Satz speziell die Forderung der Herzensreinheit: Man kann Gott im μετανοῆσαι nicht täuschen. Das Wort προγνώστης fehlt im NT und begegnet bei den Apost Vätern nur hier. Nahe kommt aber Herm Mand IV 3,4: Der κύριος setzte die Buße ein, καρδιογνώστης γὰρ ὢν ὁ κύριος καὶ πάντα προγινώσκων ἔγνω τὴν ἀσθένειαν τῶν ἀνθρώπων. Der Gedanke des göttlichen Vorherwissens begegnet in dem (nichtgnostischen) Traktat „Lehren des Silvanus" (NHC VII/4) p 116,1 ff: Gott kennt alle Ereignisse, bevor sie geschehen, und er kennt das Verborgene des Herzens. Von Gottes Präszienz sprechen auch die Apologeten, besonders ausführlich Justin in Apol I 44,11 und in Dial 16,3 (Niemand werde zu sagen wagen ὅτι μὴ καὶ προγνώστης τῶν γίνεσθαι μελλόντων ἦν καὶ ἔστιν ὁ θεὸς καὶ τὰ ἄξια ἑκάστῳ προετοιμάζων); teilweise erscheint dieses Vorherwissen Gottes als eines unter mehreren Gottesprädikaten, so Justin Dial 23,2 (Gott sei φιλάνθρωπον καὶ προγνώστην καὶ ἀνενδεῆ (selbstgenügsam) καὶ δίκαιον καὶ ἀγαθόν; ähnlich 92,2) und Theophilus Ad Autolycum II 15 (ὁ θεὸς προγνώστης ὢν ἠπίστατο τὰς φλυαρίας τῶν ματαίων φιλοσόφων, und er schuf deshalb die Pflanzen früher als die Gestirne, um die Behauptung von vornherein auszuschließen, die irdischen Dinge seien von den Gestirnen geschaffen worden). Der Gedanke des Vorherwissens der Gottheit begegnet ironisch gewendet bei Tatian Or 19,9 in der Aussage, Apoll sei nur scheinbar προγνώστης gewesen. Im Drei-Prinzipien-System des Gnostikers Justin wird von der ἀρχή, die als einzige zu Recht „gut" genannt werde, gesagt, sie sei προγνώστης τῶν ὅλων (Hipp Ref X 15). Belege für den Sprachgebrauch bei den Kirchenvätern bei Lampe Lexicon s. v. προγνώστης. Warns, Untersuchungen 555 vermutet, daß in V. 9 ein vom Vf durch das einleitende γάρ ausdrücklich als Zitat gekennzeichnetes Theologumenon vorliege, aus dem er dann in V. 10 die Folgerung ziehe (οὖν; dasselbe Verfahren zeige sich in 7,6/8,1; 11,6/7; 14,3; 15,4/5). Natürlich handelt es sich vor allem bei der zweiten Aussage von V. 9 um einen traditionellen Topos (zu τὰ ἐν τῇ καρδίᾳ vgl. Dtn 8,2; 1 Sam 9,19; 2 Chr 32,31 u. ö.; vgl. auch 1 Reg 2,35 LXX, wo diese Formulierung sich auf das „Herz" Gottes bezieht); aber die Annahme, daß ein Zitat vorliegt, läßt sich nicht belegen.

In **10** faßt der Prediger die Aufforderungen an seine Hörer zusammen (οὖν); zu δῶμεν ... αἶνον vgl. 1,5. Warns, Untersuchungen 370f hält die Lesart des Codex A (αἶνον αἰώνιον) für die ursprüngliche; in der Tat ließe sich das Fehlen des Adjektivs in H und S als durch Haplographie verursacht erklären – aber kann der Prediger an dieser Stelle wirklich vom „ewigen Lob" gesprochen haben? Zum Verhältnis von στόμα und καρδία vgl. einerseits Dtn 30,14; Röm 10,9f („Herz und Mund"), andererseits Ps 61,5b LXX: τῷ στόματι αὐτῶν εὐλογοῦσαν καὶ τῷ καρδίᾳ αὐτῶν κατηρῶντο (vgl. 1 Clem 15,2–4, wo u. a. dieser Text zitiert wird); ἀπὸ καρδίας meint das Tun des als richtig Erkannten (vgl. Jes 29,13 LXX; Mk 7,6). Zu προσδέχεσθαι ὡς υἱούς vgl. 1,4. Wie er auf diesen Gedanken kommt, sagt der Prediger in **11**, wo er mit der Wendung καὶ γὰρ εἶπεν an das in 8,5 erwähnte Zitat anknüpft. Das nun folgende Herrenwort begründet inhaltlich die Aussage von V. 10: Weil der κύριος die Täter des Gotteswillens als ἀδελφοί μου bezeichnet hat, sind sie tatsächlich „Söhne" Gottes. Das Zitat nimmt das abschließende Logion aus dem Apophthegma Mk 3,31–35 parr auf, entspricht aber keinem der NT-Texte genau. In der Struktur folgt es Lk 8,21 (μήτηρ μου καὶ ἀδελφοί μου οὗτοι εἰσιν οἱ τὸν λόγον τοῦ θεοῦ ἀκούοντες καὶ ποιοῦντες); das (für 2 Clem auch sonst wichtige) Stichwort τὸ θέλημα τοῦ πατρός μου entspricht dagegen Mt 12,50. Köhler , Rezeption 137 hält es für denkbar, daß der Vf diese seine „Lieblingswendung" überhaupt „dem Mt verdankt". Dasselbe Logion begegnet in ähnlicher Fassung im EvEbion; Epiphanius berichtet (Haer 30,14,5), die Ebioniten hätten das Menschsein Jesu bestritten unter Hinweis auf das Heilandswort οὗτοί εἰσιν οἱ ἀδελφοί μου καὶ ἡ μήτηρ καὶ ἀδελφαὶ οἱ ποιοῦντες τὰ θελήματα τοῦ πατρός μου (vgl. NTApo[5] I 142). Vgl. ferner Clemens Alex Ecl Proph 20: ἀδελφοί μου γὰρ ... καὶ συγκληρονόμοι οἱ ποιοῦντες τὸ θέλημα τοῦ πατρός μου; EvThom (NHC II/2) log 99 (Rückübersetzung bei Greeven 85; zur Textfassung s. Schrage, Verhältnis 185–189); schließlich „Interpretation der Gnosis" (NHC XI/1) p 9,31–33. Eine Textübersicht gibt Warns, Untersuchungen 367. Knopf und andere nehmen an, daß der Prediger hier seinem apokryphen Evangelium folgt (s. dazu die Einleitung 5. Schriftbezüge und Zitate [2.c]); möglich wäre aber, daß er hier frei zitiert und dabei den Wortlaut des Logions auf den jetzigen Kontext hin verändert hat, um den begründenden Charakter stärker zu unterstreichen (vgl. Köhler, Rezeption 138). Der Ausdruck ποιεῖν τὸ θέλημα τοῦ πατρός (vgl. 8,4; 10,1; 14,1) ist jedenfalls stärker als das neutestamentliche τὸν λόγον τοῦ θεοῦ ἀκούειν καὶ ποιεῖν; und der Hinweis auf die „Mutter" muß vom Kontext her natürlich entfallen.

10,1–5 Gegenwärtige Qual und künftige Verheißung

[1]Infolgedessen, meine Brüder, laßt uns tun den Willen des Vaters, der uns berufen hat, damit wir leben; und laßt uns mehr der Tugend nacheilen, die Schlechtigkeit aber laßt uns verlassen als eine Vorläuferin unserer Sünden, und laßt uns fliehen die Gottlosigkeit, damit nicht Böses uns ergreift.
[2]Denn wenn wir eifrig bemüht sind, Gutes zu tun, wird Friede uns nacheilen.
[3]Aufgrund dieser Ursache nämlich ist es nicht möglich, daß er einen Menschen findet: Sie flößen Furcht vor Menschen ein, weil sie den Genuß hier bevorzugt haben vor der zukünftigen Verheißung.
[4]Sie wissen nämlich nicht, welch große Qual der hiesige Genuß bringt, und welche Wonne die künftige Verheißung gewährt.

⁵Und wenn sie nur allein das trieben, wäre es erträglich; nun aber verharren sie darin, den unschuldigen Seelen schlechte Lehren zu bringen, nicht wissend, daß sie doppeltes Gericht empfangen werden – sie selbst wie auch die, die auf sie hören.

In Kap. 10 zieht der Prediger die unmittelbare Schlußfolgerung aus dem Zitat von 9,11. Dabei enthält V. 1 vier mahnende Aufforderungen zum aktiven Handeln, während V. 2 als Begründung die damit verbundene Verheißung („Friede") nennt. In V. 3–5 entfaltet der Prediger in direkter Polemik gegen Irrlehrer (V. 5) das negative Gegenbild mit der Warnung vor dem drohenden Gericht.

1: Der Neueinsatz mit ὥστε entspricht 4,3; 7,1; 8,4. Die einleitende Aufforderung, den Willen des Vaters zu tun, erinnert vor allem an 8,4 (vgl. 5,1; 6,7); aber jetzt ist die Aussage von 9,11 her in besonderer Weise zugespitzt: Aus dem Wort des κύριος resultiert die Mahnung zum entsprechenden Handeln. Der Hinweis auf die Berufung (durch Gott; vgl. 1,8) erinnert an die Vorordnung des Indikativs vor dem Imperativ; daß dabei an die Taufe gedacht sei (so Donfried, Setting 147), läßt sich nicht erweisen. ἵνα ζήσωμεν schließt an ποιήσωμεν an: Den Willen Gottes tun bedeutet Leben (vgl. 3,1). Die zweite Aufforderung ist insofern ungewöhnlich, als der für die griechische Philosophie wichtige Begriff ἀρετή zwar in hellenistisch-jüdischen Schriften häufig (Sap Sal 4,1; 5,13; vor allem 4 Makk und Philo; vgl. Bauernfeind, ThWNT I, 457–461) begegnet, in urchristlicher Paränese aber ausgesprochen selten ist (im NT nur Phil 4,8; 2 Petr 1,5; vgl. Herm Mand I 2; VI 2,3; XII 3,1; Sim VI 1,6; VIII 10,3). Zum übertragenen Gebrauch von διώκειν vgl. 1 Kor 14,1; 1 Tim 6,11; Hebr 12,14 u. ö. Zu μᾶλλον – δέ vgl. oben 4,4 (s. B-D-R § 246, 2a); bezeichnet wird nicht eine Steigerung, sondern eine Alternative. Der Gegensatz von ἀρετή und κακία ist geläufig (s. Bauer-Aland WB s. v. κακία Sp. 805). Auffallend ist, daß die Schlechtigkeit als „Vorläuferin unserer Sünden" bezeichnet wird. Das Substantiv προοδοίπορος ist spät und sehr selten belegt (vgl. das Verbum in 1 Clem 44,5). In Jak 1,15 gilt die ἐπιθυμία als Ursache der ἁμαρτία; aber weder hier noch dort wird man das Verhältnis von Ursache und Wirkung inhaltlich pressen dürfen: ἁμαρτία bezeichnet einfach die „Schlechtigkeit" des Menschen im Blick auf seine Gottesbeziehung. Parallel steht deshalb die Aufforderung, die ἀσέβεια zu fliehen, damit nicht „Böses" (κακά) uns ergreife. Zur Reziprozität der Aussage vgl. Barn 4,1: „Laßt uns fliehen vor allen Werken der Gesetzlosigkeit, damit uns die Werke der Gesetzlosigkeit nicht ergreifen."

Die Aufforderung, eifrig Gutes zu tun, verbindet sich in **2** mit der Verheißung des Friedens; εἰρήνη in 2 Clem nur hier. Die Wendung διώξεται ἡμᾶς εἰρήνη ist sehr ungewöhnlich; das Ganze erinnert zwar an Ps 33,15 LXX (ἔκκλινον ἀπὸ κακοῦ καὶ ποίησον ἀγαθόν, ζήτησον εἰρήνην καὶ δίωξον αὐτήν; vgl. 1 Petr 3,10–12, wo Ps 33,13–17 und 1 Clem 22,1–7, wo Ps 33,12–18 jeweils fast wörtlich zitiert werden), aber dort ist εἰρήνη nicht Subjekt, sondern Objekt des διώκειν. Die These von Warns, Untersuchungen 482 ff, der Prediger des 2 Clem polemisiere hier gegen eine bestimmte valentinianische Deutung des Psalms, ist daher wenig wahrscheinlich. Offenbar verwendet der Verfasser das Verbum διώκειν in bewußter Wiederaufnahme der Wendung διώξωμεν τὴν ἀρετήν von V. 1.

3 bereitet erhebliche Schwierigkeiten, da der überlieferte Text zumindest grammatisch anstößig ist. Nach Knopf zSt wäre als Subjekt zu εὑρεῖν stillschweigend ein αὐτήν (für εἰρήνην) zu ergänzen; dann würde V. 3 die Ursache dafür nennen, warum der Friede manche Menschen nicht findet. Häufig werden aber Konjekturen vorgeschlagen (vgl.

Lightfoot I/2, 232: εἰρήνην εὑρεῖν ἄνθρωπον oder εἰρηνεύειν ἄνθρωπον oder – „still better" – εὐημερεῖν [glücklich sein] ἄνθρωπον). Nach Warns, Untersuchungen 569 f ist aber gar nicht das Verbum εὑρεῖν zu korrigieren; vielmehr sei zwischen εὑρεῖν und ἄνθρωπον das Akkusativobjekt ἀνάπαυσιν ausgefallen. Die konjizierte Einfügung von ἀνάπαυσιν würde der Formulierung in 6,7a entsprechen und auch erklären, warum Codex H in V. 3.4 statt ἀπόλαυσις jeweils ἀνάπαυσις liest. Der Prediger des 2 Clem polemisiere gegen das von den Valentinianern propagierte Finden der ἀνάπαυσις in der Gnosis. Knopfs Lösung ist aber einfacher und deshalb wohl vorzuziehen (s. die Übersetzung). Die Inkongruenz ἄνθρω-πον, οἵτινες ist auffällig, aber sprachlich möglich (Kühner-Gerth II/1 § 359 3c). Zu παρά-γουσιν φόβους schlägt Warns, Untersuchungen 600 f vor, neben der üblichen Übersetzung („sie führen Menschenfurcht ein") das Verbum παράγειν auch im Sinne des „Vorüberge-hens" zu deuten: Gegen den Anspruch der Valentinianer, an von Dämonen ausgelösten Ängsten „vorübergehen" zu können, setze der Prediger die Behauptung, daß diese Ängste in Wahrheit nur von Menschen ausgelöst würden. In jedem Fall betont der Verfasser, daß sich die von ihm angegriffenen Gegner für den gegenwärtigen Genuß (zur Formulierung vgl. 6,6) und gegen die in der Zukunft verwirklichte Verheißung (zu dieser Bedeutung von ἐπαγγελία vgl. Apg 1,4; Gal 3,14; zu dem hier durchschimmernden Zwei-Äonen-Schema vgl. oben 6,3) entschieden haben. Die Lesart des Codex A (προῃρημένοι) dürfte ursprünglich sein (mit Lightfoot und Funk-Bihlmeyer). Nach dem Kontext ist es wahr-scheinlich, daß der Prediger hier vom Zurückweichen vor dem Martyrium spricht; er polemisiert gegen Lehrer (s. V. 5), die in einer Verfolgungssituation erklären, das irdische Leben sei höher zu achten als das künftige ewige Leben. Das muß nicht bedeuten, daß diese Gegner in ihrem theologischen Denken jede futurische Eschatologie bewußt vernei-nen (zu Donfried, Setting 149). Der Prediger bescheinigt ihnen in **4** Unkenntnis, natürlich nicht als Entschuldigung, sondern als Vorwurf. Im Endgericht, an das offensichtlich gedacht ist, droht als Folge des hiesigen Genusses große Qual (vgl. dazu 17,7), die zukünftige Verheißung aber gewährt „Wonne". τρυφή ist in LXX regelmäßig Wiedergabe von עֵדֶן, worauf Philo Cher 12 Bezug nimmt (vgl. Jeremias, ThWNT V, 763 A 6); im NT begegnet das Wort nur sensu malo (Lk 7,25; 2 Petr 2,13), ebenso häufig bei Herm; im positiven Sinn Dg 12,1; Herm Sim VI 5,7 und hier. Das hier bezeichnete Gegenüber entspricht dem Denken jüdischer Apokalyptik (vgl. Volz, Eschatologie 272–309. 340–419; Bousset-Greßmann 275–280), das vom Urchristentum weithin übernommen wurde (vgl. vor allem die Petrus-Apokalypse). Man braucht nicht anzunehmen, daß die Gegner das künftige Gericht oder die Totenauferstehung überhaupt leugnen; der Vf macht ihnen aber den Vorwurf, daß sie die Folgen ihres Handelns nicht bedenken.

5: Das Verhalten der Gegner wäre noch zu tolerieren, wenn es auf sie selbst beschränkt wäre, was aber nicht der Fall ist (Irrealis; das ἄν in der Apophasis fehlt wie in 20,4; vgl. B-D-R § 360 A 2). Vielmehr (νῦν δέ) agieren sie beharrlich als Falschlehrer; ἐπιμένουσιν könnte darauf hindeuten, daß Versuche, die Irrlehrer zur „Orthodoxie" zu bekehren, vergeblich waren. Das Verbum κακοδιδασκαλέω ist sehr selten (Liddell-Scott s. v. nennt nur zwei Belege; vgl. das Substantiv bei Ign Phld 2,1); analoge Bildungen in christlicher Literatur sind ἑτεροδιδασκαλέω (1 Tim 1,3; 6,3; Ign Pol 3,1) und καλοδιδάσκαλος (Tit 2,3). Die Opfer der Irrlehrer sind „unschuldige Seelen", also schlichte Christen, die ihnen nichts entgegenzusetzen wissen, sondern auf sie „hören". Abermals betont der Prediger die Unkenntnis der Irrlehrer: Sie wissen nicht, daß sowohl sie selbst als auch ihre Hörer δισσὴ κρίσις empfangen werden (vgl. Ign Eph 16,2). δισσή bezieht sich entweder auf das

„doppelte Gericht", das beide je für sich „empfangen" (so Const Ap V 6,5: Wer vom Glauben abfällt, erleidet διπλοτέραν ... τὴν κρίσιν, weil er einerseits das Bekenntnis verleugnet und andererseits es dadurch dem Verdacht des Irrtums ausgeliefert hat), oder das Gericht ist „doppelt", weil die einen wie die anderen ihm unterworfen sind (so Ign Eph 16,2). Jedenfalls setzt der Prediger voraus, daß die Irrlehrer durchaus Erfolg bei ihren Hörern haben. Welche Lehren sie im einzelnen vertreten, sagt er nicht (s. oben zu V. 3); aber das ist auch nicht nötig, weil die Adressaten des 2 Clem die „Irrlehren" ja kennen.

11,1–7 Die prophetische Warnung vor den Zweiflern

¹Wir nun wollen mit reinem Herzen Gott dienen, und wir werden gerecht sein. Wenn wir aber nicht dienen, weil wir der Verheißung Gottes nicht glauben, werden wir unglückselig sein.
²Es sagt nämlich auch das prophetische Wort: „Unglückselig sind die Zweifler, die in ihrem Herzen schwankend sind, die sagen: ‚Das hörten wir immer wieder seit langer Zeit, ja, schon zur Zeit unserer Väter; wir aber, Tag um Tag wartend, haben nichts davon gesehen.'
³Ihr Toren, vergleicht euch mit einem Baum, nehmt einen Weinstock: Zuerst verliert er die Blätter, dann entsteht der Sproß, danach der Herling, dann ist die reife Traube da.
⁴So hat auch mein Volk Unruhen und Bedrängnisse gehabt; danach wird es das Gute empfangen."
⁵Infolgedessen, meine Brüder, laßt uns nicht zweifeln, sondern Hoffnung fassen und ausharren, damit wir auch den Lohn erhalten.
⁶Denn treu ist, der verheißen hat, die Gegenleistungen zu entrichten jedem für seine Werke.
⁷Wenn wir also die Gerechtigkeit tun vor Gott, werden wir in sein Reich hineinkommen, und wir werden die Verheißungen empfangen, die „kein Ohr gehört hat und kein Auge gesehen hat und in keines Menschen Herz gedrungen ist".

Aus der Kritik an den Irrlehren zieht der Prediger in 11,1 die doppelte Schlußfolgerung: Gott mit reinem Herzen dienen, heißt: gerecht sein werden; ihm nicht dienen, heißt: „unglückselig" sein werden. Als Begründung dafür zitiert er in V. 2–4 ein „prophetisches Wort", das um der Verheißung willen zum Ausharren mahnt. V. 5 zieht daraus die Konsequenz; und V. 6 gibt dafür nochmals eine Begründung, auf die in V. 7 ein Bedingungssatz folgt: Wenn wir die Gerechtigkeit tun, dann werden wir den verheißenen Lohn empfangen. Der Argumentationsgang von 11,5–7 entspricht dem von 10,1 f.

1: Die Aufforderung ἡμεῖς οὖν ... δουλεύσωμεν mit der anschließenden Verheißung erinnert in der Struktur an 9,6; 10,1. Zu δουλεύειν τῷ θεῷ vgl. 6,1 (s. auch 17,7); vom „reinen Herzen" war in anderer Begrifflichkeit schon in 9,8 die Rede gewesen (εἰλικρινὴς καρδία). In 11,1 ist im Grunde das gemeint, was der Prediger in 10,1 „den Willen des Vaters tun" genannt hatte. Die anschließende Verheißung (καὶ ἐσόμεθα δίκαιοι) ist nicht moralisch zu deuten, sondern hat eschatologischen Sinn: Wir werden am Tage des Gerichts (vgl. 10,3–5) „gerecht" sein. Daß dies gemeint ist, zeigt die Fortsetzung: Wenn wir der ἐπαγγελία Gottes (vgl. 10,3 f) nicht glauben und deshalb Gott nicht dienen, werden wir „unglückselig" sein. Das Adjektiv ταλαίπωρος (vgl. Röm 7,24), als Opposition zu δίκαιος ungewöhnlich, ist offenbar schon im Vorgriff auf das in V. 2–4 folgende Zitat gewählt; es bezeichnet den Zustand des von Gott Verworfenseins.

Mit ausdrücklicher Einleitung folgt in **2–4** ein Zitat (s. die Einleitung 5. Schriftbezüge und Zitate), das als προφητικὸς λόγος bezeichnet wird (vgl. 2 Petr 1,19; bei Justin Dial 56,6 bezeichnet derselbe Begriff offenbar Christus als den im Alten Testament redenden λόγος). Das hier gebrauchte Zitat begegnet, eingeleitet als ἡ γραφὴ αὕτη, in 1 Clem 23,3 f, wo es ebenfalls der Warnung dient. Die Differenzen im Wortlaut zeigen, daß der Vf des 2 Clem das Zitat unabhängig von 1 Clem benutzt: 1 Clem liest τῇ ψυχῇ statt τῇ καρδίᾳ; ferner ταῦτα ἠκούσαμεν statt ταῦτα πάλαι ἠκούομεν (allerdings hat Codex A den Aorist ἠκούσαμεν anstelle des von H bezeugten Imperfekts); 1 Clem 23,3b liest καὶ ἰδού, γεγη-ράκαμεν, καὶ οὐδὲν ἡμῖν τούτων συνβέβηκεν statt ἡμεῖς ... ἑωράκαμεν, ferner ὦ vor dem Vokativ ἀνόητοι; und er hat schließlich zwischen βλαστὸς γίνεται und μετὰ ταῦτα ὄμφαξ zusätzlich εἶτα φύλλον, εἶτα ἄνθος καί. Außerdem fehlt in 1 Clem der Schlußsatz, den 2 Clem 11,4 bietet (einen präzisen synoptischen Vergleich gibt Warns, Untersuchungen 533; vgl. auch Donfried, Setting 52). Welchen Sinn das „prophetische Wort" ursprünglich gehabt hat, läßt sich kaum sagen, da die Quelle ganz unbekannt ist; gegen die von Lightfoot und anderen vertretene These, es sei der in Herm Vis II 3,4 erwähnten apokryphen Schrift „Eldad und Modad" (vgl. Num 11,26 f) zuzuweisen, wendet sich m. R. E. G. Martin, in: The Old Testament Pseudepigrapha II, 1985, 464: „These passages are sufficiently obscure ... the most prudent course is to leave these verses anonymous." Auf jeden Fall geht es um den Zweifel an der Erfüllung einer (göttlichen) Verheißung, der mit Hilfe eines Vergleichs aus der Natur zurückgewiesen wird.

An der Spitze des Zitats steht eine Art „negativer Makarismus": Die Zweifler (δίψυχοι und διστάζοντες auch in 1 Clem 11,2) sind „unglückselig"; sie sagen, sie hätten „das" (ταῦτα geht im jetzigen Kontext auf den Inhalt der ἐπαγγελία τοῦ θεοῦ; aber was war ursprünglich gemeint?) schon seit langem gehört. Aber trotz geduldigen Wartens ἡμέραν ἐξ ἡμέρας (vgl. zu dieser Wendung 2 Petr 2,8) hätten sie nichts von dem, was erwartet werde, zu sehen bekommen. Diese Rede der Zweifler erinnert sachlich, aber auch in der Formulierung, an das Zitat der Irrlehrer von 2 Petr 3,4, und sie wäre von daher auf Zweifel an der Parusie Christi zu beziehen (s. unten zu 12,1 f). Der Sprecher des von 2 Clem zitierten Wortes hält in V. 3 den „Narren" die Erfahrung entgegen: Der Weinstock verliert zuerst sein Laub; dann aber bringt er mit Gewißheit Frucht (zum sorgfältig ausgestalteten Bild vom unumkehrbaren Wachstum vgl. Mk 4,26–29). Die Anwendung innerhalb des Zitats (V. 4) überträgt das Bild auf „mein Volk", wobei offenbar an die Beziehung zwischen Gott und Israel gedacht ist, während der Vf des 2 Clem das Wort λαός vermutlich auf die Kirche bezieht (s. o. zu 2,3): Nach den Unruhen und Bedrängnissen (ἀκατα-στασία und θλῖψις sind Termini, die in apokalyptischen Texten begegnen, vgl. Lk 21,9; Mk 13,19) wird das Volk „das Gute" empfangen.

Der Zweck des vom Prediger übernommenen Zitats liegt darin, die Gewißheit der guten Zukunft zu betonen; man muß nicht annehmen, daß es ihm speziell um die Naherwartung geht. Indem er das Zitat als „prophetisches Wort" einführt, macht er deutlich, daß der einstige Sprecher in die Zukunft (d. h. in die Gegenwart des 2 Clem) vorausgeblickt hat, in der es Irrlehrer gibt, die die Zukunftshoffnung leugnen.

Ebenso wie in 10,1 zieht Vf in **5** die direkte Schlußfolgerung aus dem Zitat (vgl. 1 Clem 23,2, wo die Aufforderung μὴ διψυχῶμεν dem Zitat vorangeht). Die Alternative zum

Zweifel ist das Ausharren in der Hoffnung (vgl. 1,2), dem der Lohn mit Gewißheit folgen wird (vgl. 9,5). Als Begründung führt er in **6** eine Sentenz an, deren Einleitung an die aus dem Judentum übernommene häufige Benediktionsformel πιστὸς ὁ θεός erinnert (1 Kor 1,9; 10,13 u. ö.; vgl. Ps 144,13a LXX; dazu J. T. Sanders, JBL 81, 1962, 358f). Gott wird hier umschrieben durch den Ausdruck ὁ ἐπαγγειλάμενος (vgl. Hebr 10,23; eine literarische Beziehung besteht nicht); das erinnert einerseits an 1 Clem 27,1 (Gott ist treu ἐν ταῖς ἐπαγγελίαις; vgl. dann aber die Fortsetzung), aber der Verfasser schlägt andererseits damit den Bogen zurück zu V. 1, und das dürfte in jedem Fall ausschlaggebend für seine Formulierung gewesen sein. Der Inhalt der Verheißung wird formuliert mit einer Wendung, die in Ps 61,13b LXX begegnet (vgl. Röm 2,6; eine literarische Beziehung besteht nicht, vgl. Lindemann, Paulus 268f); die Ankündigung der bevorstehenden Vergeltung nach den Werken hat hier natürlich nicht die Funktion einer Drohung (ähnlich 1 Clem 34,3f), sondern will Hoffnung begründen.

In **7a** faßt der Prediger das Gesagte mit einem Bedingungssatz zusammen, der den Tätern der δικαιοσύνη das Eingehen in die βασιλεία und den Empfang der ἐπαγγελίαι (s. zu 10,3) verheißt. Die Wendung ποιεῖν τὴν δικαιοσύνην begegnete schon in dem Zitat von 4,2 (s. dort; vgl. 19,3). Bemerkenswert ist, daß der Prediger δικαιοσύνη auf Gott bezieht: Die Christen sollen sich in ihrem Tun an dem orientieren, was ἐναντίον τοῦ θεοῦ als Gerechtigkeit gilt, um in die βασιλεία zu gelangen (vgl. 9,6, wo das Eingehen ins Gottesreich an die gegenseitige Liebe gebunden worden war). Die ἐπαγγελίαι gelten nach **7b** als „unerhört"; 2 Clem verwendet hier dasselbe Zitat, das sich bei Paulus in 1 Kor 2,9 findet, und das in frühchristlicher Literatur überaus oft gebraucht ist. Der Ursprung des Wortes ist unbekannt (eine Übersicht über das Vorkommen gibt K. Berger, NTS 24, 1977/78, 270–283; wichtige zusätzliche Hinweise bei Koch, Schrift 36–41, dort Anm. 22 auch Kritik an Berger). Die nächste Parallele ist 1 Clem 34,8, dessen Verfasser das Zitat offenbar direkt aus 1 Kor 2,9 übernommen hat (s. Lindemann, Paulus 187f). Ob 2 Clem das Zitat, an dessen letzte Zeile (die sehr häufig fehlt) 14,5 anzuknüpfen scheint, aus 1 Clem kennt, läßt sich kaum sagen (vgl. Lindemann, Paulus 265ff); die Differenzen im Wortlaut sind deutlich, ließen sich aber als kontextbedingt erklären (vor allem die Umstellung von „Ohr" und „Auge"). Nach Warns, Untersuchungen 548f verwendet der Prediger das Zitat, das er nicht aus 1 Clem übernommen habe, um gegen die Valentinianer (die ihrerseits das Zitat ebenfalls verwenden) zu polemisieren: Die Verheißungen, die „kein Ohr gehört hat usw.", gewinne man allein aus dem Tun der Gerechtigkeit und nicht durch „mystische" Erfahrungen.

12,1–6 Vom Kommen des Gottesreiches

¹Laßt uns also jederzeit das Reich Gottes erwarten in Liebe und Gerechtigkeit, weil wir ja den Tag der Erscheinung Gottes nicht kennen.
²Als nämlich der Herr selbst von jemandem gefragt wurde, wann sein Reich kommen werde, sagte er: „Wenn die zwei Eines sein werden, und das Äußere wie das Innere, und das Männliche mit dem Weiblichen, weder männlich noch weiblich."
³Die zwei aber sind Eines, wenn wir zueinander die Wahrheit sagen; und in zwei Leibern möge ungeheuchelt e i n e Seele sein.

⁴Und „das Innere wie das Äußere" meint dies: Die Seele nennt er „das Innere";
„das Äußere" aber nennt er den Leib. Auf welche Weise nun dein Leib sichtbar ist,
so soll auch deine Seele offenbar sein in den guten Werken.
⁵Und „das Männliche mit dem Weiblichen, weder männlich noch weiblich"
meint dies: Ein Bruder soll beim Anblick einer Schwester an sie nicht als an eine
Frau denken, und nicht soll sie an ihn als einen Mann denken.
⁶Wenn ihr das tut, sagt er, wird das Reich meines Vaters kommen.

Aus der Verheißung (11,7) zieht der Prediger den Schluß, daß die Christen das kommende
Gottesreich ständig erwarten sollen (12,1). Als Begründung wird ein apophthegmatisches
Herrenwort zitiert (V. 2), das dann (V. 3–5) eingehend interpretiert wird. V. 6 knüpft
abschließend an das zitierte Logion an, ohne noch Teil des Zitats selbst zu sein (zur
Struktur vgl. Baarda, in: Logia, 530; Baarda rechnet V. 6b allerdings zum Zitat).

Gegenüber 11,7 ist die Vorstellung in **1** verändert: Es geht nicht um das Eingehen in die
βασιλεία, sondern um deren Kommen, das καθ' ὥραν erwartet werden soll in Liebe (das
Substantiv ἀγάπη hier erstmals in 2 Clem) und in Gerechtigkeit (s. 11,7); beide Aussage-
formen im Blick auf die βασιλεία stehen auch in der synoptischen Überlieferung unausge-
glichen nebeneinander (Mk 1,15; 10,24). Das betonte καθ' ὥραν wird mit der Aussage
begründet, daß der Tag der Epiphanie Gottes den Christen unbekannt ist (vgl. Mt 24,36;
25,13; Apg 1,7); offenbar vertritt der Verfasser jetzt eine zeitliche Naherwartung (vgl.
16,3), aber er spricht nicht von der Parusie Christi, sondern identifiziert den Anbruch der
βασιλεία und der künftigen ἐπιφάνεια Gottes (ebenso 17,4; vgl. Tit 2,13; ἐπιφάνεια wird
im NT sonst nur von Christus und, im Unterschied zur hellenistischen Vorgeschichte des
Begriffs, meist im Blick auf die künftige Parusie gebraucht; s. den Exkurs bei Dibelius-
Conzelmann zu 2 Tim 1,10; ferner D. Lührmann, in: FS K. G. Kuhn, 1971, 185–199).

Als Beleg zitiert er in **2** eine kurze Chrie, in der der κύριος auf die Frage nach dem
Kommen seiner (!) βασιλεία antwortet (zur Formulierung der Situationsangabe vgl. Lk
17,20a). Der Ursprung des Zitats wird meist im Ägypter-Evangelium gefunden, das der
enkratitische Lehrer Julius Cassianus als Beleg für seine Theologie verwendet habe. R.
Harris, ZNW 23, 1924, 193–200 leitete daraus die Erwägung ab, Cassianus könne der
Autor des 2 Clem gewesen sein (dagegen m. R. H. Windisch, ZNW 25, 1926, 258–262). In
der von Clemens Alex Strom III 92,2 zitierten Stelle heißt es: Auf die Frage der Salome,
wann man das, wonach sie gefragt hatte, erkennen werde, ἔφη ὁ κύριος· ὅταν τὸ τῆς
αἰσχύνης ἔνδυμα κατήσητε καὶ ὅταν γένηται τὰ δύο ἓν καὶ τὸ ἄρρεν μετὰ τῆς θηλείας οὔτε
ἄρρεν οὔτε θῆλυ (Klostermann, KlT 8,15 f): „Wenn ihr das Gewand der Scham mit Füßen
treten werdet und wenn die zwei Eines werden und das Männliche mit dem Weiblichen,
weder männlich noch weiblich." Sehr nahe kommt aber auch der Dialog in EvThom
(NHC II/2) log 22: „Jesus sah kleine (Kinder), die gesäugt wurden. Er sagte zu seinen
Jüngern: Diese kleinen (Kinder), die gesäugt werden, gleichen denen, die ins Reich
eingehen. Sie sagten zu ihm: Werden wir, indem wir klein sind, ins Reich eingehen? Jesus
sagte zu ihnen: Wenn ihr die zwei (zu) eins macht und wenn ihr das Innere wie das Äußere
macht und das Äußere wie das Innere und das Obere wie das Untere und wenn ihr das
Männliche und das Weibliche zu einem Einzigen macht, damit das Männliche nicht
männlich (und) das Weibliche (nicht) weiblich ist ..., dann werdet ihr [ins Reich] eingehen." Vgl. die griechische Rückübersetzung aus dem Koptischen bei Greeven, Synopse
178. Weitere verwandte Texte, die im Wortlaut aber ferner stehen, nennt Schneemelcher

NTApo[5] I 177 f. Warns, Untersuchungen 428–465 führt das Zitat auf das von 2 Clem auch sonst benutzte apokryphe Evangelium zurück (s. die Einleitung 5.); es handele sich um das abschließende Logion des von 2 Clem gebrauchten Textes. Die Traditionsgeschichte dürfte sich aber im einzelnen kaum noch erhellen lassen. Inhaltlich fällt auf, daß im gnostischen Thomasevangelium die Jünger zum Handeln aufgefordert werden („Wenn ihr … macht"), während im Ägypter-Evangelium in erster Linie von einem Geschehen die Rede ist (ὅταν γένηται; vgl. 2 Clem 12,2: ὅταν ἔσται). Der ursprüngliche Sinn des zitierten Textes lag darin, die Vereinigung der „zwei" anzukündigen (vgl. Eph 2,14), bezogen insbesondere auf die Aufhebung der geschlechtlichen Dualität; dabei zeigt das abschließende οὔτε ἄρσεν οὔτε θῆλυ (vgl. Gal 3,28; dazu Betz, Gal 344–352) die enkratitische Grundstimmung, wie sie für die im ganzen ja sexualfeindliche Gnosis kennzeichnend ist (vgl. G. Delling, Art. Geschlechter, RAC 10, 790–793); den spekulativen Hintergrund erhellt besonders eindrücklich die Megale Apophasis der Simonianer, Hipp Ref VI 18, über die mannweibliche Einheit der Epinoia und des Nus. Zur Auslegung vgl. Baarda, in: Logia, 555 f.

Die Auslegung des Zitats erfolgt in **3–5** ausgesprochen unspekulativ, in paränetischer Absicht; ob der Verfasser dabei direkt einer gnostischen Exegese widerspricht, wie Donfried und Warns meinen, muß offenbleiben. Formal entspricht die Textinterpretation im wesentlichen der in 2,1–5 beobachteten (s. dort): Die einzelnen Aussagen des Zitats werden wiederholt (hier allerdings ohne ὅ εἶπεν o. ä.) und dann mit τοῦτο λέγει gedeutet. Daß der Verfasser dabei in **3a** zunächst anders vorgeht, hängt mit seinem Aussageziel zusammen: Das „Eines"-Sein ist erreicht, wenn die Christen untereinander (ἑαυτοῖς = ἀλλήλοις) die Wahrheit sagen (vgl. Eph 4,25); dem folgt in **3b** der Wunsch (vgl. V. 4b), daß zwei Menschen (σώματα) ohne Heuchelei dasselbe denken möchten (μία ψυχή zielt offenbar auf das übereinstimmende Denken; vgl. Phil 1,27; Apg 4,32; vgl. auch Phil 2,2). Der Optativ εἴη kann nicht parallel zum Konjunktiv λαλῶμεν von ὅταν abhängig sein; Wengst folgt deshalb einem Vorschlag von H. Krämer, hinter dem καί ein εἰ zu konjizieren (s. Wengst, 274 A 97). Möglich ist aber auch die oben gewählte Lösung, daß V. 3b einen selbständig formulierten Wunsch enthält, ähnlich der imperativischen Aussage in V. 4b. Im zweiten Abschnitt der Auslegung (**4a**) werden die Begriffe τὸ ἔσω und τὸ ἔξω gegenüber dem Zitat in V. 2 umgekehrt (so jedenfalls der syrische Text, den Wengst übernimmt [freilich, wohl irrtümlich, nicht in seiner Übersetzung]); diese Umstellung entspricht dem vom Prediger angestrebten Ziel, da es ihm ja nicht um eine Veränderung des σῶμα, sondern um die Umwandlung der ψυχή geht. Das „Innere", so sagt die Auslegung, meine die „Seele", das „Äußere" den „Leib" (im Codex H ist beides vertauscht). **4b** zieht die paränetische Konsequenz: So wie der Leib sichtbar ist, so soll auch „deine" (!) ψυχή sichtbar werden, und zwar in den guten Werken (vgl. 11,6; vgl. in der Sache das Bild vom Baum und den Früchten Mt 12,33/Lk 6,44). Es ist eine dichotomische Anthropologie vorausgesetzt: Die ψυχή ist der Ort, wo die Entscheidungen des Menschen über seine Taten fallen. Der dritte Abschnitt des Zitats wird in **5a** korrekt wiederholt und dann gedeutet. Hinter dem Wort τοῦτο bricht Codex A ab. Die auf Askese zielende Auslegung entspricht dem ursprünglich intendierten Sinn des zitierten Wortes. Wengst 231 f meint, der Prediger verurteile lediglich im Sinne von Mt 5,27 das geschlechtliche Verlangen außerhalb der Ehe; aber dem widerspricht der Wortlaut des Textes ebenso wie der Kontext (V. 6). Die Aussage des 2 Clem ist eine andere als die von Ign Pol 5,1 (s. dazu Bauer-Paulsen zSt). Die Redeweise im zweiten Teil der Auslegung

(**5b**) ist stark verkürzt (der syrische Text hat die Formulierung vervollständigt), aber unmißverständlich.

Den Hauptsatz in **6** rechnen Baarda, in: Logia 547 ff und Warns, Untersuchungen 432–437 wieder zum Zitat; nach Wengst 274 A 99 formuliert der Verfasser selbst hier „eine Folgerung aus dem vorangehenden als Jesuswort" (unter Hinweis auf Barn 7,5.11; vgl. Knopf zSt). In der Sache ist der Unterschied gering: Gemeint ist aus der Sicht des Vf des 2 Clem jedenfalls, daß die Erfüllung der in V. 2 (bzw. V. 3–5) genannten Forderungen zum Anbrechen des Gottesreiches führen wird (schon deshalb kann sich die Aussage von V. 5 nicht allein auf die Vermeidung von Unzucht beziehen). Daß hier das Ende abhängig gemacht sei „von dem Verhalten des Menschen, nicht von dem Willen Gottes" (so Knopf zSt unter Hinweis auf gewisse, freilich sehr am Rande liegende Tendenzen des Judentums; s. Bousset-Greßmann 248 f), ist ausgeschlossen, da das Ganze ja eine Auslegung von V. 1 ist und es sich im übrigen (nach dem Selbstverständnis des Textes) um eine vom κύριος ausgehende Verheißung handelt.

13,1–4 Die Mahnung zur Buße „um des Namens willen"

¹Also, Brüder, laßt uns endlich einmal Buße tun, laßt uns nüchtern werden zum Guten. Wir sind nämlich voll von großer Torheit und Bosheit.
Laßt uns von uns wegwischen die früheren Verfehlungen und, von Herzen Buße tuend, gerettet werden; und laßt uns nicht den Leuten zu Gefallen werden, noch laßt uns nur aneinander gefallen wollen, sondern auch den Menschen draußen aufgrund der Gerechtigkeit, damit der Name nicht um unsertwillen verlästert werde.
²Es sagt nämlich auch der Herr: „Allenthalben wird mein Name gelästert um euretwillen unter allen Heiden"; und wiederum: „Wehe, um dessentwillen mein Name gelästert wird." Wodurch wird er gelästert? Dadurch, daß wir nicht tun, was wir sagen.
³Denn wenn die Heiden aus unserem Munde hören die Worte Gottes, wie schön und groß sie sind, so bewundern sie diese; dann, wenn sie beobachten unsere Werke, daß sie nicht den Worten entsprechen, die wir reden, wenden sie sich ab davon zur Lästerung und sagen, es sei irgendeine Fabel und Betrug.
⁴Wenn sie nämlich von uns hören, daß Gott sagt: „Ihr habt keinen Dank, wenn ihr die liebt, die euch lieben, sondern ihr habt Dank, wenn ihr die Feinde liebt und die, die euch hassen." Wenn sie das hören, bewundern sie das Übermaß der Güte. Wenn sie aber sehen, daß wir nicht nur die, die uns hassen, nicht lieben, sondern nicht einmal die, die (uns) lieben, so lachen sie über uns, und folglich wird der Name gelästert.

Der Prediger wiederholt seine Aufforderung, Buße zu tun (vgl. 8,1), dringlicher; er begründet sie jetzt damit, daß der Name des Herrn nicht gelästert werden solle, wofür er als Beleg ein Zitat anführt. Ein der christlichen Botschaft, insbesodere dem Liebesgebot widersprechendes Verhalten der Christen führe bei den Heiden zur Ablehnung der Botschaft und also zur Lästerung des Namens.

1: Abermals, wie in 4,3 und zuletzt in 10,1; 11,5, wendet sich der Prediger unmittelbar an die „Brüder": Aus den Aussagen von Kap. 12 ist die Folgerung (οὖν; die Stellung dieses Wortes nach dem Vokativ ist eigentlich unmöglich) abzuleiten, daß die Christen schon längst (ἤδη ποτέ wie in Phil 4,10) Buße tun sollen (s. zu 8,1 f). Die anschließende Mahnung zur Nüchternheit ist in der Paränese traditionell (1 Thess 5,6.8; 2 Tim 4,5; häufig in 1 Petr; Ign Pol 2,3); sie kann aber auch grundsätzlicher gemeint sein (Corp Herm I 27: ὦ λαοί ... οἱ μέθῃ καὶ ὕπνῳ ἑαυτοὺς ἐκδεδωκότες καὶ τῇ ἀγνωσίᾳ τοῦ θεοῦ, νήψατε ... und VII 1: στῆτε νήψαντες). Was τὸ ἀγαθόν ist, wird im folgenden verdeutlicht (vor allem V. 4). Die Notwendigkeit der Buße begründet der Vf mit dem Hinweis auf das Vorhandensein von ἄνοια und πονηρία; beide Substantive in 2 Clem nur hier, vgl. aber 8,2: ἃ ἐπράξαμεν πονηρά, μετανοήσωμεν ... ἵνα σωθῶμεν (vgl. Did 5,1). Nach Donfried, Setting 159 A 1 belegt der Gebrauch von ἄνοια, daß es sich nicht allgemein um Paränese handele, sondern daß der Vf in einem konkreten Konflikt Vorwürfe gegen die Gegner erhebt. Die anschließende Aufforderung, die früheren Verfehlungen abzuwischen, erinnert an Apg 3,19 (vgl. Kol 2,14). Anders als in der, sprachlich verwandten, Formel von Röm 3,25 geht es um Verfehlungen, die die Angeredeten bereits als Christen begangen hatten (ebenso Herm Vis II 2,4). Die zweite Aufforderung (μὴ γινώμεθα ἀνθρωπάρεσκοι) erinnert an Kol 3,22; Eph 6,6; das Adjektiv ist in der Bibel sonst nur Ps 52,6 LXX belegt, ferner Ps Sal 4,8.10; Theophil Ad Autol 3,14 (in der Sache vgl. Gal 1,10). Kritisiert wird ein Verhalten, das sich den in der Umwelt geltenden Maßstäben anpaßt. Die dritte Aufforderung zielt auf die Außenwirkung der christlichen Existenz: ἐπὶ τῇ δικαιοσύνῃ (s. zu 11,7; 12,1) sollen die Christen bei anderen Menschen sehr wohl positive Reaktionen auslösen. οἱ ἔξω ἄνθρωποι sind die, die nicht zur eigenen Gruppe gehören (Bauer-Aland WB s. v. ἔξω 1aβ; vgl. auch aaO. s. v. ἐκτός), hier also die Nichtchristen (vgl. Mk 4,11; 1 Kor 5,12; vor allem 1 Thess 4,12; Kol 4,5 und in der Sache 1 Kor 10,32 f). Zum Motiv ausführlich W. C. van Unnik, in: FS J. Jeremias, 1960, 221–227. Wie der ἵνα-Satz zeigt, geht es nicht um die „Gemeindeehre" (so Knopf zSt), sondern um den „Namen" (der syrische Text fügt hinzu: „des Herrn"). Zum absolut gebrauchten ὄνομα vgl. Apg 5,41; Ign Eph 3,1; 3 Joh 7. Daß die Aussage im Zusammenhang mit den breiten Spekulationen des EvVer (NHC I/3, p 38,7–41,14) über den „Namen" steht (so Donfried, Setting 156 f), läßt sich kaum erweisen. Was der Vf meint, führt er in V. 2 ja im einzelnen aus.

Er zitiert in **2** als ein Wort des κύριος Jes 52,5b, praktisch wörtlich nach LXX. Zum Text: πᾶσιν schießt über; nach Warns, Untersuchungen 506 f wäre die Bezeugung von δι' ὑμᾶς bei S gegen H sekundär, aber bei H fehlen diese Worte, weil dieser in V. 1 schon δι' ὑμᾶς (statt δι' ἡμᾶς) gelesen hatte; vgl. auch den offenkundigen Fehler bei der Einleitung des zweiten Zitats, wo H lediglich liest καὶ διὸ βλασφημεῖται). κύριος, in LXX natürlich Gott, meint in 2 Clem Christus; der Vf hält die Aussage also offenbar für ein Jesuslogion (vgl. V. 4, wo der umgekehrte Fall vorliegt), das sich kritisch an die Christen wendet. Paulus zitiert, nicht ganz wörtlich, Jes 52,5 mit judenkritischer Tendenz in Röm 2,24 (vgl. dazu Koch, Schrift 143. 260 f), und so begegnet das Zitat auch bei Justin (Dial 17,2) und späteren Kirchenvätern (s. van Unnik aaO. 225). Mit καὶ πάλιν wird als offenkundig weiteres Zitat ein Weheruf gegen die Lästerer angefügt, der an Ign Trall 8,2; Pol Phil 10,3 erinnert (dazu Bauer-Paulsen zSt; bei van Unnik aaO. 226 werden weitere Belege zitiert). Der Prediger erläutert in Frage und Antwort, daß die Lästerung in der Diskrepanz zwischen dem Tun und dem Reden der Christen besteht. Wieder hat Codex H geändert („... weil ihr nicht tut, was ich will"), wodurch das Zitat bis V. 2 Ende reicht, die Fortsetzung dann aber keinen rechten Sinn gibt (gegen Knopf zSt mit Lightfoot I/2, 242, der aber trotzdem die

Lesart von H übernimmt). Die Forderung, Wort und Tat müßten übereinstimmen, ist überall geläufig (vgl. G. Bertram, ThWNT II, 647 f).

Die Aussage wird in **3** expliziert mit der kurzen Schilderung einer Szene, die an 1 Kor 14,23–25 erinnert. τὰ λόγια τοῦ θεοῦ, die von den Christen gepredigt werden (vgl. Pol Phil 7,1: τὰ λόγια τοῦ κυρίου; in Röm 3,2; Hebr 5,12; 1 Clem 19,1; 53,1 ist dagegen der alttestamentliche Bibeltext gemeint), stoßen bei den Heiden auf Bewunderung (θαυμάζειν wie in Apg 4,13); woran der Vf bei dem Urteil ὡς καλὰ καὶ μεγάλα inhaltlich denkt, zeigt V. 4 (vgl. aber auch 2,6). Die Heiden beobachten dann aber an den Werken der Christen (die Konstruktion καταμανθάνω mit Akkusativ und folgendem ὅτι auch bei Philo Leg All III 183), daß ein Widerspruch besteht zu den ῥήματα, und das veranlaßt sie zur Lästerung, da es sich ja doch nur um irgendeinen μῦθος und eine πλάνη handele. μῦθος, bei den Apost Vätern nur hier, häufig in den Pastoralbriefen (s. den Exkurs bei Dibelius-Conzelmann zu 1 Tim 1,4) und in 2 Petr 1,16, hat ungeachtet der langen Vorgeschichte auch in der außerchristlichen zeitgenössischen Literatur meist die Bedeutung „erfundene Geschichte" (vgl. G. Stählin, ThWNT IV, 786 f), was hier durch πλάνη noch unterstrichen wird. **4** nennt für das Ganze ein konkretes Beispiel. Als eines der λόγια τοῦ θεοῦ zitiert der Vf das Bergpredigtlogion über die Feindesliebe, freilich, wie schon das einleitende χάρις ὑμῖν zeigt, nicht in der Fassung von Mt 5,44 ff, sondern allenfalls in Anlehnung an den Lk-Text. Nach Warns, Untersuchungen 466 ff hätte das Logion am Anfang des von 2 Clem benutzten apokryphen Evangeliums gestanden; gegenüber Lk 6,32.35.27 wäre es dann stark gekürzt und durch das Schema „nicht … wenn – sondern … wenn" auch formal erheblich umgestaltet worden. Daß die Abweichung vom NT-Text nicht auf das Konto des 2 Clem geht, dürfte in der Tat deutlich sein (vgl. den, möglicherweise interpolierten, Text in Did 1,3b). Unklar ist, warum der Spruch als Wort Gottes bezeichnet wird (trotz 1,1 unterscheidet der Prediger ja durchaus zwischen Gott und Christus); denkbar wäre, daß in den Augen des Vf ein Reden des θεός in seiner besonderen religiösen Qualität für die Heiden eher zugänglich ist als ein Reden Jesu. Wenn die Heiden das Feindesliebegebot hören, so reagieren sie mit Bewunderung (zur Wirkungsgeschichte dieses Gebots vgl. W. Bauer, GAufs 235–252), weil sich darin das Übermaß der ἀγαθότης zeige, die anscheinend für die christliche Existenz bestimmend ist. Die Realität, daß nämlich die Christen nicht einmal untereinander Liebe üben (vgl. die Aufforderung in 9,6), führt dann aber zum Spott, so daß der, von dem das Gebot der Feindesliebe stammt, verlästert wird.

14,1–5 Die Verheißung der Zugehörigkeit zur geistlichen Kirche

¹Infolgedessen, Brüder, wenn wir den Willen unseres Vaters, Gottes, tun, werden wir gehören zu der Ersten Kirche, der geistlichen, die vor Sonne und Mond geschaffen worden ist. Wenn wir aber den Willen des Herrn nicht tun, werden wir gehören zu der Schrift, die sagt: „Mein Haus ist eine Räuberhöhle geworden." Daher wollen wir es nun wählen, zur Kirche des Lebens zu gehören, damit wir gerettet werden.
²Ich glaube aber nicht, daß ihr nicht wißt, daß die lebendige Kirche der Leib Christi ist. Die Schrift sagt nämlich: „Gott hat den Menschen männlich und weiblich gemacht." Das „Männliche" ist Christus, das „Weibliche" die Kirche. Und obendrein sagen die Bücher (der Propheten) und ferner die Apostel, daß die

Kirche nicht erst jetzt existiert, sondern von Anfang an. Sie war nämlich geistlich, wie auch Jesus Christus, unser Herr; er wurde aber offenbar am Ende der
Tage, damit er uns rette.
³Die Kirche aber, die geistlich ist, wurde offenbar im Fleisch Christi und tat uns
kund, daß, wenn einer von uns sie im Fleisch bewahrt und nicht zugrunderichtet,
er sie im heiligen Geist empfangen wird. Denn dieses Fleisch ist das Gegenbild des
Geistes. Niemand nun, der das Gegenbild zugrunderichtet, wird das Urbild
empfangen. Das meint nun folgendes: Brüder, bewahrt das Fleisch, damit ihr am
Geist Anteil bekommt.
⁴Wenn wir aber sagen, das Fleisch sei die Kirche und der Geist Christus, so hat
folglich der, der gegen das Fleisch frevelt, gegen die Kirche gefrevelt. Ein solcher
wird also nicht Anteil bekommen am Geist, welcher ist Christus.
⁵Ein solch großartiges Leben und Unvergänglichkeit vermag dieses Fleisch zu
empfangen, wenn sich ihm der heilige Geist fest verbindet. Niemand kann aussagen noch verkünden, was der Herr seinen Auserwählten bereitet hat.

Zum sechsten (und zugleich letzten) Mal fordert der Prediger dazu auf, Gottes (bzw. 6,7:
Christi) Willen zu tun (V. 1aα; vgl. 5,1; 6,7; 8,4; 10,1). Die weitere Argumentation folgt
formal zunächst bereits verwendeten Mustern: Als erstes ergeht eine Verheißung (V. 1aβ;
vgl. 6,7a; 8,4b; 10,1aβ), danach eine Warnung für den Negativfall (V. 1bα; vgl. 6,7b) und
schließlich eine zweite Aufforderung mit einem abschließenden Finalsatz (V. 1bβ; vgl.
10,1bβ). Inhaltlich liegt insofern Neues vor, als der Vf zum zweitenmal (nach 2,1) von der
Kirche spricht (V. 1), worauf in V. 2–4 ein längerer Exkurs zum Thema „Christus und die
ἐκκλησία" folgt, in dem die Kirche als σῶμα Christi (V. 2), aber auch als σάρξ im Gegenüber zu Christus als dem πνεῦμα (V. 4) bezeichnet wird. Ziel ist die schon aus 8,4.6
bekannte Mahnung, die σάρξ zu bewahren (V. 3c); der ganze Gedankengang endet in V. 5
mit einer Verheißung. Nach Warns, Untersuchungen 589f ist das gehäufte Vorkommen
von σάρξ und πνεῦμα ein Stilmittel; der Prediger wolle zeigen, daß seine Ekklesiologie der
der Valentinianer überlegen ist (vgl. auch Donfried, Setting 166). Baasland betont m. R.,
daß die Ekklesiologie des 2 Clem eine seiner „interessantesten Konzeptionen" ist und
deutliche „Spuren einer tieferen theologischen Reflexion" zeigt (aaO. bei Anm 288).
Dagegen sah Völter, Predigt 20 in 14,2–5 wieder den sekundären Bearbeiter am Werk;
ursprünglich sei 15,1 ff auf 14,1 gefolgt.
    Der unmittelbar an die Argumentation von 13,4 anschließende ὥστε-Satz in **1a** erinnert
formal und im Wortlaut vor allem an 8,4. Darin, daß hier ausdrücklich von „unserem
Vater" die Rede ist, sieht Warns, Untersuchungen 294f eine unwillkürliche Reminiszenz
an das Vaterunser; aber dagegen spricht wohl die Apposition ϑεοῦ. War in 8,4 das „ewige
Leben" verheißen worden, so geht es hier nun um die künftige Zugehörigkeit zur „Ersten
ἐκκλησία", die als geistlich und präexistent (und insofern als πρώτη) bezeichnet wird. Das
Attribut πνευματική wird im folgenden näher erläutert (vgl. 1 Petr 2,5; Eph 2,22); zum
Gedanken der Präexistenz der Kirche vgl. Herm Vis II 4,1 (ἡ ἐκκλησία ... πάντων πρώτη
ἐκτίσθη ... καὶ διὰ ταύτην ὁ κόσμος κατηρτίσθη). Nach Anastasius Sinaita soll Papias die
Paradieserzählung πνευματικῶς bezogen haben εἰς τὴν Χριστοῦ ἐκκλησίαν (Text bei
Körtner, Papias 67 [fr. 16]), aber diese Überlieferung ist sehr unsicher und wäre ohnehin in
jedem Fall eschatologisch zu deuten (Körtner aaO. 110–113; gegen Knopf zSt). Der
Präexistenzgedanke ist in 2 Clem, anders als in Herm, kein eigenes Thema; er ergibt sich

zwanglos aus der Vorstellung, daß die Kirche „der Leib Christi" ist. Die Aussage, daß die Kirche „vor Sonne und Mond geschaffen" sei, könnte aus Ps 71,5.17 LXX gewonnen sein; die Stelle wäre dann, gegen ihren ursprünglichen Sinn, zeitlich und – anders als sonst gelegentlich im frühen Christentum – auf die Kirche gedeutet worden (vgl. Justin Dial 45,4; 64,5 f: David zeige, daß Christus πρὸ τοῦ ἡλίου ἦν, wofür Justin Ps 71,1–5.17–19 LXX als Beweis anführt; Belege bei den Kirchenvätern bei Lightfoot I/2, 244). Ob im Hintergrund die valentinianische Spekulation über die Ekklesia als eines zur ersten „Achtheit" gehörenden Äons gehört (Iren Haer I 11,1; ExpVal NHC XI/2 p 29,25–35), ist fraglich; aber zweifellos ist zu beachten, daß für die christlichen Gnostiker die wahre Kirche eine präexistente Größe ist (vgl. TracTrip NHC I/5 p 57,8–59,38: Aus der Liebe des Vaters zum Sohn entsteht die Kirche, die ebenso wie der Sohn „vor den Äonen" existiert; dazu Koschorke, Polemik 77 f). Möglicherweise ist die Aussage in V. 1a also polemisch gemeint: Nicht die Gnostiker sind es, die zur wahren Kirche gehören, sondern die, die den Willen des Vaters tun, werden zu ihr gehören.

In **1b** ist vom Willen des κύριος die Rede (vgl. 6,7); wer sich dem verweigert, der gehört zu denen, von denen die Schrift als von einer „Räuberhöhle" spricht (ἐσόμεθα ἐκ τῆς γραφῆς τῆς λεγούσης ist verkürzt für ἐσόμεθα ἐκ τούτων περὶ ὧν λέγει ἡ γραφή; so Knopf zSt). Offensichtlich spielt der Prediger auf Jer 7,11 LXX an (eine Verbindung zu Mk 11,17 parr besteht nicht); die rhetorische Frage des LXX-Textes (μὴ σπήλαιον λῃστῶν ὁ οἶκός μου . . .;) mußte natürlich in einen Aussagesatz umgeformt werden.

Der abschließende ὥστε-Satz (Wengst liest m. R. weder mit H das überflüssige οὖν noch mit S abermals die Anrede ἀδελφοί) bringt dementsprechend eine Selbstverständlichkeit zum Ausdruck: Wir sollen uns erwählen (αἱρετίζω häufig in LXX; in frühchristlicher Literatur nur noch Mt 12,18 im Zitat von Jes 42,1, gegen LXX), zur ἐκκλησία τῆς ζωῆς zu gehören; dieser Ausdruck ist nicht spekulativ zu verstehen, sondern im Sinne von ἐκκλησία ζῶσα (V. 2; richtig Knopf zSt: „Weil sie Leben hat und Leben mitteilt"): Die Zugehörigkeit zu dieser Kirche verheißt uns Rettung (zu ἵνα σωθῶμεν vgl. 8,2; 13,1).

2 wird eingeleitet mit der betont rhetorischen doppelten Verneinung (οὐκ . . . ἀγνοεῖν), die etwa an 1 Thess 4,13 u. ö. und an das ἀγνοεῖτε ὅτι von Röm 6,3; 7,1 erinnert. Nach dem ὅτι folgt als Zitat ein die Kirche definierender Lehrsatz, der sich traditionsgeschichtlich paulinischer bzw. deuteropaulinischer Ekklesiologie verdankt. Nach Warns, Untersuchungen 211 f hätte der Prediger hier eine Aussage der Valentinianer verwendet, die Kol 1,24 für ihre Zwecke umformten; aber das ist nicht zwingend, weil die Formulierung spezifisch gnostische Züge nicht aufweist und das Bild auch großkirchlich in vielen Varianten begegnet (zum Befund bei Paulus vgl. Klaiber, Rechtfertigung 41–48.104–113; zur späteren Verarbeitung Lindemann, Paulus Reg. s. v. Kirche, vor allem 267). Das Attribut ζῶσα entspricht dem τῆς ζωῆς von V. 1 und dürfte vom Prediger in das Zitat eingefügt worden sein. Daß die Kirche σῶμα Χριστοῦ ist, wird aus dem korrekt, wenn auch verkürzt, nach LXX zitierten Wort von Gen 1,27 abgeleitet (zu λέγει . . . ἡ γραφή vgl. 6,8; anders als dort ist hier eine weitere Angabe der Textstelle nicht nötig). Die Deutung erinnert in der Sache an Eph 5,21–33; aber deutlicher als dort sind Christus und die Kirche gleichermaßen als präexistent vorgestellt (die valentinianische Syzygienlehre spricht vom ἄνθρωπος und der ἐκκλησία, z. B. ExpVal NHC XI/2 p 31,37; Iren Haer I 11,1). Das wird im folgenden Satz unterstrichen durch den Hinweis auf die Prophetenbücher (das Genitivattribut τῶν προφητῶν, von S bezeugt, ist nach Lightfoot I/2, 245 spätere Glosse; es fällt aber auf, daß H in V. 2 insgesamt einen verkürzten Text zu bieten scheint,

wie vor allem das Fehlen eines Prädikats zeigt, so daß mit Wengst [vgl. 276 A 117] wohl
der Langtext zu lesen ist) und die Apostel, denen zufolge die Kirche „von Anfang an"
existierte. ἄνωθεν ist nicht lokal aufzufassen (so aber Bauer-Aland WB Sp. 153), sondern
im zeitlichen Sinn. Nach Knopf zSt denkt der Prediger bei seinen Hinweisen auf die
Schrift neben Gen 1 f an Ps 45; tatsächlich ist dieser schon bei Justin Dial 63,4 f auf Christus
und die Kirche gedeutet, aber Justin setzt zwar die in Ps 45,11 erwähnte „Tochter" der
ἐκκλησία gleich, doch sein Argumentationsziel ist nicht die Behauptung von deren Präexistenz, sondern der Nachweis der Zugehörigkeit der Kirche zum erhöhten (nicht zum
präexistenten) Christus. Warns, Untersuchungen 217–230 meint, als neutestamentliche
Belege aus den „Aposteln" kämen Gal 4,26 f und Joh 18,36 f in gnostischer Deutung in
Frage; aber auch das ist nicht mehr als eine Vermutung. Wahrscheinlich hat der Prediger
gar keine bestimmte Bibelstelle im Blick, sondern behauptet, daß alle in der Kirche
geltenden Autoritäten den von ihm dargestellten Sachverhalt bezeugen. Ob die Formulierung bereits die Existenz eines zweiteiligen „Kanons" anzeigt, läßt sich schwer sagen (vgl.
die zurückhaltende Formulierung bei Leipoldt, Geschichte I, 188). Als präexistente war
die Kirche „geistlich" (vgl. V. 1), ebenso wie der Kyrios Jesus Christus (wieder dürfte mit
S der Langtext zu lesen sein, trotz des Einspruchs von Warns, Untersuchungen 617 ff,
denn die Wendung ὁ Ἰησοῦς ἡμῶν wäre sehr ungewöhnlich). Bei der folgenden Aussage
über das „Offenbarwerden" ist umstritten, welches Subjekt zu ergänzen ist: Die Kirche
(dafür spräche das Satzgefüge: ἦν γὰρ … ἐφανερώθη δέ) oder Christus (dafür spräche die
theologische Tradition, die in Jesus, nicht in der Kirche, den „Retter" sieht). Krüger,
ZNW 31, 1932, 204 f plädiert für das erstere. Das hätte zur Konsequenz, daß V. 3a
lediglich eine verdeutlichende (… ἐν τῇ σαρκὶ Χριστοῦ) Wiederholung wäre; näher liegt
aber eine additive Deutung: Christus ist offenbar geworden zu unserer Rettung (vgl. 9,5).
Die in LXX und im Neuen Testament oft verwendete eschatologische Redeweise ἐπ᾽
ἐσχάτων τῶν ἡμερῶν begegnet mit Bezug auf das Christusgeschehen in Hebr 1,2 und vor
allem in 1 Petr 1,20 (vgl. Apg 2,17); zu ἐφανερώθη vgl. 1 Tim 3,16.

Nicht nur der geistliche Christus, sondern auch die geistliche Kirche ist offenbar
geworden (**3**), freilich nicht in eigener Vollkommenheit, sondern ἐν τῇ σαρκὶ Χριστοῦ.
Gemeint ist damit nicht, daß die Kirche σάρξ wurde, während Christus selbst πνεῦμα blieb
(so Frank, Studien 222); sondern das sichtbare Erscheinen der Kirche hing unmittelbar mit
der Inkarnation Christi zusammen. Inhalt der „Erscheinung" der Kirche war es, „uns"
ihren künftigen Empfang „im heiligen Geist" kundzutun (mit dem Ausdruck ἀπολήψεται
αὐτὴν ἐν τῷ πνεύματι τῷ ἁγίῳ ist wohl die verheißene Zugehörigkeit zur Kirche als einer
jenseits dieser Zeit liegenden Größe gemeint). Der Prediger bindet dies an die paränetische
(aber wohl nicht asketische) Weisung, „wir" (τις ἡμῶν; vgl. ἡμᾶς σώσῃ) sollten die Kirche
ἐν τῇ σαρκί bewahren (vgl. 8,4) und nicht zerstören (vgl. 1 Kor 3,17). Nach der Lesart von
S wäre bei dem Wort σάρξ ein αὐτοῦ zu ergänzen; aber gedacht ist jetzt nicht an das Fleisch
Jesu, sondern an die „fleischliche" Gestalt der Kirche oder sogar an die fleischliche
Existenz der Glaubenden (vgl. den Schlußsatz von V. 3). Expliziert wird dies mit einer
lehrhaft wirkenden Sentenz: Diese σάρξ ist ἀντίτυπος des Geistes, der im folgenden dann
als τὸ αὐθεντικόν bezeichnet wird. Das erinnert an die neuplatonische Entgegensetzung
von sinnlicher Erscheinungswelt und himmlischer Ideenwelt (L. Goppelt, Art. τύπος
κτλ., ThWNT VIII, 248,8 ff), aber auch an Hebr 9,24 (vgl. ferner Zostr NHC VIII/1 p
12,10 ff, wo die Äonen als ἀντίτυποι und die himmlischen Wirklichkeiten einander kon-
frontiert sind). Freilich geht es dem Vf des 2 Clem nicht um ein Erkenntnisprinzip,

sondern der Gedanke ist ins Ethische gewendet, insofern die allgemein formulierte Weisung (Wer das „eben erwähnte Abbild" τὸ ἀντίτυπον zugrunderichte, werde „das Original" nicht empfangen; zu τὸ αὐθεντικόν s. Lampe Lexicon s. v., 263f) die unmittelbar vorangegangene konkrete Aussage wieder aufnimmt.

Mit ἄρα οὖν zieht der Prediger die Summe (zu τοῦτο λέγει vgl. 2,2.5; 12,5; 17,4): Die Christen sollen das Fleisch bewahren, damit sie am Geist Anteil bekommen (zur Struktur und auch zum Inhalt des ganzen Satzes vgl. 8,6). Die Anrede ἀδελφοί ist (mit Warns, Untersuchungen 190) nicht zum hermeneutischen Zwischensatz τοῦτο λέγει zu ziehen, sondern leitet den imperat. Satz ein. Zu τηρεῖν τὴν σάρκα vgl. 8,4.6; die Wendung τοῦ πνεύματος μεταλαμβάνειν macht deutlich, daß es nicht um den (gegenwärtigen) Geistbesitz geht, sondern um die eschatologische Teilhabe am Geist (vgl. das Futur in V. 4).

4 führt zunächst einen neuen Gedanken ein und zieht dann eine logische Konsequenz. Der Gedanke, daß ἡ σάρξ und τὸ πνεῦμα (vgl. den vorangegangenen Satz) auf die Kirche und auf Christus zu beziehen seien, ist neu (εἰ δὲ λέγομεν weist also nicht zurück, sondern nach vorn). Diese Aussagen lassen sich einzeln in paulinischer Tradition belegen (Eph 5,29; 2Kor 3,17), aber nicht in dieser Verbindung, die offenbar ohne Vorbild ist. Die Schlußfolgerung (ἄρα οὖν) nimmt den Gedankengang von V. 3.4 auf: Wer gegen die σάρξ frevelt (zur Bedeutungsbreite von ὑβρίζω s. Bauer-Aland WB s. v.), der frevelt zugleich gegen die Kirche und wird also (οὖν) eschatologisch keinen Anteil am πνεῦμα, d. h. an Christus gewinnen. Die Logik des Gedankens hängt daran, daß der Prediger mit der ekklesiologischen und der anthropologischen Verwendung des Wortes σάρξ spielt, um so *jede* Geringschätzung und Mißachtung des menschlichen „Fleisches" auszuschließen. Das muß nicht bedeuten, daß er gegen „Libertinismus" polemisiert; wohl aber verwirft er jede auch nur theoretische Ablehnung der σάρξ, wie sie für die Gnosis geradezu konstitutiv war.

5 schließt den Gedankengang ab: Die menschliche σάρξ vermag ζωή und ἀφθαρσία (so S; das von H gelesene ἀθανασίαν, das Lightfoot übernimmt, könnte von 1Clem 35,2 beeinflußt sein: ζωὴ ἐν ἀθανασίᾳ) zu erlangen, wenn sie sich mit dem heiligen Geist verbindet. Der Wechsel des Verbs zur Bezeichnung der Beziehung zum Geist (jetzt κολλάω statt bisher μεταλαμβάνω), zeigt, daß diese Aussage anders als die vorangegangenen nicht eschatologisch zu deuten ist (gegen Wengst 278 A 129). Der Prediger wendet sich zum Abschluß des paränetischen Teils bewußt der Gegenwart zu: Wenn die σάρξ des Menschen sich gegenwärtig mit dem heiligen Geist verbindet, dann kann sie ewiges Leben erlangen (s. den Exkurs bei 9,1).

Der Schlußsatz wirkt wie eine vor allem am Anfang sehr frei formulierte Reminiszenz an das in 1Kor 2,9 zitierte Wort unbekannter Herkunft (s. o. zu 11,7); auch im Relativsatz (ἃ ἡτοίμασεν ...) liegt wohl kein direkter Bezug vor, wie vor allem die Differenz der Subjekte zeigt (ὁ κύριος anstelle des bei Paulus belegten ὁ θεός), die sich jedenfalls nicht aus der Theologie bzw. Christologie des 2Clem erklären läßt.

15,1–18,2 Dritter Hauptteil: Verheißung und Gericht

15,1–5 Die dem freimütigen Beten gegebene Verheißung

[1]Ich glaube aber nicht, daß ich einen geringfügigen Ratschlag hinsichtlich der Enthaltsamkeit gegeben habe; wer ihm folgt, wird es nicht bereuen, sondern er wird sowohl sich selbst retten als auch mich, der ich diesen Ratschlag erteilt habe. Es ist nämlich kein geringes Verdienst, eine irrende und zugrundegehende Seele abzuwenden (vom Bösen), auf daß sie gerettet wird.
[2]Wir sind nämlich imstande, diese Gegenleistung Gott darzubringen, der uns geschaffen hat, wenn der Sprecher und der Hörer mit Glauben und Liebe sowohl spricht als auch hört.
[3]Bleiben wir also bei dem, was wir zu glauben begonnen haben, rechtschaffen und fromm, auf daß wir mit Freimut Gott bitten, der da sagt: „Noch während du redest, werde ich sagen: Siehe, hier bin ich."
[4]Dieses Wort nämlich ist ein Zeichen einer großen Verheißung; er selbst ist nämlich, sagt der Herr, bereitwilliger zum Geben als der Beter (zum Bitten).
[5]Da wir nun an so großer Güte Anteil haben, wollen wir es uns nicht mißgönnen, so große Gaben zu erlangen. Denn soviel Freude diese Worte für die enthalten, die sie tun, soviel Verurteilung enthalten sie für die, die nicht darauf hören.

Der Eingang des Kap. macht deutlich, daß der Vf den bisherigen Gedankengang als abgeschlossen ansieht (s. die Einleitung 3. Gattung, literarische Integrität und Gliederung); das futurische σώσει zeigt den Übergang zum Thema Eschatologie an. Trotzdem bleibt der Prediger beim an die Hörer gerichteten Appell (V. 3.5): Das Festhalten am Glauben und an der Liebe trägt in sich die Verheißung der zuvorkommenden Güte Gottes, so wie umgekehrt auf die Ungehorsamen die Verurteilung wartet.

Mit **1a** blickt der Prediger auf seine bisher gehaltene Rede zurück, die er in einer Litotes als bedeutsamen „Ratschlag περὶ ἐγκρατείας" bezeichnet. Die Wendung συμβουλίαν ποιεῖσθαι περί begegnet bei Diod S XII 17,2 im Zusammenhang der Darstellung verfassungsrechtlicher Vorschriften bei Gesetzesänderungen (Zeit des Gesetzgebers Charondas). Das Subst. gehört überhaupt in den Bereich der „öffentlichen Angelegenheiten", wenn es darum geht, durch eine Rede zu einem bestimmten Handeln aufzufordern (reiche Belege bei Liddell-Scott s. v. συμβουλία). Gegenstand des hier gegebenen Ratschlags ist die ἐγκράτεια; der konkrete Sinn dieses Wortes an dieser Stelle ist unklar bzw. umstritten.

Exkurs: ἐγκράτεια

ἐγκράτεια, die Kontrolle der sinnlichen Leidenschaften, ist seit Sokrates (vgl. Xenoph Mem I 5,1: ἐγκράτεια καλόν τε κἀγαθὸν ἀνδρὶ κτῆμά ἐστιν, und das habe Sokrates in seiner Lehre und mehr noch durch sein eigenes Handeln gezeigt [I 5,6]) ein Hauptbegriff griech. philosophischer Ethik, vor allem bei Aristoteles und in der Stoa. Aristot Eth Nic VII 3 p 1147b 2–5: Durch ἐγκράτεια unterscheidet sich der Mensch vom Tier. Aristot VV 2 p 1250a 9f: ἐγκράτεια ist die Tugend dessen, der durch den λογισμός sein Verlangen darauf richtet, böse Wünsche (τὰς φαύλας ἡδονάς) zu bekämpfen. In der Stoa steht hinter dem Begriff „das Tugendideal des freien, auf sich selbst gestellten Menschen..., der von nichts beherrscht wird, sondern alles in Freiheit beherrscht und seine Freiheit einsetzt in der Enthaltsamkeit gegenüber den φαῦλαι ἡδοναί, die ihm seine Freiheit nehmen wollen" (Grundmann, ThWNT II, 339,10–14). Nach Philo steht die ἐγκράτεια der ἐπιθυμία entgegen als das höchste und vollkommenste Gut, nutzbringend (σύμφερον) für den einzelnen und für die Gemeinschaft (Spec Leg I 149); sie gehört zur Askese, wie sie Jakob auszeichnet (Leg All III 18 in der Auslegung von Gen 31,20 LXX). Im griech. AT begegnet der Begriff nur Sir 18,(15)30 in einer sekundären Überschrift (ἐγκράτεια ψυχῆς) und in 4 Makk 5,34 als Objekt von Eleasars Lobpreis (neben νόμος). Nach Jos Bell II 120 verwarfen die Essener die ἡδοναί und erachteten die ἐγκράτεια als ἀρετή (vgl. EpArist 278). Der Begriff bezeichnet also allgemein die Selbstbeherrschung, bisweilen dabei konkret die (vor allem geschlechtliche) Enthaltsamkeit. Auch im NT ist das Verständnis uneinheitlich: In Apg 24,25 begegnet das Subst neben δικαιοσύνη im philosophischen Sinn (ähnlich offenbar 2 Petr 1,6), während Paulus das Verb im Sinne (nicht nur sexueller) Enthaltsamkeit verwendet (1 Kor 7,9; 9,25). Wenn nach Tit 1,8 der ἐπίσκοπος u. a. ἐγκρατής sein soll, dann kann damit sexuelle Askese nicht gemeint sein (vgl. 1 Tim 3,2). In 1 Clem 35,2 ist ἐγκράτεια ἐν ἁγιασμῷ eines der Geschenke Gottes, das nach 38,2 den, der es besitzt, nicht zur Überheblichkeit reizen soll. ἐγκράτεια begegnet ohne nähere Erläuterung auch in Tugendkatalogen (Gal 5,23; 1 Clem 62,2; 64). Nach Polykarp sollen die christlichen Frauen alle (Männer) lieben ἐξ ἴσου ἐν πάσῃ ἐγκρατείᾳ (Phil 4,2), was aber – wie die Fortsetzung zeigt, die von der Kindererziehung spricht – nicht im „enkratitischen" Sinn gemeint ist. Von großer Bedeutung ist der Begriff, vor allem im moralischen Sinn, für Hermas (Vis II 3,2: ἡ ἁπλότης σου καὶ ἡ πολλὴ ἐγκράτεια werden dich retten; vgl. auch die in Mand VIII dargestellten sittlichen Alternativen). Nach dem Bild von Vis III 8 ist die ἐγκράτεια Tochter der πίστις; wer ihr nachfolgt, ist μακάριος, und er gewinnt, wenn er sich aller bösen ἐπιθυμία enthält, ewiges Leben (8,4). Ob der Prediger in 2 Clem 15,1 allgemein „Selbstbeherrschung" (so Wengst 231) oder speziell „Enthaltsamkeit" (so Stegemann, Herkunft 127) als Gegenstand seiner Rede verstanden hat, läßt sich für uns nicht mehr sagen, während die ursprünglichen Adressaten es sicherlich aus außerhalb dieser Rede liegenden Informationsquellen wußten. Da der Vf in seiner συμβουλία zwar mehrfach betont hatte, die Hörer sollten die σάρξ bewahren, er aber niemals von völliger sexueller Abstinenz gesprochen hatte, liegt die zuerst genannte Deutung näher, obwohl der christliche Sprachgebrauch im 2. Jh. zunehmend in die andere Richtung weist (s. dazu und zum ganzen H. Chadwick, Art. Enkrateia, RAC 5, 343–365, zur späteren Zeit vor allem 352–362).

Das Relativpronomen ἥν kann sich auch auf ἐγκράτεια beziehen; aber näher liegt der Gedanke, daß der Prediger jetzt von den Konsequenzen seiner συμβουλία spricht (die Bedeutung von ποιεῖν wechselt dann). μετανοέω ist hier nicht im eigentlich religiösen Sinn gebraucht, sondern vordergründig „seinen Sinn ändern, eine Entscheidung bereuen" (so etwa auch Herm Vis III 7,3; weitere profane Belege bei Bauer-Aland WB s. v.).

Der Hauptsatz (**1b**) zeigt das Gewicht, das der Prediger seiner Rede beimißt: Wer seinem Rat folgt, wird sich selbst retten (vgl. in der Sache 4,1; 8,2) und so auch den Ratgeber, weil dieser den Lohn für seinen Erfolg bekommt (vgl. Ez 3,21; ferner 1 Tim 4,16; Jak 5,20; Barn 1,4; aber auch schon Paulus, 1 Kor 3,13 ff; 2 Kor 1,14 u. ö.). Daß es dem Prediger um die Rettung von durch Irrlehren bedrohte ψυχαί ging, hatte er schon in 10,5 gesagt; jetzt unterstreicht er, daß die von ihm vertretene Lehre tatsächlich „rettende" Kraft hat. Wovon die ψυχαί abgewendet werden sollen, braucht Vf nicht zu sagen, da die Hörer den bekämpften „Irrtum" ja kennen; wohl aber kann er, werbend, das Ziel nennen, τὸ σωθῆναι.

2: Dieses σωθῆναι erweist sich als die ἀντιμισθία, nach der Vf seit 1,3 immer wieder gefragt hatte (1,5; 9,7; 11,6). Daß „nicht der Erlöser-, sondern der Schöpfergott erwähnt wird", mag „auffällig" sein (so Knopf zSt), ergibt sich aber logisch aus V. 1: Die vor dem Irrtum bewahrte ψυχή geht eben nicht zugrunde, sondern wird bewahrt für den, der auch sie geschaffen hat (zu dieser, bei Hermas sehr häufigen, partizipialen Redeweise ὁ θεὸς ὁ κτίσας ἡμᾶς vgl. Jes 45,8; Bel et Draco 4; 3 Makk 2,3; JosAs 12,1; im NT Eph 3,9). Der Bedingungssatz zeigt an, daß die Möglichkeit der ἀντιμισθία an die Bedingung gebunden ist, Prediger und Hörer seien von πίστις und ἀγάπη bestimmt (zu dieser Verbindung vgl.

IgnEph 1,1; dazu Bauer-Paulsen zSt). πίστις (das Subst nur hier im 2 Clem) ist nicht das „Zutrauen" (so Knopf zSt), sondern, wie V. 3 zeigt, durchaus im vollen Sinne „der Glaube". Setzt die ketzerbestreitende Predigt bei den irrenden Seelen den Glauben voraus? Sucht sie ihn nicht erst zu wecken? Vermutlich ist ἀκούειν wie in 10,5 im Sinne von „hören und das Gehörte annehmen" gemeint. Der Prediger spricht im übrigen nicht nur von sich selbst im Sing (ὁ λέγων), sondern er spricht auch von „dem Hörer" (vgl. dagegen Apk 1,3; dort von späten Handschriften korrigiert), der also immer nur als einzelner „Glaube und Liebe" haben kann.

3 zieht unmittelbar die Konsequenzen: Das Bleiben in dem durch das Hören angenommenen Glauben als δίκαιοι und ὅσιοι (vgl. 5,6) führt dazu, daß wir μετὰ παρρησίας uns im Gebet an Gott wenden dürfen (vgl. 1 Joh 3,21 f; 5,14); Gott hat gesagt, er werde dem Beter zuvorkommen (Jes 58,9 LXX). Das mit λέγων eingeleitete Zitat ist korrekt, bis auf die Umformung von ἐρεῖ in ἐρῶ (so auch Iren Haer IV 17,3; Clemens Alex Strom V 120,3), die vielleicht durch Jes 65,24 veranlaßt ist: καὶ ἔσται πρὶν κεκράξαι αὐτοὺς ἐγὼ ἐπακούσομαι αὐτῶν, ἔτι λαλούντων αὐτῶν ἐρῶ Τί ἐστιν; (vgl. Barn 3,5). Der Hinweis auf das Bittgebet zeigt, daß der Prediger das ἐμμένειν nicht statisch auffaßt; auch die nicht der Irrlehre verfallenen Christen sind keine beati possidentes. Das zitierte Wort (ῥῆμα) wird vom Prediger in **4** als „große Verheißung" gedeutet und mit der Bemerkung erläutert, der κύριος bekunde damit seine dem Beter immer schon zuvorkommende Bereitschaft zum Geben. Die Wendung λέγει ὁ κύριος scheint anzudeuten, daß abermals ein Zitat vorliegt; die Aussage erinnert aber nur schwach an Mt 7,7/Lk 11,9 (so Warns, Untersuchungen 319 f, der andernfalls mit einem Agraphon rechnet) oder an Mt 6,8.32/Lk 12,30 (so Wengst 259 A 136). Spielt der Vf auf das in Apg 20,35 (vgl. 1 Clem 2,1) zitierte unbekannte Jesuslogion an, so als handele es sich um eine Aussage des κύριος über sein eigenes Verhalten? Schwierigkeiten bereitet auch der Wechsel von θεός (V. 3) zu κύριος, da das doppelte γάρ eigentlich voraussetzt, daß der Sprecher in beiden Fällen derselbe ist. Vielleicht ist ein καί o. ä. ausgefallen bzw. vom Prediger vergessen worden. Die Bereitschaft Gottes, auf den Beter zu hören, wird abschließend (**5**) als „große χρηστότης" bezeichnet (S ergänzt sachgemäß, aber sekundär τοῦ θεοῦ). Der Prediger ruft die Hörer dazu auf, sich den Gewinn dieser ἀγαθά nicht zu mißgönnen. Die Bedeutung von (μὴ φθονήσωμεν) ἑαυτοῖς ist unklar; die Gleichsetzung mit ἀλλήλοις (so u. a. Knopf zSt; Bauer-Aland WB Sp. 1710) ist von van Unnik, Vig Chr 27, 1973, 29–34 mit guten Gründen bestritten worden: „It is a very strong warning, with a touch of irony: who would be so stupid as to grudge oneself the acquisition of the great blessing of God's presence?" (aaO. 34). Zur reflexiven Deutung (s. die Übersetzung) paßt dann auch die Fortsetzung: Wer sich an diese verheißungsvollen Worte hält, wird Freude empfinden; den anderen (παρακούειν im gleichen Sinne wie in 3,4; 6,7) ist die κατάκρισις (das Wort bei den Apost Vätern nur hier) gewiß. Der Ausdruck ἡδονὴν ἔχειν im positiven Sinn (zum negativen Sinn s. den Exkurs ἐγκράτεια bei V. 1) ist ungewöhnlich und wird von Donfried, Setting 169 deshalb als antilibertinistische Polemik erklärt („true ἡδονή is not to be found in the pleasures of the flesh, but in the promises of God"). Die Nag-Hammadi-Texte sprechen bisweilen positiv, aber nicht „libertinistisch", von ἡδονή (so TracTrip NHC I/5 p 92,4–9: „The Logos added even more to their mutual assistance and to the hope of the promise, since they have the joy and great rest and undefiled pleasures."); häufiger aber begegnet der übliche negative Sinn (OrigMund NHC II/5 p 109,22; Bront NHC VI/2 p 21,25 u. ö.). Zu 2 Clem 15,5 ist deshalb eher ein Text wie Herm Sim VI 5,7 zu vergleichen: Viele empfinden Lust, Gutes zu tun, weil ihre eigene Freude sie dazu antreibt (τῇ ἑαυτῶν ἡδονῇ φερόμενοι), welche Art von τρυφή den Dienern Gottes durchaus zuträglich sei.

16,1–4 Laßt uns Buße tun und fromme Werke, solange noch Zeit ist

¹Folglich, Brüder, weil wir eine nicht geringfügige Gelegenheit erhalten haben, Buße zu tun, laßt uns, da wir Zeit dazu haben, uns hinwenden zu Gott, der uns berufen hat, solange wir noch den Vater haben, der uns annimmt.
²Wenn wir nämlich diesen Lüsten entsagen und unsere Seele dadurch besiegen, daß wir ihre bösen Begierden nicht in die Tat umsetzen, werden wir Anteil erlangen am Erbarmen Jesu.
³Erkennt aber, daß der Tag des Gerichts schon kommt wie ein brennender Ofen. Und es werden ‚einige‘ der Himmel und die ganze Erde zerschmelzen, wie Blei über Feuer zerschmilzt. Und dann werden offenbar werden die geheimen und die sichtbaren Werke der Menschen.
⁴Gut also ist Almosen, wie Buße für Sünde. Besser ist Fasten als Gebet, Almosen aber besser als beides. Liebe aber deckt zu die Menge der Sünden, Gebet aus reinem Gewissen aber rettet vom Tod. Selig jeder, der in diesen Dingen als vollständig erfunden wird. Almosen nämlich schafft Erleichterung der Sünde.

Mit Hilfe traditioneller Aussagen zieht der Prediger aus dem in Kap. 15 dargestellten göttlichen Angebot die Konsequenz: Noch haben wir die Chance, Buße zu tun, um durch Abkehr von bösen Begierden dem nahen Gericht zu entgehen; denn fromme Werke, vor allem Almosen, Liebe und Gebet, überwinden die Sünde.

Wie in 8,1–3; 9,7f ruft der Prediger (**1**) zur Buße auf; daß die Christen dazu eine großartige Gelegenheit haben (zu οὐ μικράν vgl. 15,1; ἀφορμὴν λαβόντες wie in Röm 7,8.11), hatte er in 15,3–5 eingehend dargestellt. Gott ist ὁ καλέσας ἡμᾶς (s. zu 10,1); der parallele Ausdruck ὁ παραδεχόμενος ἡμᾶς ist ungewöhnlich (vgl. aber Hebr 12,6 = Prv 3,12) und soll entsprechend 15,3f besagen, daß Gott als der Vater (τὸν πατέρα ist, gegen die gedruckten Ausgaben, auch von H bezeugt; s. das Faksimile bei Lightfoot I/1, 471 Z 10/11: Τ// ΠΡΑ ΔΕΧ.) den, der sich zu ihm wendet, noch (ἕως ἔτι ἔχομεν) annimmt. **2** erläutert, was mit „Buße" und was mit „Annehmen" gemeint ist. ἡδυπάθεια (auch in 17,7), „Wohlbehagen im Sinne d[es] üppigen Lebensgenusses" (Bauer-Aland WB s. v.), begegnet in uns. Lit. nur hier, in LXX nur 4 Makk 2,2.4 (s. u.); vgl. zur zeitgenössischen Bewertung MAnt X 33a: ἡ τρυφή als Lebensinhalt für die ἡδυπαθοῦντες. Es ist selbstverständlich, daß wir sie „abtun" sollen (ἀποτάσσω wie in 6,4f). Auffallend ist die negative Wertung von ψυχή (so auch in 17,7); sie gilt offenbar als der Ort, wo die bösen ἐπιθυμίαι ihren Ursprung haben. Die Anthropologie ist aber nicht systematisiert, denn es wird nicht gesagt, wer Subjekt des ποιεῖν ist und welchem Teil der menschlichen Person das νικᾶν über die Seele zukommt. Möglicherweise setzt der Prediger unausgesprochen den stärker philosophischen Gedankengang von 4 Makk 2,1–4 voraus: τί θαυμαστόν, εἰ αἱ τῆς ψυχῆς ἐπιθυμίαι πρὸς τὴν τοῦ κάλλους μετουσίαν ἀκυροῦνται („Was braucht man sich zu wundern, wenn die zur Vereinigung mit der Schönheit drängenden Begierden der Seele kraftlos werden?"); Joseph jedenfalls διανοίᾳ περιεκράτησεν τῆς ἡδυπαθείας, wie ohnehin ὁ λογισμός nicht nur die Wollust überwindet, sondern jegliche ἐπιθυμία. Wenn dieser Sieg gelingt, so sagt der Prediger, werden wir Jesu Erbarmen erlangen (S ergänzt den Jesusnamen durch den vollen christologischen Titel). ἔλεος ist nach 3,1 eine uns schon zuteil gewordene Gabe; die Wendung μεταληψόμεθα τοῦ ἐλέους ist deshalb wohl nicht im Sinne einer zu verdienenden künftigen Belohnung zu verstehen, sondern als von Jesus kommende Bestätigung des schon Geschehenen. Es fällt auf, daß das Verb μεταλαμβάνω nur im Abschnitt 14,3–16,2 begegnet, hier aber gehäuft (6mal).

In **3** beginnt die eschatologische Belehrung. Sie wird mit einem betonten γινώσκετε δέ eingeleitet, ebenso wie in 5,5. Neu ist jetzt die apokalyptische Terminologie mit der Bezugnahme auf die Lehre vom Weltbrand. Die erste Aussage dazu stammt aus Mal 3,19 LXX (διότι ἰδοὺ ἡμέρα κυρίου ἔρχεται καιομένη ὡς κλίβανος καὶ φλέξει [verbrennen] αὐτούς); der Wechsel von ἰδού zu ἤδη verweist möglicherweise auf die – dann bewußt zu paränetischem Zweck eingesetzte – Naherwartung, und das Stichwort κρίσις erschien dem Prediger im Kontext wohl präziser als κύριος (das freilich in mehreren LXX-Handschriften fehlt). Die zweite Aussage ist in der Formulierung ungewöhnlich; sie könnte, mit Hilfe einer Konjektur, auf Jes 34,4 LXX (Codex B) zurückgeführt werden: καὶ τακήσονται πᾶσαι αἱ δυνάμεις τῶν οὐρανῶν. Vgl. ApkPt 5 nach dem Zitat bei Makarius Magnes (dazu NTApo⁵ II 474 A 5): καὶ τακήσεται πᾶσα δύναμις οὐρανοῦ. Lightfoot I/2, 250 hält deshalb die in 2 Clem 16,3 einhellig bezeugte Lesart für Verschreibung und will αἱ δυνάμεις τῶν οὐρανῶν lesen. Doch das bleibt unsicher. Der Gedanke vom Weltbrand ist an sich weit verbreitet (s. den Exkurs bei Windisch zu 2 Petr 3,10; zum Befund im Judentum s. Volz, Eschatologie 335 f; Lang, Art. πῦρ, ThWNT VI, 937; zur valentinianischen Gnosis s. Rudolph, Gnosis 212 f), jedoch in sehr unterschiedlicher Weise. Nach OrSib III 84–92; IV 172–189 geht das Verbrennen der Erde dem Gericht voraus (ähnlich ja auch hier; s. u.), während das bei Clemens Alex Strom V 121 f zitierte anonyme Gedicht zwar vom Brand, nicht aber vom Gericht spricht. Breit ausgemalt ist die Rede vom Weltbrand in 1 QH III 29–36 (vgl. auch die Rede vom Feuertäufer in Mt 3,11 f). Nach valentinianischer Lehre (Iren Haer I 7,1) wird am Ende aller Zeit das in der Welt verborgene Feuer hervorbrechen, die Materie zerstören und dann selbst vernichtet werden. Warns, Untersuchungen 510 f will deshalb am überlieferten Text von V. 3 festhalten und ihn antivalentinianisch verstehen: Der Weltbrand werde nicht alles zerstören, sondern nur die Erde und die unteren Himmelsstockwerke. Aber würde der Vf dann so unbestimmt τινές sagen? Die Aussage muß uns wohl unverständlich bleiben. Der Vergleich der Erde mit dem Blei zielt auf den niedrigen Schmelzpunkt (Bauer-Aland WB s. v. μόλιβος), aber wohl auch darauf, daß Blei ein unedles Metall ist (vgl. Jer 6,29).

Die abschließende Aussage erinnert an 1 Kor 3,13; Röm 2,16. Wie in OrSib (s. o.) ist in 2 Clem der Weltbrand nicht mit dem Gericht über die Menschen identisch, sondern geht ihm voraus (τότε φανήσεται impliziert schon das Urteil über die ἔργα).

Im Übergang von V. 3 zu **4** kann man (mit Donfried, Setting 170 f) eine gewisse Nähe zu EvThom (NHC II/2) log 5.6 beobachten („Jesus sagte: Erkenne, was vor dem Angesicht ist, und was dir verborgen ist, wird sich dir offenbaren. Denn es gibt nichts Verborgenes, das nicht offenbar würde", woraufhin die Jünger nach Fasten, Gebet, Almosengeben und Speisevorschriften fragen), aber ebenso auch zu Tob 12,7–9: „Es ist gut, das Geheimnis eines Königs geheimzuhalten (κρύψαι), die Werke Gottes aber zu offenbaren (ἀνακαλύπτειν) ist herrlich ... Gut (ἀγαθόν) ist Gebet mit Fasten und mit Almosengeben (ἐλεημοσύνη) und Gerechtigkeit ... Besser ist es, Almosen zu geben als

Gold aufzuhäufen. Denn Almosengeben ἐκ θανάτου ῥύεται καὶ αὐτὴ ἀποκαθαριεῖ πᾶσαν ἁμαρτίαν." Die Verbindung von Almosen, Fasten und Gebet ist nicht ungewöhnlich (zu Donfried); es handelt sich vielmehr um die guten (= frommen) Werke entsprechend der jüdischen Sitte, wie sie auch in Mt 6,1–18 genannt werden. Die etwas komplizierte Art, eine Rangfolge bilden zu wollen, könnte damit zusammenhängen, daß der Prediger Tob 12,8f BA (s. o.) vor Augen gehabt hatte. Almosen und Buße werden am höchsten bewertet, Fasten und Gebet (s. u.) folgen. Das Logion über die sündenbedeckende Liebe begegnet wörtlich gleich in 1 Clem 49,5; 1 Petr 4,8 (ähnlich Jak 5,20). Im Hintergrund der Tradition dürfte Prv 10,12 stehen, aber nicht LXX (die einen ganz anderen Text lesen), sondern eine am hebr Wortlaut sich orientierende Fassung. Möglicherweise ist ἀγάπη konkret im Sinne der „Liebesgaben" (= ἐλεημοσύνη) zu fassen (s. den Schlußsatz von V. 4). Die anschließende Aussage, daß das Gebet vom Tod rettet, schwächt dessen Nachordnung wieder ab; in Tob 12,9 war dieselbe Aussage von der ἐλεημοσύνη gemacht worden. Versteht man die Aussage nicht zu eng, dann ist einfach gesagt, daß Gott die ehrliche Hinwendung zu ihm mit seiner Gnade beantwortet. Zum Gebet mit reinem Gewissen vgl. Did 4,14/Barn 19,12 (Zweiwegelehre). καλὴ συνείδησις in uns. Lit. nur noch Hebr 13,18 (s. Braun zSt), aber die Verbindung mit anderen Adjektiven (positiven oder negativen: ἀγαθή, καθαρά, πονηρά usw.) ist nachpaulinisch häufig. Der Makarismus preist den, bei dem sich (im Gericht? εὑρεθείς nimmt möglicherweise V. 3 auf) zeigen wird, daß er all dies „ungeteilt" getan hat (zu diesem Verständnis von πλήρης vgl. Herm Mand V 2,1; XII 5,4: πλήρεις ... ἐν τῇ πίστει). Der Schlußsatz erinnert an 1 Esr 8,84 (οὐ γάρ, κύριε, ἐκούφισας [„erleichtern"] τὰς ἁμαρτίας ἡμῶν; ähnlich 2 Esr 9,13), ferner an Tob 12,9 (s. o.; allerdings begegnet das Subst. κούφισμα nirgendwo sonst in LXX oder in frühchristlicher Literatur) und in der Sache an Dan 4,24 (4,27 LXX) sowie vor allem an Did 4,6 (s. dort). Die Aussage wirkt wie ein Nachtrag, zielt aber offenbar darauf, mit einem schlichten Argument nochmals für das Almosengeben zu werben.

17,1–18,2 Der Schluß der Rede: Laßt uns Buße tun und Gott dienen für den Tag des Gerichts!

17 ¹Laßt uns also Buße tun von ganzem Herzen, damit keiner von uns verlorengeht. Wenn wir nämlich Gebote haben und das tun: Nämlich von den Götzen losreißen und Unterweisung erteilen – um wieviel weniger darf dann eine Seele, die Gott schon kennt, zugrundegehen!
²Laßt uns also einander helfen, um auch die Schwachen mit Rücksicht auf das Gute zu fördern, damit wir alle gerettet werden; und laßt uns einander zurechtbringen und ermahnen.
³Und laßt uns nicht nur jetzt den Anschein haben zu glauben und aufzupassen, während wir gerade von den Presbytern ermahnt werden, sondern auch wenn wir nach Hause gegangen sind, wollen wir uns der Gebote des Herrn erinnern und wollen uns nicht von den weltlichen Begierden in die entgegengesetzte Richtung wegreißen lassen; sondern indem wir häufiger hinzu kommen, wollen wir uns bemühen, Fortschritte zu machen in den Geboten des Herrn, damit wir alle einmütigen Sinnes versammelt sind zum Leben.

[4]Es hat nämlich der Herr gesagt: „Ich komme, um zu versammeln alle Völker, Stämme und Zungen." Das meint aber den Tag seiner Epiphanie, wenn er kommt und uns erlösen wird, einen jeden gemäß seinen Werken.
[5]Und die Ungläubigen werden sehen seine Herrlichkeit und Macht, und sie werden sich wundern, wenn sie die Herrschaft über die Welt bei Jesus erblicken und werden sagen: Wehe uns, weil Du es warst und wir erkannten es nicht und glaubten es nicht und folgten nicht den Presbytern, die uns predigten von unserem Heil. Und „ihr Wurm wird nicht sterben und ihr Feuer wird nicht verlöschen, und sie werden ein Schauspiel sein für alles Fleisch".
[6]Jenen Tag des Gerichts meint er, wenn man die sehen wird, die bei uns gottlos gehandelt und falsches Spiel getrieben haben mit den Geboten Jesu Christi.
[7]Die Gerechten aber, die gut gehandelt und den Qualen standgehalten und die Lüste der Seele gehaßt haben – wenn sie die erblicken, die abgeirrt sind und durch die Worte oder durch die Werke Jesus verleugnet haben, wie sie bestraft werden mit schrecklichen Qualen durch unauslöschliches Feuer, werden sie ihrem Gott die Ehre geben und sagen: Es wird Hoffnung geben für den, der Gott gedient hat von ganzem Herzen.

18 [1]Auch wir wollen also zu denen gehören, die Dank sagen ⟨und das Erbarmen empfangen⟩, die Gott gedient haben, und nicht zu den Gottlosen, die gerichtet werden.
[2]Auch ich selbst nämlich, obwohl ganz und gar sündig und noch nicht der Versuchung entflohen, sondern inmitten der Instrumente des Teufels, bemühe mich eifrig, der Gerechtigkeit nachzujagen, damit ich Kraft erlange, ihr wenigstens nahezukommen, da ich das künftige Gericht fürchte.

Zum letztenmal mahnt der Prediger zur Buße (17,1): Die Glaubenden sollen gestärkt werden, und die ihnen gegebene Unterweisung soll auch ihren Alltag bestimmen; deshalb sollen sie sich häufiger versammeln (17,2–4). Denn dem, der Jesu Gebote mißachtet, droht ein schreckliches Gericht, angesichts dessen die Gerechten Gott preisen werden (17,5–7). Zu ihnen sollen die Anwesenden gehören (18,1), wobei der Prediger abschließend auf sein persönliches Beispiel verweist und mit dem Hinweis auf seine Furcht vor dem kommenden Gericht schließt (18,2).

Zur einleitenden Aufforderung in **17**,1 (μετανοήσωμεν . . . ἵνα) vgl. 8,2; der ἵνα-Satz ist diesmal negativ formuliert. παραπόλλυμι in uns. Lit. nur hier: „Das Solidaritätsgefühl des Redners tritt immer deutlicher zu Tage" (v. Schubert 254). Der Bedingungssatz erläutert: Die ἐντολαί (zu ergänzen wohl: Jesu; s. u. V. 3), die die Mission gebieten, werden von der Gemeinde offenbar tatsächlich erfüllt (καὶ τοῦτο πράσσομεν, H; nach Lightfoot I/2, 252 und Funk-Bihlmeyer setzt S in V. 1b dagegen einen weiteren Finalsatz voraus: ἵνα καὶ τοῦτο πράσσωμεν ἀπὸ τῶν εἰδώλων ἀποσπᾶν; dieser Text, der der Übersetzung von Knopf zugrunde liegt, würde die Aussage auf die Ebene der Forderung verlagern). Die Gemeinde muß aber umso mehr dafür arbeiten, daß Glaubende nicht wieder abfallen. Ob mit den erwähnten ἐντολαί der Missionsbefehl Mt 28,19f gemeint ist (so Lightfoot u. a.), läßt sich kaum sagen; die Erwähnung der Abkehr von den εἴδωλα erinnert eher an 1 Kor 12,2 und vor allem an 1 Thess 1,9, ohne daß Vf konkret an diese Texte gedacht hätte. Vgl. zur Sache das „Kerygma Petri", in dem die Inhalte der Missionsverkündigung zusammengestellt sind (NTApo⁵ II, 61 ff; dazu Paulsen, ZKG 88, 1977, 1–37). Die den Götzen Entrissenen erhalten religiöse Unterweisung. κατηχέω ohne Objekt hier offenbar erstmals im technischen Sinn „Katechumenenunterricht erteilen" (Beyer, ThWNT III, 639,38). ψυχή ist, ebenso wie in 15,1, der Mensch unter dem Aspekt seiner Gottesbeziehung; zu „Gott erkennen" vgl. 3,1. Deutlich ist, daß für den Prediger das nach innen gerichtete Bemühen um reine Lehre (und richtiges Handeln) den Vorrang hat vor der äußeren Mission. Dementsprechend konzentriert er sich in **2** nun ganz auf die innergemeindliche Situation: Die wechselseitige (ἑαυτοῖς = ἀλλήλοις; vgl. V. 2b) Förderung und Ermahnung soll dazu führen, daß alle Glieder der Gemeinde gerettet werden (vgl. 8,2; 14,1; 15,1). Von den „Schwachen" ist nur hier die Rede, ohne Erläuterung; Vf setzt voraus, daß den Hörern die Terminologie vertraut ist (vgl. 1 Clem 38,2; Röm 14,1 f; 1 Kor 8,11 f). Zu τὸ ἀγαθόν vgl. 13,1. ἐπιστρέψωμεν ist nicht von ὅπως abhängig, sondern leitet eine neue Aussage ein. ἐπιστρέφειν (ἀλλήλους) hier natürlich nicht „bekehren", sondern wie in Pol Phil 6,1 „auf den rechten Weg bringen"; νουθετεῖν (ἀλλήλους) wie in Röm 15,14 (vgl. 1 Thess 5,14). Beide Verben sind fast bedeutungsgleich (vgl. Herm Vis I 3,1; anders unten 19,2); um das Korrigieren im eigentlichen Sinne „häretischer" Positionen muß es sich nicht handeln (zu Donfried, Setting 175).

In **3** bezieht sich der Prediger auf die aktuelle Situation: Die Gemeinde ist gegenwärtig versammelt, um von den πρεσβύτεροι Ermahnung zu empfangen. Die Aufforderung μὴ ... δοκῶμεν zielt darauf, das Gehörte wirklich „nach Hause" mitzunehmen in den Alltag. Mit der Wendung νουθετεῖσθαι ἡμᾶς ὑπὸ τῶν πρεσβυτέρων transzendiert der Prediger in rhetorischer Weise den erwähnten Vorgang: Christen (ἡμᾶς) werden im Gottesdienst „von den Presbytern" ermahnt – daß der Sprecher offensichtlich selbst zu dieser Gruppe gehört, spielt im Augenblick keine Rolle. Die πρεσβύτεροι werden nur hier und in V. 5 erwähnt, als überhaupt einzige Amtsträger im 2 Clem. Daß ihnen die Verkündigung obliegt, ist klar; anderes erfahren wir nicht (während die ursprünglichen Adressaten natürlich informiert sind), so daß Rückschlüsse auf die gegebene Gemeindeverfassung usw. nicht möglich sind. Daß die Predigt auf das νουθετεῖν beschränkt ist, scheint nicht nur mit der Gattung dieser Rede (15,1) zusammenzuhängen, sondern zeittypisch zu sein; vgl. Justin Apol I 67,4: Nach der Schriftlesung gibt der Vorsteher (προεστώς) διὰ λόγου τὴν νουθεσίαν καὶ πρόκλησιν (Aufforderung) τῆς τῆν καλῶν τούτων μιμήσεως, worauf dann aber Gebet und Mahlfeier folgen. Die Hörer des 2 Clem sollen sich zu Hause an die Gebote des κύριος erinnern; ἔνταλμα ist eine relativ selten gebrauchte Vokabel (Jes 29,13 LXX für מִצְוָה; diese Stelle wird im NT dreimal zitiert), bedeutungsgleich mit ἐντολή (s. u.). Zu den „weltlichen Begierden" (derselbe Ausdruck in Tit 2,12) vgl. 5,6. Das Kompositum ἀντιπαρέλκω ist offenbar hapax legomenon in der gesamten Gräzität; παρέλκω ist aber häufig, so daß man mit einer momentanen Wortschöpfung des Predigers rechnen kann. Zur Sache vgl. 16,2. πυκνότερον προσερχόμενοι meint nicht, daß häufigere Gottesdienste stattfinden sollen (anders Lightfoot I/2, 254, der freilich die von S vorausgesetzte Lesart προσευχόμενοι für möglicherweise korrekt hält); vielmehr sollen die einzelnen Christen, an die Vf sich ja wendet, „öfter (zum Gottesdienst) dazukommen" (vgl. Ign Eph 13,1; Ign Pol 4,2; dazu Bauer-Paulsen zSt). προσέρχομαι ohne Objekt ist ungewöhnlich, erklärt sich aber wohl aus der Situation, in der die Rede gehalten wird. Daß die Versammlungen der Gemeinde der Vermittlung der ἐντολαί Jesu dienen, hatte Vf schon gesagt; zu προκόπτειν vgl. Gal 1,14. Das eigentliche Ziel ist die Einmütigkeit (τὸ αὐτὸ φρονεῖν sonst nur bei Paulus, 2 Kor 13,11; Phil 2,2; 4,2; Röm 12,16; 15,5), durch die die Versammlung (συνάγειν) den Christen zur (ewigen) ζωή gereicht (vgl. 8,4.6): Indem der einzelne den

Gottesdienst häufiger besucht, wird die Gemeinde in ihrer geistlichen Einheit zur eschatologischen Vollendung hin gestärkt.

Von der gottesdienstlichen Versammlung ἐπὶ τὴν ζωήν wechselt der Prediger in **4** (mit Stichwortanschluß: συνάγειν) zur endzeitlichen „Versammlung" der Völker. Da der ganze folgende Text von der Parusie spricht, ist mit ὁ κύριος Christus gemeint (vgl. die Szene von Mt 25,31 ff). Zitiert wird Jes 66,18 LXX formal und sachlich korrekt (lediglich das Wort φυλάς hat im Original keine Entsprechung; vgl. jedoch Apk 11,9; 14,6 und schon Dan 3,2.7 LXX mit der Zusammenstellung der drei Begriffe innerhalb einer „profanen" Aufzählung). Die Auslegung (τοῦτο ... λέγει wie in 8,6) bezieht das ἔρχομαι des Zitats (vgl. ὅτε ἐλθών) auf den „Tag seiner Erscheinung" (vgl. 12,1; dort aber von Gottes Epiphanie). Daß Christus bei der Parusie die ἔργα eines jeden Menschen beurteilen wird, ist eine gängige Vorstellung (Röm 2,6; vgl. Ps 62,13; Prv 24,12); Vf verwendet aber statt κρίνω o. ä. das Verb λυτρόω, offenbar um von vornherein den Heilscharakter zu betonen (s. zu 11,6; vgl. auch Eph 4,30; Lk 21,28). Daß er dabei an „different grades of happiness" denke (so Lightfoot I/2, 255), ist sehr unwahrscheinlich.

Die Einleitung von **5** enthält offenbar die Fortsetzung des Zitats von Jes 66,18 (LXX: ... καὶ ἥξουσιν καὶ ὄψονται τὴν δόξαν μου). δόξα und κράτος gehören in liturgischen Formeln zusammen (1 Petr 4,11; Apk 1,6; 5,13; ApkSedr 16,10). Zu τὸ βασίλειον vgl. 6,9. Nicht völlig klar ist die Bedeutung von οἱ ἄπιστοι. Meist wird gesagt, es handele sich nicht um Heiden, sondern um „ungetreue, ungläubige Christen" (so Knopf zSt; ähnlich Wengst 263 A 161 unter Hinweis auf V. 6); aber ein solcher Sprachgebrauch wäre ganz ungewöhnlich. Ign Trall 10; Ign Sm 2; 5,3 ist kein Gegenbeweis, denn indem Ignatius die christlichen Gegner dort als ἄπιστοι bezeichnet, „stellt er sie den Nichtchristen gleich" (Bauer-Paulsen zu Trall 10). Offenbar sind „die Ungläubigen" in V. 5 diejenigen Menschen, die die von den christlichen Verkündigern (= οἱ πρεσβύτεροι) vorgetragene Predigt περὶ τῆς σωτηρίας ἡμῶν immer wieder (Imperfekt!) zurückgewiesen haben. Bei ihnen wird es großes Erstaunen (zu ξενισθήσονται vgl. 1 Petr 4,4.12) auslösen, daß sich am Tag der ἐπιφάνεια Jesus als der Weltenherr erweist. Die Anrede σὺ ἦς nimmt offenbar ein in der Predigt gebrauchtes absolutes ἐγώ εἰμι Jesu auf (Knopf zSt). Zur Illustration der Verwerfung dieser ἄπιστοι verwendet Vf zum zweitenmal (s. zu 7,6) und wohl deshalb ohne Einleitungsformel das Zitat aus Jes 66,24b, diesmal – bis auf die Ersetzung von γάρ durch καί am Anfang – wörtlich nach dem LXX-Text.

In **6** wendet sich der Prediger nach den ἄπιστοι einer neuen Gruppe zu, den ἐν ἡμῖν ἀσεβήσαντες: Bei der ἡμέρα τῆς κρίσεως (s. zu 16,3) wird man sehen (ὄψονται), wer von den Christen gottlos gelebt und Jesu Gebote mißbraucht hat. Das Verb ἀσεβέω, in uns. Lit. sonst nur Jud 15 (im Zitat aus Hen 1,9), bezeichnet ein Handeln, das Gottes (bzw. Jesu) Gebot fundamental verletzt (s. zu 18,1); παραλογίζομαι (vgl. Kol 2,4; Jak 1,22; hier in V. 6 mit dem Akk. der Sache, vgl. Gen 31,41 LXX) meint den Mißbrauch der ἐντολαί Jesu (vgl. V. 3) in betrügerischer Absicht. Das Bild setzt voraus, daß die gemeinten Christen sich gegenwärtig geschickt zu verstellen wissen und nicht „gesehen" werden; das spricht gegen die Vermutung, es handele sich um „Libertinisten" (gegen Donfried, Setting 175 f).

Abschließend (**7**) spricht Vf von den δίκαιοι (s. zu 11,1). Sie werden dreifach beschrieben: Sie sind εὐπραγήσαντες (das Wort in uns. Lit. nur hier), womit nicht nur das sittlich richtige, sondern auch das erfolgreiche Handeln gemeint ist (vgl. Test Gad 4,5: τὸ γὰρ μῖσος ἐνεργεῖ τῷ φθόνῳ καὶ κατὰ τῶν εὐπραγούντων τὴν προκοπὴν ἀκούων καὶ ὁρῶν κάντοτε ἀσθενεῖ „Denn der Haß macht mit dem Neid auch gemeinsame Sache gegen die Erfolgreichen. Hört und sieht er ihr [gutes] Fortkommen, wird er immer krank" [Übers. Becker JSHRZ III/1, 109]). Sie sind ferner ὑπομείναντες τὰς βασάνους (βάσανος sehr häufig in 4 Makk; vgl. Mt 4,24 von irdischen Qualen, Lk 16,23.28 von höllischen; in der Sache vgl. Hebr 10,32f), was allgemein das Ertragen (zu ὑπομένειν vgl. 1,2; 11,5) von Unglück, nicht speziell von Verfolgung meint. Zum dritten Kennzeichen (μισήσαντες κτλ.) vgl. 16,2. Im Endgericht sehen die Gerechten (zur Vorstellung vgl. Lk 16,23; s. u.) die Bestrafung der vom rechten Weg Abgeirrten (ἀστοχέω περὶ τὴν πίστιν bzw. ἀλήθειαν 1 Tim 6,21; 2 Tim 2,18; vgl. 1 Tim 1,6) und derjenigen, die Jesus (während einer Verfolgung?) verleugnet haben (vgl. 3,1 und vor allem Mt 10,33/Lk 12,9). Zu διὰ τῶν λόγων/ἔργων vgl. Sir 3,8; Röm 15,18; Kol 3,17. Nun leiden diese schreckliche Qualen (zum Gedanken der „ausgleichenden" Gerechtigkeit vgl. vor allem 4 Makk 9,9; 12,12 und abermals Lk 16,25). Zu πυρὶ ἀσβέστῳ vgl. Ign Eph 16,2, aber auch den in 7,6; 17,5 zitierten Jes-Text. δόξαν διδόναι τῷ θεῷ in apokalyptischem Zusammenhang Apk 11,13 (vgl. auch Jer 13,16). Die daraufhin von den Gerechten gesprochenen Worte sind nach Warns, Untersuchungen 167–174 eine Formel aus einem Sterbe- und Bestattungsritual (ἐξ ὅλης καρδίας sei vom Prediger hinzugefügt, vgl. 3,4; 8,2; 17,1). Daß ein Zitat vorliegt, ist deutlich, zumal die futurische Aussage ἔσται ἐλπὶς τῷ (der Artikel fehlt bei Wengst irrtümlich) δεδουλευκότι θεῷ zur geschilderten Situation des Endgerichts nicht paßt; Vf kann es aber einsetzen, weil es ja frühere Aussagen seiner Predigt aufnimmt (Donfried, Setting 173; s. u.), und weil er so den Übergang zur abschließenden Mahnung (18,1) mit Hilfe eines offenbar bekannten Textes markieren kann. Das Wort berührt sich mit Jes 54,17 LXX: ἔστιν κληρονομία τοῖς θεραπεύουσιν κύριον, καὶ ὑμεῖς ἔσεσθέ μοι δίκαιοι, λέγει κύριος (Warns, Untersuchungen 169f verweist außerdem auf Test Jud 26: ἐστὶν ἐλπὶς πᾶσι τοῖς κατευθύνουσι τὰς ὁδοὺς αὐτῶν). Zu δουλεύειν θεῷ vgl. 6,1; 11,1. „Die Schilderung des Gerichtstages und der Bestürzung der Gottlosen, des Triumphes der Gerechten, mit Anführung der Reden der einen und der anderen ist zu allen Zeiten ein beliebter τόπος der Gemeindeparänese gewesen" (Knopf zSt). Allerdings unterscheidet sich 2 Clem 17,4–7 etwa von Sap Sal 5,1ff; 4 Esr 7,79–101; Tert De Spectaculis 30 dadurch, daß (auf der Ebene des dargestellten Bildes) Gerechte und Gottlose ihr Geschick nicht gegenseitig kommentieren, sondern sich jeweils auf den Richter (= Jesus) beziehen (in Barn 7,9 ist nur von denen die Rede, deren Opfer der gekreuzigte Jesus gewesen war). Das entspricht eher der Vorstellung, wie sie in Mt 25,31–46 entfaltet ist (die Adressaten der Rede hören aber natürlich beide Seiten). Zu den entsprechenden Aussagen im Judentum s. Volz, Eschatologie 301–309; Münchow, Ethik 82–85. 104ff. **18,1** knüpft unmittelbar an 17,7 an: Alle Anwesenden (ἡμεῖς) sind aufgerufen, zu denen zu gehören, die beim Endgericht Anlaß haben, zu danken (εὐχαριστούντων nimmt offenbar δόξαν διδόντες auf; Wengst bietet als Rückübersetzung von S einen durch καὶ τὸ ἔλεος λαμβανόντων erweiterten Text, doch liegt im Syrischen einfach eine präzise Übersetzung von εὐχαριστεῖν vor, die auch das Element χάρις „Gnade" in diesem Verb beachten will [brieflicher Hinweis von R. Warns]): „Wir" sollen zu denen gehören, von denen gilt, daß sie Gott gedient haben (die direkte Wiederaufnahme des Zitats von 17,7 ist deutlich). Die auf der anderen Seite stehenden κρινόμενοι ἀσεβεῖς (vgl. 17,6) sind hier wohl häretische Christen wie auch Nichtchristen. Im letzten Satz (**18,2**) thematisiert der Prediger überraschend seine eigene Person, und zwar auf doppelte Weise: Er beginnt mit einer massiven Selbstbezichtigung, aber es folgt sogleich der Hinweis auf sein äußerstes Bemühen um Gerechtigkeit. πανθαρμαρτωλός ist offenbar hapax legomenon in der Gräzität (vgl. πανθαμάρτητος, das nur Did 5,2; Barn 20,2 begegnet). Zu φεύγειν τὸν

253

πειρασμόν vgl. 2Tim 2,22 (τὰς ἐπιθυμίας . . . φεῦγε; dort dann auch δίωκε . . . δικαιοσύνην).
Worin der πειρασμός konkret besteht, sagt Vf ebensowenig wie er erläutert, welches die
ὄργανα des Teufels sind (der Hinweis auf die konkreten Folterwerkzeuge in 4Makk, z.B.
6,25, trägt nichts aus; vgl. eher Eph 6,16). In der kompliziert formulierten Fortsetzung
unterstreicht Vf sein eigenes Bemühen, gibt sich dabei aber zugleich bescheiden. σπουδάζω
wie in 10,2. τὴν δικαιοσύνην διώκειν auch in 1Tim 6,11; 2Tim 2,22 (s.o.). Wie 11,7
gezeigt hatte, versteht Vf δικαιοσύνη durchaus nicht nur im Sinn einer sittlichen Tugend
(„Rechtschaffenheit"), sondern auch als Teil der Gottesbeziehung. Der mit ὅπως eingeleitete Finalsatz nennt als Ziel das Starkwerden (ἰσχύω), um der Gerechtigkeit dann nahe zu
kommen. Zur Sache vgl. Phil 3,12–14; zur Formulierung s.o. 7,3. Als begleitenden
Umstand (das Part. φοβούμενος muß nicht unbedingt kausal aufgelöst werden) verweist Vf
auf seine Furcht vor dem Endgericht (vgl. in der Sache oben 5,4; die Vorstellung in Apk
14,7 ist eine andere, da eine andere Situation vorausgesetzt ist). Der Hinweis auf das
Gericht ist in Herm Vis III 9,5 als Motiv für ethische Forderungen eingesetzt, steht im
Grunde aber hinter jeder eschatologisch begründeten Paränese (vgl. nur Mt 7,21ff).

19,1–20,4 Ein Zusatz: Torheit und Frömmigkeit finden am Ende ihren gerechten Lohn

19 ¹Folglich, Brüder und Schwestern, nachdem der Gott der Wahrheit (geredet
hat), lese ich euch eine Ansprache vor, daß ihr acht gebt auf das, was geschrieben
steht, damit ihr sowohl euch selbst rettet als auch mich, der ich unter euch vorlese.
Als Lohn erbitte ich nämlich von euch, daß ihr Buße tut von ganzem Herzen,
womit ihr euch selbst Rettung und Leben verschafft. Wenn wir das nämlich tun,
werden wir ein Ziel setzen allen jungen Menschen, die sich um die Frömmigkeit
und um die Güte Gottes bemühen wollen.
²Und wir wollen uns nicht ärgern und unwillig sein als Toren, wenn jemand uns
ermahnt und hinwendet von der Ungerechtigkeit zur Gerechtigkeit. Manchmal
nämlich erkennen wir nicht, wenn wir Böses tun, wegen des Zweifels und des
Unglaubens, der in unserer Brust ist, und wir sind im Denken verfinstert von den
nichtigen Begierden.
³Also wollen wir die Gerechtigkeit tun, damit wir am Ende gerettet werden.
Selig, die diesen Anordnungen gehorchen! Wenn sie auch kurze Zeit Böses erleiden in (dieser) Welt, so werden sie die unsterbliche Frucht der Auferstehung
ernten.
⁴Der Fromme also soll sich nicht betrüben, wenn er in den gegenwärtigen Zeiten
Ungemacht erleidet: Glückselige Zeit erwartet ihn. Er wird droben mit den
Vätern wieder lebendig sein und Freude haben in ungetrübter Ewigkeit.
20 ¹Aber auch jenes soll unser Denken nicht verwirren, daß wir die Ungerechten
reich sehen und in Bedrängnis die Knechte Gottes.
²Laßt uns also glauben, Brüder und Schwestern, daß wir des lebendigen Gottes
Probe als Kämpfer bestehen und uns üben im gegenwärtigen Leben, damit wir
im künftigen bekränzt werden.
³Keiner der Gerechten hat rasche Frucht erlangt, sondern er wartet auf sie.

⁴**Wenn nämlich Gott den Lohn der Gerechten sofort auszahlte, trieben wir sogleich Handel und nicht Gottesverehrung. Wir wären nämlich scheinbar Gerechte, während wir doch nicht dem Frommsein, sondern dem Gewinnbringenden nachjagten. Und deshalb hat göttliches Gericht einem Geist geschadet, der nicht gerecht war, und hat ihn mit Ketten beschwert.**

Nicht der Prediger von 2 Clem 1–18, sondern offenbar ein Vorleser (s. den folgenden Exkurs) formuliert eine ausführliche Bemerkung darüber, welche besondere Funktion der schriftlich überlieferte Predigttext für die Hörer hat, zu denen der Vorleser sich selbst auch rechnet (19,2): In aller gegenwärtigen Bedrängnis dürfen die Gerechten zuversichtlich auf Gottes Lohn hoffen (19,3–20,4).

Exkurs: Der Abfassungszweck von 2 Clem 19,1–20,4

Der inhaltlich und formal deutlich markierte Einschnitt in 19,1 hat in der Forschung schon früh die Frage aufgeworfen, ob der Abschnitt 2 Clem 19.20 als sekundärer Nachtrag anzusehen ist (s. die Einleitung: Gattung, literarische Integrität und Gliederung). Zunächst fallen formale Differenzen zwischen Kap. 1–18 und 19,1–20,4 (zu 20,5 s. u. zSt) ins Auge: Einmal die von 1,1; 4,3 usw. abweichende Anrede ἀδελφοὶ καὶ ἀδελφαί in 19,1; 20,2; ferner das gehäufte Vorkommen der Begriffe εὐσεβής/εὐσέβεια (19,1.4; 20,4) und θεοσέβεια (20,4), die in 1–18 ganz fehlten. Warns, Untersuchungen 146 macht überdies darauf aufmerksam, daß der Abschnitt kein einziges Zitat enthält. Andererseits finden sich aber auch formale Übereinstimmungen: Die Gottesbezeichnung ὁ θεὸς τῆς ἀληθείας in 19,1 erinnert an ὁ πατὴρ τῆς ἀληθείας in 3,1; 20,5; die Aussage, daß die Hörer sich selbst wie den Redner „retten", wenn sie das Gehörte annehmen, begegnet in 19,1 schon in 15,1; in 19,1 findet sie ebenso wie in 8,2; 17,1 die Bitte, daß die Hörer Buße tun sollen ἐξ ὅλης καρδίας; auffallend ist hier wie dort die ständige Verwendung der 1. Pers. Plural Konjunktiv im adhortativen Sinn (19,2.3; 20,2; vgl. 4,1; 5,1 usw.). Auch inhaltlich gibt es eine Reihe von Übereinstimmungen. Dazu gehört vor allem die Betonung des zu erwartenden eschatologischen μισθός (20,4; vgl. 9,5; 11,5), die Verwendung des Bildes vom Wettkampf (20,2; vgl. 7,1ff; die Terminologie ist freilich überwiegend eine andere), die Charakterisierung der Predigt als νουθετεῖν und ἐπιστρέφειν (19,2; vgl. 17,2f). Zahlreicher und gewichtiger sind allerdings die inhaltlichen Differenzen: Daß sich Christen um Gottes χρηστότης „bemühen" sollen (19,1), paßt nicht recht zum Gedankengang in 15,4f; daß die Menschen „manchmal" das Böse ihres Handelns nicht erkennen (19,2), entspricht nicht der Tendenz der Aussage in 16,2; vor allem unterscheidet sich die in 19,3–20,4 breit ausgeführte Gedanke vom kurzen Leiden der Gerechten in dieser Zeit und ihrer ewigen Glückseligkeit ἄνω μετὰ τῶν πατέρων (s. zu 19,4) erheblich von der in 16,3; 17,4–7 dargestellten Eschatologie; und schließlich fällt auf, daß der Begriff καρπός in 19,3; 20,3 eine ganz andere Bedeutung hat als in 1,3. Dieser Befund im ganzen legt die Vermutung nahe, daß der Vf von 2 Clem 19,1–20,4 seinen Text zwar auf der Grundlage von 1–18 formuliert hat, daß der Vf aber nicht mit dem Prediger, der in 1–18 zu Wort kommt, identisch ist.

Dann bereitet allerdings der Platz dieser beiden Kap. im Ganzen des 2 Clem Schwierigkeiten: Die Wendung in 19,1 ἀναγινώσκω ὑμῖν ἔντευξιν εἰς τὸ προσέχειν κτλ. klingt so, als komme das Entscheidende erst noch. Vom *Rück*blick auf eine soeben gehörte ἔντευξις ist nicht die Rede, sondern man hat vielmehr den Eindruck, daß die ἔντευξις jetzt folgen wird; der Abschnitt 19,1–20,4 selbst kann freilich kaum als diese ἔντευξις angesehen werden. Umgekehrt ist es auch wenig wahrscheinlich, daß die knapp formulierte Wendung μετὰ τὸν θεὸν τῆς ἀληθείας besagen soll, in der soeben verlesenen Predigt habe „der Gott der Wahrheit" gesprochen. Vielmehr spricht alles dafür, daß diese Formulierung sich auf eine voraufgegangene Schriftlesung bezieht. Dann aber muß man annehmen, daß die beiden Kap. 2 Clem 19.20 in der handschriftlichen Überlieferung jetzt an einer falschen Stelle stehen. Vermutlich ist der Abschnitt 19,1–20,4 ursprünglich formuliert worden, um eine Überleitung zwischen Schriftlesung und anschließend folgender Verlesung der schriftlich

255

überlieferten Predigt Kap. 1–18 zu gewinnen. Erst bei der Verbindung von 2 Clem mit 1 Clem wäre dieser Abschnitt dann nach hinten versetzt worden, unmittelbar vor die ursprünglich zur Predigt gehörende Schlußdoxologie 20,5, die jetzt den durchaus stilgemäßen Abschluß des Corpus beider „Clemensbriefe" bildet. Kap. 19.20 wären nicht ein Epilog, sondern eher eine „Ouvertüre" gewesen, in der bestimmte Themen und Termini schon anklingen, die die Hörer dann während der eigentlichen Predigt wiedererkennen können und sollen. Wer diese Ouvertüre geschaffen hat, läßt sich kaum sagen. Nach Warns, Untersuchungen 151 ff hätte es sich um einen theologisch selbständig denkenden „Lektor" gehandelt, dessen Kommentar zur Predigt des Presbyters freilich doch „bescheiden" ausgefallen sei. Aber die Stellung des Vf von 2 Clem 19.20 innerhalb der kirchlichen „Hierarchie" bleibt ganz undeutlich; jedenfalls sagt die Wendung ὅταν τις ἡμᾶς νουθετῇ … (19,2), bezogen auf die συμβουλία eines Presbyters (15,1; 17,3), nichts darüber aus, ob der Sprecher mit dem Prediger, dessen Predigt er anschließend verlesen wird, auf gleicher Rangstufe steht oder nicht.

19,1: Die erweiterte Anrede ἀδελφοὶ καὶ ἀδελφαί begegnet in uns. Lit. nur hier (und in 20,2); ein spezielles Motiv ist nicht zu erkennen (vgl. aber Jak 2,15). Baasland meint (Anm. 236), die Anfügung sei „nicht so auffallend, wie die Literarkritik meint"; es handele sich um „eine formgemäße Präzisierung, die 20,2 angepaßt ist", doch ist damit der einzigartige Befund nicht erklärt. Das Gottesprädikat ὁ θεὸς τῆς ἀληθείας (vgl. 3,1) begegnet im NT nicht (vgl. aber Ps 30,6; 1 Esr 4,40 LXX; ein Zusammenhang wird kaum bestehen). Gemeint ist wohl, daß zuvor ein biblischer Text gelesen worden ist, in dem nach der Überzeugung der Gemeinde Gott selbst gesprochen hat (Formulierung und Gedanke sind ungewöhnlich; vgl. aber 13,3f). Jetzt soll das Verlesen einer ἔντευξις folgen (s. zu 1 Clem 63,2; die Übersetzung dieses Wortes mit „Ermahnung" wird durch die sonst übliche Verwendung nicht gedeckt, s. Bauernfeind, ThWNT VIII, 244f), in der die Hörer gebeten werden, auf τὰ γεγραμμένα (vgl. 2 Kor 4,13; 1 Clem 13,1) zu achten. Das einleitende ὥστε markiert offenbar nur den Übergang; ein direkter logischer Zusammenhang wird uns nicht sichtbar. Die Verbindung von Schriftlesung und Predigt ist aus der Synagoge bekannt (vgl. Lk 4,20f; Apg 13,15; Maier, Geschichte 35f mit Lit.; Stemberger, Judentum 104–107); sie wird in 1 Tim 4,13f erstmals für den christlichen Gottesdienst erwähnt. Ausführlich dann Justin Apol I 67,3 (s. o. bei 17,3). Daß die Predigten üblicherweise verlesen, nicht frei gehalten worden seien (so Knopf zSt), läßt sich nicht belegen; die von Knopf angeführte Stelle Euseb KG VI 36,1 besagt nur, daß Origenes entgegen seiner ursprünglichen Praxis im Alter das wörtliche Mitschreiben gestattete. Zu ἵνα καὶ ἑαυτοὺς σώσητε κτλ. vgl. 15,1. Ob entsprechend dem syrischen Text ἐμέ zu lesen ist (so Wengst; anders Lightfoot und Funk-Bihlmeyer), läßt sich kaum sagen; ein Bedeutungsunterschied besteht nicht. Ähnlich wie der Prediger bittet auch der Sprecher von 19,1 die Hörer darum, sie möchten „von ganzem Herzen Buße tun" (s. den Exkurs vor 19,1); zu μισθός vgl. 15,1b. Zu σωτηρίαν ἑαυτοῖς … διδόντας vgl. 13,1; 14,1. Die Verbindung von σωτηρία und ζωή begegnet auch Barn 2,10. Der dann genannte Zweck (σκόπον … θήσομεν; das von H bezeugte πόπον „Mühsal" ist wohl Verschreibung) überrascht, weil von den νέοι sonst überhaupt nicht die Rede ist (in 1 Clem 21,6 werden sie als eine unter mehreren Gruppen genannt). Die Aussage, daß sich die jungen Christen (vgl. 1 Clem 1,3) um εὐσέβεια und χρηστότης τοῦ θεοῦ „bemühen" wollen (φιλοπονεῖν in uns. Lit. nur hier; in LXX nur im Prolog des Sir), darf nicht zu eng gesehen werden; zu χρηστότης vgl. 15,5; zu εὐσέβεια s. 1 Clem 1,2. Gemeint ist, daß die Hörer in ihrer Existenz als Christen für die jungen Menschen in der Gemeinde ein Vorbild sein sollen.

Vf fordert in **2** die Hörer dazu auf, sich die Predigt (νουθετεῖν) gefallen zu lassen (so auch in 17,3). μὴ ἀηδῶς ἔχειν und (μὴ) ἀγανακτεῖν sind fast bedeutungsgleich. Wer sich gegen die Umkehrpredigt wehrt, erweist sich als ἄσοφος (in uns. Lit. nur hier und Eph 5,15). Das ἐπιστρέφειν von der ἀδικία zur δικαιοσύνη meint die innere sittliche, aber auch „religiöse" Bekehrung (vgl. Röm 6,13), die die Predigt bei den christlichen Hörern bewirken soll; deshalb ist δικαιοσύνη wiederum mehr als bloße „Rechtschaffenheit" (s. zu 11,7). Speziell im Blick auf das sittliche Tun gibt der Vf aber eine nähere Begründung: διψυχία (vgl. 11,2; die Wortgruppe ist in uns. Lit. selten, aber sehr häufig bei Herm) und ἀπιστία (hier, anders als in 17,5, die den Christen mangelnde Glaubensstärke) können dazu führen, daß wir es manchmal (ἐνίοτε; so die syrische Lesart, die Lightfoot und Funk-Bihlmeyer wohl m. R. übernehmen) gar nicht erkennen, wenn wir böse handeln. Zu πονηρὰ πράσσειν s. 8,2; daß die ἐπιθυμίαι auf das Böse zielen, setzt auch der Prediger in 16,2 voraus. Von „nichtigen Begierden" spricht auch Hermas (Mand XI 8; XII 6,5). Zum Bild von der Verfinsterung der διάνοια vgl. Eph 4,18; 1 Clem 36,2 (ähnlich Röm 1,21). στῆθος als Sitz des Denkens ist selten (s. Bauer-Aland WB 1532). Die Predigt soll also die Hörer zur Selbstprüfung veranlassen, ob sie möglicherweise unbewußt Böses tun.

Die Schlußfolgerung in **3a** (πράξωμεν κτλ.) ist ungewöhnlich, weil die Verbindung von πράσσειν und δικαιοσύνη in uns. Lit. und auch in LXX nicht belegt ist (zur Bedeutung von πράσσω s. Maurer, ThWNT VI, 632–638). Zu ἵνα ... σωθῶμεν vgl. 8,2. Zu εἰς τέλος s. Bauer-Aland WB s. v. τέλος 1.d.γ; zSt vgl. Wengst 234f: „Die von Christus bereits vollbrachte Rettung ist noch nicht vollständig und endgültig; daß sie das wird, dazu müssen die von den Götzen abspenstig Gemachten durch ihr rechtes Handeln erst noch selbst entscheidend beitragen", worin sich die für das 2. Jh. typische „Gesetzlichkeit" zeige. Aber die Tendenz dieser Paränese unterscheidet sich im Grunde nicht von der etwa in Gal 6,6–10; daß die Christen sich durch das Tun der Gerechtigkeit selbst das Heil verschaffen müßten oder könnten, sagt Vf nicht. Dem entspricht auch der Makarismus für die, die den προστάγματα (das Wort in 2 Clem nur hier, aber häufig in 1 Clem; s. vor allem 50,5; vgl. ferner Lk 11,28; Apk 22,7) gehorchen.

3b führt einen weiteren Aspekt ein (s. zu 5,5; 6,6f): Das gegenwärtige Leiden der Frommen in der Welt ist zeitlich kurz, verglichen mit dem, was sie dann an Heil erwartet. Zu κακοπαθεῖν vgl. 2 Tim 2,9f; vermutlich ist konkret an Bedrückung zu denken, die Christen um ihres Glaubens willen erdulden. Die Vorstellung ist traditionell (Röm 8,18; 2 Kor 4,17; 1 Petr 1,6; 5,10; vgl. Lührmann, Offenbarungsverständnis 105f); im Hintergrund steht das apokalyptische Zwei-Äonen-Schema. Das wäre noch deutlicher, wenn mit H ἐν τ.κ. τούτῳ zu lesen sein sollte (so Funk-Bihlmeyer und Wengst); andererseits zeigen aber 19,4b; 20,2, daß Vf nicht an einen kommenden κόσμος oder αἰών denkt, sondern an das individuelle Schicksal des Frommen, der die Auferstehung als „unsterbliche Frucht" (gen. appos.) ernten kann. Das an sich sehr häufige Adjektiv ἀθάνατος wird im NT nicht und in LXX nur selten in späten Schriften (Sap Sal, Sir, 4 Makk) gebraucht; s. zu 1 Clem 36,2. Die Auferstehung (s. zu 9,1) ist nicht als allgemein bevorstehendes Ereignis gedacht, sondern konkret als Heilszuwendung für den Frommen. Dementsprechend, so sagt **4**, braucht das gegenwärtige Leiden (ταλαιπωρέω entspricht dem κακοπαθέω von V. 3) den Frommen gar nicht zu betrüben. Zu μὴ ... λυπείσθω vgl. 1 Thess 4,13; mit λυπεῖν ist also mehr gemeint als nur eine (zu vermeidende) traurige Stimmung, sondern ein Mangel an eschatologischer Hoffnung. Die Gegenüberstellung von οἱ νῦν χρόνοι und ὁ μακάριος χρόνος ist ungewöhnlich. Die Zukunftshoffnung ist ganz individualisiert durch den Gedanken, daß der einzelne Fromme seinen Platz „droben" erhalten wird. Zum Himmel als dem Ort der Gerechten vgl. 4 Makk 17,5.18; äth Hen 104 (dazu

Volz, Eschatologie 418 f) und vor allem Kol 3,1 f. Das Verb ἀναβιοῦν begegnet sonst in uns. Lit. und auch in LXX nicht (vgl. aber 2 Makk 7,9: Gott εἰς αἰώνιον ἀναβίωσιν ζωῆς ἡμᾶς ἀναστήσει); Josephus verwendet es Ant XVIII 14 im Zusammenhang der Darstellung der pharisäischen Eschatologie (anders wohl der Gebrauch bei Artapanos [Euseb Praep Ev IX 27,25]: Ein Ohnmächtiger wird „wiederbelebt"). Vgl. ferner Philostr Vit Ap I 1,1: Man erzähle sich, Pythagoras sei nach seinem Tode wieder lebendig geworden (ἀναβιοίη τε ἀποθανών). Auch der Gedanke, daß der Fromme das neue Leben dann μετὰ τῶν πατέρων erhält, ist ungewöhnlich; vgl. aber die biblische, in Apg 13,36 nachgeahmte Redeweise, daß ein Verstorbener „zu seinen Vätern" hinzugeholt wird (Ri 2,10; 4 Regn 22,20; 1 Makk 2,69 LXX), die im Kontext einer Auferstehungsvorstellung dann entsprechend erweitert wird. Ob οἱ πατέρες die alttestamentlichen „Väter" (so Knopf zSt) oder aber verstorbene Christen sind (so in 2 Petr 3,4), läßt sich kaum sagen. ἀλύπητος in uns. Lit. nur hier; ungewöhnlich ist auch der Gebrauch von εὐφραίνω zur Bezeichnung der eschatologischen, ewigen Freude. Lightfoot I/2, 258 f nimmt aufgrund mehrerer paralleler Formulierungen an, daß Hippolyt in seiner Schrift „De universo" (Holl, TU 20,2, fr 353 Z 30 ff) diesen Text „stillschweigend" (so Knopf zSt) verwendet hat. Das Ganze zeigt, daß die Positionen frühkirchlicher Eschatologie nach Terminologie und Vorstellungsgehalt sehr vielfältig sein können (vgl. R. Staats, Art. Auferstehung I/4, TRE 4, 468).

In **20**,1 wendet sich der Vf einem verwandten Problem zu: Nicht nur befinden sich die δοῦλοι τοῦ θεοῦ in Not (στενοχωρεῖν im gleichen Sinn wie zuvor κακοπαθεῖν und ταλαιπωρεῖν; vgl. 2 Kor 4,8), sondern zugleich nehmen sie auch noch wahr, daß οἱ ἄδικοι im Reichtum leben. „Knechte Gottes" sind offenbar nicht Amtsträger im Sinne von Tit 1,1, sondern allgemein die Christen (vgl. Herm Vis I 2,4 u. sehr oft bei Herm). Vf kritisiert hier nicht den Reichtum als solchen (anders Lk 6,24; Jak 5,1); er stellt aber auch keine praktikablen Normen für den Umgang mit dem Besitz auf, wie es z. B. Herm Sim II 4–10 tut (vgl. II 10: μακάριοι οἱ ἔχοντες καὶ συνιέντες, ὅτι παρὰ τοῦ κυρίου πλουτίζονται· ὁ γὰρ συνίων τοῦτο δυνήσεται καὶ διακονῆσαί τι ἀγαθόν; vgl. dazu Hauck/Kasch, ThWNT VI, 329). Daß gerade die sittlich falsch oder böse Handelnden bisweilen reich sind, ist eine in der Antike oft beklagte Tatsache. So heißt es schon in einem Gedicht Solons: πολλοὶ γὰρ πλουτεῦσι κακοί, ἀγαθοὶ δὲ πένονται· vgl. allerdings die Fortsetzung: ἀλλ' ἡμεῖς αὐτοῖσ' οὐ διαμειψόμεθα (eintauschen) τῆς ἀρετῆς τὸν πλοῦτον (SQAW 24/1, 38,9 ff). Vgl. auch Epict Diss III 17: ὁ ἄδικος πλέον ἔχει. Das Thema spielt eine besondere Rolle im Judentum der späten Weisheit (Hi 21,7 ff; vgl. Hauck/Kasch aaO. 322 f) und in der Apokalyptik; Trost wird darin gefunden, daß einem im Tode der Reichtum nichts mehr nützt (Ps 49,17 ff; äth Hen 96,4: „Wehe euch, ihr Sünder, denn euer Reichtum läßt euch als Gerechte erscheinen, aber euer Herz beweist euch, daß ihr Sünder seid, und diese Rede [oder: Tatsache] wird euch gegenüber ein Zeugnis sein zur Erinnerung eurer Bosheiten"; 96,8: „Wehe euch, ihr Mächtigen, die ihr mit Gewalt den Gerechten niederdrückt, denn der Tag eurer Vernichtung wird kommen. In jenen Tagen werden für die Gerechten viele und gute Tage kommen – am Tage eures Gerichtes" [Übers. Uhlig JSHRZ V/6, 719 f]). An diese Thematik knüpft Vf an. Aber worin besteht eigentlich das ταράσσειν unseres (H hat korrigiert: eures) Denkens, vor dem er warnt? Vermutlich nicht darin, daß die Christen an Gottes Gerechtigkeit zweifeln, sondern offenbar darin, daß auch ihnen der Reichtum als erstrebenswertes Gut erscheinen könnte (s. u. zu V. 4; vgl. auch, daß in 19,2 von der Verfinsterung der διάνοια die Rede gewesen war). Vf will deshalb den Hörern Mut dazu machen, die ungerechte gegenwärtige Weltordnung zu ertragen, ja, darin geradezu eine „Probe" (V. 2) zu sehen. **2** verheißt demgemäß zwar nicht den Untergang der ἄδικοι, wohl aber ruft der Vf die Christen dazu auf, an den eigenen künftigen Sieg zu glauben (H hat statt des Adhortativ den Indikativ πιστεύομεν ohne folgendes ὅτι). Die in V. 1 beschriebene Situation soll als „Probe" (πεῖρα; vgl. πειράζω, πειρασμός) gedeutet werden, der der lebendige Gott (vgl. 2 Kor 3,3; Mt 16,16; Herm Vis II 3,2) uns unterzieht. ἀθλέω wie in 1 Clem 5,2. Zum Bild vom Wettkampf mit gegenwärtigem hartem Training (γυμναζό-μεθα τῷ νῦν βίῳ) und bevorstehender Siegerehrung (τῷ μέλλοντι [sc. βίῳ] στεφανωθῶμεν) s. Kap. 7. Vgl. ferner Test Hiob 4,9f: ἐγερθήσῃ ἐν τῇ ἀναστάσει ἔσῃ γὰρ ὡς ἀθλητής πυκτεύων καὶ καρτερῶν πόνους καὶ ἐκδεχόμενος τὸν στεφανόν „... denn du wirst sein wie ein Wettkämpfer, der Schläge austeilt und Schmerzen empfängt und (am Ende) den (Sieges-) Kranz empfängt" (Übers. Schaller JSHRZ III/3, 329 f). Das sich anschließende Bild von der „raschen Frucht" (**3**) nimmt 19,3 wieder auf. Die Formulierung ist ungewöhnlich, erinnert aber an Jak 5,7. Der Aor. ἔλαβεν ist wohl gnomisch aufzufassen; gemeint ist, daß die δίκαιοι den von Gott kommenden Lohn generell nicht schon irdisch erhalten, sondern erst jenseitig-zukünftig. Das Bild wird in **4** näher ausgeführt, wobei Vf den in der Predigt so wichtigen Begriff μισθός aufnimmt (vgl. vor allem 9,5): Würde Gott den Gerechten ihren Lohn sofort geben, so würde sich das Gottesverhältnis sogleich an der Norm von Leistung und Gegenleistung (ἐμπορία) orientieren und wäre vom Menschen her gerade nicht als θεοσέβεια zu bezeichnen. Das Wort, im NT nur in 1 Tim 2,10 (vgl. Dg 1,1: θεοσέβεια τῶν Χριστιανῶν; ferner Dg 3,3; 4,5) bezeichnet positiv die richtige Gottesbeziehung. Dem entspricht der Hinweis, daß die Christen dann in Wahrheit nicht τὸ εὐσεβές (vgl. 19,1) erstreben würden, sondern τὸ κερδαλέον (das Wort ist selten; in uns. Lit. nur hier). Auch der Vf von 2 Clem 19.20 weist also den Gedanken zurück, der Mensch könne sich das Heil „verdienen". Zu ἐδοκοῦμεν εἶναι δίκαιοι vgl. 17,3 (δοκῶμεν πιστεύειν).

Die Fortsetzung, zugleich die Schlußbemerkung des Vf, bezieht sich auf ein den Hörern offenbar bekanntes Ereignis: Göttliches Gericht hat einem „nicht gerechten πνεῦμα" Schaden zugefügt und es in Ketten geschlagen. βλάπτειν kann in griech. Literatur gebraucht werden, um eine von den Göttern ausgehende Schädigung der Menschen zu benennen; Hom Od I 195: Odysseus wäre schon wieder zu Hause, doch die Götter lassen seinen Weg mißraten (ἀλλά νυ τόν γε θεοὶ βλάπτουσι κελεύθου); Od XIV 178: Ein Gott oder ein Mensch hat den Verstand des Telemachos verwirrt (βλάψε φρένας). Beim jüdischen Dichter Theodotus heißt es: βλάπτε θεὸς Σικίμων οἰκήτορας „Gott fügte den Bewohnern von Sichem Schaden zu" weil sie das Recht nicht achteten (Euseb Praep Ev IX 22,9). In LXX, im NT und bei den Apost Vätern begegnet das (hier ohnehin seltene) Verb nicht in diesem Sinn außer hier in V. 4. Zu δεσμοῖς s. u. Der Hinweis auf das bestrafte πνεῦμα paßt in der Argumentation nicht ganz in den Zusammenhang, weil dieser Geist ja nicht „scheinbar gerecht", sondern definitiv „nicht gerecht" ist. Der Vf will offenbar vor allem sagen, es gebe zumindest ein Beispiel dafür, daß göttliches Gericht am Ungerechten bereits wirksam war (während göttlicher Lohn am Gerechten ja noch aussteht). Worauf sich Vf bezieht, ist nicht klar. Nach jüdischer Auslegung von Gen 6,1–4 waren die dort erwähnten „Göttersöhne" Engel, die Gott nach ihrem Fall binden und in die Finsternis werfen ließ; äth Hen 10,4; Jub 5,10: „Und danach wurden sie gefesselt in den Abgründen der Erde bis zum Tag des großen Gerichts. Und es wird Gericht sein über alle, die verdorben haben ihre Wege und ihre Werke vor dem Herrn"; Jub 10,5 (Gebet Noahs): „Und du weißt, wie deine Wächter gehandelt haben, die Väter dieser Geister, in meinen

Tagen. Und diese Geister, die im Leben sind, schließe sie ein und halte sie fest am Ort des Gerichtes, und sie sollen nicht Verderben stiften unter den Kindern deines Knechtes, mein Gott. Denn bösartig sind sie, und zum Vernichten sind sie geschaffen" (Übers. Berger JSHRZ II/3, 351.379); ähnlich sBar 56,12. „Eiserne Ketten von unermeßlichem Gewicht" erwähnt äthHen 54,3, allerdings in anderem Zusammenhang. Auf diesen Mythos spielt Jud 6 (vgl. 2 Petr 2,4) an: ἀγγέλους τε τοὺς μὴ τηρήσαντες τὴν ἑαυτῶν ἀρχὴν ἀλλὰ ἀπολιπόντας τὸ ἴδιον οἰκητήριον εἰς κρίσιν μεγάλης ἡμέρας δεσμοῖς ἀϊδίοις ὑπὸ ζόφον τετήρηκεν. Auffallend ist nun aber, daß der Vf von 2 Clem 20,4 von *einem* Geist spricht, Gen 6 und die daran anknüpfende Auslegung hingegen von mehreren. Ist mit dem einen πνεῦμα μὴ ὂν δίκαιον möglicherweise der Satan gemeint (vgl. die rabbinische Vorstellung vom Satan als gefallenem Engel; Foerster, Art. διάβολος, ThWNT II, 78)? Dazu paßt jedoch die Aussage nicht, daß dieses πνεῦμα gefesselt ist. Knopf zSt kommt zu dem Ergebnis, „am besten" sei noch die Annahme, Vf spiele auf einen innergemeindlichen Vorgang an (Krankheit eines ungehorsamen Christen o. ä.), der als göttliches Gericht gedeutet werde (vgl. in der Sache 1 Kor 11,30, wo Krankheit und Sterben freilich nicht als Gottesstrafe gedeutet sind); nur das Wort πνεῦμα sei dann „schwierig, zumindest auffällig". Welche der beiden Deutungen dem vom Vf Gemeinten näherkommt, läßt sich nicht sagen.

20,5 Die Schlußdoxologie

Dem einzigen, unsichtbaren Gott, dem Vater der Wahrheit, der uns gesandt hat den Retter und Führer zur Unvergänglichkeit, durch den er uns auch kundgetan hat die Wahrheit und das himmlische Leben – ihm sei die Ehre von Ewigkeit zu Ewigkeit. Amen.

Die Schlußdoxologie **20,5** stammt vom Prediger von Kap. 1–18. Das zeigt vor allem der Sprachgebrauch (πατὴρ τῆς ἀληθείας wie in 3,1; σωτήρ von Christus wie σώζειν in 2,7; 9,5 u. ö.; ἀφθαρσία wie in 7,5; 14,5). Die Doxologie gehörte ursprünglich wohl hinter 18,2 und bildete den stilgemäßen Predigtschluß (s. den Exkurs vor 19,1). Die Formel ist sorgfältig gegliedert: Die am Ende stehende eigentliche Doxologie (αὐτῷ ἡ δόξα) gilt Gott; das Vorangehende läßt sich deutlich in drei Abschnitte gliedern: Zuerst wird Gott als „einzig" und „unsichtbar" und als „Vater der Wahrheit" bezeichnet; im zweiten Abschnitt folgt eine partizipial formulierte Aussage darüber, daß Gott uns den σωτήρ und ἀρχηγὸς τῆς ἀφθαρσίας gesandt hat; und der dritte Abschnitt enthält die Aussage, daß Gott uns durch diesen σωτήρ „die Wahrheit und das himmlische Leben" geoffenbart hat. Warns, Untersuchungen 139 meint, in der „trinitarischen" Struktur dieser Doxologie (θεός – σωτήρ – ἀλήθεια) mache sich nochmals die kritische Nähe zum Valentinianismus bemerkbar, in dem bei der Taufe die Trias „Unbekannter Vater des Alls, Wahrheit als Mutter, Jesus" angerufen wird (Iren Haer I 21,3; vgl. Exc ex Theod 61,1: ἐγὼ ἡ ζωή, ἐγὼ ἡ ἀλήθεια, ἐγὼ καὶ ὁ πατὴρ ἕν ἐσμεν); den vom Prediger gewollten Gegensatz markierten am schärfsten die – bewußt wiederholten – Worte ἡμῖν und ἀλήθεια, die zeigen sollen, daß „bei uns" die Wahrheit ist.

Inhaltlich ist die Doxologie sehr umfassend, und es lassen sich viele Parallelen zeigen: Der Rahmentext (τῷ μόνῳ θεῷ ἀοράτῳ ... ἡ δόξα εἰς τοὺς αἰῶνας τῶν αἰώνων. ἀμήν) stimmt fast wörtlich mit 1 Tim 1,17 überein (dort nur zusätzlich ἀφθάρτῳ [θεῷ]; vgl. aber hier τῆς ἀφθαρσίας); das Gottesprädikat πατὴρ τῆς ἀληθείας stand schon in 3,1; zu ἐξαπεστείλαντι vgl. Gal 4,4 (ἐξαπέστειλεν ὁ θεὸς τὸν υἱὸν αὐτοῦ); zu σωτῆρα καὶ ἀρχηγόν vgl. Apg 5,21 (dort als Aussage über Jesu Erhöhung zur Rechten Gottes) und Hebr 2,10 (τὸν ἀρχηγὸν τῆς σωτηρίας; vgl. dazu hier die Lesart von S: ἀρχηγὸν τῆς ζωῆς καὶ εἰς σωτηρίαν ἡμῶν). Zu δι' οὗ ἐφανέρωσεν ἡμῖν τὴν ἀλήθειαν gibt es keine direkte Parallele; vgl. aber die Aussagen bei Joh, daß Jesus „die Wahrheit" mitteilt (z. B. Joh 8,40). Der Ausdruck ἐπουράνιος ζωή ist sonst nicht belegt.

Das Gottesattribut μόνος wird im zeitgenössischen Judentum oft gebraucht (Jes 37,20 LXX: ... ἵνα γνῷ πᾶσα βασιλεία τῆς γῆς ὅτι σὺ εἶ ὁ θεὸς μόνος; VitAd 13,5; EpArist 132,1; 139,6; OrSib III 629; Jos Ant VIII 335: ... ὃς μόνος ἐστὶ θεός) und christlich übernommen (vgl. 1 Tim 1,17; Jud 25). Dasselbe gilt von ἀόρατος (VitAd 35,3; OrSib III 12; vgl. Röm 1,20; Kol 1,15; Ign Magn 3,2; zum Ganzen Bultmann, Exegetica 174–197). Steht im Hintergrund der Formulierung, Gott sei „der Vater", der den σωτήρ „gesandt" hat, die Erinnerung daran, daß die Sendungschristologie ursprünglich von dem vom „Vater gesandten Sohn" spricht (Gal 4,4; oft bei Joh; vgl. vor allem 1 Joh 4,14: ὁ πατὴρ ἀπέσταλκεν τὸν υἱὸν σωτῆρα τοῦ κόσμου)? Die Christusprädikate σωτήρ und ἀρχηγὸς τῆς ἀφθαρσίας zeigen jetzt jedenfalls die starke soteriologische Akzentuierung der Christologie, wie sie für 2 Clem überhaupt charakteristisch ist. σωτήρ, bei Paulus nur einmal (Phil 3,20), rückt in den neutestamentlichen Spätschriften als Christustitel in den Vordergrund (1 Tim 1,1; 2 Tim 1,10; 2 Petr 1,1; vgl. Lk 2,11 usw.), bleibt aber daneben auch Gottesprädikat (1 Tim 2,3 u. ö.; Jud 25; vgl. Lk 1,47; 1 Clem 59,3). Bei den Apost Vätern dann merkwürdigerweise selten (s. Bauer-Paulsen zu Ign Eph 1,1). ἀρχηγός, im NT nur Apg 3,15; 5,31; Hebr 2,10; 12,2, bei den Apost Vätern nur hier (in 1 Clem 14,1; 51,1 sind die „Rädelsführer" der στάσις gemeint), ist der „Führer zur Unvergänglichkeit", nicht deren „Urheber" (vgl. Braun zu Hebr 2,10). Gott hat uns durch ihn auch (καί vor ἐφανέρωσεν wird mit H zu lesen sein; die Lesarten von S in 20,5 sind jedenfalls sonst durchweg als sekundäre Erweiterungen anzusehen) „die Wahrheit" geoffenbart (vgl. Joh 8,32 u. ö.) und das „himmlische Leben", d. h. er hat uns beides zu gewinnen ermöglicht (Bultmann/Lührmann, ThWNT IX, 6,23); vgl. Dg 8,11: In der Offenbarung durch seinen Sohn hat Gott uns alles auf einmal gewährt – „sowohl teilzuhaben an seinen Wohltaten als auch (sie) zu sehen als auch (entsprechend) zu handeln". Zu ἐπουράνοις ζωή vgl. 17,3.7. Die Schlußwendung begegnet wörtlich identisch in 4 Makk 18,24 LXX; Phil 4,20; 1 Tim 1,17; 2 Tim 4,18; Hebr 13,21; 1 Clem 50,7. Die Kopula fehlt wie meist; 1 Clem 32,4 hat ἔστω. ἀμήν (dazu J. Jeremias, Art. Amen I, TRE 2, 386–391) schließt oft die Doxologie (1 Clem 32,4 usw.) und hier den ganzen Text; so auch meist in den Briefen des NT, nicht jedoch bei Ignatius. S fügt zusätzlich an, daß hiermit der zweite Brief des Clemens an die Korinther abgeschlossen ist.

Beilage zu 1 Clem 25*

Griechische, römische, jüdische und christliche Texte
zur Erzählung vom Vogel Phönix

1. Hesiod (um 700 v. Chr.), Fragment 171

(zitiert bei Plutarch Def Orac 11):

ἐννέα τοι ζώει γενεὰς λακέρυζα κορώνη,
ἀνδρῶν ἡβώντων· ἔλαφος δέ τε τετρακόρωνος·
τρεῖς δ' ἐλάφους ὁ κόραξ γηράσκεται· αὐτὰρ ὁ φοῖνιξ
ἐννέα τοὺς κόρακας· δέκα δ' ἡμεῖς τοὺς φοίνικας
νύμφαι εὐπλόκαμοι, κοῦραι Διὸς αἰγιόχοιο.

Neunfältig durchlebt das Alter reifender Männer
Die geschwätzige Krähe, der Hirsch vier Alter der Krähe.
Dreimal so alt wie der Hirsch wird der Rabe, aber der Phönix
Neunmal so alt als der Rabe; des Phönix zehnfaches Alter
Ward uns Nymphen zuteil, Zeus' flechtengeschmückten Töchtern.

(Übersetzung: Konrat Ziegler, Plutarch. Über Gott und Vorsehung, Dämonen und Weissagung,
Artemis-Verlag Zürich und Stuttgart 1952)

2. Herodot (um 450 v. Chr.), Historien II 73:

Ἔστι δὲ καὶ ἄλλος ὄρνις ἱρός, τῷ οὔνομα φοῖνιξ. ἐγὼ μέν μιν οὐκ εἶδον εἰ μὴ ὅσον γραφῇ· καὶ γὰρ δὴ καὶ σπάνιος ἐπιφοιτᾷ σφι, δι' ἐτέων, ὡς Ἡλιοπολῖται λέγουσι, πεντακοσίων. φοιτᾶν δὲ τότε φασὶ ἐπεάν οἱ ἀποθάνῃ ὁ πατήρ. ἔστι δέ, εἰ τῇ γραφῇ παρόμοιος, τοσόσδε καὶ τοιόσδε· τὰ μὲν αὐτοῦ χρυσόκομα τῶν πτερῶν, τὰ δὲ ἐρυθρά· ἐς τὰ μάλιστα αἰετῷ περιήγησιν ὁμοιότατος καὶ τὸ μέγαθος. τοῦτον δὲ λέγουσι μηχανᾶσθαι τάδε, ἐμοὶ μὲν οὐ πιστὰ λέγοντες, ἐξ Ἀραβίης ὁρμώμενον ἐς τὸ ἱρὸν τοῦ Ἡλίου κομίζειν τὸν πατέρα ἐν σμύρνῃ ἐμπλάσσοντα καὶ θάπτειν ἐν τοῦ Ἡλίου τῷ ἱρῷ· κομίζειν δὲ οὕτω· πρῶτον τῆς σμύρνης ᾠὸν πλάσσειν ὅσον [τε] δυνατός ἐστι φέρειν, μετὰ δὲ πειρᾶσθαι αὐτὸ φορέοντα, ἐπεὰν δὲ ἀποπειρηθῇ, οὕτω δὴ κοιλήναντα τὸ ᾠὸν τὸν πατέρα ἐς αὐτὸ ἐντιθέναι, σμύρνῃ δὲ ἄλλῃ ἐμπλάσσειν τοῦτο κατ' ὅ τι τοῦ ᾠοῦ ἐκκοιλήνας ἐνέθηκε τὸν πατέρα, ἐγκειμένου δὲ τοῦ πατρὸς γίνεσθαι τὠυτὸ βάρος· ἐμπλάσαντα δὲ κομίζειν μιν ἐπ' Αἰγύπτου ἐς τοῦ Ἡλίου τὸ ἱρόν. ταῦτα μὲν τοῦτον τὸν ὄρνιν λέγουσι ποιέειν.

---

* Für die freundlicherweise erteilten Abdrucksgenehmigungen der Übersetzungen sei den genannten Verlagen gedankt.

Noch einen anderen heiligen Vogel gibt es, den Phoinix. Ich habe ihn nur abgebildet gesehen; denn er kommt selten nach Ägypten, wie die Bewohner von Heliopolis erzählen, nur alle 500 Jahre. Er soll nur dann erscheinen, wenn sein Vater stirbt. Nach dem Bild sieht er groß und dergestalt aus: Ein Teil seiner Federn ist goldfarben, ein Teil rot. Im großen ganzen gleicht er in der Darstellung in Bau und Größe dem Adler. Von seinem Tun erzählt man Dinge, die ich aber nicht ganz glaube: Er kommt aus Arabien geflogen und bringt die Leiche seines Vaters mit, in Myrrhen gehüllt, zu dem Heiligtum des Helios, wo er sie begräbt. Den Leichnam trägt er folgendermaßen: Zuerst formt er ein Ei aus Myrrhe so groß, daß er es noch tragen kann; er versucht dann, es aufzuheben. Nach dieser Probe höhlt er das Ei aus und legt die Leiche des Vaters hinein. Dann verschließt er die Aushöhlung, in die er den Vater gelegt hat, mit weiterer Myrrhe. Jetzt ist das Ei samt dem eingefügten Vater ebenso schwer wie vorher. So trägt er es nach Ägypten in das Heiligtum des Helios. Dies sind die Erzählungen über diesen Vogel.

(Übersetzung: Josef Feix, Herodot Historien, Heimeran Verlag München)

3. Tragiker Ezechiel

(3./1. Jahrh. v. Chr.; Datierung unsicher; zitiert bei Euseb Praeparatio Evangelica IX 29):

ἕτερον δὲ πρὸς τοῖσδ' εἴδομεν ζῷον ξένον
θαυμαστὸν οἷον οὐδέπω ὥρακέ τις.
διπλοῦν γὰρ ἦν τὸ μῆκος ἀετοῦ σχεδὸν
πτεροῖσι ποικίλοισιν ἠδὲ χρώμασι.
στῆθος μὲν αὐτοῦ πορφυροῦν ἐφαίνετο
σκέλη δὲ μιλτόχρωτα καὶ κατ' αὐχένων
κροκωτίνοις μαλλοῖσιν εὐτρεπίζετο.
κάρα δὲ κοττοῖς ἡμέροις παρεμφερὲς
καὶ μηλίνη μὲν τῇ κόρῃ προσέβλεπε
κύκλῳ κόρη δὲ κόκκος ὡς ἐφαίνετο.
φωνὴν δὲ πάντων εἶχεν ἐκπρεπεστάτην.
βασιλεὺς δὲ πάντων ὀρνέων ἐφαίνετο
ὡς ἦν νοῆσαι πάντα γὰρ τὰ πτήν' ὁμοῦ
ὄπισθεν αὐτοῦ δειλιῶντ' ἐπέσσυτο
αὐτὸς δὲ πρόσθεν ταῦρος ὡς γαυρούμενος
ἔβαινε κραιπνὸν βῆμα βαστάζων ποδός.

Weiterhin aber sahen wir ein anderes, fremdes Tier,
wundersam, wie noch keiner es je gesehen hat.
Doppelt so groß nämlich wie ein Adler war es beinahe,
mit bunten Flügeln und buntem Leib.
Seine Brust glänzte purpurn,
die Schenkel rötelfarben, und im Nacken
war es mit safranfarbenen Federn prächtig ausgestattet.
Der Kopf ähnelte ein wenig zahmen Hähnen,
und mit apfelfarbener Pupille blickte es
im Kreise umher; die Pupille aber leuchtete wie ein Granatapfelkern.
Eine Stimme besaß es, die war die prächtigste von allen.

Als König aller Vögel erschien es,
wie man erkennen konnte; denn alle Vögel zugleich
eilten furchtsam hinter ihm her,
es selbst aber schritt voran, wie ein stolzer Stier,
und stolzierte dahin mit reißend schnellem Schritt.

(Übersetzung: Ernst Vogt, Tragiker Ezechiel, JSHRZ IV/3, Gütersloher Verlagshaus Gerd Mohn, Gütersloh 1983)

4. P. Ovidius Naso (43 v. Chr.–18 n. Chr.), Metamorphosen XV 391–407:

Haec tamen ex aliis generis promordia ducunt:
una est, quae reparet seque ipsa reseminet, ales:
Assyrii phoenica vocant; non fruge neque herbis,
sed turis lacrimis et suco vivit amomi.
haec ubi quinque suae conplevit saecula vitae,
ilicis in ramis tremulaeque cacumine palmae
unguibus et puro nidum sibi construit ore.
quo simul ac casias et nardi lenis aristas
quassaque cum fulva substravit cinnama murra.
se super inponit finitque in odoribus aevum.
inde ferunt, totidem qui vivere debeat annos,
corpore de patrio parvum phoenica renasci.
cum dedit huic aetas vires onerique ferendo est,
ponderibus nidi ramos levat arboris altae
fertque pius cunasque suas patriumque sepulcrum,
perque leves auras Hyperionis urbe potitus
ante fores sacras Hyperionis aede reponit.

All die führen indes auf andre zurück ihren Ursprung.
Einen Vogel gibt es, der selbst sich erzeugt und erneuert.
Phœnix nennt der Assyrier ihn. Er lebt nicht von Frucht und
Kräutern, sondern von Zähren des Weihrauchs, vom Saft des Amomum.
Hat seines Lebens fünf Jahrhunderte dieser erfüllt, dann
baut er sich selbst mit den Klaun und dem reinen Schnabel ein Nest im
Eichengezweig oder auch im Wipfel der schwankenden Palme.
Hat er Casia dort und die Ähren der schmiegsamen Narde,
gelbliche Myrrhe dazu und gestoßenen Zimt unterbreitet,
bettet er selbst sich darauf und endet in Düften sein Leben.
Hier, so sagt man, entsteht aus dem Leibe des Vaters ein kleiner
Phœnix, dem ebensoviel an Jahren zu-leben bestimmt ist.
Hat sein Alter dem die Kraft es zu tragen verliehen,
löst er des hohen Baumes Gezweig von der Last seines Nestes,
trägt seine Wiege – und das Grab seines Vaters – er fromm, und

wenn durch die flüchtige Luft er die Stadt Hyperions erreicht hat,
legt er am heiligen Tor des Sonnentempels es nieder.

(Übersetzung: Publius Ovidius Naso, Metamorphosen. In deutsche Hexameter übertragen und mit
dem Text herausgegeben von Erich Rösch, Heimeran Verlag München 1968)

5. Pomponius Mela, De Chorographia (verfaßt 43/44 n. Chr.) III 83/84:

De volucribus praecipue referenda Phoenix, semper unica; non enim coitu concipitur
partuve generatur, sed ubi quingentorum annorum aevo perpetua duravit, super exagge-
ratam variis odoribus struem sibi ipsa incubat solviturque, dein putrescentium membro-
rum tabe concrescens ipsa se concipit atque ex se rursus renascitur. cum adolevit, ossa
pristini corporis inclusa murra Aegyptum exportat, et in urbe quam Solis adpellant
flagrantibus arae bustis inferens memorando funere consecrat.

Unter den Vögeln ist vor allem der Phönix zu erwähnen, von dem es immer nur einen
einzigen gibt; denn er wird nicht durch Begattung empfangen oder durch Geburt hervor-
gebracht, sondern sobald er eine ununterbrochene Lebenszeit von fünfhundert Jahren
verbracht hat, legt er sich selbst auf einen von ihm mit Wohlgerüchen aufgeschichteten
Scheiterhaufen und stirbt (= geht in Verwesung über). Darauf bildet er sich wieder aus der
Fäulnis der verwesenden Glieder und erzeugt sich so selber und wird aus sich wiedergebo-
ren. Wenn er herangewachsen ist, bringt er die Gebeine des früheren Körpers, in Myrrhe
gehüllt, nach Ägypten, legt sie in der Stadt, die Sonnenstadt heißt, auf die lodernde
Brandstätte eines Altars und weiht sie in denkwürdiger, feierlicher Bestattung den Göttern.

(Übersetzung: Wolf-Lüder Liebermann, Bethel)

6. C. Plinius Secundus (d. Ältere; 23/24–79 n. Chr.), Naturalis Historia X 3–5:

Aethiopes atque Indi discolores maxime et inenarrabiles ferunt aves et ante omnes nobilem
Arabiae phoenicem, haud scio an fabulose, unum in toto orbe nec visum magno opere.
aquilae narratur magnitudine, auri fulgore circa colla, cetero purpureus, caeruleam roseis
caudam pinnis distinguentibus, cristis fauces caputque plumeo apice honestante. primus
atque diligentissime togatorum de eo prodidit Manilius, senator ille maximis nobilis
doctrinis doctore nullo: neminem exstitisse, qui viderit vescentem, sacrum in Arabia Soli
esse, vivere annis DXL, senescentem casiae turisque surculis construere nidum, replere
odoribus et superemori. ex ossibus deinde et medullis eius nasci primo ceu vermiculum,
inde fieri pullum; principioque iusta funera priori reddere et totum deferre nidum prope
Panchaiam in Solis urbem et in ara ibi deponere. cum huius alitis vita magni conversionem
anni fieri prodit idem Manilius iterumque significationes tempestatum et siderum easdem
reverti; hoc autem circa meridiem incipere, quo die signum Arietis sol intraverit. et fuisse
eius conversionis annum prodente se P. Licinio Cn. Cornelio cos. CCXV. Cornelius

Valerianus phoenicem devolavisse in Aegyptum tradit Q. Plautio Sex. Papinio cos. allatus est et in urbem Claudii principis censura anno urbis DCCC. et in Comitio propositus. quod Actis testatum est, sed quem falsum esse nemo dubitaret.

Bei den Äthiopiern und Indern gibt es äußerst verschiedenfarbige und unbeschreibbare Vögel und vor allem den berühmten Phönix in Arabien – vielleicht nur ein Märchen –, der einzige auf der ganzen Erde und sehr schwierig zu sehen. Wie man berichtet, hat er die Größe eines Adlers, ist goldglänzend um den Hals, sonst purpurfarben, während rosenfarbene Federn den bläulichen Schwanz auszeichnen; die Kehle ist geschmückt mit Auswüchsen und der Kopf mit einem Federbusch. Von den Römern berichtete als erster und am sorgfältigsten über ihn Manilius, jener berühmte Senator, der sich ohne Lehrer durch eine außerordentliche Gelehrsamkeit auszeichnete: Niemand habe jemals ⟨den Phönix⟩ fressen gesehen, in Arabien sei er dem Sonnengott geheiligt, werde 540 Jahre alt, baue sich im Alter ein Nest aus kleinen Zweigen des Zimtstrauchs und Weihrauchs, fülle es mit Riechstoffen und sterbe auf ihm. Aus seinen Knochen und dem Mark bilde sich zuerst eine Art von kleinem Wurm, daraus erwachse dann ein kleiner Vogel; dieser erweise zunächst seinem Vorgänger die letzte Ehre; er bringe dann das ganze Nest im Gebiet von Panchaia in die Sonnenstadt und lege es dort auf einem Altar nieder. Manilius überliefert auch, mit dem Leben dieses Vogels falle der Neubeginn des Großen Jahres zusammen und kehrten dieselben Zeitabläufe und Gestirnkonstellationen wieder; dies beginne aber mittags an dem Tag, an dem die Sonne in das Zeichen des Widders tritt. Das Jahr, in dem er unter dem Konsulat des P. Licinius und Cn. Cornelius schrieb, sei das 215. dieses Zyklus gewesen. Cornelius Valerianus berichtet, daß der Phönix unter dem Konsulat des Q. Plautius und Sex. Papinius nach Ägypten geflogen sei. Im Jahre 800 der Stadt, als Kaiser Claudius Zensor war, wurde auch einer nach Rom gebracht und auf dem Versammlungsplatz ausgestellt. Dies wird zwar in den Akten bezeugt, aber niemand zweifelte, daß es ein falscher war.

(Übersetzung: C. Plinius Secundus d. Ä., Naturkunde. Lateinisch-deutsch Buch X, herausgegeben und übersetzt von Roderich König in Zusammenarbeit mit Gerhard Winkler, Artemis Verlag München und Zürich 1986)

7. M. Valerius Martialis (40–103/4 n. Chr.), Epigrammaton Libri V 7:

Qualiter Assyrios renovant incendia nidos,
    Une decem quotiens saecula vixit avis,
Taliter exuta est veterem nova Roma senectam
    Et sumpsit vultus praesidis ipsa sui.
Iam precor oblitus notae Vulcane, querellae
    Parce: sumus Matis turba, sed et Veneris:
Parce, pater: sic Lemniacis lasciva catenis
    Ignoscat coniunx et patienter amet.

Wie alle zehn Jahrhundert, sobald der Vogel sie durchlebt hat,
    das assyrische Nest sich in dem Brande erneut,

so hat Rom nun verjüngt sein gealtertes Antlitz verloren,
  und es nahm das Gesicht seines Gebieters nun an.
O vergiß, ich bitte, Vulkan, des einstigen Streites!
  Schon uns! Wir sind ja des Mars, doch auch der Venus Gefolg.
Schon uns, Vater! Verzeih dir dann auch die lemnischen Fesseln
  dein einst lockres Gemahl, sei dir in Liebe nun treu!

(Übersetzung: Rudolf Helm, Martial Epigramme, Artemis-Verlag Zürich 1957)

8. P. Cornelius Tacitus (ca. 55–nach 113 n. Chr.), Annales VI 28:

Paulo Fabio L. Vitellio consulibus post longum saeculorum ambitum avis phoenix in
Aegyptum venit praebuitque materiem doctissimis indigenarum et Graecorum multa
super eo miraculo disserendi. De quibus congruunt, et plura ambigua, sed cognitu non
absurda, promere libet. Sacrum Soli id animal, et ore ac distinctu pinnarum a ceteris
avibus diversum consentiunt, qui formam eius effinxere. De numero annorum varia
traduntur. Maxime vulgatum quingentorum spatium; sunt, qui adseverent mille quadrin-
gentos sexaginta unum interici, prioresque alites Sesoside primum, post Amaside domin-
antibus, dein Ptolemaeo, qui ex Macedonibus tertius regnavit, in civitatem, cui Heliopolis
nomen, advolavisse, multo ceterarum volucrum comitatu novam faciem mirantium. Sed
antiquitas quidem obscura: inter Ptolemaeum ac Tiberium minus ducenti quinquaginta
anni fuerunt. Unde nonnulli falsum hunc phoenicem neque Arabum e terris credidere,
nihilque usurpavisse ex his, quae vetus memoria firmavit. Confecto quippe annorum
numero, ubi mors propinquet, suis in terris struere nidum eique vim genitalem adfundere,
ex qua fetum oriri; et primam adulto curam sepeliendi patris, neque id temere, sed sublato
murrae pondere temptatoque per longum iter, ubi par oneri, par meatui sit, subire
patrium corpus inque Solis aram perferre atque adolere. Haec incerta et fabulosis aucta:
ceterum aspici aliquando in Aegypto eam volucrem non ambigitur.

Unter dem Konsulate des Paulus Fabius und L. Vitellius erschien nach einer Pause von
vielen Jahrhunderten in Ägypten wieder der Vogel Phoenix, was den gelehrten Ägyptern
und Griechen Gelegenheit gab, ausführlich über dieses Wunder zu sprechen. Worin sie
übereinstimmten, auch mehrere zweifelhafte aber nicht uninteressante Punkte, darf man
wohl vorbringen. Daß der Vogel dem Sonnengotte heilig ist und nach Gesicht und
Federnfarbe von den übrigen Vögeln absticht, darin stimmen alle überein, die seine
Gestalt nachgebildet haben; über die Zahl der Jahre (seines Wiedererscheinens) wird aber
verschieden berichtet. Am meisten verbreitet ist der Zeitraum von 500 Jahren; einige
versichern, daß 1461 Jahre dazwischen liegen, und daß die früheren Vögel zum ersten
Male unter der Regierung des Sesosis (wahrscheinlich Sethos I.), später des Amasis,
darauf des Ptolemäus, der als dritter Macedonier regierte, in die Stadt Heliopolis (in
Unterägypten) eingeflogen seien, begleitet von vielen anderen Vögeln, die die neue
Erscheinung bewunderten. Aber die Geschichte des Altertums ist dunkel: Zwischen
Ptolemäus (Euergetes) und Tiberius lagen weniger als 250 Jahre. Daher glaubten einige,
daß dies ein falscher Phoenix gewesen und nicht aus dem Lande der Araber gekommen sei.

Auch habe er nichts von dem gehabt, was die alte Geschichte versichert hat. Wenn die Zahl seiner Jahre vollendet sei, baue er, sobald er sich dem Tode nahe fühle, in seinem Lande (Arabien) sein Nest und lege seine Zeugungskraft hinein, aus der ein Junges entstehe. Sobald er (der junge Vogel) herangewachsen sei, bestehe seine erste Sorge darin, den Vater zu beerdigen. Das tue er aber nicht unbedacht, sondern hebe eine Last von Myrrhen auf und erprobe durch einen langen Flug, ob er der Last, ob er der Reise gewachsen sei. Dann nehme er die väterliche Leiche auf, trage sie zum Altar des Sonnengottes (in Heliopolis) und verbrenne sie dann. Diese Berichte sind unsicher und märchenhaft ausgeschmückt; doch daß dieser Vogel bisweilen in Ägypten gesehen wird, ist nicht zu bezweifeln.

(Übersetzung: Carl Hoffmann, Tacitus Annalen, Heimeran-Verlag München)

9. Griechische Baruch-Apokalypse (2. Jahrh. n. Chr.) 6–8:

καὶ λαβών με ἤγαγέν με ὅπου ὁ ἥλιος ἐκπορεύεται.

καὶ ἔδειξέ μοι ἅρμα τετραέλαστον ὃ ἦν ὑπόπυρον. καὶ ἐπὶ τοῦ ἅρματος ἄνθρωπος καθήμενος φορῶν στέφανον πυρὸς ἐλαυνόμενον τὸ ἅρμα ὑπ' ἀγγέλων τεσσαράκοντα. καὶ ἰδοὺ ὄρνεον περιτρέχον ἔμπροσθεν τοῦ ἡλίου ὡς ὄρη ἐννέα. καὶ εἶπον τὸν ἄγγελον τί ἐστι τὸ ὄρνεον τοῦτο; καὶ λέγει μοι τοῦτό ἐστιν ὁ φύλαξ τῆς οἰκουμένης.

καὶ εἶπον κύριε πῶς ἐστίν φύλαξ τῆς οἰκουμένης; δίδαξόν με.

καὶ εἶπέν μοι ὁ ἄγγελος τοῦτο τὸ ὄρνεον παρατρέχει τῷ ἡλίῳ καὶ τὰς πτέρυγας ἐφαπλῶν δέχεται τὰς πυριμόρφους ἀκτῖνας αὐτοῦ.

εἰ μὴ γὰρ ταύτας ἐδέχετο οὐκ ἂν τῶν ἀνθρώπων γένος ἐσῴζετο οὔτε ἕτερόν τι ζῶον ἀλλὰ προσέταξεν ὁ θεὸς τοῦτο τὸ ὄρνεον.

καὶ ἥπλωσε τὰς πτέρυγας αὐτοῦ καὶ εἶδον εἰς τὸ δεξιὸν πτερὸν αὐτοῦ γράμματα παμμεγέθη ὡς ἅλωνος τόπον ἔχων μέτρον ὡσεὶ μοδίων τετρακισχιλίων καὶ ἦσαν γράμματα χρυσᾶ.

καὶ εἶπέν μοι ὁ ἄγγελος ἀνάγνωθι ταῦτα. καὶ ἀνέγνων.

καὶ ἔλεγον οὕτως οὔτε γῆ με τίκτει οὔτε οὐρανὸς ἀλλὰ τίκτουσί με πτέρυγες πυρός.

καὶ εἶπον κύριε τί ἐστι τὸ ὄρνεον τοῦτο καὶ τί τὸ ὄνομα αὐτοῦ;

καὶ εἶπέν μοι ὁ ἄγγελος φοῖνιξ καλεῖται τὸ ὄνομα αὐτοῦ.

καὶ τί ἐσθίει; καὶ εἶπέν μοι τὸ μάννα τοῦ οὐρανοῦ καὶ τὴν δρόσον τῆς γῆς.

καὶ εἶπον ἀφοδεύει τὸ ὄρνεον; καὶ εἶπέν μοι ἀφοδεύει σκώληκα καὶ τὸ τοῦ σκώληκος ἀφόδευμα γίνεται κινάμωμον ὧπερ χρῶνται βασιλεῖς καὶ ἄρχοντες. μεῖνον δὲ καὶ ὄψει δόξαν θεοῦ.

καὶ ἐν τῷ ὁμιλεῖν αὐτὸν ἐγένετο βροντὴ ὡς ἦχος βροντῆς

καὶ ἐσαλεύθη ὁ τόπος ἐν ᾧ ἱστάμεθα. καὶ ἠρώτησα τὸν ἄγγελον κύριέ μου τί ἐστιν ἡ φωνὴ αὕτη; καὶ εἶπέν μοι ὁ ἄγγελος ἄρτι ἀνοίγουσιν οἱ ἄγγελοι τὰς τριακοσίας ἑξήκοντα πέντε πύλας τοῦ οὐρανοῦ καὶ διαχωρίζεται τὸ φῶς ἀπὸ τοῦ σκότους.

καὶ ἦλθεν φωνὴ λέγουσα φωτόδοτα δὸς τῷ κόσμῳ τὸ φέγγος.

καὶ ἀκούσας τὸν κτύπον τοῦ ὀρνέου εἶπον κύριε τί ἐστιν ὁ κτύπος οὗτος;

καὶ εἶπεν τοῦτό ἐστι τὸ ἐξυπνίζον τοὺς ἐπὶ γῆς ἀλέκτορας ὡς γὰρ τὰ δίστομα οὕτως καὶ ὁ ἀλέκτωρ μηνύει τοῖς ἐν τῷ κόσμῳ κατὰ τὴν ἰδίαν λαλιάν. ὁ ἥλιος γὰρ ἑτοιμάζεται ὑπὸ τῶν ἀγγέλων καὶ φωνεῖ ὁ ἀλέκτωρ.

καὶ εἶπον ἐγὼ καὶ ποῦ ἀποσχολεῖται ὁ ἥλιος ἀφ' οὗ ὁ ἀλέκτωρ φωνεῖ;

καὶ εἶπέν μοι ὁ ἄγγελος ἄκουσον Βαροὺχ πάντα ὅσα ἔδειξά σοι ἐν τῷ πρώτῳ καὶ δευτέρῳ οὐρανῷ εἰσίν καὶ ἐν τῷ τρίτῳ οὐρανῷ διέρχεται ὁ ἥλιος καὶ διδοῖ τῷ κόσμῳ τὸ φέγγος. ἀλλ' ἐκδέξαι καὶ ὄψει δόξαν θεοῦ.

καὶ ἐν τῷ ὁμιλεῖν με αὐτῷ ὁρῶ τὸ ὄρνεον καὶ ἀνεφάνη ἔμπροσθεν καὶ πρὸς μικρὸν μικρὸν
ηὔξανε καὶ ἀνεπληροῦτο.

καὶ ὄπισθεν τούτου τὸν ἥλιον ἐξαστράπτοντα καὶ τοὺς ἀγγέλους μετ᾽ αὐτοῦ φέροντας καὶ
στέφανον ἐπὶ τὴν κεφαλὴν αὐτοῦ οὗ τὴν θέαν οὐκ ἠδυνήθημεν ἀντοφθαλμῆσαι καὶ ἰδεῖν.

καὶ ἅμα τῷ λάμψαι τὸν ἥλιον ἐξέτεινε καὶ ὁ φοῖνιξ τὰς αὐτοῦ πτέρυγας. ἐγὼ δὲ ἰδὼν τὴν
τοιαύτην δόξαν ἐταπεινώθην φόβῳ μεγάλῳ καὶ ἐξέφυγον καὶ ὑπεκρύβην ἐν ταῖς πτέρυξι τοῦ
ἀγγέλου.

καὶ εἶπέν μοι ὁ ἄγγελος μή φοβοῦ Βαρούχ ἀλλ᾽ ἔκδεξαι καὶ ὄψει καὶ τὴν δύσιν αὐτῶν.

καὶ λαβών με ἤγαγέν με ἐπὶ δυσμάς. καὶ ὅταν ἦλθεν ὁ καιρὸς τοῦ δῦσαι ὁρῶ πάλιν ἔμπροσθεν τὸ
ὄρνεον ἐρχόμενον καὶ τὸν ἥλιον μετὰ τῶν ἀγγέλων ἐρχόμενον. καὶ ἅμα τῷ ἐλθεῖν αὐτὸν ὁρῶ
τοὺς ἀγγέλους καὶ ἦραν τὸν στέφανον ἀπὸ τῆς κορυφῆς αὐτοῦ.

τὸ δὲ ὄρνεον ἔστη τεταπεινωμένον καὶ συστέλλον τὰς πτέρυγας αὐτοῦ.

καὶ ταῦτα ἰδὼν ἐγὼ εἶπον κύριε διὰ τί ἦραν τὸν στέφανον ἀπὸ τῆς κεφαλῆς τοῦ ἡλίου καὶ διὰ τί
ἐστι τὸ ὄρνεον τοσοῦτον τεταπεινωμένον;

καὶ εἶπέν μοι ὁ ἄγγελος ὁ στέφανος τοῦ ἡλίου ὅταν τὴν ἡμέραν διαδράμῃ λαμβάνουσι τέσσαρες
ἄγγελοι τοῦτον καὶ ἀναφέρουσιν εἰς τὸν οὐρανὸν καὶ ἀνακαινίζουσιν αὐτὸν διὰ τὸ μεμολύνθαι
αὐτὸν καὶ τὰς ἀκτῖνας αὐτοῦ ἐπὶ τῆς γῆς. καὶ λοιπὸν καθ᾽ ἑκάστην ἡμέραν οὕτως ἀνακαινίζεται.

καὶ εἶπον ἐγὼ Βαρούχ κύριε καὶ διὰ τί μολύνονται αἱ ἀκτῖνες αὐτοῦ ἐπὶ τῆς γῆς; καὶ εἶπέν μοι ὁ
ἄγγελος θεωρῶν τὰς ἀνομίας καὶ τὰς ἀδικίας τῶν ἀνθρώπων ἤγουν πορνείας μοιχείας κλοπὰς
ἁρπαγὰς εἰδωλολατρείας μέθας φόνους ἔρεις ζῆλη καταλαλιὰς γογγυσμοὺς ψιθυρισμοὺς
μαντείας καὶ τὰ τούτων ὅμοια ἅτινα οὐκ εἰσὶ τῷ θεῷ ἀρεστὰ διὰ ταῦτα μολύνεται καὶ διὰ τοῦτο
ἀνακαινίζεται.

περὶ δὲ τοῦ ὀρνέου τὸ πῶς ἐταπεινώθη ἐπεὶ διὰ τὸ κατέχειν τὰς τοῦ ἡλίου ἀκτῖνας διὰ τοῦ
πυρὸς καὶ τῆς ὁλοημέρου καύσεως ὡς δι᾽ αὐτοῦ ταπεινοῦται.

εἰ μὴ γὰρ αἱ τούτου πτέρυγες ὡς προείπομεν περιέσκεπον τὰς τοῦ ἡλίου ἀκτῖνας οὐκ ἂν ἐσώθη
πᾶσα πνοή.

VI 1 Und er nahm mich und führte mich (dorthin), wo die Sonne herausgeht. 2 Und er
zeigte mir einen vierspännigen Wagen, der feuerrot war. Und auf dem Wagen saß ein
Mensch, der eine Feuerkrone trug. Der Wagen wurde von 40 Engeln gezogen. Und siehe,
ein Vogel lief vor der Sonne her, wie neun Berge (groß). 3 Und ich sprach zum Engel:
„Was bedeutet dieser Vogel?" Und er sprach zu mir: „Dieses ist der Schützer des Erdkreises." 4 Und ich sprach: „Herr, wie ist er Schützer des Erdkreises? Lehre mich." 5 Und es
sprach zu mir der Engel: „Dieser Vogel läuft mit der Sonne, und indem er die Flügel
ausbreitet, fängt er ihre feurigen Strahlen auf. 6 Denn wenn er diese nicht auffinge, würde
weder das Menschengeschlecht am Leben bleiben noch ein anderes Lebewesen. Aber es
stellte Gott diesen Vogel dazu." 7 Und er breitete seine Flügel aus, und ich sah auf seinem
rechten Flügel gewaltige Buchstaben, (groß) wie der Platz einer Tenne, die für etwa 4000
Modien bemessen ist. Und es waren goldene Buchstaben. 8 Und es sprach zu mir der
Engel: „Lies sie." Und ich las. Und sie lauteten so: Weder Erde bringt mich hervor noch
Himmel, sondern es gebären mich Feuerflügel. 9 Und ich sprach: „Herr, was bedeutet
dieser Vogel, und was ist sein Name?" 10 Und es sprach zu mir der Engel: „Phönix wird
sein Name genannt." 11 ⟨Und ich sprach⟩: „Und was frißt er?" Und er sprach zu mir: „Das
Manna des Himmels und den Tau der Erde." 12 Und ich sprach: „Gibt der Vogel Kot von
sich?" Und er sprach zu mir: „Er gibt als Kot einen Wurm von sich, und der Kot des
Wurmes wird Zimt, wie ihn Könige und Fürsten brauchen. Warte aber, so wirst du die
Herrlichkeit Gottes sehen." 13 Und während er (noch) redete, ertönte ein ⟨Geräusch⟩ wie
ein Donnerschlag, und es erbebte der Ort, an dem wir standen. Und ich fragte den Engel:
„Mein Herr, was bedeutet dieses Geräusch?" Und es sprach zu mir der Engel: „Jetzt gerade

öffnen die Engel die 365 Tore des Himmels, und es wird das Licht von der Finsternis geschieden." 14 Und es ertönte eine Stimme, die rief: „Lichtgeber, gib der Welt das Licht." 15 Und ich hörte das Dröhnen des Vogels und sprach: „Herr, was bedeutet dieses Dröhnen?" 16 Und er sprach: „Dieses ist es, was die Hähne auf Erden weckt. Denn wie (es die sprachbegabten Wesen tun), so macht sich auch der Hahn denen auf der Welt verständlich mit einer eigenen Sprache. Die Sonne nämlich wird von den Engeln zurechtgemacht, und es kräht der Hahn."

VII 1 Und ich sprach: „Und wo wird die Sonne ihre Zeit zubringen, nachdem der Hahn gekräht hat?" 2 Und es sprach zu mir der Engel: „Höre, Baruch. Alles, was ich dir zeigte, ist im ersten und zweiten Himmel. Und im dritten Himmel geht die Sonne herum und gibt der Welt das Licht. Aber warte ab, so wirst du die Herrlichkeit Gottes sehen." 3 Und während ich (noch) mit ihm redete, sah ich den Vogel; und er erschien vorne, und ganz allmählich wuchs er und wurde vollständig (sichtbar). 4 Und hinter ihm (sah ich) die Sonne hervorstrahlen und mit ihr die Engel ziehen und eine Krone auf ihrem (der Sonne) Haupt, deren Anblick wir nicht anschauen und sehen konnten. 5 Und zugleich mit dem Aufstrahlen der Sonne breitete auch der Phönix seine Flügel aus. Als ich aber eine solche Herrlichkeit sah, wurde ich von großer Furcht niedergedrückt, und ich wich zurück und verbarg mich in den Flügeln des Engels. 6 Und es sprach zu mir der Engel: „Fürchte dich nicht, Baruch, sondern warte ab, so wirst du auch den Untergang von ihnen sehen."

VIII 1 Und er nahm mich und führte mich zum Untergang. Und als der rechte Augenblick zum Untergehen kam, sah ich wiederum vorne den Vogel gehen und die Sonne mit den Engeln kommen. Und zugleich mit ihrem Kommen sah ich die Engel, und sie nahmen die Krone von ihrem (der Sonne) Haupt. 2 Der Vogel aber machte erschöpft halt und legte seine Flügel ein. 3 Und als ich dieses sah, sprach ich: „Herr, weshalb nahmen sie die Krone vom Haupt der Sonne, und weshalb ist der Vogel so sehr erschöpft?" 4 Und es sprach zu mir der Engel: „Die Krone der Sonne nehmen, sobald sie den Tag durchlief, vier Engel, bringen sie hinauf in den Himmel und erneuern sie, weil sie und ihre Strahlen auf Erden befleckt wurden. Und im übrigen wird sie nach einem jeden Tag so erneuert." 5 Und ich, Baruch, sprach: „Herr, und wodurch werden ihre Strahlen auf Erden befleckt?" Und es sprach zu mir der Engel: „Weil sie die Gesetzlosigkeiten sieht und die Ungerechtigkeiten der Menschen, nämlich Hurereien, Ehebrüche, Diebstähle, Räubereien, Götzendienste, Trunkenheiten, Morde, Zornesausbrüche, Eifersüchte, üble Nachreden, mürrische Gebärden, Ohrenbläsereien, Wahrsagereien und dergleichen, was Gott nicht wohlgefällt. Durch sie wird sie befleckt, und deswegen wird sie erneuert. 6 Was den Vogel betrifft, wodurch er erschöpft ist: Weil er, wenn er die Sonnenstrahlen abhält, durch das Feuer und die ganztägige Hitze, durch sie eben, erschöpft wird. 7 Denn wenn seine Flügel nicht, wie wir vorhin sagten, die Strahlen der Sonne abschirmten, würde kein Atem am Leben bleiben."

(Übersetzung: Wolfgang Hage, Die griechische Baruch-Apokalypse, JSHRZ V/1, Gütersloher Verlagshaus Gerd Mohn, Gütersloh 1974)

10. Artemidoros (2. Hälfte des 2. Jahrh. n. Chr.), Onirocriticon IV 47:

Ὅσαι τῶν ἱστοριῶν διπλοῦν ἔχουσι λόγον, τῶν μὲν ὡς οὕτως ἔχουσι λεγόντων, τῶν δὲ ὡς ἄλλως, τούτων ὁπότερα ἂν ἀκολουθήσῃς δόξῃ ὡς [ὁμοίως] ἀποβησομένῃ, ὀρθῶς ποιήσεις, κἂν μὴ ἐπιτύχῃς· ἄμεινον δὲ ἀμφοτέρας τὰς δόξας εἰδέναι τε καὶ λέγειν. οἷον [ὁ παρὰ τοῦ Αἰγυπτίου λεχθεὶς ὄνειρος] ἔδοξέ τις (τὸν) φοίνικα τὸ ὄρνεον ζωγραφεῖν. εἶπεν Αἰγύπτιος ὅτι ὁ ἰδὼν τὸν ὄνειρον εἰς τοσοῦτον ἧκε πενίας ὥστε τὸν πατέρα ἀποθανόντα δι᾽ ἀπορίαν πολλὴν αὐτὸς ὑποδὺς ἐβάστασε καὶ ἐξεκόμισε· καὶ γὰρ ὁ φοίνιξ [τὸ ὄρνεον] τὸν ἑαυτοῦ πατέρα καταθάπτει. εἰ μὲν οὖν οὕτως ἀπέβη ὁ ὄνειρος, οὐκ οἶδα, ἀλλ᾽ οὖν γε ἐκεῖνος οὕτω διηγεῖτο, καὶ κατὰ τοῦτο τῆς ἱστορίας εἰκὸς ἦν ἀποβεβηκέναι. λέγουσι δὲ ἔνιοι ὅτι ὁ φοίνιξ οὐ τὸν πατέρα καταθάπτει οὐδὲ ὅλως ἐστὶν αὐτῷ περιὼν πατὴρ οὐδὲ ἄλλος τις τῶν προγόνων, ἀλλ᾽ ὅταν αὐτὸν τὸ μοιρίδιον ἄγῃ, ἔρχεται εἰς Αἴγυπτον ὅθεν οὐκ ἴσασιν ἄνθρωποι, καὶ αὐτὸς ἑαυτῷ ποιησάμενος ἐκ κασίας τε καὶ σμύρνης πυρὰν ἐναποθνήσκει. καυθείσης δὲ τῆς πυρᾶς μετὰ χρόνον ἐκ τῆς σποδοῦ σκώληκα λέγουσι γεννᾶσθαι, ὅντινα μεταβάλλειν αὐξανόμενον καὶ γίνεσθαι πάλιν φοίνικα καὶ ἀφίπτασθαι Αἰγύπτου ἐκεῖσε ὅθεν ἧκεν ὁ πρὸ αὐτοῦ φοίνιξ.

Bei allen in einer doppelten Überlieferung vorliegenden Geschichten, die von den einen so, von den andern anders erzählt werden, ist es nicht unkorrekt, wenn du deiner Prognose nur eine von beiden Auffassungen zugrunde legst, selbst wenn du den Ausgang nicht treffen solltest. Besser ist es aber, beide Auffassungen zu kennen und anzuführen. So träumte zum Beispiel einer, er male den Vogel Phönix. Der Ägypter sagte, der Mann, der dieses Gesicht geschaut, sei in so tiefe Armut hineingeraten, daß er seinen verstorbenen Vater aus Mittellosigkeit selbst auf die Schulter geladen und hinausgetragen habe; denn auch der Phönix begräbt seinen Vater. Ob sich nun das Traumgesicht wirklich so erfüllt hat, weiß ich freilich nicht, doch hat es jener so erzählt, und nach dieser Version war es natürlich, daß es einen solchen Ausgang genommen. Es behaupten aber einige, daß der Phönix weder seinen Vater begrabe noch überhaupt einen noch lebenden Vater oder sonst einen Vorfahren habe, sondern er ziehe – woher, das wissen die Menschen nicht –, wenn ihn sein Verhängnis dazu antreibe, nach Ägypten, wo er sich selbst aus Zimt und aus dem Holze des Gummibaumes einen Scheiterhaufen errichte, auf dem er sterbe. Wenn nun der Scheiterhaufen niedergebrannt ist, so sagen sie, entsteht im Laufe der Zeit aus der Asche ein Wurm, der sich, größer geworden, verwandelt und wieder zum Phönix wird und dann aus Ägypten wieder in jene Gegend hinfliegt, woher der frühere Phönix gekommen war.

(Übersetzung: Artemidor von Daldis Traumbuch. Übertragung von F. S. Krauss, bearbeitet und ergänzt von Martin Kaiser, Schwabe & Co. Verlag, Basel/Stuttgart 1965)

11. Achilleus Tatios, Leukippe und Kleitophon (verfaßt um 180 n. Chr.) III 24,3–25,7:

καὶ ἅμα λέγοντος αὐτοῦ παῖς εἰστρέχει τις, λέγων ἀπὸ τοῦ Δέλτα πρόδρομον ἥκειν τοὐκεῖθεν στρατοπέδου καὶ πέντε λέγειν ἄλλων ἡμερῶν διατρίβειν τοὺς δισχιλίους· τοὺς γὰρ βαρβάρους τοὺς κατατρέχοντας πεπαῦσθαι, μελλούσης δὲ ἥκειν τῆς δυνάμεως, τὸν ὄρνιν αὐτοῖς ἐπιδημῆσαι τὸν ἱερόν, φέροντα τοῦ πατρὸς τὴν ταφήν· ἀνάγκην δὲ εἶναι τὴν ἔξοδον ἐπισχεῖν τοσούτων ἡμερῶν.

„Καὶ τίς ὁ ὄρνις οὗτος, ὅστις," ἔφην, „τοσαύτης τιμῆς ἠξίωται; ποίαν δὲ καὶ κομίζει ταφήν;" „Φοίνιξ μὲν ὁ ὄρνις ὄνομα, τὸ δὲ γένος Αἰθίοψ, μέγεθος κατὰ ταῶν· τῇ χροιᾷ ταῶς ἐν κάλλει δεύτερος. κεκέρασται μὲν τὰ πτερὰ χρυσῷ καὶ πορφύρᾳ· αὐχεῖ δὲ τὸν Ἥλιον δεσπότην καὶ ἡ κεφαλὴ μαρτυρεῖ, ἐστεφάνωσε γὰρ αὐτὴν κύκλος εὐφυὴς· ἡλίου δέ ἐστιν ὁ τοῦ κύκλου στέφανος εἰκών. κυανεός ἐστι, ῥόδοις ἐμφερής, εὐειδὴς τὴν θέαν, ἀκτῖσι κομᾷ, καὶ εἰσιν αὗται πτερῶν ἀνατολαί. μερίζονται δὲ αὐτοῦ Αἰθίοπες μὲν τὴν ζωήν, Αἰγύπτιοι δὲ τὴν τελευτήν· ἐπειδὰν γὰρ ἀποθάνῃ (σὺν χρόνῳ δὲ τοῦτο πάσχει μακρῷ), ὁ παῖς αὐτὸν ἐπὶ τὸν Νεῖλον φέρει, σχεδιάσας αὐτῷ καὶ τὴν ταφήν. σμύρνης γὰρ βῶλον τῆς εὐωδεστάτης, ὅσον ἱκανὸν πρὸς ὄρνιθος ταφήν, ὀρύττει τε τῷ στόματι καὶ κοιλαίνει κατὰ μέσον, καὶ τὸ ὄρυγμα θήκη γίνεται τῷ νεκρῷ. ἐνθεὶς δὲ καὶ ἐναρμόσας τὸν ὄρνιν τῇ σορῷ, καὶ κλείσας τὸ χάσμα γηίνῳ χώματι, ἐπὶ τὸν Νεῖλον οὕτως ἵπταται τὸ ἔργον φέρων. ἕπεται δὲ αὐτῷ χορὸς ἄλλων ὀρνίθων ὥσπερ δορυφόρων καὶ ἔοικεν ὁ ὄρνις ἀποδημοῦντι βασιλεῖ, καὶ τὴν πόλιν οὐ πλανᾶται τὴν Ἡλίου· ὄρνιθος αὕτη μετοικία νεκροῦ. ἕστηκεν οὖν ἐπὶ μετεώρου σκοπῶν καὶ ἐκδέχεται τοὺς προπόλους τοῦ θεοῦ. ἔρχεται δή τις ἱερεὺς Αἰγύπτιος, βιβλίον ἐξ ἀδύτων φέρων, καὶ δοκιμάζει τὸν ὄρνιν ἐκ τῆς γραφῆς. ὁ δὲ οἶδεν ἀπιστούμενος καὶ τὰ ἀπόρρητα φαίνει τοῦ σώματος καὶ τὸν νεκρὸν ἐπιδείκνυται καί ἐστιν ἐπιτάφιος σοφιστής. ἱερέων δὲ παῖδες Ἡλίου τὸν ὄρνιν τὸν νεκρὸν παραλαβόντες θάπτουσι. ζῶν μὲν οὖν Αἰθίοψ ἐστὶ τῇ τροφῇ, ἀποθανὼν δὲ Αἰγύπτιος γίνεται τῇ ταφῇ."

Und während er noch sprach, kam ein Bursch hereingestürzt, der mitteilte, vom Delta sei ein Bote des dortigen Militärlagers gekommen und melde, daß die Zweitausend weitere fünf Tage ausbleiben würden; die Barbaren, die sonst ständig Plünderungszüge durchführten, hätten diese nämlich im Augenblick ohnehin eingestellt, und außerdem habe sich, als die Streitmacht schon abmarschbereit war, unter ihnen der heilige Vogel mit dem Grab seines Vaters niedergelassen; es war daher notwendig, den Abmarsch um diese Zahl von Tagen aufzuschieben.

„Ja, was ist denn das für ein Vogel", sagte ich, „dem so viel Ehre zuteil wird? Und was ist das für ein Grab, das er mit sich trägt?"

„Phönix heißt der Vogel mit Namen, stammt aus Äthiopien und ist an Größe mit einem Pfau vergleichbar; doch steht ihm der Pfau an Farbenpracht nach. Mit Gold und Purpur ist sein Gefieder vermischt; stolz betrachtet er den Sonnengott als seinen Herrn, und sein Kopf bezeugt es. Diesen umkränzt nämlich ein makelloser Ring, und dieser Kranz des Ringes ist das Abbild der Sonne. Er ist tiefrot, ähnlich den Rosen, und wunderschön anzuschauen; er wird von einem dichten Strahlenkranz gebildet, und es ist dies ein Sonnenaufgang von Federn.

In diesem Vogel teilen sich Äthiopier und Ägypter: die Äthiopier besitzen ihn im Leben, die Ägypter im Tod. Sobald er nämlich gestorben ist – dieses Schicksal ereilt ihn in hohem Alter –, trägt ihn sein Sohn zum Nil, nachdem er ihm sogar ein primitives Grab gebaut hat: einen Klumpen wohlriechendster Myrrhe, groß genug für ein Vogelgrab, bricht er mit seinem Schnabel ab und höhlt ihn in der Mitte aus, und die Höhlung wird für den Leichnam zur letzten Ruhestätte. Er bettet den Vogel in den Sarg und verschließt die Öffnung mit Erde, und so fliegt er zum Nil, mitsamt seinem Werk. Ihm folgt ein Schwarm anderer Vögel wie eine Leibwache, und der Vogel gleicht einem König auf Reisen, und unbeirrbar hält er auf Heliopolis zu; diese Stadt ist der Wohnort des toten Vogels in der Fremde. Ausschau haltend, sitzt er dort auf einem erhöhten Punkt und erwartet die Diener des Gottes. Dann kommt ein ägyptischer Priester, ein Buch aus dem Allerheiligsten in der Hand, und prüft den Vogel, indem er ihn mit seiner Abbildung vergleicht. Doch dieser weiß, daß man ihm nicht glaubt, und zeigt die geheimen Teile seines Körpers und weist den Toten vor und ist ein wortgewandter Redner am Grab seines

Vaters. Die Priester des Sonnengottes aber nehmen den toten Vogel in Empfang und bestatten ihn.

So ist der Phönix im Leben ein Äthiopier, denn in Äthiopien verbringt er Jugend, Lebensmitte und Alter, im Tod aber wird er zu einem Ägypter, denn in Ägypten findet er seine letzte Ruhe."

(Übersetzung: Achilleus Tatios. Leukippe und Kleitophon. Eingeleitet, übersetzt und erläutert von Karl Plepelits, Verlag Anton Hiersemann, Stuttgart 1980)

12. Tertullian (160–220 n. Chr.), De Resurrectione Carnis 13:

Si parum universitas resurrectionem figurat, si nihil tale conditio signat, quia singula eius non tam mori quam desinere dicantur, nec redanimari, sed reformari existimentur, accipe plenissimum atque firmissimum huius spei specimen, siquidem animalis est res et vitae obnoxia et morti. Illum dico alitem orientis peculiarem, de singularitate famosum, de posteritate monstruosum, qui semetipsum libenter funerans renovat natali fine decedens atque succedens, iterum phoenix ubi iam nemo, iterum ipse qui non iam, alius idem. Quid expressius atque signatius in hanc causam, aut cui alii rei tale documentum? Deus etiam scripturis suis, Et florebit enim, inquit, velut phoenix, id est de morte, de funere, uti credas de ignibus quoque substantiam corporis exigi posse. Multis passeribus antestare nos dominus pronuntiavit; si non et phoenicibus, nihil magnum. Sed homines semel interibunt, avibus Arabiae de resurrectione securis?

Wenn das Weltall noch zu wenig Sinnbild der Auferstehung ist, wenn die Schöpfung nichts derart anzeigt, weil von den einzelnen Dingen in derselben nicht sowohl ein Sterben als ein Aufhören ausgesagt und keine Wiederbeseelung, sondern nur eine Wiederherstellung angenommen wird, so vernimm nun noch ein ganz vollständiges und zuverlässiges Beispiel dieser Hoffnung. Sein Gegenstand ist ein beseeltes, des Lebens und Sterbens fähiges Wesen. Ich meine nämlich den nur dem Orient angehörigen Vogel, der, durch seine Einzigkeit ausgezeichnet, in bezug auf Nachkommenschaft ein Wunder der Natur ist, der, sich selbst freiwillig begrabend, sich selbst erneuert, an seinem Geburtstage sterbend und wieder eintretend abermals zum Phönix wird, nachdem er schon nichts mehr war, abermals er selber, er, der nicht mehr war, ein anderer und doch derselbe. Was gibt es Ausdrücklicheres und Bezeichnenderes in dieser Beziehung, oder für welche Sache findet sich eine so zutreffende Bestätigung? Gott sagt in der hl. Schrift auch: „Er wird blühen wie ein Phönix", nämlich nach dem Tode und dem Begräbnis, damit man glaube, dass die Substanz des Körpers auch dem Feuer wieder entrissen werden könne. Nun hat aber der Herr den Ausspruch gethan, dass wir besser sind als viele Sperlinge; das würde nichts Grosses sein, wenn wir nicht auch besser wären als der Phönix. Und die Menschen sollten für immer vergehen, während arabische Vögel ihrer Auferstehung sicher sind?!

(Übersetzung: Tertullians sämtliche Schriften. Aus dem Lateinischen übersetzt von Karl Ad. Heinrich Kellner. Zweiter Band, Verlag Du Mont-Schauberg, Köln 1882)

13. Flavius P. Philostratos, Vita Apollonii (verfaßt um 217 n. Chr.) III 49:

Καὶ τὸν φοίνικα δὲ τὸν ὄρνιν τὸν διὰ πεντακοσίων ἐτῶν ἐς Αἴγυπτον ἥκοντα πέτεσθαι μὲν ἐν τῇ Ἰνδικῇ τὸν χρόνον τοῦτον, εἶναι δὲ ἕνα, ἐκδιδόμενον τῶν ἀκτίνων καὶ χρυσῷ λάμποντα, μέγεθος ἀετοῦ καὶ εἶδος, ἐς καλιάν τε ἱζάνειν τὴν ἐκ τοῦ ἀρώματος ποιουμένην αὐτῷ πρὸς ταῖς τοῦ Νείλου πηγαῖς. ἃ δὲ Αἰγύπτιοι περὶ αὐτοῦ ᾄδουσιν, ὡς ἐς Αἴγυπτον φέρεται, καὶ Ἰνδοὶ ξυμμαρτυροῦσι, προσάδοντες τῷ λόγῳ τὸ τὸν φοίνικα τὸν ἐν τῇ καλιᾷ τηκόμενον προπεμ-πτηρίους ὕμνους αὐτῷ ᾄδειν. τουτὶ δὲ καὶ τοὺς κύκνους φασὶ δρᾶν οἱ σοφώτερον αὐτῶν ἀκούοντες.

Der Phönix, der alle fünfhundert Jahre nach Ägypten kommt, lebt, wie sie berichten, während dieser Zeitspanne in Indien. Es gibt nur ein einziges Exemplar, das aus den Strahlen hervorgeht und wie Gold leuchtet. An Größe und Gestalt gleicht dieser Vogel dem Adler. Er setzt sich auf ein Nest, das er sich selbst aus Gewürzen hergestellt hat und das sich bei den Quellen des Nils befindet. Was die Ägypter von ihm singen, nämlich daß er nach Ägypten fliege, bezeugen auch die Inder, die aber noch die Geschichte hinzufügen, daß der sich im Nest verzehrende Phönix sich selbst ein Grablied singe. Dasselbe berichten verständige Kenner auch vom Schwan.

(Übersetzung: Vroni Mumprecht, Philostratos. Das Leben des Apollonios von Tyana, Artemis Verlag, München und Zürich 1983)

14. Physiologus (nach dem 2. Jahrh. n. Chr.), Nr. 7:

Ἔστιν πετεινὸν ἐν τῇ ἰνδικῇ φοῖνιξ λεγόμενον· καὶ κατὰ πεντακόσια ἔτη εἰσέρχεται εἰς τὰ ξύλα τοῦ Λιβάνου καὶ πληροῖ τὰς πτέρυγας αὐτοῦ ἀρωμάτων· καὶ σημαίνει τῷ ἱερεῖ τῆς Ἡλιουπό-λεως τῷ μηνὶ τῷ νέῳ τῷ Νισὰν ἢ τῷ Ἀδάρ, τουτέστιν τῷ Φαμενὼθ ἢ τῷ Φαρμουθί· ὁ δὲ ἱερεὺς σημανθεὶς ἔρχεται καὶ ἐμπιμπλᾷ τὸν βωμὸν ἀμπελίνων ξύλων· τὸ δὲ πετεινὸν εἰσέρχεται εἰς Ἡλιούπολιν γεγεμισμένον τῶν ἀρωμάτων, καὶ ἀναβαίνει ἐπὶ τὸν βωμὸν καὶ ἑαυτῷ τὸ πῦρ ἀνάπτει καὶ ἑαυτὸν καίει. τῇ δὲ ἐπαύριον ὁ ἱερεὺς ἐρευνῶν τὸν βωμὸν εὑρίσκει σκώληκα ἐν τῇ σποδῷ· τῇ δὲ δευτέρᾳ ἡμέρᾳ εὑρίσκει αὐτὸ νεοσσὸν πετεινοῦ· καὶ τῇ τρίτῃ ἡμέρᾳ εὑρίσκει αὐτὸ πετεινὸν μέγα· καὶ ἀσπάζεται τὸν ἱερέα καὶ πορεύεται εἰς τὸν ἴδιον αὐτοῦ τόπον.

Der abgedruckte griechische Text des Physiologus nach D. Kaimakis, Der Physiologus nach der ersten Redaktion, BKP 63, 1974.

Es gibt einen Vogel in Indien, genannt Phönix. Und nach fünfhundert Jahren kommt er in die Wälder des Libanon und füllt seine Flügel mit Gewürzen. Und er erscheint dem Priester von Heliopolis im Neumond Nisan oder Adar, das ist im Phamenoth oder Pharmuthi. Der Priester, dem er sich gezeigt hat, geht und füllt den Altar mit Rebholz. Der Vogel aber kommt nach Heliopolis, beladen mit den Gewürzen, und steigt auf den Altar und entzündet sich selbst das Feuer und verbrennt sich selbst. Am andern Morgen untersucht der Priester den Altar und findet ein Würmchen in der Asche; am zweiten Tag findet er das Vogelküken; und am dritten Tag findet er einen großen Vogel. Und der grüßt den Priester und fliegt in seine Heimat.

15. Epiphanius (315–403), Ancoratus 84, 3–6:

περὶ δὲ τοῦ φοίνικος τοῦ Ἀραβικοῦ ὀρνέου περισσόν μοι τὸ λέγειν. ἤδη γὰρ εἰς ἀκοὴν ἀφῖκται πολλῶν πιστῶν τε καὶ ἀπίστων. ἡ δὲ κατ᾽ αὐτὸν ὑπόθεσις τοιάδε φαίνεται· πεντακοσιοστὸν ἔτος διατελῶν ἐπὰν γνοίη τὸν καιρὸν τῆς αὐτοῦ τελευτῆς ἐνστάντα, σηκὸν μὲν ἐργάζεται ἀρωμάτων καὶ φέρων ἔρχεται εἰς πόλιν τῶν Αἰγυπτίων Ἡλιούπολιν οὕτω καλουμένην, Ὢν δ᾽ ἑρμηνευομένην ἀπὸ τῆς Αἰγυπτιακῆς διαλέκτου καὶ Ἑβραΐδος, καὶ ταρσοῖς ἰδίοις τὰ στήθη τὰ ἑαυτοῦ μαστίξας πολλά, πῦρ ἀπὸ τοῦ σώματος αὐτοῦ προφερόμενος ἐμπίπρησι τὴν ὑποκειμένην ὕλην τῷ τόπῳ καὶ οὕτως ἑαυτὸν ὁλοκαυτοῖ καὶ πάσας τὰς σάρκας αὐτοῦ σὺν ὀστέοις ἐκτεφροῦται. ἐκ θεοῦ δὲ οἰκονομίας νέφος ἀποστέλλεται καὶ ὑετίζει καὶ κατασβεννύει τὴν τὸ σῶμα τοῦ ὀρνέου καταδαπανήσασαν φλόγα, νεκροῦ μὲν ἤδη ὄντος τοῦ ὀρνέου καὶ ὀπτηθέντος ἀκρότατα· σβεσθείσης δὲ τῆς φλογὸς λείψανα τῆς σαρκὸς αὐτοῦ ἔτι ὠμὰ περιλείπεται καὶ πρὸς μίαν ἡμέραν ἀφανισθέντα σκώληκα γεννᾷ· ὁ σκώληξ πτεροφυεῖ νεοττὸς γενόμενος, τῇ δὲ τρίτῃ ἡμέρᾳ ἁδρύνεται καὶ ἁδρυνθεὶς τοῖς τῷ τόπῳ ἐξυπηρετουμένοις ἑαυτὸν ἐμφανίζει καὶ αὖθις ἀνατρέχει εἰς τὴν ἰδίαν πατρίδα καὶ ἀναπαύεται.

Ich muß erst noch sprechen von dem arabischen Vogel Phönix, dessen Geschichte Gläubigen wie Ungläubigen bekannt ist. Man erzählt sich von demselben folgendes: Wenn der Vogel Phönix in einem Alter von fünfhundert Jahren fühlt, daß sein Ende gekommen sei, so baut er sich ein Nest von aromatischen Kräutern und kommt damit in eine ägyptische Stadt, Heliopolis oder On, wie sie die Ägypter und Hebräer nennen. Dort schlägt er mit seinen eigenen Flügeln ebenso stark als andauernd seine Brust und erzeugt so aus seinem eigenen Leibe eine Flamme, mit der er sein eigenes Nest anzündet. Und so verbrennt er sich selbst und all sein Fleisch zusamt seinen Gebeinen. Durch Gottes Zulassung aber ergießt eine Wolke reichlichen Regen und löscht die Flamme, welche den Phönix verzehrt hat, aus. Nachdem also schon der Vogel tot, ja ganz und gar verbrannt ist, auch die Flamme ausgelöscht ist, so bleibt nur noch die frische Asche zurück. Daraus entsteht in einem Tag ein unscheinbarer Wurm, der sich bald beflügelt und ein junger Phönix wird. Dieser wächst nun bis zum dritten Tage. Groß geworden, zeigt er sich den Bewohnern jenes Ortes, läuft nun wieder in seine Heimat zurück und kommt dort zur Ruhe.

(Übersetzung: Des heiligen Epiphanius von Salamis ausgewählte Schriften, aus dem Griechischen übersetzt von Josef Hörmann, Kösel Verlag, Kempten und München [BKV 38] 1919)

16. Apostolische Konstitutionen (um 380) V 7,15 f:

καίτοι φασὶν καὶ εἰδικὴν δεικνύειν τὴν ἀνάστασιν, μὴ πιστεύοντες οἷς αὐτοὶ διηγοῦνται. φασὶ γὰρ ὄρνεόν τι μονογενὲς ὑπάρχειν, πλουσίαν τῆς ἀναστάσεως παρέχον τὴν ἀπόδειξιν, ὃ λέγουσιν ἄζυγον ὑπάρχειν καὶ μόνον ἐν δημιουργίᾳ· φοίνικα δὲ αὐτὸ προσαγορεύουσιν, ὃ καὶ ἱστοροῦσιν κατὰ πεντακόσια ἔτη ἔρχεσθαι εἰς Αἴγυπτον ἐπὶ τὸν λεγόμενον ἡλίου βωμόν, φέρον πλῆθος κινναμώμου κασσίας τε καὶ ξυλοβαλσάμου καὶ στὰν πρὸς ἀνατολάς, ὡς αὐτοί φασιν, τῷ ἡλίῳ προσευξάμενον αὐτομάτως φλεχθῆναι καὶ γενέσθαι κόνιν, ἐκ δὲ τῆς σποδοῦ σκώληκα ἀναφυῆναι, καὶ τοῦτον θερμανθέντα μορφωθῆναι εἰς ἀρτιγενῆ φοίνικα καὶ πτηνὸν γενόμενον ἐπ᾽ Ἀραβίαν στείλασθαι, ἥπερ ἐστὶ περαιτέρω τοῦ αἰγυπτιακοῦ νομοῦ. εἰ τοίνυν, ὡς καὶ αὐτοί φασιν, διὰ τοῦ ἀλόγου ὀρνέου δείκνυται ἡ ἀνάστασις, τί μάτην τὰ ἡμέτερα διαβάλλουσιν, ὅταν ὁμολογῶμεν, ὅτι ὁ δυνάμει τὸ μὴ ὂν εἰς τὸ εἶναι παραγαγών, οὗτος ἰσχύει τοῦτο καὶ μετὰ τὴν διάλυσιν εἰς ἀνέγερσιν παραστῆσαι;

Auch sagen sie, es weise ein Vorbild auf die Auferstehung hin, obschon sie das, was sie erzählen, selbst nicht glauben. Sie sagen nämlich, ein gewisser allein erzeugter Vogel gebe den vollen Beweis für die Auferstehung; von ihm sagen sie, daß er ungepaart sei, und einzig in der Welt; Phönix nennen sie ihn, und sie berichten, daß er fünfhundert Jahre alt nach Ägypten komme zum sogenannten Altar der Sonne, mit sich bringend die Fülle von Zimmet, Cassiarinde und Holz vom Balsambaum; er stehe gegen Aufgang, wie sie sagen, die Sonne anzubeten, gerate von selbst in Brand und werde zu Asche; aus der Asche aber wachse ein Wurm hervor, und dieser werde umgestaltet zum neugebornen Phönix, welcher flügge geworden nach Arabien auswandere, welches über das Ländergebiet Ägyptens hinaus ist. Wenn also, wie die Heiden selbst sagen, durch einen unvernünftigen Vogel die Auferstehung dargetan wird, warum verwerfen sie dann unsere Lehre, in der wir bekennen, daß Derjenige, welcher durch seine Macht das Nichtseiende ins Dasein ruft, dieses auch nach seiner Auflösung wieder erwecken und herstellen könne?

(Übersetzung: Ferdinand Boxler, Die sogenannten Apostolischen Constitutionen und Canonen, Kempten, Kösel Verlag 1874)

Handbuch zum Neuen Testament

Begründet von Hans Lietzmann, fortgeführt von Günther Bornkamm,
seit 1982 herausgegeben von Andreas Lindemann

Die lieferbaren Bände

3
Dieter Lührmann: Das Markusevangelium
1987. XI, 283 Seiten. Broschur und Leinen.

7
Hans Conzelmann: Die Apostelgeschichte
2. Auflage 1972. IV, 168 Seiten. Broschur und Halbleinen.

8
Ernst Käsemann: An die Römer
4. Auflage 1980. XVI, 411 Seiten. Halbleinen.

9
Hans Lietzmann: An die Korinther I/II
5., von Werner Georg Kümmel ergänzte Auflage 1969. III, 224 Seiten. Halbleinen.

13
Martin Dibelius: Die Pastoralbriefe
4., von Hans Conzelmann ergänzte Auflage 1966. III, 118 Seiten. Broschur.

14
Herbert Braun: An die Hebräer
1984. VI, 485 Seiten. Broschur und Halbleinen.

15/III
François Vouga: Die Johannesbriefe
1990. IX, 92 Seiten. Fadengeheftete Broschur.

16
Heinrich Kraft: Die Offenbarung des Johannes
1974. 297 Seiten. Halbleinen.

17
Andreas Lindemann: Die Clemensbriefe
1992. V, 277 Seiten. Broschur und Leinen.

18
Henning Paulsen: Die Briefe des Ignatius von Antiochia
und der Brief des Polykarp von Smyrna
2., neu bearbeitete Auflage 1985 der Auslegung von Walter Bauer. V, 126 Seiten.
Fadengeheftete Broschur.

J. C. B. Mohr (Paul Siebeck) Tübingen

Die Apostolischen Väter

Griechisch-deutsche Parallelausgabe
Auf der Grundlage der Ausgaben von F.-X. Funk / K. Bihlmeyer und
M. Whittaker mit Übersetzungen von M. Dibelius und D.-A. Koch neu
übersetzt und herausgegeben von Andreas Lindemann und Henning Paulsen

Die von Funk und später von Bihlmeyer besorgte Handausgabe der Schriften der
›Apostolischen Väter‹ aus dem 2. Jahrhundert war lange Zeit vergriffen. In den letzten
Jahren ist das Interesse an diesen für die Geschichte des frühen Christentums überaus
wichtigen Quellen gewachsen. Daher ist diese anerkannte Edition neu herausgegeben
worden, nun aber verbunden mit der deutschen Übersetzung der griechischen bzw.
lateinischen Texte. Auch die von Molly Whittaker erarbeitete Ausgabe des ›Hirten‹
des Hermas konnte in den Band aufgenommen und mit der überarbeiteten Übersetzung dieses Textes im HNT-Kommentar von Martin Dibelius aus dem Jahre 1923
verbunden werden. So liegt erstmals eine vollständige Ausgabe der ›Apostolischen
Väter‹ mit deutscher Übersetzung vor. Die Einleitungen in die einzelnen Schriften
und die Literaturhinweise wurden bewußt knapp gehalten, um den Charakter des
Bandes als handliche Studienausgabe zu bewahren.

1992. VIII, 576 Seiten. Fadengeheftete Broschur.

J. C. B. Mohr (Paul Siebeck) Tübingen